Colección: Ideas en debate
Serie: Historia Antigua-Moderna

Director de serie:
José Emilio Burucúa

Fabián Alejandro Campagne y Constanza Cavallero (editores)
Furor Satanae : Representaciones y figuras del Adversario en la Europa Moderna - 1a ed. - Buenos Aires : Miño y Dávila editores, 2023.
360 p. ; 22.5x14.5 cm.

ISBN 978-84-19830-22-7

IBIC HRAM7, HRAM9, HBLH

ISBN: 978-84-19830-22-7
e-ISBN: 978-84-19830-23-4
Depósito legal: M-22957-2023

Edición: Primera. Agosto de 2023
Armado y composición: Eduardo Rosende
Diseño: Gerardo Miño

El presente libro ha sido financiado con recursos del Proyecto UBACyT 20020170100136BA "Las formas del conflicto religioso y de la violencia simbólica en el espacio cultural europeo (siglos XIV a XVIII): actores, dispositivos, escenarios, estrategias" y del Proyecto FILOCyT FC19-103 "Las múltiples caras de la Otredad. Discriminación cultural y persecución religiosa en los reinos hispanos (siglos XV a XVII)", ambos de la Facultad de Filosofía y Letras de la Universidad de Buenos Aires.

Página web: www.minoydavila.com

Correo electrónico: minoydavila@gmail.com

Dirección postal: Miño y Dávila s.r.l.
Tacuarí 540.
(C1071AAL), Buenos Aires, Argentina.

Fabián Alejandro Campagne y Constanza Cavallero
—editores—

Furor Satanae

Representaciones y figuras del Adversario en la Europa Moderna

ÍNDICE

❧ INTRODUCCIÓN ❧

Notas desde el infierno.
Un recorrido por los mil rostros del demonio entre el Medioevo tardío y la Ilustración temprana

Si a fines de la década de 1960, un estudiante de grado de la carrera de historia decidía realizar una búsqueda bibliográfica sobre la caza de brujas en cualquier biblioteca universitaria, rápidamente iba a llegar a la conclusión de que por entonces no existía un campo historiográfico específico sobre dicho tópico. Más contundente incluso habría sido el resultado si la búsqueda hubiera girado en torno de la cuestión de la demonología tardo-medieval y temprano-moderna. En las décadas iniciales y centrales del siglo XX, la escasa producción sobre el tema estuvo a cargo de investigadores aficionados como Margaret Murray (que a partir de una bizarra lectura de documentos escoceses propuso un paradigma interpretativo tan exitoso como infundado), de inclasificables diletantes como Montague Summers (que tradujo al inglés gran cantidad de tratados demonológicos en ediciones de tan lábil sustento crítico que en la actualidad resultan poco menos que inutilizables) o de eruditos archivistas o historiadores regionales como Wallace Notestein, George Lyman Kittredge, Cecil l'Estrange Ewen, Étienne Delcambre, Francis Bavoux y Julio Caro Baroja (que estudiaron la dinámica de la represión judicial de la brujería en contextos geográficos específicos pero con una mirada alejada de cualquier perspectiva holística o de conjunto).[1] Este

---

1. Wallace Notestein, *A History of Witchcraft in England from 1558 to 1718*, Washington, American Historial Association, 1911; George Lyman Kittredge, *Witchcraft in Old and New England*, Cambridge (MA.), Harvard University Press, 1929; Cecil L'Estrange Ewen, *Witch Hunting and Witch Trials*, London, Kegan Paul, Trench and Trubner, 1929; Cecil L'Estrange Ewen, *Witchcraft and Demonianism: A Concise Account Derived from Sworn Depositions and Confessions Obtained in the Courts of England and Wales*, London, Heath Cranton Limited, 1933; Etienne Delcambre, *Le concept de la sorcellerie dans le duché de Lorraine aux 16e et 17e siècle*, Nancy, Société d'Archéologie Lorraine-Musée Historique Lorraine, 1948-1951, 3 vv.; Francis Bavoux, *La Sorcellerie au pays de Quingey*, Besançon, Servir, 1947; Julio Caro Baroja, *Las brujas y su mundo*, Madrid, Revista de Occidente, 1961. Sobre Margaret Murray y Montague Summers véase Fabián Alejandro Campagne, *Strix Hispanica. Demonología cristiana y cultura folklórica en la España*

escenario de relativa marginalidad de los estudios profesionales sobre la caza de brujas y la demonología renacentistas comenzó a cambiar precisamente en el momento en que nuestro hipotético alumno imaginario iniciaba un rastreo bibliográfico en la biblioteca de su universidad. En efecto, en los años finales de la década de 1960 comenzaron a ver la luz aisladas monografías que ya presagiaban un cambio de tendencia. En 1966, Carlo Ginzburg dio a la imprenta *I benandanti*, un libro tan diferente a todo lo publicado hasta entonces que no pudo ser apreciado en su justa medida sino muchos años más tarde.[2] En 1967, por su parte, Hugh Trevor Roper publicó un extenso ensayo sobre la caza de brujas que, a pesar de la perspectiva tradicional y cuasi-decimonónica con la que abordaba el problema, tuvo una importante repercusión en un tiempo en el que no era frecuente que el *establishment* académico se interesara en una temática que muchos consideraban menor.[3] Finalmente, en 1968 Robert Mandrou dio a conocer *Magistrats et sorciers*, una magistral monografía sobre el enigmático fenómeno de las posesiones colectivas de monjas en la Francia del Barroco.[4]

Este redescubrimiento de la caza de brujas como fenómeno clave de la Edad Moderna europea no se detuvo allí. Por el contrario, en las dos décadas siguientes los ensayos especializados se multiplicaron a una velocidad cada vez mayor. Pero aun así, el predominio lo seguían teniendo libros y artículos que la mayoría de las veces tomaban como objeto de estudio excluyente los juicios por brujería. La *praxis* represiva, su dinámica y sus contornos, era por entonces el aspecto del fenómeno que más parecía intrigar a los investigadores. ¿Quiénes eran los acusadores y a quiénes sindicaban como cultores de la brujería? ¿De qué crímenes se acusaba a los procesados? ¿Qué procedimiento judicial se empleaba y cómo se desarrollaban los interrogatorios? ¿Quiénes eran las autoridades que impulsaban las causas? ¿Cómo se extendían temporal y espacialmente las *razzias* antibrujeriles? ¿De qué manera se les ponía fin sobre el terreno? Estos fueron algunos de los interrogantes que a partir de una sólida investigación en archivos buscaron responder historiadores como Alan Macfarlane (1970), H. C. Erik Midelfort (1972), William Monter

---

moderna, Buenos Aires, Prometeo, 2009, p. 68 y ss.; Juliette Wood, "The Reality of Witch Cults Reasserted: Fertility and Satanism", en Jonathan Barry y Owen Davies (eds.), *Palgrave Advances in Witchcraft Historiography*, Basingstoke, Palgrave Macmillan, 2007, pp. 69-89.

2.   Carlo Ginzburg, *I Benandanti. Stregoneria e culti agrari tra cinquecento e seicento*, Torino, Einaudi, 1966. Sobre la compleja recepción inicial de *I Benandanti* véase Fabián Alejandro Campagne, *Strix Hispanica*, pp. 109 y ss.

3.   Hugh Trevor-Roper, "The European Witch-Craze of the 16th and 17th centuries", *Encounter*, 38:5 (1967), pp. 3-25 y *Encounter*, 38:6 (1967), pp. 13-34. Reeditado en *Idem, The Crisis of the Seventeenth Century: Religion, the Reformation and Social Change*, New York, Harper, 1968, pp. 90-192 y en *Idem, The European Witch-Craze of the Sixteenth and Seventeenth Centuries and other Essays*, New York, Harper, 1969, pp. 90-192. Sobre la perimida visión que Trevor-Roper tenía sobre la caza de brujas véase Marko Nenonen, "The Dubious History of the Witch-Hunts", en Marko Nenonen y Raisa Maria Toivo (eds.), *Writing Witch-Hunt Histories: Challenging the Paradigm*, Leiden, Brill, 2014, p. 30.

4.   Robert Mandrou, *Magistrats et sorciers en France au XVIIe siècle. Une analyse de psychologie historique*, Paris, Plon, 1968.

(1976), Alfred Soman (1977, 1978), Robert Muchembed (1978, 1981), Gustav Henningsen (1980) y Cristina Larner (1981), entre otros.[5] Si no se abocaban al análisis de los procesos judiciales, el interés de los especialistas se orientaba al desciframiento del estereotipo del sabbat y a la fabricación de la brujería diabólica, entendida como una inédita conspiración colectiva de sectarios demonólatras. Así vieron la luz los polémicos y contrastantes ensayos de Jeffrey Burton Russell (1972), Norman Cohn (1975), Richard Kieckhefer (1976) y Carlo Ginzburg (1989).[6]

En este panorama, como vemos, faltaba una pieza clave para la comprensión del fenómeno de la caza de brujas: el estudio y el análisis del discurso demonológico considerado en sí propio. La radical demonología positiva tardo-escolástica, fundamento teórico de la represión judicial de la brujería entre los siglos XV y XVII, no había logrado aún convertirse en un campo de estudio específico. Como consecuencia de los abordajes decimonónicos de corte positivista, alejados de toda perspectiva etnográfica que habilitara la posibilidad de reconocer la existencia de racionalidades alternativas, muchos académicos continuaron viendo en la gigantesca tratadística demonológica temprano-moderna un reservorio de anécdotas e historias ridículas, un desordenado maremágnum de creencias y fábulas absurdas. La misma mirada despectiva con la que Voltaire leía a los clásicos de la demonología radical –como Martín del Río– siguió replicándose en muchos historiadores modernos, que no consideraban digno de su oficio dedicar tiempo y energía a analizar discursos eruditos que, entre otras cosas, pugnaban por demostrar la realidad de acciones que la ciencia moderna ya había reputado como imposibles de toda imposibilidad.[7]

---

5.   Alan Macfarlane, *Witchcraft in Tudor and Stuart England: A Regional and Comparative Study*, London, Routledge, 1970; H. C. Erik Midelfort, *Witch Hunting in Southwestern Germany, 1562-1684: The Social and Intellectual Foundations*, Stanford, Stanford University Press, 1972; William Monter, *Witchcraft in France and Switzerland: The Borderlands during the Reformation*, Ithaca, Cornell University Press, 1976; Alfred Soman, "Les procès de sorcellerie au Parlement de Paris (1565-1640)", *Annales. E.S.C.*, 32:4 (1977), pp. 790-814; *Idem*, "The Parlement of Paris and the Great Witch Hunt (1565-1640)", *Sixteenth Century Journal*, 9:2 (1978), pp. 30-44; Robert Muchembled, "Sorcières du Cambrésis. L'acculturation du monde rural aux XVIe et XVIIe siècles", en AA.VV., *Prophètes et sorciers dans les Pays-Bas. XVIe-XVIIIe siècle*, Paris, Hachette, 1978, pp. 155-261; *Idem*, *Les derniers bûchers. Un village de Flandre et ses sorcières soux Louix XIV*, Paris, Ramsay, 1981; Gustav Henningsen, *The Witches' Advocate: Basque Witchcraft and the Spanish Inquisition*, Reno, University of Nevada Press, 1980; Christina Larner, *Enemies of God: The Witch-hunt in Scotland*, Baltimore, The John Hopkins University Press, 1981.

6.   Jeffrey Burton Russell, *Witchcraft in the Middle Ages*, Ithaca, Cornell University Press, 1972; Norman Cohn, *Europe's Inner Demons: An Inquiry Inspired by the Great Witch-Hunt*, London, Chatto & Windus, 1975; Richard Kieckhefer, *European Witch Trials: Their Foundations in Popular and Learned Culture, 1300-1500*, Berkeley, University of California Press, 1976; Carlo Ginzburg, *Storia notturna. Una decifrazione del sabba*, Torino, Einaudi, 1986.

7.   Sobre la opinión que los pensadores ilustrados tenían de la demonología radical tardo-escolástica véase Roy Porter, "Witchcraft and Magic in Enlightment, Romantic and Liberal Thought", en Bengt Ankarloo y Stuart Clark (eds.), *Witchcraft and Magic in Europe: The Eighteenth and Nineteenth Centuries*, Philadelphia, University of Pennsylvania Press, 1999, pp. 219-225.

La única excepción notable a este sesgo académico fue un volumen colectivo editado por Sidney Anglo en 1977 con el título de *The Damned Art*. En esta colectánea, distintos especialistas se abocaron a descifrar un *corpus* de textos tan claves para la demonología temprano-moderna como los firmados por Heinrich Kramer, Giovanni Francesco Pico della Mirandola, Johann Wier, Jean Bodin, Reginald Scot, George Gifford, Jacobo VI, Pierre de Lancre, Cotton Mather y John Bell.[8] Se trató, sin embargo, de un esfuerzo aislado. Entre los escasos continuadores de esta línea de investigación cabe mencionar *Les sciences du diable* (1992) de Sophie Houdard y *Defining Dominion* (1995) de Gerhild Scholz Williams.[9] Ahora bien, aunque en extremo valiosos, estos libros, al igual que dos décadas antes *The Damned Art*, abordaban los tratados demonológicos de manera relativamente aislada, pensados como universos cerrados sobre sí mismos antes que como emergentes de un campo disciplinar más grande del cual formaban parte.

Lo que seguía faltando era un proyecto académico que no se concentrara meramente en el estudio de determinados tratados o demonólogos individualmente considerados sino en la demonología como campo de conocimiento específico y autónomo. Este proyecto, sin embargo, ya estaba en curso en la Universidad de Gales, en Swansea. En la década de 1980 una serie de simposios dedicados al tema desembocaron en 1990 en la publicación de una colección de artículos, que estaba llamada a marcar el campo historiográfico por su inédita reconfiguración de la geografía de la caza de brujas. Me refiero al volumen editado por Bengt Ankarloo y Gustav Henningsen con el título de *Early Modern European Witchcraft: Centres and Peripheries*. Las colaboraciones reunidas en este libro analizaban las singularidades de la represión antibrujeril en territorios tan exóticos para la mirada occidental como Estonia, Finlandia, Islandia, Hungría, Suecia o Noruega. Sin embargo, la perspectiva de esta recopilación seguía siendo la misma: el eje en torno del cual giraban los distintos capítulos eran los juicios y los procesos que, a partir de prácticas sociales y discursivas específicas, fabricaban convictos por brujería de un extremo a otro de Europa. Un reducido grupo de artículos continuaba engarzado en los debates que en la década previa se habían abierto a partir de los libros de Ginzburg, Cohn y demás estudiosos de la génesis del sabbat. Sin embargo, uno de los dieciocho capítulos coordinados por Ankarloo y Henningsen llamaba la atención por su novedoso punto de vista. El trabajo, el segundo de los identificados en el índice, llevaba por título "Protestant Demonology: Sin, Superstition and Society (*circa* 1520-*circa* 1630)". Su autor era Stuart Clark.[10] De esta manera, muchos conocimos por primera vez el trabajo de este

---

8.   Sidney Anglo (ed.), *The Damned Art: Essays in the Literature of Witchcraft*, London, Routledge and Kegan Paul, 1977.

9.   Sophie Houdard, *Les sciences du diable. Quatre discours sur la sorcellerie*, Paris, Cerf, 1992; Gerhild Scholz Williams, *Defining Dominion: The Discourses of Magic and Witchcraft in Early Modern France and Germany*, Ann Arbor, The University of Michigan Press, 1995.

10. Stuart Clark, "Protestant Demonology: Sin, Superstition, and Society (*circa* 1520 - *circa* 1630)", en Bengt Ankarloo y Gustav Henningsen (eds.). *Early Modern European Witchcraft: Centres and Peripheries*, Oxford, Clarendon Press, 1993 (1990), pp. 45-81.

investigador británico que no tomaba a los juicios por brujería o al estereotipo del sabbat sino al discurso demonológico como su principal objeto de investigación. No era este artículo de Clark su primera publicación en la materia. En el volumen pionero editado por Sidney Anglo en 1977 el autor del capítulo dedicado a la *Daemonologie* del rey Jacobo VI había sido, precisamente, un joven Stuart Clark.[11] Siguieron después un artículo en la revista *Past & Present* (1980) y otros dos recopilados sugestivamente en colecciones que tenían a la historia de la ciencia como campo disciplinar estructurante (1984, 1991).[12] A partir de estos artículos comenzamos a familiarizarnos con expresiones como *"natural science of demons"*, *"language of witchcraft"*, *"rational witchfinder"*, *"demonological naturalism"* o *"scientific status of demonology"*, entre muchos otros sintagmas que la tradición positivista previa nos había enseñado a pensar como insalvables oxímoron. Como es bien sabido, este esfuerzo de reconfiguración intelectual concluyó en 1997 con la publicación por la prensa de la Universidad de Oxford de un ciclópeo ensayo titulado *Thinking with Demons: The Idea of Witchcraft in Early Modern Europe*.[13]

Lejos de constituir una amorfa acumulación de proposiciones irrisorias, hacinadas en extensos y pretenciosos tratados que no parecían dispuestos a hacer la menor concesión al más elemental sentido común, la demonología que Clark nos proponía redescubrir con la guía de su novedoso paradigma emergía de repente como un espacio disciplinar estructurado, como una verdadera e incontrastable ciencia del demonio. Aunque lábil, inestable y en permanente proceso de construcción, este campo de conocimiento concreto se basaba en una lógica, en un lenguaje, en una teoría política, en una filosofía natural y en una concepción de la historia particulares pero al mismo tiempo coherentes. En tanto estructura de pensamiento, la demonología de base tardo-escolástica no era tampoco un discurso marginal: más bien se instaló en el centro mismo de la cultura europea. Manifestó también una irrefrenable pulsión interdisciplinaria pues, en su afán por alcanzar consistencia intelectual y fortalecer los fundamentos sobre los que se asentaba, no dudó en hurgar en áreas tan aparentemente ajenas a su universo como la física y la biología.[14] Podrán atribuirse al libro de Stuart Clark algunos sesgos que,

---

11. *Idem*, "King James's *Daemonologie*: Witchcraft and Kingship", en Sidney Anglo (ed.), *The Damned Art*, pp. 156-181.

12. *Idem*, "Inversion, Misrule and the Meaning of Witchcraft", *Past and Present*, 87:1 (1980), pp. 98-127; *Idem*, "The Scientific Status of Demonology", en Brian Vickers (ed.), *Occult and Scientific Mentalities in the Renaissance*, Cambridge, Cambridge University Press, 1984, pp. 351-374; *Idem*, "The Rational Witchfinder: Conscience, Demonological Naturalism and Popular Superstitions", en Stephen Pumfrey, Paolo L. Rossi y Maurice Slawinski (eds.), *Science, Culture and Popular Belief in Renaissance Europe*, Manchester, Manchester University Press, 1991, pp. 222-248.

13. *Idem, Thinking with Demons: The Idea of Witchcraft in Early Modern Europe*, Oxford, Clarendon Press, 1997.

14. Para una síntesis de la visión de Stuart Clark sobre la demonología renacentista, aggiornada con los aportes que se realizaron con posterioridad a la publicación de *Thinking with Demons*, véase Jan Machielsen, "Introduction: The Science of Demons", en *Idem* (ed.), *The Science of Demons: Early Modern Authors Facing Witchcraft and the Devil*, London, Routledge, 2020, pp. 1-15.

con la mirada anclada en nuestro presente, debilitan un tanto el resultado final de su investigación. Por caso, el descuido de las raíces medievales de la demonología renacentista y barroca, un idioma que se creó en la Baja Edad Media para ser hablado en la primera Edad Moderna. Se trata de una falencia que años después repararía Alain Boureau, que en relación a la demonología de los siglos XIII y XIV ha jugado un rol equivalente al que le cupo a Clark respecto de la ciencia del demonio de los siglos XVI y XVII.[15] Podrá también señalarse en *Thinking with Demons* una tendencia a abordar en bloque el discurso demonológico, soslayando las autoevidentes diferencias de orden espacial, temporal y confesional que existen en su seno.[16] Por caso, el aristotélico *Malleus maleficarum* de Heinrich Kramer y la platónica *Démonomanie des sorciers* de Jean Bodin, quizás las dos demonologías más célebres del período y las que mejor lograron trascender la cultura de gueto que caracterizaba a esta literatura, abrevan en fuentes y autoridades tan disímiles e imaginan un cosmos regulado por leyes tan opuestas y contradictorias, que cuesta imaginar que formaban parte de una misma y única disciplina madre.[17] Ahora bien, ninguna de estas apreciaciones logrará opacar la valía superlativa de un libro que tiene como su mayor mérito el haber propuesto un esquema interpretativo que alteró drásticamente nuestra manera de abordar la demonología de la caza de brujas. Aquellos teólogos, juristas, médicos y literatos que escribieron sobre la brujería y el demonio en la primera Edad Moderna empleaban un lenguaje que hace mucho ha dejado de ser el nuestro, una gramática que debemos esforzarnos en reconstruir, un *habitus* intelectual que otorgaba coherencia al universo que habitaban y que a nosotros nos permitiría encontrar sentido en proposiciones y relatos que durante mucho tiempo fueron vistos como producto de la enajenación mental o de la ignorancia más supina.

* * *

Los ensayos que integran la colección que estamos introduciendo ofrecen a los lectores de habla hispana la oportunidad de adentrarse en un problema histórico sobre el cual no abunda bibliografía en castellano. Es también una inmejorable ocasión para familiarizarse con la producción y con las investigaciones de un reconocido grupo de especialistas que habitualmente publican sus trabajos en otros idiomas. La selección tiene también la virtud de cubrir gran parte del arco temporal que abarcó la caza de brujas europea,

---

15. Alain Boureau, *Satan hérétique. Histoire de la démonologie (1280-1330)*, Paris, Odile Jacob, 2004; *Idem, Le pape et les sorciers. Une consultation de Jean XXII sur la magie en 1320 (Manuscrit B.A.V. Borghese 348)*, Rome, École française de Rome, 2004; Pierre de Jean Olivi, *Traités des démons. Suma, II - Questions 40-48*, editado y traducido por Alain Boureau, Paris, Les Belles Lettres, 2011; Richard de Mediavilla, *Questions disputées. Tome IV, 23-31: Les démons*, editado y traducido por Alain Boureau, Paris, Les Belles Lettres, 2011.

16. Fabián Alejandro Campagne, "*Cannibali ma non troppo*. La antropofagia en los orígenes del imaginario del sabbat: singularidades del caso italiano", *Tiempos Modernos*, 45 (2022), p. 4.

17. Véase al respecto *Idem*, "The most moderate of radical demonologists? The amphibian nature of Jean Bodin's *Démonomanie des sorciers*", *Parergon*, 40:1 (2023), en prensa.

entre los entusiasmos iniciales de los siglos XIV y XV y las tardías polémicas de finales del siglo XVII.

Los artículos de Michael Bailey, Martine Ostorero, Franck Mercier-Druère y Fabián Campagne configuran un primer subgrupo de colaboraciones que giran en torno de la génesis del estereotipo del sabbat, la fabricación de la brujería diabólica como delito colectivo y la construcción en el siglo XV de una demonología radical abocada a denunciar un inédito complot de demonólatras. Hace exactamente veinte años, en 2003, el Profesor Bailey realizó su primer aporte sustancial al campo historiográfico sobre la caza de brujas, cuando publicó un libro enteramente dedicado a la figura del dominico alemán Johannes Nider.[18] Como es ampliamente conocido, Nider se convirtió, a partir de un reducido número de coloridos *exempla* incluidos en su *Formicarius*, en una de las fuentes favoritas del *Malleus maleficarum*, el texto fetiche de la demonología radical tardo-escolástica. Con esta monografía Michael Bailey cubrió el vacío bibliográfico hasta entonces existente en torno a la figura de este mendicante, que impulsó la reforma observante en el seno de su orden, que escribió muchos otros textos amén del *Formicarius* y que tuvo un rol destacado en ese sabbat de demonólogos que fue el Concilio de Basilea.[19] A continuación Bailey inició una nueva investigación sobre la evolución del concepto de superstición en la tardía Edad Media, que culminó en el 2013 con la publicación de un volumen titulado *Fearful Spiritis, Reasoned Follies*.[20] Es precisamente con esta problemática que se relaciona el aporte que el historiador estadounidense realiza al presente volumen. En su capítulo, Bailey rastrea una transformación de enorme trascendencia en la historia de la represión de la magia en Occidente: el deslizamiento desde una preocupación por la nigromancia erudita y la magia de moda en los centros de poder cortesanos hacia una novedosa preocupación pastoral por las prácticas supersticiosas de base popular. Este cambio de perspectiva no sólo supuso que rituales y creencias vulgares, hasta entonces asociados con la ignorancia o el déficit intelectual, fueran crecientemente demonizados sino que además impulsó la palmaria feminización del crimen *magiae*, pues la mirada represora dejó de hacer foco de manera excluyente en los agentes masculinos que monopolizaban la nigromancia letrada para posarse cada vez más en los iletrados propulsores de las vanas observancias, un universo en el que las mujeres tendían a tener una presencia mucho más destacada y visible. Desde esta perspectiva, el discurso antisupersticioso tardo-medieval habría tenido en el estallido de la caza de brujas un papel mucho más trascendente que el que hasta hace poco sospechábamos. Cabe notar que un proceso similar tuvo lugar en la Península Ibérica, sólo que allí su comienzo fue más tardío —en las décadas

---

18. Michael D. Bailey, *Battling Demons: Witchcraft, Heresy and Reform in the Late Middle Ages*, Philadelphia, The Pennsylvania State University Press, 2003.

19. Michael D. Bailey y Edward Peters, "A Sabbat of Demonologists: Basel, 1431-1440", *The Historian*, 65:6 (2003), pp. 1375-1395.

20. Michael D. Bailey, *Fearful Spirits, Reasoned Follies: The Boundaries of Superstition in Late Medieval Europe*, Ithaca, Cornell University Press, 2013.

de 1430 y 1440, con los tratados antimágicos del obispo Lope de Barrientos–
y continuó por mucho más tiempo –hasta muy entrado el siglo XVIII, con la
monumental cruzada antisupersticiosa de Benito Jerónimo Feijoo–.[21] De todos
modos, también en España la corporación teologal se preocupó por mostrar el
carácter intrínsecamente diabólico de las supersticiones en apariencia más
inocentes. Este proceso alcanzó su cenit con la publicación en 1529, en la
ciudad de Logroño, del *Tratado de las supersticiones y hechicerías* del franciscano Martín de Castañega, un texto que de manera simultánea fungía como
tratado antibrujeril en su primera parte y como tratado de reprobación de
supersticiones en la segunda.[22] De hecho, el disparador que llevó a Castañega
a redactar este tratado, amén de la comisión del obispo de Calahorra, fue la
razzia antibrujeril que pocos años antes había tenido lugar en los Pirineos
navarros.[23] ¿Fue la preocupación por la conspiración brujeril la que llevó al
franciscano Castañega a abordar el problema de las vanas supersticiones o
fue la obsesión por demonizar la magia popular la que lo impulsó a prestar
atención a la nueva secta de adoradores del demonio? Es difícil saberlo. Pero
como sea el caso, queda claro que incluso en los reinos ibéricos, un territorio
donde la caza de brujas jamás alcanzó el grado de ferocidad característico de otras áreas del continente, la tendencia a la conjunción entre discurso
antisupersticioso y discurso antibrujeril tendió a darse de manera natural,
hasta el punto de que la *vana superstitio* devino una inquietante lítote del
sabbat de las brujas.[24]

Martine Ostorero, por su parte, nos propone en el presente volumen una
síntesis exhaustiva y actualizada de los fundamentos intelectuales y doctrinales
de la caza de brujas y del imaginario del sabbat. Junto con colegas como
Agostino Paravicini Bagliani, Georg Modestin y Kathrin Utz Tremp, entre
muchos otros, la profesora Ostorero participó como autora y editora de los
legendarios *Cahiers lausannois d'histoire médiévale*. Si bien esta colección no
está ni estuvo estrictamente dedicada a la temática de la represión judicial
de la brujería, albergó no menos de una decena de monografías que, amén de

---

21. Fabián Alejandro Campagne, *Homo Catholicus, Homo Superstitiosus. El discurso antisupersticioso
     en la España de los siglos XV a XVIII*, Madrid, Miño y Dávila editores, 2002, pp. 32-34; Constanza
     Cavallero, *Los demonios interiores de España. El obispo Lope de Barrientos en los albores de la
     demonología moderna: Castilla, Siglo XV*, Buenos Aires, Prometeo, 2011, pp. 25-61; Maria Tausiet,
     "De la ilusión al desencanto: Feijoo y los 'falsos posesos' en la España del siglo XVIII", *Historia
     Social*, 54 (2006), pp. 3-18; Irene Gómez Castellano, "Benito Jerónimo Feijoo y la controversia
     europea en torno a los vampiros", *Salina. Revista de lletres*, 21 (2007), pp. 91-100.

22. Fray Martín de Castañega, *Tratado de las Supersticiones y Hechizerias*, editado por Fabián Alejandro
     Campagne, Buenos Aires, Facultad de Filosofía y Letras/Universidad de Buenos Aires, 1997, pp.
     27-201. Para una visión diferente véase Iñaki Bazán Díaz, "El tratado de Fray Martín de Castañega
     como remedio contra la superstición y la brujería en la diócesis de de Calahorra y La Calzada: ¿un
     discurso al margen del contexto histórico (1441-1529)?", *eHumanista*, 26 (2014), pp. 18-53.

23. Jesús María Usunáriz Garayoa, "La caza de brujas en la Navarra moderna (siglos XVI-XVII)", *RIEV.
     Revista Internacional de los Estudios Vascos*, 9 (2012), pp. 310-312; Florencio Idoate, *La Brujería en
     Navarra y sus Documentos*, Pamplona, Diputación Foral de Navarra/Institución Príncipe de Viana,
     1978, pp. 23-59, 249-273.

24. Fabián Alejandro Campagne, *Homo Catholicus, Homo Superstitiosus*, pp. 30, 167, 171, 461.

ensayos eruditos sobre el fenómeno bajo estudio, incluyeron ediciones bilingües de un ingente *corpus* de documentos sobre la génesis de la caza de brujas en el arco alpino occidental.[25] Esta acertada decisión editorial hizo posible que un público más amplio que el de los investigadores especializados en la historia cultural del siglo XV helvético tenga acceso a fuentes primarias de incalculable valor para la reconstrucción de los primeros juicios por brujería europeos.[26] En 2011, Martine Ostorero publicó en Florencia su tesis doctoral sobre la literatura demonológica de segunda generación, textos redactados en las décadas de 1450 y 1460 en territorio francés.[27] En el capítulo que presenta en *Furor Satanae*, Ostorero pasa revista, con remarcable poder de síntesis, a la evolución de la demonología temprana que delineó lo que hoy denominamos "imaginario del sabbat". Comienza presentando los aportes de los seis textos más antiguos en los que súbitamente irrumpe, entre principios de los años '30 y '40 del siglo XV, la descripción del sabbat brujeril en la más absoluta solución de continuidad con el pasado inmediato. Se trata de los cinco textos que los investigadores de la Universidad de Lausanne editaron en 1999, a los que cabe sumar la fascinante y enigmática *Vauderye de Lyonois*, que la propia Martine Ostorero y Franck Mercier editaron hace unos años (ampliando de esa forma la geografía de un fenómeno que se imaginaba estrictamente circunscripto a los Alpes occidentales).[28] Estos seis textos no tenían como objetivo explicar el sabbat sino simplemente describirlo y dejar constancia de su inédita peligrosidad. Es con autores de la generación posterior, como los franceses Jean Vinet, Nicolas Jacquier y Pierre Mamoris, que comenzó a tomar forma una versión más sofisticada y ambiciosa de la demonología temprana, que no tenía ya como meta la mera descripción sino la fundamentación teórica de los hechos extraordinarios atribuidos a los brujos y brujas. Ostorero presenta luego la tratadística inspirada por la *Vauderie d'Arras*, la primera persecución antibrujeril de real importancia que acaeció fuera del arco alpino

---

25. Entre los volúmenes de los *Cahiers lausannois* dedicados a la represión judicial de la brujería en los Alpes Occidentales cabe mencionar a Martine Ostorero, *"Folâtrer evec les démons". Sabbat et chasse aux sorciers à Vevey (1448)*, Lausanne, Cahiers lausannois d'histoire médiévale-Université de Lausanne, 1995; Martine Ostorero, Agostino Paravicini Bagliani, Kathrin Utz-Tremp y Catherine Chène (eds.), *L'imaginaire du sabbat. Édition critique des textes les plus anciens (1430 circa-1440 circa)*, Laussanne, Cahiers lausannois d'histoire médiévale-Université de Lausanne, 1999; Georg Modestin, *Le diable chez l'évêque. Chasse aux sorciers dans le diocèse de Lausanne (vers 1460)*, Lausanne, Cahiers lausannois d'histoire médiévale-Université de Lausanne, 1999; Martine Ostorero, Kathrin Utz Tremtp y Georg Modestin (eds.), *Inquisition et sorcellerie en Suisse romande. Le registre Ac 29 des Archives cantonales vaudoises (1438-1528)*, Lausanne, Cahiers lausannois d'histoire médiévale-Université de Lausanne, 2007.

26. Véase una síntesis de los principales aportes realizados por los investigadores de la Universidad de Lausanne en Kathrin Utz Tremp, "Witches' Brooms and Magic Ointments: Twenty Years of Witchcraft Research at the Université de Lausanne (1989-2009)", *Magic, Ritual, and Witchcraft*, 5:2 (2010), pp. 173-187.

27. Martine Ostorero, *Le diable au sabbat. Littérature démonologique et sorcellerie (1440-1460)*, Firenze, Sismel, 2011.

28. Franck Mercier y Martine Ostorero, *L'énigme de la Vauderie de Lyon. Enquête sur l'essor de la chasse aux sorcières entre France et Empire (1430-1480)*, Firenze, Sismel, 2015.

occidental: la *Recollectio*, atribuida al fanático Jacques du Bois, y el tratado —en versión latina y francesa– redactado por Jean Tinctor. A continuación, y éste es uno de los grandes aciertos de la propuesta, se presenta la producción demonológica en suelo italiano con sus características particulares. Por caso, una mitología del sabbat distinta de la que imperaba en los Alpes occidentales y en muchas regiones de Francia.[29] También fue un timbre distintivo de la tradición italiana el rol de los juristas –y no sólo de los teólogos– en la elaboración de tratados, así como el intenso debate entre los defensores de la realidad de la conspiración diabólica y los defensores de un punto de vista más abiertamente incrédulo.[30] Respecto de este último fenómeno Ostorero incluye en su descripción un texto olvidado, recientemente exhumado por ella misma en colaboración con Franck Mercier, el *De synagoga demonum* (*circa* 1470) del carmelita lionés Humbert de Costa, que da cuenta de la penetración del escepticismo demonológico de cuño italiano en territorio galo.

Los artículos de Franck Mercier y de Fabián Campagne hacen de dos mitologemas específicos del estereotipo del sabbat –el vuelo de las brujas y la antropofagia– el principal objeto de interés de sus artículos. Como bien sabe cualquiera que en su niñez haya tenido contacto con historias fantásticas o cuentos de hadas, si algo caracteriza a las brujas en el imaginario occidental es la capacidad de trasladarse por los aires y su afición a la canibalización de niños pequeños. La antropología ha probado que se trata de trazos que poseen cierto carácter universal, pues ambos tienen también una contundente presencia en las mitologías brujeriles africanas contemporáneas.[31] En 2006 Franck Mercier publicó un extenso ensayo sobre la *Vauderie d'Arras*, otro notable aporte a los estudios sobre la brujería europea, pues a pesar de que se trata de un caso en extremo conocido, hasta la publicación de este libro la presencia de análisis específicos en la bibliografía especializada brillaba por su ausencia.[32] Mercier abordó el estudio de esta intensa persecución antibrujeril

29. Richard Kiekchefer, "Mythologies of Witchcraft in the Fifteenth Century", *Magic, Ritual, and Witchcraft*, 1:1 (2006), p. 88; Marina Montesano, "Le rôle de la culture classique dans la définition des *maleficia*. Une démonologie alternative?", en Martine Ostorero y Julien Véronèse (eds.), *Penser avec les démons. Démonologues et démonologies (XIIIe-XVIIe siècles)*, Firenze, Sismel, 2015, p. 278; Fabián Alejandro Campagne, "*Cannibali ma non troppo*", p. 4.

30. Matteo Duni, "Doubting Witchcraft: Theologians, Jurists, Inquisitors during the Fifteenth and Sixteenth Centuries", *Studies in Church History*, 52 (2016), pp. 203-231.

31. En la prensa africana continúan apareciendo, incluso hasta el día de hoy, noticias referidas al canibalismo y al vuelo brujeriles. A modo de ejemplo citamos algunos de los muchos casos que aparecen con sólo rastrear referencias en los principales buscadores de Internet: Camerún, 2003 (https://www.aljazeera.com/news/2003/8/25/man-eating-sorcerers-detained-in-cameroon); Ghana, 2013 (https://www.ghanaweb.com/GhanaHomePage/regional/artikel.php?ID=293497); Swazilandia, 2013 (https://dailypost.ng/2013/05/15/swaziland-aviation-authorities-warn-witches-against-flying-too-high/); Nigeria, 2014 (https://dailypost.ng/2014/10/10/bird-reportedly-turns-woman-lagos-photos/); Sudáfrica, 2015 (https://www.zimeye.net/2015/03/30/flying-witch-crashes-down-in-pastors-house-2/); Sudáfrica, 2017 (https://www.hindustantimes.com/world-news/tired-of-eating-human-flesh-five-suspected-cannibals-in-south-african-court/story-xefVCPqKD50RTSfVMOJ0cK.html).

32. Franck Mercier, *La Vauderie d'Arras. Une chasse aux sorcières à l'Automne du Moyen Âge*, Rennes, Presses Universitaires de Rennes, 2006.

en el Artois –provincia bajo la teórica jurisdicción del Reino de Francia pero bajo el dominio de hecho de los duques de Borgoña– con un espíritu innovador no carente de audacia. Es prueba de ello la elección de una clave de análisis política –el fallido proceso de territorialización del principado borgoñón y la esforzada construcción de una majestad que abriera las puertas a la transformación del ducado en reino– así como el peso del abordaje iconográfico destinado a mostrar el rol que el arte figurativo tuvo en la consecución de estos mismos objetivos. En el capítulo incluido en el presente libro, el profesor Mercier-Druère circunscribe la escala del análisis para dar cuenta de una de las piezas del estereotipo del sabbat más inauditas y difíciles de admitir: el vuelo de las brujas. El autor señala que este componente se detecta primero en los procesos judiciales antes que en los tratados teológicos. Estos últimos, de hecho, se tomaron mucho más tiempo para abordar el vuelo nocturno y ensayar explicaciones que dieran cuenta de las condiciones de posibilidad de semejante portento. Por caso, un demonólogo extremo como Nicolas Jacquier lejos estuvo de defender sin más la realidad del transporte aéreo. Incluso en un texto como *Errores gazariorum*, que otorga al sabbat un lugar centralísimo, el peso del transporte por los aires fue variando, pues resulta mucho más contundente en las copias tardías que en las más antiguas. Habrá que esperar hasta la *Recollectio* atribuida a Jacques du Bois, en el marco de la represión de los valdenses-brujos de Arras, para que el vuelo nocturno se despliegue en todo su esplendor en un tratado demonológico. En este punto Mercier pone en discusión un problema clásico planteado por Lucien Febvre a mediados del siglo XX: el del sentido de lo imposible de los hombres del Medioevo tardío y de la primera Modernidad.[33] En la tradición escolástica previa, el transporte aéreo de cualquier objeto más pesado que el aire funcionaba como el paradigma usual de lo imposible. Al respecto, Mercier postula que el desarrollo del discurso demonológico durante el siglo XV forzó a los teólogos a correr las fronteras de los umbrales de posibilidad. La defensa teológica de la realidad del vuelo nocturno como obra del demonio cerca estuvo de asignar a este último un atributo tradicionalmente asociado al Creador, la omnipotencia, que convertía a la divinidad en el único agente capaz de obrar milagros y suspender las leyes naturales. El autor considera, además, que esta dilatación de la potencia del demonio contribuyó a legitimar el procedimiento judicial extraordinario que debía ponerse en práctica para exterminar a la secta de los brujos y brujas. Mercier concluye su capítulo con un análisis de imágenes destinado a reconstruir la invención figurativa de la bruja montada sobre su escoba, en particular en manuscritos que contienen copias del *Champion de Dames* de Martin le Franc y del *Traité du crime de Vauderie* de Jean Tinctor. Estas ilustraciones permiten observar cómo, a diferencia de lo que sucedía

---

33. Lucien Febvre, "Sorcellerie, sottise où révolution mentale?", *Annales E.S.C.*, 3:1 (1948), pp. 9-15; David Wooton, "Lucien Febvre and the Problem of Unbelief in the Early Modern Period", *Journal of Modern History*, 60:4 (1988), pp. 714-723; Fabián Alejandro Campagne, "Witchcraft and the Sense-of-the-Impossible in Early Modern Spain: Some Reflections Based on the Literature of Superstition (*circa*1500-1800)", *Harvard Theological Review*, 96:1 (2003), pp. 25-62.

en los tratados y en los procesos, el vuelo nocturno aparecía cada vez más relacionado con el género femenino y con el espacio doméstico a él asociado.

Fabián Campagne aborda en su artículo el problema de las relaciones entre dos de los mitos mayores de la cultura europea del Renacimiento: la bruja y el caníbal. Para ello se propone trascender las limitaciones del clásico paradigma acumulativo, que parte del supuesto de que el estereotipo del sabbat configuró un bloque único, hegemónico y estático, siempre igual a sí mismo en las distintas coordenadas espacio-temporales en las que se desplegó la represión de la brujería. A partir de la propuesta de regionalización de la mitología brujeril que en los últimos años hizo propia Richard Kieckhefer, el autor, tras una serie de digresiones sobre el rol específico de la acusación de antropofagia en la retórica de la invectiva, aborda el problema que lo ocupa a partir de la identificación de diferentes paradigmas regionales. La antropofagia brujeril alcanzó su máxima expresión en la mitología de la bruja alpina. Era, de hecho, uno de sus trazos distintivos, tanto en el Ducado de Saboya, como en el Delfinado o en los cantones del sudoeste suizo (Valais, Pays de Vaud). En lo que respecta al paradigma de la brujería italiana, si bien la presencia de la antropofagia resultaba en él menos contundente que en los Alpes, su peso continuó siendo suficientemente importante como para que quepa postular la existencia de una configuración específica de canibalismo brujeril. De hecho, en el centro y en el norte del espacio de civilización italiana, el vampirismo adquirió algunas de las características de la antropofagia clásica –sangre que se come y se mastica en lugar de beberse, por caso–. Una última originalidad italiana fue el mito del canibalismo en éxtasis, ligado a divinidades inicialmente benefactoras y luego irremediablemente diabolizadas, que resucitaban a los animales sacrificados para alimento de quienes asistían a los misteriosos festines nocturnos. Con el paso de las décadas los seres humanos, originalmente ausentes de este esquema de sacrificio y resurrección, fueron incorporados a los relatos en paralelo a la transformación de los mitines en rituales crecientemente nefandos. Campagne culmina el artículo resumiendo el rol que el canibalismo tuvo en mitologías brujeriles periféricas como la francesa, la alemana y la ibérica. En estos paradigmas secundarios la presencia de la antropofagia fue de mayor a menor: algunas referencias remarcables en suelo galo, muy pocas menciones en territorio germano y ausencia prácticamente total en la geografía española.

La historiadora italiana Marina Montesano es otra de las principales referentes de la historiografía de la caza de brujas y de la demonología tardo-medieval y temprano-moderna. Prueba de ello son sus numerosos libros, algunos de carácter general sobre la evolución de la represión judicial de la brujería y otros centrados en problemas específicos, como el de la relación entre los estereotipos literarios propios de la cultura clásica grecolatina y la mitología brujeril de la *strega* omnipresente en la Italia del Renacimiento.[34] Con su colaboración en el presente volumen, la autora vuelve a elegir como

---

34. Marina Montesano, *"Supra acqua et supra ad vento". "Superstizioni", maleficia e incantamenta nei predicatori francescani osservanti (Italia, sec. XV)*, Roma, Istituto Palazzo Borromini, 1999; *Idem,*

objeto de estudio un artefacto literario de enorme trascendencia, en este caso un acabado ejemplo de la literatura de caballería que medraba en los siglos finales de la Edad Media: el *Morgante* de Luigi Pulci. El texto, dedicado a la materia carolingia, tuvo un largo proceso de gestación que se extendió entre principios de la década de 1460 y comienzos de la de 1480. El detalle sobre el que llama la atención Montesano es la complejidad de la imagen del demonio que se desprende del extenso poema de Pulci. En efecto, en una era en la que la caza de brujas era ya una realidad en muchas regiones de Europa y en la que la redacción de tratados demonológicos había dejado de ser una rareza, en el *Morgante* hallamos demonios sabios y doctos, irrefragables maestros de lógica y consumados cultores del arte de la dialéctica, diablos positivamente connotados, adláteres de las fuerzas cristianas en sus guerras contra los paganos y los musulmanes. Y todo ello cuando faltaban pocos años para que se publicara la edición príncipe del *Malleus maleficarum*. Pero aquí no acaba la riqueza intertextual del *Morgante* de Pulci, pues en él hallamos referencias aisladas –pero no por ello menos sugestivas– al discurso brujeril propio de la Italia del *Quattrocento* y a algunos de sus trazos más idiosincráticos, como el fantasmático *barilotto* que periódicamente irrumpía en los sermones de los predicadores franciscanos y en los juicios por herejía de la época.[35] El *Morgante* también es rico en alusiones a la cultura nigromántica que fascinaba a su autor, hasta el punto de que el rumor común le atribuía la posesión de un espíritu familiar. En la obra de Pulci el poder de los magos-nigromantes es tan portentoso que les permite dotar de vida a seres inertes, con el objeto de encargarles tareas y ponerlos a su servicio, un procedimiento que trae de inmediato a la mente la leyenda del *golem* de las tradiciones mágicas musulmana y judía.

Con el artículo de Constanza Cavallero comienza un bloque de contribuciones –que integran también las colaboraciones de Thibaut Maus de Rolley, Emma Wilby y María Jesús Zamora Calvo– que remiten a distintas objetivaciones de la figura del Adversario en el espacio de civilización ibérico.

Caccia alle streghe, Roma, Salerno, 2012; *Idem, Classical Culture and Witchcraft in Medieval and Renaissance Italy*, Basingstoke, Palgrave Macmillan, 2018.

35. Catherine Chène, "Commentaire a Johannes Nider, *Formicarius* (livre II, chapitre 4 et livre V, chapitres 3, 4 et 7)", en Martine Ostorero, Agostino Paravicini Bagliani, Kathrin Utz-Tremp y Catherine Chène (eds.), *L'imaginaire du sabbat*, pp. 239-240; Fabrizio Conti, *Witchcraft, Superstition, and Observant Franciscan Preachers: Pastoral Approach and Intellectual Debate in Renaissance Milan*, Turnhout, Brepols, 2015, pp. 270-271; Loris Canalia, "Il proceso contro il valdese Giovanni Sensi di Sardegna", *Bolletino della Società di Studi Valdesi*, 199 (2006), p. 21; Marina Benedetti, "Fratelli barlotti, cagnardi, sorelle in Cristo. Identità valdesi nel Quattrocento", *Bolletino della Società di Studi Valdesi*, 219 (2016), p. 21; Michele Lodone, "Il sabba dei fraticelli. La demonizzazione degli eretici nel Quattrocento", *Rivista storica italiana*, 129:3 (2017), p. 898; Franck Mercier y Martine Ostorero, *L'énigme de la Vauderie de Lyon*, p. 101; Luca Patria, "*Sicut canis reddiens ad vomitum'*. Lo spaesamento dei valdesi nel balivato sabaudo della diocesi di Torino fra Tre e Quattrocento", en Marina Montesano (ed.), *Valdesi medievali. Bilanci e prospettive di ricerca*, Torino, Claudiana, 2009, p. 135; Marina Montesano, *"Supra acqua et supra ad vento"*, p. 117; Norman Cohn, *Europe's Inner Demons: The Demonization of Christians in Medieval Christendom*, London, Pimplico, 2005 (1993, 2ª edición revisada), pp. 68-72; Claudio Bondi, *Strix. Medicehesse, streghe e fattucchiere nell'Italia del Rinascimento*, Roma, Lucarini, 1989, p. 56.

Cavallero es una reconocida especialista en la pionera demonología española del siglo XV, cuyas particularidades e idiosincrasia específicas abordó a partir del estudio del franciscano Alonso de Espina y de su voluminoso –y potente– *Fortalitium fidei (circa* 1460).[36] Con este libro por entero dedicado a la figura de este influyente demonólogo español la autora logró cubrir un importante vacío bibliográfico equivalente al que Michael Bailey resolvió con su ensayo sobre Johannes Nider, otro exponente de la temprana demonología radical del *Quattrocento.* Cavallero se abocó con posterioridad al estudio de las minorías étnico-religiosas peninsulares y también al análisis de diferentes aspectos y manifestaciones de la figura del Anticristo en suelo ibérico. Es precisamente con este último problema que se relaciona la colaboración que la historiadora argentina realiza al presente volumen. A partir de un exhaustivo *corpus* de literatura anticristológica, Cavallero demuestra con contundencia la estrecha relación que tenían en la cultura erudita local los constructos míticos en torno a Satán y al Anticristo, las máximas encarnaciones imaginables del mal irredimible en las esferas angélica y humana respectivamente. La fortísima demonización del perverso heraldo del fin de los tiempos no suponía, sin embargo, la existencia de un discurso homogéneo sobre el vínculo que ligaba a ambas figuras. ¿Sería el Anticristo un hijo engendrado por el demonio? ¿O, por el contrario, un ser humano de extrema malicia prohijado, protegido y asistido por Lucifer? ¿Cabía considerarlo, acaso, el producto de una aviesa manipulación de la sexualidad humana atribuible a las impuras maniobras nocturnas de los demonios íncubos y súcubos?[37] Más allá de estos debates, no cabe duda de la extraordinaria –y casi infinita– plasticidad retórica que el mito anticrístico tenía como dispositivo de extrema descalificación de enemigos o adversarios –una elasticidad que el paso del tiempo, como lo probara Christopher Hill en relación con la revolución inglesa de mediados del siglo XVII, no hizo más que potenciar–.[38] Cavallero concluye su capítulo identificando un sugestivo enigma de la cultura ibérica temprano-moderna al que los especialistas no han prestado hasta el momento toda la atención que merece: el casi nulo vínculo que en territorio español mantuvieron las figuras de la bruja y del Anticristo, más allá de algunas interpolaciones discursivas tardías que no alcanzan a disimular el divorcio que por entonces existía entre estos agentes terrenales del ángel caído. Quedará para futuras investigaciones determinar los motivos por los que las maléficas brujas y el diabólico Anticristo no lograron en España converger en una vigorosa alianza

---

36. Constanza Cavallero, *Los enemigos del fin del mundo. Judíos, herejes y demonios en el* Fortalitium fidei *de Alonso de Espina (Castilla, siglo XV)*, Buenos Aires, Miño y Dávila editores, 2016.

37. Para una síntesis de las teorías medievales sobre el incubato, los cuerpos virtuales asumidos y la manipulación de la sexualidad humana véase Maaike van der Lugt, *Le ver, le démon et la Vierge. Les théories médiévales de la génération extraordinaire*, Paris, Les Belles Lettres, 2004, pp. 189-357; Walter Stephens, *Demon Lovers: Witchcraft, Sex, and the Crisis of Belief*, Chicago, The University of Chicago Press, 2002, pp. 58-86.

38. Christopher Hill, *Antichrist in Seventeenth-Century England*, London, Verso, 1990 (1971), *passim.*

contra una acorralada Cristiandad que se imaginaba atravesando su undécima hora antes del inminente estallido del apocalipsis.

Thibaut Maus de Rolley y Emma Wilby abordan en sus artículos el fascinante tópico de la misa diabólica o misa invertida, una parodia ominosa y blasfema del máximo sacramento católico que el discurso demonológico convirtió, en su fase crepuscular, en el vórtice mismo del sabbat sacrílego. Sin embargo, tal como lo confirman ambos investigadores, se trata de un mitologema que irrumpió tardíamente en el imaginario de la caza de brujas. Existen referencias a la profanación de símbolos y ceremonias cristianas desde la génesis misma del fenómeno. Cabe recordar, al respecto, el tratamiento que la cruz o la eucaristía recibían por parte de los supuestos brujos en los procesos y tratados del siglo XV.[39] Pero habrá que esperar hasta la década

---

39. Las referencias son abundantísimas. Remitimos a continuación, elegidos de manera arbitraria, a algunos ejemplos significativos. Respecto de la profanación de la cruz: Joseph Hansen, *Quellen und Untersuchungen zur Geschichte des Hexenwahns un der Hexenverfolgung im Mittelalter*, Hildesheim, Georg Olms Verlagsbuchhandlung, 1963 (1901), pp. 17-18, 493, 461-466, 511, 541; Silvia Bertolin y Ezio Emerico Gerbore, *La stregoneria nella Valle d'Aosta medievale*, Quart, Musumeci, 2003, pp. 260-261; Martine Ostorero, Agostino Paravicini Bagliani, Kathrin Utz-Tremp y Catherine Chène (eds.), *L'imaginaire du sabbat*, pp. 155, 365; Franck Mercier y Martine Ostorero, *L'énigme de la Vauderie de Lyon*, pp. 69, 91, 306, 336, 338, 416; Martine Ostorero, *Le diable au sabbat*, pp. 465, 687; Carine Dunand, *Des montagnards endiablés. Chasse aux sorciers dans la vallée de Chamonix (1458-1462)*, Lausanne, Cahiers lausannois d'histoire médiévale-Université de Lausanne, 2009, p. 155; Jacques du Clercq, *Mémoires d'un magistrat d'Arras au temps de l'hérésie vaudoise, 1448-1467*, Clermont-Ferrand, Paleo, 2006, p. 63; Andrew Colin Gow, Robert B. Desjardins y François Pageau (eds), *The Arras Witch Treatises*, University Park, The Pennsylvania State University Press, 2016, p. 38; M. Bligny-Bondurand, "Procédure contre une sorcière de Boucoiran (Gard) (1491)", *Bulletin historique et philologique du Comité des travaux historiques et scientifiques* (1907), p. 384; Vittorio Spinetti, *Le streghe in Valtellina. Studio su vari documenti editi ed inediti dei secc. XV-XVI-XVII-XVIII*, Sondrio, Arnaldo Forni, 1903, p. 53; Sergio Pagano, "La condanna al rogo di tre streghe e l'esecuzione sul 'bricco' di Castellania (1520). In margine alla storia della stregoneria nel Tortonese", *Rivista di storia, arte, archeologia per le province di Alessandria e Asti*, 110 (2001), p. 285; Anna Marcaccioli Castiglioni, *Streghe e roghi nel Ducato di Milano. Processi per stregoneria a Venegono Superiore nel 1520*, Milano, Thélema, 1999, pp. 81, 83, 135, 161; Angela Santangelo Cordani, "*Mulier-striga*. I tratatti sulla stregoneria tra Quattro e Cinquecento: la *Lucerna inquisitorum* di Bernardo Rategno de Como", *Rivista Internazionale di Diritto Comune*, 22 (2011), p. 10, n. 29; Stephen Bowd, "'Honeyed Flies' and 'Sugared Rats': Witchcraft, Heresy, and Superstition in the Bresciano, 1454-1535", en S. A. Smith y Alan Knight (eds.), *The Religion of Fools? Superstition Past and Present*, Oxford, Oxford University Press, 2008, pp. 145-146, 149.

Respecto de la profanación de la eucaristía: Walter Stephens, *Demon Lovers*, pp. 197, 209, 213-216, 221, 223, 254, 273; Silvia Bertolin y Ezio Emerico Gerbore, *La stregoneria nella Valle d'Aosta*, p. 257; Martine Ostorero, *"Folâtrer evec les démons"*, pp. 217, 227, 251; Martine Ostorero, Kathrin Utz Tremtp y Georg Modestin (eds.), *Inquisition et sorcellerie en Suisse romande*, pp. 51, 91, 121, 150; Franck Mercier y Martine Ostorero, *L'énigme de la Vauderie de Lyon*, pp. 75, 91; Martine Ostorero, *Le diable au sabbat*, pp. 462, 465, 474, 476, 538-541, 687; Matthew Champion, "Crushing the Canon: Nicolas Jacquier's Response to the canon *Episcopi* in the *Flagellum haereticorum fascinariorum*", *Magic, Ritual, and Witchcraft*, 6:2 (2011), pp. 201-202, 204-208; Jean Tinctor, *Invectives contre la secte de vauderie*, editado por Émile van Balberghe y Frédéric Duval, Tournai-Louvain, Archives du Chapitre cathédral/Université catholique de Louvain, 1999, p. 58; Filippo Tamburini, "Suppliche per i casi di stregoneria diabolica nei registri della Penitenzieria e conflitti inquisitoriale (sec. XV-XVI)", *Critica storica*, 23 (1986), p. 622; René Filhol, "Procès de sorcellerie à Bressuire (1475)", *Revue historique du droit français et étranger*, 42:1 (1964), p. 79; Grado Giovanni Merlo, *Streghe*, Bologna, Il Mulino, 2006, p. 24; Sergio Pagano, "La condanna al rogo di tre streghe", pp. 284-285;

de 1590 para que en los relatos sobre las asambleas brujeriles aparezca la descripción, inicialmente poco elaborada, de una anti-misa satánica celebrada por presbíteros católicos cooptados por la secta o, incluso, por el demonio en persona. Ahora bien, fue en torno a 1610, en el extremo sur de Francia y en el extremo norte de España, que la potente imagen de una envilecida consagración eucarística celebrada por sectarios demonólatras adquirió una centralidad nunca antes vista. Al respecto, Maus de Rolley llama la atención sobre la simultánea irrupción del motivo en los celebérrimos procesos de Aix-en-Provence, Labourd y Zugarramurdi. La decisión de incluir en la serie casuística el proceso contra el Padre Louis Gauffridy es uno de los grandes aciertos de su propuesta. De esta manera, el autor prueba que los textos producidos a partir de este *affaire* no sólo resultan relevantes para la comprensión del fenómeno de las posesiones colectivas sino también de la caza de brujas y, más específicamente, de la evolución del estereotipo del sabbat. Queda abierta la discusión sobre las ascendencias mutuas y la responsabilidad que estos tres episodios demonofóbicos pudieron tener en la definitiva consolidación del mito de la misa sabbática. ¿Los estallidos sincrónicos en el sudoeste y en el sudeste de Francia se influenciaron mutuamente o se desarrollaron de manera independiente? ¿Los casos franceses se alimentaron de los procesos incoados en suelo ibérico o fueron estos últimos los que nutrieron la imaginación de los magistrados galos? La falta de pruebas documentales concluyentes sólo permite responder a estos interrogantes con hipótesis, algunas de las cuales recoge el autor en su capítulo. Cabe destacar que con su reciente ensayo sobre la tragedia que protagonizaron –con diferentes roles y distintos grados de responsabilidad– el presbítero Louis Gaufridy, las monjas Louise Capeau y Madeleine de Demandolx y el fraile Sébastien Michaëlis, Thibaut Maus de Rolley se ha convertido en el máximo experto actual en el penoso asunto de la posesión de las ursulinas de Aix-en-Provence.[40] Como es bien sabido, la serie de eventos de posesión colectiva y teatrales exorcismos protagonizados por religiosas francesas continuaría luego, en la década de 1630, con un aciago estallido en Loudun y, en la década de 1640, con un no menos traumático incidente en la localidad normanda de Louviers.[41]

Emma Wilby, por su parte, siguiendo los lineamientos trazados en su reciente ensayo sobre las brujas de Zugarramurdi, nos propone una aproxima-

---

Anna Marcaccioli Castiglioni, *Streghe e roghi nel Ducato di Milano*, pp. 93, 111, 149; Matteo Duni, *Under the Devil's Spell: Witches, Sorcerers, and the Inquisition in Renaissance Italy*, Florence, Syracuse University of Florence, 2007, p. 120; Francis Bavoux, *Hantises et diableries dans la terre abbatiale de Luxeuil*, Besançon, Éditions du Rocher-Monaco, 1956, pp. 150, 152.

40. Thibaut Maus de Rolley. *Moi, Louis Gaufridy, ayant soufflé plus de mille femmes: Une confession de sorcier au XVIIe siècle*, Paris, Les Belles Lettres, 2023.

41. Michel de Certeau (ed.), *La possession de Loudun*, Paris, Gallimard-Julliard, 1990 (1970), *passim*; Sophie Houdard, *Les invasions mystiques. Spiritualités, hétéredoxies et censures au début de l'époque moderne*, Paris, Les Belles Lettres, 2008, pp. 249-299; Sarah Ferber, *Demonic Possession and Exorcism in Early Modern France*, London, Routledge, 2004, pp. 89-112; Fumiaki Nakanishi, *L'affaire de Louviers. Sorcières et possédées au milieu du XVIIe siècle*, Saarbrücken, Presses Académiques Francophones, 2012, *passim*.

ción diferente –y en muchos aspectos complementaria– al mismo fenómeno de las misas invertidas en el sabbat brujeril.[42] La pregunta disparadora de la que parte su análisis remite a las causas que permitieron que el motivo de la misa diabólica prendiera con tanta rapidez y facilidad en las provincias vascas, en ambas vertientes de los Pirineos. Al mismo tiempo la autora se pregunta por el origen de los numerosos trazos idiosincráticos que caracterizaban a la impía misa sabbática en el universo cultural vasco. Al respecto, Wilby llega a la conclusión de que la explicación debe buscarse en el aporte que los propios encausados y sospechosos hicieron a la fabricación de tales relatos, a partir de prácticas ceremoniales realmente existentes en el período como las misas de difuntos, los remedos carnavalescos, los rituales de maldición y las cofradías populares. De esta manera, la autora busca recuperar la dimensión vivencial que se esconde detrás del diabolismo erudito y de los discursos demonológicos que reproducían los agentes de la represión antibrujeril. Se trata, en definitiva, de una línea argumental y de una propuesta metodológica similar a la que hallamos en sus trabajos previos sobre la represión de la brujería en suelo británico –con especial atención al caso escocés–, en los que Wilby puso énfasis en la recuperación de las experiencias visionarias, las tradiciones chamánicas y los aportes folklóricos que alimentaron las tradiciones y los mitos de la brujería vernácula.[43]

María Jesús Zamora Calvo es una destacada especialista en la literatura demonológica producida en suelo español, como lo pone de manifiesto la gran cantidad de artículos y libros que publicó sobre la materia.[44] En el capítulo que ha redactado para el presente libro, Zamora Calvo se centra en la oscura figura del canónigo aragonés Gaspar Navarro. Navarro nació a fines del siglo XVI en los alrededores de Zaragoza. Se doctoró en derecho canónico pero, lejos de proseguir su carrera en el ámbito académico o en cualquier otro escenario con mayor visibilidad y mejores posibilidades de promoción social, se asentó como canónigo de la Iglesia de Jesús Nazareno, dentro del castillo de Montearagón, en la comarca de la Hoya de Huesca. En 1631 publicó *motu proprio* un tratado –todo indica que nadie comisionó la redacción del texto– al que le puso el curioso título de *Tribunal de Superstición Ladina*. Se editó en la ciudad de Huesca, no muy lejos de la iglesia en la que su autor ejercía el rol de cura de almas. Navarro fue, pues, una criatura con rasgos culturalmente anfibios: formado en los claustros universitarios tuvo al mismo tiempo un conocimiento de primera mano de la cultura local del Alto Aragón barroco,

---

42. Emma Wilby, *Invoking the Akelarre: Voices of the Accused in the Basque Witch-Craze*, Liverpool, Liverpool University Press, 2020.

43. *Idem, Cunning Folk and Familiar Spirits: Shamanistic Visionary Traditions in Early Modern British Witchcraft and Magic*, Brighton, Sussex Academic Press, 2005; *Idem, The Visions of Isobel Gowdie: Magic, Shamanism and Witchcraft in Seventeenth-Century Scotland*, Brighton, Sussex Academic Press, 2010.

44. Cabe destacar, entre otros numerosos trabajos, los siguientes libros: María Jesús Zamora Calvo, *Ensueños de razón. El cuento inserto en tratados de magia (siglos XVI y XVII)*, Madrid-Fráncfort, Iberoamericana/Vervuert, 2005; *Idem, Artes maleficorum. Brujas, magos y demonios en el Siglo de Oro*, Barcelona, Calambur, 2016.

con su inclinación hacia el pensamiento mágico, su obsesión por el fenómeno de la posesión diabólica y su inmarcesible apego a un interminable listado de prácticas supersticiosas.[45] Esta simbiosis es la que otorga un interés mayúsculo al *Tribunal de Superstición Ladina*, un tratado extenso y farragoso en el que se entremezclan la demonología libresca escolástica con un anecdotario cuasi-etnográfico, construido a partir de la experiencia que Navarro adquirió en contacto directísimo con la población campesina instalada en aquel rincón de España, alejado de los grandes centros urbanos y, en consecuencia, de las usinas culturales más sofisticadas o cosmopolitas.[46]

Con la contribución que al presente volumen realizan Gunnar W. Knutsen, Agustín Méndez y Michaela Valente, nos adentramos de manera decidida en la demonología barroca, en un siglo XVII que primero acogió algunos de los eventos represivos más espectaculares de la historia de la caza de brujas y que luego, en sus décadas finales, fue testigo de la crisis terminal de la demonología radical, su principal fundamento teórico. Estos tres artículos finales también nos permitirán incursionar en Noruega, Holanda y Nueva Inglaterra, escenarios periféricos respecto de los centros neurálgicos de la caza de brujas y de la producción de sentido común demonológico. Gunnar Knutsen ha abordado con igual solvencia el estudio de la represión judicial de la brujería y de la extirpación de supersticiones en escenarios tan disímiles como la Península Ibérica y Escandinavia.[47] En el capítulo que ha redactado para la presente colección, nos ofrece una completa síntesis de la represión judicial de la brujería en Noruega, con una mirada más próxima a la historia político-institucional que al tradicional enfoque sociocultural que por mucho tiempo prevaleció en la historiografía de su país. Por ello, el eje del artículo es la ordenanza regia que el rey Christian IV de Dinamarca dictó en 1617. Si bien los juicios por brujería no comenzaron en Noruega con esta pieza legislativa, el involucramiento directo del monarca en un programa de reforma de costumbres –una de cuyas piezas clave fue la extirpación de las formas

---

45. De hecho, entre 1637 y 1642, es decir, poco después de que Navarro publicara su *Tribunal*, en la misma región altoaragonesa de Huesca, en concreto en el Valle de Tena (en las aldeas de Tramacaſtilla y Sandiniés, Villanúa, Saqués, Sallent, Jaca, Pueyo de Jaca y Piedrafita), eſtalló uno de los episodios de posesión colectiva más importantes de la hiſtoria moderna europea. Véase Ismael del Olmo, *Legio. Posesión diabólica y exorcismo en la Europa de los siglos XVI y XVII*, Zaragoza, Inſtitución Fernando el Católico, 2018, pp. 339-379; Ángel Gari Lacruz, *Brujería e Inquisición en el Alto Aragón en la primera mitad del siglo XVII*, Zaragoza, Diputación General de Aragón, 1991, *passim*; María Tausiet, "'Patronage of Angels and Combat of Demons': Good versus Evil in Seventeenth-century Spain", en Peter Marshall y Alexandra Walsham (eds.), *Angels in the Early Modern World*, Cambridge, Cambridge University Press, 2006, pp. 233-255.

46. Fabián Alejandro Campagne, *Homo Catholicus, Homo Superſtitiosus*, pp. 201-203.

47. Para una síntesis de sus eſtudios sobre la represión de la brujería y de la superſtición en Valencia y Barcelona véase Gunnar W. Knutsen, *Servants of Saſtan and Maſters of Demons: The Spanish Inquisition's Trials for Superſtition. Valencia and Barcelona, 1478-1700*, Turnhout, Brepols, 2009. Exiſte versión en caſtellano de eſte libro: *Idem, Los procesos por superſtición en la Inquisición de Barcelona y Valencia, 1478-1700. Siervos de Satanás o maeſtros de demonios*, Valencia, Calambur, 2018. Para la abundante producción hiſtórica del Profesor Knutsen en idioma noruego y sueco véase https://www.gunnarwknutsen.com/.

de magia popular ligadas a la hechicería tradicional– provocó un incremento de casos sin precedentes. De hecho, por su misma redacción la mencionada norma adquirió la forma de una orden directa que el rey dirigía a sus funcionarios para que impulsaran los procesos por brujería en su territorio. Para la consecución de dicho objetivo –y para que las sentencias no tuvieran carácter absolutorio– los agentes regios optaron por presenciar los juicios como una forma de presionar a jurados y magistrados y como un expediente más para que la voluntad punitiva del monarca se respetara. No debe sorprendernos, pues, que todos los procesos presenciados por lugartenientes reales concluyeran con la condena a muerte de los convictos. Si bien por momentos se detecta la influencia de la demonología continental en las ordenanzas que criminalizaron la magia y la brujería en Dinamarca y en Noruega, en términos generales la idea de complot, el estereotipo del sabbat, la apostasía y el culto al demonio tuvieron menos peso en aquella porción de la Europa nórdica que en otras regiones del continente.[48]

Si el artículo de Knutsen aborda procesos históricos propios de las décadas centrales del siglo XVII, un período en el que la represión judicial de la brujería y la satanización de la paraliturgia popular alcanzó niveles extraordinarios, con los artículos de Agustín Méndez y de Micaela Valente nos aventuramos en los años finales de la misma centuria, un tiempo en el que el diabolismo generaba más entusiasmo en la América anglosajona que en la vieja Europa, donde la demonología radical se había convertido, al decir de Euan Cameron, en un *"contested and open subject"*.[49] Agustín Méndez es un reconocido especialista en el discurso demonológico anglosajón, un género que, sin apartarse de manera sustancial de los principios que organizaban la ciencia del demonio en la Europa continental, poseía rasgos propios y particularidades evidentes. Ahora bien, tras dedicar gran parte de su producción previa a la tratadística inglesa propiamente dicha, Méndez incursiona ahora en la demonología que se escribía y debatía en Nueva Inglaterra, en las dos

---

48. La publicación en las últimas dos décadas de gran cantidad de libros en inglés sobre la represión judicial de la brujería en Escandinavia permitió superar las barreras idiomáticas que impedían que un público más amplio tuviera acceso a los estudios específicos en la materia. Para el lector interesado en introducirse en la temática puede resultar de utilidad la siguiente selección, no sólo porque se trata de libros que cubren diferentes regiones del extremo norte europeo –como las actuales Finlandia, Suecia, Dinamarca y Noruega– sino porque sus autores adhieren a una perspectiva de historia comparada que permite contrastar la represión escandinava con la que tuvo lugar en otras áreas del continente, como Escocia, Italia, Inglaterra, los Países Bajos Españoles y la Alemania septentrional: Liv Helene Willumsen, *The Voices of Women in Witchcraft Trials: Northern Europe*, London, Routledge, 2022; *Idem, Witches of the North: Scotland and Finmark*, Leiden, Brill, 2013; Jacqueline Van Gent, *Magic, Body and the Self in Eighteenth-Century Sweden*, Leiden, Brill, 2009; Per Sörlin, *'Wicked Arts': Witchcraft and Magic Trials in Southern Sweden, 1635-1754*, Leiden, Brill, 1999; Louise Nyholm Kallestrup, *Agents of Witchcraft in Early Modern Italy and Denmark*, Basingstoke, Palgrave Macmillan, 2015; Raisa Maria Toivo, *Witchcraft and Gender in Early Modern Society: Finland and the Wider European Experience*, Aldershot, Ashgate, 2008.

49. Euan Cameron, *Enchanted Europe: Superstition, Reason and Religion, 1250-1750*, Oxford, Oxford University Press, 2010, p. 247 y ss.

décadas finales del siglo XVII.[50] En su colaboración para el presente volumen, el autor elige como objeto de estudio las reflexiones que sobre el demonio propusieron quienes por entonces eran los dos máximos teólogos activos en aquella región del Nuevo Mundo: Increase Mather y su hijo Cotton. El *corpus* de documentos seleccionado por Méndez abarca el período 1684-1696, es decir, los años inmediatamente anteriores y posteriores a la sensacional psicosis brujeril que estalló en Salem, en las cercanías de Boston, entre 1692 y 1693.[51] Pero la mayor originalidad de su propuesta reside, quizás, en la elección de la historia de las emociones como tamiz para el abordaje analítico del discurso demonológico de los Mather. Pocas dudas caben de que la creencia en la brujería se alimentó en la Edad Moderna de dos pasiones del alma tan universales y básicas como las funciones orgánicas mismas del cuerpo humano: el miedo y la ira. Son, precisamente, las emociones que Agustín Méndez prioriza en su capítulo. En un contexto de rápidos cambios socioeconómicos y turbulencias políticas, los sermones y ensayos de Increase y Cotton Mather no proponían anular dichos sentimientos sino controlarlos de manera apropiada. No era el diablo, por caso, la entidad suprahumana que debía generar miedo en los seres humanos. El excesivo temor a Satán podía ser, de hecho, un indicio de que la persona que lo experimentaba no se contaba entre los justos predestinados a la eterna beatitud. Para contribuir a la recta conducta del creyente calvinista el miedo reverente y sobrecogedor debía tener como destinatario único a la divinidad, cuya sabiduría regía el cosmos –demonios y espíritus impuros incluidos– hasta en sus más mínimos detalles. La ira, por su parte, aparecía como una sensación más compleja, por su carácter multiforme y porque podía asociarse con un amplio espectro de agentes: el enojo que la divinidad sentía por el pecado del hombre, el que el diablo experimentaba contra los seres humanos, el que asaltaba a estos últimos como consecuencia de los sufrimientos y de las carencias propias de toda existencia terrenal. El pedagógico control de daños emocional que proponían ambos teólogos puritanos instaba a sus feligreses y lectores a acatar con mansedumbre los designios siempre justos del severo

---

50. Para una síntesis de los resultados de las investigaciones de este historiador argentino sobre el discurso demonológico inglés véase Agustín Méndez, *El infierno está vacío. Demonología, caza de brujas y reforma en la Inglaterra temprano-moderna (s. XVI y XVII)*, Valencia, Universitat de València, 2020.

51. En efecto, resulta imposible abordar el análisis de la producción de corte demonológico de los Mather aislándola del super-evento de los procesos de Salem. La bibliografía sobre estos juicios es extraordinariamente abundante –y continúa creciendo– por lo que resultaría improcedente acumular aquí infinitas referencias bibliográficas. Más útil resulta, en cambio, remitir a los trabajos con perspectiva historiográfica que resumen las múltiples teorías que se han ensayado para explicar el fenómeno y que permiten a quienes no son especialistas reconstruir fácilmente la red intertextual con los principales aportes al debate. Al respecto véase Bryan Le Beau, *The Story of the Salem Witch Trials*, London, Routledge, 2023 (3ª ed.); Benjamin C. Ray, *Satan and Salem: The Witch-Hunt Crisis of 1692*, Charlottesville, University of Virginia Press, 2015, pp. 1-15; Jane Kamensky, "Salem Obsessed; Or *Plus* Ça *Change*: An Introduction", *The William and Mary Quarterly*, 65:3 (2008), pp. 391-400. También resulta en extremo útil la consulta de *Salem Witch Trials: Documentary Archive and Transcription Project*, el principal reservorio académico sobre el tema en Internet, avalado por la Universidad de Virginia: https://salem.lib.virginia.edu/home.html.

Dios calvinista, apartándose así de sentimientos como la cólera o la furia que jamás debían tener como destinatario a la infalible Providencia divina.[52]

La historiadora italiana Michaela Valente ha publicado en los últimos años varios libros seminales dedicados a algunas de las plumas primordiales de la demonología temprano-moderna, como Johann Wier y Jean Bodin.[53] Para *Furor Satanae*, en cambio, Valente recupera la figura de un intelectual que revolucionó el pensamiento cristiano sobre el demonio: Balthasar Bekker, un pastor calvinista neerlandés nacido en Frisia en 1634. A pesar de que compartían la misma época, el mismo oficio y la misma adscripción confesional, resulta difícil imaginar discursos sobre el diablo tan diferentes entre sí como los que elaboraron los Mather en Massachusetts y Bekker en las Provincias Unidas. Enemigo declarado del excesivo rigorismo teológico –y de la exagerada disciplina en materia de costumbres defendida por el conservadurismo calvinista– y notorio admirador de la epistemología que unas décadas antes había dado a conocer René Descartes, Bekker publicó en 1691 *De Betoverde Weereld*, un monumental ensayo en varios tomos cuyo título puede traducirse como *El mundo encantado*. A partir de un riguroso ejercicio de hermenéutica bíblica –y de un procedimiento que hoy caracterizaríamos como propio de la historia comparada de las religiones– el osado pastor frisón se esforzó por demostrar que la mayoría de los pasajes escriturarios que tradicionalmente fueron empleados para construir la bimilenaria mitología en torno a Satán resultaron voluntaria o involuntariamente tergiversados y manipulados por generaciones de defectuosos comentaristas e inexactos traductores. Bekker llegaba a la impactante conclusión de que Satán, apresado en el Infierno como consecuencia del eficaz sacrificio crístico, no podía interferir en los asuntos humanos ni actuar en el mundo. Sin negar la existencia del alma humana, de los espíritus o del demonio, y alejado, por lo tanto, de los excesos spinozistas con los que sus enemigos se esforzaban por contaminarlo, Bekker hizo una contribución decisiva al desencantamiento del mundo. Como concluye Michaela Valente, el debate demonológico ya no fue el mismo: a partir de entonces resultaba inviable sumergirse en la polémica sin tomar en consideración los argumentos desplegados por Bekker en *De Betoverde Weereld*.[54]

---

52. Para una aproximación a los estudios sobre la brujería temprano-moderna desde la perspectiva de la historia de las emociones resulta de gran utilidad una colectánea de reciente publicación: Laura Kounine y Michael Ostling (eds.), *Emotions in the History of Witchcraft*, Basingstoke, Palgrave Macmillan, 2016. Los artículos que forman parte de esta colección cubren un amplio espectro de regiones y áreas geográficas, incluidas Europa Oriental y África. Para un abordaje centrado de manera exclusiva en el caso inglés véase Charlotte-Rose Millar, *Witchcraft, the Devil and Emotions in Early Modern England*, London, Routledge, 2017.

53. Michaela Valente, *Bodin in Italia. La* Démonomanie des sorciers *e le vicende della sua traduzione*, Firenze, Centro Editoriale Toscano, 1999; *Idem, Johann Wier. Agli albori della critica razionale dell'occulto e del demoniaco nell'Europa del Cinquecento*, Firenze, Olschki, 2003; *Idem, Johann Wier: Debating the Devil and Witches in Early Modern Europe*, Amsterdam, Amsterdam University Press, 2022. Este último libro es una versión revisada del original publicado en italiano en 2003.

54. Para una reconstrucción del clima intelectual en el que Bekker elaboró su disruptiva demonología de corte revisionista véase Jonathan I. Israel, *Le Ilustración radical. La filosofía y la construcción de la modernidad, 1650-1750*, traducido por Ana Tamarit, México, FCE, 2012 (2001), pp. 467-505.

Las doce contribuciones que integran el libro que el lector tiene entre sus manos, a cargo de un equipo de reconocidos expertos internacionales en la materia, plantea un ambicioso recorrido que, en forma de arco temporal, se inicia en la década de 1320 con la bula *Super illius specula* de Juan XXII y culmina en la década de 1690 con *De Betoverde Weereld* de Balthasar Bekker.[55] Este trayecto tiene poco de casual. No cabe atribuir al azar el hecho de que el punto de partida de nuestro itinerario sea la curia pontificia, por entonces asentada en la cálida sede provenzal de Aviñón, ni que el punto de llegada sea la marítima y fría Ámsterdam, trinchera de la libertad de consciencia en vísperas del Siglo de las Luces. Entre estos dos extremos cronológicos, que encierran la fase de apogeo de la demonología radical y de la caza de brujas europea, Satán desplegó una panoplia infinita de rostros, máscaras y semblantes, propios de una naturaleza angélica proteiforme capaz de adoptar cualquier disfraz o apariencia, pero siempre omnipresente como dispositivo cultural diseñado para otorgar sentido al angustiante universo de los hombres y mujeres del Medioevo tardío y de la Modernidad temprana.

Fabián Alejandro Campagne

Buenos Aires, mayo de 2023

---

55. La enigmática bula del papa Juan XXII es mencionada por Michael Bailey en su contribución al presente volumen. Quien más ha insistido en los últimos años sobre su importancia para la historia de la demonología es Alain Boureau. Véase su *Satan hérétique*, pp. 20-25. No podemos dejar de mencionar, sin embargo, las dudas que todavía existen respecto de la autenticidad de este documento pontificio. Véase Julien Véronèse, "Nigromancie et hérésie: le *De jurisdictione inquisitorum in et contra christianos demones invocantes* (1359) de Nicolas Eymerich (O.P.)", en Martine Ostorero y Julien Véronèse (eds.), *Penser avec les démons*, p. 14; Pau Castell Granados, "The inquisitor's demons: Nicolau Eymeric's *Directorium inquisitorum*", en Jan Machielsen, *The Science of Demons*, p. 26; Martine Ostorero, *Le diable au sabbat*, p. 437.

❧ CAPÍTULO I ❧

De la política al cuidado pastoral: demonología y superstición en Francia y en Alemania durante el Medioevo tardío

Michael D. Bailey

Iowa State University

Traducción del inglés: Fabián Alejandro Campagne

Muchos de los episodios más tempranos de caza de brujas en Europa tuvieron lugar en la frontera entre Francia y Alemania, en una zona que se extendía desde lo que actualmente es Suiza occidental, el noroeste de Italia y el Delfinado francés, hasta Artois, Flandes y los Países Bajos meridionales.[1] Se trata de territorios que con frecuencia estaban divididos políticamente pero también en términos culturales y lingüísticos, circunstancia que pudo haber sido un factor de promoción de los procesos por brujería en dichas regiones.[2] También en dicha área irrumpieron muchos de los textos demonológicos más tempranos relacionados con la brujería, desde el relevante *corpus* de fuentes generadas en torno a los Alpes occidentales en la década de 1430, hasta los textos asociados con la *vauderie* de Arras –por entonces bajo control del Duque de Borgoña– entre 1459 y 1460.[3]

---

1. Sobre los procesos en Suiza véase Andreas Blauert, *Frühe Hexenverfolgungen: Ketzer-, Zauberei- und Hexenprozesse des 15. Jahrhunderts*, Hamburg, Junius, 1989. Con posterioridad a este trabajo pionero se publicó una serie de importantes trabajos producidos por un grupo de académicos asociados a la Universidad de Lausanne. Una síntesis de esta producción puede verse en Kathrin Utz Tremp, "Witches' Brooms and Magic Ointments: Twenty Years of Witchcraft Research at the University of Lausanne (1989-2009)", *Magic, Ritual, and Witchcraft*, 5:2 (2010), pp. 173-187. Sobre el Delfinado véase Pierrette Paravy, *De la Chrétienté romaine a la Réforme en Dauphiné: Évêques, fidèles et deviants (vers 1340-vers 1530)*, Rome, École Française de Rome, 1993, vol. 2, pp. 771-905. Sobre el norte de Francia véase Franck Mercier, *La Vauderie d'Arras: Une chasse aux sorcières à l'automne du moyen âge*, Rennes, Presses Universitaires de Rennes, 2006.

2. Kathrin Utz Tremp, *Von der Häresie zur Hexerei: "Wirkliche" und imaginäre Sekten im Spätmittelalter*, Hannover, Hansche Buchhandlung, 2008, pp. 441-443, 504.

3. El estudio fundamental sobre los textos de la década de 1430, que incluye ediciones en las lenguas originales y traducciones al francés, es Martine Ostorero, Agostino Paravicini Bagliani, y Kathrin Utz Tremp, con la colaboración de Catherine Chène (eds.), *L'imaginaire du sabbat: Edition critique des textes les plus anciens (1430 circa-1440 circa)*, Lausanne, Cahiers lausannois d'histoire médiévale- Université de Lausanne, 1999. También Franck Mercier y Martine Ostorero, *L'énigme de la Vauderie*

Desde hace tiempo los especialistas caracterizan como precursores de estos tempranos episodios de caza de brujas a una serie de juicios por magia maléfica que tuvieron lugar durante el siglo XIV a lo largo de toda Europa, especialmente en la corte papal en Aviñón y en la francesa en París.[4] Estos escenarios también vieron surgir textos que criticaban las prácticas mágicas y supersticiosas y que, por lo tanto, de manera inevitable abordaron el problema de la naturaleza y del alcance del poder del demonio en el mundo. También hallamos antecedentes de una demonología plenamente centrada en el fenómeno de la brujería en un cuerpo de textos antisupersticiosos escritos principalmente en tierras germanas en las primeras décadas del siglo XV.[5] En este artículo me centraré en estos dos grupos de fuentes y en las diferencias que existen entre ambos.

Un importante cambio tuvo lugar en el paso del siglo XIV al XV, cuando el ámbito principal de producción de los textos antisupersticiosos escritos por intelectuales y autoridades eclesiásticas se trasladó de las cortes francesas, sobre todo París y su gran universidad, hacia distintos centros académicos en el imperio alemán. En el siglo XIV los típicos críticos de la superstición eran académicos, especialmente teólogos. Su trabajo, sin embargo, estuvo intensamente moldeado por lo que caracterizaré como preocupaciones políticas. Buscaban identificar y suprimir supersticiones y prácticas potencialmente diabólicas asociadas con centros de poder político. Se trataba de prácticas, además, que a menudo estaban patrocinadas por príncipes o reyes. Los autores de tratados antisupersticiosos del siglo XV también fueron en su mayoría académicos. Las universidades en la Alemania tardo-medieval, por caso, estaban estrechamente asociadas con centros cortesanos y con el patronazgo principesco. En el presente artículo voy a sostener que estos escritos ligeramente más tardíos reflejaban en primer término lo que llamaré preocupaciones de índole pastoral. Siguiendo el modelo de Jean Gerson, destacado intelectual francés del período, buscaban extirpar las supersticiones con el objetivo de elevar el estado moral y espiritual de la sociedad en su conjunto.

de Lyon: Enquête sur l'essor de la chasse aux sorcières entre France et Empire (1430-1480), Firenze, Sismel, 2015. Sobre la literatura demonológica posterior, hasta mediados del siglo XV, véase Martine Ostorero, *Le diable au sabbat: Littérature démonologique et sorcellerie (1440-1460)*, Firenze, Sismel, 2011.

4.   William R. Jones, "Political Uses of Sorcery in Medieval Europe", *The Historian* 34:4 (1972), pp. 670-687; Edward Peters, *The Magician, the Witch, and the Law*, Philadelphia, University of Pennsylvania Press, 1978, pp. 120-135; Edward Peters, "The Medieval Church and State on Superstition, Magic and Witchcraft: From Augustine to the Sixteenth Century", en Bengt Ankarloo y Stuart Clark (eds.), *Witchcraft and Magic in Europe: The Middle Ages*, Philadelphia, University of Pennsylvania Press, 2002, pp. 173-245, especialmente pp. 218-222; Jan R. Veenstra, *Magic and Divination at the Courts of Burgundy and France: Text and Context of Laurens Pignon's* Contre les devineurs *(1411)*, Leiden, Brill, 1998, pp. 59-89.

5.   Françoise Bonney, "Autour de Jean Gerson: Opinions de théologiens sur les superstitions et la sorcellerie au début du XVe siècle", *Le Moyen Âge*, 77 (1971), pp. 85-98; Edward Peters, "Medieval Church and State", pp. 228-229; Michael D. Bailey, "Concern Over Superstition in Late Medieval Europe", en Stephen Anthony Smith y Alan Knight (eds.), *The Religion of Fools: Superstition Past and Present*, Oxford, Oxford University Press, 2008, pp. 115-133.

Este cambio de las preocupaciones políticas a las pastorales desató una serie de procesos importantes. Las autoridades que escribieron contra la superstición ampliaron su perspectiva para incluir no sólo a la élite y a las formas letradas de conjuración y adivinación presentes de manera evidente en los centros cortesanos, sino también a los hechizos comunes, los encantamientos terapéuticos y las formas de *maleficium* directamente dañinas que poco después hallaremos en el corazón de los primeros juicios por brujería. Dado que estas autoridades siempre sospecharon que las prácticas supersticiosas involucraban de una u otra forma a los demonios, esta conclusión implicó que un incontable número de personas ordinarias fueron de allí en más vistas como potenciales invocadoras y manipuladoras de poderes diabólicos. Otro aspecto crítico de este cambio fue que las autoridades ampliaron y, hasta cierto punto, redireccionaron su preocupación desde los practicantes masculinos, los únicos que de manera razonable podían relacionarse con las prácticas mágicas eruditas, hacia las mujeres comunes e iletradas que más tarde se convertirían en blanco favorito de las acusaciones de brujería. Más cambios se produjeron con el surgimiento de los juicios por brujería y de la literatura asociada a ellos. Volveré sobre esta cuestión al final del presente artículo, aunque sólo de manera breve, pues se trata de cuestiones que ya han sido muy estudiadas por los especialistas.

Los cambios en los discursos sobre la superstición y el alcance del poder de los demonios que rastreo en este trabajo no explican por completo los juicios por brujería que poco después, entre principios y mediados del siglo XV, comenzarían en la frontera franco-germana. Sin embargo, clarifican el desarrollo de una atmósfera intelectual que ayudó a alimentar dichos procesos y que sirvió de fundamento al imaginario de una brujería intensamente diabólica: una profunda preocupación por el diabolismo relacionado con las prácticas mágicas comunes y con las supersticiones populares así como la creciente convicción de que las mujeres por lo general eran las principales portadoras de tales errores. Se trata de constataciones que permanecerán como trazos importantes de la demonología europea en los siglos por venir.

Preocupaciones políticas en el siglo XIV

La preocupación de las autoridades medievales que escribían sobre la magia y las supersticiones siempre incluyó la inquietud sobre los demonios y su capacidad para operar en el mundo. Trazar los flujos y reflujos de algo tan efímero como el miedo al demonio es una tarea histórica difícil, pero la mayoría de los especialistas concuerdan en que en la sociedad tardo-medieval el diablo se convirtió en una figura mucho más terrible.[6] Los casos de posesión diabólica escalaron en este período y continuaron durante la temprana-modernidad, con una "edad dorada" de las posesiones que se superpuso a la

---

6. Jeffrey Burton Russell, *Lucifer: The Devil in the Middle Ages*, Ithaca, Cornell University Press, 1984, especialmente pp. 274-301; Philip Almond, *The Devil: A New Biography*, Ithaca, Cornell University Press, 2014, pp. 68-93.

era más intensa de la caza de brujas en muchas regiones de Europa.[7] De la irrupción e intensificación de la caza de brujas deriva, por supuesto, gran parte de la evidencia más sólida sobre el considerable crecimiento en el período de la preocupación por el poder del diablo y por los intercambios humanos con los demonios.[8]

Aun cuando algunos aspectos de la cultura intelectual tardo-medieval pueden haber sido contrarios a esta intensificación general de la ansiedad por el demonio, es fácil constatar una preocupación creciente no sólo por fenómenos como la magia, la superstición y la brujería sino también por muchas otras áreas de la cultura medieval.[9] Los sermones, en particular, ofrecen una cruda imagen de la angustia demonológica que se propagó entre muchos segmentos de la población europea.[10] La demonología erudita misma se desarrolló de manera considerable en este período. Tanto es así que Alain Boureau sostuvo que el tema realmente no existía antes del siglo XIV.[11] Boureau realizó, según mi opinión, el análisis más completo y matizado de las razones del surgimiento de una preocupación demonológica en torno al año 1300, que él relacionó en gran medida con las tensiones ideológicas –y en última instancia políticas– entre el Papado y las monarquías seculares en este período crucial.[12] Boureau inicia su análisis con el papa Juan XXII, el temor del pontífice a los ataques de índole mágica y sus pronunciamientos sobre la magia demoníaca.[13]

---

7.   Sobre el período tardo-medieval véase Nancy Caciola, *Discerning Spirits: Divine and Demonic Possession in the Middle Ages*, Ithaca, Cornell University Press, 2003; Dyan Elliott, *Proving Woman: Female Spirituality and Inquisitional Culture in the Later Middle Ages*, Princeton, Princeton University Press, 2004. Sobre la "edad de oro" de la posesión diabólica véase Hans de Waardt *et alii*. (eds.), *Dämonische Besessenheit: Zur Interpretation eines kulturhistorischen Phänomens*, Bielefeld, Verlag für Regionalgeschichte, 2005, p. 7.

8.   Brian P. Levack, "The Great Witch-Hunt", en Thomas A. Brady Jr., Heiko A. Oberman y James D. Tracy (eds.), *Handbook of European History, 1400-1600: Late Middle Ages, Renaissance, and Reformation*, Leiden, Brill, 1995, vol. 2, pp. 609, 624-626; Brian P. Levack, *The Witch-Hunt in Early Modern Europe*, London, Routledge, 2016 (4th ed.), pp. 29-37. En un sentido más amplio véase Michael D. Bailey, "Diabolical Magic", en David J. Collins (ed.), *The Cambridge History of Magic and Witchcraft in the West: From Antiquity to the Present*, Cambridge, Cambridge University Press, 2015, pp. 361-392, especialmente pp. 371-383; Michael D. Bailey, "Witchcraft and Demonology in the Middle Ages", en Johannes Dillinger (ed.), *The Routledge History of Witchcraft*, London, Routledge, 2020, pp. 46-60.

9.   Peter Dinzelbacher, *Angst im Mittelalter: Teufels-, Todes- und Gotteserfahrung: Mentalitätsgeschichte und Ikonographie*, Paderborn, Schöningh, 1996, pp. 94-134.

10. Jeffrey Burton Russell, *Lucifer*, p. 275; Larissa Taylor, *Soldiers of Christ: Preaching in Late Medieval and Reformation France*, Oxford, Oxford University Press, 1992, pp. 117-119; A. Karim Baccouche, *Speak of the Devil and He Shall Appear: Preaching Against Heresy and Witchcraft in the Fifteenth and Sixteenth Centuries in France*, Ph.D. diss., University of New Brunswick, 2022.

11. Alain Boureau, *Satan hérétique: Histoire de la démonologie (1280-1330)*, Paris, Odile Jacob, 2004, pp. 17-18.

12. *Ibid.*, *Satan hététique*, p. 12.

13. *Ibid.*, pp. 17-60. Ver también Alain Boureau, *Le pape et les sorciers: Une consultation de Jean XXII sur la magie en 1320 (Manuscrit B.A.V. Borghese 348)*, Rome, École Française de Rome, 2004. Para

Casi inmediatamente después del ascenso de Juan XXII al trono papal en 1316 se descubrió un complot mágico en su contra. En 1317 Hugues Géraud, obispo de Cahors, fue acusado y finalmente condenado por orquestar un plan para asesinar al pontífice. Bajo su dirección un grupo de conspiradores recurrió a una forma de magia basada en la manipulación de imágenes o figurines de cera, confeccionados para representar al Papa y a dos de sus cardenales. También emplearon pociones venenosas para despachar a las víctimas elegidas.[14] Resulta claro que en la corte papal florecían distintas formas de magia. En los años sucesivos otros clérigos fueron acusados de practicar rituales o de poseer libros mágicos, el más famoso de los cuales fue el franciscano Bernard Délicieux, un decidido oponente de la Inquisición –predominantemente dominica– que operaba en el sur de Francia y un acérrimo partidario de los franciscanos espirituales a los que Juan XXII detestaba.[15]

En 1326 Juan XXII firmó su ahora famoso decreto *Super illius specula*.[16] La bula excomulgaba a todo el que invocara demonios en el contexto de un ritual de magia y ordenaba que fueran quemados todos los libros que contuvieran fórmulas mágicas. Dado que no fue incorporada al derecho canónico no resulta sencillo precisar el impacto inmediato de esta bula, que no parece haber alcanzado un verdadero protagonismo hasta medio siglo después, cuando en 1376 el inquisidor dominico Nicolau Eymeric la incluyó en la sección sobre magia diabólica de su *Directorium inquisitorum*.[17] Pero Juan XXII realizó otros importantes pronunciamientos contra los acusados de practicar la magia demoníaca, incluyendo una carta de 1320 en la que ordenaba a los inquisidores de Carcasona y de Toulouse que procedieran contra tales sospechosos.[18] Esta carta conecta a Juan XXII y su preocupación por la magia diabólica extendida en la corte de Aviñón con el primer gran demonólogo inquisitorial del siglo XIV, Bernard Gui, inquisidor en Toulouse por aquel entonces. Unos años más tarde, en 1324, Gui redactó la *Practica inquisitonis heretice pravitatis*,

---

una perspectiva diferente véase Isabel Iribarren, "From Black Magic to Heresy: A Doctrinal Leap in the Pontificate of John XXII", *Church History*, 76:1 (2007), pp. 32-60.

14. Rainer Decker, *Die Päpste und die Hexen: Aus den geheimen Akten der Inquisition*, Darmstadt, Primus Verlag, 2003, pp. 30-32.

15. Edward Peters, *The Magician*, pp. 130-131; Lynn Thorndike, *A History of Magic and Experimental Science*, New York, Columbia University Press, 1923-1958, vol. 3, pp. 22-26. Sobre Bernard Délicieux véase Alan Friedlander, *The Hammer of the Inquisitors: Brother Bernard Délicieux and the Struggle Against the Inquisition in Fourteenth-Century France*, Leiden, Brill, 2000.

16. Joseph Hansen (ed.), *Quellen und Untersuchungen zur Geschichte des Hexenwahns und der Hexenverfolgung im Mittelalter*, Hildesheim, Georg Olms, 1963, pp. 5-6; sobre la significación de la bula véase Alain Boureau, *Satan hérétique*, pp. 20-25.

17. Para los debates sobre la circulación y el impacto de la bula véase Michael D. Bailey, *Fearful Spirits, Reasoned Follies: The Boundaries of Superstition in Late Medieval Europe*, Ithaca, Cornell University Press, 2013, pp. 79-80; Derek Hill, *Inquisition in the Fourteenth Century: The Manuals of Bernard Gui and Nicholas Eymeric*, York, York Medieval Press, 2019, pp. 183-190.

18. Joseph Hansen, *Quellen*, pp. 2-5; Alain Boureau, *Satan hérétique*, pp. 25-31.

                                                            MICHAEL D. BAILEY

su famoso manual de inquisidores, en el que incluyó algunas secciones sobre magia demoníaca relativamente breves pero influyentes.[19]

Como ya dijimos, el decreto *Super illius specula* de Juan XXII fue utilizado de manera significativa en la condena de la magia diabólica que impulsó el otro gran demonólogo inquisitorial del siglo XIV, Nicolau Eymeric. Desde fines de la década de 1350 hasta la de 1390, Eymeric escribió varias obras atacando la magia demoníaca, la astrología e incluso la alquimia.[20] En su papel de inquisidor principal de la Corona de Aragón mantuvo estrecho contacto con la corte en Barcelona. Dos veces exiliado tras entrar en conflicto con la corona aragonesa en 1375 y de nuevo en 1393, pasó un tiempo en la corte papal de Aviñón. No caben dudas de que tanto en Aragón como en Aviñón se vio inmerso en la atmósfera de obsesión por la magia cortesana aun cuando la inquietud no aparezca con frecuencia articulada en sus escritos.

A medida de que el siglo XIV se acercaba a su fin diversas cortes, desde la Península Ibérica hasta Inglaterra, vivieron escándalos relacionados con casos de magia y adivinación, y en ellas se instaló una creciente preocupación por las invocaciones de demonios, las predicciones astrológicas y otras prácticas que las autoridades consideraban supersticiosas y peligrosas.[21] La corte francesa en París fue la que protagonizó el mayor número de escándalos, acusaciones y procesos.[22] En aquel tiempo fueron fértil terreno para tales sospechas la locura que afligía al rey Carlos VI y la intensa rivalidad política entre los duques de Borgoña y de Orleans. En una primera versión de su *Justification* del asesinato político de Luis de Orleans, escrita a instancias del duque de Borgoña Juan sin Miedo, el teólogo parisino Jean Petit acusó a aquél de haber recurrido a magos eclesiásticos y laicos para que invocaran demonios

19. Michael D. Bailey, "From Sorcery to Witchcraft: Clerical Conceptions of Magic in the Later Middle Ages", *Speculum*, 76:4 (2001), pp. 960-990, especialmente 967-971. Sobre Gui en general véase Derek Hill, *Inquisition in the Fourteenth Century, passim.*

20. *Contra demonum invocatores* (1359), *Directorium inquisitorum* (1376), *Contra astrologos imperitos* (1395), *Contra alchimistas* (1396). Véase Michael D. Bailey, "From Sorcery to Witchcraft", pp. 971-976; Michael D. Bailey, *Fearful Spirits*, pp. 81-94; también Sylvain Matton, "Le traité *Contre les alchimistes* de Nicholas Eymeric", *Chrysopoeia*, 1 (1987), pp. 93-136; Julien Véronèse, "Le *Contra astrologos imperitos atque nigromanticos* (1395-96) de Nicolas Eymeric (O.P.): Contexte de rédaction, classification des arts magiques et divinatoires, édition critique partielle", en Martine Ostorero, Georg Modestin y Kathrin Utz Tremp (eds.), *Chasses aux sorcières*, pp. 271-329; Pau Castell Granados, "The Inquisitor's Demons: Nicolau Eymeric's *Directorium Inquisitorum*", en Jan Machielsen (ed)., *The Science of Demons: Early Modern Authors Facing Witchcraft and the Devil*, London, Routledge, 2020, pp. 19-34. Sobre Eymeric en general véase Claudia Heimann, *Nicolaus Eymeric (vor 1320-1399), praedicator veridicus, inquisitor intrepidus, doctor egregious: Leben und Werke eines Inquisitors*, Münster, Aschendforff, 2001; Derek Hill, *Inquisition in the Fourteenth Century*.

21. Hilary Carey, *Courting Disaster: Astrology at the English Court and University in the Later Middle Ages*, Basingstoke, Palgrave Macmillan, 1992; Michael A. Ryan, *A Kingdom of Stargazers: Astrology and Authority in the Late Medieval Crown of Aragon*, Ithaca, Cornell University Press, 2011. Para una perspectiva más amplia véase Jean-Patrice Boudet, Martine Ostorero y Agostino Paravicini Bagliani (eds), *De Frédéric II à Rodolphe II: Astrologie, divination et magie dans les cours (XIIIe–XVIIe siècle)*, Firenze, Sismel, 2017.

22. Jan Veenstra, *Magic and Divination*; Peter Gorzolla, *Magie, Politik und Religion: Theologische Magiekritik als politisches Handeln im Frankreich Karls VI.*, Berlin, Lit Verlag, 2019, pp. 51-217.

y fabricaran objetos mágicos, tales como un amuleto de magia amatoria que Orleans solía llevar entre sus ropas. La esposa de Luis de Orleans, Valentina Visconti, también fue objeto de constantes rumores por su supuesta afición a la magia maléfica. Aproximadamente una década antes del asesinato de su esposo, estos rumores la indujeron a exiliarse de París. De continuo surgían sospechas en torno a las recurrentes crisis de locura del rey que atribuían la enfermedad a causas de tipo mágico. Por el mismo motivo periódicamente se ensayaban curas mágicas para intentar sanar al monarca. En 1393, un mago llamado Arnaud Guillaume afirmó que la aflicción del rey había sido provocada por la magia e intentó remediarla. En 1397, Luis de Sancerre, Mariscal de Francia, contrató a dos magos, aparentemente frailes agustinos. Cometieron el error de acusar a miembros de la Casa de Orleans de haber dañado a Carlos VI por medio de la magia. Se trató de un error fatal, pues Luis de Orleans los hizo declarar culpables de fraude y ordenó su posterior ejecución. Un año después, el médico de la corte, Jean de Bar, confesó haber practicado la magia demoníaca y también fue condenado a muerte.[23] Los famosos veintiocho artículos condenatorios de la magia y la superstición aprobados en 1398 por la Facultad de Teología de la Universidad de París, surgieron de manera directa de esta pesada atmósfera de rumores, acusaciones y juicios.[24] De hecho, desde hacía varias décadas partían desde la universidad significativas críticas contra distintas formas de superstición. Uno de los críticos más firmes, en particular de la astrología y de otras formas de adivinación, también fue uno de los principales intelectuales de la segunda mitad del siglo XIV, Nicolas Oresme.[25] Su trabajo más temprano relacionado con este tópico parece haber sido *Contra judiciarios astronomos*.[26] Resulta evidente el contexto cortesano de este tratado, pues de manera explícita Oresme sostenía que se trataba de una advertencia a "príncipes y magnates" sobre los peligros que implicaba depositar un exceso de confianza en las predicciones astrológicas.[27] Oresme abrevaba en una tradición arraigada con fuerza en el pensamiento cristiano, formalizada al menos desde los tiempos de Isidoro de Sevilla a principios del siglo VII, que postulaba que la astrología tenía dos caras: por un lado, la de una respetable ciencia natural; por el otro, la de una peligrosa superstición.[28] Oresme alertaba que, aun cuando se limitase al legítimo campo de la filosofía

---

23. La confesión puede verse en Jan Veenstra, *Magic and Divination*, pp. 351-355.

24. Heinrich Denifle (ed.), *Chartularium Universitatis Parisiensis*, Brussels, Culture et Civilisation, 1964, vol. 4, pp. 32-36. Véase Jean-Patrice Boudet, "Les condemnations de la magie à Paris en 1398", *Revue Mabillon*, 12 (2001), pp. 121-157.

25. Lynn Thorndike, *History of Magic*, vol. 3, pp. 398-471.

26. Nicole Oresme, *Contra judiciarios astronomos*, en George William Coopland (ed.), *Nicole Oresme and the Astrologers: A Study of his Livre de Divinacions*, Liverpool, Liverpool University Press, 1952, pp. 123-141.

27. *Ibid.*, p. 123.

28. *Ibid.*, p. 132. Isidore, *Etymologiarum sive originum libri XX*, editado por Wallace Martin Lindsay, Oxford, Oxford University Press, 1971, 3.27.1: "*astrologia vero partim naturalis, partim superstitiosa est*".

natural, la predicción astrológica apenas era posible porque los efectos naturales que las fuerzas astrales ejercían sobre la tierra eran múltiples y muy variados. Por completo imposible resultaban, en cambio, las predicciones astrales de los comportamientos humanos o de cualquier evento que dependiera del hombre, pues aunque las estrellas pudieran influenciar su accionar gracias a los efectos naturales que producían sobre la tosca materia física del cuerpo, la libertad humana siempre podía vencer estas bajas "inclinaciones".[29] Los príncipes que confiaban en exceso en astrólogos estaban, en el mejor de los casos, desperdiciando su tiempo y, en el peor de ellos, poniendo a sus reinos en serio peligro. La advertencia final de Oresme era simple: los astrólogos legítimos, los que se limitaban a las especulaciones naturales y "científicas", podían ser tolerados siempre y cuando no les quitaran demasiado tiempo a los príncipes. Los astrólogos supersticiosos, por su parte, debían ser ignorados por completo.[30]

Al escribir en latín, pero con la clara intención de alcanzar a una audiencia más allá de la universidad, Oresme mostraba ya a mediados del siglo XIV trazos de la tendencia tardo-medieval que, en relación con los trabajos posteriores de Jean Gerson, Daniel Hobbins caracterizó como la transformación de los académicos en intelectuales: es decir, profesores insertos en la universidad que escribían sobre asuntos morales y políticos de interés público.[31] Todo indica que Oresme consideró que *Contra judiciarios astronomos* no iba lograr llegar hasta una audiencia no académica. Por ello, entre 1361 y 1365 volvió sobre el tema pero en esta ocasión en francés, en su *Livre des divinacions*.[32] Si bien el nuevo texto guardaba una relación directa con el tratado previo en latín, no era una simple traducción. Se trataba de un trabajo original que con posterioridad fue a su vez traducido al latín.[33] En este segundo texto Oresme abordó la astrología con más detalle, dividiendo su práctica en seis variedades diferentes: las tres primeras eran enteramente naturales y, por lo tanto, legítimas, mientras que las tres restantes eran supersticiosas.[34] Una vez más sostuvo que los príncipes debían respetar la astrología lícita pero hasta un cierto punto, sin desperdiciar tiempo con ninguna clase de prácticas adivinatorias. Por el contrario, debían concentrarse en los aspectos más prácticos del gobierno de sus reinos.[35] En este trabajo, si bien la adivinación astral seguía siendo su principal preocupación, Oresme expandió sus críticas contra otras

---

29. Nicole Oresme, *Contra judiciarios astronomos*, pp. 130-131.

30. *Ibid.*, p. 136.

31. Daniel Hobbins, "The Schoolman as Public Intellectual: Jean Gerson and the Late Medieval Tract", *American Historical Review*, 108:5 (2003), pp. 1308-1335; Daniel Hobbins, *Authorship and Publicity Before Print: Jean Gerson and the Transformation of Late Medieval Learning*, Philadelphia, University of Pennsylvania Press, 2009, pp. 128-151.

32. Nicole Oresme, *Livre des divinacions*, en George William Coopland (ed.), *Nicole Oresme and the Astrologers*, pp. 50-121.

33. *Ibid.*, pp. 20-21.

34. *Ibid.*, pp. 54-56.

35. *Ibid.*, p. 104.

supersticiones cortesanas, incluida la nigromancia (en este contexto entendida como la invocación explícita de los demonios),[36] la interpretación de sueños, auspicios, presagios y augurios, el *ars notoria* y otras artes mágicas eruditas. Incluso hizo alusión brevemente a otro vicio mágico cortesano, la alquimia, remarcando que, así como los alquimistas que alguna vez tenían éxito en la obtención de oro se sumergían de manera cada vez más profunda en su arte, los adivinos que por pura casualidad formulaban de manera ocasional una predicción correcta terminaban convenciéndose de la validez de su oficio falso y supersticioso.[37]

Con el paso del tiempo Oresme se volvió cada vez más escéptico acerca de la capacidad de las fuerzas astrales naturales de ejercer algún influjo sobre la tierra y, por lo tanto, sobre la posibilidad de que existiera alguna clase de predicción astral legítima y "científica". En 1370 escribió su *Questio contra divinatores horoscopios*, texto en el que argumentó que los cuerpos astrales no hacían foco ni producían efectos particulares sobre la materia terrestre sino meros efectos de carácter general. También afirmó que los astros no poseían cualidades ocultas más allá de las observables, relacionadas con la luz y el movimiento.[38] Incluso cuestionó la eficacia de los demonios, reduciendo así la posibilidad de la existencia de formas "sobrenaturales" efectivas de adivinación supersticiosa.[39] Este trabajo, que expresaba un escepticismo más extremo que el que cabía hallar en cualquier otro escrito tardo-medieval contra la magia y la superstición, nació, sin embargo, de un contexto más claramente escolástico que cortesano, por lo que podemos aquí dejarlo de lado.[40]

Otra importante figura activa en París en el tercer cuarto del siglo XIV fue el alemán Heinrich von Langenstein.[41] Pocos años después de recibir su diploma en la universidad escribió un tratado negando que resultara posible atribuir efectos extraordinarios a un cometa que hizo su aparición sobre París en 1368. Afirmó que el cometa, al igual que los demás cuerpos celestes, era puramente natural y que, de hecho, se trataba de un evento astral relativamente "menor". Sus "exhalaciones" no iban a tener ningún efecto importante sobre la atmósfera terrestre aunque por un período podían provocar

---

36. Sobre los significados y potenciales ambigüedades de este término véase Richard Kieckhefer, *Forbidden Rites: A Necromancer's Manual of the Fifteenth Century*, University Park, Pennsylvania State University Press, 1998, p. 4, n. 14; Jean-Patrice Boudet, *Entre science et nigromance: Astrologie, divination et magie dans l'Occident médiéval (XIIe-XVe siècle)*, Paris, Publications de la Sorbonne, 2006, pp. 92-94.

37. Nicole Oresme, *Livre*, p. 100.

38. Nicole Oresme, *Questio contra divinatores horoscopios*, editado por Stefano Caroti, "Nicole Oresme: Quaestio contra divinatores horoscopios", *Archives d'histoire doctinale et littéraire du moyen âge*, 43 (1976), pp. 201-310, especialmente pp. 242, 274.

39. *Ibid.*, p. 298. En el mismo año Oresme también escribió su en extremo escéptico *De causis mirabilium*, editado por Bert Hansen, *Nicole Oresme and the Marvels of Nature: A Study of his De causis mirabilium with Critical Edition, Translation, and Commentary*, Toronto, Pontifical Institute of Mediaeval Studies, 1985, pp. 135-363.

40. Sobre el escepticismo de Oresme véase Michael D. Bailey, *Fearful Spirits*, pp. 101-105.

41. Para una aproximación general véase Lynn Thorndike, *History of Magic*, vol. 3, pp. 472-510.

tormentas severas.[42] Tampoco iba en forma alguna a afectar o a aumentar otras energías astrales mientras se movía a través de los cielos.[43] Se trataba, en síntesis, de un no-evento. Aun cuando no escribía de manera directa para alertar a los príncipes sobre el peligro de prestar excesiva atención a tales signos, al abordar un tópico que por entonces resultaba actual y popular, Heinrich claramente operaba en el territorio del "académico en tanto intelectual público". Unos cinco años después, en un tratado más general titulado *Contra astrologos coniunctionistas*, reafirmó el rol y la responsabilidad de la Universidad de París –como guardiana de la opinión pública– en la extirpación de cualquier superstición de la que tomara noticia.[44] En este tratado argumentó en contra de los muchos supuestos efectos que con frecuencia se atribuían a las conjunciones astrológicas. Al igual que Oresme, al que citaba en más de una oportunidad,[45] subrayó la imposibilidad de cualquier clase de adivinación astrológica puramente natural. Advertía, sin embargo, que los demonios podían estar involucrados en algunas predicciones astrológicas certeras –aunque no por ello menos supersticiosas– como habitualmente lo estaban en otras artes adivinatorias.[46]

La condena de 1398 de la Facultad de Teología parisina tuvo poco que decir de manera explícita contra la astrología. Sólo dos artículos, el veintiséis y el veintisiete, especificaban errores relacionados con las fuerzas astrales y sus efectos sobre la tierra. Las prácticas que dicha condena atacaba estaban más abiertamente relacionadas con la nigromancia: invocación de demonios, ofrendas a los espíritus impuros, intentos de atarlos a objetos como anillos y espejos. Sin embargo, en las cortes tardo-medievales estos rituales de magia demoníaca no estaban muy alejados de la magia ritual astral. De hecho, muchas autoridades las consideraban formas casi idénticas. Heinrich von Langenstein dejaba en claro que todas las imágenes astrales fabricadas para ser empleadas en rituales destinados a capturar y atraer energías celestes específicas en realidad funcionaban gracias al poder de los demonios.[47] Tanto Oresme como von Langenstein equipararon los errores de la astrología con los de las restantes artes mágicas. Si comparamos sus tratados, los juicios y la condena de la Universidad de París, podemos reconstruir el tipo de errores supersticiosos que preocupaban a las autoridades cortesanas y universitarias en las décadas finales del siglo XIV.

Resulta evidente que estas autoridades estaban preocupadas por una variedad de magia que resultaba frecuente en el mundo inmediato que habitaban y que eran practicadas en términos generales por magos de su

---

42. Heinrich of Langeſtein, *Queſtio de cometa*, en Hubert Pruckner (ed.), *Studien zu den aſtrologischen Schriften des Heinrich von Langenſtein*, Leipzig, Teubner, 1933, pp. 89-138, especialmente pp. 89-92.

43. *Ibid.*, pp. 93, 99.

44. Heinrich of Langenſtein, *Tractatus contra aſtrologos coniunctioniſtas de eventibus futurorum*, en *Ibid.*, pp. 139-206, especialmente p. 139.

45. *Ibid.*, pp. 193, 200.

46. *Ibid.*, p. 192.

47. Heinrich of Langenſtein, *Queſtio de cometa*, p. 136.

misma extracción social. De manera breve von Langenstein mencionaba en su *Contra astrologos coniunctionistas* a algunos "semi-astrólogos" no letrados cuyas predicciones agitaban al pueblo. Concluía que la Universidad de Paris debía tomar algún tipo de medida al respecto. Pero la mayoría de las veces lanzaba advertencias sobre los potenciales errores que provenían de su mismo medio universitario.[48] Peter Brown identificó de manera eficaz el lugar que los magos y la magia tenían en el submundo cortesano durante la Antigüedad tardía, una expresión que Edward Peters recuperó para dar cuenta del mismo fenómeno en las cortes tardo-medievales.[49] Más recientemente, Richard Kieckhefer aludió a la existencia de un "submundo clerical" dedicado a la nigromancia en las cortes y universidades medievales.[50] En este mundo la magia era letrada, libresca y solía involucrar rituales muy elaborados. En su *Directorium inquisitorum* Nicolau Eymeric mencionó varios textos nigrománticos que confiscó a los magos a los que procesó.[51] Jean de Bar poseía una significativa biblioteca de textos astrológicos y mágicos que fueron quemados junto con él.[52] Incluso Arnaud Guillaume, el conjurador-médico que intentó curar a Carlos VI en 1393 y que no parece haber sido una persona letrada, llevaba un libro de magia consigo.[53] Resulta evidente la naturaleza elitista y en extremo ritualizada de la magia demoníaca –en base a imágenes, anillos, espejos y ampollas– descripta por Juan XXII en *Super illius specula*. Lo mismo cabe decir de la magia en base a gemas, anillos, espejos e imágenes consagradas de cobre, plomo u oro, condenada por la Universidad de París en 1398. Eymeric mencionaba ceremonias en las cuales se encendían velas, se quemaba incienso y se sacrificaban u ofrendaban aves y otros animales a los demonios.[54] Resulta curioso que una forma de magia cortesana en extremo común, la alquimia, permaneciera casi por entero ausente de estas tradiciones de condena intelectual. Eymeric escribió un tratado *Contra alchimistas* en 1396. Pero más allá de este ejemplo no figura como una categoría principal en ninguno de los tratados aquí examinados, aun cuando Oresme equiparó los errores de los alquimistas a los de otras variedades de magos y adivinos.[55]

---

48. *Idem, Tractatus contra astrologos*, pp. 139, 180.

49. Peter Brown, "Sorcery, Demons and the Rise of Christianity: From Late Antiquity into the Middle Ages", en Mary Douglas (ed.), *Witchcraft Confessions and Accusations*, London, Tavistock, 1970, pp. 17-45; Edward Peters, *The Magician*, pp. 9-11, 112-35.

50. Richard Kieckhefer, *Magic in the Middle Ages*, Cambridge, Cambridge University Press, 2022 (3rd ed.), pp. 204-212.

51. Nicolau Eymeric, *Directorium inquisitorum*, editado por Francisco Peña, Rome, 1587, 2.43.1, p. 338; también Nicolau Eymeric, *Contra demonum invocatores*, Paris, Bibliothèque nationale de France, ms. Lat. 1464, ff. 100r-161r, especialmente f. 128v

52. Jan Veenstra, *Magic and Divination*, p. 354.

53. *Ibid.*, p. 70.

54. Nicolau Eymeric, *Directorium inquisitorum*, 2.43.2, p. 338; también Nicolau Eymeric, *Contra demonum invocatores*, f. 128v.

55. Nicole Oresme, *Livre*, p. 100.

Las personas acusadas, sospechadas o tan sólo criticadas por practicar esa clase de magia eran virtualmente todos hombres. En los escritos en su contra no se percibían fuertes implicancias de género en relación con las prácticas mágicas o supersticiosas. Es verdad que, en el contexto de las muchas sospechas en torno a la locura de Carlos VI, con frecuencia se señaló a Valentina Visconti, esposa de Luis de Orleans, como responsable de haber recurrido a la magia en contra del rey. Pero esta imputación tan sólo la transformaba en la última exponente de la centenaria tradición de reinas y aristócratas medievales acusadas de planear complots contra los hombres poderosos que las rodeaban recurriendo a procedimientos mágicos.[56] Estas mujeres no fueron necesariamente acusadas de practicar la magia ellas mismas. Dada su riqueza y posición podían con facilidad contratar especialistas masculinos para que hicieran el trabajo sucio para ellas. En el caso de Valentina algunos rumores afirmaban, incluso, que no había sido ella sino su padre, Giangaleazzo Visconti, el que había hechizado al rey.[57] Más allá del formato adoptado por los rumores no caben dudas de que la poderosa duquesa claramente no puede considerarse una precursora de la humilde bruja de los siglos por venir.

El papel fundamental de Jean Gerson

A comienzos del siglo XV la preocupación por las formas de magia de élite continuaba con intensidad en París. El influyente teólogo –y más tarde cardenal– Pierre d'Ailly, por ejemplo, escribió más de media docena de trabajos sobre astrología, todos en la segunda década del siglo XV.[58] Al igual que Oresme y von Langenstein antes que él, d'Ailly consideraba que la popularidad de la astrología en la corte era un problema político mayor y advirtió a los príncipes sobre sus peligros.[59] Pero aquí quiero centrarme en un protegido de d'Ailly, Jean Gerson, el eminente canciller de la Universidad de París en los inicios del siglo XV.[60] También él continuó expresando muchas de las preocupaciones tradicionales sobre las prácticas mágicas y supersticiosas en la vena de las manifestadas previamente por los autores del siglo XIV. Escribió varios trabajos contra la astrología, por ejemplo, en los que abrevó en el contraste tradicional entre la "noble ciencia" de la astrología legítima y los muchos aspectos supersticiosos que también podía conllevar. Dio voz a las objeciones tradicionales contra la adivinación astrológica. Los efectos naturales de las estrellas sobre la tierra eran complejos y se superponían unos con otros. Por

---

56. Para algunos ejemplos anteriores véase Martha Rampton, *Trafficking with Demons: Magic, Ritual, and Gender from Late Antiquity to 1000*, Ithaca, Cornell University Press, 2021, pp. 342-359.

57. Jan Veenstra, *Magic and Divination*, pp. 81-82.

58. Michael D. Bailey, *Fearful Spirits*, pp. 117-123; más profundamente en Laura Ackerman Smoller, *History, Prophecy, and the Stars: The Christian Astrology of Pierre d'Ailly, 1350-1420*, Princeton, Princeton University Press, 1994.

59. Pierre d'Ailly, *Imago mundi*, Louvain, 1478/83, ff. 140v-143r, especialmente f. 141r.

60. Sobre la crítica de Gerson a la magia y a la superstición en general véase Michael D. Bailey, *Fearful Spirits*, pp. 127-144; Peter Gorzolla, *Magie, Politik und Religion*, pp. 279-367.

lo tanto, el rango completo de los movimientos celestes que de manera sutil podían alterar tales efectos resultaban desconocidos e inobservables. Lanzó alertas contra los astrólogos que se aventuraban más allá de los límites cuidadosamente trazados por la ciencia legítima, porque de esa forma podían resultar víctimas de los engaños diabólicos. Gerson claramente continuaba operando en un contexto cortesano, dirigiéndose a los príncipes y advirtiéndoles que prestaran poca atención a los astrólogos y a sus predicciones.[61] Pero en otros trabajos comenzó a mostrar una preocupación nueva y a poner el foco en creencias y prácticas supersticiosas enraizadas en un medio social diferente. Estos son los puntos en los escritos de Gerson que lo convierten en una figura transicional que apuntaba hacia tendencias que se volverían crecientemente dominantes en el transcurso del siglo XV.

De erroribus circa artem magicam, de 1402, es el más temprano y en muchos aspectos el más importante de los trabajos antisupersticiosos de Gerson.[62] En él se dirigía a la Facultad de Medicina de París, atacando los elementos supersticiosos –encantamientos, ligaduras– que estaban invadiendo las artes curativas y que, según su perspectiva, se estaban volviendo cada vez más comunes. Los profesionales médicos entrenados tenían responsabilidad en el combate contra tales supersticiones. Sin embargo, la profesión médica misma se estaba dejando contaminar por ellas. Los médicos toleraban y en muchos casos incluso promovían el uso de ritos ilícitos. La mayor parte del tratado de Gerson desarrollaba argumentos a favor de la naturaleza diabólica de estas supersticiones, basándose en la doctrina y en las autoridades teológicas medievales usuales.[63] Sin embargo, lo más notable es la afirmación de Gerson, al comienzo mismo del tratado, culpando por tales supersticiones no sólo a los hombres que practicaban la magia sino también "a la estupidez de las viejas hechiceras".[64] Más adelante en el mismo trabajo volvió a enfatizar el involucramiento de las "mujercillas indoctas" en esta clase de supersticiones.[65]

La tradición cristiana que sostenía que las mujeres eran más propensas al error y más susceptibles a los engaños diabólicos era, por supuesto, muy antigua. No tenemos más que mirar el venerable canon *Episcopi* del siglo X, con su acusación contra las mujeres que de manera errónea afirmaban cabalgar por las noches en la procesión de la diosa Diana, para comprender la persistencia de esta tradición y para constatar sus efectos sobre la concepción

61. Jean Gerson, *Trilogium astrologiae theologizatae*, en Jean Gerson, *Œuvres complètes*, editadas por P. Glorieux, Paris, Descleé, 1960-1973, vol. 10, pp. 90-109, especialmente pp. 90, 94-97, 105.

62. Jean Gerson, *De erroribus circa artem magicam*, en *Ibid.*, vol. 10, pp. 77-90.

63. Peter Gorzolla, *Magie, Politik und Religion*, pp. 348-351.

64. Jean Gerson, *De erroribus*, p. 77: "*incidit ut conquererer de superstitionibus pestiferis magicorum et stultitiis vetularum sortilegarum quae per quosdam ritus maledictos mederi patientibus pollicentur*". Sobre manifestaciones anteriores de la misma preocupación véase Jole Agrimi and Chiari Crisciani, "Savoir medical et anthropologie religieuse: Les representations et les fonctions de la *vetula* (XIIIe-XVe siècle)", *Annales ESC* 48:5 (1993), pp. 1281-1308.

65. Jean Gerson, *De erroribus*, p. 83: "*nunquam insuper theologia talibus esset adversata ritibus, cui tamen in hac re et suis professoribus credi debet, non indoctis mulierculis, non impiis idolatris, non hominibus datis in reprobrum sensum*".

de la superstición tardo-medieval y, en última instancia, de la brujería.[66] En el siglo XIII, Guillermo de Auvernia, cuyos trabajos sobre los demonios y el poder diabólico fueron sumamente influyentes en los autores del siglo XV que escribieron sobre el tema, resaltaba que con frecuencia las mujeres eran engañadas por visiones nocturnas provocadas por los malos espíritus.[67] A mediados del siglo XIV Nicolau Eymeric citó *in extenso* al canon *Episcopi*.[68] Y los autores del siglo XV continuaron señalando la vulnerabilidad de las mujeres ante el engaño diabólico. Pero Gerson hizo algo más que simplemente reafirmar la marcada –aunque pasiva–susceptibilidad de las mujeres a las mentiras del demonio. Atribuyó a las simples mujeres iletradas un significativo rol activo en la práctica y difusión de las supersticiones.

Aun cuando Gerson obviamente vivió y trabajó en el contexto de la corte y de las universidades, fue quizás el primer gran intelectual tardo-medieval que mostró interés real por la magia y las supersticiones de la clase común. En comparación con la extensión del tratado, su abordaje de las formas más ordinarias de superstición resulta breve pero no por ello menos significativo. A la par de tratados contra las curaciones supersticiosas y la astrología, Gerson escribió *Contra superstitiosam dierum observantiam*.[69] Aquí argumentó contra la extendida creencia medieval de que ciertos días eran auspiciosos o bien desafortunados. Los más famosos eran los llamados días egipcios, esparcidos a lo largo de todo el calendario medieval. Los reyes y los cortesanos se contaban entre quienes programaban sus asuntos tomando en consideración estos días. Se trataba de creencias que permeaban todos los niveles sociales. Tanto el pueblo ordinario como las élites señalaban ciertos días como afortunados o nefastos. Gerson subrayaba este mismo punto, ofreciendo en su tratado un breve catálogo de creencias explícitamente "vulgares". Algunas personas creían que encontrarse con un gato o con una liebre inmediatamente después de haber salido de su casa anunciaba que algo desgraciado iba a suceder aquel día. Otros sostenían que golpearse un pie al salir por la puerta, ponerse la camisa al revés al vestirse o colocarse un zapato en el pie equivocado, eran circunstancias que presagiaban que algo malo acaecería. Algunos consideraban que el vuelo de un cuervo o el de un búho sobre una casa o el canto de un gallo antes de que amaneciera eran malas señales.[70]

En este mismo tratado Gerson también halló ocasión de mencionar el papel de las "viejas hechiceras" en la propagación de tales creencias y, para asegurarse de que todos entendieran a quiénes estaba aludiendo, se refirió a

---

66. Joseph Hansen, *Quellen*, pp. 38-39. Para una reinterpretación del canon véase Chris Halsted, "'They Ride on the Backs of Certain Beasts': The Night Rides, the Canon *Episcopi*, and Regino of Prüm's Historical Method", *Magic, Ritual, and Witchcraft*, 15:3 (2020), pp. 361-385.

67. William of Auvergne, *De universo*, en William of Auvergne, *Opera omnia*, Venice, 1591, 2.3.24, p. 1005.

68. Nicolau Eymeric, *Contra invocatores demonum*, f. 143v.

69. Jean Gerson, *Contra superstitiosam dierum observantiam*, en Jean Gerson, *Œuvres complètes*, vol. 10, pp. 116-121.

70. *Ibid.*, p. 118.

ellas en latín y en francés: *"vetulae sortilegae, gallice vieilles sorcières"*.[71] En otro trabajo atacó supersticiones comunes relativas a la misa, como la creencia de que las personas que asistían a ella no podían quedar ciegas, morir o pasar hambre ese mismo día. Advertía al clero de que no debían predicar tales cosas o reforzar de ninguna manera tales creencias. Con ello dejaba en claro que consideraba perfectamente posible una transmisión de las supersticiones desde arriba hacia abajo en la escala social.[72] El punto crítico, una vez más, era su preocupación por la presencia de la superstición en todos los niveles sociales.

Preocupaciones pastorales en Europa central

Gerson fue una figura imponente que se ubicó en el centro de muchas tendencias de la vida intelectual tardo-medieval.[73] En términos de la condena de la magia y de la superstición su influencia puede verse en tierras del imperio germánico más que en su Francia natal.[74] Durante la primera mitad del siglo XV, algunos teólogos de la región asentados en universidades de fundación reciente comenzaron a abordar el tema de la superstición relacionándola con la amenaza diabólica. Hombres como Nikolaus Groß von Jauer en Heidelberg, Nikolaus von Dinkelsbühl y Johannes Nider en Viena, Heinrich von Gorkum en Colonia, Johannes von Wünschelburg en Leipzig y Jakob von Jüterbogk (también conocido como Jacobo de Paradiso o Jacobo el Cartujo) en Erfurt, descalificaron en sus escritos las creencias supersticiosas, las prácticas mágicas y el poder diabólico. La atención que estos académicos centroeuropeos prestaron a estos temas no fue mera coincidencia. La preocupación había llegado desde París, en algunos casos de manera directa luego de que estos teólogos retornaron a sus hogares forzados por el Gran Cisma de Occidente que fracturó la Cristiandad latina entre 1378 y 1417. El interés por estos temas primero arraigó en Praga y en Viena. Luego se expandió hacia otras universidades de fundación muy reciente.[75] En todos estos lugares la preocupación se fusionó con poderosas corrientes de reforma religiosa que eran especialmente fuertes en Europa Central, una vez más impulsadas en gran medida desde Praga y Viena. La influencia de Gerson puede verse claramente en la atención que estos académicos prestaron a problemas inmediatos en torno a creencias y comportamientos morales, pues la suya era una teología pastoral práctica en la cual la preocupación por la superstición ocupaba un lugar central.[76]

---

71. *Ibid.*, p. 120.

72. Jean Gerson, *Adversus superstitionem in audiendo missam*, en Jean Gerson, *Œuvres complètes*, vol. 10, pp. 141-143.

73. Daniel Hobbins, *Authorship and Publicity*, pp. 5-6.

74. *Ibid.*, p. 213.

75. La Universidad de Praga, la primera establecida en Europa Central, se fundó en 1348. Viena se fundó en 1365, Erfurt en 1379, Heildelberg en 1386, Colonia en 1388 y Leipzig en 1409.

76. See František Šmahel, "Stärker als der Glaube: Magie, Aberglaube und Zauber in der Epoche des Hussitismus", *Bohemia: Zeitschrift für Geschichte und Kultur des böhmischen Länder* 32

Fue a causa del papel pastoral adoptado por estas universidades, y en particular por sus facultades de teología, que las autoridades intelectuales en suelo germano abordaron con frecuencia el problema de la superstición.[77] Todas estas universidades nuevas eran fundaciones realizadas por príncipes y estaban estrechamente conectadas con las distintas cortes.[78] Sin embargo, el interés que estos académicos manifestaron por la superstición no podría calificarse como cortesano en el mismo sentido que resultaba evidente en el siglo XIV. Por el contrario, siguiendo la senda trazada por Gerson buscaron desarrollar lo que se ha dado en llamar (en referencia al canciller de la universidad parisina) "una teología moral aplicada".[79] Trataban de instruir a la mayor audiencia posible en las creencias cristianas correctas y se propusieron vigilar una amplia gama de prácticas cuestionables. Trabajaron principalmente con sermones, literatura catequética y sobre todo con tratados didácticos, en los que trataron de aclarar a otras autoridades eclesiásticas cuestiones problemáticas sobre las supersticiones, para que pudieran de esa manera transmitir un mensaje correcto a la población en su conjunto.[80] Esta actividad podía resultar muy útil para un príncipe que buscaba ejercer algo de control sobre la vida espiritual en su reino pero no estaba de manera directa ligada a la corte o a la política. En este caso, además, el foco se ponía de manera decidida sobre los estratos más bajos de la sociedad.

El caso del fraile agustino Werner von Friedberg, presentado ante la Facultad de Teología de Heidelberg en 1405, y que bien pudo inspirar el muy difundido tratado *De superstitionibus* que Nikolaus von Jauer, teólogo de dicha universidad, escribió el mismo año, ilustra muchas cuestiones relativas a la superstición tardo-medieval y muestra la existencia de múltiples nive-

---

(1991), pp. 316-337; Krzysztof Bracha, "Kritik an den Glaubens- und Verhaltensformen und an der Aberglaubenpraxis im kirchlichen reformatorischen Schrifttum des Spätmittelatlers", en Paweł Kras y Wojciech Polak (eds.), *Christianity in East Central Europe: Late Middle Ages*, Lublin, Instytut Europy Środkowo Wschodniej, 1999, pp. 271-282, especialmente pp. 272-274; Krzysztof Bracha, "Der Einfluß der neuen Frömmigkeit auf die spätmittelalterliche Kritik am Aberglauben im Reformschrifttum Mitteleuropas", en Marek Derwich y Martial Staub (eds.), *Die "Neue Frömmigkeit" in Europa im Spätmittelalter*, Göttingen, Vandenhoeck & Ruprecht 2004, pp. 225-248, especialmente 227-229; también Karin Baumann, *Aberglaube für Laien: Zur Problematik und Überlieferung spätmittelalterlicher Superstitionenkritik*, Würzburg, Königshausen & Neumann, 1989, vol. 1, pp. 200-202.

77. Ver también Michael D. Bailey, "Concern over Superstition", pp. 127-129.

78. Alan B. Cobban, *The Medieval Universities: Their Development and Organization*, London, Methuen, 1975, pp. 118-119; Jacques Verger, *Les universités au Moyen Âge*, Paris, Presses Universitaires de France, 1973, pp. 140-143; Michael H. Shank, "Academic Consulting in Fifteenth-Century Vienna: The Case of Astrology", en Edith Sylla y Michael McVaugh (eds.), *Texts and Contexts in Ancient and Medieval Science: Studies on the Occasion of John E. Murdoch's Seventieth Birthday*, Leiden, Brill, 1997, pp. 245-270.

79. Daniel Hobbins, *Authorship and Publicity*, p. 71.

80. Dionisio el Cartujano describe cómo escribió para instruir al clero pastoral, que en última instancia tenía la responsabilidad de corregir los errores de los laicos: *Contra vitia superstitionum*, Cologne, 1533, p. 599: *"laici...qui quamuis idola non adorant, tamen in modo colendi deum grauiter errant, pertinetque ad pastores vt illos corripiant, corrigant et informant"*.

les de preocupación.[81] Quiero ahora poner el foco en la manera en que estas inquietudes se relacionaban entre sí. Werner era un fraile intelectualmente formado contra quien se lanzaron múltiples cargos de superstición, varios de los cuales remitían a discusiones teológicas eruditas, como la tesis que sostenía que Dios no había creado a Adán de manera directa sino a través del ministerio de los ángeles.[82] Sin embargo, Werner también creía que quien portara una nómina en la cual hubieran sido escritas las palabras *"verbum caro factum est"* estaría protegido contra el demonio. Así mismo sostenía que una nómina con los nombres de los Tres Reyes Magos protegía a las personas contra la epilepsia, todo lo cual revela una clara interacción con niveles más "populares" de la cultura supersticiosa medieval.[83] Esta conexión aparece de manera explícita en la respuesta de Werner a la imputación de que conocía e incluso promovía el uso de ciertas fórmulas o "bendiciones" (*segen*) en lengua vernácula. El agustino aceptó conocer y haber utilizado un encantamiento curativo con estas características: *"Christus wart geboren, Christus wart verloren, Christus wart wider funden: deer gesegne dise wunden in namen des vatters un des sunes und des hailigen geistes"* (Cristo nació, Cristo se perdió, Cristo fue hallado: bendice estas llagas en el nombre del Padre, del Hijo y del Espíritu Santo). Luego pasó a relatar que una mujer de Neustadt an der Weinstraße se puso en contacto con él (Werner residía en Landau, a diez millas de distancia) para preguntarle sobre la legitimidad de recurrir a una fórmula similar para intentar curar a su hijo lastimado. Werner le dio su aprobación desde el momento en que la fórmula no contenía ninguna invocación explícita al poder de los demonios.

Werner no integraba ningún submundo cortesano aunque podría haber formado parte de uno. No sabemos virtualmente nada sobre la mujer que lo consultó. Resulta obvio que la atención de las autoridades de Heidelberg no se posó sobre ella, por lo que inferimos que no fue percibida como una bruja o como una figura terrible y amenazante, aunque pudo haberlo sido. No muchos años después, una anécdota como la referida por Werner tendría todo el potencial para desatar un juicio por brujería. Los intereses intelectuales estaban comenzando a cambiar.

El giro no alteró los cimientos intelectuales fundamentales de los trata-dos escritos contra la superstición en suelo germano en el siglo XV. En tanto académicos, los autores de estos trabajos siguieron estando muy preocupados por la influencia diabólica en las actividades supersticiosas y expusieron en detalle teorías sobre el poder de los demonios que se remontaban a Guillermo

---

81. Michael D. Bailey, "Concern over Superstition", pp. 115-116; Michael D. Bailey, *Fearful Spirits*, pp. 148-150.

82. Robert E. Lerner, "Werner di Friedberg intrappolato dalla legge", en Jean-Claude Maire Vigeur y Agostino Paravicini Bagliani (eds.), *La parola all'accusato*, Palermo, Sellerio, 1991, pp. 268-281.

83. Sobre la popularidad del ensalmo de los Tres Reyes Magos véase Don C. Skemer, *Binding Words: Textual Amulets in the Middle Ages*, University Park, Pennsylvania State University Press, 2006, pp. 64-65.

de Auvernia, a Tomás de Aquino y, en última instancia, a Agustín de Hipona.[84] Siguieron escribiendo sobre astrología, magia astral y, obviamente, sobre la nigromancia practicada por la élite. Pero sus trabajos también estaban salpicados por reveladoras referencias a ritos comunes de un tipo muy diferente. Nikolaus von Jauer, por ejemplo, se refirió a supersticiones tales como la de una mujer que afirmaba ser capaz de curar invocando el poder del sol o de la luna, y descalificó prácticas folklóricas como la de dejar comida por las noches como una ofrenda a las llamadas "buenas damas".[85]

Aun cuando siempre es difícil determinar si una superstición mencionada en un tratado escolástico en latín realmente refleja una práctica común o meramente una construcción de las prácticas comunes tal como eran percibidas por la élite, varios de los tratados antisupersticiosos alemanes del siglo XV aluden de manera explícita a encantamientos vernáculos, lo que parece sugerir que los autores tenían una familiaridad real con dicho universo. Tanto el teólogo de Leipzig Johannes von Wünschelburg como el dominico Johannes Schwarz mencionaron esta clase de fórmulas, mientras que Nikolaus von Dinkelsbühl en su tratado sobre los diez mandamientos y el autor del tratado anónimo contemporáneo *De superstitionibus* discutieron y criticaron encantamientos vernáculos que invocaban el poder de la luna nueva para promover la buena fortuna.[86] Muchos autores describieron supersticiones que ciertamente parecían reflejar prácticas comunes, como los ritos destinados a curar o a alejar toda clase de males. Nikolaus von Jauer hizo referencia, sin ofrecer detalles, a ritos curativos que utilizaban palabras, piedras o hierbas, incluyendo algunos específicamente orientados a tratar el dolor de muelas o la fiebre.[87] También von Dinkelsbühl describió un rito contra el dolor de muelas, mientras que von Wünschelburg identificó remedios para los dientes, el dolor de espalda o las lombrices que afligían a los caballos.[88] En torno a mediados del siglo XV, el canónigo de Zúrich Felix Hammerlin escribió un tratado entero sobre un encantamiento para curar vacas enfermas, al igual que otro en el que abordó

---

84. Sobre estas autoridades tempranas véase Fabián Alejandro Campagne, *Homo Catholicus, Homo Superstitiosus: El discurso antisupersticioso en la España de los siglos XV a XVIII*, Buenos Aires, Miño y Dávila editores, 2002, pp. 53-70; Euan Cameron, *Enchanted Europe: Superstition, Reason, and Religion, 1250-1750*, Oxford, Oxford University Press, 2010, pp. 79-102; Michael D. Bailey, *Fearful Spirits*, pp. 40-70.

85. Nicholas of Jauer, *De superstitionibus*, Philadelphia, University of Pennsylvania, ms. Codex 78, ff. 43r-43v. Sobre von Jauer en general, incluyendo otras categorías de superstición en las que se interesó, véase Krzysztof Bracha, *Des Teufels Lug und Trug: Nikolaus Magni von Jauer, ein Reformtheologe des 15. Jahrhunderts gegen Aberglaube und Götzendienst*, traducido por Peter Chmiel, Dettelbach, Röll Verlag, 2013.

86. Johannes of Wünschelburg, *De superstitionibus*, Wrocław, Biblioteka Uniwersytecka we Wrocławiu, 239 (I F 212), ff. 228r-258v, especialmente f. 233r; Johannes Schwarz, *De diuinationibus*, Munich, Bayerische Staatsbibliothek, Clm 26825, ff. 297v-325r, especialmente f. 325r; Nicholas of Dinkelsbühl, *De preceptis decalogi*, Strasbourg, 1516, ff. 22v-49r, especialmente f. 29v; Anonymous, *De superstitionibus*, Munich, Bayerische Staatsbibliothek, Clm 4727, ff. 1r-78v, especialmente f. 175v.

87. Nicholas of Jauer, *De superstitionibus*, f. 56r-v.

88. Nicholas of Dinkelsbühl, *De preceptis decalogi*, f. 28v; Johannes of Wünschelburg, *De superstitionibus*, f. 233r-v.

extensamente la fórmula curativa de Werner de Friedberg antes mencionada.[89] Las protecciones mágicas también ocupaban un lugar significativo en estos trabajos. Tanto von Jauer como von Wünschelburg mencionaron la extendida creencia en el poder del agua bendita contra los lobos y el poder de las cruces para proteger los campos de las tormentas.[90] Johannes von Wünschelburg hizo referencia a ritos para proteger al ganado bovino de los lobos y a las semillas de los insectos.[91] Heinrich von Gorkum discutió la creencia de que las cruces podían proteger los sembradíos, los ritos contra los fuegos peligrosos y los que proporcionaban protección a los marineros en el mar.[92] Un tratado anónimo se refirió a las "bendiciones" contra los ataques de los lobos, al igual que a los encantamientos que ofrecían protección contra las serpientes, las espadas, toda clase de enemigos en general, los perros y, una vez más, los lobos.[93]

Podría seguir mencionando ejemplos sobre la manera en que estos escritores se refirieron con claridad a las formas comunes de superstición y no sólo a las de origen erudito o cortesano. Estas supersticiones comunes nunca fueron el foco exclusivo de sus trabajos, pero aparecen en todas las críticas intelectuales a la superstición producidas en tierras alemanas en la primera mitad del siglo XV. Constante fue también la tendencia a asociar las supersticiones, particularmente con las mujeres. Hemos visto que von Jauer hizo mención a las mujeres que sostenían que podían sanar invocando al sol o a la luna. Von Dinkelsbühl también asoció de manera explícita las supersticiones terapéuticas a las mujeres.[94] Johannes von Wünschelburg, por su parte, las relacionó con los ritos para proteger al ganado del ataque de los lobos. De hecho, sostuvo que eran más propensas que los hombres a las supersticiones.[95] Compartían la misma opinión el teólogo de Heidelberg, Johannes de Frankfurt, y el teólogo de Erfurt, Jacobo de Paradiso.[96] Este último también sostuvo que las mujeres practicaban la adivinación con más frecuencia que los hombres y que resultaba más probable que cayeran víctimas de los engaños diabólicos. Este era el motivo básico por el que resultaban presas fáciles de la superstición y la razón por la cual en un futuro cercano se consideraría más probable que devinieran brujas.[97]

---

89. Felix Hemmerlin, *Varie oblectationis opuscula et tractatus*, Strasbourg, ca. 1497, ff. 103v-110v.

90. Nicholas of Jauer, *De superstitionibus*, f. 57r; Johannes of Wünschelburg, *De superstitionibus*, fol. 232v.

91. Johannes of Wünschelburg, *De superstitionibus*, f. 233r.

92. Heinrich of Gorkum, *De superstitiosis quibusdam casibus*, Blaubeuren, ca. 1477, ff. 1v, 3r-v, 4v.

93. Anonymous, *De superstitionibus*, Erlangen, Universitätsbibliothek, ms. 585, ff. 175v-176v, at f. 176r.

94. Nicholas of Jauer, *De superstitionibus*, f. 43r-43v. Nicholas of Dinkelsbühl, *De preceptis decalogi*, ff. 28v, 29v.

95. Johannes of Wünschelburg, *De superstitionibus*, ff. 232r, 233r.

96. Johannes of Frankfurt, *Quaestio utrum potestas cohercendi demones fieri possit per caracteres, figuras atque verborum prolationes*, en Joseph Hansen, *Quellen*, pp. 71-82, en este caso p. 76; Jacob of Paradise, *De potestate demonum*, Munich, Bayerische Staatsbibliothek, Clm 18378, ff. 245r-272r, especialmente f. 245r.

97. Jacob of Paradise, *De potestate demonum*, f. 263v.

A medida que el siglo XV avanzaba se fueron desarrollando a paso firme teorías sobre la brujería diabólica conspirativa, aunque nunca con total uniformidad.[98] La preocupación por las brujas nació, al menos parcialmente, a partir de –y luego a la par de– la preocupación más general por las prácticas supersticiosas comunes. Para el momento en que Jacobo de Paradiso escribió su tratado *De potestate demonum* en 1452, los estereotipos de la brujería diabólica estaban ya en camino de establecerse de manera firme y muchos trabajos sobre las supersticiones (aunque no el de Jacobo, caracterizado por una aproximación un tanto más tradicional) empezaban a aludir de manera frecuente al *maleficium* –e incluso a las *maleficae*– en el sentido de la brujería conspirativa y de las brujas diabólicas. En mi opinión, lo que distinguía a un "tratado antisupersticioso" de un "tratado sobre brujería" era el alcance un tanto más abarcador del primero, que en la mayoría de los casos incluía un extenso tratamiento de la astrología, la magia astral y otras formas de errores relacionados con la élite, propio de los patrones evidentes en los materiales del siglo XIV. Sin embargo, los tratados sobre brujería también con frecuencia abordaban formas de superstición y de magia más allá del *maleficium* en sentido estricto, incluyendo encantamientos con finalidad terapéutica y de protección, métodos simples de adivinación, la observancia de signos y augurios así como otras creencias y prácticas que de manera regular aparecían en lo que yo clasifico como tratados antisupersticiosos.[99] Lo que trato de subrayar aquí es que, entre fines del siglo XIV y principios del XV, y a medida de que el epicentro de la preocupación intelectual por tales asuntos se movió de París en dirección a los territorios germanos, el interés puesto hasta entonces en las prácticas cortesanas de carácter erudito fue gradualmente reemplazado por una preocupación por las prácticas comunes ampliamente extendidas (o al menos eso creían las autoridades) entre el laicado promedio, y en especial entre las mujeres. El punto de llegada de este deslizamiento fue la figura de la bruja, mujer, pobre e iletrada.

La política de los tempranos juicios por brujería

Existen muchos estudios sobre el surgimiento de los juicios por brujería y los textos demonológicos asociados a ellos.[100] Dado que otros artículos en este volumen se centran de manera más directa en ellos, no los analizaré aquí con excesivo detalle.[101] Quiero, sin embargo, concluir mi análisis señalando el novedoso contexto político en el cual cabe ubicar a muchos de estos juicios y tratados. Algunos textos que atacaron a las supersticiones y luego a la brujería continuaron emergiendo de contextos cortesanos, como el tratado

---

98. Richard Kieckhefer, "Mythologies of Witchcraft in the Fifteenth Century", *Magic, Ritual, and Witchcraft*, 1:1 (2006), pp. 79-107.

99. Michael D. Bailey, *Fearful Spirits*, pp. 195-222.

100. Ver notas 1 a 3 en el presente artículo.

101. Véase en este mismo volumen las colaboraciones de Martine Ostorero, Franck Mercier-Druère y Fabián Alejandro Campagne.

del médico alemán Johannes Hartlieb, *Buch aller verbotenen Künste*, escrito para el Margrave Johann de Brandenburg-Kulmbach, célebre por su interés en la alquimia.[102] Pero ésta no era, sin embargo, la tendencia predominante. En lugar de ello, muchos juicios y tratados tempranos fueron el resultado de situaciones políticas conflictivas, en cuyo contexto el temor a una brujería en extremo demonizada fue utilizado para justificar la imposición de regímenes legales y políticos nuevos.

Es probable que los primeros juicios por brujería en los Alpes occidentales sean los que presidió el magistrado Peter von Bern en el valle del río Simme, en la región más elevada del cantón de Berna. Este juez trabajó para imponer un control más directo de Berna sobre su *hinterland* rural.[103] El texto principal asociado con estos juicios, el *Formicarius* del teólogo dominico Johannes Nider, no enfatiza la cuestión política. Por el contrario, el suyo es un trabajo moralizante que principalmente expresaba preocupaciones pastorales y que, por lo tanto, resultaba más próximo a varios de los textos que analicé en los apartados anteriores. Nider recogió, sin embargo, un incidente acaecido cuando el juez Peter, por entonces retirado e instalado una vez más en Berna, regresó brevemente al valle del Simme, donde un grupo de brujos lo atacaron e hirieron de gravedad. El ex magistrado dejó en claro que la vieja que lideraba el grupo lo odiaba porque "no siempre había administrado una justicia que resultara de su gusto"; es decir, a causa de la imposición de la autoridad de Berna sobre el valle.[104]

Tampoco resulta abiertamente política la perspectiva adoptada por otro texto temprano, el reporte que el cronista secular oriundo de Lucerna, Hans Fründ, hizo de los juicios por brujería en Valais entre 1428 y 1430. Sin embargo, los procesos a los que se refiere tuvieron lugar en un espacio políticamente fragmentado. Si bien la entera región del Valais caía dentro de la jurisdicción de la diócesis de Sion, que era también su principal ciudad, la parte occidental del cantón, predominantemente francófona, se hallaba bajo el control político de los duques de Saboya. La parte oriental, mayoritariamente germanófona, se hallaba nominalmente bajo la autoridad política y religiosa del obispo de Sion, aunque de hecho estaba conformada por varios señoríos y comunidades diferentes, ferozmente independientes. Esta era la situación política que subyacía a los juicios por brujería que tuvieron lugar en el área.[105]

Mucho más directo sobre su agenda política y jurisdiccional fue el magistrado francés Claude Tholosan, autor de *Ut magorum et maleficiorum errores*

102. Johann Hartlieb, *Das Buch aller verbotenen Künste, des Aberglaubens und der Zauberei*, editado y traducido por Falk Eisermann y Eckhard Graf, Ahlerstedt, Param, 1989; para una traducción al inglés véase Richard Kieckhefer, *Hazards of the Dark Arts: Advice for Medieval Princes on Witchcraft and Magic*, University Park, Pennsylvania State University Press, 2017.

103. Arno Borst, "Anfänge des Hexenwahns in den Alpen", en Arno Borst, *Barbaren, Ketzer und Artisten: Welten des Mittelalters*, Munich, R. Piper, 1988, pp. 267-286. Sobre la identidad del juez Peter von Bern véase el estudio de Catherine Chène en Martine Ostorero, Agostino Paravicini Bagliani, Kathrin Utz-Tremp y Catherine Chène (eds.), *L'imaginaire du sabbat*, pp. 223-231.

104. Johannes Nider, *Formicarius* 5.7, en *Ibid.*, pp. 188-195.

105. Véase al análisis de la crónica de Fründ en *Ibid.*, pp. 53-93.

manifesti ignorantibus fiant, escrito en 1436 en base a los procesos que su autor presidió en torno a la ciudad de Briançon, en el Delfinado. En tanto servidor del monarca francés, Tholosan estaba decidido a extender la autoridad regia en la región. En su tratado argumentó de manera sostenida a favor de la legitimidad de la jurisdicción real y de la necesidad de su injerencia en el crimen de brujería, por oposición a la jurisdicción eclesiástica que se ejercía por medio de las cortes inquisitoriales.[106] También los tribunales de la Iglesia intentaron usar los casos de brujería para extender su autoridad, aunque no siempre con éxito. Franck Mercier y Martine Ostorero, en el análisis que dedican a otro texto demonológico cuya redacción fecharon en la década de 1430, argumentan que la Inquisición de Lyon, de creación reciente, buscó avivar el miedo a una brujería intensamente demonizada con la intención de promover su propia autoridad. Todo indica que los inquisidores de Lyon fracasaron en su objetivo. Pero Mercier y Ostorero nos recuerdan que otros magistrados inquisitoriales vecinos, como los de Lausanne, tuvieron éxito en su cometido.[107]

Muchos otros juicios celebrados en los Alpes occidentales o en sus cercanías podrían usarse para ejemplificar paradigmas políticos similares. En homenaje a la brevedad mencionaré sólo uno. A mediados del siglo XV se desarrollaron varios procesos en el valle de Chamonix, actualmente en la frontera franco-italiana pero en el siglo XV bajo jurisdicción de la diócesis de Ginebra. El valle estaba nominalmente bajo la autoridad de su priorato benedictino. Sus habitantes, sin embargo, gozaban de muchos privilegios y libertades comunales, lo que daba lugar a una situación política fracturada en algún sentido similar a la que hemos visto en Valais, aunque en una menor escala. El valle también estaba sujeto a la autoridad de una corte inquisitorial recientemente establecida en Ginebra, ansiosa por extender su poder, como antes había sucedido en Lyon. El análisis detallado del caso de Chamonix sugiere que todos estos factores se conjuraron para provocar los juicios por brujería que tuvieron lugar allí entre 1458 y 1462.[108]

De manera simultánea, aunque mucho más hacia el norte, una serie de juicios mucho más conocidos estaban desarrollándose en la ciudad de Arras. También aquí son evidentes una serie de clivajes políticos. Arras estaba por entonces en poder de los duques de Borgoña, quienes intentaban extender y solidificar una autoridad independiente en el norte de Francia y en los Países Bajos. El rey de Francia, sin embargo, seguía siendo el superior feudal nominal de los duques borgoñones, por lo que en términos jurisdiccionales Arras caía

---

106. Véase *Ibid.*, pp. 417-438, que sintetiza a Pierrette Paravy, "À propos de la genèse médiévale des chasses aux sorcières: Le traite de Claude Tholosan, juge Dauphinois (vers 1436)", *Mélanges de l'École Française de Rome: Moyen Age / Temps Modernes*, 91 (1979), pp. 332-353. Véase también Michael D. Bailey, "'So that the Errors of Magicians and Witches Might be Made Evident to Ignorant People': An Early European Witchcraft Treatise from the 1430s", *Magic, Ritual, and Witchcraft*, 16:2 (2021), pp. 201-228.

107. Franck Mercier y Martine Ostorero, *L'énigme de la Vauderie de Lyon*, pp. 199-274, 286-305.

108. Carine Dunand, *Des montagnards endiablés: Chasse aux sorciers dans la vallée de Chamonix (1458-1462)*, Lausanne, Cahiers lausannois d'histoire médiévale-Université de Lausanne, 2010.

bajo la autoridad del Parlamento de París. En el seno mismo de la ciudad también existían tensiones políticas entre las autoridades civiles y el obispo local. A ello hay que agregar un tribunal inquisitorial con conexión directa con los inquisidores que operaban en los Alpes occidentales y de quienes extraía inspiración. Todos estos factores se entremezclaron de manera compleja en los procesos que tuvieron lugar en Arras entre 1459 y 1460.[109]

Conclusiones

En su ahora clásico estudio sobre los juicios por brujería tardo-medievales, Richard Kieckhefer subraya el carácter notablemente político de los primeros procesos que tuvieron lugar a comienzos del siglo XIV.[110] Se refería, en particular, al hecho de que las acusaciones de magia maléfica y diabólica surgieron primariamente en contextos cortesanos y tendieron a centrarse en la élite política o, al menos, en individuos a su servicio. La naturaleza política de los juicios por brujería que se desarrollaron un siglo más tarde tuvo un carácter muy diferente. En cualquier caso, espero haber dejado en claro, al identificar los cambios en torno a la preocupación por las distintas formas de superstición y por las operaciones del demonio en el paso del siglo XIV al XV, algunos de los puntos de contacto entre ambos tipos de procesos.

A lo largo del siglo XIV las autoridades eclesiásticas mostraron una mayor preocupación y se abocaron con más frecuencia a explicar y a condenar prácticas que, hasta cierto punto, se relacionaban con la élite asentada en contextos cortesanos. En algunos casos se trataba de invocaciones explícitamente diabólicas o de complejas conjuraciones rituales que las autoridades rápidamente caracterizaron como demoníacas. Podían incluir también formas de magia astral, astrología, pronósticos y otras formas de adivinación, que también se consideraban erróneos en cierta medida, con mayor frecuencia porque las autoridades temían que involucraran alguna clase de invocación o interacción con los demonios. No sólo las personas a quienes se incluía en tales prácticas sino también las autoridades que las condenaban operaban en centros de poder político o, al menos, en conexión con ellos. En tal sentido, todos estaban, hasta cierto grado, influenciados por la dinámica de la política cortesana.

Pero un importante giro tuvo lugar en los influyentes escritos de Jean Gerson. Aun cuando todavía operaba en los altos niveles de la política –tanto secular como eclesiástica– y con estrechos contactos con la corte real francesa, Gerson amplió su perspectiva para incluir también los supuestos errores supersticiosos de la gente común, especialmente las mujeres. Su motivación derivaba de una preocupación esencialmente pastoral por impulsar la renovación moral de la sociedad cristiana en su conjunto. Este tipo de teología pastoral práctica y en especial su aproximación a la superstición fue luego retomado

---

109. Este es el foco central del análisis que realiza Franck Mercier, *Vauderie d'Arras*, *passim*.

110. Richard Kieckhefer, *European Witch Trials: Their Foundations in Popular and Learned Culture, 1300-1500*, Berkeley, University of California Press, 1976, pp. 10-15.

con particular vigor en Europa central. Todas las universidades fundadas en el imperio germano en la segunda mitad del siglo XIV y en la primera mitad del XV, incluso los centros líderes de Praga y Viena, tenían una mirada más local o regional que la de la antigua e internacional París en la que Gerson había ejercido como canciller.[111] La llamada de Gerson a abordar con claridad los problemas pastorales ordinarios resultaba en extremo atractiva en estos nuevos centros intelectuales. De la misma manera, las corrientes de reforma religiosa evidentes en toda Europa comenzaron a desarrollarse de manera más intensa en suelo alemán.[112] Este desarrollo ayudó también a acentuar la preocupación por la difusión de las prácticas mágicas y de los errores supersticiosos no sólo entre las élites cortesanas sino también entre los laicos.[113]

En última instancia, estas preocupaciones pastorales ayudaron a poner los cimientos de muchos juicios por brujería tempranos y de los primeros escritos demonológicos que abordaron la cuestión de la brujería *per se*. En este artículo sólo he tomado en consideración los procesos y textos que surgieron en la frontera franco-germana entre los Alpes occidentales y los Países Bajos, pero una dinámica similar puede hallarse en otras partes.[114] De fundamental importancia resultó que la preocupación en clave demonológica por un círculo relativamente restringido de sospechosos se extendiera hasta abarcar potencialmente a la sociedad en su conjunto. Ese fue el resultado al que finalmente condujo el enfoque pastoral que se desarrolló a principios del siglo XV.

---

111. Michael D. Bailey, "Concern over Superstition", p. 129.

112. Las mejores aproximaciones a la reforma religiosa en Europa central son las siguientes colectáneas: Kaspar Elm (ed.), *Reformbemühungen und Observanzbestrebungen im spätmittelalterlichen Ordenswesen*, Berlin, Dunker & Humblot, 1989; Ivan Hlaváček y Alexander Patschovsky (eds.), *Reform von Kirche und Reich zur Zeit der Konzilien von Konstanz (1414-1418) und Basel (1431-1449)*, Constance, Universitätsverlag Konstanz, 1996; James D. Mixson y Bert Roest (eds.), *A Companion to Observant Reform in the Late Middle Ages and Beyond*, Leiden, Brill, 2015.

113. Michael D. Bailey, "Reformers on Sorcery and Superstition", en James D. Mixson y Bert Roest (eds), *Companion to Observant Reform*, pp. 230-254.

114. Fabrizio Conti, *Witchcraft, Superstition, and Observant Franciscan Preachers: Pastoral Approach and Intellectual Debate in Renaissance Milan*, Turnhout, Brepols, 2015. Véase Pau Castell Granados, "'Wine Vat Witches Suffocate Children': The Mythical Complex of the Iberian Witch", *eHumanista: Journal of Iberian Studies*, 26 (2014), pp. 170-195, especialmente pp. 176-178. En este artículo el autor conecta la emergente noción de brujería diabólica en los Pirineos catalanes de la década de 1420 con la prédica pastoral de Vicente Ferrer.

❧ CAPÍTULO II ☙

Los fundamentos intelectuales y doctrinales de la represión de la brujería diabólica y del sabbat en el siglo XV[1]

Martine Ostorero

Université de Lausanne

Traducción del francés: Fabián Alejandro Campagne

En torno al año 1400 resultaba usual que se admitiera que algunos individuos realizaban maleficios con la ayuda del diablo, ya sea invocándolo o bien suscribiendo pactos con él. Pero en las primeras décadas del siglo XV se forjó una idea mucho más terrorífica: la de una secta de brujos y brujas que se reunían en secreto para adorar al diablo y para dañar al conjunto de la sociedad cristiana, provocando la muerte de sus miembros o destruyendo sus cosechas. Esta creencia nueva constituyó la base de la doctrina de la brujería, que tornó posible la dramática caza de brujas entre los siglos XV y XVII.

Documentos de diferente naturaleza dan testimonio de la emergencia de este nuevo imaginario, que se convertirá en el del sabbat de las brujas: crónicas, panfletos, documentos judiciales, leyes, textos pastorales u homilética, obras literarias, etc. Todas estas fuentes tuvieron como objetivo inicial informar sobre el nuevo peligro y dar a conocer la enormidad del crimen. La segunda mitad del siglo XV fue, por el contrario, el tiempo de la elaboración de tratados demonológicos más extensos: este segundo grupo de textos tuvo como objetivo comprender –y de hecho, construir– la realidad de los maleficios de los brujos así como el alcance de los poderes y de las acciones de los demonios en el marco de la brujería, para de esa manera determinar la culpabilidad de los presuntos brujos y justificar la represión cuando la situación lo ameritaba. Paralelamente a la redacción de estos textos iniciales, se pusieron de manifiesto las primeras dudas sobre la realidad de los crímenes de los brujos, su culpabilidad y la competencia que en su represión cabía a los jueces de la Iglesia o de la Inquisición.

---

1.   Este artículo es una versión revisada y aumentada del capítulo 5, "The Rise of the Witchcraft Doctrine", publicado originalmente en Johannes Dillinger (ed.), *The Routledge History of Witchcraft*, London, Routledge, 2020, pp. 61-77.

Informar, describir el sabbat y denunciar la gravedad de los crímenes de las brujas (1420-1440)

Durante la década de 1430 aparecieron distintos escritos que, en contextos diferentes, tuvieron por objetivo describir el sabbat de las brujas. Sus autores registraron y dieron forma a una nueva creencia: la de la existencia de hombres y mujeres que formaban parte de una secta clandestina, cuyos miembros habían renegado de la fe y jurado fidelidad al diablo por medio de un pacto. Convocados por los demonios, se reunían en lugares aislados, la mayoría de las veces volando por los aires. Adoraban al diablo y, siguiendo sus órdenes, realizaban maleficios contra las personas, las bestias y los cultivos, con el objetivo de destruirlos o de provocarles la muerte. Se sospechaba que se entregaban a prácticas sexuales con los demonios. Mataban también a los niños pequeños, cuya carne comían o bien utilizaban en la preparación de ungüentos o pociones dañinas. Su existencia constituía una amenaza máxima para la sociedad. Resultaba necesario informar al respecto a las autoridades y a la población en su conjunto, y prepararse para luchar contra este nuevo peligro.

Estas nuevas prácticas de brujería se caracterizaron por cuatro elementos principales que se agregaron a la realización de maleficios: una dimensión colectiva (secta o sociedad clandestina), la sumisión absoluta y voluntaria que ligaba al brujo con el diablo (apostasía y demonolatría), actos antinaturales como la antropofagia, el infanticidio o los actos sexuales desviados y, por último, el vuelo mágico de los brujos en una importante cantidad de casos.[2]

Por primera vez aparecieron textos que describieron y definieron con precisión lo que hoy llamamos imaginario del sabbat. El fantasma del sabbat se instaló en el espacio de sólo una década en un ámbito territorial centrado en el arco alpino occidental y en la comarca de Lyon. Otras regiones, como los Pirineos e Italia, fueron igualmente testigos de estos cambios en curso durante la primera mitad del siglo XV. Luego la creencia se difundió rápidamente por otras regiones de Europa occidental, quedando instalada en el horizonte mental durante varios siglos.

Los textos antes mencionados fueron redactados por clérigos, teólogos, inquisidores o magistrados íntimamente convencidos de la realidad del sabbat y de las sectas demonólatras, una realidad que, por otra parte, ellos mismos contribuyeron a forjar y a defender. Buscaron, en efecto, contrarrestar una corriente de pensamiento más escéptica, que puso en duda la veracidad de los actos cometidos por las brujas considerándolas, por el contrario, víctimas de los engaños e ilusiones de los demonios (en la tradición del canon *Episcopi*)

---

2. Norman Cohn, *Europe's Inner Demons: The Demonization of Christians in Medieval Christendom*, Chicago, The University of Chicago Press, 1975; Brian Levack, *The Witch Hunt in Early Modern Europe*, London, Longman, 1987; Michael D. Bailey, "The Medieval Concept of the Witches' Sabbath", *Exemplaria. A Journal of Theory in Medieval and Renaissance Studies*, 8 (1996), pp. 419-439; Martine Ostorero, "Witchcraft", en Sophie Page y Catherina Rider (eds.), *The Routledge History of Medieval Magic*, London, Routledge, 2019, pp. 502-522.

o incluso enfermas de locura o melancolía. A la inversa, los "fanáticos" del sabbat defendieron la necesidad de la represión: si en la primera mitad del siglo XV fueron, cuantitativamente hablando, una minoría, su influencia fue creciendo cada vez más en algunos lugares o Estados (arco alpino occidental, Suiza occidental, Saboya, Borgoña, el norte y el mediodía francés) y en determinados medios culturales (la Inquisición dominica y eventualmente franciscana, en particular la de tendencia observante, así como el Concilio de Basilea).

Los seis primeros textos sobre el sabbat (1430-1442)

Seis textos principales, de naturaleza diversa, permiten dar cuenta de la emergencia de este imaginario.[3] La crónica lucernense de Hans Fründ describe la primera caza de brujas que se desarrolló en Valais a partir de 1428. Johannes Nider, dominico observante y profesor de la Universidad de Viena, se interesó por la cuestión de la brujería en su *Formicarius* (*circa* 1436-1438). El *juge-mage* (gran juez o *judex major*) del Delfinado, Claude Tholosan, denunció la gravedad de los crímenes de los brujos a la par que presidió un centenar de juicios contra ellos. De manera simultánea, en la otra vertiente de los Alpes, los *Errores gazariorum*, panfleto anónimo redactado hacia 1436-1438 en el Valle de Aosta, ofreció una descripción muy sistemática del ritual del sabbat basada en una intensa actividad judicial. Por otra parte, el enigmático tratado conocido como *Vauderye de Lyonois* daba cuenta de la dificultad de los dominicos de Lyon para instalar la caza de brujas en dicha región del reino de Francia.[4] Finalmente, en *Le Champion des Dames*, un extenso poema compuesto entre 1440 y 1442 en el contexto de la querella del *Roman de la Rose*, Martin Le Franc, secretario del antipapa Félix V (el duque de Saboya Amadeo VIII), realizó una de las primeras descripciones del sabbat contenidas en una obra literaria, sabbat que él asoció esencialmente con las mujeres.

La importancia de estos primeros textos requiere una detallada presentación de su contenido, del contexto en el cual se insertaron y de su difusión.

---

3. Para una edición moderna de estos textos, con sus correspondientes traducciones al francés y comentarios, véase Martine Ostorero, Agostino Paravicini Bagliani y Kathrin Utz Tremp, con la colaboración de Catherine Chène (eds.), *L'imaginaire du sabbat: Edition critique des textes les plus anciens (1430 circa-1440 circa)*, Lausanne, Université de Lausanne, 1999; Joseph Hansen, *Quellen und Untersuchungen zur Geschichte des Hexenwahns un der Hexenverfolgung in Mittelalter*, Bonn, Carl Georgi, 1901 (traducción al inglés en Michael D. Bailey, *Origins of the Witches' Sabbath*, University Park, Pennsylavnia State University Press, 2021; para anteriores traducciones al inglés a partir de los extractos de Hansen véanse Brian P. Levack (ed.), *The Witchcraft Sourcebook*, New York, Routledge, 2004 y P. G. Maxwell-Stuart (ed.), *Witch Beliefs and Witch Trials in the Middle Ages: Documents and Readings*, London, Continuum, 2011).

4. Franck Mercier y Martine Ostorero, *L'énigme de la Vauderie de Lyon. Enquête sur l'essor des chasses aux sorcières entre France et Empire (1430-1480)*, Firenze, Sismel, 2015.

Hacia 1430, el cronista de Lucerna Hans Fründ describió en alemán una caza de brujas que tuvo lugar en Valais a partir de 1428.[5] Según él, en el plazo de un año y medio se encendieron en la región más de doscientas hogueras. Las confesiones de los acusados resultan sorprendentes. La secta de brujas y brujos (*zu°brern und hexssen*) recientemente aparecida contaba con más de 700 integrantes, hombres y mujeres, que se reunían en "escuelas" clandestinas; allí se encontraban con el "espíritu malvado" que les predicaba doctrinas contrarias a la fe cristiana, induciéndolos a renegar de Dios y a concluir un pacto con él, a cambio de lo cual les prometía riquezas y poder. Explicaba a los herejes cómo cabalgar por los aires y cómo saquear las cavas que guardaban el mejor vino. El diablo les enseñaba a transformarse en lobos o a volverse invisibles gracias a determinadas hierbas, con el fin de perpetrar maleficios contra las personas, los animales y los sembradíos. El cronista afirmaba también que los brujos y brujas mataban a sus propios hijos para devorarlos en la sociedad (*Gesellschaft*) que los congregaba. El objetivo de esta última era invertir la sociedad cristiana para imponer su poder y dotarse con tribunales particulares. Al decir de Hans Fründ, la cantidad de brujos y brujas había crecido de tal manera en el transcurso de los nueve años previos que los sectarios creían que en apenas un año más podrían elegir a su propio rey. Fründ no podía ser más claro: a sus ojos, la brujería constituía un peligro de primer orden.

Sabemos que Hans Fründ no inventó nada, aunque quizás exageró los números. Una importante caza de brujas tuvo lugar en Valais entre 1428 y 1436.[6] Fue impulsada por los tribunales laicos en el Valais episcopal y por la justicia eclesiástica en el Valais saboyano (el Bajo Valais bajo la jurisdicción del Duque de Saboya). Una gran parte de lo que recogió el cronista se encuentra también en las confesiones de los inculpados cuyos procesos se han conservado. El lucernense Fründ obtuvo la información de primera mano: sin dudas gracias a los miembros de la familia Silenen, testigos o actores en diferentes acciones judiciales contra los practicantes de hechizos en Valais.

En el quinto capítulo del *Formicarius* (El Hormiguero), redactado entre 1436 y 1438, el dominico Johannes Nider registró eventos similares a los aludidos por Fründ en su crónica, pero que en este caso habrían tenido lugar en la diócesis de Lausanne y en las tierras que pertenecían a la ciudad de Berna.[7] En tanto prior del convento de Basilea entre 1429 y 1434, y encargado

---

5.   Martine Ostorero, Agostino Paravicini Bagliani y Kathrin Utz-Tremp, *L'imaginaire du sabbat*, pp. 23-98. Otro manuscrito de este reporte (Strasbourg, Bibliothèque nationale et universitarie, N° 2.935), muy cercano al primero, ha sido editado por Georg Modestin, "'Von den hexen, so in Wallis verbrant wurdent'. Eine wieder entdeckte Handschrift mit dem Bericht des Chronisten Hans Fründ über eine Hexenverfolgung im Wallis (1428)", *Vallesia*, 60 (2005), pp. 399-409.

6.   Chantal Amman-Doubliez, "La première chasse aux sorciers en Valais (1428-1436?)", en Martine Ostorero, Agostino Paravicini Bagliani y Kathrin Utz-Tremp (eds.), *L'imaginaire du sabbat*, pp. 63-98; *Idem, Procès de sorcellerie dans la vallée de Conches (1466-1467) et chasses aux sorciers et sorcières en Valais au XVe siècle*, Sion, Vallesia, 2020, pp. 15-38.

7.   Catherine Chène, "Introduction", en Martine Ostorero, Agostino Paravicini Bagliani y Kathrin Utz-Tremp (eds.), *L'imaginaire du sabbat*, pp. 99-265; Michael D. Bailey, *Battling Demons: Witchcraft, Heresy and Reform in the Late Middle Ages*, Philadelphia, The Pennsylvania State University Press,

de introducir allí la reforma, debió resultarle sencillo tomar conocimiento de estos sucesos. Para Nider, miembro de la observancia dominica y eminente profesor de teología en la Universidad de Viena, los maleficios y las sectas de brujos caníbales eran un material útil para dispensar una enseñanza moral cuyo objetivo era la reforma de la sociedad. El *Formicarius* es una obra con vocación pastoral.

Los hechos a los que Nider hizo referencia le fueron relatados por dos informantes. El primero, un inquisidor de Autun, que le hizo saber que en torno a 1437 un grupo de brujos había devorado a sus hijos neonatos durante una de sus asambleas secretas. El segundo, un juez laico de nombre Pedro, fraile del Alto Simmental, quien describió la manera en que los brujos utilizaban los cadáveres de niños para preparar ungüentos maléficos o metamorfosearse en animales; una suerte de ritual iniciático permitía a los malvados conocer de manera instantánea todos los secretos de la secta, a condición de que previamente hubieran renegado de Dios y rendido homenaje al demonio. Nider evocó, siempre según la información brindada por el juez Pedro, los maleficios practicados por los hechiceros bernenses Scavius, Hoppo y Scaedeli, capaces de provocar los males más diversos (esterilidad, enfermedades, granizo, muertes, etc.); se trataba de prácticas que remitían a una concepción más popular de la magia y de la brujería, pero que Nider buscó de todos modos demonizar. El dominico alemán, pues, recogió varios de los distintos elementos constitutivos del sabbat pero sin describirlos ni organizarlos en un ritual completo: en aquellos años probablemente no tenía aún una idea acabada del mismo.

Nider no estaba dispuesto a aceptar cualquier creencia: el demonio era tramposo y las mujeres eran sus presas fáciles. En el capítulo 2 del *Formicarius*, que trata sobre los sueños y visiones, el dominico incluyó el caso de una vieja que creía poder volar aun cuando, sentada sobre una artesa, no hacía más que soñar inmersa en una suerte de trance. Para Nider el vuelo nocturno no era aún un componente verdadero del sabbat sino, antes que nada, una creencia popular de la que se burlaba abiertamente.[8] Escéptico en lo que respecta al vuelo nocturno estaba, por el contrario, persuadido de la existencia de grupos de brujos infanticidas y antropófagos que se reunían en torno a un "espíritu malvado" en el marco de una suerte de sabbat.

Por aquellos mismos años tres escritos de naturaleza similar hicieron una descripción muy sistemática del ritual del sabbat, en tratados breves cuyo objetivo era denunciar los daños que ocasionaban los brujos, subrayando la gravedad de sus crímenes. Dos de ellos, los *Errores gazariorum* y la *Vauderye de Lyonois*, fueron escritos por autores anónimos aunque presumiblemente cercanos al ámbito inquisitorial del Valle de Aosta y de la región de Lyon. El tercer tratado es el de Claude Tholosan, doctor en derecho y *juge-mage* del Delfinado al servicio del rey de Francia. Su *Ut magorum et maleficiorum errores*,

---

2003; Werner Tschacher, *Der Formicarius des Johann Nider von 1437/1438. Studien zu den Anfängen der europäischen Hexenverfolgungen im Spätmittelalter*, Aachen, Shaker, 2000.

8.   Martine Ostorero, Agostino Paravicini Bagliani y Kathrin Utz-Tremp (eds.), *L'imaginaire du sabbat*, pp. 134-136 y 215-220.

escrito en torno a 1436, fue el fruto de una reflexión derivada de diez años de práctica y del centenar de procesos por brujería que presidió, principalmente en el Alto Delfinado.[9] Para Tholosan, los acusados pertenecían a una secta demoníaca con prácticas y rituales específicos. El autor reconstruyó con mucho detalle la ceremonia de apostasía y homenaje al diablo, seguida del banquete orgiástico y caníbal. Se abocó a describir los maleficios, su composición y sus efectos. Por ejemplo, los brujos eran capaces de volver locos a los hombres y de impedir que las mujeres quedaran encintas.[10] Aun cuando Tholosan consideraba al vuelo nocturno como una ilusión diabólica, el sabbat y el conjunto de actividades de la secta son descriptos como hechos muy reales y percibidos como crímenes de una enorme gravedad, lo que le permitió justificar su acción represiva. Tholosan realizó consultas con juristas meridionales cuyas respuestas insertó en el tratado –entre ellos Jourdan Brice–. El tratado concluye con una importante reflexión jurídica en defensa de la asimilación del crimen de brujería al de homicidio y, sobre todo, a los de lesa humanidad divina y humana. Ello le permitió justificar la primacía de la justicia del Príncipe sobre la justicia de la Iglesia, sin descartar en ningún caso la colaboración de la autoridad eclesiástica.[11] Contrariamente a los *Errores gazariorum* y a la *Vauderye de Lyonnois*, el tratado de Tholosan no tuvo difusión fuera del Delfinado. Sólo se conservó en el *Quintus liber fachureriorum*, el quinto libro de la *Chambre des Comptes* del Delfinado, en el que Tholosan dejó registrados los procedimientos relativos a los juicios por brujería. Sin embargo, la amplitud y la precocidad de la caza de brujas que tuvo lugar entre 1424 y 1445 en el Delfinado sin dudas tuvo un eco considerable en las comunidades vecinas y contribuyó a la difusión del imaginario del sabbat en la región.

En razón de su obra y de su accionar, muy bien documentados, existe la tendencia a atribuir la entera responsabilidad por la represión en el Delfinado al *juge-mage* Claude Tholosan. Pero ello implicaría olvidarse de la presencia activa en la región de los frailes mendicantes, no sólo junto a los jueces laicos sino también como impulsores de un intenso esfuerzo de renovación pastoral relanzado entre fines del siglo XIV y principios del XV. Fue tras el paso del predicador dominico catalán Vicente Ferrer que la caza de brujas comenzó en la región. La represión antibrujeril estalló tras un siglo de cruzadas contra los herejes valdenses. El silencio del juez regio sobre el rol concreto de los inquisidores franciscanos era otro medio de afirmar la primacía de la justicia del Príncipe y de impedir que los tribunales de la Inquisición fueran los únicos que procedieran contra los maleficios. De hecho, el poder delfinal se ubicó en

---

9. *Ibid.*, pp. 355-438. Sobre Tholosan y la caza de brujas en el Delfinado véase Pierrette Paravy, *De la Chrétienté romaine à la Réforme en Dauphiné. Évêques, fidèles et déviants (vers 1340-vers 1530)*, Rome, École Française de Rome, 1993, livre III.

10. Martine Ostorero, Agostino Paravicini Bagliani y Kathrin Utz-Tremp (eds.), *L'imaginaire du sabbat*, pp. 362-373.

11. *Ibid.*, pp. 379-415 y 420-431; Jacques Chiffoleau, "Sur le crime de majesté médiéval", en *Genèse de l'État moderne en Méditerranée. Approches historique et anthropologique des pratiques et des représentations Actes des tables rondes de Paris (24-26 septembre 1987 et 18-19 mars 1988)*, Rome, École française de Rome, 1993, pp. 183-213.

la primera fila de la lucha contra los brujos. Bien pudo ser éste el rescate que hubo que pagar por la reciente integración del Delfinado (hasta entonces bajo la jurisdicción del Sacro Imperio) al Reino de Francia, que se definía como "muy cristiano" ("*très chrétien*") y que había acaparado los instrumentos de la suprema autoridad humana y divina. Es así como se comprende el rol de Claude Tholosan en tanto campeón del absolutismo real.[12]

Redactado entre 1436 y 1438, el texto titulado *Errores gazariorum seu illorum qui scopam vel baculum equitare probantur* transmite una visión sobre la brujería diabólica muy cercana a la del juez Tholosan.[13] En él se enseña que el diablo, cuando tenía éxito en atraer un nuevo adepto a su secta, le exigía un juramento de fidelidad: tenía que reclutar nuevos miembros, guardar el secreto de la existencia de la secta y defender a sus integrantes; debía matar niños pequeños, llevarlos al sabbat y provocar esterilidad por medio de maleficios. Tras este juramento, el nuevo adepto rendía homenaje al diablo besando su trasero y prometiendo entregarle una parte del cuerpo tras su muerte. A continuación de este ritual de ingreso, todos los miembros de la secta se dedicaban a celebrar la llegada del nuevo fiel. Se ingerían diversas preparaciones, en particular en base a niños asados o hervidos. Luego se bailaba. Una vez que el diablo extinguía las luces y gritaba *Mestlet, mestlet*, todos se entregaban a prácticas de índole sexual, sin importar el lazo de parentesco o el sexo de su pareja. También preparaban polvos y ungüentos usando grasa de niños, serpientes, sapos, arañas, lagartos y otros ingredientes; ello les permitía provocar, con la ayuda del diablo, múltiples maleficios para matar hombres y animales o para destruir las plantaciones.

Los *Errores gazariorum* están organizados como una sucesión de ítems o artículos que describen distintos aspectos de la secta de los brujos, como si se tratara de respuestas a preguntas pero reorganizadas de manera más narrativa. El autor anónimo se apoyó en procesos que tuvieron lugar en el Valle de Aosta, un territorio bajo jurisdicción del ducado de Saboya, en el norte de Italia. El texto presta particular atención al proceso de Jeannette Cauda (Johanneta Cauda), quemada en Chambave el 11 de agosto de 1428. De esta manera queda probado el origen valdostano de *Errores gazariorum*. El Valle de Aosta fue escenario de persecuciones contra la brujería diabólica al menos desde 1428: importantes cacerías de brujas tuvieron lugar en 1430, 1440 y 1460, principalmente a cargo de inquisidores franciscanos. Es probable que el autor de *Errores gazariorum* sea Ponce Feugeyron (o alguien de su entorno), comisionado por el Papado para proceder contra los brujos y los invocadores de demonios. Feugeyron estuvo presente en el Valle de Aosta entre 1434 y 1439, precisamente en el momento de la redacción del texto.[14] Refuerza esta hipótesis el hecho de que dos manuscritos de los *Errores gazariorum* se hayan

---

12. Franck Mercier y Martine Ostorero, *L'énigme de la Vauderie de Lyon*, pp. 305-311.

13. Martine Ostorero, Agostino Paravicini Bagliani y Kathrin Utz-Tremp (eds.), *L'imaginaire du sabbat*, pp. 266-353.

14. Silvia Bertolin y Ezio E. Gerbore, *La stregoneria nella Valle d'Aosta medievale*, Quart, Musemeci, 2003, pp. 18-21; Silvia Bertolin, *Processi per fede e sortilegi nella valle d'Aosta del Quattrocento*,

conservado en colecciones de textos relacionados con el Concilio de Basilea, pues Ponce Feugeyron participó del concilio en diferentes oportunidades entre 1433 y 1437. El Concilio de Basilea fue un medio de difusión ideal de los textos sobre el sabbat.[15] Uno de los manuscritos de este panfleto contra los brujos circuló en la diócesis de Lausanne y fue completado con indicaciones relativas a juicios celebrados en la región de Vevey, como el proceso de 1438 contra el joven Aymonet Maugetaz d'Epesses presidido por el inquisidor Ulric de Torrenté.[16] Un tercer manuscrito posterior (Roma, Biblioteca Apostólica Vaticana, Pal. Lat. 1381, ff. 190r-192r) fue copiado entre 1451 y 1457 por el jurista Mathias Widmann von Kemnath (muerto en 1476), capellán de corte, matemático y astrólogo del Príncipe Palatino Federico I el Victorioso (1425-1476).[17] De esta manera, el tratado valdostano alcanzó difusión en el mundo germano: Widmann lo tradujo al alemán y lo insertó en su *Chronik Friedrich der Siegreichen* (*circa* 1475).

Los *Errores gazariorum* tienen muchos trazos en común con el breve tratado conocido usualmente como *Vauderye de Lyonois en brief*.[18] Redactado en latín por un autor anónimo y en fecha desconocida, el texto se planteó como objetivo describir de manera muy detallada la organización y las prácticas criminales de una secta diabólica designada bajo el nombre genérico de valdenses (*valdesia*). Sus integrantes, apóstatas calificados en francés como *"faicturiers"* y *"faicturières"*, se reunían por las noches en una asamblea a la que denominaban "sinagoga", *"faict"*, *"martinet"* o bien sabbat, como se observa en un manuscrito de Tréveris (Stadbibliothek, ms. 613). Los participantes se congregaban en torno a un diablo que reunía todos los atributos de la monstruosidad y de la abominación. Le rendían homenaje, profanaban los ritos cristianos y participaban de festines y de orgías sexuales. En el texto, la revelación de la existencia de esta sociedad secreta provoca horror pero

---

Aosta, Académie Saint-Anselme d'Aoste, 2012; Martine Ostorero, "Itinéraire d'un inquisiteur gâté: Ponce Feugeyron, les juifs et le sabbat des sorciers", *Médiévales*, 43 (2002), pp. 103-118.

15. Michael D. Bailey y Edward Peters. "A Sabbat of Demonologists: Basel, 1431-1440", *The Historian*, 65:6 (2003), pp. 1375-1395; Stephan Sudmann, "Hexen – Ketzer – Kirchenreform. Debatten des Basler Konzils im Vergleich", en Martine Ostorero, Georg Modestin y Kathrin Utz Tremp (eds.), *Chasses aux sorcières et démonologie. Entre discours et pratiques*, Firenze, Sismel, 2010, pp. 169-197.

16. Martine Ostorero, Agostino Paravicini Bagliani y Kathrin Utz-Tremp (eds.), *L'imaginaire du sabbat*, pp. 280-283 y 339-353.

17. Martine Ostorero, "Un manuscrit palatin des *Errores gazariorum*", en Martine Ostorero, Kathrin Utz Tremtp y Georg Modestin (eds.), *Inquisition et sorcellerie en Suisse romande. Le registre Ac 29 des Archives cantonales vaudoises (1438-1528)*, Lausanne, Cahiers lausannois d'histoire médiévale-Université de Lausanne, 2007, pp. 493-504; *Idem*, "Comment communiquer et diffuser le 'crime' de sorcellerie et le sabbat au XVe siècle? L'exemple des '*Errores gazariorum*' et du '*Flagellum hereticorum fascinariorum*' de Nicolas Jacquier", en Heinz Sieburg, Rita Voltmer y Britta Weimann (eds.), *Hexenwissen. Zum Transfer von Magie- und Zauberei-Imaginationen in interdisziplinärer Perspektive*, Trier, Paulinus-Verlag, 2017, pp. 61-83.

18. Franck Mercier y Martine Ostorero, *L'énigme de la Vauderie de Lyon, passim*; Franck Mercier, "La vauderie de Lyon a-t-elle eu lieu? Un essai de recontextualisation (Lyon, vers 1430-1440?)", en Martine Ostorero, Georg Modestin y Kathrin Utz Tremp (eds.), *Chasses aux sorcières et démonologie*, pp. 27-44.

sin ningún desarrollo teórico. El tratado sólo describe la enormidad (*enormitas*) del crimen de brujería diabólica para justificar de manera enfática su represión.[19] La evocación de los crímenes imputados a esta secta tiene como correlato una cierta actividad judicial que se desarrolló en la región de Lyon. Los últimos estudios, que se apoyan en el descubrimiento reciente de nuevos documentos, permiten relacionar la *Vauderye de Lyonois* con el medio de los inquisidores dominicos asentados en Lyon. Se ha sugerido como fecha de redacción probable el final de la década de 1430. En efecto, fue en el curso de este decenio que el prior de Lyon, Thomas Girbelli, y el inquisidor del mismo convento, Jean Tacot, se esforzaron por crear en la región las condiciones para el estallido de una caza de brujas. Pero no contaron con la resistencia que opusieron tanto el arzobispo local como las autoridades consulares de la ciudad. Encerrados en sus veleidades represivas, Girbelli o Tacot pueden haber redactado la *Vauderye de Lyonois* con el objetivo de lograr el apoyo, a la vez político y financiero, del rey de Francia y del Papa, como se desprende con claridad del suplemento al tratado recientemente descubierto.[20] Pero estos esfuerzos fueron en vano y la historia de la *vauderie* de Lyon es, sobre todo, la historia del fracaso de la caza de brujas en esta región de Francia. El tratado actualmente se conserva en tres manuscritos.[21] El texto logró difusión gracias a la red de dominicos observantes: por un lado circuló en dirección a Borgoña, donde el *affaire* de la *Vauderie d'Arras* (*circa* 1460) le confirió el nombre con el que actualmente lo conocemos; por otro lado, en torno a 1470 el texto llegó a la ciudad de Tréveris, en las puertas del Sacro Imperio, en vísperas de las grandes cazas de brujas.

Las persecuciones que tuvieron lugar en el Delfinado (notablemente en Vallouise, antiguamente *Valpute*) y en Piamonte (*mons d'Esture*, probablemente Stura di Demonte) fueron suficientemente importantes como para llegar a oídos de Martin Le Franc, quien aludió a ellas en *Le Champion des Dames*. En este largo poema compuesto entre 1440 y 1442, el secretario de Amadeo VIII (por entonces antipapa con el nombre de Félix V) y preboste del capítulo de Lausanne a partir de 1443, ofreció una de las primeras descripciones del sabbat en una obra literaria.[22] Sin ser el tema principal del poema, el motivo surge como digresión en el contexto de un debate sobre la reputación de las mujeres, subsidiario de la conocida querella iniciada en tiempos de Jean de Meung. En *Le Champion des Dames* la discusión se articuló en torno a un diálogo entre el Campeón, Franc Vouloir, y sus diferentes adversarios. El

---

19. Julien Théry, "*Atrocitas/enormitas*. Esquisse pour une histoire de la catégorie d'"énormité" ou "crime énorme" du Moyen Âge à l'èpoque moderne", *Clio@themis. Revue électronique d'histoire du droit*, 4 (2011), pp. 1-48.

20. Editado en Franck Mercier y Martine Ostorero, *L'énigme de la Vauderie de Lyon*, pp. 395-406.

21. Paris, Bibliothèque nationale de France, Moreau 779, ff. 264r-266r; Paris, Bibliothèque nationale de France, ms. Lat. 3446, ff. 58r-62r; Trier, Stadtbibliothek, 613 (1552 4°), ff. 50v-53v. Edición y traducción francesa en Franck Mercier y Martine Ostorero, *L'énigme de la Vauderie de Lyon*, pp. 57-93.

22. Catherine Chène, "Introduction", pp. 439-508; Martin Le Franc, *Le Champion des Dames*, editado por Robert Deschaux, Paris, Honoré Champion, 1999, pp. 113-146.

detractor de las mujeres señala al defensor la existencia de "viejas brujas", "valdenses" y *"faicturieres"* (hechiceras o encantadoras) que "vuelan por el aire como aves" para viajar hasta la sinagoga del diablo y entregarse allí a los peores excesos: canibalismo de niños, orgías sexuales, maleficios, apostasía y metamorfosis diabólicas. El Campeón se niega a otorgar crédito a estos relatos sospechosos y refuta el argumento del vuelo mágico. El diálogo es un buen acercamiento a las diferentes mentalidades y sensibilidades que coexistían en la época. Martin Le Franc puso en boca de sus personajes las ideas de su tiempo, en una obra que integraba las representaciones de la tradición erudita, anclada en las discusiones sobre la herejía, la magia y la demonología, con las creencias más populares relativas a las prácticas de las brujas. Mientras que el Adversario sostenía sin contemplaciones que las brujas debían morir en la hoguera, el Campeón, sin quitarles toda responsabilidad, sugería que las autoridades eclesiásticas tenían que redoblar sus esfuerzos para prevenir los errores y las correrías de estas mujeres. Sus críticas también alcanzaron a la corte papal, poco preocupada por proveer de pastores a las poblaciones rurales. Esta diatriba contra los eclesiásticos era un tema de actualidad para el preboste de Lausanne, por entonces secretario del antipapa Félix V en el Concilio de Basilea, en un contexto en el que los programas de reforma de la cristiandad eran objeto de vivas discusiones.

Redactado entre Basilea y el Estado saboyano, *Le Champion des Dames* tuvo una difusión progresiva, de manera notable en el Estado borgoñón. La obra fue dedicada al duque Felipe el Bueno, que no le dio el recibimiento que el poeta había soñado. Uno de los ejemplares fue copiado en Arras en 1451, donde se lo adornó con miniaturas que representan a dos mujeres montadas, una sobre una escoba y la otra sobre un bastón (ver figura 1 en pág. 109).

Si estos seis primeros escritos, surgidos todos en las regiones del arco alpino occidental, reproducen un imaginario del sabbat muy similar, otros testimonios recogen variaciones que remiten a un universo cultural diferente, marcado por la tradición literaria clásica de la *strige* o vampiro-bruja (*strix*, *strega*) y por el folklore regional. Es el caso de la península italiana y en particular de la región de Umbria (*"Umbrian paradigm"*), tal como se observa en los sermones de Bernardino de Siena (1427 y 1443-1447).[23] El franciscano observante denunció a las viejas adivinas que creían partir en procesión con Herodías (*in curso cum Herodia*) y metamorfosearse en gatos o en *striges* (*strix*, *lamia*) para succionar la sangre de los niños. Las brujas descriptas por los autores italianos (que se apoyaban en los esporádicos procesos que tenían lugar en la región) son una combinación de las *striges*

---

23. Marina Montesano, *"Supra acqua et supra ad vento". "Superstizioni", maleficia e incantamenta nei predicatori francescani osservanti (Italia, sec. XV)*, Roma, Istituto Palazzo Borromini, 1999; *Idem*, "Le rôle de la culture classique dans la définition des maleficia. Une démonologie alternative?", en Julien Véronèse y Martine Ostorero (eds.), *Penser avec les démons. Démonologues et démonologies (XIIIe-XVIIe siècles)*, Firenze, Sismel, 2015, pp. 277-292; Franco Mormando, *The Preacher's Demons: Bernardino of Siena and the Social Underworld of Early Renaissance Italy*, Chicago, The University of Chicago Press, 1999; Richard Kieckhefer, "Mythologies of Witchcraft in the Fifteenth Century", *Magic, Ritual, and Witchcraft*, 1:1 (2006), pp. 79-107.

infanticidas y de las *"Bonnes Dames"* que volaban junto a Dama Abundia o a la diosa Diana. No iban a la "sinagoga", con tanta frecuencia mencionada a la sombra de los Alpes, sino que participaban del juego o *ludus* de Diana. El diablo no ocupaba en estos relatos un lugar preponderante. Su papel se limitaba a engañar a las brujas. Los maleficios eran allí percibidos como una responsabilidad principalmente de las mujeres, sobre todo las de edad avanzada. Esta mitología brujeril alternativa se esparció también más allá de los Alpes y en ocasiones se fusionó con el estereotipo del sabbat de las brujas. Otras regiones, como los territorios germanos, se mostraron poco receptivas a estas dos concepciones y se limitaron a una representación de la bruja como mera practicante de maleficios.

Nuevas disposiciones normativas contra la brujería

Las autoridades laicas no permanecieron insensibles a las mutaciones en curso. Percibieron los beneficios que implicaba la persecución de las brujas como medio de asentar su poder en materia de alta justicia, como forma de afirmar su soberanía e incluso su majestad y para reclamar la parte que les correspondía cuando se confiscaban los bienes de los condenados. El poder laico tenía potencialmente la autoridad para reprimir el crimen de maleficio en tanto delito que afectaba a las personas y a sus bienes, pero siempre y cuando no tuviera "sabor a herejía". Ahora bien, los crímenes de los brujos y brujas configuraban una ofensa a la majestad divina, que los príncipes debían defender e incluso encarnar en la tierra: la brujería configuraba, pues, un crimen de lesa majestad divina y humana. La dimensión política e ideológica de la represión de la brujería no debe ocultarse. Las situaciones variaban, sin embargo, según la región o el Estado, pues la percepción de la peligrosidad del crimen no siempre fue la misma en todos lados.

En Cataluña, los estatutos de la Comunidad de Aneu (condado de Pallars, en la frontera con el Condado de Foix y el Valle d'Aran) incluyen en su revisión de 1424 uno de los primeros testimonios de esta mutación: en razón de la "enormidad" de los crímenes cometidos "contra Dios y el valle", condenaron a la hoguera a las personas que iban "de noche con las *bruixes* al Bouc de Biterna" (presumiblemente una entidad demoníaca), que lo reconocían como su señor, que renegaban de Dios, que mataban niños recién nacidos, que provocaban enfermedades y que utilizaban venenos.[24] Aun cuando resulta delicado mensurar los efectos de esta ordenanza dada la ausencia total de fuentes judiciales conservadas, algunos indicios documentales confirman la existencia de una represión judicial en la década de 1420, impulsada principalmente por tribunales laicos estimulados por la intensa actividad

---

24. Pau Castell Granados, *"Sortilegas, divinatrices et fetilleres. Les origines de la sorcellerie en Catalogne"*, *Cahiers de Recherches Médiévales et Humanistes*, 22 (2011), pp. 217-224; *Idem, La cacera de bruixes a Catalunya. Estudis i documents (1830-2020)*, Barcelona, Disputació de Barcelona, 2022; *Idem*, "'Wine vat witches suffocate children'. The Mythical Components of the Iberian Witch", *eHumanista*, 26 (2014), pp. 170-105.

de los predicadores dominicos Vicente Ferrer y Pere Cerdà. Si la Inquisición catalana intervino ocasionalmente en los procedimientos fue para incitar a la prudencia y a la moderación, marcando así su escepticismo en relación con la dimensión colectiva del crimen de brujería y del sabbat. Este estatuto de Aneu es contemporáneo de las primeras persecuciones atestiguadas en el arco alpino, tanto en el Delfinado (1424-1445) como en Valais (1428-1436) y el Estado saboyano. Cataluña fue, entonces, una de las cunas de la caza de brujas en Europa, más allá de que allí la documentación judicial anterior a 1450 se conservó de manera muy fragmentada, a diferencia de lo que ocurre en las regiones alpinas.

Uno de los protagonistas de este cambio precoz en la percepción del crimen de brujería en Cataluña fue Nicolau Eymeric, inquisidor en los territorios de la Corona de Aragón (Cataluña, Aragón, Valencia y Mallorca) entre 1356 y 1391. Prueba de ello son sus dos principales tratados, en los cuales la magia y los maleficios fueron asimilados a la herejía, así como la intensa actividad inquisitorial que desarrolló entre los años 1350 y 1380.[25] El más célebre predicador catalán, Vicente Ferrer (1350-1419), no tardó en tomar el relevo. Su predicación se organizó en torno a la denuncia de la blasfemia y de la costumbre de recurrir a los invocadores de demonios, a los adivinos, a los hechiceros (*fetilleres*) y a ciertas prácticas que remitían a las supersticiones populares. Vicente Ferrer recorrió Europa occidental y sus encendidos discursos no dejaron de tener eco en Italia, el Delfinado, Saboya y Suiza occidental.

Es muy posible que el paso de Ferrer por los valles alpinos provocara en 1428 que la Dieta y las asambleas locales en el Valais episcopal aprobaran un severo reglamento contra los brujos y los hechiceros, aunque sin incluir en el mismo ninguno de los componentes del imaginario del sabbat. Sin embargo, la crónica de Hans Fründ y los documentos judiciales prueban que en la región la nueva doctrina de la brujería ya estaba presente. Los Patriotas del Valais (la Dieta) lograron convertirse en soberanos en el ejercicio de la represión contra los brujos, prácticamente relegando a un segundo plano a los inquisidores y a la justicia episcopal. En 1430 y 1434 otras comunidades valaisanas, como Mörel y Rarogne, siguieron el ejemplo de los Patriotas.[26]

---

25. Julien Véronèse, "Le *Contra astrologos imperitos atque nigromanticos* (1395-1396) de Nicolas Eymerich (O.P.): Contexte de Rédaction, Classification des Arts Magiques et Divinatoires, édition critique partielle", en Martine Ostorero, Georg Modestin y Kathrin Utz Tremp (eds.), *Chasses aux sorcières et démonologie*, pp. 271-329; *Idem*, "Nigromancie et hérésie: le *De jurisdictione inquisitorum in et contra christianos demones invocantes* (1359) de Nicolas Eymerich (O.P.)", en Julien Véronèse y Martine Ostorero (eds.), *Penser avec les démons*, pp. 5-56; Pau Castell Granados, "The Inquisitor's Demons. Nicolau Eymeric's *Directorium Inquisitorum*", en Jan Machielsen (ed.), *The Science of Demons: Early Modern Authors Facing the Devil*, London, Routledge, 2020, pp. 19-34. Para una versión aumentada de este último artículo véase "L'inquisiteur et ses démons. La démonologie dans la vie et l'œuvre de Nicolau Eymeric", *Cahiers de Recherches Médiévales et Humanistes*, 42 (2021), pp. 361-395.

26. Chantal Ammann-Doubliez, "La première chasse aux sorciers", pp. 63-98; *Idem*, "Les chasse aux sorciers vues sous un angle politique: pouvoirs et persécutions dans le diocèse de Sion au XVe siècle", en Martine Ostorero, Georg Modestin y Kathrin Utz Tremp (eds.), *Chasses aux sorcières et démonologie*, pp. 5-13.

Fue durante este mismo período que el duque de Saboya Amadeo VIII dictó los *Statuta sabaudie* (1430), su gran obra legislativa. El duque tenía como máxima ambición la reorganización y reforma de su vasto Estado, que se extendía desde el mar Mediterráneo hasta la ribera norte del Lago Leman. El primer artículo de sus ordenanzas de 1430 hacía referencia a los brujos, magos e invocadores de demonios. Amadeo VIII calificó como herejía crímenes como la brujería y la magia, que de hecho caían dentro de la competencia de la jurisdicción eclesiástica. Pero el duque consideró que estos delitos eran tan graves que necesitaban el involucramiento de todas las fuerzas posibles. Es por ello que ordenó a los jueces y funcionarios de su ducado, tanto del fuero eclesiástico como del principesco, que tomaran la iniciativa en la persecución de la herejía y de la brujería, y que colaboraran con la Inquisición pontificia. De esa forma convirtió a la brujería y a la herejía en un asunto de Estado. Los alcances de las medidas eran a la vez políticos y judiciales, pero también financieros, pues el duque ordenó que los bienes confiscados a los condenados pasaran a manos del fisco ducal. En consecuencia, posicionándose como defensor de las majestades humana y divina lesionadas, Amadeo VIII definió al crimen de brujería diabólica como una herejía de Estado y se esforzó por controlar a la Inquisición.[27]

En un tiempo en que la brujería se repensó como una herejía, los príncipes laicos buscaron mantener el control sobre la represión de este crimen y tomar parte activa en la ofensiva judicial. Ello contribuyó, a su vez, a la legitimación y a la afirmación de su poder soberano. Es precisamente lo que logró el *juge-mage* del Delfinado, Claude Tholosan, en beneficio del rey de Francia.

El Papado se tomó más tiempo para reaccionar. Con la excepción de Alejandro V en 1409, las bulas dictadas contra la brujería diabólica continuaron siendo sobrias y moderadas, en claro contraste con la actitud proactiva de Juan XXII en el siglo anterior. No observamos en estas bulas alusión alguna al sabbat, al vuelo nocturno o a la figura dominante del diablo. Basta con observar los documentos firmados por Eugenio IV (1437/1445), Nicolás V (1451), Calixto III (1457), Pío II (1459) e Inocencio VIII (1484, *Summis desiderantes affectibus*). Nicolas V, sin embargo, autorizó la persecución de la magia aunque no tuviera manifiestamente sabor a herejía, decisión que implicó una dilatación del campo de acción de los inquisidores. Por entonces el delito tendía a ser caracterizado como de lesa majestad divina y enorme escándalo.[28]

---

27. Martine Oŝtorero, "Amédée VIII et la répression de la sorcellerie démoniaque: une hérésie d'Etat?", en Mathieu Caesar y Franco Morenzoni (eds.), *La La loi du Prince. La raccolta normativa sabauda di Amedeo VIII (1430) I. Les Statuts de Savoie d'Amédée VIII de 1430. Une œuvre législative majeure*, Torino, Deputazione subalpina di ŝtoria patria, 2019, pp. 317-356; *Idem*, "Amédée VIII et l'orthodoxie religieuse: l'organisation de la répression de la sorcellerie et de l'hérésie", en Bernard Andenmatten *et alii*. (eds.), *Le duc-pape et sa cour: Amédée VIII-Félix V (1383-1451)*, en prensa.

28. Martine Oŝtorero, "Des papes face à la sorcellerie démoniaque (première moitié du XVe s.): une dilatation du champ de l'hérésie au Moyen Âge?", en Franck Mercier e Isabelle Rosé (eds.), *Aux marges de l'hérésie. Inventions, formes et usages polémiques de l'accusation d'hérésie au Moyen Âge*, Rennes, Presses universitaires de Rennes, 2017, pp. 153-184.

Una primera generación de tratados de demonología (1450-1470): comprender, convencer y justificar

A partir de la década de 1440, los escritos sobre brujería no se contentaron sólo con describir el sabbat y las atrocidades cometidas por los brujos sino que buscaron comprender la realidad y las consecuencias del tipo de interacción que los demonios entablaban con los brujos. Su objetivo era ofrecer a los tribunales un marco doctrinal aceptable tanto en el plano del derecho como en el de la teología. En tanto obras autónomas, los tratados de demonología comenzaron a multiplicarse a partir de mediados del siglo XV. Los teóricos de la brujería o demonólogos fueron en su mayoría teólogos e inquisidores, aunque también hubo juristas y médicos. Estos intelectuales buscaron insertar la nueva creencia en el sabbat en el marco tradicional de la demonología cristiana, concebida como un saber cuyo objetivo era definir la existencia y la naturaleza de los demonios así como el poder que podían ejercer sobre el mundo y sobre los hombres. Para ello debieron redefinir la disciplina en función de las nuevas preguntas generadas por el fantasma del sabbat. Sus escritos fueron al mismo tiempo obras de síntesis y de ruptura: reunían el saber sobre el diablo, la magia y la brujería o incluso la posesión diabólica, y lo confrontaban con las confesiones de las brujas.

Cerca de una treintena de textos se escribieron con anterioridad al *Malleus Maleficarum* (1486) de Heinrich Kramer (Institoris). La celebridad del *Malleus*, que en gran medida se debió a la imprenta naciente, eclipsó de algún modo la producción textual anterior, de enorme riqueza e interés y aún poco conocida. Las cuestiones y reflexiones que propuso Kramer estaban ya muy presentes en los escritos que lo precedieron. Algunos tenían, incluso, el título de "martillo" (*malleus*) o "látigo" (*flagellum*) contra los brujos, términos que revelaban de manera anticipada el objetivo de su autor. Otros recurrieron a expresiones más sobrias, como "tratado", "opúsculo", "sermón" o "cuestión".

La identificación de estos escritos del siglo XV se debe en gran medida a la antología que Joseph Hansen publicó en 1901 con el título de *Quellen und Untersuchungen zur Geschichte des Hexenwahns und der Hexenverfolgungen im Mittelalter*. Esta obra continúa siendo una herramienta esencial de la investigación científica sobre estos temas, más allá de que resulte necesario continuar incorporando al canon nuevos manuscritos y textos, profundizar el conocimiento de sus autores y contextos de redacción, y avanzar con la publicación de ediciones críticas integrales. Con posterioridad a la obra de Hansen otros escritos se incorporaron a este corpus, entre los que cabe destacar en particular los procedentes de la península italiana.[29]

---

29. Algunas traducciones al inglés de fragmentos extraídos de *Quellen und Untersuchungen zur Geschichte des Hexenwahns*, de Joseph Hansen, pueden consultarse en Brian P. Levack (ed.), *The Witchcraft Sourcebook*, New York, Routledge, 2004 y en P. G. Maxwell-Stuart, *Witch Beliefs and Witch Trials*. Respecto de otros textos, como por ejemplo los sermones de Bernardino de Siena y demás miembros de la observancia franciscana, véanse los trabajos de Marina Montesano y Franco Mormando ya citados en notas anteriores. Véase también Fabio Troncarelli, "*Grata et iocunda est*

En conjunto, estos textos intentaron evaluar la posibilidad y, en consecuencia, la realidad del sabbat de las brujas y de las acciones de quienes en él participaban. Las preguntas que formularon con más frecuencia eran: ¿de qué manera pueden las brujas provocar tempestades, enfermedades o impotencia sexual? ¿Pueden transformase en animales o transformar a otras personas? ¿Son físicamente transportados al sabbat y es éste un evento real? ¿Cómo pueden los demonios, en tanto espíritus puros, asumir un cuerpo físico? ¿Cómo pueden realizar operaciones vitales (*operae vitae*) como hablar, comer o actuar como íncubos y súcubos? ¿Puede existir la procreación entre demonios y brujas? ¿Por qué Dios permite que tengan lugar estas desgracias y acciones malvadas?

Para responder a estos interrogantes los tratados demonológicos desplegaron una argumentación que querían racional: utilizaron las herramientas del razonamiento escolástico y de la lógica, y se apoyaron en fragmentos de la Biblia, en textos de los Padres de la Iglesia (Agustín, Gregorio el Grande), de los teólogos (en primer lugar Tomás de Aquino) e incluso en narraciones hagiográficas y *exempla*. Aun cuando estos tratados prácticos fueron un fruto bastardo o retorcido de la escolástica tardía, no emanaron de mentes trastornadas o perversas. La demonología debe ser comprendida como una verdadera ciencia: los demonólogos se esforzaron por describir el lugar y las funciones de los demonios en el mundo natural.

Era también una literatura que reflejaba los interrogantes y las divergencias entre los demonólogos, que podían llegar a defender posiciones contradictorias: por ejemplo, era posible que un autor afirmara que el diablo transportaba realmente a las brujas al sabbat mientras otro defendía la idea de que los demonios les hacían creer en sueños que iban. Todo era, en última instancia, una cuestión de creencia y de toma de posición. Fue así que un cierto escepticismo en relación con la realidad de los maleficios y del sabbat se puso de manifiesto desde los primeros tiempos, como reacción a algunas de las posiciones más fanáticas.[30]

Estos textos nacieron con frecuencia en los márgenes de las cortes de justicia, con la voluntad de incitar a la caza de brujas, conferirle un marco normativo o por la necesidad de justificar un episodio represivo específico. Para muchos autores, las pruebas de la realidad de la brujería residían en las

---

aequalitas. Mariano Sozzini tra Medioevo ed Umanesimo", en Fabio Troncarelli (ed.), *La città dei segreti. Magia, astrologia e cultura esoterica a Roma (XV-XVIII)*, Milano, Franco Angeli, 1985, pp. 55-69; Fabio Troncarelli y M. P. Saci, "Il *De potestate spirituum* di Guglielmo Becchi", en Giovanna Bosco y Patrizia Castelli (eds.), *Stregoneria e streghe nell'Europa moderna. Convegno internazionale di studi (Pisa, 24-26 marzo 1994)*, Pisa, Biblioteca Universitaria, 1996), pp. 87-98; Alessia Belli y Astrid Estuardo Flaction, *Les striges en Italie du Nord. Édition critique et commentaire des traités de démonologie et sorcellerie de Girolamo Visconti (Milan, circa 1460) et de Bernardo Rategno (Côme, circa 1510)*, Firenze, Sismel, 2019.

30. Walter Stephens, "The Sceptical Tradition", en Brian P. Levack (ed), *The Oxford Handbook of Witchcraft in Early Modern Europe and Colonial America*, Oxford, Oxford University Press, 2013, pp. 101-121; Matteo Duni, "Doubting Witchcraft: Theologians, Jurists, Inquisitors during the Fifteenth and Sixteenth Centuries", *Studies in Church History*, 52 (2016), pp. 203-231.

confesiones mismas de los inculpados, a menudo arrancadas bajo tortura o la amenaza de recurrir al tormento. De esta manera, los textos y los procesos se alimentaban recíprocamente.

Tres primeros demonólogos franceses:
Jean Vinet, Nicolas Jacquier y Pierre Mamoris

Tres tratados son en particular reveladores de la elaboración de la doctrina de la brujería: el *Tractatus contra invocatores demonum* de Jean Vinet (*circa* 1450-1452), el *Flagellum hereticorum fascinariorum* de Nicolas Jacquier (1458) y el *Flagellum maleficorum* de Pierre Mamoris (antes de 1462).[31] Estos tres textos se cuentan entre los primeros que discutieron la cuestión del sabbat de las brujas en el marco de una reflexión sobre la demonología cristiana. Todos fueron redactados por autores franceses: el dominico Vinet cursó sus estudios de teología en París, donde enseñó las *Sentencias* de Pedro Lombardo antes de ser designado inquisidor en Carcasona. Jacquier, también inquisidor dominico, fue destinado a los conventos de Dijon y de Lille pero sin dejar por ello de realizar numerosos desplazamientos por el este y el norte de Francia, especialmente entre Lyon y el Estado borgoñón. Mamoris, clérigo secular originario de Limoges, fue canónigo de Saintes y profesor de teología en la Universidad de Poitiers. Examinemos más en detalle cada uno de estos tres textos, pues son emblemáticos de las particularidades de la reflexión sobre la brujería a mediados del siglo XV.

Lo que intrigaba a Jean Vinet, en primer lugar, era la manera en que los demonios resultaban capaces de fabricarse un cuerpo para manifestarse a los hombres y actuar físicamente en el mundo. También se esforzó por delimitar los poderes mágicos que los hombres podían obtener aliándose con los demonios, posibilidad que condenó con firmeza. Por último, deseoso de liberar al hombre del imperio de los demonios propuso una reflexión sobre la eficacia sacramental del exorcismo. La cuestión "De los crímenes de los nuevos idólatras que prestan homenaje a los demonios", como Vinet calificaba a los brujos, se diluye a lo largo del tratado sin convertirse nunca en el objeto de una reflexión completa.

Vinet buscó la mayor parte de las respuestas a estos interrogantes en Tomás de Aquino, de cuya obra seleccionó lo que necesitaba para perfeccionar su demostración. Prestó especial atención a la materialización física de los demonios bajo la forma de cuerpos asumidos, *in corporibus assumptis*, una noción que tornaba posible y creíble la brujería diabólica. Los demonios, adoptando un cuerpo ficticio, podían aparecerse a los hombres de manera sensible y visible y hablar realmente con ellos. En consecuencia, las apariciones diabólicas no eran visiones que tenían lugar en la imaginación o en el sueño, es decir, en el interior del hombre, sino una realidad externa. Se trataba de

---

31. Para un detallado análisis de estos textos véase Martine Ostorero, *Le diable au sabbat. Littérature démonologique et sorcellerie (1440-1460)*, Firenze, Sismel, 2011. Pueden consultarse fragmentos en Joseph Hansen, *Quellen und Untersuchungen zur Geschichte des Hexenwahns*, pp. 124-212.

una apuesta difícil: el objetivo era demostrar la presencia real y corporal de los demonios más allá del sabbat.[32] Vinet asumió plenamente la enseñanza tomista sobre el pacto diabólico: las artes mágicas sólo resultaban posibles en razón de una alianza con los demonios. Sin embargo, la demonología de Jean Vinet es una relectura inédita de la elaborada por Tomás de Aquino casi dos siglos antes. Durante este lapso la manera de pensar a los demonios se modificó en profundidad y una consecuencia concreta de ello fue el inicio de la represión de la brujería. Vinet concluyó que el sabbat de las brujas era por completo posible: los demonios podían encontrarse con seres humanos y unirse a ellos (sexualmente o por medio de pactos y alianzas), y podían ayudar a los brujos a perpetrar maleficios. No se presentó como un defensor encarnizado de la lucha contra los brujos. Lo que pretendía era definir el límite entre lo posible y lo imposible, entre lo aceptable y lo inaceptable.

Su contemporáneo Nicolas Jacquier fue mucho más lejos: convencido de la realidad del sabbat, denunció con virulencia en su *Flagellum hereticorum fascinariorum* (1458) el peligro de las "nuevas sectas de brujos herejes", como los calificaba. El sabbat era, según su perspectiva, una anti-iglesia demonó-latra a la cual los participantes adherían de manera voluntaria y consciente. Apóstatas e idólatras, los brujos tributaban a los demonios un culto que incluía ritos sacrílegos, que a los ojos de Jacquier concentraban todo el horror de los crímenes de la brujería.

Al igual que Vinet, puso énfasis en la corporeidad demoníaca perceptible por los sentidos del hombre; como un *leitmotiv*, insistió una y otra vez en la presencia real y corporal del demonio en el sabbat, apoyándose también en Tomás de Aquino. El argumento de la percepción sensorial pretendía convencer a sus detractores. Partiendo de la experiencia del mundo físico que el hombre tenía, la corporeidad demoníaca devenía un fenómeno del cual resultaba imposible dudar: el diablo se manifestaba real y físicamente, pues el ser humano podía, gracias a sus sentidos externos, tocarlo, oírlo, verlo e incluso sentir su olor en extremo fétido. El registro sensorial contribuía a proporcionar pruebas objetivas de la realidad del sabbat y de la presencia física del diablo bajo la apariencia de cuerpos asumidos. La unión sexual entre un demonio y un ser humano, hombre o mujer, era para Jacquier la prueba manifiesta: por este motivo los brujos confesaban que cuando regresaban a sus hogares tras haber participado de la sinagoga, se sentían completamente "agotados por la extrema violencia de los placeres" que habían disfrutado con los demonios.[33]

---

32. Walter Stephens, "Marsile Ficin, les démonologues 'orthodoxes' et le dilemme des corps", en Martine Ostorero, Georg Modestin y Kathrin Utz Tremp (eds.), *Chasses aux sorcières et démonologie*, pp. 407-425.

33. Martine Ostorero, *Le diable au sabbat*, pp. 387-400; Walter Stephens, *Demon Lovers: Witchcraft, Sex and the Crisis of Belief*, Chicago, The University of Chicago Press, 2002, pp. 13-26; Matthew Champion, "Scourging the Temple of God: Towards an Understanding of Nicolas Jacquier's *Flagellum haereticorum fascinariorum* (1458)", *Parergon*, 28.1 (2011), pp. 1-24; Martine Ostorero, "Promoter of the Sabbat and Diabolical Realism: Nicolas Jacquier's *Flagellum hereticorum fascinariorum*", en Jan Machielsen (ed.), *The Science of Demons*, pp. 35-49.

Nicolas Jacquier, sin dudas, fue el demonólogo del siglo XV que con mayor asiduidad buscó demostrar lo que podríamos calificar como realismo diabólico, es decir, la realidad no sólo del diablo sino también de la interacción física entre los seres humanos y los demonios. El inquisidor dominico fue el más extremista al respecto, ciertamente porque ello se correspondía con lo que creía. Para él, el diablo era una criatura que pertenecía a la realidad material, un ser cuyas acciones tenían efectos concretos y perceptibles.

De hecho, la "sinagoga del diablo" que pretendía destruir a la cristiandad constituía un peligro de primer orden. Por ello Jacquier necesitaba demostrar que los brujos no sólo eran heréticos sino que, en tanto apóstatas e idólatras, eran los peores herejes imaginables, y todo ello con el fin de justificar la fuerza de la represión con la que se debía salir a su encuentro. El inquisidor propuso un neto endurecimiento del procedimiento judicial contra los brujos eliminando toda posibilidad de gracia o salvación: debían ser condenados a muerte y ello desde su primera inculpación. El *Flagellum*, verdadero campeón de la pena capital, buscó tornar posible y efectiva la caza de brujas.

La misión del dominico era doble: convencer de la existencia de la secta de los brujos y convencer de la necesidad de unirse para librar un combate común contra ellos. Pero hizo también otra afirmación: quienes no ayudaran en dicho combate debían ser considerados aliados del demonio. Esta posición lo ubicaba entre los fanáticos de la lucha contra la brujería diabólica en el siglo XV. Su proyecto para erradicar esta amenaza se inscribía en el corazón de su concepción de la defensa de la ortodoxia cristiana, al igual que la lucha que durante toda su vida libró contra los husitas, a quienes les dedicó dos tratados.[34] Compartía al respecto las preocupaciones de la observancia dominica a la que pertenecía. Como veremos más adelante, el tratado de Jacquier suscitó la fuerte oposición del carmelita Humbert de Costa.

El tercer tratado adoptó otra perspectiva y nos ofrece la imagen de un autor más amable. Se trata de Pierre Mamoris, cuyo *Flagellum maleficorum*, redactado en torno a 1462, se propuso confeccionar el inventario completo de los maleficios y prácticas mágicas existentes en el Poitou y en Bourges a mediados del siglo XV, que según Mamoris se habían multiplicado tras el fin de la Guerra de los Cien Años. Apelando al testimonio de sus contemporáneos y a su experiencia personal, el autor propuso al comienzo de su tratado una suerte de compilación etnográfica. Tal como él mismo lo reconocía, su intención era "descubrir la verdad" y sobre todo persuadirse a sí mismo: ¿las artes mágicas extraían su eficacia de las fuerzas de la naturaleza o de los demonios? ¿El sabbat era real o se trataba de una ilusión diabólica? Para ello, Mamoris comparó diferentes doctrinas y saberes. Buscó las posiciones que cabía adoptar y no dudó en poner de manifiesto sus dudas. Fue así que terminó modificando su punto de vista entre las primeras y las últimas secciones del tratado, finalmente convencido por la gravedad de los crímenes de los brujos

---

34. Olivier Martin (ed.), *Les traités anti-hussites du dominicain Nicolas Jacquier (m. 1472). Une histoire du concile de Bâle et de sa postérité*, Paris, Institute d'Études Augustiniennes, 2012.

y, en particular, por un proceso judicial que provocó mucho ruido en su tiempo: el de Guillaume Adeline, condenado en Evreux en 1453.[35]

En términos generales, Pierre Mamoris puso el énfasis en la gran capacidad de los demonios para engañar a los seres humanos. De hecho, optó por privilegiar el carácter ilusorio de las manifestaciones demoníacas y, en consecuencia, eligió referenciarse en Buenaventura antes que en Tomás de Aquino. Vemos aquí una diferencia importante con Jean Vinet y Nicolas Jacquier. Según el teólogo de Poitiers, el demonio era en esencia una suerte de prestidigitador que engañaba con eficacia a los hombres, un gran manipulador de la naturaleza y de sus secretos. Nada de extraordinario ni de milagroso en ello, afirmaba Mamoris. Las acciones demoníacas quedaban limitadas al marco de la naturaleza y se explicaban por las leyes naturales, como sucedía con las ilusiones ópticas. Es necesario reconocerle a este profesor de teología de la Universidad de Poitiers una apertura de espíritu, un deseo de conocimiento y una voluntad de confrontar saberes, superior a las de los inquisidores dominicos Vinet y Jacquier.

La Vauderie d'Arras

La *Vauderie d'Arras* es un asunto que podría considerarse como la aplicación judicial de las ideas de Nicolas Jacquier. Fue, de hecho, la primera gran caza de brujas que se desarrolló en Francia, en el Estado de Borgoña, a partir de 1459, es decir, un año después de la redacción del tratado de Jacquier. Los primeros acusados, aproximadamente una docena, fueron en su mayoría condenados a la hoguera antes de la intervención de los consejeros regios, quienes pusieron fin a la persecución, liberaron a los inculpados y abogaron por la rehabilitación de los "valdenses" de Arras. Si bien las actas de los procesos desaparecieron, destruidas durante la ceremonia de rehabilitación en 1491, la crónica de Jacques Du Clercq permite en gran medida reconstruir los hechos. Tal como lo demostró Franck Mercier, la *Vauderie d'Arras* fue el teatro de la competencia entre dos soberanías, la del Reino de Francia, ya bien asentada, y la del Estado de Borgoña, que no logró nunca consolidarse.[36]

Es posible que el panfleto de Jacquier a favor de la pena capital influyera en los debates. Una memoria judicial redactada en el contexto de la *Vauderie d'Arras*, la *Recollectio casus, status et condicionis Valdensium ydolatrarum*, buscó justificar la persecución de los "valdenses-brujos" en la ciudad. Su autor anónimo, que podría ser Jacques du Bois, uno de los jueces de Arras, quizás se basó en el *Flagellum* de Nicolas Jacquier, cuyas grandes líneas de reflexión retomó, en particular a propósito de la corporeidad de los demonios y de la necesidad de aplicar la pena de muerte a los brujos diabólicos.

---

35. Martine Ostorero, *Le diable au sabbat*, pp. 503-560; *Idem*, "Un prédicateur au cachot. Guillaume Adeline et le sabbat", *Médiévales*, 44 (2003), pp. 73-96.

36. Franck Mercier, *La Vauderie d'Arras. Une chasse aux sorcières à l'Automne du Moyen Age*, Rennes, Presses Universitaires de Rennes, 2006, pp. 279-300.

Fue en este contexto que Jean Tinctor, canónigo de Tournai formado en la Universidad de Colonia, tomó la pluma para justificar la represión: redactó con este fin un *Sermo contra sectam vaudensium* (1460), del cual él mismo ofreció años después una versión más completa en lengua francesa, el *Traité du crime de vauderie*, todo indica que destinado a la corte de Borgoña y a un público laico más amplio.[37] La demonología de Jean Tinctor exploraba los límites de los poderes del diablo: éste continuaba siendo una criatura incapaz de trascender la naturaleza, crear materia o vida y siempre sometido a la omnipotencia divina. Convencido de la realidad de los crímenes de los valdenses-brujos, el canónigo de Tournai aceptó, sin embargo, que el demonio también podía introducir en las personas sueños similares, para poner a prueba su moralidad y su fe. Tinctor fue, pues, uno de los primeros en tratar de conciliar dos actitudes que parecían hasta entonces contradictorias: las ilusiones diabólicas tenían para los hombres tantas consecuencias como la realidad misma de los actos. Era necesario examinar la consciencia de los acusados y sus responsabilidades individuales. Tinctor incitaba a los jueces a la prudencia, invitándolos a buscar las eventuales pruebas materiales del sabbat.

Voces italianas y su recepción en el Reino de Francia

En la península italiana, en particular en el norte, la brujería suscitó a partir de Bernardino de Siena numerosas reflexiones, no sólo entre los observantes franciscanos[38], sino también entre los dominicos (a instancias de Girolamo Visconti, Giordano da Bergamo, Raphaël de Pornassio, Bernardo Rategno da Como o incluso Bartolomeo Spina) y juristas (tales como Mariano Sozzini, Ambrogio de Vignate o Gianfrancesco Ponzinibio), sin olvidarnos de Guglielmo Becchi, de la orden de los ermitaños de san Agustín y *maestro di teologia*.

Estos juristas, médicos, dominicos y franciscanos defendieron posiciones enfrentadas y se respondieron a través de sus escritos, según modalidades que resulta importante comprender. A título de ejemplo, el dominico Bartolomeo Spina (*De strigibus et lamiis*, 1523) refutó con vigor las posiciones del jurista Gianfrancesco Ponzinibio (*De lamiis*, 1511).[39] Los textos se difundieron a través

---

37. Franck Mercier, "'Des choses qui surmontent la puissance des anges'. La défense de la toute-puissance divine dans le *Traité du crime de vauderie* de Jean Tinctor", en Julien Véronèse y Martine Ostorero (eds.), *Penser avec les démons*, pp. 121-144; Jean Tinctor, *Invectives contre la secte de vauderie*, editado por Emile Van Balberghe y Frédéric Duval, Tournai, Archives du Chapitre cathèdral, 1999. Para una traducción al inglés del tratado de Tinctor véase *The Arras Witch Treatises*, edición y traducción de Andrew Colin Gow, Robert B. Desjardins y François V. Pageau, University Park, The Pennsylvania State University Press, 2016.

38. Marina Montesano, '*Supra acqua et supra ad vento*'; Fabrizio Conti, *Witchcraft, Superstition, and Observant Franciscan Preachers: Pastoral Approach and Intellectual Debate in Renaissance Milan*, Turnhout, Brepols, 2015.

39. Matteo Duni, "La caccia alle streghe e i dubbi di un giurista: il *De lamiis et excellentia utriusque iuris* di Giovanfrancesco Ponzinibio", en Camilla Hermanin y Luisa Simonutti (eds), *La centralità del dubbio. Un progetto di Antonio Rotondò*, Firenze, Olschki, 2011, vol. I, pp. 3-26.

de distintos canales (redes de dominicos, universidades, cortes principescas) y atravesaron las fronteras.

Detengámonos brevemente en los dos tratados del dominico de Milán, Girolamo Visconti, el *Lamiarum sive striarum opusculum* y el *Opusculum de striis*, redactados en torno a 1460 (en cualquier caso, con anterioridad a 1466, fecha de la muerte de Francesco Sforza, a quien el primero estaba dedicado). Ambos tratados dan testimonio de la difusión en la Italia septentrional del imaginario del sabbat tal como se lo conocía al norte de los Alpes, integrando al mismo tiempo algunas tradiciones y representaciones propias de la península italiana: el *"gioco"* (*ludus*) de Diana, los términos *"striges"* y *"lamias"* para designar a los brujos y brujas, el vampirismo, etc. Ambos opúsculos se esforzaron por vaciar de su sustancia al canon *Episcopi* y buscaron apoyar con más fuerza la represión de la brujería diabólica, en particular por parte del duque de Milán.[40] Visconti defendió la tesis de la posibilidad del sabbat: reconocer, siguiendo al canon *Episcopi*, que las acciones de las brujas eran ilusorias no significaba en lo absoluto que fueran imposibles. En su segundo tratado, el *Opusculum de striis*, una continuación del primero aunque mejor estructurado y más firme en sus posicionamientos, el dominico se convirtió en uno de los primeros demonólogos en refutar el argumento de la melancolía de las brujas, utilizado de manera verosímil por algunos de sus adversarios para disculparlas.

Una vez demostrada la realidad de las sectas demonólatras de las *"striges"* o *"lamias"* y la peligrosidad de sus maldades, había que defender de cara a los jueces laicos las competencias de la Inquisición en materia de brujería: se trataba de una cuestión crucial a fines de la Edad Media. Girolamo Visconti –como lo hará más tarde Bernardo Rategno de Como– buscó establecer la legitimidad de la intervención de los jueces de la Iglesia, en particular de los inquisidores: la culpabilidad de las *striges* no debía basarse solamente en la herejía, en particular la obstinación en el error, sino igualmente en la idolatría, en la apostasía y en la lesa-majestad. Estas calificaciones permitían, además, pronunciar la pena capital y eliminar toda posibilidad de abjuración que permitiera a los acusados reintegrarse a la Iglesia. Sin embargo, estos tratados se insertaban en un contexto de puesta en duda, incluso de cuestionamiento, de la legitimidad de las persecuciones severas lanzadas contra los hombres y mujeres sospechados de brujería. A través de su construcción argumentativa, tratados como los de Visconti buscaban, pues, convencer a aquellos que dudaban de la herejía de las brujas. Visconti respondía, por otro lado, a quienes se mostraban reticentes ante la intervención inquisitorial e incluso la obstaculizaban.

El *Tractatus de haeresi* del jurista italiano Ambrogio de Vignate se distingue por la radicalidad de sus pronunciamientos contra la Inquisición –y, quizás indirectamente, contra Girolamo Visconti–. Redactado hacia 1468, probablemente en Turín donde su autor enseñaba derecho, este pequeño

---

40. Los dos tratados de Visconti han sido editados y analizados por Alessia Belli y Astrid Estuardo Flaction, *Les striges et les lamies en Italie du Nord*; Martine Ostorero, *Le diable au sabbat*, pp. 681-693.

tratado sobre las herejías buscaba circunscribir las competencias jurisdiccionales del inquisidor al solo dominio de la fe, excluyendo en particular a la magia y a la adivinación. Su discurso buscó imponerse como una reacción al surgimiento del imaginario del sabbat. Consagrada a la brujería caracterizada por su dimensión colectiva y diabólica, la *quaestio* XII era la clave de bóveda del tratado de Ambrogio de Vignate, sin la cual su proyecto de limitar la herejía no tendría sentido. El jurista, que sabía también hacerse el teólogo, organizó su respuesta en torno a dos problemas principales: el primero se relacionaba con la posibilidad teórica del sabbat, que él consideraba a fin de cuentas "poco plausible", sin ceder al miedo pánico al complot de los brujos. El segundo problema se relacionaba con la validez de las confesiones extraídas a los acusados. Enmarcándose en la controversia sobre el sabbat en Italia del norte hacia 1460-1470, la resistencia a la Inquisición del jurista de Bologna se comprende también de una manera más general de cara al régimen de excepción que dicha institución es esforzaba por imponer.[41]

La demostración jurídico-teológica de Ambrosio de Vignate en relación a la nueva concepción sobre la brujería logró franquear los Alpes. Sus posicionamientos fueron, en efecto, parcialmente retomados en un tratado recientemente descubierto. El *De synagoga demonum* del carmelita lionés Humbert de Costa, de principios de la década de 1470, aporta al respecto una luz nueva sobre las formas intelectuales adoptadas por la "resistencia al sabbat" en el marco del Reino de Francia. Gabriel Naudé reparó en esta pequeña obra en 1636, pero de inmediato cayó en el olvido. El texto, hasta el momento identificado en tres manuscritos, se presenta como una refutación sistemática de la caza de brujas y de sus fundamentos teóricos y prácticos. Los documentos que acompañan al tratado en algunos de los manuscritos revelan, por su parte, que la difusión de los posicionamientos de Humbert de Costa suscitaron fuertes reacciones, notablemente en el seno de las órdenes mendicantes, y que el carmelita intentó conseguir el apoyo del rey Luis XI y de la Universidad de París, a fin de edificar una serie de diques intelectuales y jurídicos en torno a la "locura" del sabbat. Más aun, el tratado del carmelita debe leerse como una máquina de guerra en contra del *Flagellum fascineriorum* (1458) del inquisidor dominico Nicolas Jacquier, uno de los más fervientes defensores de la realidad del sabbat y de la necesidad de incriminar a los brujos por los crímenes de herejía y apostasía. Una serie de notas agregadas al fin de uno de los manuscritos buscaban claramente demoler el tratado de Jacquier.[42]

---

41. Franck Mercier, "Limiter l'hérésie? Un discours de résistance face à l'inquisition et au sabbat des sorcières. *Le Tractatus de haeresi* d'Ambroise de Vignate (vers 1468)", en Martine Ostorero y Sylvain Parent (eds.), *Contester l'inquisition. Résistances et oppositions à la justice d'exception, XIIIe-XVe siècles*, Rennes, Presses universitaires de Rennes, en prensa.

42. Franck Mercier y Martine Ostorero, "L'Université de Paris face à la sorcellerie démoniaque et à la magie au XVe siècle", en Marco Cavina (ed.), *L'università davanti alla stregoneria in Europa tra medioevo ed età moderna*, Bologna, Il Mulino, 2022, pp. 239-257; Franck Mercier y Martine Ostorero, "Résister à la chasse aux sorcières: Le *De synagoga demonum* d'Humbert de Costa (o. carm.), *circa* 1470," en Martine Ostorero y Sylvain Parent (eds.), *Contester l'inquisition*, en prensa. Estamos preparando una

El sabbat, entre ilusión diabólica y realidad

La cuestión de la realidad del sabbat se ubicó en el cruce entre dos trayectorias: primero, la muy antigua del canon *Episcopi*, que debutó en el siglo IX con Regino de Prüm y que denunció las ilusiones diabólicas de las que eran víctimas algunas mujeres. El canon *Episcopi* fue la piedra en el zapato de la mayoría de los redactores de tratados demonológicos del siglo XV. También les sirvió como pretexto para debatir complejos problemas en torno a los fenómenos ligados a la brujería diabólica. Fue así que autores como Vinet, Jacquier y Mamoris buscaron probar la realidad de los actos ocultos de los brujos –incluso, en ocasiones, la del vuelo nocturno– y, en consecuencia, la realidad del sabbat. Otros, como el cardenal Juan de Torquemada, los observantes franciscanos italianos y Humbert de Costa, se mantuvieron fieles a las enseñanzas del canon *Episcopi*, afirmando el carácter ilusorio del sabbat, sin por ello disculpar por completo a quienes creían que participaban en él realmente.[43] Un tercer grupo, en el que cabe ubicar al milanés Girolamo Visconti, a Jean Tinctor y más tarde a Heinrich Kramer, buscó resolver el dilema admitiendo ambas posibilidades: o bien los brujos eran susceptibles de ser transportados a través del aire por los demonios, o bien experimentaban la ilusión de volar, en sueño o en estado de vigilia, pero siempre por inspiración diabólica; tanto en un caso como en el otro la condena estaba justificada.

La segunda trayectoria remite a los desarrollos de la demonología escolástica que permitieron caracterizar como reales los desplazamientos mágicos de los seres humanos por obra de los demonios, así como la capacidad de estos últimos de asumir formas corporales con la apariencia de criaturas reales que pudieran ser físicamente percibidas por los seres humanos y por sus sentidos. En este marco, la corporeidad del diablo no tuvo otro fundamento que la astucia de los cuerpos asumidos por los demonios. Esta manera de razonar generó una falla en el sistema que permitió concebir como posible y real el sabbat de las brujas.

Los puntos de cruzamiento de estas dos trayectorias complejizaron las reflexiones sobre el sabbat, en la medida en que ofrecieron soluciones muy distintas para pensar las relaciones entre los hombres y los demonios, tanto en el plano real (alianza voluntaria con el diablo) como en el de la psiquis humana (sueño o imaginación perturbados por los demonios). Debemos, sin embargo, ponernos en guardia contra la tentación de caracterizar al clivaje entre teorías "realistas" e "ilusionistas" como una división entre culpables

---

obra sobre este tratado aún poco conocido y sobre su contexto de elaboración y difusión, que incluirá una edición parcial.

43. Martine Ostorero, *Le diable au sabbat*, pp. 567-720; Franck Mercier, "Un imaginaire efficace? Le sabbat et le vol magique des sorcières au XVe siècle", *Médiévales*, 42 (2002), pp. 162-167; Werner Tschacher, "Der Flug durch die Luft zwischen Illusionstheorie und Realitätsbeweis. Studien zum sog. Kanon Episcopi und zum Hexenfug", *Zeitschrift der Savigny Stiftung für Rechtsgeschichte*, 116, Kan. Abt. 85 (1999), pp. 225-276; Matthew Champion, "Crushing the Canon: Nicolas Jacquier' Response to the Canon *Episcopi* in the *Flagellum haereticorum fascinariorum*", *Magic, Ritual, and Witchcraft*, 6:2 (2011), pp. 183-211; Walter Stephens, *Demon Lovers*, cap. 5.

e inocentes. El hecho de considerar al sabbat como una ilusión diabólica no invalidaba en ningún caso la sanción penal, incluso la de tono moderado. Cabía castigar a las personas por un sueño o por una creencia si consideraban como verdadero lo que era una ilusión (por ejemplo, si la bruja creía que había viajado al sabbat cuando en realidad sólo había sido engañada por el demonio). Siguiendo la argumentación de los juristas, la intención criminal contaba tanto como el acto mismo. La tesis de un sabbat real no era en ningún caso necesaria para la represión de la brujería diabólica. Era un "caso limite" de la demonología cristiana y conoció su máximo desarrollo a mediados del siglo XV. Paradójicamente, esta posición terminó siendo a fin de cuentas un falso debate, puesto que la tesis inversa del sabbat ilusorio no disculpaba a los brujos. No debemos, pese a todo, ocultar la importancia y la vivacidad de este debate que cubre todo el siglo XV y que ocupó muchas páginas en los escritos sobre brujería: detrás de las palabras lo que estaba en juego era la suerte muy concreta de decenas de víctimas de la caza de brujas.

Lo que se observa en los tratados demonológicos es que las cuestiones relativas a los demonios no eran puras especulaciones intelectuales sino que tenían otras implicancias sociales, políticas o culturales, pues tuvieron incidencia en una represión: la caza de brujas. Con el sabbat, la demonología erudita devino un problema de primer orden en la sociedad del siglo XV.

❧ CAPÍTULO III ❦

¿Un desafío a lo imposible?
El vuelo mágico de las brujas en el siglo XV

Franck J. Mercier-Druère

Université de Rennes 2

Traducción del francés: Fabián Alejandro Campagne

De todos los componentes del estereotipo del sabbat (infanticidio, orgías, canibalismo, etc.), el vuelo mágico de las brujas es, sin dudas, el que más fabuloso nos parece en la actualidad. Es también el que colisiona con más contundencia con lo que Lucien Febvre, en un artículo pionero sobre la caza de brujas, denominó "el sentido de lo imposible".[1] Sin embargo, la sociedad medieval no estaba desprovista de este sentido. Una célebre ocurrencia humorística atribuida a Juana de Arco lo sugiere. El episodio tuvo lugar en Troyes en marzo de 1429.[2] A un fraile franciscano que se acercaba a ella con prudencia, munido de la panoplia característica de los exorcistas, la Doncella le habría respondido: "¡Acérquese sin miedo, no voy a salir volando!". La réplica impertinente y peligrosa de la joven es reveladora de la amplia difusión que en la década de 1430 tenía la creencia en la facultad, por completo fantástica, atribuida a ciertas personas de volar realmente por los aires con la eventual asistencia de los demonios. Pero la respuesta de Juana también revela la particular debilidad de esta "creencia" en el primer tercio del siglo XV: burlarse a propósito del vuelo mágico y de la excesiva credulidad de un fraile mendicante muestra con claridad, si no la existencia de un "sentido de lo imposible", al menos un profundo escepticismo de cara a esta idea *a priori* extravagante. ¿Cómo podemos, entonces, entender que de manera simultánea, en particular en las regiones de la Saboya y Suiza actuales, jueces experimentados comenzaron a forzar a los acusados a admitir, entre otras depravaciones, el vuelo nocturno en compañía de los demonios? ¿Cómo entender que, un poco más tarde, entre 1440 y 1470 aproximadamente, un grupo de reconocidos teólogos y graduados de la universidad se preguntaran seriamente por la realidad de estos desplazamientos nocturnos?

---

1.   Lucien Febvre, "Sorcellerie, sottise ou révolution mentale", *Annales ESC*, 3:1 (1948), pp. 9-15.

2.   *Procès de condamnation de Jeanne d'Arc*, editado por Pierre Tisset, Paris, Klincksieck, 1960, vol. 1, p. 98.

No nos interesa aquí detenernos en la cuestión, muy compleja, de los orígenes culturales (folklóricos y/o eruditos) del motivo del vuelo. El tema ya ha sido extensamente tratado y la historiografía identificó con claridad la riqueza y variedad de las tradiciones culturales que contribuyeron a la formación del imaginario del sabbat.[3] Del canon *Episcopi* (siglo X) a los *exempla* de los predicadores del siglo XIII (Guillermo de Auvernia, Esteban de Borbón, etc.), de Gervais de Tillbury y su *Otia imperialia* (*circa* 1212) a Jean de Meung y su *Roman de la Rose* (*circa* 1270), numerosas son las referencias narrativas al vuelo nocturno. Estos viajes aéreos situaban a menudo a sus actores humanos, por lo general mujeres ancianas (*vetulae*), en la tradición de distintas entidades más o menos benéficas y asociadas a oscuros ritos de fertilidad (Diana, Herodiade, Holda, Perchta, Abundia o incluso las *bonae res*, las "cosas buenas" o hadas). Mezcladas con tradiciones aun más antiguas, como la de las *striges* que vampirizaban niños de la literatura greco-latina (*El asno de Oro* de Apuleyo, las *Metamorfosis* de Ovidio), estos antiguos relatos de cabalgatas nocturnas ciertamente influenciaron, en distinto grado, las nuevas representaciones de la brujería del siglo XV. Sin embargo, persiste una diferencia mayor entre estas frecuentes menciones del vuelo nocturno anteriores al siglo XV y las que comenzaron a multiplicarse en las décadas de 1420 y 1430 en el contexto de los procesos por brujería: si las referencias más antiguas remitían a un orden ficcional (el sueño, la licencia poética, la superstición, incluso lo "maravilloso"), el segundo grupo tendía a bascular hacia el mundo "real". Si bien es verdad que el tema del viaje por los aires ocupaba desde hacía mucho tiempo un lugar significativo en el imaginario medieval, no fue sino hasta comienzos del siglo XV, con la formación del estereotipo del sabbat, que cambió de estatus o, para ser más precisos, de "régimen de verdad".[4] Considerado hasta entonces como una simple ficción de naturaleza literaria, un sueño, una ilusión eventualmente inspirada por el diablo, o incluso –como en el caso de Juana de Arco– una provocación humorística, el transporte por el aire de seres humanos montados sobre una escoba o trasladados por demonios comenzó a ser percibido como una realidad física y tangible. Imaginario en un inicio, el vuelo mágico devino "real", al

---

3. Norman Cohn, *Démonolâtrie et sorcellerie au Moyen Age. Fantasmes et réalités*, Paris, Payot, 1982 (1975), pp. 247-261; Carlo Ginzburg, *Le sabbat des sorcières*, Paris, Gallimard, 1992 (1989); Roberto Bellini, "Il volo notturno nei testi penitenziali e nelle Collezioni canoniche", *Cieli e terre nei secoli XI-XII. Orizzonti, percezioni, rapporti. Atti della tredicesima Settimana internazionale di studio. Mendola, 22-26 agosto 1995*, Milano, Pubblicazioni della Università Cattolica del Sacro Cuore, 1998, pp. 293-310; Marina Montesano, *"Supra acqua et supra ad vento". "Superstizioni", maleficia e incantamenta nei predicatori francescani osservanti (Italia, sec. XV)*, Roma, Istituto storico italiano per il Medio Evo, 1999. Véase también Christa Tuczay, "Flight of Witches", en Richard M. Golden (ed.), *Encyclopedia of Witchcraft. The Western Tradition*, Santa Barbara, ABC Clio, 2006, vol. 2, pp. 379-382.

4. En el sentido en que lo entiende Michel Foucault, es decir, los "tipos de discurso" que cada sociedad "acoge y hace funcionar como verdaderos; los mecanismos y las instancias que permiten distinguir los enunciados verdaderos de los falsos, la manera en la que se sancionan los unos y los otros; las técnicas y los procedimientos que son valorizados para la obtención de la verdad". En Michel Foucault, *Dits et écrits*, Paris, Gallimard, 2001, vol. 2, p. 158.

menos a los ojos de determinados eruditos y en contextos muy particulares. Esta nueva "creencia" en la realidad del vuelo mágico merece ser estudiada en sí misma y es principalmente este cambio radical de perspectiva el tema que nos ocupará en el presente artículo.[5] ¿De qué manera el vuelo mágico ingresó no sólo en el campo de lo posible sino incluso, a los ojos de una parte de las élites cultivadas, en la esfera de lo "real"? El problema principal es determinar cómo, en un momento dado, el vuelo nocturno de las brujas bajo las múltiples formas que podía asumir en el siglo XV, logró integrarse en un campo racional e institucional que lo constituyó en una verdad empírica.

El presente artículo, entonces, se centrará más en el problema de la transición del vuelo ficticio al real que en los orígenes culturales del vuelo aéreo con el diablo. En primer lugar centraremos nuestra atención en el lugar del vuelo en la práctica judicial, antes de considerar más de cerca la manera en que la demonología erudita se apropió del tema con la intención de proporcionarle una justificación teórica. Este recorrido por la evolución del estatuto del vuelo nocturno en los primeros procesos por brujería así como en los primeros escritos eruditos referidos al sabbat, nos conducirá, para concluir, a identificar la contribución de la temprana iconografía del sabbat a la construcción de la figura de la bruja montada en su escoba.

El vuelo en proceso

La idea del vuelo real parece haber emergido en los procesos antes de que la pensaran o teorizaran los teólogos y los demonólogos. El tema apareció de manera precoz en los procesos por brujería, incluso si su presencia en las actas de los interrogatorios no siempre tenía carácter sistemático. El teólogo y predicador Guillaume Adeline, por ejemplo, procesado por la Inquisición dominica en 1453 por haber negado en sus sermones la realidad del sabbat y afirmado su carácter ilusorio, ¡declaró haber asistido a las asambleas demoníacas "a pie y sin ayuda de ningún medio de transporte"! (*"pedester (...) et sine iuvamine cuiuscunque vehiculi"*).[6] Es un hecho que a partir de las décadas de 1420 y 1430, las alusiones y referencias más o menos precisas al vuelo mágico de las brujas resultan muy frecuentes en los procesos celebrados en Saboya, en el Valle de Aosta, en el Delfinado o en las orillas del Lago Leman.

El motivo aparece en la que quizás sea la referencia más antigua a la caza de brujos y brujas: una que no surge directamente de la justicia encar-

---

5. Sobre este punto, el estudio fundamental continúa siendo el de Werner Tschacher, "Der Flug durch die Luft zwischen Illusionstheorie und Realitätsbeweis. Studien zum sog. Kanon Episcopi und zum Hexenflug", *Zeitschrift der Savigny Stiftung für Rechtsgeschichte. Kanönistische Abteilung*, 85 (1999), pp. 225-276. Como complemento véase Martine Ostorero, *Le diable au sabbat. Littérature démonologique et sorcellerie (1440-1460)*, Firenze, Sismel, 2011, pp. 567-720.

6. Martine Ostorero, "Un prédicateur au cachot : Guillaume Adeline et le sabbat", *Médiévales*, 44 (2003), pp. 73-95. Los fragmentos conservados del proceso fueron editados por Joseph Hansen, *Quellen und Untersuchungen zur Geschichte des Hexenwahns und der Hexenverfolgung im Mittelalter*, Bonn, C. Georgi, 1901, pp. 467-472. La frase citada se encuentra en la página 468.

gada de la represión sino de un informe en lengua alemana que el cronista lucernense Hans Fründ consagró a una de las primeras persecuciones de este tipo, la impulsada a partir de 1428 en Valais. Fründ, que probablemente redactó el informe a comienzos de la década de 1430, recordaba que los acusados "confesaron igualmente cómo el espíritu maligno los transportó de noche de una montaña a otra, cómo les enseñó a confeccionar los ungüentos que colocaron en las sillas y cómo de inmediato cabalgaron sobre ellas de una aldea a la otra, de un castillo al otro, para introducirse finalmente en las bodegas que tenían el mejor vino".[7] Estrechamente relacionado con la palabra de los acusados bajo la forma coaccionada de la confesión, el vuelo requería, por lo general, el uso de ungüentos aplicados sobre objetos que aún no eran bastones o escobas sino, sobre todo, sillas y taburetes. Aunque bastante precisa, la articulación con el sabbat sólo funcionaba de manera parcial en este documento: en la crónica de Fründ el vuelo no servía exactamente para transportarse al sabbat propiamente dicho sino para ingresar por las noches en las cavas de algunos vecinos ricos para beber el vino que allí se guardaba.[8]

Prácticamente al mismo tiempo (1428), pero en la Italia central, en Todi, una mujer llamada Matteuccia di Francesco fue igualmente acusada de haberse trasladado por medios mágicos "al nogal de Benevento" ("*ad nocem Beneventi*"). También en este proceso, instruido por las autoridades civiles, se aludió al empleo de un ungüento aplicado sobre el cuerpo mismo de la bruja: confeccionado a partir de grasa de buitre, sangre de búho y de niños pequeños, este ungüento le permitía a Matteuccia metamorfosearse en ratón ("*in musipula conversa*") antes de ser transportada por el demonio en forma de cabrón hasta la Campania "con la velocidad de un rayo" ("*ut fulgur sufflando*").[9] Esta referencia relativamente precisa al vuelo mágico tampoco encajaba por completo en el estereotipo del sabbat: la bruja Matteuccia se dirigía a esta asamblea lejana en solitario y bajo una forma animal, sin la ayuda de ningún instrumento material (palo o silla).

Algunas décadas más tarde, el tema del vuelo mágico adquirió una forma mucho más clara en los documentos judiciales. En el Delfinado, en el proceso de Avalon (1459), una de las acusadas, Eynarde Fournier, debió responder la siguiente pregunta que le formuló el juez: "si cuando ella iba a la 'sinagoga', sus pies tocaban el suelo". La mujer respondió de manera negativa, pues dijo "que iba en el aire, como el viento". A la pregunta complementaria, que indagaba si ella "hacía eso en sueño o realmente", respondió que "se desplazaba realmente y que los hechos que describía habían tenido

---

7.   Martine Ostorero, Agostino Paravicini Bagliani, Kathrin Utz-Tremp y Catherine Chène (eds.), *L'imaginaire du sabbat. Edition critique des textes les plus anciens (1430 circa-1440 circa)*, Laussanne, Cahiers lausannois d'histoire médiévale-Université de Lausanne, 1999, p. 35.

8.   *Ibid.*, p. 61.

9.   Domenico Mammoli, *Processo alla strega. Matteuccia di Francesco, 20 marzo 1428*, Todi, Res Tudertine, 1969, pp. 30-32. Sobre el *affaire* de Todi véase Carlo Ginzburg, *Le sabbat des sorcières*, pp. 273-274; Martine Ostorero, *Le diable au sabbat*, pp. 598-599.

en efecto lugar; sin embargo, también soñaba, pero ella sabía distinguir correctamente el sueño de la realidad".[10] De igual manera, en el marco de los procesos celebrados en el Pays de Vaud a mediados del siglo XV (1448-1461), el cuestionario de base utilizado durante los interrogatorios incluía de manera explícita una rúbrica particular, "bastones" (*"de baculo"*), referida a las varas o palos que se empleaban en la práctica del vuelo nocturno.[11] Los jueces obtenían, a cambio, respuestas bastante detalladas por parte de los acusados. En Lausanne, en 1448, Catherina Quicquat fue "interrogada para saber cómo llegaba hasta la sinagoga"; respondió "que iba y volvía sobre un pequeño palo blanco, que le habían proporcionado Sybille, que había sido quemada, y una tal Abonsaz, residente en Vevey".[12]

Sobre este aspecto preciso del estereotipo del sabbat, pues, el interés de los jueces a menudo iba más lejos que el de los teólogos. El vuelo ofrecía una explicación simple a la capacidad de los brujos de congregarse con gran rapidez en lugares apartados para conformar su sociedad o, mejor dicho, su contra-sociedad: el principio del vuelo mágico permitía reforzar la idea de la conspiración. En el ejercicio concreto de la represión y en el secreto de los tribunales fue naciendo de manera precoz un saber de origen judicial sobre el vuelo mágico. Al parecer fue, ante todo, esta práctica procedimental la que suscitó la perplejidad de los teólogos y los incitó a plantear preguntas al respecto.

Los teólogos de cara al vuelo mágico

Este saber empírico sobre el vuelo mágico, elaborado de manera progresiva en el contexto de los procesos, a su turno también influyó en la literatura demonológica consagrada al sabbat. El tema específico del vuelo atrajo cada vez más a las mentes eruditas y sabias interesadas, por diferentes razones, en el sabbat. Resulta muy esclarecedora sobre este punto la evolución de uno de los textos más antiguos del imaginario del sabbat, el tratado conocido como *Errores gazariorum*[13]: en sus sucesivas copias escalonadas entre 1435 y 1457 (son tres las que en la actualidad se conservan[14]), este texto surgido

---

10. Pierrette Paravy, *De la Chrétienté romaine à la réforme en Dauphiné*, Roma, École Française de Rome, 1993, vol. II, pp. 894-895.

11. Martine Ostorero, Kathrin Utz Tremtp y Georg Modestin (eds.), *Inquisition et sorcellerie en Suisse romande. Le registre Ac 29 des Archives cantonales vaudoises (1438-1528)*, Lausanne, Cahiers lausannois d'histoire médiévale-Université de Lausanne, 2007, p. 50.

12. Martine Ostorero, *"Folâtrer avec les démons". Sabbat et chasse aux sorciers à Vevey (1448)*, Lausanne, Cahiers lausannois d'histoire médiévale-Université de Lausanne, 1995, p. 251.

13. Sobre este texto véase Martine Ostorero, Agostino Paravicini Bagliani, Kathrin Utz-Tremp y Catherine Chène (eds.), *L'imaginaire du sabbat*, pp. 266-353.

14. Rome, Bibliothèque Apostolique Vaticane, Vat. Lat. 456, f. 205v-206r, bajo el signo V; Bâle, Bibliothèque universitaire, A II 34, fol. 319r (307r) - 320v (308v), bajo la sigla B; Rome, Bibliothèque Apostolique Vaticane, Pal. Lat. 1381, bajo la sigla P.

en el Valle de Aosta[15] permite observar el fortalecimiento progresivo del motivo del vuelo mágico.[16] Anecdótica y alusiva en la versión más próxima al original (versión A, *circa* 1435), la referencia al vuelo mágico fue adquiriendo peso en las siguientes copias, con la aparición de nuevos ítems y, sobre todo, con una novedosa visibilidad en el título mismo del tratado. En las versiones B (*circa* 1440) y P (*circa* 1457), los brujos heréticos o "cátaros" (*gazarii*) se transformaron en personas que volaban sobre escobas o bastones: *Errores gazariorum seu illorum qui scobam vel baculum equitare probantur* (*Errores de los* gazarii *o de aquellos que están convencidos de cabalgar sobre una escoba o un palo*). Sabemos que este título, característico de la polémica anti-herética (*Errores gazariorum*) y, más aun, el subtítulo (*seu illorum*), probablemente no sean originales. De hecho, el subtítulo está reñido con el contenido mismo del tratado, en particular con su versión más antigua (*circa* 1435), que no abordaba el desplazamiento aéreo de los brujos más que de manera evasiva. Se contentaba con sugerirlo: para desplazarse por primera vez a la sinagoga la persona recién reclutada recibía de manos de su iniciador los "ungüentos apropiados". Fue el copista del manuscrito B (¿1440?) quien sintió la necesidad de agregar "un palo" (*baculum*) a la frase en cuestión. En la primera versión, es desde el segundo punto, sin transición y de manera elíptica, que el nuevo recluta y su reclutador "se encuentran en el lugar de la sinagoga". A continuación de la iniciación y de las indecibles orgías que la acompañaban, el diablo en persona entregaba al nuevo adepto "un bote pleno de ungüento" así como "un palo y todo lo que le sirve para trasladarse a la sinagoga". Pero el texto no llegaba a precisar si estos desplazamientos se efectuaban por el aire. Más que el palo, lo que parecía preocupar al autor era sobre todo el ungüento y las modalidades de su fabricación.[17] En la primera versión de *Errores gazariorum* era especialmente el infanticidio el que permitía determinar la enormidad del crimen de brujería. Se requirió el paso del tiempo –dejar atrás los años 1430-1440– y un cambio de geografía –pasar del Valle de Aosta a Suiza y el sur de Alemania– para que el motivo del vuelo, hasta entonces apenas esbozado en el tratado, ganara poco a poco importancia hasta el punto de ingresar en el título con el cual el texto se conoció de allí en adelante.

---

15. Martine Ostorero, Agostino Paravicini Bagliani, Kathrin Utz-Tremp y Catherine Chène (eds.), *L'imaginaire du sabbat*, pp. 330-337; Martine Ostorero, "Itinéraire d'un inquisiteur gâté: Ponce Feugeyron, les juifs et le sabbat des sorciers", *Médiévales*, 43 (2002), pp. 103-118, especialmente p. 104; Silvia Bertolin y Ezio Emerico Gerbore, *La stregoneria nella Valle d'Aosta medievale,* Quart, Musumeci, 2003, pp. 18-21.

16. Martine Ostorero, "Comment communiquer et diffuser le 'crime' de sorcellerie et le sabbat au XVe siècle? L'exemple des *'Errores gazariorum'* et du *'Flagellum hereticorum fascinariorum'* de Nicolas Jacquier", en Heinz Sieburg, Rita Voltmer y Britta Weimann (eds.), *Hexenwissen Zum Transfer von Magie- und Zauberei-Imaginationen in interdisziplinärer Perspektive,* Trier, Paulinus-Verlag, 2017, pp. 61-83; Georg Modestin, "The Metamorphoses of the Anti-Witchcraft Treatise *'Errores Gazariorum'* (15th century", en Julian Goodare, Rita Voltmer y Liv Helene Willumsen (eds.), *Demonology and Witch-Hunting in Early Modern Europe*, London, Routledge, 2020, pp. 49-64.

17. Martine Ostorero, "Commentaire aux *Errores gazariorum*", en Martine Ostorero, Agostino Paravicini Bagliani, Kathrin Utz-Tremp y Catherine Chène (eds.), *L'imaginaire du sabbat*, pp. 321-323.

Las situaciones excepcionales en las que vemos a *Errores gazariorum* influenciar de manera directa los procesos (y viceversa) son muy interesantes desde la perspectiva del vuelo mágico: es el caso de la oleada de persecuciones que hacia 1460 azotó los territorios que dependían de manera directa del obispo de Lausanne, Georges de Saluces.[18] De todos los procesos instruidos de 1458 en adelante en las tierras que pertenecían al obispo en tanto señor temporal (de los cuales se conservan sólo tres), el único en el que se menciona el vuelo es el de Guillaume Girod (1461). ¿Cómo explicar esta exclusividad? Un inicio de respuesta posible, sugerido por Georg Modestin[19], es que la confesión de Girod fue también la que llegó más lejos en la expresión del estereotipo del sabbat (en este caso, plenamente conforme al contenido de *Errores*), es decir, en la revelación de lo indecible y del secreto que recubría las actividades de la secta.[20] Fue ahondando en lo oculto que el vuelo mágico apareció en este proceso aislado, como si se tratara de una situación límite. Agreguemos que, en esta serie de procesos, los brujos que se aventuraban por el aire sobre palos para controlar o direccionar las tormentas de granizo hacia las aldeas eran reputados como los más audaces y poderosos. La segunda versión de *Errores* (elaborada *circa* 1440) da cuenta de este matiz en su ítem 9: "dicen que algunos, aunque no todos, pues no todos tienen el poder ni audacia para hacerlo...".[21] De todos los acusados Girod fue, pues, el único que reconoció su participación en estas operaciones ligadas a lo sobrenatural. El vuelo podía constituir un factor agravante que señalaba el carácter excepcional del crimen: signo distintivo de la brujería "moderna" en relación con la herejía tradicional, el vuelo devino un marcador del exceso, un aspecto importante –aunque no el único– del estatus fuera de toda norma del nuevo delito.

Sin multiplicar más los ejemplos, constatamos que el estatus de los relatos de viajes aéreos devino *problemático* de un proceso al otro, en el sentido de que los lazos tradicionales del vuelo con la "superstición" y lo fantasmagórico se fueron distendiendo: los relatos de desplazamientos aéreos en compañía de demonios o utilizando palos como monturas adquirieron una novedosa credibilidad desde el momento en que, según técnicas procedimentales propias de la búsqueda de la verdad (*inquisitio veritatis*), se los reformuló para que se transformaran en confesiones. En este nuevo contexto, la "verdad" de la cual cada vez dependían más los relatos sobre vuelos nocturnos fue articulada de allí en más por la institución que instruía los procesos y

---

18. Georg Modestin, *Le diable chez l'évêque. Chasse aux sorciers dans le diocèse de Lausanne (vers 1460)*, Lausanne, Cahiers lausannois d'histoire médiévale-Université de Lausanne, 1999.

19. *Ibid.*, pp. 43, 87-94. La cita en página 91: "...*ce procès est (...) le seul dans lequel les maléfices atteignent une si grande échelle. Et ce n'est pas fortuit que ce soit également le seul à traiter du vol des sorciers*".

20. Jacques Chiffoleau, "Dire l'indicible. Remarques sur la catégorie du '*nefandum*' du XIIe au XVe siècle", *Annales ESC*, 45:2 (1990), pp. 289-324.

21. Martine Ostorero, Agostino Paravicini Bagliani, Kathrin Utz-Tremp y Catherine Chène (eds.), *L'imaginaire du sabbat*, p. 295.

garantizaba el buen desarrollo que el ordenamiento procedimental demandaba. Poner en duda esta "verdad" se hizo así más difícil. Otro documento atestigua de manera precoz esta evolución.

De todos los escritos antiguos relativos al sabbat de las brujas el más preciso tratándose del vuelo mágico sin dudas es un pequeño tratado redactado en latín pero más conocido con el título francés de *Vauderye de Lyonois en brief*.[22] Su autor anónimo (que debe buscarse entre los dominicos de Lyon) identificaba tres maneras de dirigirse a las asambleas nocturnas del diablo, desde la más común (el traslado a pie) hasta la más extraordinaria (el vuelo sobre un palo) pasando por una indeterminada forma de transporte con intervención de un demonio –en el sentido de que no se aclaraba si se utilizaba una vía terrestre o aérea–. Redactado con toda probabilidad en torno a 1438, el texto de Lyon prestaba a la cuestión del vuelo una atención más sostenida que *Errores gazariorum*, un texto casi contemporáneo. En la *Vauderye de Lyonois*, por caso, se incluyó una minuciosa descripción del instrumento empleado para el vuelo:

> "Asimismo, el palo sobre el cual estos pérfidos dicen y afirman ser transportados grandes distancias a través del aire, debe ser de la forma y de las dimensiones precisas, y debe estar grabado con un conjunto de signos, algunos de los cuales son incluso dibujados en secreto; la madera debe provenir de un árbol particular, que sobre todo debe ser estéril e improductivo, sin lo cual el palo no valdrá nada, como ellos dicen".[23]

El autor se refirió dos veces al tema del vuelo a partir de la palabra personal y poco confiable de los brujos (ellos "dicen que...") y aportó precisiones sorprendentes sobre la elección del bastón. Daba también cuenta de la presencia de fórmulas mágicas gravadas sobre la madera. El objeto adquiría, así, una materialidad inédita que lo acercaba a la realidad. En el siguiente punto, el número 6, el autor agregaba que los brujos "embadurnan el palo con un ungüento abominable" elaborado a partir de la carne de niños asesinados e inmolados a los demonios. Un inciso a propósito del infanticidio confirmaba el origen judicial de esta información: la naturaleza del ungüento aplicado sobre el palo volador adquiría credibilidad ya no sólo por la palabra "espontánea" e informal de los acusados sino por la *confesión* de los "crueles brujos durante el examen judicial" ("*crudelium maleficiorum in iudiciali examine*"). El infanticidio y el vuelo mágico no eran, pues, meras referencias derivadas de una palabra "libre" sino que estaban certificados por una palabra constreñida por la justicia, la confesión por boca del acusado, cuyo valor era superior en la escala de la verdad.[24] El texto ofrecía nuevos detalles concernientes a la fabricación del ungüento, que requería en particular de

---

22. Franck Mercier y Martine Ostorero, *L'énigme de la Vauderie de Lyon. Enquête sur l'essor de la chasse aux sorcières entre France et Empire (1430-1480)*, Firenze, Sismel, 2015.

23. *Ibid.*, p. 65.

24. Sobre los grados de verdad en la Edad Media véase el sugestivo estudio de Alain Boureau, *La papesse Jeanne*, Paris, Aubier, 1988, pp. 145-151.

invocaciones al diablo. Los brujos creían que, sólo una vez cumplidos estos ritos blasfematorios, "el palo podrá realizar maravillas" (*"quorum virtute ipsi perfidi credunt dictum baculum sic mirabilia operari"*).[25] La cercanía estructural entre el palo, el infanticidio y el vuelo, que sólo aparecía esbozada en la versión más antigua de *Errores gazariorum* (*circa n*1435), alcanzaba aquí un punto culminante. En este pasaje clave de la *Vauderye de Lyonois* importa observar cómo el motivo del vuelo nocturno evolucionó en su relación con la verdad: el mismo relato de desplazamiento por los aires no tenía el mismo valor si era libremente transmitido por algunos campesinos iletrados que si adoptaba la forma del proceso judicial. Deslizándose insensiblemente de la una a la otra, de la palabra viva a la *confessio* judicial, el Anónimo de Lyon se sumaba al trabajo de los jueces en el sentido de impulsar una inscripción más segura del vuelo mágico en lo "real". En este texto relacionado con la Inquisición dominica, el vuelo nocturno de los brujos se encontraba atrapado, al final de su convergencia con el infanticidio, en la lógica procedimental de la búsqueda de la verdad (*inquisitio veritatis*). Los relatos de desplazamientos aéreos no eran ya el producto de un rumor, de una palabra incierta, sino el resultado autenticado y verificado de una operación procedimental y racional garantizada por la autoridad legítima.

Queda así probado que el tema del vuelo de los brujos y brujas apareció de manera precoz en los procesos. El motivo afloraba ya en las huellas documentales más antiguas (hacia 1420-1430) del imaginario del sabbat (Hans Fründ, proceso de Todi), si bien aún sólo como bosquejo. A partir de 1440, las menciones al vuelo se multiplicaron y ganaron en precisión gracias a la creciente curiosidad de los jueces sobre el tema. Desde este punto de vista, queda la sensación de que el "cerrojo" del vuelo mágico cedió mucho antes en el marco de los procesos que en el de los tratados. Con raras excepciones (como la *Vauderye de Lyonois en brief*), la demonología erudita no se interesó en el tema sino tardíamente y, todo indica, bajo la presión de los procesos en curso. ¿Cómo explicar este retraso de la demonología respecto de la práctica judicial?

La demonología a prueba del vuelo mágico

Es probable, como están de acuerdo en subrayarlo numerosos historiadores, que el principal obstáculo al reconocimiento por parte del mundo de los eruditos de la realidad del vuelo mágico fuera de orden judicial a la vez que doctrinal, como se desprende del célebre canon *Episcopi*. Como sabemos, este venerable texto legal se remonta al siglo IX. En el siglo XII fue incorporado al *Decreto* de Graciano.[26] El canon *Episcopi* rechazaba como ilusoria y supersticiosa la creencia según la cual ciertas mujeres perversas

---

25. Franck Mercier y Martine Ostorero, *L'énigme de la Vauderie de Lyon*, p. 67.

26. *Corpus iuris canonici*, C. 26, q. 5, C. 12, editado por Emil Friedberg, I, cols. 1030-1031.

bajo la influencia de los demonios se desplazaban por la noche a través del aire bajo la guía de diosas paganas tales como Diana o Herodías:

> "no cabe silenciar que algunas mujeres criminales, entregadas a Satán y engañadas por ilusiones y falsas imágenes diabólicas, creen y pretenden que por las noches cabalgan sobre animales en compañía de Diana, la diosa de los paganos, o de Herodías, con una innumerable multitud de otras mujeres, recorriendo grandes distancias durante el silencio de la noche profunda, obedeciendo las órdenes de [Diana] como si ella fuera su señora, y son llamados a su servicio durante ciertas noches".[27]

Resulta significativo que el juez-mayor Claude Tholosan, uno de los jueces más encarnizados contra los brujos y brujas y autor de un tratado erudito contra la brujería, *Ut magorum et maleficiorum errores (circa* 1436)[28], aún se mostrara sobre este punto fiel a la tradición del canon *Episcopi*. Aunque dispuesto a reconocer la plena realidad de los actos de demonolatría y apostasía realizados durante las asambleas en presencia del diablo, reculaba ante el realismo del vuelo. Para Tholosan, en efecto, el desplazamiento aéreo de los brujos no tenía lugar en la realidad sino solamente en sueño, circunstancia que no atenuaba la culpabilidad de los reos:

> "De la misma manera, él [el diablo] los engaña por medio de sueños, tan bien que ellos creen desplazarse físicamente de noche, sobre todos los jueves y los sábados, en compañía de diablos, para ahogar a los niños e infligir enfermedades; se apoderan de la grasa de los niños, que cocinan y comen de inmediato, y luego se dirigen a un lugar determinado donde celebran la sinagoga de la región (...). Y afirman que se desplazan hasta lugares lejanos, algunos sobre una vara recubierta con grasa de niño y con el polvo ya descripto, con la orina del diablo, y otros, sobre bestias o escobas".[29]

Siempre respetuoso tanto del derecho canónico como del civil, el juez-mayor del Delfinado, mientras justificaba una acción represiva implacable contra los brujos y las brujas, continuaba relacionando el vuelo con sueños de origen diabólico.

Las huellas más antiguas de un debate de orden teológico y formato escolástico sobre el vuelo mágico se remontan a la década de 1440. Uno de los primeros ataques contra la tradición ilusoria transmitida por el canon *Episcopi* se relaciona precisamente con esta cuestión específica del vuelo mágico. Fue responsabilidad de un joven y brillante teólogo oriundo de Salamanca, Alfonso de Madrigal, conocido como el Tostado. El desarrollo de un erudito comentario del *Evangelio según San Mateo*, redactado en torno

---

27. Martine Ostorero, *Le diable au sabbat*, p. 573.

28. Claude Tholosan, *Ut magorum et maleficiorum errores*, edición y comentario en Martine Ostorero, Agostino Paravicini Bagliani, Kathrin Utz-Tremp y Catherine Chène (eds.), *L'imaginaire du sabbat*, pp. 355-438.

29. *Ibid.*, p. 369.

a 1440, le dio la ocasión de criticar al canon *Episcopi*.[30] El Tostado utilizó como pretexto el comentario a los versículos 1 a 11 del capítulo 4, relativos a la segunda y tercera tentación en el desierto, para defender el principio de un transporte real de Cristo por el aire:

> "Entonces Jesús fue conducido por el Espíritu al desierto, para ser tentado por el diablo (...). Entonces el diablo lo llevó a la Ciudad Santa, al pináculo del Templo [*Tunc assumit eum Diabolus in sanctam civitatem et statuit eum supra pinnaculum templi*] y le dijo: 'Si tú eres Hijo de Dios, arrójate al vacío, pues está escrito: a sus ángeles mandará por ti y te llevarán con sus manos para que con tus pies no pises piedra alguna', Jesús le respondió: 'También está escrito: No tentarás al Señor tu Dios'. El diablo lo llevó entonces hasta una montaña muy alta [*Iterum assumit eum Diabolus in montem excelsum valde*]; le mostró todos los reinos del mundo con su gloria y le dijo: 'Todo esto te daré [*Haec tibi omnia dabo*] si postrado ante mí y me adorares'".

Esta posición lo llevó a reinterpretar el canon *Episcopi* con el objetivo de neutralizar su capacidad de obstruir el vuelo mágico de las brujas. Así, para el Tostado, el principal error de los seguidores de Diana y de Herodías no era creer que ellas se desplazaban efectivamente por el aire sino no admitir que estas diosas eran en realidad demonios; demonios que, en razón de su naturaleza angélica, tenían la capacidad de transportar seres humanos, sobre todo si estos últimos habían dado su consentimiento y sellado un pacto. Según el teólogo, pues, no era reprochable creer que los "hombres pueden ser transportados por los demonios". Sin descartar por completo la eventualidad de un desplazamiento puramente onírico, el Tostado aseguraba que el transporte también sucedía realmente (*realiter*) y más allá del sueño (*extra somnium*). De suerte que, "creer que el hombre puede ser transportado por un demonio por los aires no significa creer –en el sentido de entregarle su fe– en el diablo". En otras palabras, devino posible creer y sostener el principio de la realidad del vuelo sin incurrir en el agravio de la herejía.

La ofensiva precoz del Tostado contra la autoridad del canon *Episcopi* fue tanto más significativa cuanto no resultaba extraña a los primeros procesos por brujería basados en el imaginario del sabbat, ecos de los cuales parecen haber llegado hasta él. Agregaba al final de su demostración detalles y precisiones que se basaban en informaciones relativas a las persecuciones judiciales contemporáneas:

> "no se debe negar que mujeres brujas, e incluso hombres, tras haber practicado ceremonias indecibles y haber utilizado ungüentos, son transportados

---

30. Alphons Madrigal Toŝtatus, *Opera*, Coloniae Agrippinae, sumptibus Ioannis Gymnici [et] Antonij Hierati, 1613, vol. IX, p 398. *Cfr.* Joseph Hansen, *Quellen und Untersuchungen*, pp. 105-109. Para un análisis del texto véase Martine Oŝtorero, *Le diable au sabbat,* pp. 605-614 y Walter Stephens, *Demon Lovers: Witchcraft, Sex and the Crisis of Belief*, Chicago, The University of Chicago Press, 2002, pp. 146-154.

por los demonios a diversos lugares, donde se reúnen para rendir homenaje a los demonios, cediendo a sus deseos y a todas las depravaciones".[31]

Quizás el Tostado recibió esta información en ocasión de su paso, probable aunque no del todo comprobado, por el Concilio de Basilea. Disponemos, en efecto, de pruebas indirectas de que la cuestión del sabbat fue abordada, al menos entre bastidores, por algunos prelados en el concilio.[32] Un eco de estos debates, incluido el relativo al vuelo nocturno, se detecta en el *Formicarius* de Johannes Nider (*circa* 1436-1438). Esta obra incluye en el capítulo 4 de su segundo libro el relato de la experiencia de una anciana ridiculizada por haber creído falsamente que podía volar en su artesa.[33]

Ahora bien, si volvemos a la singular operación de Alfonso de Madrigal, el Tostado, la impresión que prevalece es que se trataba menos de demostrar la realidad del vuelo de las brujas que de socavar la autoridad de una referencia canónica que continuaba obstaculizando la acreditación doctrinal y teórica del fenómeno. En aquel estadío cronológico, la década de 1440, lo importante no era tanto afirmar con fuerza y contundencia la realidad del vuelo nocturno cuanto disponer los espíritus para su aceptación. ¿Estaban aquellas mentes formadas en la universidad preparadas para recibir la lección del teólogo de Salamanca? Es lícito dudarlo.

Tan prematura como audaz, la posición del Tostado permaneció aislada durante mucho tiempo. El imprudente teólogo se vio forzado, por motivos aún no del todo elucidados y no necesariamente relacionados con su cuestionamiento del canon *Episcopi*, a justificarse en 1443 ante la curia romana, que por entonces residía en Siena.[34] Unos años más tarde, uno de sus principales contradictores, el cardenal Juan de Torquemada, puso manos a la obra en su influyente *Comentario al Decreto de Graciano* (*circa* 1450) para reactivar jurídicamente el canon *Episcopi*.[35] De manera general en los años centrales del siglo XV, los altos prelados en la cima de la jerarquía eclesiástica que tuvieron oportunidad de pronunciarse sobre el tema no compartieron el punto de vista del teólogo de Salamanca. Puesta en retirada por el cardenal Torquemada, la idea de un transporte real por los aires fue también descartada sin contemplaciones por el obispo de Brixen (actualmente Bressanone, en el Trentino) y cardenal de San Pietro in Vincoli, Nicolás de Cusa, en un sermón tardío pronunciado en 1457. Este sermón tuvo

---

31. Joseph Hansen, *Quellen und untersuchungen*, p. 109: "*mulieres maleficas et etiam viros, factis quibusdam nefandis caeremoniis et unctionibus, a daemonibus assumi et per diversa loca portari, et multos huius generis in unum locum convenire, et daemonibus honorem quendam exhibere ac libidini et omni turpiduni vacare*".

32. Michael D. Bailey y Edward Peters, "A Sabbat of Demonologists: Basel, 131-1440", *The Historian*, 65:6 (2003), pp. 1375-1395.

33. Jean Nider, *Formicarius*, libro II, cap. 4 y libro V, caps. 3, 4 y 7, en Martine Ostorero, Agostino Paravicini Bagliani, Kathrin Utz-Tremp y Catherine Chène (eds.), *L'imaginaire du sabbat*, pp. 122-143, y su comentario por Catherine Chène, pp. 205-220.

34. Martine Ostorero, *Le diable au sabbat*, p. 606.

35. Sobre este texto véase *Ibid.*, pp. 634-638.

lugar inmediatamente a continuación de un proceso por brujería instruido por el cardenal-obispo en persona contra tres pobres ancianas (*vetulae*) del Val di Fassa, acusadas de haber participado de la sociedad de Diana.[36] Es interesante observar que el tema inicial del sermón (CCLXXI, *Haec omnia dabo tibi*) se refería precisamente a los célebres versículos 1 a 11 del cuarto capítulo del *Evangelio según San Mateo*, consagrados al transporte de Cristo por obra del diablo.

En esta prédica, la posición tolerante de Nicolás de Cusa resulta remarcable porque afirmaba que creer en la realidad de los maleficios de las brujas, entre los que sin dudas incluía al vuelo mágico –como se desprende del punto de partida bíblico del sermón que aludía precisamente a los desplazamientos aéreos de Cristo–, implicaba rendir excesivos honores al diablo. Comentando esta cuestión, Carlo Ginzburg sintetiza muy bien la posición de Nicolás de Cusa a partir de la afirmación "quien cree en la eficacia de los maleficios alimenta la idea de que el diablo es más poderoso que Dios".[37] Al definir los relatos de las *vetulae* del Val de Fassa como pura fantasmagoría, al desterrarlos al dominio del sueño, Nicolás de Cusa ubicaba en su lugar al diablo, a buena distancia de lo real y también de la omnipotencia divina. La mejor manera para Nicolás de Cusa de restablecer la superioridad de Dios sobre el diablo seguía siendo asegurar su control sobre el mundo real y, al mismo tiempo, proteger a este último contra cualquier intrusión de los ángeles caídos. El diablo y sus secuaces humanos (dieran o no su consentimiento) no podían rivalizar con Dios sobre el terreno de la realidad. De todos los componentes del sabbat, el vuelo de las brujas –junto, quizás, a las uniones carnales entre mujeres y demonios– era el que seguía generando mayor escepticismo a mediados del siglo XV.

Este contexto intelectual más bien hostil al vuelo mágico permite comprender mejor la extrema cautela que el inquisidor dominico Nicholas Jacquier mostró al redactar, hacia 1458, una obra importante contra los brujos: el *Flagellum haereticorum fascinariorum*.[38] En este tratado Nicolas Jacquier se propuso defender una concepción realista del sabbat según la cual todas las operaciones criminales y profanaciones realizadas de noche en presencia del diablo existían realmente: a diferencia de lo que sostenía el canon *Episcopi*, estos actos no podían calificarse como ilusiones o sueños. Pero esta concepción realista del sabbat –sin dudas la más radical hasta entonces– se detuvo una vez más en el umbral del vuelo. Al contrario de lo que la historiografía afirma de manera un tanto apresurada[39], Nicolas Jacquier no llegó a sostener abiertamente la realidad del vuelo mágico.

---

36. *Ibid.*, pp. 681-682.

37. Carlo Ginzburg, *Le sabbat des sorcières,* p. 104.

38. Nicholas Jacquier, *Flagellum haereticorum fascinariorum*, Francfort-sur-le-Main, Nicolaus Bassaeus, 1581. Pueden verse fragmentos del tratado en Joseph Hansen, *Quellen und Untersuchungen,* pp. 134-145.

39. Werner Tschacher, "Der Flug durch die Luft", p. 271; Edward Peters, "Jacquier Nicolas (ca. 1400-1472)", en Richard M. Golden (ed.), *Encyclopedia of Witchcraft,* vol. 2, pp. 581-582.

Es importante recordar que este voluminoso tratado apenas abordaba
el tema del desplazamiento de los brujos por el aire.[40] En su capítulo 9
hallamos algunos casos bíblicos de transporte aéreo por medio de demonios
o ángeles (Habacuc, Ezequiel, el rapto de san Pablo) pero buscaremos en
vano una referencia precisa al vuelo mágico de los "brujos-fascinadores". Si
bien reafirmaba el carácter real y corporal (*realiter et corporaliter*) de las
reuniones con el diablo, Nicolas Jacquier no precisaba en ningún momento
de qué manera los reclutas humanos se encontraban con aquél. Hay un hecho
significativo: cuando en el capítulo 7 del *Flagellum haereticorum* se aborda
el viaje nocturno al sabbat se lo hace en referencia a individuos externos a
la secta: viajeros que se desplazaban de noche por asuntos personales y se
topaban por azar en campo abierto, a menudo para su desgracia, con una
asamblea de brujos.[41] Testigos externos y por completo involuntarios de estas
reuniones clandestinas, estos viajeros viajaban a pie o a caballo. Pero sobre
la manera en que los brujos se hacían presentes en el sabbat Jacquier no
pronunciaba una sola palabra. La única referencia al vuelo mágico, siempre
en el capítulo 9, resulta muy ambigua y es por completo reveladora de la
incomodidad del autor en relación con este aspecto de la controversia por el
sabbat. Mientras comentaba en detalle el texto del canon *Episcopi* Jacquier
se interrogaba sobre el verdadero objeto de su censura:

> "Pierde la fe aquél que, en efecto, crea que Diana es una suerte de cosa en
> la cual está contenida una fuerza divina, por lo cual se debería hacerle una
> reverencia o dedicarle un culto divino o prometerle obediencia, como creían
> aquellas mujeres. Pero quien crea que los demonios pueden transportar
> a los hombres o bien a las mujeres de un lugar a otro, éste no pierde la fe
> sino demuestra poseer una recta y católica. En efecto, el diablo se apareció
> de manera sensible a Cristo, a quien llevó al pináculo del Templo y luego
> a la cima de una alta montaña, como lo relatan los Santos Evangelios. De
> inmediato se afirma hacia el final de este canon *Episcopi*: quienquiera crea,
> pues, que una criatura puede ser hecha o bien cambiada para mejor o peor,
> o incluso transformada en otra especie, a no ser por obra de su Creador
> y por nuestro señor Jesucristo, que todo lo ha hecho y por quien todo ha
> sido hecho, es sin dudas un infiel y peor que un pagano".[42]

---

40. Martine Ostorero, *Le diable au sabbat*, pp. 621-638.

41. Nicholas Jacquier, *Flagellum haereticorum*, p. 47: "*Nam fide dignae personae cum iuramento
     examinatae, retulerunt, se de nocte ambulando pro suis negotiis per aliquas vias caute vidisse et
     percepisse, Deo volente, congregationem sive synagogam dictorum fascinariorum, apparente inter eos
     aliqua luce, qua satis deprehendi poterant, atque se aliquas personas ibidem cognovisse, in quarum
     praesentia postea, me qui haec scribo praesente et iuramentum recipiente, iudicialiter asseveraverunt
     ipsae personae fide dignae, se vidisse dictas personas fascinarius in dicta synagoga, exprimendo
     circumstantias eorum, quae ibidem gerebant. Unde praedictae fide dignae personae ex hora, qua
     huiusmodi synagogam viderant, fuerant perterritae et aliquandiu postmodum corporaliter gravatae*".

42. *Ibid.*, pp. 67-68: "*Qui enim credit quod Diana sit aliqua res, cui insit virtus divina, vel aliquid, unde
     debeat sibi cultus divinus aut reverentia, sive obsequium, prout illae mulieres credebant, ille fidem
     perdit. Sed qui credit demones posse sensibus corporeis exterius apparere ad tentandum vel qui credit
     quod demones possunt corporaliter, quandoque aliquos homines, vel mulieres de loco ad locum*

Una lectura atenta de este pasaje clave del *Flagellum* muestra que Nicolas Jacquier no avalaba por completo el principio del transporte aéreo. Se contentaba con legitimar de manera furtiva la aserción sosteniendo –en la línea del Tostado– que tal opinión no era contraria a la fe. Pero se cuidaba mucho de respaldarla él mismo.

Si Nicolas Jacquier, como antes el teólogo de Salamanca, incluía una referencia a las dos últimas tentaciones de Cristo, lo hacía para esquivar con más eficacia la cuestión del vuelo de las brujas. Más que el transporte aéreo de Cristo al pináculo del Templo de Jerusalén o a una lejana montaña, lo que interesaba al dominico era, antes que nada, la presencia material, perceptible por los sentidos, del demonio junto a Jesús (el Dios encarnado): comenzaba mencionando la aparición visible del diablo (*"Apparuit enim diabolus sensibiliter Christo"*) para después evocar, con la mayor neutralidad posible (*statuit*), su rol como eventual vehículo. Ahora bien, como si temiera haber llegado demasiado lejos en el camino de lo sobrenatural demoníaco, de inmediato recordaba una restricción muy poderosa al accionar de las criaturas espirituales: la de la metamorfosis sustancial. Los ángeles maléficos no tenían la capacidad de transformar la materia. En el tratado de Nicolas Jacquier la realidad del vuelo estaba más sugerida que verdaderamente probada.

Si bien el *Flagellum* representa un jalón muy importante en la cada vez más intensa controversia sobre la realidad de la brujería satánica, no es correcto afirmar que su influencia fue decisiva en la historia del vuelo nocturno. Es por ello que debemos avanzar un poco más e incluir en nuestro análisis la *Vauderie d'Arras* de 1460.

El compacto conjunto de procesos que dio forma a la caza de brujas conocida como *Vauderie d'Arras* (1459-1491) marca, desde el punto de vista específico del vuelo nocturno, el inicio de una etapa nueva e importante.[43] Y ello no sólo porque los jueces de manera sistemática forzaron a todos los acusados a confesar los desplazamientos aéreos sino también porque uno de ellos –casi con seguridad el deán de la catedral de Arras, el teólogo Jacques du Bois– se esforzó por fundamentarlos de manera racional bajo la forma escolástica de un pequeño tratado conocido con el nombre de *Recollectio*.[44] Redactado al calor

---

transferre, ille propter hoc non perdit fidem, quin potius in hoc habet rectam fidem et catholicam. Apparuit enim diabolus sensibiliter Christo, quem statuit supra pinnaculum templi, et rursus in montem excelsum valde, ut referunt sancti evangelii. Deinde dicitur circa finem eiusdem c. Episcopi. Quisquis igitur credit posse fieri aliquam creaturam, aut in melius aut deterius immutari, aut transformati in aliquam speciem, nisi ab ipso creatore et domino nostro Iesu Christo, qui omnia fecit, et per quem omnia facta sunt, procul dubio infidelis est, et pagano deterior".

43. La persecución tuvo lugar entre 1459 y 1461, con un giro en 1491 a raíz de la "rehabilitación" de los acusados por el Parlamento de París. Véase Franck Mercier, *La Vauderie d'Arras. Une chasse aux sorcières à l'Automne du Moyen Age*, Rennes, Presses universitaires de Rennes, 2006; Gordon Andreas Singer, *La Vauderie d'Arras(1459-1491): an Episode of Witchcraft in Later Medieval France*, Ph. D. diss., University of Maryland, 1975.

44. Anonyme d'Arras (Jacques du Bois?), *Recollectio casus, status et condicionis Valdensium ydolotrarium ex practica et tractatibus plurium inquisitorum et aliorum expertorum atque etiam ex confessionibus et processibus eorundem Valdensium*, en Joseph Hansen, *Quellen und Untersuchungen*, pp. 149-181. La edición de Hansen se basa en el ms. 3446 de la Bibliothèque nationale de France (ff. 36r-57r). Una

de un momento álgido de la persecución (sin dudas, durante el mes de mayo de 1460) y con el objetivo de justificarla para posteriormente reiniciarla, la *Recollectio* retomaba lo esencial de la herencia teórica y procedimental legada por Nicolas Jacquier. Su autor, en efecto, asumía perfectamente el principio del realismo de las reuniones en torno del diablo, igualmente llamadas aquí con el nombre de "sinagoga", así como la inmediata condena a muerte, sin remisión posible, de los culpables. Sin embargo, se diferenciaba porque de manera original iba más allá que el inquisidor dominico en la cuestión del vuelo mágico. La *Recollectio* de Arras se impone, así, como el primer tratado demonológico antibrujeril que sostuvo abiertamente el principio de la realidad del vuelo mágico. De hecho, Jacques du Bois, como si buscara una prolongación del *Flagellum haereticorum*, extendió el realismo del sabbat para aplicarlo también al vuelo mágico.

La operación comenzaba de inmediato, en la apertura misma del tratado, con un primer artículo sobre el tema titulado "Acerca de la posibilidad, realidad y verdad del viaje en cuerpo y alma de los valdenses a las asambleas, transportados por los demonios" (*"De possibilitate ac etiam de realitate et veritate transitus Valdensium in corpore et anima ad congregaciones qui deportantur per demones"*). El argumento se desarrollaba en dos etapas: por un lado, el autor se aplicaba a demostrar, sobre la base de un saber demonológico bastante tradicional, la capacidad teórica de los ángeles de transportar cuerpos sólidos por los aires, incluso –como sugería Alfonso el Tostado– una ciudad entera con todos sus ocupantes, en virtud de su *potestas* natural.[45] Por otro lado, aseguraba el anclaje del vuelo en la realidad más material, en razón de la fuerza probatoria de las confesiones de los miembros de la secta extraídas en sede judicial por jueces experimentados. En esta fase, los teólogos apenas tenían voz. El establecimiento de la "realidad y existencia" concreta del vuelo era una responsabilidad que sólo le cabía a los jueces y demás expertos en derecho.[46] Ya no se trataba meramente –como pudo ser en tiempos del Tostado o incluso de Nicolas Jacquier– de eliminar todos los obstáculos doctrinales a la simple creencia en el vuelo mágico y, por lo tanto, a su posibilidad, sino de establecerlo como una verdad, instalarlo en una realidad empírica cuya garantía última residía en la confesión extraída bajo la constricción legal de la tortura judicial. Aquí, el vuelo nocturno no era sólo una posibilidad sino una realidad.

---

traducción inglesa del tratado se encuentra disponible en Andrew Colin Gow, Robert B. Desjardins y François Pageau (eds), *The Arras Witch Treatises*, University Park, The Pennsylvania State University Press, 2016, pp. 79. Mis citas remiten al ms. 11449-51, ff. 1r-33r de la Bibliothèque Royale de Bruxelles.

45. *Recollectio*, Bruxelles, KBR, ms. 11449-51, fol. 1v: *"Proptera demon, quisque ex sua creatione et naturali virtute hoc habet quod Deo laxante sibi habenas, seu iuste permitente ipso Deo, nulla vi de novo ipsi demoni undecumque collata, possit transferre et transportare localiter, etiam villam unam cum omnibus contentis, in ea in locum alium quantumcumque longe distantem"*.

46. *Ibid.*, fol. 5r: *"Et pro hoc puncto non sunt multum necessarii theologi nisi forsan unus, propter difficultates enodandas que emergere possent in materia, sed sufficient pauci, zeli boni, recti iudicii, discreti iuriste qui practici sint, praesertim in hac materia in qua melius negociari possunt pauci practici tales quam multi quantumcumque eruditi non practici"*.

Me parece que la mayor importancia acordada por Jacques du Bois a la cuestión del vuelo mágico, al punto de comenzar su tratado con ella, no se explica solamente por su pertenencia al tribunal de Arras o por su familiaridad con los jueces. Afirmar la posibilidad e incluso la realidad del transporte de seres humanos al sabbat representaba un verdadero golpe de fuerza intelectual que equivalía, precisamente, a romper aquel candado doctrinal que un teólogo como Nicolas Jacquier, a pesar de su concepción realista del sabbat, todavía respetaba. Pero también era, antes que nada, una manera de acrecentar la enormidad del crimen de brujería, inscribiéndolo más firmemente aun en la esfera del crimen de majestad, es decir, asociándolo más estrechamente a la excepcionalidad y a la omnipotencia divina. Para mensurar mejor este lazo entre el vuelo y la omnipotencia no resulta inútil volver sobre la manera en que la tradición escolástica consideraba el problema del desplazamiento por el aire de un objeto pesado.

El "milagro" del vuelo por los aires: ¿una imposibilidad?

Durante mucho tiempo, el vuelo de un cuerpo pesado a través de un elemento más ligero que él supuso un desafío irremontable para el pensamiento escolástico y la ciencia medieval.[47] Más aun, el vuelo por los aires fue considerado por la tradición universitaria medieval como el paradigma mismo de lo imposible. He aquí, por ejemplo, lo que al respecto decía Pedro Lombardo en el siglo XII, en su famoso *Libro de las Sentencias* (*Libri quatuor sententiarum*), llamado a convertirse en el manual de base en las facultades de teología hasta fines de la Edad Media:

"También debe saberse esto, que los ángeles malos pueden hacer muchas cosas por la sutileza de sus naturalezas que no pueden hacer a causa de la prohibición de Dios o de los ángeles buenos, esto es, cosas que no se les permite realizar (...). Pero lo que podrían por sus naturalezas pero no pueden hacer porque lo tienen prohibido o lo que no está a su alcance hacer por su misma condición natural, resulta muy difícil si no imposible de determinar para el hombre. Sabemos que el hombre puede caminar pero que no podrá hacerlo si no tiene permiso; *pero no podrá volar incluso si se le permitiera hacerlo.* Del mismo modo, aquellos ángeles pueden hacer ciertas cosas si los ángeles más poderosos se lo permiten por mandato divino; pero no pueden hacer otras aun cuando los ángeles más poderosos lo permitan porque Aquél de quien les viene su facultad natural no lo autoriza, Aquél que muchas veces, por medio de sus ángeles, no permite que suceda aquello que concedió como posible".[48]

---

47. Nicolas Weill-Parot, *Le vol dans les airs au Moyen Age. Essai historique sur une utopie scientifique*, Paris, Les Belles Lettres, 2020.

48. Pierre Lombard, *Libri quatuor sententiarum*, libro II, distinción VII, cap. 11, en Migne, *PL*, 192, col. 666-667: "*Illud quoque sciendum est quod angeli mali quaedam possunt per naturae subtilitatem, quae tamen non possunt propter Dei vel bonorum angelorum prohibitionem, id est, quia non permittuntur illa facere a Deo vel ab angelis bonis (...). Quid autem per naturam possint, nec tamen possint propter*

Tomando en consideración el alcance del poder "natural" de los ángeles malos, Lombardo se interrogaba igualmente sobre la cuestión de sus límites. Estos podían derivar por igual de su estatus ontológico en tanto seres creados como de las interdicciones que desde el exterior les imponían los ángeles buenos o Dios: hay cosas que los demonios podían naturalmente hacer pero que las potencias superiores les prohibían realizar. Lombardo no se arriesgaba a precisar el alcance de estos límites (ello formaba parte del misterio divino) pero efectuaba una comparación interesante entre los hombres y los ángeles en relación a sus respectivas actitudes en el seno de la Creación. El hombre puede caminar a menos de que una prohibición se lo impida pero no puede volar por naturaleza incluso en ausencia de toda prohibición ("*volare autem non posse etiam si permittatur*"). De la misma manera, aunque en un nivel más elevado de la Creación, los ángeles malvados podían realizar cosas sorprendentes con la autorización de los ángeles buenos pero no podían, sin embargo, hacerlo todo, notablemente aquello que excedía su naturaleza, porque la voluntad divina se oponía a ello. En esta comparación, que pretendía ser pedagógica, el vuelo de los hombres por el aire hacía las veces de imposibilidad ontológica absoluta ("incluso si se le permitiera hacerlo"). Cuando llegaba el turno de los ángeles maléficos, desde el comienzo Pedro Lombardo insistía más en la capacidad de Dios de contener con sus prohibiciones el poder angélico que en la concesión liberal de permisos. A la inversa, este poder "liberal" de Dios, bajo el rótulo de *permissio Dei* era el que iba a ser movilizado con intensidad en el siglo XV para permitir lo que no lo estaba en el siglo XII: que los ángeles malos hicieran volar a los seres humanos. De todos los ingredientes que componían el concepto de sabbat, el vuelo mágico era el que de manera más directa ponía en discusión la omnipotencia divina.

Un poco después, *circa* 1270, cabe decir lo mismo de la *Summa theologica* (Ia, 110, a. 4) de Tomás de Aquino. A la pregunta de si los ángeles podían realizar milagros, el Aquinate respondía por la negativa, diciendo que sólo Dios tenía la capacidad de trascender las leyes de la naturaleza. En tanto un ángel realizaba cosas conformes a su estatus de criatura espiritual, no realizaba milagros. Ahora bien, para ilustrar con un ejemplo la violación del orden natural (*ordinem naturae*), Tomás de Aquino elegía el caso de una piedra que se lanzaba hacia lo alto yendo en contra de su calidad de objeto pesado. Un objeto pesado, adjunto al elemento tierra, por naturaleza no podía volar. Una vez más encontramos aquí, asociado al poder de los ángeles, la figura del vuelo por el aire como paradigma de lo imposible:

---

prohibitionem, et quid per ipsius naturae suae conditionem facere non sinantur, homini explorare difficile eſt imo impossibile. Novimus hominem posse ambulare, et neque hoc posse si non permittatur; volare autem non posse, etiam si permittatur. Sic et illi angeli quaedam possunt facere si permittantur ab angelis potentioribus ex imperio Dei; quaedam vero non possunt, etiam si ab eis permittantur, quia ille non permittit a quo eſt illis talis naturae modus, qui etiam per angelos suos illa plerumque non permittit quae concessit ut possint". Versión en francés en Marc Ozilou (ed.), *Les Quatre Livres des Sentences. Deuxième livre*, Paris, Cerf, 2013, p. 141.

"hay milagro propiamente hablando cuando algo se produce fuera del orden de la naturaleza. Pero no es suficiente para que haya milagro que ello suceda fuera del orden de la naturaleza de una criatura particular; pues de lo contrario, *cuando arrojamos una piedra al aire estaríamos haciendo un milagro, ya que eso es extraño al orden natural de la piedra.* Por lo tanto, un hecho es un milagro si sucede por fuera de toda la naturaleza creada. Eso sólo Dios puede hacerlo: todo lo que hace un ángel o cualquier otra criatura por su propia potencia, lo hace según el orden de la naturaleza creada: no es un milagro. Así que el hecho es que sólo Dios puede hacer milagros".[49]

Los demonólogos como Jacques du Bois y otros, quienes hacia mediados del siglo XV comenzaron a postular y a pensar el transporte aéreo de los brujos y brujas como una realidad empírica, debieron romper con esta sólida tradición intelectual que en ocasiones era una cuestión de *habitus* escolástico (como cuando vemos a Tomás de Aquino proponer de manera espontánea el ejemplo de la piedra lanzada al aire para ilustrar lo imposible según el orden de la naturaleza). Contribuyeron a dilatar la esfera de poderes que tradicionalmente se reconocía a los ángeles malvados introduciendo en la discusión, precisamente, lo que se consideraba el ejemplo privilegiado de la imposibilidad (el vuelo por los aires de un cuerpo humano aunque fuera transportado por un ángel). Mensuramos aquí la fuerza de la ruptura: aquello que hasta ayer era tenido por toda la tradición universitaria medieval como el ejemplo mismo de lo que resultaba rigurosamente imposible –o casi imposible– en el orden natural devino no sólo posible sino real.

De cierta manera –y Tomás de Aquino nos pone aquí sobre la pista– el vuelo de los brujos y brujas por el espacio celeste se parecía a una suerte de milagro a la inversa, en el sentido de que la operación bordeaba lo sobrenatural, territorio al que se acercaba a riesgo de amenazar el monopolio de la potencia divina. Se necesitaba, así, todo el poder de los ángeles malvados, e incluso un poco más, para realizar esta "imposibilidad". Para los demonólogos, esta operación diabólica (transportar realmente los cuerpos de personas por el aire a gran velocidad) no podía verdaderamente producirse ni pensarse si no se contaba con el "permiso divino". La fórmula de la *permissio Dei* reaparecía con insistencia en la pluma de Jacques du Bois: no menos de cinco veces en el único artículo dedicado al vuelo mágico. Sólo adosado, de cierta manera, a la omnipotencia divina –por permiso especial y excepcional– lo imposible del vuelo pudo entrar en la realidad. Con el vuelo mágico, el poder ordenado y limitado de los ángeles (*potestas*) fue llevado a su máxima intensidad, al

---

49. Tomás de Aquino, *Summa theologica*, Ia, 110, art. 4: "*Respondeo dicendum quo miraculum proprie dicitur, cum aliquid fit praeter ordinem naturae. Sed non sufficit ad rationem miraculi si aliquid fiat praeter ordinem naturae alicuius particularis, quia sic, cum aliquis proiicit lapidem sursum, miraculum faceret, cum hoc sit praeter ordinem naturae lapidis. Ex hoc ergo aliquid dicitur esse miraculum, quod fit praeter ordinem totius naturae creatae. Hoc autem non potest facere nisi Deus, quia quidquid facit angelus, vel quaecumque alia creatura, propria virtute, hoc fit secundum ordinem naturae creatae; et sic non est miraculum. Unde relinquitur quod solus Deus miracula facere possit*".

límite extremo de sus posibilidades, es decir, prácticamente a la frontera
con el milagro y lo sobrenatural o, en otras palabras, a los umbrales últimos
de la omnipotencia.

Revisada y corregida por la *Recollectio*, la demonología aplicada al vuelo
mágico le confirió a este último el alcance de un acto real; hizo de él una suerte
de anti-milagro o, más exactamente, un cuasi-milagro, desde el momento
que su realización requería infringir las leyes físicas regidas por el modelo de naturaleza aristotélico (la gravedad de los cuerpos que tienden a su
lugar natural de reposo, en este caso la tierra), refrendadas y protegidas
por la potencia divina. Bajo el rótulo de contra-naturaleza, el vuelo mágico
amenazaba la posición supereminente de Dios en tanto potencia dominante
y creadora de la naturaleza.[50]

La fuerza de la excepción

Este golpe de fuerza intelectual en favor del vuelo mágico abrió la vía
a otra forma de excepción, que fue el procedimiento de tipo extraordinario.
Como lo escribió precisamente el autor de la *Recollectio* en la prolongación
inmediata de este primer artículo sobre el traslado aéreo de los brujos, dado
que el crimen en cuestión excedía todas las normas de una manera que
resultaba inédita en la larga historia de las transgresiones sacrílegas (una
historia que había que remontar hasta la Antigüedad pagana, adoradora de
ídolos), se requería un régimen procedimental que derogara el derecho común:

> "Esta materia nueva e inusual en numerosos lugares es, en efecto, muy
> singular, y por esta razón la manera de proceder y todas las otras cues-
> tiones relacionadas son muy singulares y no se encuentran, por así decir,
> en los otros casos. En primer lugar, porque este caso particular de los
> valdenses es oculto y particularmente secreto, y a él no se puede acceder,
> por lo tanto, por la vía del procedimiento común sino por la confesión de
> los acusados o bien de los cómplices que, en este caso, pueden y deben ser
> los únicos acusadores y testigos".[51]

Como bien lo puso de manifiesto Jacques Chiffoleau, si el sabbat resultaba inimaginable sin la tortura judicial lo contrario es aun más cierto.[52]
La elusión de las leyes ordinarias que encuadraban todo proceso criminal
o, en otras palabras, el paso hacia "lo extraordinario" en el sentido jurídico

---

50. Jacques Chiffoleau, "*Contra naturam*. Pour une approche casuistique et procédurale de la nature
   médiévale", *Micrologus*, IV (1996), pp. 265-312.

51. *Recollectio*, Bruxelles, KBR, ms. 11449-51, fol. 5r: "*Hec enim multum singularum est materia nova
   et inusitati in locis multis et propterea modus procedendi est singularis et cetera omnia singularitatem
   expetunt quasi non reperibilem in aliis casibus. Tum primo, quia casus particularis Valdensium
   occultus est, nimium et latens atque secretus, neque potest attingi de communi cursu, nisi per propriam
   confessionem aut per complices, qui soli et accusatores et testes in eo casu esse possunt et debent*".

52. Jacques Chiffoleau, "Sur la pratique et la conjoncture de l'aveu judiciaire en France du XIIIe au XVe
   siècle", en *L'Aveu: Antiquité et Moyen Age*, Rome, École française de Rome 1986, pp. 341-380,
   especialmente pp. 377-378.

del término resultaban impensables sin la enormidad del sabbat. Por ello, cuanto más fuerte fuera la resistencia del sistema tradicional, más importaba golpear duro, para desbordarlo por medio del terror y del estupor. En ciertos lugares y en ciertos momentos (por caso, en la esfera de influencia de los duques de Borgoña de la dinastía Valois), fue necesario hacer retroceder los límites de lo posible e, incluso, de lo real. Fue así que se necesitó avanzar hasta el vuelo mágico, hasta el límite mismo de una cuasi omnipotencia diabólica, para justificar, en consecuencia, la aterradora respuesta judicial del soberano legítimo. La brujería, transformada en el crimen de lesa majestad por excelencia, abrió el camino a la excepción. Hizo posible el desborde del *ordo* judicial tradicional. A la excepcionalidad del crimen se respondió con el recurso procedimental a lo extraordinario, es decir, con un procedimiento que se eximía de las reglas en uso en el proceso ordinario sin dejar por ello de ser legal, con la justificación de que había que proteger una soberanía intocable. Tal como sostiene Chiffoleau, esta "excepcionalidad" propia de la represión del crimen de lesa majestad "era capaz de (...) ir *muy lejos* sin romper jamás los lazos con el conjunto del sistema judicial, desde el momento en que estaba justificada por una situación o crimen enorme, excepcional él mismo".[53] La excepcionalidad de la transgresión, inherente al crimen de lesa majestad, podía, en efecto, ir "muy lejos", ya que en el siglo XV se llegó a imaginar que los individuos lograban volar y surcar los aires sobre escobas mágicas. La totalidad de la *Recollectio* fue concebida, precisamente, a partir de esta lógica: se trataba de sostener el conjunto del mito del sabbat hasta en sus aspectos más aberrantes (el vuelo mágico) y el sistema procedimental basado en la búsqueda de la verdad orientada a la confesión. La locura del sabbat, incluido el vuelo, debía ser garantizada por la institución: debía ser establecida como verdadera.

Así, menos de dos años después de la redacción del *Flagellum haereticorum*, Jacques du Bois, un teólogo que lo había leído y aprendido sus enseñanzas, se liberó de las últimas inhibiciones que aún conservaba Nicolas Jacquier y rompió alegremente la barrera doctrinal del vuelo mágico reputada como infranqueable, afirmando desde el inicio mismo de su tratado que el vuelo de los sectarios del diablo no solamente era posible sino real y verdadero, según una verdad anclada, en última instancia, en la confesión judicial de los acusados. Transfirió así a los escritos pragmáticos del derecho procesual, en particular a las confesiones, la responsabilidad de establecer la verdad del asunto. Sin dudas sabía que su posición aún era minoritaria, de allí la tentación autoritaria de expulsar a los teólogos del tribunal donde se construía la "verdad" del sabbat.[54] Pero ello no fue así solamente por su solidaridad

---

53. Jacques Chiffoleau, "Le procès comme mode de gouvernement", en Antonio Rigon y Francesco Veronese (eds.), *L'Età dei processi, inchieste e condanne tra politica e ideologia nel '300. Atti del convegno (Ascoli Piceno, Palazzo dei Capitani, 30 novembre-1 dicembre 2007)*, Roma, Istituto storico italiano per il Medio Evo, 2009, pp. 321-347, la cita en p. 338.

54. Recordemos que la *Recollectio* de Arras recomienda el desalojo de los teólogos de la cámara de tormento (sólo permite la presencia de un teólogo como excepción): *Recollectio*, f. 5r: "*Et pro hoc puncto non sunt multum necessarii theologi nisi forsan unus*".

con los jueces. El golpe de fuerza intelectual de Jacques du Bois en favor de la realidad del vuelo nocturno anunciaba y preparaba otro: la introducción de un procedimiento exorbitante en la práctica judicial sin dejar por ello de mantenerse dentro de la esfera del derecho y de la "razón", en nombre de la defensa imperiosa de la omnipotencia divina. La creencia en el vuelo mágico era necesaria para la imposición de un régimen de excepción.

En principio aprehendido en los procesos a través de los interrogatorios y luego discutido en los medios eruditos, en el siglo XV el tema del vuelo mágico hizo igualmente su entrada en el dominio específico de la imagen. Vamos a ver que la primera iconografía explícitamente ligada al sabbat de las brujas le concedió un lugar muy importante al vuelo mágico. Ahora bien, esta primera iconografía del sabbat surgió precisamente en el contexto de la *Vauderie d'Arras*. Todo indica que la mutación del vuelo ilusorio en "real", observable en el proceso de Arras, encontró igualmente su equivalente sobre el plano iconográfico. El deslizamiento del vuelo mágico de la esfera de la ilusión a la de lo real se verificó en el dominio de las representaciones visuales.

La invención figurativa de la bruja sobre la escoba

En el estado actual de nuestro conocimiento, la primera aparición figurativa de la bruja en el sentido moderno del término, es decir, explícitamente asociada al sabbat, se remonta a mediados del siglo XV. Atestiguada por primera vez en un manuscrito fechado en 1451 y destinado al Duque de Borgoña, Felipe el Bueno, la imagen concreta de una bruja montada sobre un palo o escoba irrumpió con un ligero retraso respecto de la formalización del sabbat en los textos, que en el marco judicial y erudito tuvo lugar, como ya vimos, entre las décadas de 1420 y 1440.

La bruja moderna entró por primera vez en la iconografía en los márgenes de un manuscrito ilustrado realizado en Arras en 1451, el manuscrito París, *Bibliothèque Nationale*, fr. 12476, f. 105v (ver figura 1 en pág. 109). El texto que le sirve de apoyo fue redactado un poco antes, entre 1440 y 1442, bajo el título de *Le Champion des Dames*, por Martin Le Franc, un clérigo y teólogo al servicio del antipapa y duque de Saboya (Félix V-Amadeo VIII).[55] *Le Champion des Dames* debe inscribirse en el contexto de lo que se ha dado en llamar *Querelle des femmes*, una controversia que no perdió actualidad desde que a fines del siglo XIII fuera lanzada por Jean de Meung y el segundo *Roman de la Rose*. El texto tenía, en esencia, la forma de una justa de oratoria entre un tal *Franc Vouloir* y su adversario, llamado *Malebouche*, quienes polemizaban sobre la reputación de las mujeres en la sociedad. Paradójicamente, *Le Champion des Dames*, como su título lo sugiere, era ante todo una defensa del amor cortés y de la condición femenina: en este diálogo, el rol más logrado sin dudas es el de *Franc Vouloir*, que se esfuerza a lo largo de los 24.384 versos rimados con que cuenta el poema por defender la repu-

---

55. Sobre este texto y particularmente sobre el pasaje relativo al sabbat véase Martine Ostorero, Agostino Paravicini Bagliani, Kathrin Utz-Tremp y Catherine Chène (eds.), *L'imaginaire du sabbat*, pp. 439-500.

tación de las mujeres contra las maliciosas insinuaciones de *Malebouche*. Entre éstas surge abruptamente en el libro IV una acusación aún inédita en el marco de la *Querelle des femmes*, pero que ya flotaba en el ambiente en aquellos años: la de transportarse a la "sinagoga de Satán" –otro nombre del sabbat– por los aires, "como aves" (v. 17.382). De esta manera aparecen, entonces, en el margen correspondiente a una afirmación realizada por el adversario del campeón, dos pequeñas figuras femeninas dispuestas una debajo de la otra, cabalgando la primera sobre un bastón y la segunda sobre una escoba.[56] Las imágenes están acompañadas por una rúbrica en tinta roja: *"Des vaudoises / Passe Martin"* ("Mujeres valdenses / Pasa Martín").

Es interesante constatar que desde el comienzo se observa una relación muy estrecha entre la mujer, la escoba y/o palo y el sabbat. La inscripción en letras rojas que acompaña a las figuras parece reforzar con claridad esta asociación de ideas. Por entonces, el vocablo *"vaudois/vaudoise"* se había convertido en un término corriente para designar a los brujos y brujas.[57] La frase más enigmática, *Passe Martin*, probablemente designara la montura que las conducía al sabbat, llamada también *"Martinet"* en otros textos contemporáneos.[58] Sin precedentes en la tradición iconográfica medieval, la nueva figura de la bruja volando sobre una escoba, por entonces plenamente constituida, de allí en más atravesó el tiempo hasta nuestros días, incluso si su estatuto en relación con la realidad evolucionó según se creyera o no en la posibilidad del vuelo nocturno.

Tal como apareció por primera vez en el manuscrito de Arras de 1451, la bruja se mostró como una figura del desorden que desde el inicio se relacionó con un doble atributo del vuelo mágico: la escoba y el palo. La escoba era un instrumento que pertenecía a la esfera de la domesticidad y remitía a la interioridad del hogar, un ámbito en el cual la mujer asumía tradicionalmente la responsabilidad. El objeto estaba también asociado a la recámara, a la intimidad de los esposos (la hallamos con frecuencia en representaciones del dormitorio, como por ejemplo en el célebre retrato de los esposos Arnolfini de Jan Van Eyck).[59] En los *fabliaux*, el palo y la escoba se confundían en ocasiones bajo el nombre de *"martin"* o *"ramon"*, y expresaban la rivalidad entre marido y mujer: el hombre usaba dichos elementos para golpear a la esposa y ésta los empleaba para golpear al marido, cuando para provocar la risa con más eficacia los roles tradicionales se invertían. La manipulación de la escoba o del palo era para la mujer el medio material y, sobre todo,

---

56. Martine Ostorero y Jean-Claude Schmitt, "Le balai des sorcières. Note sur une illustration marginale du manuscrit Paris, BnF, fr. 12476, f. 105v", en *Ibid.*, pp. 501-508; Pascale Charron, *L'iconographie du Champion des Dames*, Turnhout, Brepols, 2016, pp. 63-65.

57. Franck Mercier y Martine Ostorero, "The 'Waldensian Sect': Heresy and Witchcraft", en Marina Benedetti y Euan Cameron (eds.), *A Companion to the Waldenses in the Middle Ages*, Leiden, Brill, 2022, pp. 390-421.

58. Por ejemplo en la *Vauderye de Lyonois en brief*, en Franck Mercier y Martine Ostorero, *L'énigme de la Vauderie de Lyon*, pp. 62-63.

59. En este caso preciso, la "escoba" doméstica se muestra más exactamente bajo la forma de una suerte de escobilla de mango corto.

simbólico con el que desafiaba la superioridad masculina.[60] Al igual que las pinzas para el fuego o la rueca, la escoba era uno de esos objetos cotidianos que, extraídos de su ámbito doméstico, se convertían en armas, eventualmente de manera paródica o lúdica, como en el contexto carnavalesco del dibujo atribuido a El Bosco o a su taller (ver figura 2 en pág. 109) –aunque también podían ser temibles, incluso fatales, si el diablo se inmiscuía en el asunto–.

En este marco, la escoba se convertía en ocasiones en un simple palo. En las actas de los procesos el palo generalmente era entregado por el demonio a sus adeptos, a quienes les enseñaba a servirse de él para trasladarse a las asambleas a las que periódicamente eran invitados, por lo general los jueves. La eficacia de su empleo suponía, por lo común, el uso de ciertas fórmulas mágicas y de un ungüento que había que frotar sobre el palo y/o el cuerpo. De la siguiente manera, por caso, el inquisidor de Arras, Pierre le Broussard, describió al público, el 9 de mayo de 1460, el vuelo de las brujas hacia el sabbat:

> "cuando quieren ir a la *vauderie* [al sabbat], con un ungüento que el diablo les ha proporcionado, untan una vara de madera muy pequeña, y sus pies y manos, luego ponen esta vara entre sus piernas y de inmediato se dirigen volando hacia donde desean, por encima de las grandes ciudades, bosques y aguas, y los lleva el diablo al lugar donde deben tener su asamblea".[61]

El motivo de la mujer cabalgando sobre una escoba o palo, dejando de lado sus evidentes connotaciones sexuales[62], expresaba un mundo al revés, el signo de una inversión de valores, de género pero también de poder. La mujer ocupaba física y simbólicamente el lugar del hombre en la justa sexual (una inversión de la posición autorizada, la mujer arriba y el hombre debajo) o cortés (la mujer reemplazaba al caballero montando a horcajadas de un animal en vista de un combate), como lo vemos en el dibujo de El Bosco en el caso de la mujer que está montada sobre una rueda mientras empuña la rueca como una lanza (figura 2). Más aun que la escoba, el palo –cuidémonos de no olvidarlo– era también, más allá de su simbolismo fálico y de todas las alusiones a la sexualidad desviada de la bruja, una insignia de mando, un instrumento de poder.[63] Bajo el nombre frecuente de *"martin"*, el palo-escoba también constituía un símbolo de la autoridad y del poder

---

60. Colette Beaune, *Jeanne d'Arc*, Paris, Perrin, 2004, p. 287.

61. Según el testimonio del cronista Jacques du Clercq, *Mémoires*, edición del Barón de Reiffenberg, Bruxelles, Lacrosse, 1835-1836, libro IV, cap. 4, p. 21 (versión modernizada). Sobre la cuestión del vuelo mágico en el contexto específico del proceso de Arras véase Franck Mercier, *La Vauderie d'Arras,* pp. 233-247.

62. En el siglo XV, el verbo *ramoner*, derivado de *ramon* (escoba formada con ramas), significaba tanto barrer como deshollinar el tiro de la chimenea. Por extensión designaba el acto de penetración sexual. Por otro lado, la palabra latina *ramasserius* y la francesa *ramassière* eran usadas a mediados del siglo XV, notablemente en Borgoña, para designar a los brujos y brujas. Nicolas Jacquier conocía el primero de dichos términos. Véase Martine Ostorero, "Vérités diaboliques et puissance divine", en Martine Ostorero y Julien Véronèse (eds.), *Penser avec les démons. Démonologues et démonologies (XIIIᵉ-XVIIᵉ siècles)*, Firenze, Sismel, 2015, pp. 81-120, especialmente p. 102.

63. Laurent Hablot, "Le bâton du pouvoir dans l'image médiévale", en Michel Pastoureau y Olga Vassilieva-Codognet (eds.), *Des signes dans l'image: usages et fonctions de l'attribut dans l'iconographie médiévale*, Turnhout, Brepols, 2014, pp. 191-207.

usualmente en mano de los hombres, cuya apropiación por las mujeres implicaba una inversión de papeles (al mismo nivel que el uso de vestimentas masculinas que los jueces reprocharon a Juana de Arco). Al montar la escoba a horcajadas para dirigirse al sabbat, las pequeñas valdenses de *Le Champion des Dames* imitaban a los hombres de armas y a los caballeros que se desplazaban a caballo y que, por ello mismo, detentaban una posición de autoridad. En el mismo orden de ideas, es igualmente posible, como lo sugirió de manera especial Jean-Patrice Boudet, que el vuelo de las brujas fuera la transferencia a las mujeres de un auténtico fantasma de poder masculino propio del universo medieval de la magia.[64] ¿Acaso no propone uno de los raros manuales conservados del siglo XV un extenso protocolo ritual para conjurar a un caballo volador que resultaba capaz de ir desde Inglaterra hasta Roma y regresar en tiempo récord?[65] En el *Formicarius* de Johannes Nider, los tres hombres que pasaban por ser los fundadores de una suerte de tradición criminal local propia de la región de Berna —Scavius, Hoppo y Scaedelin— estaban ligados entre sí por una relación de tipo discipular.[66] En la lista de sus numerosas acciones nefastas se contaba la creencia (*"ut putabant"*) de que tenían la capacidad de desplazarse por los aires de un lugar a otro.[67] La aclaración de que se trataba de una creencia sólo se aplicaba al vuelo mágico. De esa manera se introducía la duda respecto de la realidad de este poder específico pero resulta significativo ver al vuelo entrar en la panoplia de talentos de estos "maestros en maleficios", todavía más próximos al mago o al "nigromante" que al brujo moderno.[68] Algunos años más tarde y en otro lugar, más septentrional, fueron las mujeres las que se arrogaron de manera privilegiada –al menos en el dominio de la imagen– este poder extraordinario de atravesar los aires sobre bastones o escobas.

Mujer-escoba-sabbat: tenemos aquí, desde mediados del siglo XV, una poderosa trilogía que iba a perpetuarse hasta nuestros días, atravesando el período crucial de la terrible caza de brujas propiamente dicha (siglos XVI y XVII). A comienzos de este proceso histórico el estatus de estas figuras en relación con la realidad aún era ambivalente, aunque ya muy inquietante. Es verdad que el interés principal de *Le Champion des Dames* era proteger a las mujeres contra esta nueva y terrible acusación de brujería: la inscripción en el margen de las figuras contribuía a descalificarlas con respecto a la verdad. Pero la imagen de las pequeñas "valdenses" voladoras resultaba, en sí misma, más ambigua. En el manuscrito de Arras las bru-

---

64. Jean-Patrice Boudet, "Le vocabulaire du sabbat", *Médiévales*, 42, (2002), pp. 157-162 e *Idem, Entre science et nigromance. Astrologie, divination et magie dans l'Occident médiéval (XIIe-XVe siècle)*, Paris, Publications de la Sorbonne, 2006, p. 445.

65. *Ibid.*, p. 445, n. 76: se trata del manuscrito Oxford, Bodleain Library, Rawlinson D. 252, ff. 73-76v.

66. Jean Nider, *Formicarius*, livre V, chap. 4, pp. 168-171.

67. *Ibid.*, pp. 170-171: *"Ces deux hommes* [Hoppo et Scaedelin] *savaient ainsi (…) emporter dans leur propre champ, sans que personne les voie, le tiers du fumier, du foin et du blé ou de n'importe quelle autre chose à partir d'un champ voisin; (…) se rendre par les airs, comme ils le croyaient, d'un lieu à un autre (de loco ad locum per aera ut putabant transineare)"*.

68. Catherine Chène, "Commentaire", en Martine Ostorero, Agostino Paravicini Bagliani, Kathrin Utz-Tremp y Catherine Chène (eds.), *L'imaginaire du sabbat*, pp. 252-253.

jas de *Le Champion des Dames* se apartaban de manera significativa del conjunto del programa iconográfico que incluía más de setenta miniaturas cuidadosamente pintadas y enmarcadas con un ribete de color. Por ejemplo, la figura de Juana de Arco era presentada, algunos folios más adelante, de manera muy positiva, al interior de una viñeta en apoyo del campeón de la causa femenina. Pero no es el caso de las "valdenses" del folio 105v. Se trata de la única imagen de todo el programa iconográfico que se liberaba del marco material (pues evolucionaba en el vacío del margen) e ideológico (pues contradecía la finalidad principal del texto). También se trata de la única imagen en la totalidad del manuscrito que apoyaba las tesis del adversario: más todavía, el palo montado por una de las brujas apuntaba hacia el texto en el lugar preciso donde *Malebouche* aseguraba a su interlocutor, y por ello mismo al lector, que no pretendía burlarse de él (v. 17451: "no debes creer que te estoy engañando"), como si el vuelo mágico de las brujas tocara ya aquí una suerte de realidad.[69] De por sí ambivalentes a su manera, estas pequeñas brujas marginales, rebeldes a la disciplina iconográfica dominante, no iban a tardar en ganar el centro de la página manuscrita.

El vuelo nocturno como desafío a la omnipotencia divina

Algunos años más tarde, hacia 1460-1470, las brujas montadas sobre sus escobas resurgieron en un grupo de miniaturas asociadas a manuscritos de lujo ligados, una vez más y sin dudas no por azar, a la corte de Borgoña (ver figuras 3, 4 y 5 en págs. 110, 111 y 112). Estas miniaturas, que hoy son tres pero que sin dudas originalmente fueron más, figuran en el frontispicio de tres preciosos ejemplares de la versión francesa del *Traité du crime de Vauderie* de Jean Tinctor.[70] Este texto fue redactado hacia 1460, en principio en latín y luego en francés, por un teólogo de Tournai, que quiso, de esa forma, estimular la virulenta caza de brujas basada en el estereotipo del sabbat cuyo epicentro era la ciudad de Arras, en el norte de la Francia actual.[71] La ambición de su autor parece haber sido convencer al duque de Borgoña, Felipe el Bueno, así como a otros miembros de su entorno, de la necesidad de contribuir a la represión de la brujería.[72] El hecho es que todos

---

69. Martine Ostorero y Jean Claude Schmitt, "Le balai des sorcières", en *Ibid.,* p. 502.

70. Jean Tinctor, *Invectives contre la secte de vauderie*, editado por Émile Van Balberghe y Frédéric Duval, Tournai-Louvain-La-Neuve, Fabrique de l'Eglise cathédrale de Tournai, 1999. Para un análisis detallado de las imágenes véase Franck Mercier, "Un trompe-l'œil maléfique: l'image du sabbat dans les manuscrits enluminés de la cour de Bourgogne", *Médiévales*, 44, (2003), pp. 97-116; *Idem*, "Une parodie de la présence réelle: l'adoration de Satan dans les manuscrits enluminés de la cour de Bourgogne (XVe siècle)", en Nicole Bériou, Béatrice Caseau y Dominique Rigaux (eds.), *Pratiques de l'eucharistie dans les églises d'Orient et d'Occident (Antiquité et Moyen Age)*, Paris, Institut d'Etudes Augustiniennes, 2009, vol. 2, pp. 1001-1017; Judith Venjakob, *Der Hexenflug in der frühneuzeitlichen Druckgrafik. Entstehung, Rezeption und Symbolik eines Bildtypus*, Petersberg, Michael Imhof Verlag, 2017, pp. 61-84.

71. Franck Mercier, *La Vauderie d'Arras.*

72. Frédéric Duval, "Jean Tinctor, auteur et traducteur des *Invectives contre la secte de vauderie*", *Romania*, 117:1-2 (1999), pp. 186-217.

los manuscritos ilustrados de este tratado que se han conservado provienen, de una forma o de otra, de la corte de Borgoña.

Cada uno de estos tres manuscritos comenzaba con una singular puesta en escena de lo que hoy llamamos el sabbat de las brujas pero que por entonces se denominaba todavía *"vauderie"*: las tres imágenes proponían una variación en torno a una escena sensiblemente idéntica. Una determinada cantidad de hombres y mujeres aparecían congregados, con los gestos propios de la devoción (de rodillas, manos juntas o sosteniendo velas encendidas), en torno de un macho cabrío que no podía ser otro que el diablo. En el centro de la imagen (al menos en las miniaturas de Oxford y de París) siempre hallamos, no sin relación con el vuelo mágico[73], el nudo más abyecto del crimen, el ósculo infame (*osculum infame*), el beso obsceno en la parte posterior del demonio. Al decir de los demonólogos y de los jueces, las modalidades de aparición del diablo en el sabbat podían ser múltiples. La miniatura de París (figura 5) da testimonio de ello a su manera, proponiendo en sus márgenes, al interior de dos medallones, una variante del beso anal con un simio y un gato. Siempre situado lejos de lugares habitados, el acceso al sabbat requería el desplazamiento de sus adeptos, de ahí la representación del traslado por los aires: aquí nos reencontramos con nuestras pequeñas brujas, al menos en las versiones de París y Oxford. Curiosamente, y el hecho merece subrayarse, el vuelo sobre una escoba (u otros instrumentos, tales como una pinza para el fuego o una vara de rueca) parecía constituir una prerrogativa femenina. Los hombres, por el contrario, sistemáticamente aparecían transportados por demonios. En la miniatura de Bruselas, el vuelo se efectuaba únicamente por medio de horribles demonios con garras que transportaban a los sectarios del diablo sobre sus espaldas.

La calma aparente de estas reuniones nocturnas no reducía en nada su carga transgresora. Más allá de la alusión siempre posible a la lujuria de los participantes (de hecho, la cabra macho era tradicionalmente una de las figuras simbólicas o alegóricas de la lujuria), la imaginería del sabbat, como se estaba configurando en la corte de Borgoña, se presentaba desde el inicio como el desvío sacrílego de una poderosa imagen de devoción, la del Cordero Místico. El tema era ya muy antiguo por entonces pero fue particularmente revalorizado en el contexto flamenco del siglo XV, por razones a la vez religiosas y artísticas (baste recordar el panel central del gran retablo de Gante realizado por los hermanos Van Eyck). Es probable que se trate de una indebida apropiación de la adoración del Cordero para sustituirla, supremo sacrilegio, por la del diablo bajo la forma de un macho cabrío. En cierto sentido, el cabrón nos recuerda a la concurrente figura animal del Cordero, que aparece hacia el final del Apocalipsis de Juan (13, 11); el animal representa en este caso al Anticristo, que buscará, precisamente, hacerse pasar por Cristo para engañar. Se trata, pues, de una imagen "escandalosa", muy fuerte, insoportable para la mirada piadosa: es probable que la intempestiva mutilación de una cuarta miniatura, en el manuscrito conservado en

---

73. Una bruja voladora siempre aparece ubicada sobre el eje central directamente encima del beso obsceno.

Canadá en la biblioteca de la Universidad de Alberta, se deba a la repulsión que pudo provocar este sacrilegio.[74]

La observación de estas imágenes desde el ángulo específico del vuelo mágico permite detectar un extraño desequilibrio: las mujeres no eran numéricamente preponderantes entre los sectarios del diablo (prueba de que a mediados del siglo XV el crimen de brujería no tenía aún un sesgo de género) y sin embargo en las miniaturas son mujeres las que aparecen sistemáticamente asociadas a la escoba. El tema del vuelo por los aires era un importante elemento discriminante: en la miniatura de París las mujeres están en extrema minoría en el suelo (sólo una contra once hombres) pero se vuelven mayoría en el espacio celeste (tres contra dos hombres). En la miniatura de Bruselas (figura 3), la proporción hombres/mujeres en torno al macho cabrío satánico es muy equilibrada pero no lo es en el cielo (dos mujeres, un solo hombre). La miniatura de Oxford (figura 4) es la más singular en este sentido: no sólo las mujeres se han convertido en mayoría en torno al cabrón (tres contra uno) sino que dominan igualmente todo el espacio superior, pues aparecen surcando el cielo nocturno montadas sobre los más diversos instrumentos (escoba, vara de rueca, bastón de mayal). Por primera vez se distingue, sobre el margen derecho, la figura –llamada a tener un gran éxito– de una bruja saliendo por la chimenea. De las tres miniaturas de la "*vauderie*" conservadas, la de Oxford es, sin dudas, la que mejor ponía en valor el vuelo mágico: los instrumentos del vuelo (pinza para fuego, palo, mayal) estaban exhibidos de manera ostensible en el frente de la escena y una escoba aparecía dispuesta de manera horizontal en primer plano, en relación estrecha con el macho cabrío. Vale la pena observar que la escoba de la pintura de Oxford parecería subrayar una palabra importante en el texto: "todopoderoso". Con el diablo animalizado, la escoba situada en primer plano se inscribía en un eje vertical que incluía igualmente, en la parte superior del arco del cielo, una bruja voladora sobre una escoba. En la miniatura de Oxford, el vuelo mágico, en particular sobre una escoba, devenía (como en la *Recollectio* de Arras) el símbolo de una forma de pseudo "omnipotencia" demoníaca, rival de la de Dios Todopoderoso aludida en el texto.

La escoba era el instrumento privilegiado del vuelo pero también, y quizás antes que nada, la manifestación de un poder subversivo. El vuelo mágico representaba, en efecto, lo que el diablo, encerrado en su estatus angélico, podía hacer mejor, lo más extraordinario que era capaz de realizar en este mundo sublunar, pues iba mucho más allá de las fronteras del orden natural. Esta hazaña le permitía al ángel caído elevarse hacia la cima, jugar con los límites de la omnipotencia.[75] La creencia en el vuelo mágico se convirtió

---

74. Jean Tinctor, *Invectives contre la secte de vauderie*, University of Alberta Library, ms. BF 1565 T587 1465, fragmento del folio 9. Sobre la historia de este manuscrito véase Robert B. Desjardin, François V. Pageau y Andrew Colin Gow, "The Travels of a Fifteenth-Century Demonological Manuscript: The University of Alberta's Copy of Jean Taincture's *Invectives contre la secte de vauderie*", *Florilegium*, 33 (2016), pp. 93-121.

75. Franck Mercier, "'Des choses qui surmontent la puissance des anges'. La défense de la toute-puissance divine dans le *Traité du crime de vauderie* de Jean Tinctor", en Martine Ostorero y Julien Véronèse (eds), *Penser avec les démons,* pp. 121-143.

igualmente en el signo del rápido crecimiento del crimen de brujería: los "valdenses-brujos", en la medida en que resultaban capaces de volar, aparecían como mucho más peligrosos aun que los herejes. Como nunca antes el diablo se imponía como una figura relevante en la revolución contra Dios. Y sus secuaces humanos, los brujos y brujas, lo secundaban con eficacia tanto en la tierra como en el cielo. Si para el teólogo Jean Tinctor el plan de los valdenses-brujos era un "crimen soberanamente malvado"[76], los jueces a cargo de su represión lo calificaron de manera oficial como un crimen de lesa majestad divina y humana. En tanto crimen exorbitante, la brujería debía sobrepasar todos los demás crímenes para mejor fundamentar, como respuesta por parte del poder legítimo, una respuesta terrible y derogatoria del derecho común. Es posible que el vuelo mágico fuera, al menos en el contexto de la *Vauderie d'Arras* y de los círculos aristocráticos de la corte de Borgoña, uno de los mejores instrumentos de esta promoción de la brujería en la cima de la escala de crímenes, en la extrema frontera de lo sobrenatural.

A modo de conclusión

La nueva brujería centrada en torno al sabbat se convirtió, de esta forma, en un crimen con la máxima carga transgresora para la sociedad del siglo XV. De todos los componentes del sabbat, el vuelo mágico se impuso hacia mediados de dicha centuria como una de las mejores herramientas para afirmar la excepcionalidad del crimen. La referencia al vuelo de las brujas se convirtió en un criterio de orden sobrenatural que permitió significar el exceso, proyectando de esa forma a la brujería más allá de la herejía. Dejando de lado algunas muy raras excepciones, no conocemos herejes medievales, "valdenses" o "cátaros", que hayan sido acusados o al menos sospechados de volar por los aires sobre un palo.[77] La invención del vuelo mágico planteado como una realidad empírica, inscripta en lo real, participaba de la lógica de sobrecalificación que determinaba a la totalidad del imaginario. Con el sabbat, la teología, respaldada por el derecho procedimental, inventó un nuevo crimen de excepción y el vuelo nocturno de las brujas, lejos de ser el producto de una suerte de "pensamiento salvaje" o de una "mentalidad primitiva", fue objeto de una reflexión sofisticada sostenida por una exigencia muy fuerte de verdad y racionalidad. En este sentido, el motivo del vuelo no sólo fue la creencia última que vino, tardíamente, a aportar el toque final a una construcción ideológica aberrante: fue la clave de bóveda que sostenía al conjunto, lo que explica el encarnizamiento que algunos jueces pusieron,

---

76. Jean Tinctor, *Invectives contre la secte de vauderie*, p. 49.

77. Hasta donde llega mi conocimiento, la única excepción figura en el proceso instruido en 1403 por el inquisidor Giovanni di Susa contra el presunto valdense Giovanni Sensi, a quien se le reprochaba haber cabalgado sobre un bastón previamente cubierto con un ungüento para viajar hasta España pasando sobre los valles alpinos y Mauritania. Véase Luca Patria, "'*Sicut canis reddiens ad vomitum*'. Lo spaesamento dei valdesi nel balivato sabaudo della diocesi di Torino fra Tre et Quattrocento", en Marina Benedetti (ed.), *Valdesi medievali. Bilanci e prospettive di ricerca*, Torino, Claudiana, 2009, pp. 121-161, especialmente p. 135.

por ejemplo en Suiza occidental en la década de 1440, en la obtención de las confesiones. En este sentido, el historiador Norman Cohn tiene razón cuando afirma que "la caza de brujas sólo alcanzó proporciones masivas cuando las autoridades reconocieron la realidad de los viajes nocturnos. No habría habido sabbat de las brujas sin tales viajes".[78]

La promoción del transporte real al sabbat de los brujos y brujas no tuvo la misma intensidad en toda Europa y tampoco siguió una evolución lineal: muy presente en la península italiana, el motivo del desplazamiento aéreo de las mujeres devoradoras de niños no logró jamás franquear la barrera de la realidad. En Italia, la fusión precoz que se operó entre las *striges* de la cultura antigua y las seguidoras de Diana y Herodías del canon *Episcopi*, fue por mucho tiempo un obstáculo para el reconocimiento de la realidad del vuelo mágico de las brujas.[79] Del mismo modo, en las regiones más septentrionales la tradición ilusoria del canon *Episcopi* jamás desapareció por completo de la controversia en torno al sabbat que fue creciendo durante el siglo XV. En 1486, el célebre *Malleus maleficarum* privilegiaba todavía una solución de compromiso, que estimaba que las brujas podían ir a las asambleas demoníacas ya sea "con la imaginación" o bien "corporalmente".[80] La cuestión del vuelo no ocupaba sino un lugar muy marginal en los debates suscitados por los intentos del inquisidor Heinrich Institoris, autor del *Malleus maleficarum*, de implantar la persecución contra la brujería diabólica. El problema específico fue planteado con claridad por Ulrich Molitor en su *De laniis et phitonicis mulieribus* (1489): "Si parten hacia los banquetes sobre una escoba o cabalgando sobre un lobo" (*"Utrum proficiscantur ad convivia super baculum vel lupum equitando"*). Sin embargo, la respuesta que el interrogante recibió en el tratado resulta muy evasiva, pues Molitor insistía en el poder de la ilusión.[81] *A contrario*, esta breve historia del vuelo mágico en el siglo XV contribuye a poner en valor una coyuntura particular. La insistencia en la realidad del vuelo mágico como prolongación de la realidad de las asambleas demoníacas se observa, de manera particular, en un tiempo –los años 1450-1475– y en un espacio concreto –los márgenes orientales y septentrionales del Reino de Francia, es decir, al territorio del "reino inacabado" de los últimos duques de Borgoña de la Casa de Valois–.[82] En este sentido resta comprender por qué los brujos, y sobre todo las brujas, levantaron "vuelo" en el tercer cuarto del siglo XV, primero y principalmente en estos territorios situados entre Francia y el Imperio.

---

78. Norman Cohn, *Démonolâtrie et sorcellerie*, p. 266.

79. Véase en primer lugar Alessia Belli y Astrid Estuardo Flaction, *Les striges en Italie du Nord. Edition critique et commentaire des traités de démonologie et sorcellerie de Girolamo Visconti (Milan, circa 1460) et de Bernard Rategno (Côme, circa 1510)*, Firenze, Sismel, 2019.

80. Brian P. Levack, *La grande chasse aux sorcières*, Paris, Champ Vallon, 1991 (1987), pp. 56-57.

81. Ulrich Molitor, *De laniis et phitonicis mulieribus*, Cologne, 1489, en *Des sorcières et des devineresses. Le premier procès de la sorcellerie*, Paris, Tiquetonne, 1990.

82. Elodie Lecuppre-Desjardin, *Le royaume inachevé des ducs de Bourgogne (XIVe-XVe siècles)*, Paris, Belin, 2016.

Fig. 1. – «es vaudoises Passe-Martin». Martin Le Franc, *Le Champion des Dames*, Paris, Bibliothèque Nationale de France, fr. 12476, fol. 105v

Fig. 2. – Sorcières. Jérôme Bosch (?), plume à l'encre brune, 20,3 / 26,4 cm, Paris, Département des Arts Graphiques du Musée du Louvre

Fig. 3. – Le sabbat des sorciers et des sorcières. Jean Tinctor, *Traité du crisme de vauderie*, vers 1465, Bruxelles, Bibliothèque Royale, Ms. 11209, f. 3

Fig. 4. – Le sabbat des sorciers et des sorcières. Jean Tinctor, *Traité du crisme de vauderie*, vers 1465, Oxford, Bodleian Library, Rawlinson, D. 410, f. 1.

Fig. 5. – Le sabbat des sorciers et des sorcières. Jean Tinctor, *Traité du crisme de vauderie*, vers 1465, Paris, Bibliothèque Nationale, Ms. 961, f. 1.

❧ CAPÍTULO IV ❧

El festín abyecto. Antropofagia, canibalismo y brujería en los orígenes del estereotipo del sabbat (*circa* 1420-1530)

Fabián Alejandro Campagne
Universidad de Buenos Aires

Del paradigma acumulativo a la regionalización de paradigmas

La ingestión de carne humana con la intención de dañar, manifestar adhesión al demonio o alimentarse en el contexto de un festín abyecto, es una de las piezas claves del estereotipo del sabbat de las brujas que se forjó en Europa Occidental en el transcurso del siglo XV. Junto al vuelo nocturno, las profanaciones eucarísticas, el ósculo infame, el infanticidio y las orgías indiscriminadas, la antropofagia es uno de los timbres distintivos de los discursos fundacionales del imaginario del sabbat durante su primer siglo de existencia. Si aceptamos, como sugiere Claude Rawson, que sólo bajo ropaje metafórico el espacio civilizatorio europeo fue capaz de tolerar la presencia del canibalismo dentro de sus propias fronteras, el sabbat de las brujas aparece entonces como uno de los más potentes recursos retóricos diseñados para poner en palabras la antropofagia en el Viejo Mundo.[1]

El objetivo del presente artículo es proponer un análisis de las relaciones entre canibalismo y aquelarre durante el siglo fundacional de la caza de brujas, partiendo de una perspectiva regional que evite postular la existencia de un imaginario del sabbat paneuropeo homogéneo y cristalizado. Resulta difícil justificar esta estrategia sin hacer alusión a los aportes recientes de la historiografía y en particular a la propuesta de regionalización de la génesis de la mitología del sabbat realizada por el historiador estadounidense Richard Kieckhefer.[2] Durante mucho tiempo los especialistas asumieron que la persecución de la brujería se apoyó sobre un imaginario continental único en cuyo

---

1. Claude Rawson, "Unspeakable Rites: Cultural Reticence and the Cannibal Question", *Social Research*, 66:1 (1999), p. 183.

2. Kiekchefer comenzó a elaborar su propuesta en un artículo pionero publicado en 1998. Véase Richard Kieckhefer, "Avenging the Blood of Children: Anxiety Over Child Victims and the Origins of the European Witch Trials", en Alberto Ferreiro (ed.), *The Devil, Heresy and Witchcraft in the Middle Ages: Essays in Honor of Jeffrey B. Russell*, Leiden, Brill, 1998, pp. 91-109.

seno el sabbat funcionaba como principal eje estructurante.[3] Se postulaba que el sabbat había sido un concepto más o menos fijo que adquirió un formato establecido durante el temprano siglo XV y que de allí en adelante sólo admitió variaciones incidentales.[4] Se trata, con sus variantes y matices, del modelo de análisis que se ha dado en llamar concepto acumulativo, colectivo o elaborado de brujería, una derivación de los neologismos alemanes *Sammelbegriff* o *Kollectivbegriff* acuñados por Joseph Hansen a principios del siglo XX.[5] Sin embargo, la mitología centrada en el diabolismo adoptó características contrastadas según la región europea que analicemos. Kieckhefer formula al respecto una pregunta sugestiva: ¿un observador nacido y criado en el siglo XV habría asumido que las asambleas nocturnas de los brujos-valdenses suizos y el solitario vuelo nocturno de la *strega* italiana eran variantes del mismo arquetipo?[6] Al decir de Willem de Blécourt, el concepto acumulativo posee como mayor limitación un marcado sesgo homogenizador que complica la posibilidad de recuperar desarrollos locales en materia de mitología brujeril.[7]

La primera de las mitologías regionales relacionadas con el nuevo concepto de brujería renacentista es la que se despliega en las regiones colindantes con el arco alpino Occidental: los cantones del sudoeste de la *Eidgenossenschaft* suiza, el Delfinado, Saboya y el Valle de Aosta. Se trata de la región alguna vez postulada como cuna excluyente del estereotipo del sabbat.[8] Los estudios más recientes han puesto en discusión esta caracterización.[9] Sin

---

3. Richard Kiekchefer, "Mythologies of Witchcraft in the Fifteenth Century", *Magic, Ritual, and Witchcraft*, 1:1 (2006), pp. 79-80.

4. Richard Kieckhefer, "The First Wave of Trials for Diabolical Witchcraft", en Brian P. Levack (ed.), *The Oxford Handbook of Witchcrafy in Early Modern Europe and Colonial America*, Oxford, Oxford University Press, 2013, p. 159.

5. Hans Peter Broedel, "Fifteenth-Century Witch Beliefs", en *The Oxford Handbook of Witchcrafy*, p. 33; Willem de Blécourt, "The Laughing Witch: Notes on the Relationship Between Literature and History in the Early Fifteenth Century", en Louise Nyholm Kallestrup y Raisa Maria Toivo (eds.), *Contesting Orthodoxy in Medieval and Early Modern Europe: Heresy, Magic and Witchcraft*, Basingstoke, Palgrave Macmillan, 2017, p. 272, n. 4; Michael Ostling, "The Wide Woman. A Neglected Epithet in the *Malleus maleficarum*", *Magic, Ritual, and* Witchcraft, 8:2 (2013), p. 170; Brian P. Levack, *La caza de brujas en la Europa Moderna,* traducción de José Luis Gil Aristu, Madrid, Alianza, 1995, pp. 56-79; Joseph Hansen, *Zauberwahn, Inquisition und Hexenprozess im Mittelalter und die Entstehung der grossen Hexenverfolgung*, München y Leipzig, R. Oldenbourg, 1900, p. 35-36.

6. Richard Kieckhefer, "Witchcraft, Necromancy and Sorcery as Heresy", en Martine Ostorero, Georg Modestin y Kathrin Utz Tremp (eds.), *Chasses aux sorcières et démonologie. Entre discours et pratiques (XIVe-XVIIe siècles)*, Firenze, Sismel, 2010, p. 153.

7. Willem de Blécourt, "Sabbath Stories: Towards a New History of Witches' Assemblies", en *The Oxford Handbook of Witchcrafy,* p. 85.

8. Carlo Ginzburg, *Historia Nocturna. Un desciframiento del aquelarre*, traducido por Alberto Clavería Ibáñez, Barcelona, Muchnik, 1991 (1989), pp. 41-80; Andreas Blauert, "Die Erforschung der Anfänge der europäischen Hexenverfolgungen", en Andreas Blauert (ed.), *Ketzer, Zauberer, Hexen. Die Anfänge der europäische Hexenverfolgungen*, Fráncfort, Suhrkamp, 1990, pp. 11-42; Arno Borst, "The Origins of the Witch-craze in the Alps", en *Idem, Medieval Worlds: Barbarians, Heretics, and Artists in the Middle Ages*, traducido por Eric Hansen, Chicago, The University of Chicago Press, 1996 (1988), pp. 101-122.

9. Franck Mercier y Martine Ostorero, *L'énigme de la Vauderie de Lyon. Enquête sur l'essor de la chasse aux sorcières entre France et Empire (1430-1480)*, Firenze, Sismel, 2015, pp. 135-136, 209;

embargo, no caben dudas de que en estos territorios el imaginario de la brujería moderna alcanzó, al menos durante las décadas centrales del siglo XV, un grado de riqueza, elaboración y detalle que resulta difícil hallar en otras áreas del continente. Kieckhefer ha bautizado a la mitología que medró en esta región de 1428 en adelante con el rótulo de "paradigma de Lausanne" (en alusión a la adscripción académica del equipo de investigadores que más esfuerzos ha hecho en las últimas décadas por exhumar y analizar los documentos relativos a este modelo de brujería). También cabe emplear otras denominaciones, como paradigma clásico o alpino.[10]

Una segunda mitología vernácula es la que se desplegó en las regiones del centro y norte del espacio de civilización italiana. A diferencia del paradigma alpino, esta mitología alternativa no configura una estructura homogénea. Se trata, en rigor de verdad, de un conglomerado de modelos diferenciados. La figura de la *strega* vampírica, que tendió a hegemonizar la visión sobre la brujería en Umbria o Toscana, convivió durante gran parte del *Quattrocento* y de los primeros años del siglo XVI con el mitologema del *ludus* o *gioco* que tendió a primar en los valles del extremo norte, una asamblea con rasgos similares al sabbat brujeril pero con peculiares agregados folklóricos locales.

Frente a estos dos paradigmas mayores es posible identificar al menos otras tres mitologías periféricas: la francesa, la alemana y la ibérica. La primera se desplegó, en forma en extremo discontinua, en el Lyonnais, en algunas áreas del Languedoc, en localidades aisladas del Poitou, en la Borgoña condal y ducal, en porciones de Lorena, pero sobre todo en Artois, donde tuvo lugar el celebérrimo episodio de la *Vauderie d'Arras* entre 1459 y 1461. Cabe aclarar que no incluimos al Delfinado porque su mitología brujeril se encastra claramente en la configuración alpina. El cuarto paradigma, el de los territorios germanófonos del sur y del oeste del Sacro Imperio, tuvo un fuerte anclaje en el *maleficium* clásico antes que en la noción de complot diabólico. Cabe adscribir a este modelo los esporádicos episodios represivos que en el transcurso del siglo XV tuvieron lugar en algunos cantones suizos de lengua alemana así como en el Tirol, Suabia, Franconia y el corredor renano. El último modelo que abordaremos en este artículo es el ibérico, que durante un largo período de tiempo se concentró en los territorios del extremo norte pirenaico para comenzar luego lentamente a descender hacia regiones más australes de la geografía española. Para evitar incurrir en las mismas rigideces que se criticaron al modelo acumulativo es importante dejar en claro que las mitologías regionales que de manera provisoria hemos circunscripto no fueron constructos cristalizados, estáticos, siempre iguales a sí mismos. Deben concebirse, por

---

p. 27; Pau Castell Granados, "La persecusión de la brujería en el Pirineo leridano (ss. XV-XVI)", en Concepción Villanueva Morte *et alii* (eds), *Estudios recientes de jóvenes medievalistas. Lorca 2012*, Murcia, Compobell, 2013, pp. 25-27; Nicolas Ghersi, "Poisons, sorcières et lande de bouc", *Journal of medieval and humanistic studies*, 17 (2009), pp. 2, 13.

10. Sobre el rol de los investigadores de la Universidad de Lausanne en el avance de los estudios sobre la génesis del imaginario del sabbat véase Kathrin Utz Tremp, "Witches' Brooms and Magic Ointments: Twenty Years of Witchcraft Research at the Université de Lausanne (1989-2009)", *Magic, Ritual, and Witchcraft*, 5:2 (2010), pp. 173-187.

el contrario, como configuraciones inestables munidas de un dinamismo que rápidamente dio nacimiento a nuevas fusiones e hibridaciones.[11]

La praxis caníbal que permea las descripciones tempranas del aquelarre, en cualquiera de los ámbitos regionales que hemos identificado, no existió más que en la imaginación de quienes postularon la realidad de un extendido complot de adoradores de Satán. ¿Qué características tenía esta antropofagia fabricada a través de artilugios discursivos por los ideólogos y por los agentes de la represión judicial de la brujería? Para comenzar a responder estos interrogantes se requieren algunas herramientas conceptuales que recuperaremos en los siguientes apartados.

El mito del canibalismo ritual o el *nec plus ultra* de la invectiva

En 1979 William Arens publicó el libro *The man-eating myth*, con el que dio inicio a un intenso debate que se prolongó durante décadas.[12] Arens acepta la existencia excepcional del consumo ritual de carne humana asociado a ocasionales sacrificios humanos.[13] También la antropofagia eventual en contextos de hambruna extrema.[14] Pero rechaza que los documentos históricos disponibles permitan demostrar de manera fehaciente la existencia en el pasado de comunidades humanas que hicieran del canibalismo una práctica usual y socialmente aceptada, ligada a patrones dietéticos y alimenticios consuetudinarios. Esta conclusión quizás resulte el aporte menos consistente de la propuesta de *The man-eating myth*. Con posterioridad a la publicación de su libro han sido muchos los arqueólogos, historiadores y antropólogos que demostraron la existencia de pautas de consumo antropófago más habituales que lo que Arens estuvo nunca dispuesto a reconocer.[15] El aporte principal de su propuesta reside, pues, en otra de las perspectivas sugeridas por su trabajo.

11.　Richard Kieckhefer, "The First Wave of Trials", pp. 170-171; M. Bligny-Bondurand, "Procédure contre une sorcière de Boucoiran (Gard) (1491)", *Bulletin historique et philologique du Comité des travaux historiques et scientifiques*, Paris, Imprimerie Nationale, 1907, pp. 382-388.

12.　William Arens, *The Man-Eating Myth: Anthropology and Anthropophagy*, New York, Oxford University Press, 1979. Cito de aquí en más por la edición en castellano: William Arens, *El mito del canibalismo. Antropología y antropofagia*, traducción de Stella Mastrangelo, Madrid, Siglo XXI, 1981 (1979).

13.　Neil L. Whitehead, "Hans Staden and the Cultural Politics of Cannibalism", *Hispanic American Historical Review*, 80:4 (2000), p. 733.

14.　William Arens, *El mito del canibalismo*, p. 17.

15.　Mikel Burley, "Eating Human Beings: Varieties of Cannibalism and the Heterogeneity of Human Life", *Philosophy*, 91:4, (2016), p. 500; Isabelle Combès, "De luciferinos a canonizables: representaciones del canibalismo chiriguano", *Boletín Americanista*, LXIII:67 (2013), pp. 129, 138; Yobenj Aucardo Chicangana-Bayona, "El nacimiento del *caníbal*: Un debate conceptual", *Historia Crítica*, 36 (2008), pp. 164-165; Derek Petrey, "Write about All of This: Concerning Cannibalism Revisionism", *Chasqui*, 34:1 (2005), pp. 117-118, 120; Donald W. Forsyth, "Three Cheers for Hans Staden: the Case for Brazilian Cannibalism", *Ethnohistory*, 32:1 (1985), pp. 18, 24-25; Thomas S. Abler, "Iroquois Cannibalism: Fact Not Fiction", *Ethnohistory*, 27:4 (1980), pp. 309, 314; William Jennings, "The Debate over *Kai Tangata* (Maori Cannibalism): New Perspectives from the Correspondence of the Marists", *The Journal of the Polynesian Society*, 120:2 (2011), pp. 136, 141-144; Tim D. White,

Me refiero al reconocimiento de la existencia de un potente y perdurable mito
caníbal, proyectado durante siglos sobre comunidades reales o imaginarias con
la intención política de fundamentar proyectos de conquista y sometimiento.
Se trataría de una práctica extendida y omnipresente. Todas las culturas
han sido calificadas de antropófagas por alguien.[16] La pregunta que cabe
plantear no es por qué existen personas que devoran a sus congéneres sino
por qué cada sociedad supone de manera invariable que las demás lo hacen.[17]
A partir de los planteos de Arens ya no resulta posible pretender abordar la
antropofagia como una mera práctica social. A la par del consumo real de carne
humana cabe señalar la existencia de un *mito caníbal* entendido como una
fantasía proyectada sobre colectivos, etnias o espacios sometidos a procesos
de dominación y sojuzgamiento. En los momentos en que esta mitología logró
imponerse la idea de canibalismo pasó a cobrar existencia incluso antes de
cualquier evidencia.[18] Al decir de Roger Bartra, "la otredad es independiente
del conocimiento de los otros".[19] Resulta sorprendente la predisposición a
aceptar la existencia de la antropofagia que muchas personas manifiestan
aun cuando no cuenten con elementos suficientes que sustenten la acusación.[20]
Por ello la historia del canibalismo siempre ha tendido a ser más la historia de la palabra que de la cosa.[21] Tal es la potencia de la acusación que en
ocasiones el mito adquiere una centralidad muy superior a la de la práctica
efectiva de la antropofagia.[22] Gracias a la provocadora crítica lanzada por
Arens contra el metamito caníbal se ha vuelto más difícil aceptar de manera
acrítica las acusaciones de canibalismo que desde tiempos inmemoriales las
distintas culturas y pueblos se endilgaron mutuamente.[23] Al mismo tiempo
sus hipótesis abrieron el camino para las lecturas recientes que abordan el
canibalismo como metáfora fundante del discurso colonial.[24] Al decir de Maggie
Kilgour, "el canibalismo es la máxima acusación posible: llama 'caníbales' a

---

Prehistoric Cannibalism at Mancos 5MTUMR-2346, Princeton, Princeton University Press, 1992,
p. 339.

16. William Arens, *El mito del canibalismo*, p. 21.

17. *Ibid.*, p. 128.

18. *Ibid.*, p. 28.

19. Roger Bartra, *Wild Men in the Looking Glass: The Mythic Origins of European Otherness*, traducido
    por Carl T. Berrisford, Ann Arbor, The University of Michigan Press, 1994, p. 204: *"otherness is
    independent from the knowledge of the others"*.

20. Devin Bittner, *Cannibal Complex: The Western Fascination with Human Flesh Eating*, Honor Theses,
    Union College, 2015, p. 17

21. Santiago Colás, "From Caliban to Cronus", en Kristen Guest (ed.), *Eating their Words: Cannibalism
    and the Boundaries of Cultural Identity*, New York, State University of New York Press, 2001, p. 130.

22. David Frankfurter, *Evil Incarnate: Rumors of Demonic Conspiracy and Satanic Abuse in History*,
    Princeton, Princeton University Press, 2006, p. 220: *"W. Arens is doubtless correct that these fantasies
    of the cannibal Other (...) are far more common than actual incidences of ritual anthropophagy"*.

23. Tracey Banivanua-Mar, "Cannibalism and Colonialism: Charting Colonies and Frontiers in Nineteenth-
    Century Fiji", *Comparative Studies in Society and History*, 52:2 (2010), p. 255.

24. Shirley Lindenbaum, "Thinking about Cannibalism", *Annual Review of Anthropology*, 33 (2004), p.
    476.

los miembros de un determinado grupo y no sólo estarás probando que son salvajes sino que estarás autorizando su exterminación".[25]

Desde esta segunda perspectiva el canibalismo ha funcionado como una fenomenal herramienta retórica diseñada para descalificar de manera drástica e inapelable a los individuos, comunidades o regiones seleccionadas como blanco. No se trata de un improperio corriente. Es el *nec plus ultra* retórico.[26] En el marco de géneros literarios como la invectiva y la diatriba, la inclusión de la antropofagia en el listado de acusaciones lanzadas contra el enemigo posee consecuencias demoledoras. La mera alegación aliena al acusado del acusador y fabrica entre ambos un abismo inconmensurable: a nivel ontológico quien consume carne humana se instala en un orden de realidad abyecto y repugnante.[27] Imposibilita cualquier grado de cordialidad en el contacto intercultural: no se confía, no se habla, no se negocia con caníbales.[28] El mero pensamiento de que alguien puede hallar placer en la ingestión de carne humana supone que dicha persona está ya muerta ante los ojos de la humanidad.[29] La estratégica inclusión de la imputación en una sátira o en una filípica funciona como un marcador tácito de animalidad.[30] Descansa sobre el supuesto de la alteridad extrema.[31] El caníbal es el monstruo perfecto.[32] La asociación libre entre antropofagia y deformidad ha sido rutinaria.[33] Cristóbal Colón no pudo ocultar su sorpresa cuando constató que los caribes antropófagos no eran deformes a pesar de su dieta.[34] Los mercaderes árabes del Sudán describían a los Azande, de proverbial asociación con el canibalismo, con cola, dientes y

---

25. Maggie Kilgour, "Foreword", en Kristen Guest (ed.), *Eating their Words*, p. vii: "*cannibalism is the ultimate charge: call a group "cannibals", and you not only prove that they are savages but authorize their extermination*".

26. Derek Petrey, "Write about All of This", p. 118; Paul Shankman, "Le Rôti et le Bouilli: Lévi-Strauss' Theory of Cannibalism", *American Anthropologist*, 71:1 (1969), p. 59: "*cannibalism is one of the nastiest things that can be said about others*".

27. Bart Wagemakers, "Incest, Infanticide and Cannibalism: Anti-Christian Imputations in the Roman Empire", *Greece & Rome*, 57:2 (2010), p. 352; Desmond Bellamy, "A 'horrid way of feeding': Pervasive, aggressive, repulsive cannibalism", *Exchanges: The Interdisciplinary Research Journal*, 7:3 (2020), p. 81. Disponible en https://doi.org/10.31273/eirj.v7i3.456, último acceso en enero de 2023.

28. Radoslaw Powęska, "Ladrones de grasa contra caníbales o la invención del monstruo. El miedo del 'otro' y las relaciones de poder en Bolivia", en AA.VV., *Pensamiento del Cesla. Estudios mitológicos latinoamericanos*, Varsovia, Centro de Estudios Latinoamericanos/Universidad de Varsovia, 2015, p. 66.

29. Denis Duclos, *The Werewolf Complex: America's Fascination with Violence*, traducido por Amanda Pingree, Oxford, Berg, 1998 (1994), p. 60.

30. Martin Lefebvre, "Conspicuous Consumption: The Figure of the Serial Killer as Cannibal in the Age of Capitalism", *Theory, Culture and Society*, 22:3 (2005), p. 46.

31. Mondher Kilani, "Le cannibalisme. Une catégorie bonne à penser", *L'Esprit du temps*, 129 (2006), p. 33.

32. Simon C. Estok, "Cannibalism, Ecocriticism, and Portraying the Journey", *CLCWeb: Comparative Literature and Culture*, 14:5 (2012), p. 4. Diponible en http://docs.lib.purdue.edu/clcweb/vol14/iss5/5, último acceso en enero de 2023.

33. Desmond Bellamy, "A 'horrid way of feeding'", p. 66.

34. Anthony Pagden, *The fall of natural man: The American Indian and the origins of comparative ethnology*, Cambridge, Cambridge University Press, 1986 (1982), p. 81.

rostros caninos.[35] De alguna manera el individuo debe dejar atrás los límites de su especie para tocar alimento prohibido.[36] Como arma en una guerra de palabras, gestos y discursos, la acusación de antropofagia construye un escenario de depravación total en un contexto de anomia y ausencia de ley.[37] El fenomenal impacto de la imputación se explica por la preocupación universal ante la posibilidad de que algunos seres humanos opten por consumir como alimento a otros seres humanos, una acción potencialmente ejecutable por cualquier persona, un escenario cuya mera factibilidad aterroriza aun cuando no estemos en contacto con caníbales reales.[38] No existe sociedad conocida en la que el canibalismo no esté culturalmente presente de un modo u otro, como amenaza, como rumor, como cuento, como leyenda, como hipótesis.[39] En palabras del antropólogo Laurence Goldman, "el canibalismo está aquí, como siempre lo ha estado, un símbolo quintaesencial de alteridad, una arraigada metáfora de xenofobia cultural".[40] El caníbal como idea, como imagen, como arquetipo, provoca una perturbación que pone en cuestión la totalidad del orden simbólico.[41] El tropo caníbal entraña, dice Carlos Jáuregui, una suerte de disolución voraz de la antítesis adentro-afuera que Jacques Derrida describe como la base de todas las oposiciones binarias.[42] La existencia –incluso potencial– de un Otro tan temible facilita la construcción de la identidad civilizada, siempre superior pero también siempre en peligro, vulnerable, lábil.[43] La atribución a terceros de comportamientos antropofágicos habituales puede caracterizarse como una tecnología instrumentalmente funcional al proceso de fabricación y periódica renovación de la otredad maligna que amenaza los cimientos del sistema cultural hegemónico.[44] Por todo ello el canibalismo es antes que nada un medio para transmitir mensajes que no guardan relación

---

35. E. E. Evans-Pritchard, "Zande cannibalism", en *Idem, The Position of Women in Primitive Societies and Other Essays in Social Anthropology*, London, Faber & Faber, 1965, p. 137.

36. Cătălin Avramescu, *An Intellectual History of Cannibalism*, traducido por Alistair Ian Blyth, Princeton, Princeton University Press, 2009 (2003), p. 84.

37. Lauren Working, "Violating the Body of the Law: Cannibalism in Jacobean Political Discourse", *XVII-XVIII*, 71 (2014), p. 5.

38. Laurence R. Goldman, "From Plot to Polemic: Uses and Abuses of Cannibalism", en L. R. Goldman (ed.), *The Anthropology of Cannibalism*, Westport, Bergin & Garvey, 1999, p. 2.

39. Miri Rubin, *Corpus Christi: The Eucharist in Late Medieval Culture*, Cambridge, Cambridge University Press, 1997 (1991), p. 359.

40. Laurence R. Goldman, "From Plot to Polemic", p. 1: *"cannibalism is here, as it has always been, a quintaessential symbol of alterity, an entrenched metaphor of cutural xenophobia"*.

41. Michel de Certeau, "Montaigne's 'Of Cannibals': The Savage 'I'", en *Idem, Heterologies. Discourse on the Other*, traducción de Brian Massumi, Minneapolis, University of Minnesota Press, 2000 (1986), p. 70.

42. Carlos Jáuregui, "Brasil especular y el tiempo salvaje de la Canibalia americana", *Enunciación*, 7:1 (2002), p. 12.

43. Merrall Llewelyn Price, *Consuming Passions: The Uses of Cannibalism in Late Medieval and Early Modern Europe*, New York, Routledge, 2003, p. 25.

44. Geraldine Heng, *Empire of Magic: Medieval Romance and the Politics of Cultural Fantasy*, New York, Columbia University Press, 2003, pp. 28-29.

con lo gustativo, mensajes que remiten al mantenimiento, regeneración y, en algunos casos, fundación del orden social.[45]

Un concepto de fronteras porosas: circunscribir la *praxis* caníbal

El primer hecho que sorprende al investigador que se adentra en la historia de la idea y de la *praxis* caníbales es la ausencia de consenso en torno a la definición del fenómeno. En 1993 Claude Lévi-Strauss concluyó que quizás no resulte nunca posible definir con precisión la etiqueta.[46] Se trata de un viejo problema. Ya en la segunda mitad del siglo II d. C. Tertuliano y Minucio Félix debatían, por ejemplo, sobre la conveniencia de caracterizar como antropófagas acciones tales como el consumo de carne de fieras contaminada con la sangre de gladiadores, la libación de sangre de luchadores muertos como remedio contra la epilepsia o la ingestión de semen humano.[47] Casi dos mil años después los expertos continúan planteándose interrogantes equivalentes. ¿Cuánto de la otra persona hay que devorar para que la acción se configure? ¿El acto debe ser intencional para calificar como antropofagia? ¿La doctrina de la transubstanciación convierte en caníbales a los católicos? ¿Hay diferencia entre consumir la carne de quienes han muerto por otras razones y consumir a aquellos a quienes se ha dado muerte con la intención de devorar sus cuerpos?[48] Es lícito formular las mismas dudas respecto de prácticas como la ingestión de cenizas humanas diluidas en algún líquido bebible o la masticación de trozos de carne humana que luego se esputan.[49] ¿El hábito compulsivo de comerse las uñas o la ingestión de células epiteliales escamosas de la propia mucosa bucal son formas de auto-canibalismo? ¿Qué ocurre si sólo se bebe la sangre de un ser humano sin devorar ninguna otra parte de su cuerpo? ¿Y si sólo se ingiere una parte de la víctima, de tal manera que la misma no muere como consecuencia de la agresión caníbal? Diferentes soluciones se han ofrecido a estos dilemas. Richard Sugg recomienda limitar la expresión canibalismo a la ingestión de aquellas partes o fluidos del cuerpo humano de las cuales el donante no puede prescindir si desea continuar con vida; desde esta perspectiva quedarían excluidos de la definición los pelos, las uñas, la saliva, el semen, el sudor, la leche materna, la orina, el excremento y la secreción de las membranas mucosas.[50] Luis Pancorvo, sin embargo, caracteriza el comerse las uñas como "uno de los auto-canibalismos más

---

45. Peggy Sanday, *Divine Hunger: Cannibalism as a Cultural System*, Cambridge, Cambridge University Press, 1986, p. 3.

46. Claude Lévi-Strauss, *Nous sommes tous des cannibales, précédé de Le Père Noël supplicié*, Paris, Seuil, 2013, p. 172.

47. Agnes A. Nagy, *Qui a peur du cannibale? Récits antiques d'anthropophages aux frontières de l'humanité*, Turnhout, Brepols, 2009, p. 235.

48. Kelly L. Watson, *Insatiable Appetites: Imperial Encounters with Cannibals in the North Atlantic World*, New York, New York University Press, 2015, p. 4.

49. Desmond Bellamy, "A 'horrid way of feeding'", p. 81.

50. Richard Sugg, *Mummies, Cannibals and Vampires: The History of Corpse Medicine from the Renaissance to the Victorians*, London, Routledge, 2016, p. 11.

habituales".[51] ¿Y qué sucede con el canibalismo medicinal, el canibalismo de supervivencia y el canibalismo patológico? Jack Goody sostuvo que el consumo de órganos y tejidos humanos con finalidad terapéutica no configura antropofagia: "es exactamente lo opuesto del canibalismo".[52] Paul Shankman sugirió eliminar directamente del campo de fenómenos el consumo de carne humana condicionado por hambruna extrema o por afecciones de orden psiquiátrico.[53] En el presente los especialistas continúan debatiendo estas cuestiones sobre las que no logran aún ponerse plenamente de acuerdo.

Complica el panorama el hecho de que son dos y no una las palabras cuyo sentido debemos esforzarnos por circunscribir: antropofagia y canibalismo. En un nivel superficial parece sencillo el juego de diferenciaciones. Antropofagia es un término griego que irrumpe en la *koiné* varios siglos antes del inicio de la era cristiana.[54] Canibalismo, por el contrario, es un neologismo creado el 23 de noviembre de 1492 por Cristóbal Colón como consecuencia de una sucesión de (in)voluntarios fallidos intentos de comunicación verbal y no verbal entre el Almirante y los grupos étnicos antillanos.[55] Amén de esta distinción obvia se han realizado propuestas más sofisticadas de diferenciación. Un primer esfuerzo recalca que el canibalismo implica alimentarse con individuos de la propia especie mientras que antropofagia supone en sentido amplio alimentarse con seres humanos. Cabría señalar como caníbales aunque no como antropófagos a las especies de anfibios, insectos o arácnidos cuyas hembras devoran a los machos o a sus propias crías. La mitología, por su parte, ofrece el ejemplo de disyunción opuesto: en la *Odisea* de Homero el cíclope Polifemo manduca a los compañeros de Ulises comportándose como antropófago aunque no como caníbal, pues en este caso quien se alimenta de hombres es un semidiós. A la inversa, Cronos, cuando devora a sus propios hijos adopta un proceder caníbal alejado de la antropofagia, toda vez que se trata de un dios que devora a otros dioses.[56] En segundo lugar, en las décadas recientes una parte de la academia tendió a identificar al hecho caníbal con expresiones rituales recurrentes y normativizadas, claramente separadas de las prácticas alimenticias cotidianas. Por contraposición, la antropofagia implicaría una acción desprovista de toda carga ceremonial, orientada sin más a asegurar la

---

51. Luis Pancorvo, *El banquete humano. Una historia cultural del canibalismo*, Madrid, Siglo XXI, 2008, p. 121.

52. Jack Goody, *Death, Property and the Ancestors: A Study of the Mortuary Customs of the Lodagaa of West Africa*, Stanford, Stanford University Press, 1962, p. 112: "*it is the polar opposition of cannibalism*".

53. Paul Shankman, "Le Rôti et le Bouilli", pp. 58-59.

54. Mikel Burley, "Eating Human Beings", p. 9.

55. Andrea Bachner, "Cannibal Translations: Cultural Identity and Alterity in Early Modern China and Latin America", *Journal for Early Modern Cultural Studies*, 17:2 (2017), pp. 147, 150, 170; Mikel Burley, "Eating Human Beings", p. 6; Kelly L. Watson, *Insatiable Appetites*, p. 55; Isabelle Combès, "De luciferinos a canonizables", p. 128; Yobenj Aucardo Chicangana-Bayona, "El nacimiento del *caníbal*", p. 158.

56. Domingo F. Sanz, "El fenómeno del canibalismo en las fuentes literarias grecorromanas: su mención en la mitología y la filosofía antigua", *Emérica*, 81:1 (2013), p. 112.

mera supervivencia biológica.[57] Peter Hulme y Kelly L. Watson resumen esta postura con gran claridad conceptual.[58] Gananath Obeyesekere, por su parte, propuso discriminar ambas palabras a partir de un tercer principio rector: canibalismo debería utilizarse para dar cuenta de los constructos imaginarios en torno a la existencia de pueblos extraeuropeos que se alimentan de otros seres humanos; mientras que antropofagia, un concepto más neutro, debería emplearse para la práctica social de la ingestión de carne humana más allá de las fantasías que sobre dicho acto proyectaron los europeos.[59] Una cuarta estrategia de disociación la hallamos en el análisis de las prácticas y mitos amazónicos propuesto por Carlos Fausto. Este antropólogo brasileño emplea antropofagia para describir la ingestión de carne humana consumida con una finalidad estrictamente alimentaria, tras un proceso ritual y culinario que des-subjetiviza a la víctima hasta convertirla en un objeto. Canibalismo, en cambio, aludiría a la ingestión, literal o simbólica, del otro en su condición de persona, con la intención de apropiarse de las cualidades y virtudes del sujeto devorado.[60]

Aumentan la confusión las propuestas de discriminación al interior de cada uno de los términos bajo escrutinio. Respecto del vocablo más antiguo, un claro ejemplo es la sugerencia de distinguir entre alta y baja antropofagia que Oswald de Andrade incluyó en su legendario *Manifesto Antropófago* de 1923.[61] En cuanto al término más moderno, la antropóloga Bernadette Bucher cree necesario diferenciar entre dos concepciones diferentes de canibalismo en el imaginario europeo: una ligada a la barbarie y al salvajismo del otro exótico, y una segunda asociada a la perversión y a la monstruosidad del otro doméstico.[62] Un último aporte a la indefinición generalizada deriva de la tendencia que manifiestan algunos referentes de este campo de estudios a identificar el canibalismo con los sacrificios humanos. René Girard, por caso,

---

57. Martin Monestier, *Cannibales. Histoires et bizarreries de l'anthropophagie hier et aujourd'hui*, Paris, Le Cherche-Midi, 2000, p. 26.

58. Peter Hulme, *Colonial Encounters: Europe and the Native Caribbean, 1492-1797*, London, Methuen, 1986, p. 86; Kelly L. Watson, *Insatiable Appetites*, p. 18. Concuerdan con ellos, entre otros, Osvaldo Silva Galdames, "El mito de los comedores de carne humana en América", *Revista Chilena de Humanidades*, 11 (1990), p. 77; Ahsan Chowdhury, "Splenetic Ogres and Heroic Cannibals in Jonathan's Swift's *A Modest Proposal* (1729)", *English Studies in Canada*, 34:2-3 (2008), p. 133; Merrall Llewelyn Price, *Consuming Passions*, p. 118, n. 6.

59. Gananath Obeyesekere, *Cannibal Talk: The Man-Eating Myth and Human Sacrifice in the South Seas*, Berkeley, University of California Press, 2005, pp. 14-15.

60. Carlos Fausto, "Feasting on People: Eating Animals and Humans in Amazonia", *Current Anthropology*, 48:4 (2007), pp. 503-504, 508-513; Víctor Vacas Mora, "Cuerpo, cadáveres y comida: canibalismo, comensalidad y organización social en la Amazonia", *Antípoda*, 6 (2008), p. 287.

61. Cristina Morales Saro, "Poéticas de otros/as: resistencias caníbales a la guerra total", *Cuadernos de Música, Artes Visuales y Artes Escénicas*, 15:1 (2020), pp. 19 y ss. Disponible en https://revistas.javeriana.edu.co/index.php/cma/article/view/26329, último acceso en enero de 2023.

62. Bernadette Bucher, "Die Phantasien der Eroberer", en K.-H- Kohl (ed.), *Mythen der Neuen Welt. Zur Entdeckungsgeschichte Lateinamerikas*, Berlin, Frölich & Kaufmann, 1982, p. 75. Citado por Christian W. Thomsen, "'Man-Eating' and the Myths of the 'New World' –Anthropological, Pictorial, and Literary Variants", en Carl F. Graumann y Serge Moscovici (eds.), *Changing Conceptions of Conspiracy*, New York, Springer-Verlag, 1987, p. 52.

recurre al sintagma *"cannibalisme rituel"* para fusionar conceptualmente ambos fenómenos.[63] Obeyesekere argumenta de manera similar respecto del caso polinesio.[64] Monique Halm-Tisserant, en su estudio sobre las leyendas de la antigua Grecia en torno al caldero en el que se cocinan restos humanos, también parece asumir una equivalencia entre sacrificio y canibalismo.[65]

Para el presente artículo y en función de las características del objeto de estudio que abordamos, intento saldar los debates hasta aquí resumidos proponiendo una definición funcional de antropofagia, entendida como la acción voluntaria, de carácter público o privado, consistente en la ingestión de órganos y tejidos humanos, ya sea en contexto ritual o doméstico, y con una gama amplia de objetivos: el simple deseo de saciar el apetito, la intención de sellar un pacto o acuerdo, el propósito de manifestar la pertenencia a un grupo o el mero deseo de venganza y aniquilación del enemigo. Dado que la mayoría de los documentos utilizados en este trabajo fueron producidos con anterioridad al descubrimiento de América, la obsesión por diferenciar en forma quirúrgica "antropofagia" de "canibalismo" adquiere un cierto carácter anacrónico. Acuerdo con la opción de reservar el helenismo como sinónimo de ingestión de carne humana *lato sensu* y emplear canibalismo para los constructos fabricados por la *intelligentsia* europea. Ahora bien, dado que en relación con el tema que nos ocupa la acción de alimentarse con carne humana durante el aquelarre fue una construcción ficcional de la alta cultura teologal, la distinción vuelve a difuminarse y por ello creo posible emplear ambos términos de manera intercambiable sin generar por ello inconsistencia conceptual alguna.

El sabbat antropófago: el paradigma alpino clásico

En los Alpes occidentales y sus estribaciones el canibalismo brujeril posee una presencia insoslayable.[66] Con frecuencia era uno de los puntos sobre el que más insistían los magistrados durante los interrogatorios.[67] No resulta exagerado sostener que en los Alpes occidentales el canibalismo es una de las piezas que hicieron al demonólatra.[68] En unos pocos casos los documentos parecen aludir de manera elíptica a la presencia de adultos entre la víctimas

63. René Girard, *La violence et le sacré*, Paris, Bernard Grasset, 1972, pp. 379 y ss.

64. Gananath Obeyesekere, "'British Cannibals': Contemplation of an Event in the Death and Resurrection of James Cook, Explorer", *Critical Inquiry*, 18:4 (1992), p. 653: Paul Shankman, "Le Rôti et le Bouilli: Lévi-Strauss' Theory of Cannibalism", *American Anthropologist*, 71:1 (1969), p. 59: *"cannibalism is one of the nastiest things that can be said about others"*.

65. Monique Halm-Tisserant, *Cannibalisme et immortalité. L'enfant dans le chaudron en Grèce ancienne*, Paris, Les Belles Lettres, 1993, *passim*, con énfasis en los capítulos 2 a 4.

66. Por caso, la antropofagia aparece en 15 de los 18 procesos que conforman el célebre registro Ac 29 de los Archives cantonales vaudoises.

67. Martine Ostorero, *"Folâtrer evec les démons". Sabbat et chasse aux sorciers à Vevey (1448)*, Lausanne, Cahiers lausannois d'histoire médiévale-Université de Lausanne, 1995, p. 169.

68. Anne Guérin, *À la table du diable: les nourritures diaboliques dans l'imaginaire du sabbat au XVe siècle*, Mémoire de Master, Université Rennes, 2014, p. 271.

del banquete vil.[69] Sin embargo es aplastante la preponderancia de referencias que identifican como niños a las víctimas del sarao antropófago. El *modus operandi* al que los brujos alpinos recurrían para asegurarse la provisión regular de carne era el asesinato de las criaturas mientras dormían. Las fuentes no siempre especifican el procedimiento empleado pero cuando lo hacen abundan los casos de sofocamiento, estrangulamiento y envenenamiento.[70] Pero el crimen de brujería en los Alpes implicaba un desmán aun más truculento: los demonólatras eran sindicados como filicidas y tecnófagos. Mataban y devoraban a sus propios hijos. Este hábito los ubicaba más allá de las transgresiones asociadas con los judíos y los herejes. El libelo de la sangre incluía el asesinato de niños pero se trataba siempre de pequeños pertenecientes a familias cristianas.[71] En ocasiones los herejes fueron acusados de asesinar neonatos gestados como consecuencia de orgías indiscriminadas, pero en estos casos no se consumía la carne de la pequeña víctima sino su sangre mezclada con ingredientes secos panificables.[72] Las brujas y brujos alpinos aparecían, en cambio, aniquilando a

---

69. Martine Ostorero, Kathrin Utz Tremtp y Georg Modestin (eds.), *Inquisition et sorcellerie en Suisse romande. Le registre Ac 29 des Archives cantonales vaudoises (1438-1528)*, Lausanne, Cahiers lausannois d'histoire médiévale-Université de Lausanne, 2007, p. 106; M. Lavanchy, *Synagogues sur les bords du Lac d'Annecy. Procès inquisitorial à St. Jorioz en 1477*, Annecy, Imprimerie Abry, 1896, p. 61; Georg Modestin, Alexia Rey y Céline Rochat, "La répression de la sorcellerie à Fribourg en Suisse au tournant du XVIe siècle: les spécificités d'une juridiction laïque", *Cahiers de Recherches Médiévales et Humanistes*, 22 (2011), p. 286.

70. Anónimo, *Errores gazariorum, seu illorum qui scopam vel baculum equitare probantur*, en Martine Ostorero, Agostino Paravicini Bagliani, Kathrin Utz-Tremp y Catherine Chène (eds.), *L'imaginaire du sabbat. Édition critique des textes les plus anciens (1430 circa-1440 circa)*, Laussanne, Cahiers lausannois d'histoire médiévale-Université de Lausanne, 1999, p. 298; Hans Fründ, *Rapport sur la chasse aux sorciers et aux sorcières menée dès 1428 dans le diocèse de Sion*, en *Ibid.*, p. 39; Silvia Bertolin (ed.), *Processi per fede e sortilegi nella Valle d'Aosta del Quattrocento*, Aosta, Tipografia Valdostana, 2012, pp. 130 y 148.

71. Véase Massimo Introvigne, *Cattolici, Antisemitismo e sangue. Il mito dell'omicidio rituale*, Milán, Sugarco, 2004, pp. 21-70; Ronald Po-chia Hsia, *Trent 1475: Stories of a Ritual Murder Trial*, New Haven, Yale University Press, 1992, pp. 26-60; Paola Tartakoff, *Conversion, Circumcision, and Ritual Murder in Medieval Europe*, Philadelphia, University of Pennsylvania Press, 2020, pp. 2-7, 58-68, 132-141; Carlos Espí Forcén, "El corista de 'Engraterra': ¿San Guillermo de Norwich, San Hugo de Lincoln o Santo Dominguito de Val de Zaragoza?", *Miscelánea Medieval Murciana*, 32 (2008), pp. 51-64.

72. Norman Cohn encuentra por primera vez este motivo en Europa Oriental en las áreas dominadas por la Iglesia ortodoxa. La referencia más antigua la hallamos en la literatura anti-herética que surge en el siglo VIII en la Iglesia armenia contra la secta de los paulicianos. Véase Norman Cohn, *Europe's Inner Demons: The Demonization of Christians in Medieval Christendom*, London, Pimplico, 2005 (1993, 2nd. edition fully revised), pp. 37-38. En Occidente el tópico del infanticidio ritual cometido por los herejes no siempre se relacionaba con la ingestión de los propios hijos, pues en muchos casos, como las acusaciones lanzadas contra los heterodoxos de Orleans y contra los Templarios, el preparado confeccionado con la sangre o ceniza de los niños asesinados se utilizaba para consuelo de los agonizantes o para la iniciación de los novicios. Véase Walter L. Wakefield y Austin P. Evans, *Heresies of the High Middle Ages*, New York, Columbia University Press, 1991 (1969), pp. 78-79; Edward Peters (ed.), *Heresy and Authority in Medieval Europe. Documents in Translation*, Philadelphia, University of Pennsylvania Press, 1980, pp. 72-74; Michael d. Barbezat, "Bodies of Spirit and Bodies of Flesh: The Significance of the Sexual Practices Attributed to Heretics from the Eleventh to the Fourteenth Century", *Journal of the History of Sexuality*, 25:3 (2016), pp. 396-397.

su propia progenie.[73] Un verdadero incesto alimenticio, un bizarro ejemplo de endocanibalismo paroxístico.[74] En los registros alpinos abundan los casos de tecnofagia. A comienzos de la década de 1430 los denunciaba ya Hans Fründ en su crónica sobre la caza de brujas en Valais.[75] Hacia 1438 Nider recogió en el *Formicarius* información obtenida de boca de un agente no identificado del Santo Oficio: "en el ducado de Lausanne ciertos brujos cocinaron y comieron a sus propios hijos recién nacidos".[76] Un año después, el célebre inquisidor Ulric de Torrenté condenó a la hoguera en Neuchâtel al heresiarca Enchimandus le Masseller, culpable de un largo listado de crímenes nefandísimos entre los que se destacaba la deglusión de sus hijos, tal como hacen los lobos, *"lupino more"*.[77] En 1448, Jacquet Durier, interrogado en el castillo de La Tour-de-Peilz, en Vevey, cantón de Vaud, hizo la siguiente declaración: "mató a uno de sus hijos, llamado Jaquet, de dos años de edad aproximadamente (...) y de inmediato llevaron al niño a una determinada sinagoga en Mont de Cubly donde lo asaron y comieron".[78] En 1449, en Valle de Aosta, Marietta dou Biel mató a tres de sus hijos.[79] En 1481, en territorio del cantón de Neuchâtel, los reos se lanzaron acusaciones cruzadas de tecnofagia.[80] Algunos procesados admitieron haberse comido a sus nietos.[81]

Un eslabón intermedio entre el asesinato y la ingestión caníbal era la exhumación de los cadáveres. Tras asesinarlos en sus cunas, los brujos deja-

---

73. Simon C. Eštok, "Cannibalism, Ecocriticism", p. 4.

74. Anne Guérin, *À la table du diable*, p. 276.

75. Hans Fründ, *Rapport sur la chasse aux sorciers et aux sorcières*, p. 37.

76. Jean Nider, *Les sorciers et leurs tromperies (La fourmilière, livre V)*, edición y traducción de Jean Céard en colaboración con Sophie Houdard, Maxime Préaud y Daniel Teysseire, Grenoble. Jérôme Millon, 2005, p. 92: *"in Lausanensi ducatu quidam malefici proprios natos infantes coxerant et comederant"*.

77. Bernard Andenmatten y Kathrin Utz Tremp, "De l'hérésie à la sorcellerie: l'inquisiteur Ulric de Torrenté OP (vers 1420-1445) et l'affermissement de l'inquisition en Suisse romande", *Revue d'histoire ecclésiastique suisse*, 86 (1992), p. 116: *"lupino more humanam carnem etiam propriorum liberorum commedendo..."*.

78. Martine Ostorero, *"Folâtrer evec les démons"*, p. 222: *"interfecit unum de pueris suis nuncupatum Jaquetum etatis duorum annorum vel circa (...). In interfectione predicti Jaqueti filii sui delati fuerunt presentes et iuvaverunt Petrus Regis et Petrus Ruvinat et postea eum protaverunt ad quandam sinagogam in monte de Cubli, ubi eum assaverunt et comederunt"*.

79. Silvia Bertolin (ed.), *Processi per fede e sortilegi nella Valle d'Aosta*, p. 537: *"Item nobis constat te ad dictas synagogas duos proprios filios portasse et ibidem porcionem tuam comedisse"*; p. 537: *"Item nobis constat tu sumptuasse in dictis synagogis unum proprium filium de tuis ultra predictos"*.

80. Fritz Chabloz, *Les sorcières neuchateloises*, Neuchâtel, James Attinger, 1868, p. 69; Georg Modestin, "Un inquisiteur sous surveillance. François Granet et la persécution des sorciers dans le Comté de Neuchâtel en 1481", *Revue historique neuchâteloise*, 153:1 (2016), p. 10.

81. Anónimo, *Errores gazariorum*, p. 298: *"sicut Johanna Vacanda combusta in loco vocato Chambanaz in die sancti Laurentii; et hoc recognovit coram toto populo quod comederat filium filie sue et interfecerat cum una alia muliere"*; Georg Modestin, *Le diable chez l'évêque. Chasse aux sorciers dans le diocèse de Lausanne (vers 1460)*, Lausanne, Cahiers lausannois d'histoire médiévale-Université de Lausanne, 1999, p. 264: *"interrogata quot pueros portavit ad dictam sectam, dixit quod numquam portavit aliquem, sed bene vidit Jaquetum Bosson qui adportavit unum puerum masculum, videlicet filium filii sui"*.

ban a los infantes para que fueran descubiertos por sus progenitores. Días después recuperaban los restos tras cavar en las tumbas.[82] En el marco del proceso celebrado en 1477 en la localidad saboyana de St. Jorioz, en la rivera del Lago de Annecy, una mujer describió el aceitado procedimiento montado para proveer de proteína humana a los sabbats: los puericidios tenían lugar los lunes, los entierros los martes, las exhumaciones los miércoles, el festín caníbal los jueves.[83] El autor de *Errores gazariorum* denunciaba el desparpajo de los brujos que, tras haber asfixiado a los neonatos, se sumaban luego hipócritamente al cortejo fúnebre deplorando el prematuro fallecimiento.[84] En ocasiones resultaba innecesario excavar en los cementerios pues los infanticidas engañaban a los habitantes del lugar con falsas inhumaciones.[85] Una particularidad que se observa en los procesos judiciales es la repugnancia que los adeptos a la brujería alpina sentían por las cabezas de los cuerpos desenterrados. El motivo principal que se aducía para respetarlas era la unción bautismal.[86] En algunos casos el cadáver era transportado completo al sabbat y allí se separaban las partes descartables.[87] Pero la mayoría de las veces estas últimas quedaban en el cementerio una vez profanados los sepulcros.[88] En su proceso celebrado en Neuchâtel en 1481, Pierre Croschard

---

82. Georg Modestin, *Le diable chez l'évêque*, p. 231: "*Interrogatus quid facerent de pueris per eos interfectis, dixit quod aliquando dimictebant eos, sed postquam eran tumulati, eos extrahebant et detumulabant secumque deportabant*".

83. J. M. Lavanchy, *Synagogues sur les bords du Lac d'Annecy*, p. 10.

84. Anónimo, *Errores gazariorum*, p. 298: "*et mane, cum defertur ad sepulturam, accurentesque communiter ille vel illa aut illi qui strixerunt et interfecerunt puerum, lamentantur mortem pueri cum parentibus et amicis. Nocte vero sequenti aperiunt foveam, capiunt puerum (...) et fovea iterum repleta, portant puerum ad synagogam, ubi assatur et comeditur*".

85. Hans Fründ, *Rapport sur la chasse aux sorciers et aux sorcières*, p. 37; Pierrette Paravy, *De la Chrétienté romaine a la Réforme en Dauphiné. Évêques, fidèles et déviants (vers 1340 – vers 1530)*, Rome, École Française de Rome, 1993, vol. II, p. 897, n. 44: "*interrogata quomodo erat possibile quod portarent ipsum ad sepelliendum quia ipsum integrunt comederant? dixit quod credit quod Satanas pellem dicti pueri remisit plenam sed nescit de quo...*"; Eva Maier, *Trente ans avec le diable. Une nouvelle chasse aux sorciers sur la Riviera lémanique (1477-1484)*, Lausanne, Cahiers lausannois d'histoire médiévale-Université de Lausanne, 1996, p. 211: "*et quod mater dicti pueri erat in molendino nullusque erat pro tunc in dicta domo ubi fuit interfectus dictus puer. Et tunc ipse delatus cepit dictum puerum et posuit eum infra quasdam bisaculas tele et latitavit. Deinde ipse delatus composuit unum parvum va gallice. Et facto cidtum va, ipse delatus posuit unum parvum plotum nemoris de longitudine pueri infra dictum va, et quando illi de domo et eiusdem pueri mater venerunt ad domum ipsorum, ipse delatus ipsis dixit: 'Ecce, filius Jordani est mortuus, ego posui eum in suo va.' Et ita crederunt, et fuit sepultus in cimisterio Mustruaci dictus plotus*".

86. J. M. Lavanchy, *Synagogues sur les bords du Lac d'Annecy*, p. 61: "*dicens se non vidisse portari in dictis sinagogis capita ipsorum infantium (...) propter sanctum Chrisma Baptismi*"; Eva Maier, *Trente ans avec le diable*, p. 310: "*interrogatus si portaverint integrum, dixit quod sic, nisi quod ipsi deposuerunt in fronte hoc ubi ponitur crisma*".

87. Silvia Bertolin (ed.), *Processi per fede e sortilegi nella Valle d'Aosta*, p. 148: "*et deportabant totum corpus ad sinagogam, et comedebant prius deponendo omnes extremitates dictorum puerorum, videlicet manus et pedes et caput ac eciam intestina*".

88. Martine Ostorero, Kathrin Utz Tremtp y Georg Modestin (eds.), *Inquisition et sorcellerie en Suisse romande*, p. 117: "*carnes humane fuerunt apportate (...) sine capite et manibus et pedibus*"; Laurence Pfister, *L'enfer sur terre. Sorcellerie à Dommartin (1498)*, Lausanne, Cahiers lausannois d'histoire

aportó un dato original: las criaturas muertas eran transportadas al cementerio de los judíos, donde se las preparaba y se las comía; las cabezas de las tiernas víctimas eran allí mismo desechadas y arrojadas a una fosa cavada con dicho objetivo.[89] En el juicio contra Guillaume Girod, incoado en 1461 en el castillo episcopal de Ouchy, en el territorio de Lausanne, se describió con inusual realismo el macabro procedimiento que derivó en un incompetente descuartizamiento.[90] Un caso aparte es la confesión de Antonia Javeydan, procesada en 1459 en Avalon, diócesis de Grenoble, por un magistrado laico del Delfinado: "interrogada si frieron [al niño] entero o por partes, respondió que íntegro. ¿Le quitaron los intestinos? Dijo que nada le quitaron sino que todo entero lo frieron (…). Interrogada si comieron en su totalidad al mencionado niño, dijo que si (…) no quedó ni la carne, ni los huesos ni ninguna otra cosa".[91]

En el imaginario del sabbat alpino los sectarios la mayoría de las veces comían trozos de carne claramente identificables como tales, una práctica alimentaria que requería morder, desgarrar, masticar, manducar tejidos humanos. Son excepcionales en los documentos las formas de consumo caníbal alternativas, como la ingesta de grasa humana.[92] En Aosta, en 1439, Bartholomeus Bertaca hizo referencia a una peculiar preparación que no incluía componentes cárnicos: con la sangre de un niño asesinado mezclada con harina dos brujas elaboraron buñuelos o panqueques que luego frieron en manteca.[93] También Lorenza detta la Mugnaia, quemada en Aosta el mismo año, admitió haber preparado y amasado tortitas con sangre humana.[94]

Cabe destacar que en territorio alpino los ficcionales banquetes caníbales pueden caracterizarse como eventos protocolizados y estructurados. Los sectarios se sentaban en torno a mesas de grandes dimensiones. En ocasiones se mencionaba el uso de manteles, fuentes, platos y bandejas. Primaba en estos ágapes un espíritu de urbanidad convencional antes que un escenario

---

médiévale-Université de Lausanne, 1997, p. 265: "*et quod ipsi capiunt in cimisteriis dum sunt sepulti; et relinquunt ibidem caput*".

89. J. M. Lavanchy, *Synagogues sur les bords du Lac d'Annecy*, p. 75.

90. Georg Modestin, *Le diable chez l'évêque*, p. 240: "*sed postea detumulaverunt et asportaverunt, salvo capite et manu dextera que dimiserunt, quia non habebant cutellum ad scindendum caput, sed tordendo fregerunt in tantum, quod pars barchii dextera remanxit cum capite*".

91. Pierrette Paravy, *De la Chrétienté romaine a la Réforme*, p. 897, n. 44: "*Interrogata an ipsum intehrum frigerunt vel per partes? Dixit quod integrum; an anmoverunt (sci) intestina? Dixit quod nihil removerunt sed totum integrum eum frigerunt (...) Interrogata an totum comederunt dictum puerum dixit quod sic ... remansit nec caro nec ossa nec aliquid aliud*".

92. Claude Tholosan, *Ut magorum et maleficiorum errores*, en Martine Ostorero, Agostino Paravicini Bagliani, Kathrin Utz-Tremp y Catherine Chène (eds.), *L'imaginaire du sabbat*, p. 368: "*Item illudit eos in sompniis, sic quod credunt ire corporaliter de nocte (...) in comitiva dyabolorum, ad suffocandum pueros et infirmitates incussiendum; extrahentes sagimen a pueris quos decoquunt et comedunt ibidem*".

93. Silvia Bertolin y Ezio Emerico Gerbore, *La stregoneria nella Valle d'Aosta medievale*, Quart, Musumeci, 2003, p. 253.

94. Silvia Bertolin (ed.), *Processi per fede e sortilegi nella Valle d'Aosta*, p. 111: "*portata fuit per suum magnum Sathanas apud Pratum Sancti Duderii in domo Borielli, in qua comedit bugnetos quos ipsa confitens composerat et impastaverat cum sanguine humano*".

de desorden, violencia y anarquía. Jacquet Durier sostuvo en 1448 que al llegar al lugar de la sinagoga "encontró allí una mesa puesta sobre caballetes, cubierta con un mantel, con pan, con vino".[95] En 1461, en el castillo de Ouchy, el sospechoso Guillaume Girod incluyó en su reconstrucción un relato similar.[96] La descripción que nos ofrece Jeannette Anyo, también interrogada en 1461, es la de un festín más rústico pero no por ello menos organizado.[97] El canibalismo que describen las fuentes escritas alpinas durante el siglo XV no da cuenta de un consumo bestial, sediento de sangre.[98] Una excepción que confirma la regla es el caso de Antonia Javeydan, en el Delfinado: "interrogada si tenían cuchillo, dijo que no, sino que despedazaban [la carne con sus manos]. Interrogada si había mesa y platos (...), dijo que no, sino que [comían] sentados en la tierra sin platos. Interrogada si había pan, vino y sal y todo lo demás que se necesitaba, dijo que no tenían nada de ello, excepto el vino".[99] Este accionar salvaje, sin embargo, lejos estaba de resultar la norma. La etiqueta y el ceremonial que adornaban la comensalidad brujeril explican también por qué la omofagia o ingestión de carne cruda por parte de los demonólatras no aparece en las fuentes consultadas.[100] El huraño aislamiento social de los manjares crudos, emparentados con la naturaleza, no formaba parte de los crímenes atribuidos a los cultores de la brujería.[101] Los brujos y brujas de la región tampoco ingerían inmundicias. Una excepción al respecto la hallamos en el proceso incoado en 1438 contra Pierre Vallin, en el distrito de La Tour-du-Pin, no lejos de Vienne, la capital del Delfinado: la bebida con la que admitió haber acompañado la ingesta de carne humana era su propia orina.[102]

El modo de preparación de los alimentos ha sido un topos clásico de la antropología, en particular desde que Claude Lévi-Strauss dedicara abundantes reflexiones a la estructura que definió como "triángulo culinario", un

---

95. Martine Ostorero, *"Folâtrer evec les démons"*, p. 207: *"et reperit ibidem quandam mensam munitam trabichetis, gausape, pane, vino et carnibus"*.

96. Georg Modestin, *Le diable chez l'évêque*, p. 223: *"et quod utebantur ibidem pulcris napis et mensis, sicut solet in isto mundo"*.

97. *Ibid.*, p. 259: *"et ibidem repererunt unam mensam sine guasape super quam illi qui adduxerunt ipsam adportaverunt carnes assatorum postium puerorum, panes, et non habebant vinum, sed bibebant aquam, et erant quedam candele facientes ignem persicum"*.

98. *Cfr.* Charles Zika, *Exorcising our Demons: Magic, Witchcraft and Visual Culture in Early Modern Europe*, Leiden, Brill, 2003.

99. Pierrette Paravy, *De la Chrétienté romaine a la Réforme*, p. 897: *"interrogata si habebant cultellum... dixir quod non, sed eum lacerabant. Interrogata an esset mensa et discus (...)? Dixit quod non sed solum super terram sine disco... Interrogata an haverent panem et vinum et sal et alia necessaria, dixit quod non habeban, nec panem, nec sal, nec alia necessaria excepto vino"*.

100. Anne Guérin, *À la table du diable*, p. 127.

101. Gerardo Fernández Juárez, "Comer en el aquelarre: entre lo sublime y lo repugnante. Una perspectiva transatlántica", *Revista de Dialectología y Tradiciones Populares*, 69:1 (2014), p. 99.

102. Joseph Hansen, *Quellen und Untersuchungen zur Geschichte des Hexenwahns un der Hexenverfolgung in Mittelalter*, Hildesheim, Georg Olms, 1963 (1901), p. 462: *"diversis vicibus contra legem dei pluries accessit dicti sui magistri ministerio et dicto suo demoni se associavit eiusdem magistri sui Belzebut demonis inferno ad certas synagogas ad factum de nocte et in diversis locis, ibidemque certos infantes cum sua comictiva comedit et cum uno baculo ministerio dicti dyaboli equictando"*.

campo semántico en torno de tres ideas-fuerza: lo crudo, lo cocido, lo podrido.[103] El fuego culinario irrumpe como operador central del proceso que reduce los sujetos animales a la condición de objetos consumibles.[104] Por ello la técnica utilizada importa. Los registros etnográficos parecen sugerir que hervir era la forma usual de preparar alimentos para consumo doméstico. Asar, cocinar en forma directa sobre el fuego sin la intermediación del agua en ebullición, sería más propio de la comida que se servía a los huéspedes oriundos de otras comunidades. La aplicación de esta distinción a la antropofagia supondría entonces que, por oposición al endocanibalismo y su preferencia por la carne hervida, el exocanibalismo gustaba más de la carne rostizada.[105] Las descripciones del sabbat alpino no parecen refrendar estas oposiciones rígidas. Un texto clave como *Errores gazariorum* no muestra predilección por una u otra forma de preparación.[106] En los procesos judiciales hallamos similar indefinición. En 1449, en Vevey, Pierre Antoine confesó que "comió junto a otros carnes humanas que habían sido hervidas y asadas".[107] El mismo año, pero en el territorio de Aosta, Giovanna di Cavoretto reproducía idéntica confesión.[108] En 1440, también en territorio valdostano, Bartholomeus Bertaca aclaró que la criatura de un año y medio que los brujos ingirieron fue sometida a ambos procedimientos de cocción; pero no hubo en este caso disyunción alguna: la carne fue primero hervida en agua y luego asada con manteca en una fuente.[109] En otros casos, los brujos optaban por una u otra manera de preparación, en apariencia de forma aleatoria, sin otra justificación que el gusto personal de los cocineros o los medios materiales que tenían a su alcance en cada momento. Un claro ejemplo lo hallamos en las confesiones de Jaquet Panissère y de Jordana de Baulmes, procesados ambos en 1477 en el castillo de Ouchy. Los dos reos reafirmaron la afición de sus cómplices por la carne hervida.[110] Pero en otra sección de su deposición Panissère aludió a la cocción directa sobre el fuego.[111] Las actas judiciales prueban, por lo tanto, que asar o hervir eran

---

103. Claude Lévi-Strauss, "Une leçon d'anthropologie. Le triangle culinaire", *Le Nouvel Observateur*, hors-série, novembre-décembre 2009, p. 14.

104. Carlos Fausto, "Feasting on People", p. 504.

105. Claude Lévi-Strauss, "Une leçon d'anthropologie", p. 16.

106. Anónimo, *Errores gazariorum*, p. 290: "*omnes illius secte pestifere festinantes letantur de adventu novi heretici, commedentes que aput illos sunt, et singulariter pueros interfectos, assatos pariter et elixatos*".

107. Martine Ostorero, Kathrin Utz Tremtp y Georg Modestin (eds.), *Inquisition et sorcellerie en Suisse romande*, pp. 114 y 116: "*et ibidem ipse Petrus etiam commedit carnes humanas cum aliis que fuerunt bulete et rostite*".

108. Silvia Bertolin (ed.), *Processi per fede e sortilegi nella Valle d'Aosta*, p. 136: "*et idem comederunt et biberunt panem et vinum et carnes assatas et bollitas dictorum puerorum*".

109. Silvia Bertolin y Ezio Emerico Gerbore, *La stregoneria nella Valle d'Aosta*, p. 250.

110. Eva Maier, *Trente ans avec le diable*, p. 356: "*item interrogata quis adportavit dictas carnes, dixit quod nescit, quia quando ipsa applicuit dictum locum, iam dequoquebantur in quodam grosso cacabo*".

111. *Ibid.*, p. 310: "*desepeliurunt ipsum et portaverunt ipsum ad domum Perrodi Mogerne iuxta hospitalem Viviaci. Et ipsum assaverunt et postmodum commederunt*".

procedimientos que los sectarios utilizaban indistintamente.[112] Del Delfinado
francés proviene una de las singularidades más destacadas en relación con los
métodos de cocción. En 1459 Antonia Javeydan describió con exhaustividad el
laborioso procedimiento por el cual los brujos frieron a una de sus pequeñas
víctimas: "preguntada qué hicieron con dicho hijo, respondió que lo frieron en
un caso que la mencionada Georgia tenía. Preguntada si lo frieron en aceite
o con grasa. Respondió que Georgia tenía grasa con la cual lo frieron... Preguntada si lo frieron íntegro o por partes. Dijo que íntegro; ¿le removieron los
intestinos? Dijo que no le removieron nada sino que lo frieron todo entero".[113]
A principios de la década de 1440 el poema de Martin Le Franc recogía otra
rareza. Es uno de los pocos textos del período que alude a una técnica específica
para asar la carne de niños, la cocción *à la broche* o en espeto: "¡Ay! ¿No es
un gran dolor / que el niño de pecho en su cuna / sea asado en un pincho...?"[114]
En el expediente de Pierre Chavaz de 1448 hallamos una segunda alusión
a este método de preparación: "dijo también y confesó en forma espontánea
que había más de veinte estacas con carnes atravesadas, tanto de niños como
de otras clases".[115] Muy frecuentes en las representaciones iconográficas del
siglo XVI, en especial en las destinadas a mostrar secuencias de canibalismo
americano, las referencias a asadores que atraviesan las porciones de carne
resultan, como vemos, en extremo inhabituales en la centuria anterior,
incluso en los registros escritos. La porción de carne humana atravesada por
una vara suponía un método espectacular de escenificación de las prácticas
antropófagas. Más aun que con la distribución de miembros humanos sobre
la superficie de una parrilla, la exhibición de carne atravesada por una vara
terminaba de reducir el fragmento a la más extrema de las indefensiones; y
lo hacía de una manera muy gráfica: fusionando la familiaridad de un popular método doméstico de cocción con el horror de la desintegración del tejido
humano traspasado y rostizado, en una posición horizontal que enfatizaba
la pasividad del cuerpo sin vida, humillado, irremediablemente degradado.[116]
En nuestras fuentes abundan referencias al sabor agradable de la carne
humana. Pierre Antoine no dejó dudas en 1449: "comió carnes humanas (...)

---

112. Jean Marx, *L'Inquisition en Dauphiné. Étude sur le développement et la répression de l'hérésie et
    de la sorcellerie du XIVe siècle au début du règne de François Ier*, Paris, Honoré Champion, 1914,
    p. 38; Pierrette Paravy, *De la Chrétienté romaine a la Réforme*, p. 896; Martine Ostorero, "Folâtrer
    evec les démons", p. 222.

113. Pierrette Paravy, *De la Chrétienté romaine a la Réforme*, pp. 896-897, n. 44: "*Interrrogata quid
    fecerunt de dicto filio, respondit quod ipsum filium frigerunt in quadam casia quam dicta Georgia
    habebat. Interrogata an ipsum frigerunt ad oleum vel cum grasa? respondit quod dicta Georgia habebat
    grasam cum qua ipsum frigerunt... Interrogata an ipsum integrum frigerunt vel per partes? Dixit quod
    integrum; an anmoverunt intestina? dixit quod nihil removerunt sed totum integrum eum frigerunt*".

114. Martin Le Franc, *Le Champion des Dames*, p. 454: "*Helas, n'esse grande pitié / Que l'enfant ou bers
    allettié / Sera roty en une haste...?*".

115. Martine Ostorero, Kathrin Utz Tremtp y Georg Modestin (eds.), *Inquisition et sorcellerie en Suisse
    romande*, p. 52: "*item magis dixit et sponte confessus est quod erant plures quam viginti veruti carnium
    tam puerorum quam aliarum carnium*".

116. Nasheli Jiménez del Val, *Seeing Cannibals: European Colonial Discourses on the Latin American
    Other*, Ph.d. diss., Cardiff University, 2010, p. 143.

que tenían buen sabor y dulce".[117] La dulzura es un atributo que aparece con frecuencia en los documentos.[118] En Neuchâtel en 1481, Rollet Croschet simplemente confirmó, sin brindar mayores precisiones, que la carne de niño sabía diferente que otras proteínas animales.[119] En momentos excepcionales el reo podía acudir a algún símil para ayudar a transmitir la sensación que en el paladar producía la proteína de origen humano. Tal es el caso de Antonia Javeydan: "preguntada si la carne de los niños era de buen sabor, dijo que era como la carne de cabra".[120] En casos aislados las deposiciones mencionan los condimentos o ingredientes empleados en la preparación. Durier explicó en 1448 cómo fue cocinado su propio hijo en el sabbat: "de inmediato llevaron al niño a una sinagoga en el monte de Cubly [en las cercanías de Montreux], donde lo asaron y lo comieron con ajos blancos".[121] Aunque en menor cantidad, en los documentos también es posible hallar descripciones gustativas menos placenteras.[122]

En las estribaciones occidentales de los Alpes, la abrumadora mayoría de las descripciones ubican los consumos caníbales en el sabbat mismo.[123] Pero en ocasiones la comilona podía también tener lugar fuera del aquelarre.[124]

---

117. Martine Ostorero, Kathrin Utz Tremtp y Georg Modestin (eds.), *Inquisition et sorcellerie en Suisse romande*, p. 116: "*et ibidem ipse Petrus etiam comedit carnes humanas cum aliis que fuerunt bulete et rostite, et bonum ac dulcen habebant saporem*".

118. J. M. Lavanchy, *Synagogues sur les bords du Lac d'Annecy*, p. 61: "*de eisdem confitetur comedisse cum suis aliis complicibus, et erant dulces et molles*"; Laurence Pfister, *L'enfer sur terre*, p. 264: "*interrogatus quos carnes ibident comedebant, dixit quod inter ceteras comedebant carnes humanas, scilicet puerorum, quorum sapor erat dulcis*"; Eva Maier, *Trente ans avec le diable*, p. 184: "*habentes saporem dulcem*". Lo mismo cabe decir para Jaquet Panissère, procesado en 1477. Véase *Ibid.*, p. 310: "*interrogatus quem saporem habent dicte carnes, dixit quod bonum et dulcem*". Para Jordana de Baulmes el sabor era simplemente bueno: no agregó otros calificativos. Véase *Ibid.*, p. 356: "*habent bonum saporem*".

119. Fritz Chabloz, *Les sorcières neuchateloises*, p. 72.

120. Pierrette Paravy, *De la Chrétienté romaine a la Réforme*, p. 897, n. 44: "*interrogata si caro dicti pueri erat boni saporis? dixit quod sicut carnis caprioli*".

121. Martine Ostorero, *"Folâtrer evec les démons"*, p. 222.

122. Sophie Simon, *"Si je le veux, il mourra!" Maléfices et sorcellerie dans la campagne genevoise (1497-1530)*, Lausanne, Cahiers lausannois d'histoire médiévale, 2007, p. 162: "*curizabant et comedebant carnes puerorum nec habeant bonum saporem, erant molles*"; Silvia Bertolin (ed.), *Processi per fede e sortilegi nella Valle d'Aosta*, p. 136: "*ipsa comedit de bollito quatuor bollos et in quinto non reperit bonum saporem et noluit plus comedere*"; Eva Maier, *Trente ans avec le diable*, p. 272: "*item confitetur quod dum ipsi sunt in secta, ipsi commedunt carnes que non sunt bone et prout sibi videtur, sunt carnes humane vel silvestres*".

123. Sandrine Strobino, *Françoise sauvée des flammes? Une Valaisanne accusée de sorcellerie aux XVe siècle*, Lausanne, Cahiers lausannois d'histoire médiévale-Université de Lausanne, 1996, p. 123; Silvia Bertolin (ed.), *Processi per fede e sortilegi nella Valle d'Aosta*, pp. 33, 79, 559; Laurence Pfister, *L'enfer sur terre*, p. 205; Martine Ostorero, *"Folâtrer evec les démons"*, p. 35; Georg Modestin, *Le diable chez l'évêque*, p. 259; Fritz Chabloz, *Les sorcières neuchateloises*, p. 75; Eva Maier, *Trente ans avec le diable*, pp. 181, 211, 321, 357; Pierrette Paravy, *De la Chrétienté romaine a la Réforme*, p. 896; Bernard Andenmatten y Kathrin Utz Tremp, "De l'hérésie à la sorcellerie", pp. 111-112; Georg Modestin, Alexia Rey y Céline Rochat, "La répression de la sorcellerie à Fribourg", p. 282; Georg Modestin, "Un inquisiteur sous surveillance", pp. 10-11; Sophie Simon, *"Si je le veux, il mourra!"*, pp. 163 y 165.

124. Claude Tholosan, *Ut magorum et maleficiorum errores*, p. 368.

En Aosta en 1440 Bartholomeus Bertaca confirmó esta posibilidad.[125] Según
la historia que relató al inquisidor la víctima devorada ni siquiera vivía en
la casa violentada por los sectarios, que fue simplemente utilizada como un
espacio adecuado para organizar la horrible cena. En 1477 Jaquet Panissère
incluyó en su testimonio el siguiente relato: "el niño fue sepultado el día
siguiente, y luego, a la noche, fueron al lugar, lo desenterraron y lo llevaron
a la casa de Perrod Morgerne, junto al hospital de Vevey. Y allí lo asaron y lo
comieron".[126] En escena no aparece el demonio en ningún momento. Se trata
de un acto privado, hogareño. Procesado en 1458 en el castillo de Ouchy,
Pierre dou Chanoz describió un siniestro desayuno en uno de los molinos del
pueblo en que residía. Por entonces un rico vecino de la localidad, Antoine
Aubremant, trataba de convencerlo de que se sumara a la secta. Pierre fue
a encontrarse con el brujo en una de sus propiedades, el Moulin aux Anes,
en el distrito de Payerne, Pays de Vaud: "encontró al mencionado Aubreman
con otras cinco personas a las que no conocía, que festejaban juntas, y que
lo invitaron a comer. [Pierre] comió con ellos pan y carne fresca (...). Uno de
ellos estaba cocinando en un pequeño pote cerca del fuego, y Pedro vio en el
pote el brazo de un niño. Entonces tuvo miedo y se negó a seguir comiendo.
Al verlo sorprendido Aubremant le dijo: 'Ten mucho cuidado, no nos delates, o
habría sido mejor que hoy no hubieras venido.'"[127] Este supuesto *pétit déjeuner*
criminal se desarrolló en medio de la aldea, al alba, en un contexto de aparente normalidad. En Neuchâtel, en los procesos de 1481, el reo Jehanneret
Regnal-le-Boiteux sostuvo que otros tres compañeros mataron a su hijo y se
lo comieron debajo del puente de la localidad de Couvet.[128] La motivación de
los involucrados parece ser más el deseo de saciar el apetito que la pretensión
de rendir homenaje al demonio.

No sólo de carne vive la *strega*:
el canibalismo en el paradigma de la brujería italiana

A diferencia del paradigma alpino y de su canibalismo omnipresente, en el
centro y en el norte del espacio de civilización italiana la antropofagia brujeril
tuvo una fuerte presencia aunque discontinua. De ninguna manera se halla
ausente de los registros escritos pero tampoco su presencia resulta abrumadora.

---

125. Silvia Bertolin y Ezio Emerico Gerbore, *La stregoneria nella Valle d'Aosta*, p. 250.

126. Eva Maier, *Trente ans avec le diable*, p. 310: "*qui puer fuit in crastinam sepultus, et tunc de nocte
ipsi iverunt ad locum et desepeliurunt ipsum et portaverunt ipsum ad domum Perrodi Morgerne iuxta
hospitalem Viviavi. Et ipsum assaverunt et postmodum commederunt*".

127. Georg Modestin, *Le diable chez l'évêque*, p. 202: "*Petrus delatus ivit ad molendinum eis Agnoz subtus
Villarsel quem tenebat dictus Aubremant et invenit ipsum Aubremant cum quinque aliis personis quas
non cognovit qui epulabantur insimul et invitaverunt ipsum ad comedendum. Et ipse comedit cum
eis panem et carnes recentes (...). Sed unus illorum decoxit unum parvum potum qui erar prope
ignem, et ipse Petrus delatus vidit in poto brachium unius pueri. Et tunc ipse timuit et amplius noluit
comedere. Quem videns stupefactum, dictus Aubremant dixit eidem: Caveatis bene, ne deceletis nos,
quia melius esset vobis quod non venissetis hodie*".

128. Fritz Chabloz, *Les sorcières neuchateloises*, p. 66.

No es infrecuente toparnos con textos relacionados con la materia brujeril en los cuales la antropofagia está por completo ausente.[129] Pero aun cuando la presencia del canibalismo no sea tan universal como en los Alpes occidentales, en la Italia central y septentrional la relación entre antropofagia y brujería resulta innegable. En la mitología italiana, de hecho, el engullimiento de carne humana atribuido a las brujas alcanzó una variedad de motivos, formas y expresiones por completo ausentes del paradigma alpino, más homogéneo pero también menos rico en variantes y matices.

Es ampliamente sabido que la succión de sangre como herramienta infanticida era uno de los timbres distintivos de la *strega* desde el Lacio hasta Lombardía. Se trata, sin dudas, de una figura subsidiaria de la *strix*, de las lamias y de las *empousais* grecorromanas.[130] En tanto construcción mítica poco tiene en común con la bruja-hereje de los Alpes occidentales.[131] Las *streghe* vampíricas eran casi siempre mujeres, operaban de manera solitaria o en pares pero raramente en grupos más grandes, volaban pero su destino no era necesariamente una asamblea nocturna sacrílega, durante la transvección aérea no montaban animales sino que ellas mismas adquirían aspecto teriomórfico, invocaban al demonio pero no le rendían homenaje y los niños asesinados no eran trasladados al sabbat para ser devorados en banquetes comunitarios.[132] Si existía una conspiración en torno a ellas era a pequeña escala.[133] Se atribuye a Bernardino de Siena haber relacionado por primera vez a las sanadoras carismáticas con los monstruos infanticidas y vampíricos de la literatura clásica, resabio mítico que en aquellas regiones sin dudas subsistía gracias a una profunda memoria folklórica subterránea.[134] La referencia más extensa irrumpe en el trigésimo quinto de los cuarenta y cinco sermones que Bernardino predicó en Siena en el otoño de 1427. El franciscano, recordando su reciente actividad pastoral en Roma, trajo a colación el caso de una curandera y hechicera urbana que fue quemada tras admitir "que había matado cerca de 30 niños succionándoles la sangre".[135] Gracias a otras fuentes conocemos el nombre de la rea, supliciada el 8 de julio de 1424:

---

129. Para un claro ejemplo al respecto véase Carlo Ginzburg, "Brujería y piedad popular. Notas a propósito de un proceso de 1519 en Módena", en *Idem, Mitos, emblemas, indicios. Morfología e historia*, traducción de Carlos Castroppi, Barcelona, Gedisa, 1989 (1986), pp. 19-37.

130. Marina Montesano, "Le rôle de la culture classique dans la définition des maleficia. Une démonologie alternative?", en Martine Ostorero y Julien Véronèse (eds.), *Penser avec les démons. Démonologues et démonologies (XIIIe-XVIIe siècles)*, Firenze, Sismel, 2015, p. 278; Marina Montesano, *Caccia alle streghe*, Roma, Salerno, 2012 pp. 95-96.

131. Marina Montesano, *Caccia alle streghe*, p. 101.

132. Richard Kiekchefer, "Mythologies of Witchcraft", p. 88.

133. *Idem*, "The First Wave of Trials", p. 171.

134. Marina Montesano, *Classical Culture and Witchcraft in Medieval and Renaissance Italy*, Basingstoke, Palgrave Macmillan, 2018, p. 173; Marina Montesano, *Caccia alle streghe*, p. 97.

135. Bernardino da Siena, *Prediche volgari sul Campo di Siena 1427*, editado por Carlo Delcorno, Milan, Rusconi, 1989, vol. II, p. 1007: "*che aveva uccisi da XXX fanciulli col succhiare il sangue loro*".

Finicella, Funicella, Facinella o Finiccola.[136] Con la excepción de breves referencias en tratados como la *Questio de strigis* de Giordano da Bergamo (*circa*
1460) y la *Quaestio de strigibus* de Bartolomé Spina (1523), en la tratadística
demonológica producida en Italia durante el siglo fundacional de la caza de
brujas la succión de sangre no ocupa un lugar destacado.[137] Es por lo tanto
en los procesos judiciales donde el constructo alcanzó su mayor desarrollo.
Un ejemplo clásico es el juicio que la magistratura civil de Todi, en la región
de Umbria, inició contra Matteuccia di Francesco.[138] En la sentencia dictada
el 20 de marzo de 1428 leemos: "muchas y muchas veces salió como bruja a
devastar infantes, succionando la sangre de dichos lactantes en muchas regiones diferentes".[139] Hallamos el mismo patrón de comportamiento asociado a
la *strega* en los procesos celebrados en la ciudad de Perugia en las décadas de
1440 y 1450.[140] Giovanni Francesco Pico della Mirandola recoge la creencia
en su diálogo *Strix sive de ludificatione daemonum* (1523).[141]

¿Cabe considerar al vampirismo como una expresión más del fenómeno
caníbal? Siendo la sangre un tejido humano ¿su ingestión califica como una
forma específica de antropofagia? La cuestión depende en gran medida de la
definición de canibalismo que utilicemos.[142] La psiquiatría clínica ha identi-

---

136. Fabrizio Conti, *Witchcraft, Superstition, and Observant Franciscan Preachers: Pastoral Approach and
Intellectual Debate in Renaissance Milan*, Turnhout, Brepols, 2015, p. 229, n. 22; Franco Mormando,
The Preacher's Demons, p. 65.

137. Joseph Hansen, *Quellen und Untersuchungen*, p. 199: "*et ibi fascinant pueros, suggentes sanguinem
vulneranti ipsos*"; Bartholome Spina, *Quaestio de strigibus, una cum tractatu de praeminentia Sacrae
Theologiae, & quadruplici Apologia de Lamiis contra Ponzinibium*, Roma, in Aedibus Populi Romani,
1576, p. 6: "*vadunt per domos infantium et superlectum puerorum ascendentes, eorum sanguinem
sugunt a digitis manuum, atque pedum, ab ore stomachi, a fontanellis, et aliis eorundem corpusculorum
partibus delicatis: qui tandem hac de causa post paucos dies deficientes moriuntur*".

138. William Monter, "Todi, Witch of (1428)", en Richard M. Golden (ed.), *Encyclopedia of Witchcraft:
The Western Tradition*, Santa Barbara, ABC-Clio, 2006, vol. IV, pp. 1125-1126; Dinora Corsi,
Diaboliche maledette e disperate. Le donne nei processi per stregoneria (secoli XIV-XVI), Firenze,
Firenze University Press, 2013. pp. 27-28, 66; Sophie Simon, *"Si je le veux, il mourra!" Maléfices
et sorcellerie dans la campagne genevoise (1497-1530)*, Lausanne, Cahiers lausannois d'histoire
médiévale, 2007, pp. 597-598.

139. Domenico Mammoli, *Processo alla strega Matteuccia di Francesco, 20 marzo 1428*, Todi, Res
Tudertinae, 1969, p. 30: "*pluries et pluries ivit stregatum infantes devastando, snaguinem ipsorum
lactantium sucando pluribus et diversis locis*".

140. Ugolino Nicolini, "La stregoneria a Perugia e in Umbria nel Medioevo. Con i testi di sette processi
a Perugia e uno a Bologna", *Bolletino della Deputazione di storia patria per l'Umbria*, 84 (1987),
p. 51: "*quedam vetula de Gualdo de Nuceria, combusta in Perusia 1445 nomine Santuccia, que
fecit innumerabilia mala, inter que confessa est quod occidit pueros 50 et etiam sucavit sanguinem
cuiusdam pueri totu per auriculam*".

141. Giovanfrancesco Pico dalla Mirandola, *Libro detto Strega o della illusioni del demonio, nel
volgarizzamento di Leandro Alberti*, edición de Albano Biondi, Venezia, Marsilio Editori, 1989, p.
51: "*Hora, vedendo detto fanciullino, quello sceleratissimo don Benedetto Bernio, il quale fu dipoi
brugiato per le sue malvagie opere, che parlava allhora con il castellano della rocca suo parente,
gli viene incontinente una brammosa e bestiale voglia di asciucarli il sangue (...). Et asciugó tanto
sangue da quello infelice bambino, che romase sicome una trasparante ombra che presto presto passa,
non havendo effigia humana*".

142. Richard Sugg, *Mummies, Cannibals and Vampires*, p. 11; Derek Petrey, "Write about All of This", p.
155; Luis Pancorvo, *El banquete humano*, p. 121; Jack Goody, *Death, Property and the Ancestors*,

ficado casos en los que un mismo agresor ingirió tejidos humanos sólidos y líquidos extraídos de una única víctima.[143] Luis Pancorvo considera al vampirismo como una excrecencia del canibalismo, como un canibalismo reducido o tangencial.[144] Richard Sugg afirma que, aun cuando la sangre es un tejido cuya extracción parcial no provoca necesariamente el deceso inmediato de una persona, los numerosos tabúes que desde tiempo inmemorial rodearon a este fluido vital aconsejan incluir al vampirismo dentro de la definición primaria de antropofagia.[145] Ahora bien, más allá de estas conceptualizaciones *in abstracto*, las fuentes italianas ofrecen indicios que permiten probar en términos históricos una interrelación entre vampirismo y canibalismo más estrecha de lo que habitualmente se imagina. Cabe destacar el sugestivo vocabulario que se utiliza en algunos textos que describen la afición de las *streghe* por la sangre humana. Me refiero al empleo del verbo *mangiare*. Considerado en si propio el término resulta equívoco, pues pudo haberse empleado como sinónimo de debilitar, dañar, consumir con lentitud: un ejercicio metonímico en el cual *mangiare* se empleaba en reemplazo de *guastare*.[146] Pero la ambigüedad lexical tiende a disolverse en parte si la descripción de la bruja-vampiro incluye además el verbo *morsicare*, una expresión que hallamos tanto en fuentes escritas del siglo XV como en relatos orales del siglo XX. En el proceso celebrado en 1455 en Perugia contra Filippa da Città della Pieve se narra la intrusión que la rea y una cómplice habrían realizado en la vivienda de una vecina para vampirizar a su hijo de un año de edad: "al día siguiente el niño de un año murió como consecuencia de los mordiscos y de la mencionada privación de sangre".[147] Cinco siglos después, en las cercanías de la ciudad de Téramo, en los Abruzzos, los etnógrafos recogieron relatos orales que utilizaban expresiones notablemente parecidas. Olga, una cocinera residente en la comuna de Montefortino, confirmó, en una entrevista que le realizaron en 1994, la creencia local en las brujas que para vengarse de sus enemigos ingresaban por las noches en sus hogares para vampirizarlos. El relato de Olga incluye los verbos "comer" y "morder": "a quienes las traicionan se los comen a mordiscos".[148] El vocabulario no es, sin embargo, el único indicio de la cercanía conceptual que en estas regiones existía entre canibalismo y

---

p. 112; Paul Shankman, "Le Rôti et le Bouilli", pp. 58-59; Desmond Bellamy, "A 'horrid way of feeding'", pp. 81-82.

143. Philip D. Jaffé y Frank Dicataldo, "Clinical Vampirism: Blending Myth and Reality", en Alan Dundes (ed.), *The Blood Libel Legend: A Casebook in Anti-Semitic Folklore*, Madison, The University of Wisconsin Press, 1991, p. 147.

144. Luis Pancorvo, *El banquete humano*, p. 130.

145. Richard Sugg, *Mummies, Cannibals and Vampires*, p. 11.

146. Ruth Martin, *Witchcraft and the Inquisition in Venice, 1550-1650*, Oxford, Basil Blackwell, 1989, p. 205.

147. Ugolino Nicolini, "La stregoneria a Perugia", p. 53: "*et die sequenti filius anniculus ex earum morsibus et sanguinis privatione predicta obiit et decessit*".

148. Cesare Bermani, *Volare al sabba. Una ricerca sulla stregoneria popolare*, Roma, DeriveApprodi, 2008, p. 55: "*Quelli que le tradiscono se lo mangiano di morsicate*".

vampirismo. Algunos fragmentos afirman que la ingestión de sangre era el fundamento excluyente de la nutrición de las brujas. En el siglo XV Johann Chraft, continuador de la *Chronica pontificum et imperatorum romanorum* de Andreas von Regensburg, afirmaba que las brujas romanas perseguidas en tiempos de Martín V succionaban la sangre de los infantes para seguir con vida.[149] Pero probablemente las pruebas más concluyentes sean los relatos que explícitamente sostenían que la *strega* vampírica "comía" la sangre. En ocasiones lo hacía como único ingrediente. En 1501, en un proceso celebrado en Perugia contra Gniagne Mei da Cibottola, leemos que el hombre y las brujas que lo acompañaban "sustrajeron a un niño que se encontraba en dicha casa, de nombre Bautista, hijo de Mei Marci de Montelagello, y chuparon la sangre, que luego vomitaron y expulsaron sobre la chimenea, para cocinarla".[150] El solapamiento entre antropofagia y vampirismo se observa también en el juicio contra tres brujas celebrado en 1520 en la pequeña localidad de Castellania, en el Piamonte meridional. Las reas, condenadas a muerte por el inquisidor de Tortona, confesaron que habían amasado unas *focaccias* mezcladas con sangre de niños.[151] Hallamos similar descripción en la deposición de Ursolina la Rossa, procesada por el Santo Oficio de Módena en 1539.[152] Los ejemplos que acabamos de desplegar sugieren que en el imaginario del centro y norte italianos las fronteras entre canibalismo y vampirismo resultaban en ocasiones porosas y que las distinciones rígidas que pretendemos trazar desde nuestro presente muchas veces tienden a resultar anacrónicas.

En la vertiente italiana del arco alpino occidental, incluida la Suiza italiana, irrumpe en las fuentes una forma alternativa de antropofagia brujeril: la canibalización de víctimas que, tras la finalización de un banquete en el marco de una asamblea denominada *ludus* o *gioco*, eran resucitadas por la figura mítica que presidía el encuentro. Para ello se requería reunir la piel y los huesos de los seres inmolados, condición *sine qua non* para que la divinidad que imperaba sobre aquel colectivo celebratorio (*Madona Oriente, Bona Domina, Domina ludi, Domina cursus, Donna del bon zogo, Signora*

149. Citado por Franco Mormando, *The Preacher's Demons: Bernardino of Siena and the Social Underworld of Early Renaissance Italy*, Chicago, The University of Chicago Press, 1999, p. 267, n. 62: "*et quando voluit in cattum mutabatur, sicque de interfectis parvulis, ut se diutius conservaret, recentem sanguinem sugebat*".

150. Ugolino Nicolini, "La stregoneria a Perugia", p. 67: "*et dicte mulieres substraxerunt unum infantem nomine Baptistam filium dicti Mei Marci de Montelagello predicto existentem in dicta domo et sugerunt sanguinem dicti pueri et deinde illum evomuerunt et proiecerunt in foco scopato et illum coxerunt, de quo sanguine dictus Gniagnes strego, maleficus, facturarius et immundorum spirituum incantator et inquisitus predictus gustando comedit*". Véase también *Ibid.*, p. 70: "*sanguinem illum evomuerunt et coxerunt in foco scopato et illum postea comederunt ipso Gniagne stregone predicto presente et consentiente*".

151. Sergio Pagano, "La condanna al rogo di tre streghe e l'esecuzione sul 'bricco' di Castellania (1520). In margine alla storia della stregoneria nel Tortonese", *Rivista di storia, arte, archeologia per le province di Alessandria e Asti*, 110 (2001), p. 276: "*comedunt de fugazollis impastatis consaguine puerorum*"; p. 283: "*verum quia comedunt de fugazollis impastatis consanguine puerorum*".

152. Oscar Guidi, *Ursolina la Rossa e altre storie. Inquisitori e streghe tra Lucca e Modena nel XVI secolo*, Lucca, Maria Pacini Fazzi, 2007, p. 28.

del gioco) pudiera devolver la vida a las personas o a las bestias previamente devoradas. Las referencias a este bizarro complejo mítico se hallan muy dispersas. Aun cuando las fuentes no siempre lo dejan en claro, todo sugiere que estamos ante un evento que se suponía acaecía en éxtasis o en espíritu, en un orden de realidad en el que las leyes ordinarias del mundo creado no regían, siguiendo una milenaria tradición de reminiscencias chamánicas en la que cabría insertar textos y casos tan difundidos como el canon *Episcopi*, los *benandanti* friulanos, las *donne di fuori* sicilianas o los *táltosok* húngaros, entre muchos otros.[153] Entre los siglos IX y XIII la creencia reaparece repetidamente en relación con la figura de san Germán de Auxerre en las fuentes cristianas y con el dios Thor en las sagas escandinavas.[154] Otro claro antecedente es el célebre juicio de Sibillia Zani y Pierina de Bugatis, condenadas por el inquisidor de Milán en 1390: ambas mujeres afirmaron haber participado de conventículos presididos por una misteriosa figura femenina que resucitaba bueyes.[155] En 1474, en la región subalpina de Canavese, en el Piamonte histórico, la Inquisición torinesa procesó a cuatro campesinas que incluyeron en sus deposiciones una variante del mismo tema: cerca de Turín, en el prado Avilio, las brujas y sus cómplices se acercaron a una manada, se apoderaron de dos novillos, los desollaron, los cocinaron y se los comieron; finalmente reunieron los huesos y resucitaron a ambos terneros.[156] Poco antes de su muerte ocurrida en 1510, el dominico Bernardo Rategno, inquisidor en la diócesis de Como, en el extremo norte lombardo, incluyó el tópico en su tratado *De Strigiis*.[157] En 1519 en Módena, en la Emilia-Romaña, el Santo Oficio local

153. Véase Ronald Hutton, *The Witch: A History of Fear, from Ancient Times to the Present*, New Haven, Yale University Press, 2017, pp. 74-95; Martine Ostorero, *Le diable au sabbat*, pp. 588-596; Fabián Alejandro Campagne, *Strix hispánica. Demonología cristiana y cultura folklórica en la España moderna*, Buenos Aires, Prometeo, 2009, pp. 105 y ss.; Emma Wilby, *Cunning Folk and Familiar Spirits: Shamanistic Visionary Traditions in Early Modern British Witchcraft and Magic*, Brighton, Sussex Academic Press, 2005, pp. 123-159; AA.VV., "Round-table discussion with Carlo Ginzburg, Gustav Henningsen, Éva Pócs, Giovanni Pizza and Gábor Klaniczay", en Gábor Klaniczay y Éva Pócs (eds.), *Demons, Spirits, Wtches/3: Witchcraft Mythologies and Persecutions*, Budapest, Central European University Press, 2008, pp. 35-49; Gustav Henningsen, "'The Ladies from Outside': An Archaic Pattern of the Witches' Sabbath", en Bengt Ankarloo y Gustav Henningsen (eds.), *Early Modern European Witchcraft: Centres and Peripheries*, Oxford, Clarendon Press, 1993 (1990), pp. 191-215; Gábor Klaniczay, "Shamanistic Elements in Central European Witchcraft", en *Idem, The Uses of Supernatural Power: The Transformation of Popular Religion in Medieval and Early-Modern Europe*, editado por Karen Margolis, traducido por Susan Singerman, Princeton, Princeton University Press, 1990, pp. 129-150; Éva Pócs, *Between the Living and the Dead: A Perspective on Witches and Seers in the Early Modern Age*, traducido por Szilvia Rédey y Michael Webb, Budapest, Central European University Press, 1989, pp. 73-105; Carlo Ginzburg, *Historia Nocturna*, pp. 83-213; Carlo Ginzburg, *I Benandanti. Stregoneria e culti agrari tra cinquecento e seicento*, Torino, Einaudi, 1966, *passim*.

154. Maurizio Bertolotti, "Le ossa e la pelle dei buoi. Un mito popolare tra agiografia e stregoneria", *Quaderni storici*, 14:41 [2] (1979), pp. 478, 480, 485; Carlo Ginzburg, *Historia Nocturna*, p. 192.

155. Luisa Muraro, *La Signora del gioco. La caccia alle streghe interpretata dalle sue vittime*, Milano, La Tartaruga, 2006 (1976), pp. 200-207.

156. Pietro Vayra, "Le streghe nel Canavese (con due processi inediti dell'Inquisizione 1474)", *Curiosità e ricerche di Storia Subalpina*, Roma, Fratelli Bocca, 1874, vol. I, p. 234.

157. Bernardo Comensis, *Lucerna inquisitorum haereticae pravitatis (...) Et iusdem Tractatus de Strigibus*, Venetiis, Marco Antonio Zalterio, 1596, p. 147: "*Immo dicimus & confitemur plura alia ipsis strigiis*

juzgó a una mujer de nombre Zilia, que repitió *ad litteram* la misma fábula.[158] En la *Quaestio de strigibus* de 1523, Bartolomeo Spina reitera la historia con palabras muy similares.[159] Pico della Mirandola tampoco se privó de difundir el apólogo en su diálogo *Strix*.[160]

Los ejemplos hasta aquí citados tienen en común el hecho de que los seres a los que se devolvía la vida eran animales, la mayoría de las veces ganado bovino. Sin embargo, en ocasiones las fuentes revelan que los seres humanos también podían ser canibalizados y posteriormente resucitados. En estos casos, infrecuentes pero significativos, asistimos a verdaderas escenas de una cruenta antropofagia en éxtasis. Una referencia la hallamos en el *Lamiarum sive striarum opusculum*, que el dominico Girolamo Visconti redactó en Milán *circa* 1460: "comen en ocasiones un niño cocinado en una olla grande o un buey u otros animales similares. La Señora del juego les ordena conservar los huesos. Después de terminada la comida y recogidos los huesos, la Señora del juego los toca con un báculo y hace que se vea como si revivieran".[161] Como ocurría con la totalidad de los autores con formación teológica, Visconti caracterizaba como imposible el supuesto poder de los demonios de resucitar seres humanos y animales. La original inclusión de niños en este peculiar relato parece remitir a una probable aunque todavía tímida infiltración en la Lombardía de elementos de la mitología brujeril alpina. Está claro que la adscripción cultural y regional de Visconti le permitía conocer también la tradición italiana de la *strega* infanticida. Nuestro dominico se encontraba, pues, en la intersección entre dos universos creenciales diferenciados, circunstancia que explicaría las singularidades y el carácter híbrido de la síntesis que proponía.[162] Pero el

---

illusorie & phantastice arte daemonum posse contingere & apparere, quae tamen minime sunt vera, ut puta, quod vitulos comedant, qui postea daemonum virtute resurgant: nam si vere illi vituli fuerunt cocti & comesti, nullo modo fieri postet".

158. Maurizio Bertolotti, "Le ossa e la pelle dei buoi", p. 471: *"et comederunt et biberunt, et inter cetera comederunt unum bovem coctum cuius ossa omnes proiecerunt super corium bovis, et veniens ultimo domina cursus, baculo percussit corium bovis et visus est revivescere bos"*.

159. Bartholome Spina, *Quaestio de strigibus*, pp. 3-4: *"Dicunt enim, quod postquam comederunt aliquem pinguem bovem, ut supra relatum est, vel aliquam vegetem vino, vel arcam seu cophinum panibus evacuarunt, & consumpserunt ea vorantes, domina illa percutit aurea virga, quam mano gestat, ea vasa vel loca, & statim ut prius plena sunt vini, vel panis ac si nihil inde fuisset assumptum. Similiter congeri iubet ossa omnia mortui bovis super corium eius extensum, ipsumque per quatuor partes super ossa revolvens, virgaque percutiens, vivum bovem reddit ut prius, & reducendum iubet ad locum suum"*.

160. Giovanfrancesco Pico dalla Mirandola, *Libro detto Strega*, p. 32: *"Apistio: ...che cosa mangiati? Strega: Della carne e delli altri cibi che si suoleno usare nelli conviti. Apistio: Donde haveti coteste vivande? Strega: Uccidemo delli buoi, ma egli é ben vero che dipoi resuscitano"*; p. 37: *"Dicasto: Istimo che quelle siano in parte vere, cioè fondate in quella cosa che è; et in parte siano fallaci e finte (...); e maggiormente circa di quelle cose delle quale narrano alcuni, come (...) che resuscitano li buoi che hanno mangiato, sendoli poi dato della verga dalla Donna o dal Signore del Giuoco"*.

161. Hyeronimi Vicecomitis, *Lamiarum sive striarum opusculum ad illustrissimum Mediolani ducem Franciscum Sfortiam Vicecomitem, e Opusculum de striis*, Mediolanensis, Leonardo Pachel, 1490, f. a v: *"comedunt aliquando unum puerum coctum in uno magno lebere vel unum bovem & similia animalia & domina ludi precipit eis quod servent ossa, post cibi sumptionem compaginatis in unum ossibus, domina ludi baculo quodam tale quid tangens facit ut reviviscere videatur"*.

162. Astrid Estuardo Flaction, "Girolamo Visconti, en témoin du débat sur la réalité de la sorcellerie au XVe siècle en Italia du Nord", en Martine Ostorero, Georg Modestin y Kathrin Utz Tremp (eds.),

desarrollo más importante de las referencias a la canibalización y posterior resurrección de niños lo encontramos en los célebres procesos celebrados en el palacio episcopal de Cavalese, en Val di Fiemme, a principios del siglo XVI.[163] En esta región la cacería de brujas fue disparada por el curandero errante Zuanne Delle Piatte, oriundo de Anterivo. Sus dos procesos judiciales en 1501 y 1504 derivaron en la acusación formal de brujería contra veintiocho personas entre diciembre de 1504 y septiembre de 1505. Las deposiciones reproducen el consabido proceso de muerte, consumo caníbal, recolección de huesos y resurrección, sólo que con la inclusión de seres humanos. En febrero de 1505 la rea Margherita *detta* Tessadella sostuvo ante el tribunal que la juzgaba: "[que] fue llevada al monte en Santa, (...) allí Thomasina de la Angnola llevó a un niño blanco. Margherita preguntó de quién era y la otra respondió: sea de quien sea ¿qué tienes que objetar? Y así fue que le sacaron fuera la sangre a través de la teta del lado del corazón y pusieron al niño a cocinar en una olla. Se lo repartieron entre ellas y lo comieron. Estaban allí cinco diablos que juntaron los huesos y entonces [el niño] fue como era al principio".[164] Para principios del siglo XVI el arcaico complejo mítico estaba ya contaminado en extremo por el estereotipo del sabbat construido por la alta cultura teologal. Es por ello que en los procesos de Val di Fiemme observamos otras versiones de corte más siniestro y ominoso. En enero de 1505 Ursola *detta* la Strumechera introdujo una variante: "trajeron a tres hombres. (...) Los cocinaron, extrajeron sus corazones y se los comieron. Luego tomaron una gran cantidad de paja que pusieron dentro [del cuerpo] en el lugar del corazón. Hicieron regresar a sus casas a los tres hombres y les asignaron una fecha de muerte".[165] La atávica mitología estaba por entonces tan demonizada que las bestias y los seres humanos consumidos ya no regresaban a la vida como antaño, sino que quedaban debilitados e irremediablemente condenados a una muerte lenta y agónica: en sus pechos, el músculo cardíaco había sido reemplazado por un manojo de heno. Las *streghe* realizaban el mismo procedimiento con los fetos que se gestaban en los vientres maternos. La acusada Valeria Zirolo relató la siguiente historia: "entraron en la casa de Martino de Massaia donde hallaron

---

Chasses aux sorcières et démonologie, p. 394; Dinora Corsi, *Diaboliche maledette e disperate*, pp. 26-24.

163. Los procesos fueron editados por primera vez por Augusto Panizza, "*I processi contro le streghe nel Trentino*", *Archivio Trentino*, VII (1888), pp. 1-100, 199-247; VIII (1889), pp. 131-146, 131bis-142bis; IX (1890), pp. 49-106. La edición más reciente de los procesos es la realizada por Italo Giordani, *Processi per stregoneria in Valle di Fiemme 1501, 1504-1506*, Trento, Editrice Alcione, 2005.

164. Luisa Muraro, *La Signora del gioco*, pp. 109-110: "*Item et dize questa Margereta (...) fo conducta sora el monte in Santa, (...) et ibi la Thomasina de la Angnola condusse uno bello putto biancho, et la Margereta domanda de chi fosse quello putto, et quella rispose: Sia de chi sia voia, che hastu de far tu? Et cusì gli sutzaveno fora el sangue per la tetta de la banda del cor, et mettevano el putto a coser in uno parolo e lo partivano tra lore e lo mangiaveno. Et dapoi erano lì cinque diabolo che mettevano le osse insieme, et era como in prima*".

165. *Ibid.*, p. 90: "*furono conducto tre homini. (...) Et cusì li cosevano et tolevano for el cor et cosevano et mangiaveno. Et dapoi tolevano uno stropon de peia, et mettevano dentro in pe`del cor, et forono tornati a casa, et datogli el termino de la morte*".

a su mujer encinta. (…) [las brujas] abrieron el cuerpo [de la mujer] cerca del ombligo en el nombre del diablo, extrajeron de él a la criatura y la consumieron tras haberla rostizado. Juntados los huesos, los pusieron de nuevo dentro de la piel y todo el cuerpo lo pusieron dentro de la mujer. Untaron el cuerpo en el nombre del diablo, masajearon la herida con un dedo y ésta desapareció, un trabajo muy bien hecho".[166]

El vampirismo y el canibalismo en éxtasis no son, sin embargo, las únicas expresiones de antropofagia brujeril que cabe encontrar en las fuentes italianas. Aunque los casos sean sustancialmente menos numerosos que en el paradigma alpino, resulta posible identificar relatos que relacionan a las *streghe* vernáculas con la masticación de órganos, tejidos y trozos de carne humana. El 6 de marzo de 1457 el obispo de Bressanone, el ilustre Nicolás de Cusa, predicó un sermón en el que rememoró una serie de recientes procesos canónicos que había presidido contra tres *vetulae* seniles, oriundas del Val de Fassa, en el Trentino. En el contexto de la descripción de un festivo aquelarre las mujeres aludieron a la presencia de "hombres hirsutos que devoraron a algunos hombres y a niños que no estaban correctamente bautizados".[167] Siete años después, en el Milanesado, descubrimos otra referencia circunstancial en una carta que el dominico Paolo Folperti, inquisidor asentado en la localidad de Varzi, no lejos de Pavía, le enviara al duque reinante, Francesco Sforza.[168] En la misiva, fechada el 24 de marzo de 1464, el fraile resumía algunos de los delitos que cometían los adeptos a la brujería a los que por entonces perseguía, entre los que se contaba la ingestión de niños asados al fuego.[169] En la década de 1480 otra fuente reafirmaba de manera indirecta la presencia de la antropofagia convencional en la mitología brujeril del extremo norte italiano: el *Malleus maleficarum* de Heinrich Kramer. En la *quaestio* undécima del libro primero Kramer menciona a un impreciso *inquisitor cumanus*. Los investigadores han podido descubrir su identidad: el dominico Lorenzo Soleri

---

166. *Ibid.*, p. 120: "*intraveno in casa de Martino de Massaia, et ibi trovando so moier gravida. (…) aprirno el corpo appressa lo humbilico in el nome del diabolo, et tolevano fora la creatura et ibi roſtito su la bronza consumarono, et tolto le ossa et mettuto in la pelle e tornato in el corpo, et uncto il corpo in el nome del diabolo et bisigà con un dedo la piaga et saldà de fatto benne*".

167. Martine Oſtorero, *Le diable au sabbat*, p. 681: "*et sic pervenerunt ad locum ubi repererunt magnam societatem iubilancium et corizancium ubi erant irsuti homines qui devorarent homines aliquos et pueros non recte baptizatos*".

168. Sobre el inquisidor Folperti, su accionar en el territorio del ducado de Milán y su relación con Francesco Sforza véase Laura Brignoli (ed.), *Il fenomeno della ſtregoneria e l'Inquisicione nel Pavese. Atti del convegno di Varzi, 25 giugno 2008*, Pavia, Edizione Guardamagna, 2009, apéndice 1, pp. 121-125; Ermanno Paccagnini, "In materia de ſtregharie", en Giuseppe Farinelli y Ermanno Paccagnini (eds.), *Processo per ſtregoneria a Caterina de Medici, 1616-1617*, Milano, Rusconi, 1989, p. 39; Marina Montesano, *Classical Culture and Witchcraft*, p. 191; Dinora Corsi, *Diaboliche maledette e diſperate*, p. 24.

169. Luigi Fumi, "L'Inquisitione Romana e lo Stato di Milano: Saggio di ricerche nell'Archivio di Stato", *Archivio ſtorico lombardo*, 25 (1910), p. 105: "*Nam talem personam habui, que, preter quam pluris et aliis, quinque proprios filios necavit et occidit, suggeſtione tamen demonum. Alia vero triginta septem pueros peremit. Alia quosdam pueros igni assos comedit*".

da Sant'Agata.[170] Los procesos a los que alude el *Malleus* se desarrollaron en la localidad de Bormio, en el alto Valtellina. Los historiadores hallaron abundante documentación independiente que prueba la existencia de una intensa caza de brujas en la región en 1485.[171] Sostiene Kramer al respecto: "algunos maléficos, actuando en contra de la inclinación de la naturaleza humana, de hecho en contra de la condición de todos los animales, con la excepción de la especie de los lobos, suelen comer y devorar niños. Quien nos ha contado esto es el inquisidor de Como, al que ya hemos hecho referencia. Por esa causa fue llamado por el condado de Bormio para llevar adelante una inquisición. Un hombre perdió a su hijo que estaba en la cuna. Mientras lo buscaba vio de noche una convención de mujeres que devoraban al infante y bebían un licor".[172] Lorenzo Soleri da Sant'Agata continuó persiguiendo en el Comasco brujas devoradoras de carne humana más allá del rango temporal reportado por Institor.[173]

En los últimos meses de 1495 estalló una caza de brujas en Rifreddo y Gambasca, dos aldeas marginales de la región de Cuneo, en el extremo occidental del Piamonte. Ambas localidades, ubicadas en la entrada del valle del Po, se hallaban dentro de la jurisdicción de la diócesis de Turín. El inquisidor dominico Vito dei Beggiami fue el encargado de procesar a nueve mujeres acusadas de brujería.[174] Como resultaba usual en los territorios subalpinos las brujas recibían el nombre de *masche*.[175] Probablemente a causa de la cercanía de ambos caseríos con las regiones de Val d'Aosta y del Delfinado hallamos en estos juicios una puesta en escena antropófaga plagada de elementos propios del paradigma de Lausanne. Destaca el recurso a la exhumación de los niños previamente asesinados, una práctica con escasa o nula presencia

---

170. Michael M. Tavuzzi, "Lorenzo Soleri da Sant'Agata O.P. (ob. ca. 1510): the *"Inquisitor cumanus"* of the *"Malleus maleficarum"*. A biographical note", en Carlo Longo (ed.), *Praedicatores, Inquisitores, III: i domenicani e l'inquisizione romana. Atti del III seminario internazionale su i domenicani de l'Inquisizione, Roma, 15-18 febbraio 2006*, Roma, Iſtituto Storico Domenicano, 2008, pp. 407-420; Michael M. Tavuzzi, *Renaissance Inquisitors: Dominican Inquisitors and Inquisitorial Diſtricts in Northern Italy, 1474-1527*, Leiden, Brill, 2007, pp. 161-175; Tamar Herzig, "Heinrich Kramer e la caccia alle ſtreghe in Italia", en Dinora Corsi y Matteo Duni (eds.), *"Non lasciar vivere la malefica". Le ſtreghe nei trattati e nei processi (secoli XIV-XVII)*, Firenze, Firenze University Press, 2008, p. 171.

171. Giovanni Giorgetta, "Processi di ſtregoneria a Bormio tra il 1483 ad il 1486", *Bolletino della Società Storica Valtellinese*, 36 (1983), p. 157.

172. Henricus Inſtitoris, O.P. y Jacobus Sprenger, O.P., *Malleus maleficarum*, editado y traducido por Chriſtopher Mackay, Cambridge, Cambridge University Press, 2006, vol I: The Latin Text and Introduction, pp. 330-331: "*et de primo, quod certe malefice contra humane nature inclinationem, imo adversus omnium beſtiarum conditiones, lupina dumtaxat specie excepta, infantes devorare et comedere solent, eſt inquisitor Cumanus, de quo supra mentio habita eſt, qui hec nobis retulit, quod ea de causa ab incolis comitatus Burbie vocatus ad inquisitionem faciendam, eo videlicet quod quidam cum puerum ex cunis amississet et explorando conventionem mulierum nocturno tempore vidisset et perpendisset infantem occidi et liquore ebibite devorare*".

173. Ermanno Paccagnini, "In materia de ſtregharie", p. 48.

174. Grado Giovanni Merlo, *Streghe*, Bologna, Il Mulino, 2006, p. 9.

175. *Ibid.*, p. 8.

en el centro y norte italianos. El 3 de diciembre de 1495, Giovanna Motossa, una de las procesadas, confesaba ante el Santo Oficio: "una noche, cerca del primer sueño, fueron a la casa de Giovanni Craveri, alias Marchioti, y tocaron a uno de sus hijos, de entre tres y cuatro meses, que como consecuencia de ello murió. Al día siguiente, llegada la noche, exhumaron su cuerpo del cementerio de San Nicolás. Llevaron al mencionado niño a la casa de Giovanna Motossa, donde lo cocinaron en agua. Separaron la grasa y comieron el resto de la carne. Interrogada sobre qué hacían con la mencionada grasa, respondió que confeccionaban un ungüento con el que untaban un bastoncito sobre el cual cabalgaban para acceder al techo del monasterio de Rifreddo".[176] El 6 de diciembre de 1495 otra de las reas, Caterina Bonivarda, repitió un relato similar pero agregó un detalle *gourmet*: "una noche fueron juntas a exhumar al hijo de Francessis en el cementerio Martignane, al que habían matado la noche precedente. Lo llevaron a Rifreddo a la casa de Margarita Jordane, y lo cocinaron en agua. Reservaron la grasa para la untura de sus báculos, y de su carne hicieron salchichas. Se las repartieron entre ellas y las comieron, y también se las dieron a comer a otros".[177] A los *strigones* y *strigas* juzgados en Cavalese, Val di Fiemme, entre 1504 y 1505, el tribunal les atribuyó haber asumido un horrendo propósito: "para complacer al diablo, su señor, se entregan a él, que los manda a consumir toda la carne cristiana [a su alcance], y no sólo eso, sino también a destruir y anular la sustancia de nuestra vida".[178] En los no menos célebres procesos celebrados en 1518 en Val Camonica, una sección de la Lombardía alpina por entonces bajo dominio de la República de Venecia, nos encontramos con una valiosa referencia que el castellano de Breno, Carlo Miani, incluyó en una carta que remitió al patricio veneciano Marino Zorzi. En la misiva se menciona a una rea de nombre Onesta, quien confesó que dos veces por semana se trasladaba volando sobre una cabra al Monte Tonale, donde participaba de pródigos banquetes a base de carne humana rostizada.[179] La *Storia di Milano*, de Giovanni Andre Pratto, recoge otro caso acaecido en 1519. La circunstancia que permitió descubrir a

---

176. Rinaldo Comba y Angelo Nicolini, *"Lucea talvolta la luna". I processi alle "masche" di Rifreddo e Gambasca del 1495*, Cuneo, Società per gli studio storici, archeologici ed artistici della Provincia de Cuneo, 2004, p. 93: "*quadam nocte circha primum sompnum accesserunt ad domum Johannis Craverii alias Marchioti et tetigerunt unum eius filium, etatis trium vel quatuor mensium, adeo quod mortuus est, et in crastinum etiam de nocte, hora predicta, eundem exhumaverunt de cimitterio Sancti Nicholay et ipsa cum aliis portaverunt dictum filium ad domum ipsius loquentis et ibidem eum choxerunt in aqua et acceperunt pingedinem et reliquas cvarnes ipse comederunt. Interrogata quid faciebant de dicta pinguidine respondit quod facerunt ungentum ex quo ungebant quoaddam bastonetum super quo ipsa equitavit accedendo ad tectum monasterii Rivifrigidi*".

177. *Ibid.*, p. 135: "*una nocte simil exhumaverunt unum filium illorum de Francessis a cimitterio Martignane, quem ipsemet nocte precedenti occiderant et, portantes eum ad Rivumfrigidum in domo Margarite Iordane, ipsum choxerunt in aqua et, reservantes pinguedinem pro untura baculorum suorum, fecerunt salcitias de eius carnibus et inter se comederunt et diviserunt, dantes etiam aliis ad comedendum*".

178. Joseph Hansen, *Quellen und Untersuchungen*, p. 598: "*et ad complacendum diabolo domino suorum se dant et mittunt ad consumendam omnem carnem christianam, et non solum ea, sed etiam ad devastandam, annullandam substanciam vitae nostrae*".

179. Ermanno Paccagnini, "In materia de stregharie", p. 60.

una *strega* caníbal en plena ciudad de Milán fue la inoportuna intervención de su animal doméstico: "una mujer (peor que una fiera) llamada Ixabetta da Lumpugnano (...) se apoderaba de niños que llevaba a su casa engañados con zalamerías, para matarlos y extraerles la sangre y otras partes de los miembros; el día de Corpus Christi fue descubierta por una gata suya, que llevó hasta la casa de un vecino la mano de una niña de cinco años, a la que [Ixabetta] había capturado y matado. Fue de inmediato detenida (...) y finalmente confesó todo. De aquellos niños muchos fueron hallados salados y devorados. Las vísceras las arrojaba a su estercolero".[180]

Diez años más tarde, en 1528, el proceso celebrado contra Bellezze Orsini, una mujer oriunda de Collevecchio, en la región de Sabinia, permite constatar que con el paso del tiempo el tópico de la antropofagia convencional había logrado instalarse plenamente en el centro de la península. El juicio se celebró en Fiano, en el Lacio. El magistrado a cargo fue Marco Calisto da Todi, quien ejercía los derechos de justicia en nombre del conde de Pitigliano, señor jurisdiccional del lugar.[181] Según narra Bellezze en su *confessione*, cuando concluía el conventículo nocturno y llegaba la hora de partir, el demonio llamaba a cada una de las brujas y les daba de comer un bocado de carne de niño. El insumo caníbal provenía de la exhumación de los cadáveres de los infantes asesinados que se dejaban expuestos al frío de la noche. Con la carne humana elaboraban albóndigas, que ahumaban y salaban.[182] La serie documental que proponemos concluye con el proceso inquisitorial celebrado en Módena en 1539 contra Ursolina la Rossa, quien en su confesión fusionó de manera inescindible vampirismo y antropofagia. En una ocasión, sostuvo la mujer, las brujas ingresaron en una vivienda de la localidad de Mesola, en la región de Ferrara. Allí se apoderaron de un neonato, succionaron su sangre, lo golpearon con un bastón hasta provocarle la muerte, lo cortaron en trozos

---

180. Giovanni Andrea Prato, "Storia di Milano dall'anno 1499 al 1519", en *Cronache milanesi scritte da Giovan Petro Cagnola, Giovanni Andrea Prato e Giovan Marco Burigozzo*, Firenze, Pietro Vieusseux,1842, p. 418: *"una donna (ma peggio che fiera) nominata Ixabetta da Lampugnano (...) prendea li fanciulli, e con lusinghe a casa menandoli, li occideva per torli il sangue, et alcune altre parti de li membri: unde, il die del Corpus Domini, fu scoperta (siccome a Dio piacque) da una sua gatta, che in casa di una vicino portò una mano di una putta di cinque anni, la quale avea presa et occisa. Unde subito fu detenuta (...) et finalmente confessò il tutto. Et de questi fanciulli parte ne fu trovati salati e divorati, ponendo l'interiori nel sterquilinio suo"*.

181. Dada su excepcionalidad, el caso de Belleza Orsini es uno de los procesos por brujería italianos más estudiados. Véase Marcello Craveri, *Sante e streghe. Biografie e documenti dal XIV al XVII secolo*, Milano, Feltrinelli, 1981, pp. 168-193; Michele Di Sivo, "Bellezza la strega. La violenza sottile della legge", en Anna Esposito (ed.), *Lucrezia e le altre: la vita difficile delle donne (Roma e Lazio, secc. XV-XVI)*, Roma, Roma nel Rinascimento, 2015, pp. 119-133; Dinaro Corsi, "La supplica della 'fatuciera' Bellezze Ursini (1528)", en Marina Montesano (ed.), *"Come l'orco della fiaba". Studi per Franco Cardini*, Firenze, Sismel, 2008, pp. 377-384; Dinora Corsi, *Diaboliche maledette e disperate*, pp. 134-144; Ileana Tozzi, *Bellezza Orsini. Cronaca di un processo per stregoneria*, Antrodoco, Nova Italica, 1990.

182. Pietro Trifone, "La confessione di Bellezze Ursini 'strega' nella campagne romana del Cinquecento", en Francesco Ugolini, Ugo Vignuzzi y Enzo Mattesini (eds.), *Contributi di Filologia dell'Italia Mediana*, Perugia, Opera del Vocabolario dialettale umbro, 1988, p. 143.

y finalmente lo devoraron.[183] Quizás con la intención de aligerar su culpa, Ursolina reconoció que bebió la sangre de la criatura pero que se abstuvo de devorar su carne.[184] Aunque el relato no resulta claro al respecto, la rea parece sugerir que los restos humanos fueron consumidos crudos, sin cocción previa.

Los otros canibalismos: la antropofagia brujeril en las mitologías periféricas

La mitología periférica que otorgó un papel más relevante al tópico de la antropofagia es la que se desplegó en los territorios francófonos bajo soberanía, directa o indirecta, de la corona gala –con la consabida excepción del Delfinado–. La presencia del canibalismo brujeril en suelo francés resulta en extremo acotada si tomamos en consideración el peso que el mismo motivo tuvo en los paradigmas alpino e italiano. En forma aislada, sin embargo, se detectan en las fuentes francesas casos en sentido contrario. Uno de los más curiosos es el episodio que tuvo lugar en julio de 1452 en la ciudad de Provins, en la Champaña histórica, no muy lejos de París.[185] Aquel año llegó a Provins una extranjera vistiendo un curioso sombrero con pequeños espejos pegados en la tela. Como consecuencia de una superposición de evidencias circunstanciales en torno a una riña, a una amenaza de muerte y a la posterior enfermedad de una posadera local, la mujer fue interrogada por el preboste de la ciudad. Su confesión, aparentemente espontánea, incluyó la admisión de pertenencia a la secta valdense, entendida de la manera en que por entonces se concebía a dicho colectivo en los procesos por brujería alpinos. En la descripción que esta vagabunda realizó del sabbat –denominado *mescle* en el documento– irrumpe la antropofagia en su formato más convencional: "se vuelve invisible para ver si los niños son de su agrado y para tocarlos para así provocarles la muerte, y cuando son enterrados acude a desenterrarlos, y lo mismo hacen otros que pertenecen a la misma secta, para llevar [a los niños] al *mescle*, donde los rostizan y se los comen".[186] La alusión en el documento a Dôle y a Dijon, es decir, a los territorios del ducado y del condado de Borgoña, la utilización de la etiqueta valdense y los detalles específicos del aquelarre, permiten inducir que la sospechosa provenía de las regiones orientales del reino, colindantes con el área en la cual el paradigma de brujería alpino estaba por entonces en pleno apogeo. La presencia de estos mitologemas en las provincias orientales no resultaba casual. Dos décadas antes, en 1434, había tenido lugar

---

183. Oscar Guidi, *Ursolina la Rossa*, p. 30.

184. Matteo Duni, *Under the Devil's Spell: Witches, Sorcerers, and the Inquisition in Renaissance Italy*, Florence, Syracuse University of Florence, 2007, p. 122.

185. Puede hallarse traducción al inglés del documento en P. G. Maxwell-Stuart, *Witch Beliefs and Witch Trials in the Middle Ages: Documents and Readings*, London, Continuum, 2011, pp. 202-204.

186. Félix Bourquelot, "Les Vaudois du quinzième siècle", *Bibliothèque de l'École des chartes*, 8 (1847), p. 91: "*et en se faisant elle se fait invisible pour veoir lesdits enfans s'ils luy plaisent et pour les touchier pour les faire morir, et quand ils sont enterrés, elles les va desterrer, et tellement font aultres qui sont de sa secte pour les porter en leurs mescle, auquel mescle ilz les rotissent et mengnent*".

una modesta cacería de brujas en el Franco Condado, como consecuencia de la cual fueron quemados en Besançon un hombre y una mujer que también incluyeron la antropofagia en su descripción del sabbat.[187] El festín caníbal no tuvo lugar en el conventículo nocturno sino en una vivienda particular: "la susodicha Henriate también rostizó en su albergue a un niño, en presencia de un diablo al que llamaba Robert, que estaba con ella para hacer las mencionadas unturas y ungüentos y para comer de la carne asada de los niños mencionados".[188] Entre 1460 y 1462, Pierre Mamoris, profesor de teología en la Universidad de Poitiers, mencionó en su *Flagellum maleficorum* la afición que los brujos tenían por asar a los niños: "otros confesaron que por las noches en el sabbat asaban y comían el ganado de aquellos a quienes les tenían odio, y degollaban a los niños que estaban junto a sus madres y los sacaban de sus propios lechos y los abrasaban al fuego, y a la mañana siguiente los mismos eran súbitamente hallados realmente muertos".[189]

Cabe resaltar aquí una sorprendente anomalía. Si existió un área dentro del territorio nominalmente bajo soberanía del rey de Francia en la cual logró implantarse un estereotipo del sabbat muy similar al que existía en las estribaciones alpinas occidentales, esa región fue el Artois, por entonces posesión del Duque de Borgoña. Están sólidamente probados los orígenes borgoñones del encadenamiento de procesos por brujería que entre 1459 y 1461 afectaron a la ciudad de Arras, la capital artesiana.[190] Sin embargo, por motivos que aún no han logrado dilucidarse, el canibalismo se halla virtualmente ausente de la profusa documentación generada por la más célebre caza de brujas del siglo XV.[191] El teólogo valón Jean Tinctor sostuvo en su *Sermo contra sectam vaudensium* (1460) que los valdenses-brujos locales incurrían en delitos contra natura cuya sola mención contaminaba la boca y envenenaba el aire.[192] El cronista Jacques du Clercq coincidía en la misma apreciación.[193]

---

187. Nicole Brocard, "Pauvres, marginaux, sorciers, complots et trahison à Besançon et dans le comté de Bourgogne au XVe siècle", en Myriam Soria y Maïté Billoré (eds.), *La trahison au Moyen Âge: De la monstruosité au crime politique (V-XV siècle)*, Rennes, Presses universiaires de Rennes., 2010, pp. 6-8. Disponible en https://books.openedition.org/pur/125598?lang=es, último acceso en enero de 2023.

188. "Un procès de sorcellerie à Besançon en 1434", en *Archives Historiques, Artistiques et Littéraires. Recueil mensuel de documents curieux et inédits. Chroniques des Archives et Bibliothèques. Tome premier (1889-1890)*, Paris, Bourloton, 1890, p. 71: "*laquelle Henriate auxi a rostir en son hostel ung enffan, en la presence d'ung dyable qu'elle nommoit Robert, estant avec elle pour faire lesdictes oinctures et oingnemens et amengier de la char rotie dud. enffans*".

189. Citado por Martine Ostorero, *Le diable au sabbat*, p. 515, n. 41: "*confessi sunt alii se eorum quos odio habebant pecudes nocte in suis sabbatis comedisse asserunt et pueros iuxta latera matrum iugulasse et a lecto proprio tranxisse et ad ignem torruisse, qui in crastino veraciter mortui subito reperti sunt*".

190. Franck Mercier, *La Vauderie d'Arras. Une chasse aux sorcières à l'Automne du Moyen Âge*, Rennes, Preeses Universitaires de Rennes, 2006, pp. 10-11; 67-70.

191. Anne Guérin, *À la table du diable*, pp. 67, 118-119, 272.

192. Jean Tinctor, *Invectives contre la secte de vauderie*, editado por Émile Van Balberghe y Frédéric Duval, Tournai y Louvain-La-Neuve, Archives du Chapitre cathédral/Université catholique de Louvain, 1999, p. 47.

193. Jacques du Clercq, *Mémoires d'un magistrat d'Arras au temps de l'hérésie vaudoise 1448-1467*, Clermont-Ferrand, Paleo, 2006, p. 63.

Sin embargo ninguno de estos autores hizo referencia explícita a la ingestión de carne humana. Existe un único texto sobre la *Vauderie d'Arras* que incluye el canibalismo entre las atrocidades atribuidas a los brujos. También fue redactado a mediados de 1460 y lleva por título *Recollectio casus, status et condicionis Valdensium ydolatrarum*. Ha sido atribuido a Jacques du Bois, el fanático deán del cabildo catedralicio local.[194] Según la *Recollectio* "[los brujos] ocasionalmente llevan a la congregación los cuerpos asados de los pequeños y los devoran (como se desprende sobre todo de algunos procesos que tuvieron lugar en la región de Lyon), o bien asan a los niños en la propia congregación".[195] Resulta en extremo sugestiva la referencia a Lyon, pues la *Vauderye de Lyonois en brief*, un virulento tratado anónimo compuesto *circa* 1439-1441 y la principal fuente sobre el fallido intento por parte de los dominicos locales de desatar una caza de brujas en la gran metrópolis meridional, no incluye ninguna referencia a la antropofagia, a pesar de que se describe como nauseabunda y repugnante la comida servida en la *vauderie*.[196] Tan extraña como la ausencia casi total de menciones a la antropofagia en las *vauderies* de Lyon y de Arras resulta la referencia al canibalismo en un proceso celebrado en 1463 en Lisieux, Normandía, por la Inquisición dominica con la aquiescencia del obispo local, Thomas Basin. La sentencia, firmada el 2 de julio de 1463, también identificaba a la brujería moderna con la secta valdense. El tribunal normando incluyó la ingestión de restos humanos entre los cargos lanzados contra la acusada, Catherine, viuda de Pierre le Bourguignon, y sus cómplices: "haber cruelmente matado a muchos infantes y niños pequeños, haberlos ocultamente dividido en partes, conservando el corazón y el cerebro para elaborar vuestros venenos. Consta que comieron la carne [de dichos niños] y que no tuvieron miedo de hacerlo".[197] Es probable que Basin tomara conocimiento del imaginario del sabbat alpino durante sus estadías en Italia, entre 1437 y 1441.[198] Como podemos apreciar no sólo la escasez y la aleatoria distribución de referencias documentales a la antropofagia brujeril caracterizan al espacio de civilización francesa durante el siglo XV sino también una sucesión de anomalías que impiden trazar un patrón espacial y temporal consistente sobre la presencia de dicho tópico en suelo galo.

---

194. Andrew Colin Gow, Robert B. Desjardins y François V. Pageau (eds.), *The Arras Witch Treatises. Johannes Tinctor's* Invectives contre la secte de vauderie *and the* Recollectio casus, status et condicionis Valdensium ydolatrarum *by the Anonymous of Arras (1460)*, University Park, The Pennsylvania State University Press, p. 11; Franck Mercier, *La Vauderie d'Arras*, p. 32; Martine Ostorero, *Le diable au sabbat*, p. 666.

195. Joseph Hansen, *Quellen und Untersuchungen*, pp. 166-167: "*Et aliquando deferunt ad congregacionem corpora infantulorum assata, ut commedantur, sicut patet in aliquibus processibus de Lugdunensibus partibus maxime, aut assantur infantuli in congregacionibus*".

196. Franck Mercier y Martine Ostorero, *L'énigme de la Vauderie de Lyon*, p. 73.

197. Franck Mercier, "Le diable à Lisieux? Fragments retrouvés d'un sabbat sous l'épiscopat de Thomas Basin (1463)", *Cahiers de recherches médiévales et humanistes*, 22 (2011), p. 278: "*plures infantes et parvulos crudeliter occidisse, in partes et frustra eos dividisse, retento corde et cererebro eorum ad vestra veneficia facienda. Constant enim quod carnes eorumdem edere non formidastis*".

198. *Ibid.*, pp. 268-260.

El canibalismo fue más irrelevante aun en el paradigma vigente en los territorios occidentales y meridionales del espacio de civilización alemana, incluyendo en este caso a los cantones suizos germanófonos. Las referencias son en extremo escasas. En 1478, por caso, en el contexto del primer proceso por brujería registrado en la ciudad de Nördlingen, en Baviera, Else Schwab fue caracterizada como una bruja que exhumaba cadáveres de infantes para devorarlos.[199] Fue, sin embargo, absuelta. No volvió a incoarse un proceso por brujería en dicho centro urbano hasta 1534, ocasión en la cual la antropofagia no se incluyó en el listado de cargos.[200] Si no fuera por un par de aisladas referencias al tema de la ingestión de carne humana en el *Malleus maleficarum* cabría sostener que el canibalismo brujeril estuvo casi por completo ausente en estos territorios. De hecho, durante el siglo fundacional de la caza de brujas la lamia germana, por tomar una expresión subsidiaria del *De laniis et phitonicis mulieribus* publicado por Ulrich Molitor en Colonia en 1489, de manera preferente centró su accionar en el *maleficium* y sus diversas variantes.[201] El elemento articulador del sabbat, allí donde se lo incluía en los relatos y narraciones, no eran los rituales idolátricos sino los festines y danzas comunales en los cuales se planeaban los maleficios. El vuelo nocturno y la profanación eucarística eran incluidos sólo de manera muy esporádica en las descripciones.[202] En cuanto al canibalismo, brillaba por su ausencia. No lo hallamos en el *Buch aller verbotenen Kunst*, escrito en 1456 por el médico Johannes Hartlieb.[203] Aun cuando *Errores gazariorum* era conocido en la década de 1470 en Heidelberg, capital del Palatinado, donde fue traducido al alemán, no parece haber modificado la percepción sobre la brujería que por entonces se tenía en dicha ciudad y en las regiones circundantes.[204] El tópico caníbal no aparece ni en el texto ni en las ilustraciones que acompañaron a la primera edición del *De laniis* de Molitor; la séptima y última de las xilografías que ilustran el tratado, de hecho, pone en escena a tres mujeres que comparten una comida al aire libre e ingieren alimentos corrientes, por lo que sólo por asociación resulta posible deducir que la imagen está representando un conventículo brujeril.[205] La ingestión de carne humana tampoco se observa en los procesos por magia maléfica incoados entre 1430 y 1530 en cantones

199. Lyndal Roper, *Witch Craze: Terror and Fantasy in Baroque Germany*, New Haven, Yale University Press, 2004, p. 73.

200. *Ibid.*, p. 278, nota 25.

201. María Soraya Ahn Ríos, *La transformación de la lamia antigua en bruja moderna: Edición crítica y traducción del* De lamiis et pithonicis mulieribus *de Ulrich Molitor (1489)*, Ph.d. diss., Universidad de Barcelona, 2016, p. 125.

202. Johannes Dillinger, *"Evil People": A Comparative Study of Witch Hunts in Swabian Austria and the Electorate of Trier*, traducido por Laura Stokes, Charlottesville, University of Virginia Press, 2009 (1999), pp. 48-52.

203. Richard Kieckhefer (ed.), *Hazards of the Dark Arts. Advice for Medieval Princes on Witchcraft and Magic. Johannes Hartlieb's* Book of All Forbidden Arts *(1456) and Ulrich Molitoris's* On Witches and Pythonesses *(1489)*, University Park, The Pennsylvania University Press, 2017, pp. 38-39.

204. Kathrin Utz Tremp, "Witches' Brooms and Magic Ointments", p. 185.

205. Richard Kieckhefer (ed.), *Hazards of the Dark Arts*, pp. 17 y 143.

suizos germanófonos como Lucerna y Basilea.[206] Lo mismo cabe decir de la bula *Summis desiderantes affectibus* de Inocencio VIII, un texto creado por la curia romana pero tomando en consideración los delitos que se proyectaban sobre los brujos alemanes.[207] Johannes Geiler of Kaysersberg, predicador oficial de la catedral de Estrasburgo, en Alsacia, trató el tema de las supersticiones y de la brujería en su célebre *Emeis* –una serie de sermones pronunciados en la Cuaresma de 1509– sin mencionar jamás la antropofagia.[208] Esta serie de ausencias significativas convierte al *Malleus maleficarum* en el único documento que en el oeste del Sacro Imperio incorporó en su relato la figura de la bruja devoradora de seres humanos. De todos modos se trata de una constatación engañosa. Heinrich Kramer recuperó el tópico en dos secciones diferentes del libro pero en ambos casos reprodujo escenarios importados, ajenos a los trazos distintivos de la lamia germánica. La primera mención, como hemos visto, remitía a una intensa caza de brujas que se desarrolló en Bormio, en el extremo norte del Milanesado, hacia 1485. La otra alusión repetía la información que Peter von Greyerz, juez secular del cantón de Berna, le había proporcionado a Johannes Nider medio siglo antes: "cómo me refiriera Pedro, juez de Berna, era sabido que en el territorio de dicho cantón 13 niños fueron devorados por los maléficos y por ello la justicia pública castigó con dureza a los parricidas. Cuando Pedro la preguntó a una de las maléficas arrestadas cuál era el modo por el que comían a los niños, le respondió: '(...) los matamos por medio de nuestras ceremonias cuando están en sus cunas o yacen junto a sus padres, (...) luego los extraemos furtivamente de sus tumbas y los cocinamos en un caldero, hasta que los huesos se separan de la carne y ésta se vuelve casi bebible".[209] Kramer conocía, pues, los componentes del paradigma de Lausanne. Sin embargo la mitología de la brujería alpina no tuvo impacto siquiera en los procesos que el propio Institor presidió en Ravensburg y en Innsbruck, pues en ambos casos los cargos que presentó resultaban indistinguibles de

---

206. Laura Stokes, *Demons of Urban Reform. Early European Witch Trials and Criminal Justice, 1430-1530*, Basingstoke, Palgrave Macmillan, 2011, pp. 8, 21, 37-49, 62-77.

207. Eric Wilson, "Institoris at Innsbruck: Heinrich Institoris, the *Summis Desiderantes* and the Brixen Witch-Trials of 1485", en Bob Scribner y Trevor Johnson (eds.), *Popular Religion in Germany and Central Europe, 1400-1800*, Basingstokes, Macmillan, 1996, p. 88.

208. Rita Voltmer, "Preaching on Witchcraft? The Sermons of Johannes Geiler of Kaysersberg (1445-1510)", en Louise Nyholm Kallestrup y Raisa Maria Toivo (eds.), *Contesting Orthodoxy in Medieval and Early Modern Europe: Heresy, Magic and Witchcraft*, Basingstoke, Palgrave Macmillan, 2017, pp. 193-215; Rita Voltmer, "Du discours à l'allégorie. Représentations de la superstition, de la magie et de la sorcellerie dans les sermons de Johannes Geiler de Kaysersberg", en Antoine Follain y Maryse Simon (eds.), *Sorcellerie savante et mentalités populaires*, Strasbourg, Presses Universitaires de Strasbourg, 2013, pp. 45-88.

209. Henricus Institoris, O.P. y Jacobus Sprenger, O.P., *Malleus maleficarum*, vol I, p. 397: "*fuit insuper fama communis Petro iudice in Boltingen referente quod in terra Bernensium xiii infantes devorati essent a maleficis, quamobrem etiam publica isuticia satis dure exarserat in tales paricidas. Cum autem Petrus quisivisset a quadam capta malefica per quem modum infantes comederent, illa respondit, 'hos in cunabulis vel ad latera iacentes parentum cerimoniis nostris occidimus, quos (...) de tumulo clam furto recipimus et in caldari decoquimus, quousque evulsis ossibus tota caro efficitur pene potabilis'*".

los que por entonces, anclados en el concepto de *maleficium*, reproducían los magistrados laicos en las cortes seculares alemanas.[210]

De las mitologías regionales que hemos identificado la que menos espacio otorgó a la antropofagia brujeril fue el paradigma ibérico. No parece un problema de sencilla resolución y hasta el presente los estudiosos no han propuesto hipótesis plausibles al respecto. Potencia esta singularidad el hecho de que el infanticidio ocupó un lugar centralísimo en el imaginario de la brujería ibérica. Si una especialidad reconocida tuvo la *strix* hispánica fue el puericidio. Sin embargo, la canibalización de las pequeñas víctimas no irrumpe jamás ni en la tratadística ni en los procesos celebrados en territorio español. Esta peculiar configuración se mantiene inalterada de un extremo a otro de nuestro arco temporal. En 1427 los notables de Gerona solicitaron la intercesión del rey de Aragón para que la Inquisición no obstaculizase la ejecución de Margarida Devesa, residente en la localidad de Amer, a quien se acusaba de haber invocado y adorado demonios, y de haberles ofrecido a modo de sacrificio la carne de criaturas nacidas muertas o asesinadas con dicho fin: "de noche, estando cerradas las puertas, entró en recámaras donde yacían mujeres recién paridas para tomar y llevarse a los niños que acababan de nacer".[211] La petición reproducía uno de los trazos característicos de la primitiva bruja ibérica, imaginada como un demonio vampírico, infanticida y pesadillezco.[212] Pero el objetivo que esta supuesta bruja aragonesa perseguía con su accionar no era el traslado de los minúsculos cadáveres al conventículo nocturno para su posterior transformación en alimento sino su utilización en los sacrificios que ofrecía a los demonios. Un siglo después el *modus operandi* de las brujas ibéricas continuaba inalterado. En 1532, Antona Larrosa, una de las cuatro mujeres convictas por brujería por el concejo de la localidad de Monzón, en la provincia aragonesa de Huesca, describió ante la justicia civil las acciones que llevaron a cabo cuando ella y sus secuaces ingresaron en la vivienda de un vecino, Jordán Zorita: "'Comamos y bebamos aquí, que es buena casa.' Y así trovaron en un capacete un pedazo de carne y en un palmar pan, y asaron la carne. Y después que fue asada, Antona Larrosa y Marta Esteban fueron al cillero por vino, porque la dicha Marta sabía bien los pasos de la casa. Y así puyaron vino y todas comieron. Y de que hubieron comido les dijo el diablo: 'Hagamos por lo que somos'. (...) Y así entraron en la cambra y a un hijo de Jordán Zorita, que estaba en el lecho al costado de

---

210. Richard Kieckhefer, "Magic at Innsbruck. The Case of 1485 Reexamined", en Thomas Wünsch (ed.), *Religion und Magie in Ostmitteleuropa. Spielräume theologischer Normierungsprozesse in Spätmittelalter und Früher Neuzeit*, Münster, LIT Verlag, 2007, pp. 11-29.

211. Pau Castell Granados, "Sortilegas, divinatrices e fetilleres. Les origines de la sorcellerie en Catalogne", *Cahiers de Recherches Médiévales et Humanistes*, 22 (2011), p. 219, n. 7: "*delada e inculpada que invocats dimonis, els ha adorats et fets sacrificis de carns de infant o albat mort, a que fou present un hom de aquesta ciutat ab lo qual la han acarada. Més avant de nits januis clausis entrà en las cambras on jaen les dones parteres per pendre e portar-se los infants parits*".

212. Fabián Alejandro Campagne, "Witch or Demon? Fairies, Vampires and Nightmares in Early Modern Spain", *Acta Ethnographica Hungarica. An International Journal of Ethnography*, 53:2 (2008), pp. 381-410; Pau Castell Granados, "'Wine vat witches suffocate children.' The Mythical Components of the Iberian Witch", *eHumanista*, 26 (2014), pp. 170-105.

su madre durmiendo, le pusieron ungüento de medicinas en la boca y murió hasta tres o cuatro días. Y ellas salieron por la misma puerta".[213] La narración es rica en detalles gastronómicos. Pero traza una nítida separación entre el banquete que las brujas organizaron al inicio de su incursión gracias a las vituallas que descubrieron en la vivienda y el asesinato posterior de uno de los hijos del dueño de la casa. La violencia homicida contra el niño indefenso no estuvo motivada por la búsqueda de alimento. En suelo español las brujas parecían preferir una dieta en base a los productos convencionales que podían hallarse en la vivienda de cualquier campesino acomodado de la época. Esta aversión de las brujas ibéricas por la carne humana no sufrió modificaciones entre las décadas de 1420 y 1530. No eran caníbales las *bruxas* infanticidas y vampíricas a las que aludió el obispo Lope de Barrientos en la decimonovena cuestión de su *Tractado de la divinança e sus espeçies* (*circa* 1440).[214] Tampoco las *xorguiñas* denunciadas por el franciscano Alonso de Espina en el quinto libro del *Fortalitium Fidei* (*circa* 1460).[215] En 1529, en su *Tratado de las supersticiones y hechicerías*, Martín de Casteñaga comparó los sacrificios humanos de los "idólatras de la nueva España" con los infanticidios que cometían brujas y parteras. Dada la temprana asociación entre los mexicas y el canibalismo el parangón resultaba propicio para subrayar una posible ligazón entre los demonólatras europeos y la ingestión de carne humana, vínculo que sin embargo Castañega nunca estableció.[216] No hay rastros de antropofagia en las grandes psicosis brujeriles que estallaron en las primeras décadas del siglo XVI. Tal es el caso de los brotes que tuvieron lugar en Cuenca, en plena Castilla la Nueva, en 1519 y 1526.[217] Las reas procesadas en 1525

213. Carlos Garcés Manau, *La mala semilla, Nuevos casos de brujas*, Zaragoza, Tropo, 2013, p. 125.

214. Paloma Cuenca Muñoz, *El Tractado de la Divinança de Lope de Barrientos. La magia medieval en la visión de un obispo de Cuenca*, Cuenca, Excmo. Ayuntamiento de Cuenca, 1994, p. 188; Fernando Álvarez López, *Arte mágica y hechicería medieval. Tres tratados de magia en la corte de Juan II*, Valladolid, Diputación Provincial, 2000, pp. 151-153; Fabián Alejandro Campagne, *Homo Catholicus, Homo Superstitiosus. El discurso antisupersticioso en la España de los siglos XV a XVIII*, Madrid, Miño y Dávila editores, 2002, pp. 478-479; *Idem*, "El Tractado de la divinança de Lope de Barrientos y el surgimiento del estereotipo demonizado de la bruja en la España tardo-medieval", *Mora*, 5 (1999), pp. 53-74; Constanza Cavallero, *Los demonios interiores de España. El obispo Lope de Barrientos en los albores de la demonología moderna: Castilla, siglo XV*, Buenos Aires, Prometeo, 2011, pp. 126-128.

215. Constanza Cavallero, *Los enemigos del fin del mundo. Judíos, herejes y demonios en el* Fortalitium fidei *de Alonso de Espina (Castilla, siglo XV)*, Buenos Aires, Miño y Dávila editores, 2016, pp. 313 y ss.; Félix-Tomás López Gurpegui (ed.), *Demonología (1460). Alonso de Espina. Libro V del* Fortalitium Fidei, Madrid, Cultiva, 2013. pp. 112-116.

216. Fray Martín de Castañega, *Tratado de las supersticiones y hechicerías*, editado por Fabián Alejandro Campagne, Buenos Aires, Facultad de Filosofía y Letras/Universidad de Buenos Aires, 1997, pp. 85-86: "Muchos de los sacrificios antiguos diabólicos, y las más solenes, se celebraban con sangre humana, ofreciendo, degollando y sacrificando sus propios hijos e hijas al demonio. Por ende, el demonio trayendo a la memoria los sacrificios pasados, en que le sacrificaban niños, y derramaban en los templos mucha sangre humana; agora por sus ministros lo mesmo trabaja, como dicen que se hacen entre los idólatras de las Nueva España, y donde esto públicamente no se puede hacer, hace que los ministros, en la mas sotil y secreta manera que pueden, maten niños, como hacen muchas parteras brujas, o chupen sangre humana por exquisitos y cautelosos modos".

217. Heliodoro Cordente Martínez, *Brujería y hechicería en el Obispado de Cuenca*, Cuenca, Diputación Provincial, 1990, pp. 23-55.

en los valles del extremo norte navarro por jueces seculares comisionados por el Consejo Real de Pamplona, confesaron bajo tormento el asesinato de criaturas de corta edad. El relato de María de Ituren, residente en el valle de Santesteban, comarca de Alto Bidasoa, incluyó hasta el detalle de una inhumación cadavérica, recurso usual de las brujas antropófagas del arco alpino occidental. Sin embargo, en este caso el esforzado procedimiento no tenía como finalidad la provisión de carne humana para los ayuntamientos nocturnos sino la obtención de órganos para le elaboración del mítico ungüento de las brujas: "y dixo que esta confesante mató a una creatura de la mujer del zapatero, untándole en la barriga antes que pariese y que después parió la dicha creatura, muerta. La qual, despues de enterrada la desenterró y le sacó el corazón, para hacer el dicho unto".[218]

A modo de conclusión: variaciones sobre una misma melodía

En torno a las décadas de 1420 y 1430 comenzó en Europa Occidental el lento proceso de fabricación de una nueva mitología: el estereotipo del sabbat. Si bien el proceso se desarrolló simultáneamente en varias regiones del continente fue en los Alpes occidentales donde la creación del nuevo complejo alcanzó, en un principio, mayor desarrollo. Fue por lo tanto también en esta región donde el peso del mito caníbal alcanzó mayor elaboración. El sabbat y la bruja-antropófaga alpina fueron frutos de un esfuerzo de construcción colectiva. Intervinieron en él, como demonizadores de viejas creencias y difusores de nuevos constructos, los predicadores populares.[219] También realizaron un aporte difícil de exagerar los inquisidores y los jueces eclesiásticos.[220] En el mismo sentido, aunque con menor continuidad y coherencia, actuó la magistratura civil en algunas áreas.[221] Los tratadistas asentaron finalmente en el

---

218. Florencio Idoate, *La Brujería en Navarra y sus Documentos*, Pamplona, Diputación Foral de Navarra/ Institución Príncipe de Viana, 1978, p. 264.

219. Ronald Hutton, *The Witch*, p. 174; Pau Castell Granados, "'Diabolical sorceries'. Vicent Ferrer's preaching and the emergence of the witchcraft construct(s) in early fifteenth-century Europe", en Marina Montesano (ed.), *Folklore, Magic and Witchcraft: Cultural Exchanges from the Twelfth to Eighteenth Century*, London, Routledge, 2021, pp. 132 y ss.

220. Kathrin Utz-Tremp, "La 'naissance' du sabbat. Autour de l'arrière-plan hérétique des *Errores Gazariorum*", *Cahiers de recherches médiévales et humanistes*, 22 (2011), pp. 243-253; Georg Modestin, "Church Reform and Witch-Hunting in the Diocese of Lausanne: The Example of Bishop George of Saluzzo", en Andrew P. Roach y James R. Simpson (eds.), *Heresy and the Making of European Culture. Medieval and Modern perspectives*, Farnham, Ashgate, 2013, pp. 403-410; Martine Ostorero, "Itinéraire d'un inquisiteur gâté: Ponce Feugeyron, les juifs et le sabbat des sorciers", *Médiévales* 43 (2002), pp. 103-118; Bernard Andenmatten y Kathrin Utz Tremp, "De l'hérésie à la sorcellerie", *passim*.

221. Kathrin Utz-Tremp, "De l'hérésie à la sorcellerie: le 'laboratoire' de Fribourg (Suisse)", *Bollettino della Società di Studi Valdesi*, 2005 (2009), pp. 3-17; Martine Ostorero, "Amédée VIII et la répression de la sorcellerie démoniaque: une hérésie d'état", en Franco Morenzoni y Matthieu Caesar (eds.), *La loi du prince. La raccolta normativa sabauda di Amedeo VIII (1430), I: Les Statuts de Savoie d'Amédée VIII de 1430. Une oeuvre législative majeure*, Torino, Deputazione subalpina di Storia Patria, 2019, pp. 317-355; Richard Kieckhefer, "The Role of Secular Authorities in the Early Witch-Trials", en Johannes Dillinger, Jürgen Michael Schmidt y Dieter R. Bauer (eds.), *Hexenprozess und Staatsbildung/ Witch-Trials and State-Building*, Bielefeld, Verlag für Regionalgeschichte, 2008, pp. 25-39; Pierrette

imaginario colectivo europeo la imagen de la sacrílega asamblea nocturna.[222] Las víctimas de aquella implacable maquinaria represiva también hicieron su aporte, ofreciendo a sus interrogadores narraciones en las que afloraron, de manera azarosa, creencias locales, folklóricas y vernáculas.[223]

El tópico del canibalismo brujeril irrumpió también en otras geografías europeas. Aun cuando subsidiaria del vampirismo infanticida asociado a la figura de la *strega*, la antropofagia tuvo en Italia una presencia más destacada de lo que habitualmente se ha supuesto. Su peso en la mitología local sería todavía mayor si tomáramos en consideración los relatos en torno al misterioso *barilotto*. Se trata de un mitologema que inicialmente no formó parte del imaginario del sabbat sino de los estereotipos heresiológicos. La forma definitiva de la leyenda del *barilotto* cristalizó en los sermones predicados por Bernardino de Siena en 1427. Según Bernardino, los integrantes de una secta piamontesa –probablemente valdenses –asesinaban neonatos, los reducían a polvo, introducían las cenizas en un barrilito y luego daban a beber la poción a los novicios.[224] Se trata, como vemos, de una forma peculiar de canibalismo, en la cual no se ingerían órganos o tejidos sino cenizas humanas disueltas en un preparado bebible. Giovanni da Capestrano aplicó el mito del *barilotto* a grupos disidentes contemporáneos, como los *fraticelli de opinione*, a los que reprimió en 1449 en Fabriano, en la Marca de Ancona.[225] En Roma, en 1466, estalló otro proceso contra los *fraticelli* en el que el funesto barril volvió a aparecer.[226] Hacia fines del siglo XV el término *barilotto* comenzó a independizarse de la invectiva heresiológica y empezó a emplearse, en un principio de manera aislada, como sinónimo del sabbat brujeril.[227] En el siglo siguiente sabbat y *barilotto* terminaron imbricándose de tal forma que en las fuentes aparecen confundidos de manera inextricable. Cuando esta amalgama se concretó, las repetidas referencias al sintagma *barilotto* ya no aludieron necesariamente a la práctica de beber cenizas humanas disueltas en líquido. Es por estos motivos

---

Paravy, "À propos de la genèse médiévale des chasses aux sorcières: le Traité de Claude Tholosan, juge dauphinois (vers 1436)", *Mélanges de l'École française de Rome*, 91:1 (1979), pp. 333-353; Franck Mercier y Martine Ostorero, *L'énigme de la Vauderie de Lyon*, pp. 305-342; Georg Modestin, Alexia Rey y Céline Rochat, "La répression de la sorcellerie à Fribourg", *passim*.

222. Martine Ostorero, Agostino Paravicini Bagliani, Kathrin Utz-Tremp y Catherine Chène (eds.), *L'imaginaire du sabbat, passim*; Martine Ostorero, *Le diable au sabbat, passim*.

223. Carlo Ginzburg, *Historia Nocturna, passim*; Luisa Muraro, *La Signora del gioco, passim*; Gábor Klaniczay, "The Process of Trance: Heavenly and Diabolic Apparitions in Johannes Nider's *Formicarius*", en Nancy van Deusen (ed.), *Procession, Performance, Liturgy and Ritual. Essays in Honor of Bryan R. Gillingham*, Ottawa, The Institute of Mediaeval Music, 2007, pp. 203-258.

224. Bernardino da Siena, *Prediche volgari*, vol II, pp. 793-794: "*E sai come si chiamano questi tali? Chiamansi quelli del barilotto. E questo nome si è perchè eglino pigliaranno uno tempo dell'anno uno fanciullino, e tanto il gitaranno fra loro de mano in mano, che elli si muore. Poi che è morto, ne fanno polvare, e mettono la polvare in uno barilotto, e danno poi bere di questo barilotto a ognuno; e questo fanno perché dicono che poi non possono manifestare niuna cosa che ellino faccino*".

225. Michele Lodone, "Il sabba dei fraticelli. La demonizzazione degli eretici nel Quattrocento", *Rivista storica italiana*, 129:3 (2017), pp. 892 y 894.

226. Norman Cohn, *Europe's Inner Demons*, pp. 68-72.

227. Claudio Bondi, *Strix. Medicehesse, streghe e fattucchiere nell'Italia del Rinascimento*, Roma, Lucarini, 1989, p. 56.

que resulta cuestionable la inclusión del mito del *barilotto* en el conjunto de evidencias que dan cuenta de las relaciones entre brujería y canibalismo en territorio italiano. Ello no supone, sin embargo, un problema. Las abundantes referencias documentales que han sobrevivido alcanzan para sugerir la necesidad de replantear el espacio raquítico tradicionalmente asignado a la antropofagia en el imaginario de la brujería italiana.

Fuera de los Alpes occidentales y de la Italia central y septentrional, el peso del mitologema caníbal se debilita de manera creciente hasta su casi total desaparición. De todas las mitologías periféricas, la francesa es la que concede mayor peso específico al tópico. Hallamos referencias a la ingestión de carne humana en algunos tratados y procesos judiciales aislados. Resultan sugestivas en relación con el caso francés una serie de anomalías sorprendentes, en particular las referencias a brujas caníbales allí donde en principio no cabría hallarlas, como Île-de-France y Normandía, así como la ausencia del motivo en episodios en los que *a priori* parecían dadas las condiciones para su desarrollo, como las *vauderies* de Lyon y de Arras. La lamia germánica y la *strix* hispánica parecen haber sido por completo inmunes a la pulsión caníbal. En la porción meridional y occidental del Sacro Imperio sólo hallamos referencias a la antropofagia de las brujas en algunos pasajes del *Malleus maleficarum* que, por otra parte, remiten a episodios que habrían tenido lugar en Suiza y en Italia. Tan aisladas resultan las menciones a la antropofagia en el farragoso volumen que parecen incluso insertadas en una estructura de sentido que no estaba pensada inicialmente para albergarlas. En territorio ibérico el canibalismo brujeril es directamente inexistente a pesar de que el infanticidio ocupó un lugar destacadísimo en el imaginario de la brujería hispánica.

El instinto antropófago formó parte de las características esenciales del estereotipo de la brujería a lo largo de toda la Edad Moderna. La hallamos en los perfiles descriptivos abstractos que de las brujas ofrecieron los tratados demonológicos hasta muy entrados los siglos XVI y XVII. Sin embargo, aun cuando en la tratadística tardía la ingestión de carne humana no dejó nunca de mencionarse, se trató la mayoría de las veces de alusiones fugaces. A medida que nos acercamos al siglo XVII percibimos que el canibalismo pierde centralidad en el relato de los demonólogos, desplazado hacia los márgenes por otras piezas del imaginario del aquelarre que por entonces parecían suscitar mayor interés, como la profanación eucarística, las desviaciones sexuales, la magia meteorológica, la posesión diabólica o la metamorfosis licantrópica. Al mismo tiempo las referencias a la antropofagia se estandarizaron y adquirieron un tono marcadamente uniforme. Durante el Renacimiento tardío y el Barroco temprano sólo en la iconografía y en las artes visuales logró la deglución de carne humana asociada al conventículo nocturno conservar un lugar preponderante y un grado elevado de creativa originalidad.[228] En

---

228. Charles Zika, "Cannibalism and Witchcraft in Early Modern Europe: Reading the Visual Images", *History Workshop Journal*, 44:1 (1997), pp. 77-105; Charles Zika, "Les parties du corps. Saturne et le cannibalisme: représentations visuelles des assemblées des sorcières au XVIe siècle", en Nicole Jacques-Chaquin y Maxime Préaud (eds.), *Le sabbat des sorciers, XVe-XVIIIe siècles. Colloque*

el discurso escrito, por el contrario, el peso de la bruja-caníbal decreció de manera sustancial y el contenido específico de los relatos se tornó repetitivo, monótono e indiferenciado. Prueba de ello son las ascéticas referencias al canibalismo que hallamos en la *Démonomanie des sorciers* de Jean Bodin (1580), en la *Demonolatria* de Nicolas Remy (1595), en el *Discours execrable des sorciers* de Henry Boguet (1602) y en el *Tableau de l'inconstance des mauvais anges et démons* de Pierre de Lancre (1612).[229] Por contraposición, durante el siglo fundacional de la caza de brujas, entre las décadas de 1420 y 1530, el canibalismo no sólo ocupó en la tratadística demonológica un lugar de privilegio que luego perdería sino que sus manifestaciones en las fuentes escritas desarrollaron una complejidad regional, una personalidad atada a la cultura vernácula y una heterogeneidad multiforme, que neutralizan cualquier ejercicio de simplificación que podamos ensayar. Los sectarios de la secta satánica fabricada durante el Renacimiento europeo fueron también voraces e incorregibles caníbales: la carne humana fue parte constitutiva de la dieta que consumían en sus convenciones clandestinas. Como bien sabe cualquier niño familiarizado con la historia de *Hänsel und Gretel* –el siniestro relato que los hermanos Jacob y Wilhelm Grimm y el compositor operístico Engelbert Humperdinck contribuyeron a instalar en la cultura popular de Occidente– la alimentación en base a carne humana es uno de los rasgos inescindibles de la figura de la bruja maléfica.[230] La bruja antropófaga europea merece por derecho propio, pues, un lugar privilegiado en la historia del metamito caníbal en Occidente.

---

international E.N.S Fontenay-Saint-Cloud (4-7 novembre 1992), Grenoble, Jérôme Millon, 1993, pp. 389-418; Charles Zika, "Cannibalism", en Richard M. Golden (ed.), *Encyclopedia of Witchcraft*, vol. 1, pp. 162-164; Charles Zika, *The Appearance of Witchcraft: Print and Visual Culture in Sixteenth-Century Europe*, London, Routledge, 2007, pp. 210-219.

229. Jean Bodin, *De la demonomanie des sorciers*, Paris, Jacques du Puys, 1587, f. 104 v: "*quant à manger la chair humaine, celà eſt tres certaint, & de toute antiquité les Sorcieres en eſtoient si friandes, qu'il eſtoit quasi impossibles de garder les corps morts, ny les enfermer si bien qu'elle ny entrassent pour les ronger iusques aux os*"; Nicolas Remy, *Daemonolatreiae libri tres. Ex iudicijs capitalibus nongentorum plus minus hominum, qui sortilegii crimen intra annos quindecim in Lotharingia capite luerunt*, Lugduni, In Officina Vincentii, 1595, p. 130: "*addit Dominica Isabella aliquando etiam apponi humanas carnes, quod et apud Scytharum Sortilegos*"; Henri Boguet, *Discours execrable des sorciers. Ensemble leur procez, faits depuis deux ans en ça, en divers endroicts de la France*, Paris, Denis Binet, 1603, p. 122: "*Ie sçay bien qu'il y en a qui ne se peuvent persuader que les sorciers mangent la chair humaine: mais ils doivent considerer, que de tout temps il y a eu des peuples qui en ont faict autant... Les sorciers font d'avantage: car ils deterrent mesme les corps morts, & dependent les autres de gibets pour manger leur chair*"; Pierre de Lancre, *Tableau de l'inconſtance des mauvais anges et demons, ou il eſt amplement traicté des Sorciers, et de la Sorcellerie*, Paris, Nicolas Buon, 1613, pp. 198-199: "*que tous les enfans qu'on peut desrober de cette forme, on les porte o sabbat sans Baptesme, & sont mis en pieces & mangez- Qu'elle a veyu desenterrer firce hommes, femmes, & petits enfans es cimetieres ... & leur arracher le coeur, le mettre en pieces. & le servir esdictes tables pour le faire manger à ceux que le Diable veut qu'ils ne confessent iamais rien*".

230. Elisabeth Wanning Harries, "Hansel and Gretel", en Jack Zipes (ed.), *The Oxford Companion to Fairy Tales*, Oxford, Oxford University Press, 2000, pp. 225-227; Jack Zipes, *Grimm Legacies: The Magic Spell of the Grimms' Folk and Fairy Tales*, Princeton, Princeton University Press, 2015, pp. 152-186; William Melton, *Humperdinck: A Life of the Composer of Hänsel und Gretel*, London, Tocatta Press, 2020, pp. 155-181; Amanda Glauert, "Hänsel und Gretel", en Stanley Sadie (ed.), *The New Grove Dictionary of Opera*, London, Macmillan, 1998, pp. 638-640.

❧ CAPÍTULO V ☙

El diablo *"loico"*.
La demonología de Luigi Pulci

Marina Montesano
Università di Messina

Traducción del italiano: Fabián Alejandro Campagne

Introducción

"**Q**uizás / tu no pensaste che yo *loïco* fuese": con esta frase concluye la lección que el diablo imparte a Guido di Montefeltro en el Canto XXVII del Infierno. Guido había sido un hombre de armas de extrema importancia para el partido gibelino. Fue, de hecho, uno de sus líderes, desde el tiempo de Manfredo hasta los años setenta del siglo XIII y por ello no resultaba del agrado del Dante. En su época fue reconocido como un estratega de gran astucia, como ofrece testimonio, por caso, el cronista Giovanni Villani.[1] Ya anciano (nació en torno a 1220), con el consentimiento de Bonifacio VIII y de su segunda esposa, Constanza, ingresó en la Orden de los Frailes Menores y abandonó de manera definitiva la vida mundana. Dante utilizó una fuente cronística italiana hoy perdida, las *Historie* de Riccobaldo da Ferrara[2], para acusar a Guido de haber ayudado al Papa con sus consejos, facilitándole de esa forma la conquista de Palestrina, la ciudad latina de sus enemigos, los Colonna. Para convencerlo, Bonifacio le había prometido la absolución, jactándose de poder condenar y absolver según sus deseos; Guido le creyó y por ello lo retribuyó con los consejos solicitados. Dice el Dante que, habiéndose Guido arrepentido de sus pecados precedentes y vestido el hábito franciscano, el día de su muerte, acaecida el 29 de septiembre de 1298, san Francisco mismo fue a buscar su alma. Pero un diablo lo detuvo, pidiéndole que no se lo llevara y que no le causara un daño, porque el lugar de Guido era entre los condenados por haber dado consejos fraudulentos. No podía absolverse a quien no se arrepentía y no resultaba posible arrepentirse y pecar al mismo

---

1. Giovanni Villani, *Nuova cronica*, I, VIII, 44, editado por Giovanni Porta, Torino, Einaudi, 1991, p. 395.

2. Paolo Pellegrini, "Dante, Riccobaldo e le cronache medioevali: Guido da Montefeltro tra le anguille di Bolsena", *Filologia mediolatina*, 28 (2021), pp. 141-193.

tiempo, pues se trataba de una contradicción en los términos. Ante este impecable razonamiento, san Francisco nada pudo responder. El diablo se jactó, ante la desesperación de Guido, de ser un "lógico", término que en la época indicaba a quienes tenían un dominio pleno del arte de la disputa.[3] No debe sorprendernos la connotación positiva de una palabra atribuida al diablo: en primer lugar, porque es el Dante quien habla a través del diablo. Debemos tomar en consideración que a él le interesaba mostrar no tanto el pecado de Guido cuanto el del pontífice, verdadero objetivo polémico del fragmento. Sin embargo, si bien el diablo "lógico" resultaba instrumental para el discurso, el hecho de atribuirle una capacidad dialéctica convertía al fragmento dantesco en un momento de innovación, no en la historia de la demonología, que de san Agustín en adelante reafirmó la inteligencia de los demonios, sino, sobre todo, en la historia del discurso literario.

La innovación introducida por el Dante se desarrolló en un texto muy diferente de la *Divina Comedia*, un poema épico tardío en toscano vulgar, compuesto por Luigi Pulci en los años sesenta del siglo XV y titulado *Morgante*, en el cual la presencia del demonio y de sus discursos juega un papel importante e insólito, sobre todo si se toman en consideración los años de composición, durante los cuales la demonología imperante iba en una dirección muy diferente abriendo paso a la era de la caza de brujas.[4] ¿Es posible, pues, que nos encontremos con un demonio diferente del habitual si pasamos del campo de la tratadística al de la literatura? ¿O bien debemos considerar simplemente al diablo del *Morgante* como la invención de un poeta singular que nada nos dice sobre su contexto histórico? Las páginas que siguen tienen como objetivo intentar ofrecer una respuesta a estas preguntas.

Los demonios de Luigi Pulci

Luigi Pulci nació en Florencia el 15 de agosto de 1432, hijo de Iacopo di Francesco y de Brigida de' Bardi. Descendía de una noble familia florentina, por entonces en decadencia; del censo de 1451 se deduce que ni Luigi ni sus hermanos Luca y Bernardo practicaban ningún comercio ni poseían otra cosa que deudas con el municipio. En la década de 1450 Luca probó suerte como cambista en Roma y luego en Florencia, junto a su hermano Bernardo, pero con escaso éxito. Poco se conoce de la juventud de Pulci hasta su ingreso en la esfera de los Médici, que también resulta difícil fechar.

No se sabe cuándo ni cómo entró al servicio de los Médici. Las primeras evidencias de una relación con la familia remiten a la redacción del *Morgante* y conducen a Lucrezia Tornabuoni, la culta madre de Lorenzo, que en torno a

---

3. Alfonso Maierù, "Loico," en *Enciclopedia Dantesca*, Roma, Treccani, 1970, disponible en https://www.treccani.it/enciclopedia/loico_%28Enciclopedia-Dantesca%29/. Último acceso en enero de 2023.

4. Sobre el conocimiento del Dante en la obra de Pulci véase Michele Messina, "Luigi Pulci", en *Ibid.*, disponible en https://www.treccani.it/enciclopedia/luigi-pulci_%28Enciclopedia-Dantesca%29/. Último acceso en enero de 2023.

1461 confió a Pulci la tarea de escribir un poema sobre la gesta de Carlomagno. Por cierto, fue con el por entonces joven Lorenzo que Pulci inició una relación de amistad, como lo atestigua el epistolario del escritor.[5] Los años en los cuales la relación con los Médici fue más intensa fueron también los más difíciles en la vida de Pulci: el fracaso de la banca de sus hermanos significó en 1465 el exilio de Florencia y la posibilidad de que los acreedores se volvieran contra el patrimonio de Luigi. En el mes de marzo del año posterior la crisis pareció resolverse, también gracias a la decisiva ayuda de Lorenzo, pero durante un tiempo la situación económica de los tres hermanos siguió siendo precaria. De allí en adelante, quizás también para satisfacer las exigencias económicas de su amigo, Lorenzo le confió distintas misiones semioficiales por toda Italia. Pero el carácter no lo ayudaba: una parte preponderante de la producción de sonetos de Pulci estaba de hecho conformada por textos polémicos o escritos de vituperio de sus adversarios, entre los que se encontraba Marsilio Ficino. Estas controversias contribuyeron a la precariedad de su posición en el ambiente florentino, donde la fortuna de Ficino estaba en alza. Para complicar las cosas, Pulci compuso sonetos "heréticos" que parodiaban algunos dogmas y prácticas religiosas (el fanatismo de los peregrinos, la fe en los milagros, el crédito dado a los predicadores) e incluso la doctrina neoplatónica sobre la inmortalidad del alma. El escándalo que siguió a la difusión de estos textos expuso a Pulci al desprecio público y obligó a los Médici a tomar distancia. Incluso en la polémica contra Ficino, que reaccionó públicamente a los ataques, hubo una intervención directa de Lorenzo solicitada por el filósofo, para instar a Pulci a renunciar a sus provocaciones. Mientras tanto, fuera de Florencia, Pulci había estrechado lazos con el condotiero Roberto de Sanseverino, conde de Caiazzo, para quien comenzó a trabajar en 1472. A comienzos de la década de 1480 se publicó la edición definitiva del *Morgante* y Pulci retomó sus viajes por la Italia septentrional, mientras en Florencia era objeto de los ataques de Girolamo Savonarola. Su situación económica era más tranquila pero, cediendo a la insistencia de Sanseverino, aceptó secundarlo en una aventura militar por el Véneto, donde murió, probablemente a comienzos del otoño de 1484. Fuentes más tardías afirman que fue sepultado en Padua en tierra sin consagrar, dada su fama de hereje, aunque resulta difícil saber si este dato es cierto.

Ya hemos mencionado el interés de Luigi Pulci por la magia, un trazo por otro lado típico de los intelectuales de su tiempo. Para el florentino no se trataba meramente de una pasión teórica o libresca pues también poseía implicancias prácticas. Testimonio de ello es una carta a Lorenzo el Magnífico. En diciembre de 1470 le informó con tono de burla (prometía llevarle a Lorenzo las setas que hicieron célebre a la región) que deseaba viajar a Norcia donde sería "ultimado por la Sibila". Su interés por aquellos lugares reaparece en una página del *Morgante* en la cual relaciona la fascinación por los Montes Sibilinos con la figura de Cecco d'Ascoli:

---

5. Sobre la biografía, y también la bibliografía, un punto de partida es Alessio Decaria, "Pulci Luigi", *Dizionario Biografico degli Italiani*, Roma, Treccani, 2016, vol. 85, disponible en https://www.treccani. it/enciclopedia/luigi-pulci_%28Dizionario-Biografico%29/. Último acceso en enero de 2023.

"Así voy descubriendo poco a poco
que he estado en el Monte de la Sibila,
que alguna vez me pareció un bello juego:
aún queda en el corazón un cierto centelleo
por volver a ver las tan encantadas aguas
donde ya el ascolano Cecco me encantó".[6]

A propósito de los Montes Sibilinos existía en Italia, con fuertes réplicas también más allá de sus fronteras, una tradición mágica, nigromántica y diabólica a la cual Pulci se vinculaba: volveremos sobre ello en breve.

Las referencias a la materia mágica, presentes no sólo en la producción literaria sino en la biografía del autor, continúan en las cartas, en las que se menciona en cuatro oportunidades un demonio que sería "familiar" de Pulci. En enero de 1466 le escribió a Lorenzo enviándole una canción y un comentario agregado: "Dios nos ayudará, o Salaỳ".[7] En marzo del mismo año Pulci escribió al mismo destinatario: "por otro lado, piensa que Salaỳ todavía quiere su parte de nosotros; quizás un día nos tendrá por completo".[8] En agosto, mientras cursaba una enfermedad, escribió burlonamente a Lorenzo: "aquí me manejo con unos retoños (es decir, frascos con ungüento) y consejos de Salaỳ".[9] Una vez más a Lorenzo, en noviembre del mismo año: "de un tiempo a esta parte no puedo pensar en otra cosa que en ti y en Salaỳ".[10] Las cartas al Magnífico continuaron hasta 1479, con mayor o menor frecuencia según el momento; sin embargo, todas las referencias al demonio Salaỳ se concentran en el año 1466, por lo que es difícil saber si su interés por este diablo "domesticado" fue cediendo y por qué motivos. A principios del siglo XIV, el papa Bonifacio VIII se convirtió en "la primera persona en el Medioevo en ser acusada, estando aún en vida, de poseer un espíritu familiar encerrado –lo que resultaba más grave todavía– en un anillo mágico".[11] Se trataba de una novedad evidentemente en consonancia con la creciente preocupación demonolátrica propia de la época, pero en extremo grave porque la acusación iba dirigida a un pontífice. Según las acusaciones lanzadas por Francesco Colonna, los demonios que actuaban en nombre de Bonifacio eran tres, "entregados" por sendos expertos en nigromancia, una mujer y dos hombres cuyos nombres se mencionan.[12] En la segunda mitad del siglo XV, a ciento cincuenta años de

---

6. Luigi Pulci, *Morgante*, en *Morgante e opere minori*, editado por Aulo Greco, Torino, UTET, 2013, ebook C. XXIV, vv. 111-112. Sobre el fragmento véase Pio Rajna, "Nei paraggi della Sibilla di Norcia", en *Studi dedicati a Francesco Torraca nel XXXVI anniversario della sua laurea*, Napoli, Francesco Perrella E. C. editori, 1912, pp. 233-253.

7. Luigi Pulci, *Lettere*, en *Morgante e opere minori*, III.

8. *Ibid.*, V.

9. *Ibid.*, VI.

10. *Ibid.*, VII.

11. Agoŝtino Paravicini Bagliani, *Bonifacio VIII*, Torino, Einaudi, 2003, p. 307; Jean Coŝte (ed.), *Boniface VIII en Procès. Articles d'accusation et deposition des témoins (1303-1311)*, Roma, L'Erma di Bretschneider, 1995, pp. 148-14.

12. *Ibid.*, pp. 281-282.

su aparición, la idea del demonio familiar estaba mucho más extendida y ya no provocaba escozor en los círculos florentinos, como se deduce del hecho de que Pulci bromeara sobre el tema con el Magnífico y aludiera a Salaỳ como si se tratara de un consejero.

Salaỳ también es mencionado en el *Morgante*, cuando Pulci busca trazar un paralelo entre la ira de una maga, Creonta, y la que embargaba a dicho demonio cada vez que recordaba la Caída y sus consecuencias. Con dicho fin Pulci recuperaba el nombre del espíritu familiar: "como hace Salaỳ respecto de la caída, que cuando escucha que se la recuerdan, parece tan descontento".[13]

Se trata de un fragmento en el cual, junto a figuras aparentemente imaginarias, el poeta recuperaba a un demonio como Astarot, que toma su nombre de la divinidad fenicia Astarté, aludida en la Biblia junto a Baal.[14] Astarot o Astarotte protagoniza el canto XXV, del que volveremos a hablar: aquí simplemente se aludía a la magia que le permitirá introducirse en el interior de un caballo ("Astarot, que en el caballo está").[15] En la misma ocasión Pulci menciona también al demonio Beleth: "y no parecía en su hablar Bilette / que violó el mandala con algunos caracoles".[16]

El nombre Beleth deriva quizás de Baal, tal vez junto con Bilar o Beliar, rey de los demonios en la tradición hebrea; en el medioevo latino es protagonista de un *Liber Bileth*, presuntamente de origen musulmán y conservado en un manuscrito florentino perteneciente al círculo mediceo, lo que vuelve más sencilla la conexión con Luigi Pulci.[17] La frase debe leerse en el sentido de "profanó el cuadrado mágico y sus espirales", como explica Franca Ageno, la responsable de la edición más acreditada del *Morgante*:

"en el manuscrito magliabechiano II, III, 214, cc. 74v-78v (Firenze, Bibl. Nazionale) se enseña el modo de trazar sobre el suelo o en el piso o de esculpir sobre una lámina *'eris rubei'*, el cuadrado mágico llamado mandala o (con artículo árabe) 'almandala', de realizar fumigaciones y de pronunciar exorcismos con los cuales se creía posible invocar a los demonios y volverlos obedientes; los caracoles son *'vexilla vel circonvolutiones ex serisis quatuor colorum, viridis, albi, rubei et crocei'* [espirales o circunvoluciones de seda de cuatro colores, verde, blanco, rojo y amarillo], que se ponían sobre cuatro varillas de hierro fijadas a los ángulos del mandala, cuando se quería *'operari in die cum eo'* [trabajar en el día con él]. Según el *Liber*

---

13. Luigi Pulci, *Morgante*, XXI, 47.

14. *Jueces* 2, 13.

15. Luigi Pulci, *Morgante*, XXI, 49.

16. *Ibid.*

17. El tema ha sido estudiado por Jean-Patrice Boudet, "La magie au carrefour des cultures dans la Florence du Quattrocento: le 'Liber Bileth' et sa démonologie", en Martine Ostorero y Julien Véronèse (eds.), *Penser avec les démons. Démonologues et démonologies (XIIIe-XVIIe siècles)*, Firenze, Sismel, 2015, pp. 313-345; *Idem*, "Des savoirs occultes et illicites? Les textes et manuscrits de magie en Italie (XIVe - début du XVIe siècle)", en Joël Chandelier y Aurélien Robert (eds.), *Frontières des savoirs en Italie à l'époque des premières universités: XIIIe-XVe siècle*, Rome, École française de Rome, 2015, pp. 509-539.

Bileth (cc. 78v-84r) del mismo manuscrito, que enseña la difícil y peligrosa invocación, Beleth es el más poderoso de los espíritus malignos".[18]

En síntesis, Pulci hace referencia aquí a conocimientos demonológicos muy precisos, que como veremos son un dato recurrente en el *Morgante*. Si Beleth y Astarot eran nombres muy conocidos, más complejo resulta precisar el significado de Salaỳ, que no estaba presente en la literatura de referencia. Ageno sugiere una derivación de la alabanza que en árabe acompaña al nombre de Mahoma, *"sallAllahu 'alayhi wa sallam"* (traducible como "que las bendiciones y la paz de Dios caigan sobre él"), entendido ya no como nombre del Profeta sino como potencia infernal.[19] Sin embargo, me parece preferible otra explicación, a la que llegamos de manera indirecta gracias a un testimonio posterior: Salaì o Salaino, cuyo nombre de pila era Giovanni Giacomo Caprotti, era el sobrenombre del joven alumno y modelo de Leonardo Da Vinci. El nombre pudo haberse vuelto habitual para indicar un demonio o bien, como se ha sugerido a modo de hipótesis, quizás el propio Leonardo lo tomó del *Morgante* de Pulci para dar cuenta del carácter y del comportamiento de Caprotti, un ladrón audaz y fascinante; el nombre en sus versiones contraída y extendida, Salai / Salaino, indica que probablemente derivaba del célebre caudillo kurdo musulmán, Saladino, en torno al cual estaba naciendo en Occidente una compleja leyenda.[20]

En los círculos florentinos, pues, Luigi Pulci era conocido por sus amistades poco ortodoxas pero también por su irreligiosidad, que le causó muchos problemas. Además de la célebre polémica con Ficino entabló otra con el menos conocido Matteo di Franco di Brando della Badessa, con quien intercambió sonetos injuriosos; gracias a uno de ellos, dirigido a Pulci, nos enteramos que este último no se había confesado por dos décadas:

> "Más fuerza que el Cielo tuvieron los espíritus
> que se invocaron en la casa de Neroni:
> veinte años estuviste sin confesarte,
> hasta Sallaì te instó a que te confesaras".[21]

A raíz de la insistencia de una de las mujeres de la casa Médici, Nannina, hermana de Lorenzo, Pulci se decidió a celebrar como creyente la Pascua de 1473; en el mismo soneto el autor agregaba "pero duró poco", como en efecto se deduce de las obras irreverentes que Luigi Pulci publicó poco después. El soneto nos interesa sobre todo por la nueva referencia a Salaỳ/Sallai: es evidente

---

18. Luigi Pulci, *Morg*ante, XXI, nota 49.

19. *Ibid.*, nota 47.

20. Michele Mauri, *Salaì. L'altra metà di Leonardo*, Missaglia, Bellavite, 2015. Numerosas huellas en las fuentes editadas en el *Annuario dell'Archivio di Stato di Milano*, 1 (2019), *passim*.

21. Franco alude a este episodio en un soneto: *Sonetti di Matteo Franco e di Luigi Pulci*, s.l. 1759, p. 47. Sobre el autor véase el perfil biográfico de Franco Pignatti, "Franco, Matteo", en *Dizionario Biografico degli Italiani*, Roma, Treccani, 1998, vol. 50, disponible en https://www.treccani.it/enciclopedia/matteo-franco_%28Dizionario-Biografico%29/#:~:text=Matteo%20di%20Franco%20di%20Brando,data%20della%20sua%20ordinazione%20sacerdotale. Último acceso en enero de 2023.

que el interés de Pulci por dicho espíritu, que lejos estaba de ser un secreto, no se circunscribió al año 1466. Se vislumbra aquí, entonces, una importante dicotomía: la cuestión de la invocación y frecuentación de los demonios, que en la época era parte de las acusaciones de nigromancia y brujería, devino un entretenimiento de las élites, posible gracias al relajamiento de costumbres morales y religiosas en la Florencia de aquel tiempo pero también por una concepción demonológica que debía mucho al neoplatonismo de la época, a pesar de la aparente aversión que Pulci sentía por Ficino y su escuela.

Los Montes Sibilinos y el Lago de Pilatos

El interés de Luigi Pulci por la nigromancia guió sus pasos hacia los Montes Sibilinos, cerca de los cuales se hallaban dos lugares célebres: un lago llamado "de Pilatos" (porque según la leyenda había recibido sus restos) y una gruta de la Sibila. Los primeros testimonios sobre ambos aparecen en la primera mitad del siglo XIV, cuando el benedictino (antes franciscano) Pierre Bersuire aludió al tema en su *Reductorium morale*. La historia se narraba como un ejemplo moralizante y hacía referencia a una suerte de sacrificio humano, un chivo expiatorio ofrecido por los habitantes de las zonas limítrofes para aplacar a los demonios que habitaban en las aguas del lago. También hacía mención a que alrededor de los bordes del lago existían muros custodiados por guardias para que los nigromantes no pudieran acercarse a consagrar sus libros a los demonios. El siguiente testimonio es el de Fazio degli Uberti, miembro de una ilustre familia de gibelinos exiliados de Florencia, que vivió como un intelectual de corte, en particular al servicio de los Visconti, en cuya cercanía compuso en torno a 1360 el *Dittamondo*, un viaje de contornos visionarios inspirado en el geógrafo Solino. Su testimonio, aunque vago, es otra prueba de la fama de dichos lugares, con la referencia a los libros mágicos sacralizados a la vera del lago. A reforzar la creencia en el siglo posterior contribuyó el futuro papa Pío II, por entonces todavía Enea Silvio Piccolimini, quien escribió al hermano Giorgio acerca de las asambleas nocturnas de las brujas, los demonios y los espectros nocturnos junto a una caverna de los Montes Sibilinos. Poco después, el humanista de Forlì, Flavio Biondo, autor de la *Italia illustrata*, aludió tanto a una caverna llamada de la Sibila como a un lago reputado por ser sede de demonios y frecuentado por los nigromantes.

Estos lugares recibían ilustres visitantes y gozaban de cierta fama literaria. Andrea da Barberino escribió sobre ellos en su *Guerrin Meschino*, en el cual el protagonista, en busca de respuestas, visitaba a la Sibila en la gruta de los Apeninos. La referencia introducía la cuestión de la tradición sibilina. Andrea terminó el primer borrador en 1410 y la primera edición fue impresa en 1477. La obra tuvo un éxito extraordinario, que ciertamente contribuyó a la fama de estos lugares, aun cuando la historia de las Sibilas sufrió una fuerte censura debido al hecho de que en la época tendía a considerárselas como personajes que habían profetizado el advenimiento de Cristo y por ello la tradición mágico-religiosa se mantenía más bien a distancia.

En torno a 1420, el francés Antoine de La Sale visitó aquellos lugares y dejó en el *Paradis de la reine Sybille* una crónica de su experiencia. Antoine de La Sale es una interesante figura de viajero y literato. Nació en 1385 o 1386 y pertenecía a la baja nobleza de Gascuña. Tras comenzar a desempeñarse, a los catorce años, como escudero de Luis II de Borbón, en 1407 formó parte de una embajada a Mesina, durante la cual visitó las Islas Eólicas (viaje del cual dejó registro escrito). Siguieron otros viajes a Italia, siempre siguiendo a Luis II. Pero en 1415, empujado por aquel espíritu de aventura que caracterizó ampliamente su existencia, Antoine formó parte de la cruzada de Juan I de Portugal que condujo a la toma de Ceuta. La visita a los Montes Sibilinos tuvo lugar en 1420, en el curso de uno de sus viajes a Italia. Sin embargo debían pasar muchos años antes de que Antoine se decidiera a poner por escrito su particular descripción del viaje. La ocasión llegó en 1437, con la boda de María de Borgoña y Juan de Calabria, de once años de edad e hijo de Renato de Anjou. Según lo que refiere el propio La Sale, Inés de Borgoña, la madre de María, poseía un tapiz que, con numerosas imprecisiones, representaba a los Montes Sibilinos con el Lago de Pilatos y la gruta de la Sibila. Como diecisiete años antes Antoine había visitado dichos lugares, prometió redactar un informe veraz sobre su experiencia. No sabemos con certeza si la redacción del relato del viaje tuvo una motivación tan extemporánea o si, por el contrario, por entonces no existía ya un primer borrador del texto. El tapiz pudo ser también una manera de encubrir el interés por lugares que poseían una fama diabólica, que mal se conciliaba con la profesión de absoluto escepticismo de La Sale. El texto entregado a Inés de Borgoña comprendía, además del *Paradis de la reine Sybille*, un relato de la excursión a las Islas Lípari y una geografía del mundo, que incluía el Paraíso terrestre: se daba así una tripartición en la cual el mundo inferior estaba representado por el Lago de Pilatos, por el falso paraíso de la Sibila y por los volcanes. A la par de Andrea da Barberino, el caballero de La Sale mezclaba el nombre de la Sibila con relatos sobre reinos de hadas y con la historia del caballero-poeta alemán Tannhäuser, que vivió en la primera mitad del siglo XIII y que pocos años después de su muerte se convirtió en protagonista de una leyenda según la cual había habitado en el reino subterráneo de Venus (el Venusberg) para luego arrepentirse de sus pecados, sustituyendo el culto de la diosa pagana por el de la Virgen. El texto también aludía a nigromantes asesinados por los habitantes de los lugares circundantes por temor a que despertaran a los demonios del lago.[22]

La visita de Luigi Pulci a estos lugares –tanto como las menciones en el *Guerrin Meschino* y en el *Paradis de la reine Sybille*– puede parecer, y en gran medida lo es, un entretenimiento literario. Como sea el caso, inspirados en la fama mágica de dichos espacios, Pulci, Andrea da Barberino y Antoine de La

---

22. Para el conjunto de estos testimonios remito a Arturo Graf, *Miti, leggende e superstizioni del Medio Evo*, Milano, Mondadori, 1984, pp. 247-256; Marina Montesano, *Sacro alle nursine grotte: storie di fate, cavalieri, "negromanti" nei Monti Sibillini*, Ascoli Piceno, Istituto Superiore di Studi Medievali "Cecco d'Ascoli", 2003.

Sale interpolaron las referencias a ellos en sus obras y contribuyeron así a difundir su fama. También provocaron un cortocircuito entre ficción narrativa y realidad en lo que respecta a las prácticas nigrománticas. Aquello que en las referencias de Pulci se explica meramente por su interés por la demonología emerge de manera sorprendente en un proceso que tuvo lugar pocos años más tarde, incoado contra Giovanni delle Piatte, un autodenominado médico oriundo del Trentino y juzgado por el crimen de magia y brujería en Milán entre 1504 y 1505. Ya había sido arrestado con anterioridad por los mismos delitos pero, tras abjurar, regresó a Val di Fiemme una segunda oportunidad, siempre para ejercer la adivinación. Se le confiscó un libro que contenía fórmulas mágicas y demonolátricas e incluso dos hostias consagradas que le servían para sus prácticas rituales. Sometido a un ligero tormento, negó todo y trató de explicar los motivos por los que tenía en su poder los objetos que se le incautaron. Pero luego, con la intensificación del suplicio, amplió su confesión. Sostuvo que había ejercido como mago en el centro de Italia, donde sin dudas debió tomar conocimiento de las tradiciones en torno a los Montes Sibilinos. También debió haber leído sobre la cuestión, pues en su "confesión" vuelven a mezclarse la tradición sibilina picena con la leyenda de Tannhäuser. Giovanni delle Piatte mencionó un viaje al monte de la Sibila, que hizo junto a un fraile para ser iniciado en la sociedad de las brujas, y los obstáculos que debió superar para entrar en su reino (como en el relato de La Sale). Una vez que logró ingresar se encontró con "el fiel Ekhart" (también un personaje del Tannhäuser), con "el Tonhauser" y con hombres y sobre todo mujeres que participaban de un banquete. Empujado a denunciarlas, delle Piatte terminó por involucrar a numerosas mujeres de la región a las que, ciertamente, había conocido gracias a su actividad como sanador. De esa forma dio inicio a una dramática caza de brujas en Val di Fiemme.[23]

El *arte* de Malagigi

La literatura y la realidad se fusionan y se entrelazan, al punto de que incluso la obra principal de Luigi Pulci nos dice mucho sobre los conocimientos mágico-demonológicos de su autor. El *Morgante* es un poema de caballería rico en esfumados carnavalescos, paródicos e irreverentes. Pulci lo compuso para responder a la solicitud de Lucrezia Tornabuoni, madre de Lorenzo de Médici y ella misma poetisa, amén de autora de un rico epistolario. Pulci le rinde homenaje en el canto final, compuesto evidentemente tras la muerte de su mecenas:

> "pues hay una mujer, que tal vez escucha,
> que me encargó esta historia inicialmente,
> y si por obra de la gracia se ha liberado de este mundo,
> yo sé que en el Cielo se la tiene en gran estima".[24]

---

23. Luisa Muraro, *La signora del gioco. Episodi della caccia alle streghe*, Milano, Feltrinelli, 1976, pp. 46-122.

24. Luigi Pulci, *Morgante*, XXVIII, 2.

La elaboración del *Morgante* fue una cuestión compleja: la redacción comenzó en torno a 1461 y en 1478 se publicó una primera versión. Comprendía veintitrés cantos, a los que Pulci agregaría luego otros cinco. La obra completa vio la luz en 1483, el año posterior a la muerte de Lucrezia. El contenido de los primeros veintitrés cantos es muy cercano a un texto descubierto por Pio Rajna y conocido como *Orlando laurenziano*, pues se conserva en el manuscrito Mediceo Palatino 78 de la Biblioteca Medicea Laurenziana en Florencia.[25] Rajna sostuvo que el *Morgante* era una reelaboración del *Orlando*, aunque en la actualidad algunos estudiosos consideraran a ambos textos como una refundición de materiales comunes previos.[26] Otros especialistas, invirtiendo la cronología, reputan al *Morgante* como el texto precedente, un argumento que parece haber ganado peso gracias a los estudios de Paolo Orvieto.[27]

La originalidad del *Morgante* no proviene de la materia tratada, que deriva del ciclo carolingio, sino de la invención lingüística de Pulci y del registro cómico de la obra –al menos hasta los últimos cinco cantos, de tono más serio–. La fama de la obra explica que la crítica literaria se propusiera estudiar múltiples aspectos del *Morgante*, buscando relaciones entre los personajes y la biografía del autor. Sin embargo, en este artículo me interesa comprender de qué manera los intereses mágicos y específicamente demonológicos de Luigi Pulci entraron en el tejido de la obra. Para contextualizarlos es necesario resumir brevemente la trama.

Orlando deja la corte de Carlomagno en París ofendido por las calumnias de su rival, Gano di Maganza. Se dirige a tierra pagana y se encuentra con una abadía cuyos monjes están asediados por tres gigantes. Orlando mata a dos y perdona al tercero, Morgante, que se convierte al cristianismo y deviene su escudero, usando como arma el badajo de una campana. Mientras tanto, otros tres paladines francos, Rinaldo, Oliviero y Dodone, dejan a su vez la corte en busca de Orlando. A partir de este momento la narración se divide en dos líneas paralelas y se dedica a contar los viajes y hazañas de Orlando pero también las aventuras de los otros paladines. A lo largo del camino Morgante se encuentra con el "medio gigante" Margutte, del cual se hace amigo. Juntos realizan una serie de hazañas, heroicas y cómicas al mismo tiempo. Pulci apreciaba al personaje de Morgante hasta el punto de que le puso su nombre al poema. Sin embargo, no es precisamente el protagonista. Pulci, de hecho, lo hace morir en el canto XX, poco después de su amigo Margutte: este último, a raíz de una carcajada provocada por una broma de su compañero, y Morgante, a causa de una picadura de cangrejo mientras socorría a un

---

25. Pio Rajna, "La materia del Morgante in un ignoto poema cavalleresco del secolo XV", en Guido Lucchini (ed.), *Scritti di filologia e linguiſtica italiana e romanza*, Roma, Centro Studi Pio Rajna-Salerno Editrice, 1998, pp. 17-18.

26. Marco Villoresi, *La letteratura cavalleresca. Dai cicli medievali all'Arioſto,* Roma, Carocci, 2000, pp. 128-130.

27. Mario Martelli, "Tre ſtudi sul 'Morgante'", *Interpres*, 13 (1993), pp. 56-109; Paolo Orvieto, *Pulci medievale. Studio sulla poesia volgare fiorentina del Quattrocento*, Roma, Salerno Editrice, 1978, pp. 11, 51, 99-100 y sobre todo *Idem, Il 'Morgante', l''Orlando' laurenziano e Andrea da Barberino*, Roma, Salerno Editrice, 2022.

barco repleto de paladines franceses. En la última parte, Gano di Maganza convence al rey moro Marsilio de atacar a los francos y atrae a Orlando y a la retaguardia cristiana a una emboscada en Roncesvalles, en los Pirineos, donde el héroe combate ferozmente y se niega a sonar el olifante para pedir refuerzos. El mago Malagigi trata de ayudarlo, enviando a Rinaldo y a Ricciardetto sobre dos diablos, Astarote y Farfarello, que se habían introducido en sus caballos. Pero todo resulta inútil: Orlando muere heroicamente tras haber finalmente hecho sonar el olifante. Los paladines derrotan al ejército del rey Marsilio, Carlomagno ordena que Gano sea descuartizado por caballos, Morgante espera la llegada de Orlando en el Paraíso, mientras Margutte se convierte en el heraldo de Belzebú en el infierno.

Malagigi tiene un rol importante en la trama y tendrá fortuna también en obras posteriores de la épica renacentista italiana, como el *Orlando innamorato* de Matteo Maria Boiardo (publicado entre 1483 y 1495) y el *Orlando Furioso* (1516) de Ludovico Ariosto. El nombre y el personaje son la transposición italiana de Maugis, que aparece con un rol clave a fines del siglo XII en el *Renaut de Montauban* y como protagonista absoluto del *Maugis d'Aigremont* y de la *Morte de Maugis*, ambos textos del siglo XIII. Maugis es un mago ladrón que se une a Renaut de Montauban y a sus primos en la lucha contra la autoridad imperial de Carlomagno. Leído inicialmente como un símbolo de la decadencia de los valores de la caballería, Maugis ha sido estudiado en profundidad. De manera ocasional los expertos subrayaron su función subversiva y una amplia dimensión antropológica desde la perspectiva del intercambio de dones de Marcel Mauss.[28] La magia de Maugis incluye transformaciones físicas y la preparación de pociones mágicas por medio de la manipulación de sustancias, al tiempo que en tanto ladrón roba sobre todo objetos simbólicos relacionados con la realeza –coronas, escudos de armas y estandartes–.

El Maugis que se recibe en Italia, transformado en Malagigi, aparece por primera vez en el siglo XIII en los *Cantari di Rinaldo da Monte Albano*, probable reescritura de un original franco-italiano hoy perdido. El personaje de Malagigi irrumpe parcialmente transformado en suelo italiano: manteniendo los trazos de fondo del original, deviene más mago que ladrón. Sus prácticas mágicas se enriquecen con las nigrománticas pues aparece como un invocador de demonios. Malagigi tuvo menos fortuna crítica que Maugis: en su caso

---

28. Sobre el conjunto de estos textos véase Florence Callu-Turiaf, "Notes sur une version disparue de la chanson de Renaut de Montauban en franco-italien", *Le Moyen Âge*, 68 (1962), pp. 125-136; Jacques Thomas, *L'épisode ardennais de Renaut de Montauban*, Brugge, De Tempel, 1962; Philippe Verelst, "L'enchanteur d'épopée. Prolégomènes à une étude sur Maugis", *Romanica Gandensia*, 16 (1976), pp. 123-161; Antonella Negri, "Maugis ladro-mago nell'epica medievale", *Quaderni di Filologia romanza della Facoltà di Lettere e Filosofia dell'Università di Bologna*, 6 (1987), pp. 30.49; Sylvie Roblin, "L'enchanteur et le roi: d'un antagonisme politique à une rivalité mythique?", en Laurence Harf-Lancner y Dominique Boutet (eds.), *Pour une mythologie du Moyen Âge*, Paris, Collection de l'École Normale Supérieure de Jeunes Filles, 1988, pp. 117-136; Philippe Haugeard, "Le magicien voleur et le roi marchand. Essai sur le don dans Renaut de Montauban", *Romania*, 123 (2005), pp. 293-320; Philippe Haugeard, "L'enchantement du don. Une approche anthropologique de la largesse royale dans la littérature médiévale (XIIe-XIIIe siècles)", *Cahiers de civilisation médiévale*, 49 (2006), pp. 295-312.

pervive la vieja concepción que lo considera un símbolo de la decadencia de
la caballería.[29]

La metamorfosis de la tipología de mago que aquí nos interesa se relaciona con el período en el cual fueron concebidos los *Cantari*, caracterizado
por una creciente preocupación por la demonolatría, espejo del aumento del
interés por las prácticas nigrománticas mismas. Una figura de esta clase
no podía dejar de intrigar a Luigi Pulci y de hecho en el *Morgante* el mago
nigromante posee un rol relevante. Ya en las versiones francesas Maugis
había experimentado una evolución: en los primeros textos, como se ha hecho
notar, el encantador derivaba su poder de una fuente no especificada. Pero
a partir de mediados del siglo XIII los poetas buscaron dar a su "arte" un
carácter más docto, atribuyendo su eficacia a la realización de estudios en
Toledo, ciudad "mágica" por excelencia. Por otro lado, la bondad de su magia
resultaba evidente por el hecho de estar puesta al servicio de los cristianos
contra los paganos/musulmanes (categorías, como es sabido, intercambiables
en el ámbito de las canciones de gesta). Toledo había adquirido fama como
sede de un saber oculto típico de "otras" culturas, como el Islam y el judaísmo,
y por lo tanto la ambigüedad del origen toledano de su sabiduría estaba ya
latente en Maugis como en otros personajes literarios a los que se atribuía
un conocimiento esotérico.[30]

En síntesis, el Malagigi nigromante parece una evolución casi natural,
comprensible a la luz de su tiempo, del Maugis del siglo precedente. En el
Morgante se lo menciona por primera vez en relación con su "arte" mientras
está fuera de escena. Pero el primer encuentro directo con el personaje pone
en evidencia sus dotes de *trickster*:

> "un día en el cruce de un precipicio
> se encontraron con un viejo muy extraño,
> extraviado por completo, lleno de aflicciones:
> no parecía bestia y no parecía humano.
> Rinaldo sintió por él compasión:
> '¿Quién es éste?', dijo para sí en voz baja;
> vio su barba desprolija y canosa:
> horrorizado, se acercó y lo saludó".[31]

Adopta, pues, la apariencia de un viejo a mitad de camino entre una bestia y un ser humano. Consigue que Rinaldo sienta pena por él y lo suba a su

---

29. Susanna Gugenheim, *Il Mago Malagigi. Saggio per uno studio sopra la figura del mago nella
    letteratura cavalleresca italiana*, Milano, L'Educazione Moderna, 1910; Orietta Pasotti, "Dai cantari
    ai poemi cavallereschi: prestigio e crisi del mago Malagigi", *La Rassegna della letteratura italiana*,
    95:8 (1991), pp. 39-48.

30. Para un análisis del tema y diversos ejemplos véase Sylvie Roblin, "L'enchanteur médiéval à l'école
    de Tolède", en Danielle Buschinger (ed.), *Histoire et Littérature au Moyen Âge. Actes du colloque
    du Centre d'Etudes Médiévales de l'Université de Picardie (Amiens 20-24 mars 1985)*, Göppingen,
    Kümmerle Verlag, 1991, pp. 419-433; Marjorie Mourey, "Avoir le diable comme professeur", *Cahiers
    de recherches médiévales et humanistes*, 34 (2017), pp. 379-396.

31. Luigi Pulci, *Morgante*, X, 76.

caballo. Entonces el viejo parte con la montura como si quisiera robarla. Lo persiguen los caballeros a quienes, a fines del episodio, muestra su verdadero semblante. Inmediatamente después les entrega una hierba que los ayudará a soportar el hambre y la sed, les devuelve el caballo y hace aparecer otro encantado, sobre el cual desaparece.

En el canto X Malagigi vuelve a burlarse de Rinaldo con una estratagema similar, siempre con apariencia de anciano. En esta ocasión le suministra una poción que lo adormece, le roba la espada y, una vez más, el caballo. Con estos trofeos regresa a París y los cambia por la espada y el caballo de Rolando, lo que desata una pelea entre ambos paladines. En la burla mágica perpetrada por Malagigi observamos un instrumento que debe llamar nuestra atención:

> "y mientras cabalga, se topa por accidente,
> quizás a seis leguas de distancia de París,
> con un sitio donde yacía un bello viejo canoso:
> éste era, transformado, Malagigi,
> a quien Rinaldo no reconoció,
> en un banco apoyado sobre la pared rocosa,
> y que tenía un pequeño tonel (*barlotta*) lleno de agua.
> Rinaldo lo saludó cortésmente;
> y él le respondió: —Sed bienvenido.
> Si aceptas beber, poderoso señor,
> de una particular cerveza
> te gustará realmente.
> Respondió Rinaldo: —me ahogo de sed,
> pero beber agua de zanja o de río,
> cuando cabalgo, no es mi costumbre.
> Cuando Rinaldo bebió a su manera,
> a Ruïnatto le llevó el tonel,
> diciendo: —Peregrino, alabado seas.
> Ruïnato bebió como él,
> sin percatarse bien del engaño de Malagigi.
> Malagigi recuperó el barrilito (*barletto*).
> Entonces Rinaldo y Ruïnatto se fueron,
> y poco después descendieron, y se quedaron dormidos".[32]

Con el *barletto/barlotta* Pulci evoca aquí un elemento sobre el cual se discutió mucho en el siglo XV. Bernardino de Siena se refiere al así llamado *"barlotto"* o *"barilotto"* por primera vez durante su predicación en Siena en 1427. Mientras criticaba las costumbres de los herejes, comenzó a narrar la siguiente historia:

> "hay una secta de estas personas que practican una ceremonia maldita
> de la que os hablaré. Durante la noche se reúnen, tanto hombres como
> mujeres, en un lugar, y preparan un caldo para ellos, y tienen una
> lámpara, y cuando les parece que es tiempo de extinguirla, lo hacen, y

---

32. *Ibid.*, X, 76-78.

entonces se arrojan sobre quien desean (...). Se dice que hay de estas personas en Piamonte, y ya fueron enviados cinco inquisidores a acabar con esta maldición, que fueron asesinados por esta mala gente. Luego de ello no es posible encontrar un inquisidor que quiera ir allí a meter mano. ¿Y saben cómo se llaman estas personas? Se llaman los del *barilotto*. Este nombre es porque ellos, en un momento del año, capturan a un niño pequeño y, tanto se lo arrojan de mano en mano, que muere. Una vez que ha muerto lo convierten en polvo y ponen el polvo en un *barilotto* y ofrecen de beber de este *barilotto* a cada uno (...). A ustedes, mujeres, quiero entonces decirles una cosa, y ténganla siempre presente: si se llegan alguna vez a enterar de que alguien integra este grupo de desvergonzados, que os digan, por la razón que fuera, las cosas más hermosas que sean, como la humanidad de Cristo, y por ello pidan verlas desnudas, ¿saben lo que deben hacer? Griten: '¡Al fuego! ¡al fuego! ¡al fuego!, y no descansen hasta que algo se haga al respecto".[33]

Algunos detalles permiten discernir el trasfondo de los eventos que describe Bernardino. Entre 1332 y 1374, dos inquisidores y un párroco fueron asesinados en Piamonte por los valdenses. La violencia se inició en 1309, cuando el inquisidor Francesco di Poccapaglia fue agredido y golpeado en Chieri. En 1332 los valdenses de Angrogna se insubordinaron contra la Inquisición, mataron al párroco y expulsaron al franciscano Alberto de Castellario. En 1334 tuvo lugar una nueva conjura contra el mismo Alberto mientras que el franciscano Pietro di Ruffia fue asesinado en 1365 en su mismo convento. Finalmente, en 1374 los valdenses dieron muerte al inquisidor Antonio Pavonio, en Bricherasio.[34] Estos son los hechos. La identificación no parece problemática, dado que los casos de inquisidores muertos por los herejes no son demasiado numerosos y que sabemos que la región en la que los hechos efectivamente sucedieron fue el Piamonte. Sin embargo, en la narración que hace Bernardino de estos eventos inserta un elemento literario, el de la orgía ritual. Podría en parte derivar de un episodio en Auvernia del que dijo haber sido testigo Esteban de Borbón, durante el cual una mujer fue víctima de un *maleficium*. Fue llevada a un lugar subterráneo donde muchos hombres y mujeres, iluminados con antorchas y velas, estaban reunidos alrededor de un recipiente lleno de agua, con una lanza clavada en el centro. Su líder invocó a Lucifer y entonces un gato negro descendió por la lanza, aspergiendo agua sobre todos con su cola. Las luces se extinguieron y entonces todos tomaron al hombre o a la mujer más cercana para tener sexo.[35]

---

33. Bernardino da Siena, *Prediche volgari sul Campo di Siena 1427*, editado por Carlo Delcorno, Milano, Rusconi, 1989, vol. 2, pp. 793-794.

34. Giovanni Grado Merlo, *Eretici e inquisitori nella società piemontese del Trecento*, Torino, Claudiana, 1977, pp. 150-151.

35. Etienne de Bourbon, *Anecdotes historiques, légendes et apologues tirés du recueil inédit d'Etienne de Bourbon, dominicain du XIIIe siècle*, editado por Albert Lecoy de La Marche, Paris, Librairie Renouard, 1877, pp. 322-323: "*...que eam frequenter duxerat ad quemdam locum subterraneum, ubi conveniebat multitudo hominum etmulierum cum luminibus torticiurum et candelarum, circumdantes quamdam cufam plenam aqua que erat in medium, in cujus medio erat hasta affixa; et magister eorum*

El tema de la orgía ritual en la cual se rinde homenaje al demonio aparece como un preludio al tema del sabbat y, ciertamente, como uno de sus componentes. Lo vemos aparecer en la polémica entre paganos y cristianos en los primeros siglos, para inscribirse luego en el discurso anti-herético y, finalmente, antibrujeril.[36] Al *exemplum* de Esteban de Borbón, con el cual comparte numerosos elementos y en el que ciertamente se inspiró, Bernardino agregó un detalle nuevo y fundamental: el homicidio ritual de un niño, cuyo cuerpo fue pulverizado y luego ingerido por los herejes. El franciscano contextualizó el relato en eventos del pasado pero en las décadas sucesivas el tema se transportó a escenarios mucho más contemporáneos y específicos, como fue el caso del procedimiento inquisitorial contra los *fraticelli* de Las Marcas. Norman Cohn reconstruyó escrupulosamente el recorrido y las etapas de esta apropiación, atribuyéndosela a Giovanni da Capestrano. A mediados del siglo XV, Capestrano se vio involucrado, junto a Giacomo della Marca, en una acción contra los *fraticelli* de la zona de Fabriano. Casi veinte años después, en 1466, se desarrolló en Roma un proceso nuevo y más importante contra los *fraticelli* de Las Marcas, a quienes se interrogó sobre el *barilotto*. Cohn agrega también que Giovanni da Capestrano había predicado a propósito de una secta orgiástica muy similar a la del *barilotto* en Núremberg en 1452, fecha que cronológicamente hablando se encuentra en la encrucijada entre el proceso de Fabriano y el de Roma. Esta constatación permite establecer un claro lazo entre la difusión en la Italia central del motivo del *barilotto* –por no hablar de su uso político– y los esfuerzos de Giovanni da Capestrano.[37]

Resta explicar el origen y el significado del término *"barlotto"*. Tendería a descartar por completo la hipotética etimología de los primeros comentaristas del texto de Bernardino, según la cual nos encontraríamos frente a una confusión –atribuible a Bernardino mismo– entre *"barbeta"*, los ancianos de la secta de los valdenses, y *"barletto"*, un cuerno hueco o trozo de madera ahuecado usado para contener agua. Resulta difícil, de hecho, imaginar cómo una posterior corrupción pudo derivar en el *"barlotto"* que en el relato de Bernardino posee un significado preciso y una función central, y nada en común con los ancianos valdenses. Igualmente improbable es la teoría que identifica al *"barlotto"* con el depósito del acueducto romano situado en las cercanías de Cupramontana, en una zona donde abundaban los *fraticelli*. Esta hipótesis parece ignorar el hecho de que el sermón de Bernardino incluía aquel episodio y que, por lo tanto, Giovanni da Capestrano y Giacomo della Marca se inspiraron en Bernardino. El hecho de que el acueducto fuera llamado con anterioridad *"barlotto"* o que *"los del barlotto"* se transformara en una

---

adjurabat Luciferum per barbam suam et per potenciam quod veniret ad eos, et per multa alia; ad quam adjuracionem descendebat catus teterrimus per lanceam, et aqua cum caudasua vadens in circuitu, omnes aspergebat, et luminariaomnia extinguebat; quo facto, quilibet eorum accipiebat illum vel illam qui ei primo occurrebat, et cu meo turpiteradmiscebatur".

36. Para una síntesis del tema véase Marina Montesano, "Dall'orgia ereticale al sabba delle ſtreghe. La sessualità come ſtrumento persecutorio", in *La sessualità nel Basso Medioevo*, Spoleto, Centro Italiano di Studi sull'Alto Medioevo, 2021, pp. 325-342.

37. Norman Cohn, *Europe's Inner Demons*, London, Pimlico, 1998, pp. 49-54.

expresión despreciativa en Las Marcas donde tuvo lugar la resistencia de los *fraticelli*, debe entenderse como una consecuencia de la campaña contra dichos herejes y de las acusaciones de orgías e infanticidios lanzadas contra ellos. Los dos inquisidores observantes extrajeron dicho elemento de los sermones de Bernardino y lo actualizaron para sus propios fines. Probablemente no resulte inútil buscar un origen del término muy distinto del sugerido por Bernardino. Según Jean-Claude Schmitt, el *"barlotto"* del que beben los herejes recuerda al barril pequeño que por lo común utilizaban los ermitaños. Con la elección de este elemento y su introducción en la escena narrada, Bernardino criticaba de manera implícita las formas de religiosidad heterodoxa y marginal que perseguían la restauración del cristianismo apostólico. La ingestión del contenido sacrílego y perverso del "barril" sería, pues, una representación invertida, en clave paródica, de las ambiciones "comunistas" atribuidas a los herejes.[38]

Dado que estos eventos –así como los testimonios ligados a ellos– tuvieron lugar en Italia central es muy probable que Pulci estuviera al tanto de ellos y que su inclusión en el *Morgante* no fuera producto del azar: no se trata de un caso aislado pues el poema está plagado de referencias a situaciones específicas. Dejando de lado, entonces, los encantamientos y las prácticas mágicas que usualmente aparecían en los textos de caballería (filtros, pociones, etc.), detengámonos en la manera en que Pulci representaba las actividades más ligadas al ámbito de la nigromancia. Es cierto que Malagigi seguía siendo un mago, por así decirlo, "cristiano", en el sentido de que se contraponía a la fe de otros, a tal punto de que decidió acudir en ayuda del enemigo y traidor Gano di Maganza cuando fue encarcelado[39]: una suerte de reafirmación de la ortodoxia del mago y, por qué no, del autor mismo.

Como sea el caso, los episodios inquietantes son abundantes. En el canto XXIV el ejército del rey enemigo, fortalecido con la ayuda de inmensos gigantes, invade Francia y Orlando acude a Malagigi para que, con su arte, brinde ayuda a los paladines. El mago, entonces, pone manos a la obra con una operación con fuertes tintes ceremoniales:

> "Dice Malgigi: —Espera un poco, Orlando,
> Tranquilízate. —Orlando se hizo a un lado.
> Entonces Malgigi comenzó a trazar
> caracteres y dibujos, y preparó
> los amuletos y los pentáculos. Cuando
> vinieron los espíritus que conjuraba,
> tembló la tierra como si fuese viento
> y el aire todo en un punto se turbó".[40]

Esta operación tenía como objetivo la creación de un ser que tomó el nombre de Marguttino:

---

38. Jean-Claude Schmitt (ed.), *Prêcher d'exemples. Récits de prédicateurs du Moyen Age*, Paris, Stock, 1985, p. 67.

39. Luigi Pulci, *Morgante*, XX, 3-4.

40. *Ibid.*, XXIV, 91.

"Entonces, en mitad del prado, vieron
a un hombre que parecía más extraño que Margutte,
cojo, tuerto, contrahecho y jorobado,
con todos sus miembros como los de un gigante.
Salvo que en la cabeza tenía dos cuernos;
Y saltaba de acá para allá como las urracas".[41]

Marguttino es una figura grotesca, semihumana, que con sus ridículos movimientos distrae a los gigantes enemigos. Más allá del registro cómico típico de Pulci, no cabe descuidar la potente operación mágica que otorgó vida a esta criatura, una suerte de *golem* que respondía a la voluntad de su creador. La posibilidad de dar vida mágicamente a una criatura se discutió en la Edad Media en las tradiciones musulmana y judía. Como escribe Emma Abate:

"el término hebreo *golem* es elusivo en tanto habitualmente se lo asocia a una criatura que está a mitad de camino entre la vida y la muerte, entre la imagen y el ídolo, entre un humano y un objeto, un duplicado o una estatua cuya animación dispara preguntas morales y existenciales. Desde la Edad Media floreció una rica tradición de leyendas e instrucciones en torno a la fabricación de un humano artificial hecho de arcilla y animado por medio de la magia y de la Cábala".[42]

Parece poco probable que Pulci, viviendo en un ambiente rico en referencias hebraicas e islámicas y muy informado sobre las cuestiones relativas a la magia, no hubiese oído hablar de estos experimentos y teorías, con los cuales resulta posible relacionar a Marguttino y a los rituales basados en pentácolis, dibujos, invocaciones diabólicas y manifestaciones de magia meteorológica. El encuentro entre Malagigi y Creonta, entre los cantos XX y XXI, también nos lo muestra como un conocedor de rituales igualmente oscuros.

"Su madre, llamada Creonta,
Tenía las uñas afiladas como un dragón,
barbuda y tuerta, maliciosa e inquieta,
siempre tenía espíritus encantados,
y parecía llena de rabia, ira y prepotencia;
por miedo no había quien osara mirarla:
peluda y negra, con el pelo rizado y abundante,
los ojos de fuego y la cabeza con cuernos:
jamás se ha visto una figura más monstruosa,
tanto que parecía una diablesa,
a la que Satanás temía".[43]

---

41. *Ibid.*, XXIV, 92.

42. Emma Abate, "Unravelling 'Golem' and 'Malbush'. Reflections on Jewish Rituals of Creation", *Rivista di storia del cristianesimo*, 20:1 (2021), pp. 31-56, part. p. 31. Para el mismo tema desde la perspectiva musulmana resulta importante Michele Petrone, "Artificial Creation of Human Life: Ibn Waḥšiyya as a source of the Futūḥāt al-makkiyya", en Marina Montesano (ed.), *Folklore, Magic, and Witchcraft: Cultural Exchanges from the Twelfth to Eighteenth Century*, London, Routledge, 2022, pp. 73-91.

43. Luigi Pulci, *Morgante,* XXI, 26-27.

Creonta es una figura de maga horrible ya desde su aspecto, aunque terriblemente poderosa. Captura a Gano y cuando los demás paladines corren en su ayuda también los toma prisioneros a ellos. Sólo Malagigi es capaz de liberarlos, oponiendo a la de la mujer una magia más poderosa. Creonta, con sólo verlo aparecer, siente miedo:

"Malgigi mira su fea apariencia
y ella luego a él, y parece llena de angustia,
pues un diablo con claridad conoce a otro diablo".[44]

Los dos "diablos" se reconocen, pues, como similares, pero Malagigi es muy astuto: sabe que Creonta ha fabricado un figurín de cera que la representa y que está custodiado por un dragón. Mientras Rinaldo mantiene a raya al monstruo, el mago se apodera del figurín y con un terrible encantamiento, acompañado de una repentina tempestad, prende fuego la imagen y destina a Creonta a una muerte atroz.

"Malgigi a aquella imagen se aproxima,
que estaba hecha de cera pura y bella
de las primeras abejas, muy bien confeccionada
bajo la constelación de alguna estrella,
con todos sus miembros completos;
la paró sobre el pie derecho,
quedándole la pierna izquierda suspendida
torcida, extraña, horrible, rara;
el rostro tenía un aspecto terrible.
Malgigi, que conocía perfectamente el juego,
hizo por medio de su arte (que lo tenía realmente)
aparecer súbitamente una gran lámpara de fuego
que de inmediato prendió aquella cera,
destruyéndola y consumiéndola poco a poco.
y mientras la cera se derrite,
el aire y la tierra y todas las cosas tiemblan.
Más de una vez Rinaldo debió recuperarse,
por el miedo que le entró en el corazón;
Malgigi le hacía dibujos encima,
y dijo: —no tengas miedo de esto;
quédate quieto y por nada te muevas:
verás que pronto cesará el furor.
Mientras la imagen se consume
cosas extrañas hace la mujer:
se retuerce, se agacha, se acurruca,
luego se estira como una serpiente o culebra,
y vuelve a acurrucarse y retorcerse;
se rasguña, se golpea y chilla;
de repente todo el aire se llena de agua

---

44. *Ibid.*, XXI, 66.

con lluvia y viento y truenos que suenan,
granizo, tempestades, incendios y furias
comienzan a aparecer con tristes presagios".[45]

Se han detectado en este fragmento referencias a *Acerba* de Cecco d'Ascoli, el astrólogo a quien Pulci consideraba cercano por su común pasión por la Sibila y también por sus conocimientos sobre el campo de la magia. En *Acerba* se mencionan, de hecho, simulacros de cera, que sin embargo tenían como finalidad el amor y no la muerte ("en la imagen que hacen por amor / con aquella cera que es de las primeras abejas"[46]). En el ámbito florentino Pico della Mirandola fue iniciado en la Cábala por Flavio Mitridate, un judío siciliano convertido al cristianismo cuyo arte incluía el uso de figurines de cera.[47] Estos tenían, de hecho, un origen mucho más antiguo. Abundantes testimonios prueban su existencia en el mundo griego. Aunque sus variedades eran muchas, Christopher Faraone las reduce a seis categorías principales:

"1. Los brazos (y ocasionalmente las piernas) están atados o torcidos hacia atrás como si lo estuvieran; 2. En los muñecos se introdujeron clavos; 3. La cabeza, los pies y ocasionalmente el entero torso superior están girados sobre sí mismos de manera antinatural, de forma que el mentón o los dedos del pie señalan en la misma dirección que la espalda; 4. El muñeco ha sido depositado en un recipiente con una tapa muy ajustada; 5. El nombre de la víctima aparece escrito en alguna parte del figurín; 6. Algunos figurines fueron depositados en tumbas, santuarios o cuerpos de agua".[48]

A diferencia de lo que encontramos en el *Morgante*, en estos casos no estaba contemplada la destrucción de los figurines. Pero en el siglo XV la evolución de estas prácticas se observa en otras fuentes. En la centuria previa, un célebre caso iniciado por decisión de Juan XXII derivó en un procedimiento judicial por malversación de fondos contra el obispo de Cahors, Hugues Géraud.[49] Sabiendo que tenía pocas posibilidades de ser declarado inocente, a comienzos de 1317 el obispo decidió dañar al Papa con la ayuda de dos cómplices que pertenecían al palacio pontificio de Aviñón. Se procuraron estatuillas de cera y veneno. El rito fue utilizado primero contra el sobrino del Papa, Jacques de Via, que murió en junio de 1317. Con posterioridad Hugues confeccionó tres estatuillas de cera pura que representaban, gracias a que habían sido bautizadas, a Juan XXII, al cardenal Bertrand du Poujet y a Gancelme de Jean (este último también sobrino del pontífice). Los figurines debían ser golpeados

---

45. *Ibid.*, XXI, 73-76.

46. Cecco d'Ascoli, *L'Acerba (Acerba Etas)*, libro IV, cap. III, editado por Marco Albertazzi, Lavis, La Finestra Editrice, 2002, pp. 49-50.

47. Véase Flavia Buzzetta, "Fragments of a Jewish magical tradition in the library of Giovanni Pico della Mirandola", en Marina Montesano (ed.), *Folklore, Magic, and Witchcraft*, pp. 92-103.

48. Christopher A. Faraone, "Binding and Burying the Forces of Evil: The Defensive Use of 'Voodoo Dolls' in Ancient Greece", *Classical Antiquity*, 10:2 (1991), pp. 165-205, especialmente p. 200.

49. Edmond Albe, *Autour de Jean XXII: Hugues Géraud, évêque de Cahors: L'affaire des poisons et envoûtements en 1317*, Cahors, J. Girma, 1904.

y perforados para dañar a las víctimas. Pero el atentado fue descubierto y el obispo y sus cómplices fueron condenados a la hoguera.

En el *Morgante* Malagigi bordeaba un mundo de prácticas mágicas que iban desde las hadas características de los romances de caballería hasta manifestaciones más oscuras e inquietantes como los maleficios. Queda por decir algo sobre Malagigi en tanto invocador de demonios. Antes de hacerlo, sin embargo, recordemos otro episodio en el cual la realidad literaria se entremezclaba con los procesos. En abril de 1455, en Perugia, se desarrolló el juicio contra una mujer, Filippa Lucrezia di Angelo Alberto, de Città della Pieve. Según la sentencia, Filippa era una *facturaria*, una adivina (*"auguriola magica"*), una envenenadora, una hechicera, una invocadora de espíritus y demonios, y una estafadora que corrompía almas puras y castas.[50] La lista incluía una cita directa del *Codex Theodosianus* –que retoma un artículo de una ley de Constancio II– llena de errores pero claramente reconocible. Filippa, decía la sentencia, era una maga tempestaria que nunca había dejado de perturbar la vida de los inocentes y de causar problemas con sus invocaciones a los espectros de los muertos para dañar a sus enemigos.[51] Poco después se la definía como *"strega corsaria maligiagia"*, amén de succionadora de sangre de niños.[52] *Corsaria* era la bruja que iba *in corso*, es decir, que viajaba por el aire montada sobre su escoba para matar criaturas a las que vampirizaba. *Maligiagia* remite claramente a Malagigi: obviamente, por razones cronológicas no se trata del personaje de Pulci sino de aquel otro del *Cantar de Rinaldo da Monte Albano* –o quizás de una figura derivada de la circulación oral de relatos que se entremezclaban con su forma escrita–. De nuevo, la barrera entre lo que era literario y lo que sucedía en la realidad, incluso en casos dramáticos como el que describimos (Filippa, de hecho, terminó en la hoguera), devenía evanescente en un juego de reflejos que dificulta determinar cuál era la causa y cuál la consecuencia.

En conclusión: habla Astarotte

Mencionada de manera ocasional en el *Morgante*, la capacidad de Malagigi de invocar demonios alcanza su pleno despliegue al final de la obra, en el canto XXV. El mago desea remediar la situación por la que Carlomagno cayó estúpidamente en los engaños de Gano y busca también ayudar a Rinaldo y a los demás paladines. Decide, entonces, invocar a un demonio para que lo ayude. Quien comparece es Astarotte:

---

50. Ugolino Nicolini, "La stregoneria a Perugia e in Umbria nel Medioevo", *Bollettino della Deputazione di Storia Patria per l'Umbria*, 84 (1987), pp. 5-87, especialmente pp. 52-63.

51. *Ibid.*, pp. 52-63: *"…elementorum turbatricem, vitas insontium hominum labefactare non dubitantem, plura et diversa scielerum componimenta minibus acitiis ventillatricem ut suos confecerit inimicos"*. El fragmento cita el Código Teodosiano. *Cod. Theod.* 9, 16, 4: *"Multi magicis artibus ausi elementa turbare vitas insontium labefactare non dubitant et manibus accitis audent ventilare, ut quisque suos conficiat malis artibus inimicos"*.

52. Ugolino Nicolini, "La stregoneria a Perugia e in Umbria nel Medioevo", pp. 52-63.

"El espíritu llamado es Astarotte,
muy sabio, terrible, muy feroz;
uno que está abajo, en las grutas infernales:
no es un espíritu travieso, es más oscuro.
Malgigi lo conjuró una noche,
y dijo: —Dime la verdad sobre Rinaldo;
entonces te diré lo que me parece que hagas.
Pero no mires con cara tan terrible.
Si haces esto yo te prometo
que por la fuerza nunca más te llamaré ni te invocaré,
y quemaré hasta destruirlo un librito mío
que puede por sí solo constreñirte en cualquier lugar,
y así tú no serás más obligado.
El espíritu, viéndose así desafiado,
pensó si por las malas
podría al maestro provocarle miedo;
pero cuando vio a Malgigi enfurecido,
mostrando el anillo del arte
que podía en cualquier tumba arrojarlo,
de manera voluntaria renunció al juego,
y dijo: —Aún no has ordenado nada.
Y Malgigi respondió: —¿En qué lugar
se encuentran Rinaldo y Ricciardetto,
quiero que me lo digas, así como todo lo que han hecho?"[53]

Astarotte no es un espíritu errante sino infernal. Es sabio y poderoso. Pero Malagigi posee un libro de nigromancia gracias al cual puede someterlo. De hecho, el demonio piensa en resistírsele pero desiste ante el poder de Malagigi, que habría podido confinarlo en una tumba. El mago lo conjura durante la noche y le pregunta cuál es la condición de Rinaldo y dónde se encuentra. Astarotte está obligado a responder. Comienza por el viaje de Rinaldo a Egipto (para ver las pirámides) y desde allí a la India del Preste Juan y del Apóstol Tomás, discurriendo sobre sus aventuras por tres horas. Al final del discurso, Malagigi le pide que vaya a buscar a Rinaldo porque los paladines lo necesitan en Roncesvalles. Tendrá que traerlo en el lapso de tres días, para lo cual deberá introducirse en el cuerpo del caballo Boiardo. Pero antes de permitirle partir, Malagigi le pregunta a Astarotte qué afectos producirá la salida de Carlomagno de París y qué ocurrirá después. Es la oportunidad de Pulci de hacer hablar a Astarotte. El demonio comienza una digresión sobre la astrología que repite el punto de vista tradicional sobre la materia: sólo el Creador del universo conoce todo, "pero no todas las cosas llegan a nuestros oídos porque sólo Él es omnipotente (...). El que creó todo es el único que todo lo sabe y ni el Hijo sabe todas las cosas".[54] Las conjunciones astrales, sin embargo, pueden indicar los eventos cruentos que se avecinan:

---

53. Luigi Pulci, *Morgante*, XXV, 119-121.

54. *Ibid.*, 136.

"Debes saber que todo este aire está repleto
de espíritus, cada uno con un astrolabio en mano;
consultan todas las tablas y el almanaque,
si amenaza el Cielo con algún caso extraño,
sangre, traición, guerra, estragos,
no obstante Marte angular está en Escorpio;
y para una mejor comprensión, en ascendente
se encuentra en conjunción con Saturno,
más poderoso en la revolución
que en las guerras de Turno".[55]

Agrega Astarotte que no puede saber qué ha pactado Gano con el rey Marsilio pero no duda de que por esta traición le está reservado un lugar en el infierno. Ahora bien, Malagigi queda consternado por la afirmación previa de Astarotte de que sólo el Padre –y no el Hijo– lo conoce todo. El demonio lo regaña acusándolo de no haber leído bien las Escrituras y alude a Mateo 24, 36: "Pero del día y la hora nadie sabe, ni aun los ángeles de los cielos, sino sólo mi Padre". Se trata de un fragmento, en efecto, sobre el cual los Padres de la Iglesia discutieron mucho porque parece ir contra la divinidad de Cristo.

Astarotte continúa en el mismo registro y afirma que "éste es aquel Padre y aquel Monarca antiguo que todo lo ha hecho y todo lo sabe".[56] Discurre también sobre la Trinidad y sobre Dios, que no es "potencia" (lo que puede llegar a ser) sino "acto puro" (lo que es). Describe las características de Dios Padre y las limitaciones de la capacidad de premonición de Lucifer, que explican su caída ("Si Lucifer lo hubiera sabido y no hubiera sido tan presuntuoso, no estaría caído en el centro"[57]). En la referencia al "centro" detectamos una alusión al Dante y a la estructura del infierno que imaginó. Lo mismo cabe decir de la referencia posterior a la "Giudecca" ("dado que él fue el primero en este pecado fue también el primero en caer en la Giudecca"), que en la *Divina Comedia* es la cuarta y última de las secciones en las que se divide el noveno círculo del infierno. Deriva su nombre de Judea y en ella se encuentran quienes han traicionado a sus benefactores –como Bruto y Casio– o a la autoridad divina –como Lucifer–.[58] Astarotte reitera, pues, el punto de vista tradicional sobre la ciencia demonológica. Pero mantiene la afirmación sobre la excluyente omnisciencia del Padre en desmedro del Hijo. Poco después, sin embargo, concluye que "Justo es el Padre y el Hijo y justo el Verbo".[59] En esta frase Verbo no alude a Cristo, como indica la tradición latina, sino al Espíritu Santo, el *logos* de los griegos.[60] He aquí un indicio de cuáles eran las lecturas de Pulci y de los intelectuales latinos de la segunda mitad del siglo XV.

---

55. *Ibid.*, 137.

56. *Ibid.*, 144.

57. *Ibid.*, 145.

58. Emilio Bigi, "Giudecca", en *Enciclopedia Dantesca*, disponible en https://www.treccani.it/enciclopedia/giudecca_%28Enciclopedia-Dantesca%29/. Último acceso en enero de 2023.

59. Luigi Pulci, *Morgante*, XXV, 52.

60. Agradezco a Franco Cardini por la sugerencia

Malagigi le pregunta a Astarote acerca de las razones por las que Dios prefirió a los ángeles y dejó caer a los secuaces de Lucifer ("tú dices que Él es justo y muy piadoso pero no les dejó espacio para que se enmendaran: parece que Dios se muestra partidario de los ángeles que permanecieron allá arriba"[61]). Plantea así el problema de la justicia divina. Con ceño fruncido, Astarotte responde que no ha sido Dios sino el libre albedrío la causa de la perdición, pues la divinidad "no creó a Caín peor que a Abel".[62]

Astarotte pone en guardia a Malagigi sobre la nigromancia de poca monta. Existen espíritus que mienten de manera programática. Lo hacen, incluso, cuando son constreñidos por los magos en espejos y agua, burlándose de los hombres que pretenden que les den información sobre tesoros y secretos filosóficos.

"Y sobre todo es necesario
que no confíes en los espíritus traviesos,
que no te dicen otra cosa que mentiras
y ponen en la mente muchas sospechas,
y provocan más daño que vergüenza:
y para que entiendas, no se los puede forzar
en el agua o en un espejo, y están en el aire,
mostrando siempre falsedades y engaños.
Van luego unos con otros alardeando
de haber hecho que algo pareciera lo que no era:
algunos se deleitan en ir engañando a los hombres,
otros se deleitan con la filosofía,
algunos en ir revelando tesoros ocultos
o sobre el futuro diciendo algunas mentiras;
sí, te he leído un amable cuaderno mío,
porque la gentileza está bien incluso en el infierno".[63]

Con la última frase el demonio concluye que ha tenido la delicadeza de explicarle a Malagigi lo que ignoraba. Por algo Astarote es un "serafín de los principales y por lo tanto no es un espíritu cualquiera". ¿Se trataba de una autodefensa de Luigi Pulci, que de esa forma condenaba la nigromancia con la cual ciertamente estaba familiarizado? ¿O bien era una manera de afirmar que su arte era puro y que estaba alejado de una finalidad material –la búsqueda de riqueza– como la que por lo común movía a los nigromantes? Es difícil decirlo y una explicación no excluye a la otra.

Concluidas las aclaraciones, Astarotte sugiere a Malagigi que conjure otros demonios para trasladar velozmente a los paladines al lejano campo de batalla que se estaba preparando. Afirma que dicha operación no resultará difícil para Malagigi, cuyo poder puede incluso doblegar a Belzebú:

"tú eres un nigromante tan famoso,
que, sin mostrar libro ni otro anillo,

---

61. Luigi Pulci, *Morgante*, 149.

62. *Ibid.*, 150.

63. *Ibid.*, 160-161.

> para complacerte, del infernal claustro
> vendrá Belzebú, nuestro príncipe".[64]

A Astarotte se suma entonces el demonio Ferferello, que trasladará a Ricciardetto. Ambos se introducen en los caballos de los paladines y los transportan en vuelo mágico. Astarotte deja atrás a Malagigi y encuentra a Rinaldo, a quien proporciona una poción mágica. Se lo lleva consigo y hace aparecer un admirable banquete durante el viaje. Cuando pasan sobre Gibraltar, Astarotte realiza el comentario que volvería célebre a este fragmento. Se trata de una referencia a las novedades geográficas que inevitablemente hace pensar en el descubrimiento del Nuevo Mundo, pero que en realidad es una reflexión sobre los viajes atlánticos –la exploración de las islas, la navegación a lo largo de la costa africana occidental– que ya eran una realidad en la época de Pulci. El demonio confirmaba, además, que el mito del carácter infranqueable de las columnas de Hércules era falso. Con ello contradecía al mismísimo Dante pero mostraba conformidad con el saber de su tiempo:

> "porque se puede navegar más allá,
> pues el agua en todas partes es plana
> aun cuando la tierra tenga forma de rueda".[65]

Astarotte explica que el otro hemisferio es como el nuestro: "allí hay ciudades, castillos e imperios".[66] Pero en él habitan paganos que adoran "al sol, a Júpiter y a Marte".[67] Ello no significa, sin embargo, que estén condenados. Aquí Pulci/Astarotte difiere de la opinión del Dante y de sus contemporáneos, pues sostiene que quienes no recibieron la Revelación se pueden, sin embargo, salvar, si son justos en el marco de su propia fe:

> "mientras sus ceremonias y devociones
> con temor observaron los romanos,
> aunque adorasen a Marte y a Juno
> y a Júpiter y a los demás ídolos vanos,
> la agradaba al Cielo esta religión,
> que diferencia a las bestias de los humanos".[68]

Ahora bien, una vez que la verdad de la fe cristiana ha sido revelada los que no la abrazan están perdidos, como ocurre con los musulmanes y los judíos, reprobados con dureza por Astarotte:

> "Verdadera únicamente es la fe de los cristianos,
> y ley justa y bien fundada y santa;
> todos vuestros doctores son justos y claros,
> y eso es precisamente lo que la Escritura dice;

---

64. *Ibid.*, 165.

65. *Ibid.*, 229.

66. *Ibid.*, 230.

67. *Ibid.*, 231.

68. *Ibid.*, 235.

y todos los judíos traicioneros y los paganos,
si la gracia del Cielo no los justifica,
condenados están, con todas sus leyes
del Corán de los locos y del Talmud".[69]

Más allá de las interpretaciones que Astarotte brinda sobre distintas cuestiones, lo que resalta en estos fragmentos es su inteligencia. Astarotte explica –primero a Malagigi y luego a Rinaldo– cuestiones teológicas no muy diferentes de las abordadas por al diablo *"loico"* del Dante. Sin embargo, no podemos dejar de observar cuánto habían cambiado los tiempos. A ciento cincuenta años de la *Divina Comedia*, el demonio ya había penetrado con fuerza en un discurso social y cultural más amplio. Al juego literario del *Morgante* le servían de contraste varios episodios oscuros –los nigromantes asesinados en el Lago de Pilatos, la imputación contra delle Piatte que en su confesión incluyó la leyenda de Tannhäuser y luego denunció como cómplices de brujería a las mujeres del Val di Fiemme, la bruja *"maligiagia"* condenada a muerte en Perugia– que dificultan trazar una frontera clara entre la narración literaria y la realidad. En 1446, Luca Pulci, hermano de Luigi, escribió un poema, *Il Driadeo*, en el cual las ninfas –que según él eran llamadas lamias por el vulgo– cabalgaban noche y día siguiendo a Diana.[70] El folklore en el que se basó Luigi Pulci resulta central en muchos relatos de brujería. Como con frecuencia sucedía en el siglo XV, pues, los distintos mundos se tocaban: el folklore, la literatura y los tratados demonológicos abrevaban en materiales similares aunque sus intenciones fueran diferentes.

Este conjunto de influencias se evidencia con claridad en Luigi Pulci. Fascinado por la nigromancia que quizás practicaba (recordemos las referencias a Salaỳ), muy bien informado sobre dicho arte y conocedor del discurso demonológico, el poeta asignó a un mago-nigromante y a un demonio roles principales en su obra mayor, a la que llenó de referencias a la magia de su tiempo, incluso a la más oscura. Es la paradoja del primer Renacimiento, en el cual podían convivir, no sin ocasionales colisiones, los sermones populares de Bernardino de Siena o Savonarola, las primeras hogueras de las brujas y una literatura cortesana en la cual el demonio aparecía como un compañero y un sabio consejero.

---

69. *Ibid.*, 240.

70. Luca Pulci, *Il Driadeo d'Amore*, Napoli, Tipografia A. Trani, 1881, pp. 14-15.

❧ CAPÍTULO VI ☙

"Como otro demonio de carne": el Anticristo, el diablo y la bruja en la España moderna (siglos XV-XVII)

Constanza Cavallero

CONICET - Universidad de Buenos Aires

> "...la bestia que surge del abismo les hará la guerra".
> Apocalipsis 11, 7.

> "El que lucha con monstruos debe tener cuidado de no convertirse en un monstruo en el proceso. Y si miras al abismo durante mucho tiempo, el abismo también te mirará a ti".
> Nietzsche.

PRIMERA PARTE

Estudiosa de la anticristología hispana en la baja Edad Media y la primera modernidad, Françoise Gilbert ha definido en unas pocas líneas al Anticristo de tres modos diversos y complementarios: "parodia diabólica de Cristo", "figura física que aparecerá bajo forma humana en un momento de clímax de la historia para reforzar al diablo en su batalla" y "un hombre con conexiones diabólicas que llegará antes del fin del mundo para perseguir a los cristianos".[1] Las tres definiciones que ensaya Gilbert –y, quizás, cualquier otra que se haya propuesto– refieren de un modo u otro a la vinculación entre esta figura escatológica central del imaginario cristiano, por un lado, y el diablo, por el otro.

En la primera parte de este capítulo propongo dilucidar el vínculo incontestable que ha tejido la tradición entre ambas representaciones mayores, humana y angélica, de las fuerzas de mal. ¿Cómo se ha construido y definido ese lazo a lo largo de la historia? ¿Cómo ha operado en la esfera de las construcciones simbólicas de las sociedades cristianas del pasado? A partir del caso hispano y atendiendo a los primeros siglos de la Edad Moderna en particular,

---

1. Françoise Gilbert, "Introducción", en Martín Martínez de Ampiés, *Libro del Anticristo. Declaración... del sermón de san Vicente (1496)*, editado por Françoise Gilbert, Eunsa, Pamplona, 1999, p. 9.

intentaré, en la primera parte de este trabajo, resolver estos interrogantes iniciales. El Anticristo aparecerá como "hijo del demonio", culmen de la malicia humana, gran conocedor de las artes diabólicas y "cabeza de los malos" (ya fueren estos, según el caso, judíos, musulmanes, protestantes, conversos, la Iglesia opresora y corrompida, el Papado mismo o los pecadores en sentido amplio). El estudio de estos diversos trazos en la literatura anticristológica hispana, tan extensa como poco conocida, permitirá mostrar que la figura del *filius perditionis* ha sido un elemento clave no sólo para dar cierta inteligibilidad a la idea del Mal con mayúscula en el mundo cristiano y reforzar así un sistema de juicio moral muy sólido (apoyado en la verdad revelada y en una forma ortodoxa de comprenderla); también lo ha sido para identificar y denostar a ciertos grupos como servidores del demonio y enemigos de Cristo y de la Iglesia. Estos grupos fueros presentados como seres peligrosos para el conjunto social e integrados, a la vez, dentro de la visión del mundo y del tiempo histórico propiamente cristiana. Las vivas polémicas religiosas de la temprana modernidad, como veremos a partir del caso ibérico, otorgaron un lugar de privilegio a aquella gran figura escatológica.

Anticristo, *filius diaboli*

La emulación diabólica del Espíritu

Desde los primeros siglos circularon en la Cristiandad diversas teorías respecto del vínculo que existiría entre el Anticristo y el demonio. Promediando la décima centuria, un monje –luego abad– benedictino llamado Adso de Montier-en-Der recogió aquellas que las autoridades de la Iglesia habían considerado hasta entonces las más probables o verosímiles. Lo hizo en un tratado titulado *De ortu et tempore Antichristi*, opúsculo que constituye tal vez la obra más influyente de la tradición anticristológica cristiana. Fue escrito por el benedictino en correspondencia epistolar con la hábil e instruida Gerberga de Sajonia, reina de Francia –luego regente y abadesa– que se hallaba preocupada entonces, en la proximidad del año mil, por el fin de los tiempos. En los siglos siguientes, este opúsculo sería citado, copiado, adaptado y traducido a lengua vulgar en múltiples oportunidades.[2] En él el Anticristo es descrito como un simple hombre pero fuente de todos los pecados. Es llamado "hijo de la perdición, esto es, hijo del demonio". Sería *filius diaboli* –aclaraba el monje– no por naturaleza sino "por imitación", porque en todo cumpliría la voluntad del diablo y porque la plenitud del poder diabólico habitaría en él corporalmente.[3]

---

2.   Véase Bernard McGinn, *Anti-Christ: Two Thousand Years of the Human Fascination with Evil*, New York, Harper Collins Publishers, 1994, pp. 100-103; Richard Emmerson, "Antichrist as Anti-Saint: The Significance of Abbot Adso's *Libellus de Antichristo*", *American Benedictine Review*, 30:2 (1979), pp. 175-190.

3.   Adso Dervensis, *De ortu et tempore Antichristi*, editado por Daniel Verhelst, Turnhout, Brepols, 1976, p. 26: "*licet homo sit, fons tamen erit omnium peccatorum*"; "*per omnia adimplebit diaboli voluntatem*"; "*plenitudo diabolice potestatis et totius mali ingenii corporaliter habitabit in illo*".

Adso se nutría así de ideas muy antiguas. Siglos antes, Hipólito había llamado al Anticristo "hijo del diablo" en su temprana obra anticristológica (la *Demonstratio de Christo et Antichristo*) y san Jerónimo había sostenido que sería hijo del diablo y sus obras serían "obras de Satanás".[4] También la *vita Antichristi* anónima elaborada en el mundo mozárabe en el siglo IX, el *Indiculus de adventu Enoch et Eliae*, sostenía por ejemplo –siguiendo al santo de Estridón– que en el Anticristo "*totus Sathanas abitaturus est corporaliter*".[5]

El opúsculo de Adso sentó posición, además, respecto del modo y el momento en el cual habría de afianzarse el vínculo estrecho que existirá entre ambas representaciones cristianas de la maldad radical: esto ocurriría desde la concepción del Anticristo. El diablo actuaría sobre él en el vientre preñado de su madre y de allí en más lo llenaría de su fuerza.[6] Trazando un paralelismo entre la acción del Espíritu Santo sobre el útero mariano y la acción del diablo sobre el de la vil mujer que pariría al Anticristo, el benedictino afirmó que el diablo descendería sobre ella en el momento de la concepción y "la llenará toda, la rodeará toda, se apoderará de ella toda, la poseerá toda interna y externamente". Esta mujer concebiría al Anticristo de simiente humana pero *diabolo cooperante*. Por este motivo su vástago sería completamente maligno, el antagonista más extremo del ser santo y divino nacido de la Virgen y concebido por el Espíritu.[7]

La idea de esta unión temprana, uterina, del Anticristo y el demonio se fijaría en la tradición. Hacia mediados del siglo XII, por ejemplo, Hildegarda de Bingen sostuvo que el diablo actuaría sobre el Anticristo desde su gestación, a través de una suerte de soplo o aliento. Lucifer –escribía la abadesa– "con sus artimañas exhalará su aliento sobre este embrión" y "con todas sus fuerzas lo poseerá enteramente en el vientre de su madre, así que este Impío nacerá lleno del espíritu diabólico".[8] En torno de 1170 el teólogo francés Pedro Comestor afirmaría lo propio y, en el ámbito hispano, Martín

---

4. Hipólito, *El Anticristo*, editado por Francisco Antonio García Romero, Madrid, Ciudad Nueva, 2012, p. 63; Hieronymus, *Epistula* 4, 121 (PL 22, *circa* 1038).

5. Gaelle Bosseman, "Circulation et usages de l'exégèse dans la péninsule Ibérique au IXe siècle", *Mélanges de la Casa de Velázquez*, 49:1 (2019), pp. 41-60.

6. Adso Dervensis, *De ortu et tempore*, p. 23: "*in ipso uero conceptionis sue initio diabolus simul introibit in uterum matris eius et ex uirtute diaboli confouebitur et contutabitur in uentre matris et uirtus diaboli semper cum illo erit*".

7. Adso Dervensis, *De ortu et tempore*, p. 23: "*sicut in matrem Domini nostri Iesu Christi Spiritus sanctus uenit et eam sua uirtute obumbrauit et diuinitate repleuit, ut de Spiritu sancto conciperet et quod nasceretur diuinum esset ac sanctum, ita quoque diabolus in matrem Antichristi descendet et totam eam replebit, totam circumdabit, totam tenebit, totam interius et exterius possidebit, ut, diabolo cooperante, per hominem concipiet et quod natum fuerit totum sit iniquum, totum malum, totum perditum*".

8. *Scivias* 3, 11. Cito aquí por Hildegarda de Bingen, *Scivias: Conoce los caminos*, traducción de Antonio Casto Zafra y Mónica Castro, Madrid, Trotta, 1999, p. 468. Para una introducción a la obra véase Azucena Fraboschi, *Scivias de Hildegarda de Bingen. Lectura y comentario al modo de una lectio medievalis*, Miño y Dávila editores, Buenos Aires, 2009, I, p. 17 y ss.; Richard Emmerson, "The Representation of Antichrist in Hildegard of Bingen's *Scivias*: Image, Word, Commentary, and Visionary Experience", *Gesta*, 41:2 (2002), pp. 95-110.

de León (†1203) reproduciría en su *Expositio libri Apocalypsis* las palabras del *De ortu et tempore*.[9] Valga decir que, Adso mismo y la santa de Bingen, autoridades destacadas en la materia, se ocuparon de aclarar que el Anticristo sería un *homo* y no un demonio encarnado, como hemos dicho.[10] Sobre este asunto teorizaría también Tomás de Aquino en el siglo XIII: en su *Summa* de teología diferenció explícitamente el vínculo que existiría entre el Anticristo y el demonio de la unión hipostática entre Cristo y el Creador. Habitaría en el Anticristo "la plenitud de toda malicia", como habitaba en Cristo la plenitud de toda santidad. No obstante –añadía Tomás– esto no ocurriría porque el diablo asumiría en él la condición humana *in unitatem personae* sino porque lo inspiraría en la malicia más que a cualquier otro hombre.[11]

Ahora bien, que el Anticristo estaría lleno de maldad desde su gestación era una idea difícil de conciliar con el libre albedrío del hombre, elemento fundamental en la economía de la salvación cristiana. Un contrapeso de este escollo pudo haber sido una afirmación de la pluma del Aquinate: que el hijo de la perdición no estaría privado del auxilio interior de la razón ni de la guardia de los ángeles (es decir, el auxilio exterior que Dios concedía a todos los hombres sin excepción). Si bien con este segundo auxilio los réprobos e infieles no lograban alcanzar la vida eterna, eran incapaces sin embargo de cometer todo el daño que quisieren (según el dominico, por este motivo el Anticristo "*non tantum nocebit quantum vellet*").[12] En el *Compendium theologicae veritatis*, texto de amplia circulación atribuido en ocasiones al franciscano Buenaventura, se sostenía también que el Anticristo tendría un ángel custodio pero que éste lo abandonaría cuando se obstinara en el pecado, *i. e.*, cuando se presentara como Dios y verdadero Mesías.[13]

La tradición medieval sintetizada hasta aquí estuvo muy presente, con matices no menores, en el ámbito hispano de los siglos XV a XVII. Ya a finales del siglo XIV el teólogo y tratadista catalán Francesc Eiximenis sostuvo por ejemplo en su *Llibre dels àngels* (1392) que el Anticristo sería "*tot posseït, regit*

---

9.   Petrus Comeſtor, *Hiſtoria scholaſtica* (*Liber Danielis*, cap. VI) (PL 198, col. 1454): "*poſt conceptum spiritus malignus descendet in uterum matris, cujus virtute deinceps puer aletur, nascetur, adolescet*"; Martini Legionensis, *Expositio Libri Apocaypsis* (PL 209, col. 359): "*In ipso autem conceptionis suae initio simul diabolus introibit in uterum matris ejus, et ex malignitate diaboli confovebitur et contutabitur in ventre ejus*".

10.   Aún en el siglo XVIII el benedictino Benito Feijoo refutaría eſta idea. No la consideraba "ni como hipótesis" por incluir "el error de Filón, Orígenes y Tertuliano de que los demonios pueden unirse cuerpos humanos e informarlos como hace el alma racional". Véase Benito Feyjoo, *Theatro crítico universal o Discursos varios en todo género de materias, para desengaños de errores comunes* (Nueva impresión), Madrid, Antonio Marin, 1765, t. VII, pp. 155-156.

11.   *Suma teológica* III, q. 8, a. 8: "*sed quia diabolus suam malitiam eminentius ei influet suggerendo quam omnibus aliis*". Véase Thomae Aquinatis, *Summa theologica*, Roma, Domus Editorialis Marietti, 1942, t. 3, p. 452.

12.   *Ibid.* I, q. 113, a. 4. Véase *Ibid.*, t. 1, p. 714.

13.   *Compendium theologicae veritatis* VII, cap. VII: "*Angelus bonus deputabitur primo Antichriſto ad cuſtodiam; sed quando ita obſtinabitur in peccato, quod dicet se ese Deum, (...) tunc primo deseret eum angelus ex toto, nec habebit eum poſtmodum ad promotionem, sed ad accusationem*". Véase Bonaventurae, *Opera Omnia*, Paris, L. Vivès, 1866, v. 8, p. 232.

e governat per los demonis"; aclaraba, no obstante, que la custodia angelical no le sería quitada (gracias a dicha custodia, el Anticristo no sería capaz de *"fer tant de mal com fer volria"*).[14] Más original respecto del origen del vínculo inquebrantable entre el demonio y su "hijo" fue el pensamiento de fray Alonso de Espina, también franciscano. Este teólogo y predicador castellano refirió en su voluminoso *Fortalitium fidei* (*circa* 1460) una opinión alternativa que consideraba *"forte melius et verius"*, a saber, que dicho vínculo no se consolidaría en el vientre materno (idea que atribuía a Pedro Comestor) sino cuando el Anticristo alcanzara la "edad de la discreción". Sólo entonces Satanás tomaría posesión absoluta de este hombre singular.[15] Esta interpretación no era la más aceptada y no lo sería tampoco en los siglos siguientes. En efecto, el hidalgo aragonés Martín Martínez de Ampiés sostendría pocas décadas después, en su *Libro del Anticristo* (cuya *editio princeps* es de 1496), una versión más acorde a la tradición: creía que, en oposición a la concepción bendita de Jesús por infusión del Espíritu, "en la concepción de esta bestia maligna será la infusión diabólica, y la madre suya será enchida de las tinieblas de malos spíritos". El hidalgo recalcitra en esta idea más de una vez a lo largo de su obra.[16] En línea con el *Compendium*, escribió también el aragonés que el ángel bueno "que le fue deputado para en guarda como a cada una de las otras criaturas" dejaría al Anticristo cuando éste se presentara como el verdadero Mesías.[17]

Adentrado el siglo XVI, el franciscano Luis de Maluenda dedicó gran parte de su extenso tratado titulado *Leche de la fe del principe christiano* (1545) a la figura del Anticristo, "cavallo principal de lucifer", cuyo nacimiento sería predicado con júbilo por los demonios.[18] El fraile creía que el *filius perditionis* sería como un "demonio de carne" y que los demonios de este tipo eran en cierto modo "peores que los demonios del infierno sin cuerpos de carne", porque estos últimos al menos reverenciaban a Cristo y lo llamaban hijo de Dios. El Anticristo en cambio lo infamaría y enseñaría mentiras sobre el Redentor.[19] Sostuvo también Maluenda, siguiendo a Tomás, que no tendría "unidad de persona con la persona de Lucifer".[20] No obstante, desde la preñez de su madre se criaría con la compañía corrupta y ponzoñosa de Satanás y nacería "posseydo y enseñoreado" por el demonio. Este último, "auctor del Antechristo", estaría con él "dende que nasciere hasta que acabe la vida", motivo por el cual aquel

---

14. Francesc Eiximenis, *Àngels e demonis. Edició i comentaris de Sadurní Martí*, Barcelona, Quaderns Crema, 2003, p. 83.

15. Alonso de Espina, *Fortalitium fidei, Liber tercius, Consideratio* XII, f. 114v (códice n°154 del archivo de la Catedral de Burgo de Osma, 1464).

16. Martín Martínez de Ampiés, *Libro del Anticristo*, p. 71. Véase también pp. 72, 74-75.

17. *Ibid.*, p. 79.

18. Luis de Maluenda, *Tratado llamado leche de la fe del príncipe christiano, con LXII milagros de Jesuchristo nuestro Dios y Redemptor, y con los misterios del Antechristo...*, Burgos, Juan de Junta, 1545, f. 83v.

19. *Ibid.*, f. 218v.

20. *Ibid.*, f. 49v. El fraile insiste allí una vez más en la idea de que "dende el momento que fuere concebido (…) estará Lucifer a su lado el qual jamas dél se apartara para guiarle e consejarle". Más adelante repetirá que "el antechristo no sera Satanas sino hombre dotado de toda eficacia e astucia del diablo" (f. 193v).

hombre seguiría "de gran voluntad los deseos e inspiraciones del demonio".[21] En una obra previa titulada *Misterios de los ángeles* (1539), el franciscano Maluenda había indicado además que, si bien el Anticristo estaría lleno de maldad desde su gestación, igualmente contaría con un "angel que le guarde".[22] En virtud de los "castos amores" entre el hombre y los buenos espíritus, la custodia angélica jamás cesaba por más duros y obstinados que fueren los pecadores. No obstante –también en línea con el *Compendium*– Maluenda creía que el Anticristo constituiría una única excepción: sería privado de la guarda del ángel al llegar "su infernal endurescimiento".

Pedro Sánchez de Acre, filósofo moral y racionero de la catedral toledana, escribió décadas más tarde, en su miscelánea renacentista titulada *Árbol de consideración y varia doctrina* (1584), que el demonio le infundiría toda la malicia al Anticristo "desde antes que nasca", habitaría en él y tendría "total possession" de él; sin embargo, no habría entre ellos "unidad personal".[23] Creía también que el ángel custodio que Dios le proveería redundaría en daño y condenación para este hombre diabólico, porque "aviendo tenido tal favor" no lo aprovecharía. Cita en este sentido al Aquinate y también al Tostado, Alonso Fernández de Madrigal.[24] Pocos años después, el dominico lisbonés Nicolás Díaz sostuvo también, en su *Tratado del Juicio Final* (1588), que el demonio entraría en el vientre de la madre del Anticristo, que estaría siempre con él y que se convertiría en su señor. Aclaraba no obstante que el demonio no le quitaría al Anticristo el uso de la razón, quedando "perfecto para que pueda peccar", a diferencia de lo que ocurría en el caso de los endemoniados. Consideraba además que aquel hombre tendría la guardia de un ángel santo y no la habría de aprovechar.[25]

Asimismo, el teólogo franciscano Juan de Pineda (†1597), en sus *Diálogos familiares de la Agricultura christiana* (1589), afirmó que el Anticristo sería "posseido todo de Satanas dende el vientre de su madre".[26] Lo mismo escribió al año siguiente el misionero, naturalista, teólogo y cronista de Indias José de Acosta (1540-1600). Ya regresado a Europa (había ido a América en 1572, en la tercera de las misiones al Perú de la Compañía de Jesús), publicó en Roma y en latín un libro sobre el fin del mundo titulado *De temporibus novissimus*. Allí negó también la unión hipostática del Anticristo con el demonio –pese a lo que sugería su inexplicable maldad– y sostuvo que desde el comienzo

---

21. *Ibid.*, ff. 55v, 10r, 189v.

22. Luis de Maluenda, *Vergel de virginidad con el edificio spiritual de la caridad (...). Y otro tratado de los myʃterios de los ángeles, con treze servicios que haze el Angel cuʃtodio*, Burgos, Juan de Junta, 1539, cap. XII.

23. Pero Sánchez de Acre, *Árbol de consideración y varia doctrina*, Toledo, Juan Rodríguez, 1584, ff. 419-420.

24. *Ibid.*, f. 421. Atribuye al Toʃtado las siguientes palabras: "por malísimas obras que hará el Antechriʃto, las haría peores sino tuviesse ángel de la guarda".

25. Nicolás Díaz, *Tratado del iuyzio final en el qual se hallaron muchas cosas muy prouechosas y curiosas*, Valladolid, Fernández de Córdoba, 1588, ff. 54r., 68v. Cita al respecto a Tomás de Aquino.

26. Juan de Pineda, *Segunda parte de los treynta y cinco dialogos familiares de la Agricultura chriʃtiana*, Salamanca, Pedro de Adurça y Diego López, 1589, f. 146v.

estaría "*totus a Diabolo possideatur*". Acosta creía que el Anticristo sería el hombre más criminal y vicioso de todos los que habían vivido hasta entonces y los que vivirían de allí en más.[27] Se presentaría como hijo del diablo, "*a quo tantam acceperit potestatem*" y a quien haría adorar como si fuera Dios. Por esta razón, Acosta describía al Anticristo como idólatra y gran promotor de idolatrías (palabras nada casuales si atendemos a la biografía del jesuita y las geografías que habitó).[28]

Hacia el siglo XVII, una serie de tratados confirma la pervivencia de la longeva tradición compendiada por Adso y de las enseñanzas escolásticas. Entre ellos se encuentra la importante *summa* de anticristología publicada por vez primera en Roma en 1604 (y reeditada, con añadiduras, en Valencia en 1621 y en Lyon en 1647): el *De Antichristo* de Tomás de Maluenda. Este teólogo dominico de origen valenciano negaba también que el Anticristo sería un demonio encarnado: la unión hipostática de dos naturalezas diversas había ocurrido sólo una vez, en el milagro de la Encarnación. Creía no obstante que el diablo "existiría" en aquel hombre más que en cualquier otro y que el Anticristo sería su instrumento predilecto, "*secundum energiam & operationes quam per illum potentissime diabolus exercibit*".[29] Si bien el *filius diaboli* tendría un ángel custodio, esto serviría para mostrar cuán digno sería aquel hombre de la condenación eterna: hacer oídos "sordos y férreos" a la ayuda angélica tornaría más patente su depravación extrema.[30]

Un par de años más tarde, el franciscano y calificador del Santo Oficio Diego de Arce (1553-1616), en su colección de sermones (*Miscelánea primera de oraciones eclesiásticas*, 1606), escribió que el Anticristo sería un simple hombre pero "mas parecera demonio que hombre" y "sera hombre todo endemoniado, todo diabolico, y el mas parecido al demonio de todos los hijos de los hombres".[31] También se pronunció al respecto el jesuita Francisco Escrivá, biógrafo de Teresa de Ávila y autor de los *Discursos sobre los quatro novissimos* (1609). Él copió y tradujo el célebre pasaje del texto de Adso atribuido a Rábano Mauro que afirmaba que el diablo "*in matrem Antichristi descendet & totam eam replebit, totam circundabit, totam tenebit*". Creía que el Anticristo no sería un demonio "sino un hombre cierto y particular, que alcançara todas las fuerças, y poder del demonio".[32]

También Honofre Manescal, teólogo, predicador y catedrático de la Universidad de Barcelona, sostuvo en su tratado anticristológico de 1611, incluido en *Miscellanea de tres tratados*, que el Anticristo no sería un diablo encarnado: sólo un milagro era capaz de unir "una naturaleza creada hypostaticamente a otra persona creada" y no consideraba verosímil que Dios "por una cosa

---

27. Iosephi Acoſtae, *De temporibus nouissimis libri quatuor*, Romae, Iacobi Tornerii, 1590, p. 45.

28. *Ibid.*, pp. 59-60.

29. Thoma Malvenda, *De Antichriſto libri undecim*, Romae, apud Carolum Vulliettum, 1604, pp. 73-75.

30. *Ibid.*, p. 104.

31. Diego de Arce, *Miscelánea primera de oraciones eclesiáſticas*, Murcia, Diego de la Torre, 1606, ff. 73v-74r.

32. Francisco Escrivá, *Discursos sobre los quatro novissimos*, Valencia, Patricio Mey, 1609, pp. 349-352.

tan mala como sera Anticristo, haga una obra tan grandiosa, y milagrosa como esta".[33] Creía además que la obstinación de este hombre sería tal que el "Angel de la Guarda no exercitara en el efectos de Angel Custodio".[34] En cualquier caso, el vínculo entre el Anticristo y el demonio fue inquebrantable y persistente a lo largo de los siglos.

De demonios íncubos y súcubos

La negación de la unión hipostática entre el Anticristo y el demonio, como vimos, se repite una y otra vez en la literatura anticristológica hispana. Se argumentó al respecto también a mediados del siglo XVII, para negar –luego de sopesar viejas autoridades– cualquier tipo de "union hypostatica o nexo personal". También se descartó entonces la posibilidad de que el Anticristo fuera un espíritu maligno con "exterioridad de carne y hombre phantastico".[35] Incluso en el "Siglo de las Luces" el ilustrado Benito Jerónimo Feijoo se ocuparía de rebatir la idea de que el Anticristo sería un demonio encarnado o "vestido de carne humana".[36] De este modo, se buscaba mantener a raya cierto imaginario popular remanente que creía que el Anticristo sería literalmente hijo del diablo y reafirmar, al mismo tiempo, la unicidad del milagro fundante de la religión cristiana, la Encarnación.[37]

En cualquier caso, la refutación reiterada de esta idea por parte de teólogos y tratadistas quizá haya estado vinculada a la importancia creciente que adquirió a lo largo del período moderno una interpretación alternativa respecto del origen del Anticristo y su vínculo primigenio con el demonio (se trataba de una versión que dotaba de gran poder a este último; tal vez por ello era necesario, como contrapartida, fijar ciertos límites). En efecto, desde al menos el siglo XVI, se consideró verosímil que el Anticristo pudiera ser concebido gracias a la manipulación preternatural de semen humano, es decir, por la intervención de demonios íncubos y súcubos en los procesos de reproducción natural. La idea de que los demonios podían actuar de este modo era muy antigua.[38] En la España del Cuatrocientos había circulado además una idea

---

33. Honofre Manescal, *Miscellanea de tres tratados*, Barcelona, Sebastian Matheuad, 1611, pp. 28-32.

34. *Ibid.*, p. 53.

35. Lucas Fernández de Ayala, *Historia de la perversa vida y horrenda muerte del Antechristo*, Madrid, Francisco García (segunda impresión a costa de Pedro Coello, Mercader de libros), 1649, pp. 106-111.

36. Benito Feyjoo, *Theatro crítico universal*, p. 156.

37. Escritos en romance del período bajomedieval, como el *Jour of Jugement* (*circa* 1335), presentaban al Anticristo como hijo propiamente del demonio. Véase Richard Emmerson, "Antichrist on Page and Stage in the Later Middle Ages", en R. Stillman (ed.), *Spectacle and Public Performance in the Late Middle Ages and the Renaissance*, Leiden, Brill, 2006, pp. 6-8.

38. Agustín de Hipona refiere a los demonios íncubos en *De civitate Dei* XV, cap. 23 y el tema reaparece con claridad, en tiempos escolásticos, en el comentario al segundo libro de las *Sentencias* del Doctor Seráfico. Tuczay afirma sin embargo que la Iglesia no admitió de modo generalizado la posibilidad de vincularse sexualmente con los demonios hasta el siglo XII (habían negado tal posibilidad, por ejemplo, Isidoro de Sevilla y Bucardo de Worms). Véase Christa Tuczay, "Incubus and succubus", en Richard Golden (ed.), *Encyclopedia of Witchcraft: The Western Tradition*, Santa Barbara, ABC-CLIO, 2006, pp. 546-548; Maaike van der Lugt, "The Incubus in Scholastic Debate: Medicine, Theology and

semejante respecto del origen del sabio Merlín, según indican las huellas de la literatura artúrica presentes en el ámbito peninsular.[39]

Luis de Maluenda refirió en *Leche de la fe* (1545) que algunos opinaron que el Anticristo sería hijo de "demonios en figuras humanas que llaman por nombres onestos sucubos e incubos". Éstos se ocupaban

> "de hurtar las sangres lodosas de la generacion humana: y aquella massa viscosa hurtada, al demonio que hurta el oficio de varon llaman incubo y al demonio que rescibe como muger aquella sangre cozida y podrida llaman sucubo y los que nascen desta massa hurtada e amassada por las manos de los demonios son grandes carnales e brutales".

Agregó a continuación que, en tal caso, los demonios que "amassaran la massa corrupta de la qual nascera el antechristo" serían "de los mas estragados" y por ello el retoño sería "dessaforado en carnalidad y en maldad".[40] Luego, en los años '80 de aquel siglo, Sánchez de Acre aseveró que la generación del Anticristo sería "diabólica, y por medio de Sathanas" y que algunos creían que el demonio tomaría un cuerpo aéreo "y que del accesso con ella [una mujer professa] sera engrendrado el Antechristo". Este racionero de la catedral primada citaba a Buenaventura como autoridad para hablar del proceder de íncubos y súcubos y consideraba posible que el Anticristo pudiera ser "formado por arte del diablo" (no porque éste fuera capaz *per se* de engendrar vida sino por su habilidad para manipular los principios generativos).[41] Vale aclarar que las palabras atribuidas al Doctor Seráfico sobre la acción de íncubos y súcubos no mencionaban siquiera al *filius perditionis*.[42] Tampoco en el siglo XIV, por caso, había hecho referencia directa al incubato la santa y mística Brígida de

---

Popular Belief", en Peter Biller y Joseph Ziegler (eds.), *Religion and Medicine in the Middle Ages*, York, York Medieval Press, 2001, pp. 175-200. Stephens indicó además que Alonso de Madrigal, el Toſtado, se explayó sobre el tema en su comentario a *Génesis* VI; soſtuvo incluso que los demonios eran capaces de recoger el semen de quienes se maſturbaban o eyaculaban en sueños y generar a partir de allí la procreación involuntaria de una vida humana. Véase Walter Stephens, *Demon Lovers: Witchcraft, Sex and the Crisis of Belief*, Chicago, University of Chicago Press, 2002, pp. 69-70. Pocos años después también escribiría sobre el tema Alonso de Espina. Véase *Fortalitium fidei*, ff. 183v-184r.

39. El *Baladro del Sabio Merlín* llamaba a eſte último "fijo del diablo". Décadas antes, el mencionado Alonso Toſtado había escrito en sus *Çinco figuratas paradoxas* que Merlín había sido engendrado "de íncubos et súcubos demones". Véase Carlos Alvar y J. Manuel Lucía Megías (eds.), *Baladro del Sabio Merlín (1498)*, Alicante, Biblioteca Virtual Miguel de Cervantes, pp. 429, 431; Pedro Cátedra y Jesús Rodríguez Velasco, *Creación y difusión de "El baladro del sabio Merlín" (Burgos, 1498)*, Salamanca, Semyr, 2000, pp. 71-72 (allí se transcribe un capítulo de la primera paradoja titulado "De los diablos íncubos et súcubos. De la manera de generación de ellos et cómo fue engendrado Merlin"). También Alonso de Espina refirió en su *Fortalitium fidei* (ff. 183v-184r) la leyenda proveniente de las *Hiſtorii brittanorum* según la cual Merlín era fruto de la unión de una mujer y un demonio.

40. Luis de Maluenda, *Tratado llamado leche de la fe*, ff. 198v-199v.

41. Pero Sánchez de Acre, *Árbol de consideración y varia doctrina*, f. 419r y v.

42. *Ibid.*: "*possunt demones generare ex transfusione seminis alieni: accipiunt enim aliquando formam mulieris, & viro se proſternunt, & propter hoc appellantur sucubi. Suscipientes semen virile, & illud conservant in corruptum arte & poteſtate sua, permitente deo. Ac poſt modum assununt formam viri, & cum muliere se conmiscunt, & ex transfusione predicti seminis generare homines possunt, & iſti apellantur incubi*".

Suecia cuando afirmó que el diablo formaría "su obra", el Anticristo, a partir de las "semillas" de una mujer y de un hombre malditos.[43]

Quizás fue el dominico Tomás de Maluenda quien dedicó más cantidad de folios, en su obra *De Antichristo*, a discutir la posibilidad de que el Anticristo pudiera nacer por acción de un demonio íncubo. Se apoya para ello en un nutrido inventario de autoridades eruditas y dedica un capítulo entero de su tratado a narrar la historia de *clarissimi viri apud gentiles* que habrían sido generados de ese modo (también menciona en este sentido al ya nombrado Merlín y a Martín Lutero mismo).[44] Por su parte, el dominico y comisario de la Inquisición fray Lucas Fernández de Ayala, natural de Murcia, aducía en su *Historia de la perversa vida y horrenda muerte del Antechristo* (publicada por primera vez en 1635) que era "sentencia probable" que el Anticristo pudiera nacer "de verdadera muger, y un demonio Incubo". Creía, no obstante, que "la opinión más segura y mas probable" era que sus padres fueran "verdaderos hombres como los demás".[45] La segunda edición de la obra de Ayala, publicada *post mortem*, en 1649, afirmaría que el demonio contribuiría a que "las costumbres del alma" del Anticristo fueran las peores posibles: entre otras cosas, "corromperá el semen de que se ha de formar el cuerpo, y lo reduzira a tal temperie y disposicion que ponga en el alma propensión y conato a todo genero de maldades".[46]

Hay una curiosa y original excepción al listado de obras que consideraban posible (aunque tal vez poco probable) el nacimiento del Anticristo por acción de íncubos y súcubos: Honofre Manescal. Este catedrático de la Universidad de Barcelona pensaba que no era muy cierto que los demonios fueran capaces de engendrar: "no hay fundamento para dezir esto", decía. Su escepticismo radicaba en el siguiente razonamiento: "la materia que tiene el demonio recebida, y siendo primero sucubo como es tan sutil, facilmente se dissipa, y no sera acomodada para la generación". Deducía por lo tanto que el Anticristo no habría de ser hijo de un demonio íncubo.[47] Con todo, incluso Feijoo en pleno siglo XVIII tomaría "por posible" aquella forma diabólica de generación del Anticristo, propia de los discursos apocalípticos de la era moderna. Cierto es, no obstante, que el benedictino aclaraba que había quienes la juzgaban imposible "(1) físicamente o (2) por el inconveniente teológico de que debilitaría la prueba de que Jesús es el verdadero Mesías".[48]

---

43. S. Brigittae, *Revelationes* IV, cap. 67: "*Antichriſtus nascetur de maledicta femina simulante se sapere spiritualia et de maledicto homine. De quorum seminibus (...) dyabolus formabit opus suum*". Citado en Emilia Zochowska, *The Chriſtian Kingdom as an Image of the Heavenly Kingdom According to St. Birgitta of Sweden*, Ph.d. diss., University of Southern Denmark, 2010, p. 128.

44. Thoma Malvenda, *De Antichriſto*, 1604, pp. 75-79: "*Insuper probable censent viri eruditi, eſt Antichriſtum generandum ex spurcissimo daemonio incubo, & muliere corruptissima*"; "*Atque ad eum sane modum exiſtimamus nos cum viris doctis esse cum primis probabile Antichriſtum ex daemonio incubo procreandum, medio nimirum semine humano*".

45. Lucas Fernández de Ayala, *Hiſtoria de la perversa vida y horrenda muerte del Antechriſto*, Murcia, Luis Verós, 1635, pp. 63 y ss.; 84 y ss.

46. Lucas Fernández de Ayala, *Hiſtoria de la perversa vida*, 1649, p. 111.

47. Honofre Manescal, *Miscellanea de tres tratados*, pp. 23-32; 38-40.

48. Creía que algunos podían pensar que Jesús mismo había sido concebido de ese modo. No obſtante, alega que el dogma de la concepción virginal no eſtaba avalado por teſtigos humanos que podrían

"La cultura de los demonios en el mundo"

Los prodigios del Anticristo y las artes diabólicas

Ireneo de Lyon, en torno del año 180, sostuvo que el Anticristo recibiría todo el poder del diablo y que, al presentarse como un rey impío, injusto y sin ley, recapitularía en sí mismo la apostasía del diablo (la obra de Ireneo que contenía estas palabras fue publicada, con un impacto no menor, en 1576).[49] Hacia el fin del primer milenio, Adso afirmó que este ser, contrario a Cristo en todas las cosas, traería de vuelta *"demonum culturam in mundo"*.[50] En su opinión, el diablo se ocuparía de la formación de aquel hombre maligno a través de magos, hechiceros, adivinos y encantadores que lo educarían. El Anticristo aprendería de ellos la iniquidad, la falsedad y las malas artes, y además, los malos espíritus serían sus guías y compañeros inseparables.[51] Así, sería capaz de realizar milagros grandes e inauditos, como dar vuelta el curso de las aguas o resucitar muertos *"in conspectu hominum"*. Estos prodigios constituirán uno de los tres modos en los cuales el impío perseguiría a los elegidos, *"id est, terrore, muneribus et miraculis"*.[52]

Santa Hildegarda, dos centurias más tarde, vinculó no sólo al Anticristo sino incluso a su madre con los demonios, los vicios y las malas artes. En la visión undécima de *Scivias*, la abadesa de Bingen informaba que dicha mujer sería criada desde la infancia en las artes diabólicas y luego persuadida y engañada por el diablo para cometer fornicación (a tal punto que no podría identificar siquiera al progenitor de su hijo). Llena de vicios la madre, el retoño sería alimentado en las artes diabólicas y la magia.[53] Gracias a estos saberes, el Anticristo avasallaría la tierra y fingiría hacer milagros: dominaría los vientos; sacaría fuego, relámpagos y truenos de los cielos; agitaría los montes; secaría las aguas y quitaría, para restituir luego, el verdor de los bosques; enfermaría a los sanos y sanaría a los enfermos; expulsaría demonios y fingiría ser capaz de resucitar a los muertos (con ayuda del demonio, haría que el cadáver de algún alma caída se moviera como si la persona estuviera viva). Estos prodigios –aclaraba Hildegarda– serían falsos.[54]

---

haber confundido un ángel bueno con uno malo sino que "consta por fee sobrenatural". Véase Benito Feyjoo, *Theatro crítico universal*, p. 155.

49. St. Irenaeus, *Adversus haereses* V, 3, 1. Véase Divi Irenaei Episcopi Lugdunensis, *Adversus Valentini et similium gnosticorum haereses*, Parisiis, apud Sebastianum Niuellium via Iacobeae sub Ciconiis, 1576, lib. V, cap. XXV, p. 361. Véase el impacto de esta edición en su época en Diego de Arce, *Miscelánea*, f. 106v.

50. Adso Dervensis, *De ortu et tempore*, p. 22.

51. *Ibid.*, p. 24: *"Habebit autem Antichristus magos, maleficos, divinos et incantatores, qui eum, diabolo inspirante, nutrient et docebunt in omni iniquitate, falsitate et nefaria arte et maligni spiritus erunt duces eius, socii semper et comites indivisi"*.

52. *Ibid.*, pp. 24-25.

53. Hildegardis, *Scivias*, editado por Adelgundis Führkötter, Turnhout, Brepols, 1978, pars III, pp. 589-590.

54. *Ibid.*, pp. 591-592.

Tomás de Aquino, por su parte, subrayó que las obras del Anticristo manifestarían el poder de los demonios en todo su esplendor. Citando a Agustín, se dispuso a explicar que dichas obras serían *"signa mendacii"* de dos formas posibles: o bien se trataría de engaños a los sentidos, a través de *phantasmata* (*"quae non facit, videatur facere"*), o bien, en caso de constituir *vera prodigia*, éstos serían realizados con el fin de engañar a quienes creyeran en ellos.[55] Repite lo mismo el Aquinate al comentar II Tesalonicenses 2, 9 (*locus* en el cual san Pablo dice que la venida del Anticristo *"erit secundum operationem Satanae in omni virtute, et signis, et prodigiis mendacibus"*). Distinguía entonces Tomás los milagros verdaderos, que ocurrían por virtud divina y para utilidad de los hombres, de aquellos *"quae fienda sunt tempore Antichristi"*, apoyados en el conocimiento y la manipulación de las virtudes naturales.[56] También resulta de interés el libro séptimo del *Compendium theologicae veritatis*, obra muy copiada y citada desde tiempos escolásticos y atribuida a diversos autores (Alberto Magno, Hugo de Estrasburgo, Buenaventura...). Un capítulo titulado *"De quatuor modis quibus decipiet"* explicaba que el Anticristo engañaría de cuatro modos a los hombres (y no tres, como había sostenido Adso): la persuasión, la operación de milagros, las riquezas materiales y las armas. El segundo de estos modos, *"miraculorum operatione"*, refería los falsos milagros que haría el Anticristo *per artem magicam*: por ejemplo, turbaría los mares, resucitaría muertos e incluso simularía morir y resucitar, siendo elevado por el aire por los demonios (*"feretur a daemonibus in aera, quasi ascendat in coelum"*).[57]

Si nos situamos en territorio peninsular en los albores de la modernidad, el Anticristo también aparecerá como un gran portador de la "cultura de los demonios", ligada ésta a la posibilidad de realizar falsos milagros a través de la magia demoníaca. Resulta insoslayable, en primer lugar, la figura del "ángel del apocalipsis": el dominico valenciano Vicente Ferrer. En julio de 1411, este célebre predicador popular enunció una tríada de sermones sobre el Anticristo en la ciudad de Toledo, seguida por otros tantos dedicados también a la cuestión apocalíptica, pregonados probablemente en septiembre de aquel año en Ayllón. En tiempos del Gran Cisma que partía en dos a la Iglesia, Ferrer decía que el Anticristo ya había nacido y urgía a los fieles a abrazar la fe de Cristo con el fin de salvar sus almas ante la cercanía del Fin.[58] Aquellos tres sermones, predicados en un breve período de no más de cuatro o cinco días, resultan fundamentales para comprender la tradición anticristológica peninsular. Como indica Toro Pascua, el discurso apocalíptico vicentino y, junto a él, la figura del Anticristo como "instrumento azotador

---

55. *Suma teológica* I, q. 114, a. 4. Véase Thomae Aquinatis, *Summa theologica*, t. 1, pp. 720-721.

56. *Ibid.*, II-IIae, q. 178, a. 1. Véase *Ibid.*, t. 3, p. 262.

57. *Compendium theologicae veritatis* VII, cap. IX. Véase Bonaventurae, *Opera omnia*, pp. 232-233. Los cuatro modos son *"callida persuasione, miraculorum operatione, donorum largitione et tormentorum exhibitione"*.

58. Muchos especialistas han vinculado el Gran Cisma con el recrudecimiento de la emergencia apocalíptica. Véase una introducción al tema en Bernard McGinn, *Anti-Christ*, pp. 177-181.

de costumbres" continuarían vigentes durante el siglo XV y buena parte del siglo XVI gracias a los franciscanos que promovieron entonces la reforma de la Iglesia. Además, dichos sermones fueron los primeros del santo valenciano llevados a la imprenta: se publicaron más de quince veces entre 1549 y 1621.[59]

El primer sermón de la tríada mencionada resulta particularmente interesante porque allí el predicador describió cuatro maneras –acordes a los cuatro modos del *Compendium*– en las cuales el Anticristo habría de atraer a los cristianos, según la condición de estos últimos: sería pescador para las personas "mundanales", "trasechador" para los simples y espirituales, encantador para los letrados y tiránico señor para los santos. En diversas ocasiones, la acción del Anticristo involucraba el poder diabólico. Por ejemplo, en el rol de pescador, aquel se serviría de las riquezas perdidas en la mar gracias al poder del diablo (le diría a este último "Tráeme ayna aquí mill carretadas de aljófar" y en menos de una hora le serían llevadas).[60] Luego, para seducir a personas "simples spirituales", haría grandes milagros, "resuçitando los muertos e sanando los enfermos a paresçencia", nuevamente con la asistencia de los diablos. Decía histriónico Ferrer:

> "Mas dirán algunos: —'Fazed los miraglos que fazía Ihesú Christo, que resuçitava los muertos.' E ellos dirán: —'¿A quién quieres que te resuçitemos?' E los christianos dirán: 'Resuçitadme a mi padre.' ¿E qué farán? Yrán a la sepultura e dirán: —'¿Dónde está tu padre? ¿Está aquí?' Dirán —'Sí. —'Pues yo le mando que salga desta sepultura e que diga la verdat.' E súbitamente dos diablos saldrán, uno en forma de su padre e el otro en forma de su madre, e fablará e dirá: —'Mi fijo, sabe que yo só condepnado porque creya en aquese Ihesú Christo, fijo del carpentero. E si quieres ser salvo, cree en este señor.' E dirá el padre: —'Agora, fijo, vayamos a casa a comer.' E el fijo comerá con él, coidando que con su padre come, e será un diablo".[61]

El Anticristo también haría descender fuego del cielo y hablar a las imágenes gracias al poder de los demonios.[62]

Esta asociación entre el Anticristo y la "cultura del diablo" reaparece con fuerza a lo largo del siglo XV. Por ejemplo, un breve opúsculo sobre el Anticristo conservado en un códice de la biblioteca fundada en 1455 por el Conde de

---

59. María Isabel Toro Pascua, "Un impreso desconocido de los Cromberger: los sermones castellanos de san Vicente Ferrer sobre el Anticristo (Sevilla, 1549) y su difusión en el ámbito de la Reforma", *Studia Aurea*, 14 (2020), p. 100.

60. Vicente Ferrer, "Sermón del avenimiento del Antechristo e de las otras cosas que deven venir en la fyn del mundo" (Toledo, 5 de julio de 1411), en Pedro Cátedra, *Sermón, sociedad y literatura en la Edad Media. San Vicente Ferrer en Castilla (1411-1412)*, Valladolid, Junta de Castilla y León, 1994, pp. 536-537.

61. *Ibid.*, pp. 540-541.

62. Véase otras manifestaciones del rol fundamental del demonio en los prodigios del Anticristo *ibid.*, pp. 540-542. Uno de los casos que describe Ferrer es original: cuando los ministros del Anticristo debatieran con sutilezas y argumentos, los teólogos y letrados no podrían siquiera hablar. Se quedarían mudos porque "las ánimas de las personas son atadas por las artes de los diablos". Véase también más ejemplos en el "Sermón que fizo maestre Viccente ante que finasse desta misma materia de la fin del mundo" (*Ibid.*, pp. 645, 648).

Haro en Medina de Pomar afirmaba que los milagros que haría el Anticristo serían inventados (*inventa*) por él o por su padre, el diablo. Instruido en el arte mágica, en la "ciencia secular" y en una increíble elocuencia, el Anticristo engañaría y subyugaría al género humano.[63] Pocos años más tarde, Alonso de Espina escribió que Satanás poseería al Anticristo, le enseñaría las malas artes y lo guiaría en el mal.[64] Por su parte, el *Libro de los grandes hechos* de Juan Unay (o *De la venguda de Antichrist* de Juan Alamany), escrito antes de 1490, sostenía que el Anticristo daría grandes tormentos "con poderío de Luçifer a los que non le quisieren creer".[65] La edición valenciana de la obra, publicada –previa "reparación" de Johan Carbonell– en 1520, es decir, en el contexto de las Germanías, repetía lo mismo: aquél actuaría "ab lo poder de Lucifer".[66]

Mucho más extensamente escribió sobre el asunto Martín Martínez de Ampiés en la década de 1490. En su *vita Antichristi* sostuvo que las obras de este hombre vendrían "todas fundadas en Sathanás" y que sería instruido por "magos encantadores de las diabólicas artes". Citaba como autoridad a Juan Damasceno, pese a que el teólogo sirio en verdad había dicho solamente que el Anticristo sería educado en secreto.[67] Ampiés se dedicó también a narrar en detalle muchos de los prodigios que haría el hijo de la perdición: creía que hacer hablar a una estatua era lo menos que podía hacer (había sido muy usual en tiempo de los gentiles, cuando los "dioses hechos estatuas", habitados por demonios, respondían sus demandas). En opinión del aragonés, quien sirviera al diablo como a su señor, como podía hacer en su tiempo "qualquier mal cristiano", era capaz de realizar un portento semejante.[68] Resulta interesante que esta *vita* del Anticristo incluía también prodigios que no habían sido mencionados por Adso, Tomás ni Vicente; provenían en cambio de la tradición de los llamados apocalipsis anglonormandos. Por ejemplo, según escribe el aragonés (e ilustran los grabados de origen germánico incluidos en su libro) el Anticristo haría salir un caballero armado de la cáscara de un huevo y un venado de una peña. Lograría además que un castillo flotara en el aire, pendiendo de un hilo. Estos actos, según Ampiés, eran "impropios" para ser naturales y también para ser "miraculosos".[69] Además, "por su arte

---

63. *Opusculum contra Antechristum* (ms. 9465 B.N.M), en José Guadalajara Medina y Teresa Jiménez Calvente, "Un opúsculo latino sobre el Anticristo (MS. 9465 B.N.M.)", *Minerva*, 13 (1999), pp. 179-200, esp. p. 196.

64. Alonso de Espina, *Fortalitium fidei*, f. 114v.

65. Juan Unay, "Libro de los grandes hechos" (ms. 8586 B.N.M.), en José Guadalajara Medina, *Las profecías del Anticristo en la Edad Media*, Gredos, Madrid, 1996, p. 410.

66. Johan Alamany, *De la venguda de Antichrist e de les coses que se han de seguir (1520)*, en Eulàlia Duran y Joan Requesens, *Profecia i poder al Renaixement: texts profètics catalans favorables a Ferran el Catòlic*, València, Eliseu Climent, 1997, pp. 91-133, esp. p. 96.

67. Martín Martínez de Ampiés, *Libro del Anticristo*, pp. 73, 77. Gilbert nota que Ampiés le atribuye las palabras "*Oculte puer nutrietur a magis divinatoribus*" cuando Damasceno había escrito "*clam educabitur*".

68. *Ibid.*, pp. 139-140.

69. *Ibid.*, p. 114; Richard Emmerson, *Antichrist in the Middle Ages: A study of Medieval Apocalypticism, Art and Literature*, Seattle, University of Washington Press, 1981, p. 134.

diabólica", el Anticristo haría alquimia para obtener oro y plata y, "lleno de malos spíritos", resucitaría muertos en presencia de todo el pueblo.[70] El autor aclara una y otra vez a lo largo del tratado que se trataría siempre de falsos milagros: "hazer bivir los muertos a sola potencia de Dios pertenesce, y no a las fuerças diabólicas ni malas".[71] No obstante, los prodigios le servirían al Anticristo para seducir a muchos. El caso del rey de Libia "metido en la reprovada secta mahomética" es un ejemplo de ello: el Anticristo resucitaría a sus padres "con su arte grande y fuerça del diablo" y lo sumaría a sus huestes.[72] Un siglo más tarde, el teólogo y sacerdote jesuita Francisco Ribera, confesor y biógrafo de Teresa de Ávila, escribiría una versión matizada de esta historia: el Anticristo haría la guerra con los reyes de Egipto, África y Etiopía y golpearía muy fuerte a uno de ellos; luego lo sanaría "*virtute diaboli mirabiliter*" para que pareciera que lo resucita de la muerte.[73] Por último, el aragonés menciona el portento que haría el Anticristo al final de su "maligna persecución": fingiría su muerte y resurrección "por su arte diabólica", haría descender fuego desde el cielo "por querer demostrar que trahe el spiritu de lumbre, como lo hizo nuestro Jesú sobre sus apóstoles para que hablen diversas lenguas" y, finalmente, "con arte diabólica se hará sobir en el aire" y "apenas ninguno le podrá divisar".[74] Citando al dominico Nicolás Gorrán, Ampiés escribe que la soberbia del Anticristo será por lo tanto mayor que la de Lucifer mismo: si el ángel deseó ser semejante a Dios, el hombre querrá "sobir más arriba que toda la divinidad".[75]

La fuerte diabolización de la figura y las obras del Anticristo se mantuvo muy vigente en la decimosexta centuria. En sus *Lecciones sobre la primera canónica de San Juan*, Juan de Ávila (†1569) afirmó que el demonio infundiría toda maldad en el Anticristo, "hombre verdadero, mas endemoniado (esto quiere decir que tendrá un demonio familiar, con cuyo consejo hará todo lo que quisiere)".[76] Luis de Maluenda, por su parte, sostuvo que el Anticristo sería criado "con la doctrina de Lucifer" y que el diablo conversaría con él "muchas

---

70. Martín Martínez de Ampiés, *Libro del Anticristo*, pp. 91, 94.

71. *Ibid.*, pp. 95-96. Siguiendo al Doctor Angélico y al Doctor Sutil, dice que hay dos "maneras de milagros" principales: "la una y verdadera es por la divina potencia, a quien es dado el obrar sobre natura, ca milagro es dicho quando las fuerças naturales fallescen, y las divinas obran"; "Otra manera de milagros vienen falsamente dichos, y estos se hazen por astucias diabólicas (…) Y de tal suerte serán los milagros del Anticristo que dentro de un cuerpo muerto dañado echará un espíritu malo, y pareçerá vivo, y es todo engaño".

72. *Ibid.*, p. 144. Véase también p. 155, donde, al hablar de "cómo se pueden fazer falsos milagros que ante nuestros ojos verdaderos parezcan", dice "no me detengo en esta materia, porque el mucho repetir una misma razón en muchos lugares enoja los entendidos, y no trahe provecho a los otros".

73. Francisci Riberae, *In Sacram Beati Ioannis Apostoli, & Evangelistae Apocalypsin Commentarii*, Lugduni, ex Officina Iuntarum, 1592, p. 251.

74. *Ibid.*, pp. 165, 170, 173. Aquí cita las enseñanzas de Alejandro de Hales.

75. *Ibid.*, p. 86.

76. Rady Roldan-Figueroa, "*Filius Perditionis*: The Propagandistic Use of a Biblical Motif in Sixteenth-Century Spanish Evangelical Bible Translations", *Sixteenth Century Journal*, 37:4 (2006), pp. 1027-1055, esp. pp. 1036-1037.

vezes en diversas figuras", le daría grandes lecciones "de nigromancia y de alquimias e de las artes magicas" y lo acompañaría para darle "grandissimo poderio" y "aliento y effuerço para sus maldades y sectas".[77] Los milagros que haría aquel "posseydo del demonio", "no por sus propias fuerças sino con las fuerças del demonio", serían entonces, según el fraile burgalés, "falsos e sonables como de laton", "obras maravillosas de mentira e falsedad".[78] La invención de nigromancia más engañosa que haría el Anticristo sería la simulación de su muerte durante tres días y su fingida resurrección, cosa que obraría "por artes magicas y de nigromancia y por las artes de los demonios".[79]

En 1584, Sánchez de Acre escribió también que el Anticristo sería "gran nigromántico" y tendría "pacto y conveniencia con el demonio". Con ayuda diabólica, haría milagros "no verdaderos sino apparentes y fingidos", "trampantojos a los sentidos". Por ejemplo, andaría sobre las aguas "sostiniendole los demonios", haría "embelecos" por arte del diablo (como hacer hablar estatuas o animar a los muertos) y se haría pasar por muerto y resucitado: el demonio lo llevaría "a la region del ayre, hasta que le pierdan de vista".[80] Nicolás Díaz refirió también por aquellos años la conversación y trato del "fijo del diablo" con magos hechiceros y sostuvo que el demonio lo ayudaría a aprender el arte mágica. Así, el Anticristo sería capaz de hacer cosas "que parecerán milagros, mas no lo seran en la verdad" (los demonios mudarían para ello "el ayre y las especies"). Además, como decía el *Compendium* y había predicado Ferrer, "el demonio le descubrira y mostrara [al Anticristo] todos los thesoros escondidos". El portugués consideraba que muchas veces supuestos milagros, como éstos que haría el Anticristo "con virtud y poder del demonio", eran simplemente fenómenos que ocurrían "fuera del orden de la naturaleza que nosotros sabemos y conocemos", por causa de "alguna virtud creada" que permanecía desconocida (resulta sugestivo que, por un camino similar, Spinoza impugnaría una centuria después los milagros *in toto*). En cualquier caso, Díaz creía que la malicia de aquel ministro del demonio en la tierra sería tanta que excedería en soberbia a Adán, que había querido ser como Dios, y −como había escrito Ampiés− a Lucifer mismo.[81] También Juan de Pineda se preocupó en la década de 1580 por las "obras Sathanicas, de milagros, señales, y prodigios falsos" del Anticristo e indicó que éste sería "criado por industria de magos encantadores que le instituyran en muchos maleficios, y ansi el despues hara muchos embustes y engaños con que enredará a muchos". El *filius perditionis* gozaría siempre de la compañía de

---

77. Luis de Maluenda, *Tratado llamado leche de la fe*, ff. 129r, 207v, 241v.

78. *Ibid.*, ff. 83v, 186. Los milagros divinos eran "mançanas de fino oro" y las maravillas de los demonios, los hechiceros, el Antichristo y los suyos serían "como mançanas de estiercol y de ceniza de Sodoma" (f. 29r).

79. *Ibid.*, f. 295r. Fiel a la ortodoxia, Maluenda aclaraba que los demonios no obrarían milagros verdaderos en tiempos del Anticristo porque "no tienen poderio natural para obrar obras maravillosas que salgan de los terminos del poderio de naturaleza como es bolver a la vida a un muerto ni tal poderio concedera dios a los demonios", porque esto sería "contra la condicion y perfecion de la divina bondad" (f. 269r).

80. Pero Sánchez de Acre, *Árbol de consideración y varia doctrina*, ff. 420r y v, 421v.

81. Nicolás Díaz, *Tratado del iuyzio final*, ff. 54v, 55r, 56r.

demonios, quienes obrarían "quanto Dios les permitiere de mal por voluntad de aquel perdido".[82]

En 1590, José de Acosta fue un poco más allá en este asunto: escribió que el sicario del Anticristo no sólo haría cosas horribles, como hacer temblar la tierra, sino que además haría prodigios propiamente evangélicos. La apropiación de acciones *"propria Evangelici, atque Apostolici temporis"* tendría dulces y beneficiosos efectos: sanar a los enfermos, curar a los heridos, expulsar demonios y alimentar a los hambrientos *"de exigua materia"*. El jesuita citaba como autoridad a Clemente de Roma (aunque reconocía que había quienes no aceptaban las ideas que se le atribuían). En opinión de Acosta, Dios permitiría que el Maligno detentara estos signos de salvación, excediendo sus límites (*"terminos suos"*), solamente en el fin del mundo (*"in fine mundi tantum"*). Por este motivo, incluso los elegidos podrían ser engañados y quienes se ocupaban del discernimiento de espíritus entrarían en confusión. Con todo, los prodigios del Anticristo no serían más que trucos para los ojos, obras admirables realizadas por el poder natural del demonio, signos mentirosos que se realizarían *"ex operatione Satanae"*.[83]

A comienzos del siglo XVII, también el dominico Maluenda se detuvo a explicar los milagros del Anticristo y de los suyos. Adujo por supuesto que no serían verdaderos, que no estarían más allá del curso de todas las causas naturales (*"praeter omnium naturalium causarum cursum"*). Se trataría, en cambio, de trucos y obras efectuadas por potencias naturales; en especial por operación del demonio. Maluenda ahonda, por ejemplo, en el prodigio que haría el Anticristo para emular el milagro supremo de Cristo y no ser menos que Él: luego de predicar que la resurrección crística había sido un engaño ocurrido de noche y sin testigos, fingiría su muerte durante tres días y resucitaría luego pero a la vista de todos, *"publice ac in media luce"*, generando gran admiración entre quienes presenciaren el prodigio. Éstos lo seguirían y le creerían, deslumbrados. Haría todo esto con ayuda de los demonios y de la *magia funesta*.[84]

En la misma década de 1600 el predicador franciscano Diego de Arce adjudicó maravillas semejantes al Anticristo, propias de tiempos evangélicos.[85] Refiriendo Génesis 49, 17 (*"Fiat Dan coluber in via..."*), el calificador de la Inquisición murciana sostuvo: "llamase al Antichristo NACHAS", que significaba en hebreo 'culebro'. Además, agregaba que en hebreo se decía "NACHAS del verbo NACHAS que significa *augurare, incantare*, por ser grande instrumento del demonio". El Anticristo llevaría este nombre "porque será

<hr>

82. Juan de Pineda, *Segunda parte de los treynta y cinco dialogos*, ff. 138r, 146r.

83. Iosephi Acoſtae, *De temporibus nouissimis*, pp. 67-70.

84. Thoma Malvenda, *De Antichriſto*, pp. 386, 394.

85. Diego de Arce, *Miscelánea*, f. 75v: "Veran los ciegos, andaran los cojos, oyran los sordos, y seran curados los endemoniados (...). Limpiara el Antichriſto los leprosos, levantaran los paraliticos, lançara los demonios, dira las cosas ausentes assi como las presentes, resucitará muertos (...), andará sin mojarse pies sobre el mar, baxará fuego del cielo, bolvera el dia en noche, y la noche en dia, mudará el sol adonde le diere guſto".

un grande adivino, un grande hechizero y encantador".[86] Creía también Arce, siguiendo a Nicolás de Lyra, que el Anticristo reverenciaría al dios Moazin:

> "Moazin es nombre del demonio que tendrá el Antichristo por familiar, de cuyo consejo, industria y poder se aprovechará para sus embustes y encantamientos, y en particular a este su familiar le reverenciará y adorará, con nombre de Moazin, que significa fortalezas, como si dixessemos, dios de fortalezas, o dios fortissimo, porque al Antichristo le hará parecer tal en todas sus hechizerias, y encantamientos, por que sera un NACHAS, un gran culebron, dandose siempre a ellos".[87]

El jesuita valenciano Francisco Escrivá escribió también en 1609 que el Anticristo, gracias a la ayuda del diablo, haría "muchos prodigios y milagros aparentes", como sanar a ciegos, leprosos y paralíticos, echar demonios del cuerpo o resucitar a alguien, "entrando algun demonio en el cuerpo del muerto y meneándolo". En cualquier caso, se trataría de "embustes y trampantojos".[88] Un par de años después, el catalán Honofre Manescal definió al Anticristo como "mago, y hechizero, y encantador", que haría supuestos milagros que "seran phantasticos y aparentes, o realmente no seran muertos los que resuscitara".[89] Resulta patente cuán fuertemente se vinculaba al Anticristo con las artes diabólicas.

Caput malorum: *el Anticristo y sus figuras*

Ya en el siglo décimo Adso de Montier-en-Der sostuvo que el Anticristo contaba con muchos ministros que lo habían precedido (Antíoco, Nerón, Domiciano) y que en su propio tiempo había otros tantos anticristos. Los consideraba "ministros de Satanás". Afirmó además que en el Anticristo estaría la cabeza de todos los malos: el diablo.[90] Esta misma idea recogió luego el *Compendium theologicae veritatis*: con las mismas palabras, se afirmaba que habitaría en el Anticristo la plenitud de toda iniquidad porque "*in ipso erit caput omnium malorum diabolus*".[91] Tomás de Aquino, por su parte, señaló que el Anticristo mismo era la "cabeza de los malos", porque en él se hallaría perfectamente impresa la malicia del diablo y ésta sería llevaba a su culmen. Es decir, el Aquinate creía que el diablo y el Anticristo no eran dos cabezas sino una sola: el Anticristo era *membrum diaboli* y, a la vez, cabeza de los malos (como Dios era cabeza de Cristo y Cristo cabeza de la Iglesia). Por lo tanto, todos aquellos hombres malignos que precedieran al vil protagonista de los tiempos últimos debían ser considerados "*quasi quaedam figura Antichristi*".[92]

---

86. *Ibid.*, f. 76v.

87. *Ibid.*, f. 77r.

88. Francisco Escrivá, *Discursos sobre los quatro novissimos*, pp. 359-360.

89. Honofre Manescal, *Miscellanea de tres tratados*, pp. 58, 67.

90. Adso Dervensis, *De ortu et tempore*, pp. 22, 27.

91. *Compendium theologicae veritatis* VII, cap. VIII y IX. Véase Bonaventurae, *Opera omnia*, pp. 232-233.

92. *Suma teológica* III, q. 8, a. 8. Véase Thomae Aquinatis, *Summa theologica*, p. 452.

Estas nociones teológicas de la pluma del Aquinate dan sustento a gran parte de los discursos sobre el Anticristo que circularon en los siglos siguientes. Fueron reproducidas incluso en varias ocasiones. Luis de Maluenda, por ejemplo, sostuvo en 1545 que el hijo de la perdición sería "cabeça principal de todos los malos y pecadores", "rey de todos los erejes e ydolatras e pecadores que ovo en el mundo" y "cabeça principal de la iglesia de los malignos". Antes de que viniera al mundo, muchos miembros suyos ya habían llegado.[93] Nicolás Díaz, décadas después, también seguía las enseñanzas del Aquinate al escribir, en 1588, que el Anticristo sería "cabeca de todos los malos, porque en la maldad, torpeza, y grandeza de los peccados excedera a todos quantos fueron y seran". El demonio lo instigaría en el mal "mas que a todos los otros hombres que huvo en el mundo, ni aura".[94] Por otra parte, Francisco Ribera, interpretando a Pablo, escribió que "la bestia que surge del abismo" ya estaba obrando en sus miembros, ministros y precursores y llamó al Anticristo *caput malorum*.[95] Lo mismo cabe decir de Honofre Manescal, que en 1611 citó al Doctor Angélico para afirmar que el Anticristo sería "cabeça de todos los malos y pecadores" por la perfección de su malicia. Creía incluso, diferenciándose de otras autoridades, que también sería cabeza de los demonios (a excepción de Lucifer), "porque sera tanta su maldad que excedera a la maldad de los demonios". Pensaba que los hombres podían ser más maliciosos y hacer pecados más grandes que los ángeles caídos. Concluía entonces: "no hallo dificultad en el decir que el Antichristo llegue a mayor malicia que la que tiene el diablo".[96] Ya en el ocaso del siglo XV, Martínez de Ampiés había escrito que diversos "mensajeros" precederían al Anticristo como Juan el Bautista había anticipado a Jesús.[97] Otros dijeron incluso que sus precursores llevarían un signo o marca que los distinguiría del resto. El *Opusculum contra Antechristum* de mediados del siglo XV, por ejemplo, afirmaba que tener la marca del Anticristo en la mano sería adoptarla en los actos y llevarla en la frente, asumirla en la palabra.[98] Menos metafórica, sin embargo, fue la interpretación de Ampiés. En su opinión, los reyes de África que seguirían al Anticristo tendrían una señal en la frente y en la mano derecha para que "se conozcan entre los otros que tengan la parte diabólica suya" y "mejor el mal enemigo Sathanás conozca el triste r[e]baño de su ganado de los pecadores".[99] Creía también Ampiés que, gracias a la "señal de aquella bestia fiera y dañosa", los judíos y otras naciones enemigas de Cristo podrían mandar sobre los cristianos.[100]

En el siglo XVI, Luis de Maluenda afirmó haber visto en un libro antiguo dicha señal: era una f "con quatro horcas para que vean casi claramente que

---

93. Luis de Maluenda, *Tratado llamado leche de la fe*, ff. 49v, 66v, 189r, 270v.

94. Nicolás Díaz, *Tratado del iuyzio final*, f. 53r.

95. Francisci Riberae, *In Sacram Beati Ioannis Apostoli*, pp. 120, 249.

96. Honofre Manescal, *Miscellanea de tres tratados*, pp. 48-50.

97. Martín Martínez de Ampiés, *Libro del Anticristo*, pp. 84, 101.

98. José Guadalajara Medina y Teresa Jiménez Calvente, "Un opúsculo latino sobre el Anticristo", p. 196.

99. Martín Martínez de Ampiés, *Libro del Anticristo*, p 114 y 146.

100. *Ibid.*, p. 117.

los que traxeren la semejante señal traeran consigo las horcas del infierno".[101]
Pineda dijo décadas más tarde que quien no adorare la imagen del Anticristo
en el tiempo final y no llevare su señal o su número "impresso en su frente,
o en su mano derecha" no podría comprar ni vender (lo que equivaldría a ser
condenado a muerte).[102] Tomás de Maluenda concluyó en su anticristología
que casi todos aceptaban (y por lo tanto él debía aceptar) que existiría un
carácter del Anticristo que llevarían sus adeptos en la frente y en la mano
derecha, para reconocerse como sus soldados, dispuestos a luchar junto a él.
Como antes Francisco Ribera, el dominico escribió que esto no sería vergon-
zoso para ellos; por el contrario, creerían glorioso seguir a un líder semejante
(*"profiteantur non pudendum sibi, sed gloriosum esse talem Ducem sectari"*).[103]
Honofre Manescal, por su parte, al discurrir acerca del carácter del Anticristo,
refutaba una idea atribuida al mencionado Ribera, que éste más bien había
tomado en consideración: que "sera una figura de dragon, que traera en su
anillo, o sello, y que esta señal traera en su escudo, y banderas". El catalán
no tenía esto por muy cierto. Creía que estaba mejor fundada otra idea (que
también alegaba Ribera), a saber, que la señal del Anticristo sería un compendio o abreviatura del nombre de Cristo. Ambos, el jesuita segoviano y el
catedrático catalán, incluyen como autoridades para sostener lo dicho a dos
obispos del primer milenio: Primasio y Ansberto (según Ribera, Ansberto
habría tomado de los escritos de Primasio el carácter en cuestión).[104]

<table>
<tr><td align="center">Carácter del
Anticriſto según
Luis de
Maluenda
(Leche de la fe,
f. 228v).</td><td align="center">Carácter del
Anticriſto según
Francisco Ribera
(In Sacram Beati
Ioannis Apoſtoli,
p. 262).</td><td align="center">Carácter del
Anticriſto según
Tomás de
Maluenda,
De Antichriſto
(1647, p. 124).</td><td align="center">Carácter del
Anticristo según
Honofre Manescal
(Miscellanea
de tres tratados,
p. 64)</td></tr>
</table>

El concepto de *caput malorum* no ha sido en absoluto vacuo en términos
históricos. En el caso de los reinos hispanos en la temprana modernidad, fueron
múltiples los grupos humanos que fueron concebidos y descritos explícitamente
como figuras, discípulos, imágenes o prefiguraciones del Anticristo, culmen de la

---

101. Luis de Maluenda, *Tratado llamado leche de la fe*, f. 228v.

102. Juan de Pineda, *Segunda parte de los treynta y cinco dialogos*, f. 144v.

103. Thoma Malvenda, *De Antichriſto*, p. 445; Francisci Riberae, *In Sacram Beati*, p. 262.

104. Honofre Manescal, *Miscellanea de tres tratados*, p. 64; Francisci Riberae, *In Sacram Beati*, p. 262.

maldad humana. Desde antiguo y con persistencia fueron sobre todo los judíos quienes aparecieron nombrados una y otra vez como progenitores y seguidores del Anticristo. También existieron tempranas asociaciones entre el Anticristo y Mahoma y entre el *filius perditionis* y las desviaciones heréticas. Por falta de espacio, no me ocuparé aquí de referir los antecedentes de esta historia. Tampoco podré ahondar *in extenso* en las innumerables identificaciones que se han sucedido en la España moderna entre los mensajeros o precursores del Anticristo, por un lado, y ciertos grupos o comunidades definidas, por el otro. Es un asunto que merece un estudio independiente. Me limitaré aquí a dar algunos ejemplos significativos.

En lo que refiere al vínculo entre los judíos y el Anticristo, un ejemplo claro y temprano es el *Libro del Anticristo* de Martínez de Ampiés, escrito poco después de la expulsión de 1492, legitimando la medida (el aragonés escribe que "ya la tierra no los çufre [a los judíos], y los van echando de reynos en reynos").[105] Creía que "el judaysmo, pueblo obstinado" adheriría a la "prophanada secta" del Anticristo, que los judíos pensarían que él sería su Dios y que repararían juntos el templo de Jerusalén. Los judíos llevarían la señal del Anticristo en sus frentes y diestras para ser "conoscidos por seguidores de su errónea y malvada secta".[106] Además, siguiendo el *Compendium*, Ampiés identificaba a Gog y Magog, ejércitos del Anticristo en la lucha final, con los judíos encerrados en los montes Caspios por Moisés o por el rey de los asirios (o por Alejandro Magno, algo que "los más auctorizados" no escribían) que seguirían al falso mesías en el fin de los tiempos.[107] Esta idea había sido sostenida también, por ejemplo, por uno de los más férreos opositores de los judíos y judeoconversos de aquel siglo: Alonso de Espina.[108] En cualquier caso, tan "bárbaro y fiero" sería el linaje de "estas gotas y magotas" que Ampiés los describe antropófagos: "han de comer carnes de los hombres y beber de la sangre".[109]

La fuerte identificación entre los judíos y judeoconversos y los seguidores del Anticristo perdura a lo largo de los siglos. De hecho, otro ejemplo patente de antijudaísmo escatológico es la exacerbada semblanza del *filius perditionis* que presenta la pluma de Lucas Fernández de Ayala casi un siglo y medio después, en 1635. En opinión de este fraile dominico, el Anticristo no provendría

---

105. Martín Martínez de Ampiés, *Libro del Anticristo*, p. 89.

106. *Ibid.*, pp. 79, 88, 116.

107. *Ibid.*, pp. 126, 128. Moisés los habría mandado allí por desviarse de la ley divina. Algunos creían que Alejandro Magno se encontró con la muchedumbre encerrada en una de sus campañas de conquista y, al enterarse de que estaban allí por "dexar a su Creador", en vez de liberarlos, mandó hacer "una cerca de monte a monte para que nunca pudiessen salir". Una tercera versión decía que no fueron encerrados por uno ni por otro sino "por Salmanasar, rey de los Assirios, en el tiempo que Osee". Por otra parte, Ampiés afirmaba que era "muy dudoso" que hubiera Amazonas en aquellos montes, como algunos decían, porque ellas habían sido destruidas por héroes griegos. Sobre este tema véase Marco Volpato, "El mito de las Tribus Perdidas entre España, Europa y el Nuevo Mundo", en Stefania Pastore y Mercedes García-Arenal (eds.), *Visiones imperiales y profecía. Roma, España, Nuevo Mundo*, Madrid, Abada, 2018, pp. 267-293.

108. Constanza Cavallero, *Los enemigos del fin del mundo: judíos, herejes y demonios en el* Fortalitium fidei *de Alonso de Espina (Castilla, siglo XV)*, Buenos Aires, Miño y Dávila editores, 2016, p. 146.

109. Martín Martínez de Ampiés, *Libro del Anticristo*, pp. 128-129.

de cristianos viejos "limpios de pecados de infidelidad" sino "de confessos, y Iudios", puesto que sus "tan malas inclinaciones, fuerça es se deriben de Padres Iudios y confessos, de ruynes y baxos pensamientos, en cuyo linage se hallen muchos Iudayzantes, y quemados, a quienes el Santo, y justo Tribunal de la Inquisicion aya penitenciado en diferentes ocasiones". Según Fernández de Ayala, la perturbación de la Iglesia que generaría el Anticristo sería "acción bien propia de gente mal nacida y poco limpia, y que siempre a nacido de pecho bastardo de Christianos nuevos".[110]Estas ideas fueron publicadas en el contexto de ferviente antijudaísmo que siguió a la campaña del inquisidor Antonio Zapata contra la alianza "filosemita" entre el gobierno de Olivares y los banqueros cristianos nuevos de origen portugués y al gran auto de fe madrileño de junio de 1632.[111]

En segundo lugar, en cuanto al lazo medular establecido entre Mahoma y sus seguidores y las huestes del *filius perditionis*, los ejemplos también abundan. La tradición apocalíptica que envolvía una clara aversión hacia el Islam fue particularmente vigorosa en la Península. Este legado fue retomado sobre todo a fines del siglo XV y principios del XVI, en el contexto de la avanzada hispana contra el reino nazarí y la posterior campaña africana impulsada por Cisneros. Un texto paradigmático en este sentido es el de Juan Unay (que en 1520 se publicaría nuevamente junto a un tratado anti-islámico). Este escrito sobre el fin del mundo reprendía no sólo a los judíos y a quienes consentían que "los perros rrenegados malditos de los judíos" tuvieran "sinagogas en que se ayuntan todos tienpos los diablos" sino también a quienes consentían "públicamente en sus tierras e señoríos usar la maldad de Mahomad" y permitían que hubiera templos en que se adorara "al diablo Mahomad".[112] Afirmaba además que el Encubierto[113] destruiría a "todos los moros de Espanna, e todos los ebreos e los tornadizos"[114]; iría contra "todos los pueblos del maldito Mahomad".[115] Pocos años después de la escritura del libro de Unay, Ampiés

---

110. Lucas Fernández de Ayala, *Historia de la perversa vida*, 1635, pp. 42-43.

111. Carsten L. Wilke, "The Ark on Stage. A Calderonian Allegory and Its Crypto-Judaic Transformation by Antonio Enríquez Gómez", en Claude Stuczynski y Bruno Feitler (eds.), *Portuguese Jews, New Christians, and "New Jews": A Tribute to Roberto Bachmann*, Leiden, Brill, 2018, p. 285; Juan Ignacio Pulido Serrano, *Injurias a Cristo: religión, política y antijudaísmo en el siglo XVII (análisis de las corrientes antijudías durante la Edad Moderna)*, Alcalá de Henares, Universidad de Alcalá, 2002, p. 165 y ss.

112. Juan Unay, "Libro de los grandes hechos", pp. 417-418; Johan Alamany, *De la venguda de Antichrist*, pp. 109, 111.

113. Sobre esta figura véase Sara Nalle, "Revisiting El Encubierto: Navigating between Visions of Heaven and Hell on Earth", en Kathryn Edwards (ed.), *Werewolves, Witches, and Wandering Spirits: Traditional Belief and Folklore in Early Modern Europe*, Missouri, Truman State University Press, 2002, pp. 77-92; Claudio Rizzuto, "Margins of the Encubierto. The Messianic Kings' Tradition in the Iberian World (15th-17th Centuries)", en Damien Tricoire y Lionel Laborie (eds.), *Apocalypse Now: Connected Histories of Eschatological Movements from Moscow to Cusco, 15th-18th Centuries*, London, Routledge, 2022, pp. 225-244.

114. Juan Unay, "Libro de los grandes hechos", p. 416; Johan Alamany, *De la venguda de Antichrist*, p. 108.

115. Juan Unay, "Libro de los grandes hechos", p. 420; Ramón Alba, *Acerca de algunas particularidades de las Comunidades de Castilla tal vez relacionadas con el supuesto acaecer terreno del Milenio Igualitario*, Madrid, Editora Nacional, 1975, pp. 185, 187.

sostuvo también que, si hubiera todavía moros en África en los últimos tiempos, serían "sequaces del Anticristo". Si en su tiempo "quier sea el moro, quier el judío" confesaban "un Dios Creador", en tiempos del Anticristo "confessarán una falsa bestia que se afirmará ser Dios verdadero, y terná el diablo con su alma buelto para engañar los habitadores de todas las tierras".[116]

Más tarde, en los siglos XVI y XVII, reaparecerá una y otra vez la discusión acerca de la posibilidad de que Mahoma pudiera ser el Anticristo, para concluir en todos los casos que había sido *un* gran anticristo de la historia. Aparece este tópico, por ejemplo, en los escritos de Luis de Maluenda, Nicolás Díaz, Juan de Pineda, José de Acosta, Tomás de Maluenda y Diego de Arce.[117] Este último, por caso, recuperaba las huellas de la tradición que sugerían que Mahoma podía haber sido el Anticristo, como que su madre era judía de nación y no había sufrido dolor alguno en el parto, que había nacido ya circuncidado o riéndose, o que los judíos lo habían recibido como capitán "y libertador tan desseado, y por algún tiempo, como a su Messias le tributaron". Diferenciaba además entre Mahoma y "Mahoma mystico", es decir, la ley mahometana. Esta última, en opinión del predicador, había nacido en Babilonia, lugar que –según la tradición– sería escenario del nacimiento del Anticristo. Además, los tres años y medio del reinado de este último podían ser pensados como un tiempo en el que la monarquía mahometana sería particularmente cruel contra los fieles cristianos. Con todo, Arce concluía que esta última era una idea peligrosa y malsonante porque el Anticristo sería un hombre "unico y singular".[118]

Esta conclusión a la que llegaba Diego de Arce se vinculaba directamente con una tercera disputa que atravesó con fuerza los debates apocalípticos de la era moderna: aquella entablada entre católicos y protestantes. No sólo apareció de modo muy recurrente en la literatura anticristológica hispana la asociación de Lutero, Calvino y los protestantes en sentido amplio con los principales precursores y mensajeros del Anticristo. Además de ello, afirmar que éste sería un hombre singular era un modo de rebatir una idea fundamental de la Protesta, *i. e.*, que el Anticristo no era otro que el Papado mismo:

> "Todos los Catholicos hablamos de aquel particular y unico Antichristo como de una particular y singular persona: y todos los hereges desta hedad, no, sino como de un reyno tyrano: por venir blasfemamente a decir que la Sede Apostolica, y los Pontifices Sumos que en ella residen, son el Antichristo".[119]

Por eso creía Diego de Arce que sugerir que el Anticristo sería el imperio tirano del "Mahoma mystico" era un modo de convenir con los herejes. El *filius*

---

116. Martín Martínez de Ampiés, *Libro del Anticristo*, pp. 122, 124.

117. Luis de Maluenda, *Tratado llamado leche de la fe*, f. 186r; Nicolás Díaz, *Tratado del iuyzio final*, ff. 63r-63v; Juan de Pineda, *Segunda parte de los treynta y cinco dialogos*, ff. 146(147)r y v, 148r, 145v; Iosephi Acoſtae, *De temporibus nouissimis*, p. 40.

118. Diego de Arce, *Miscelánea*, ff. 79v, 106v, 107v.

119. *Ibid.*, p. 107 r.

perditionis sería un hombre concreto y Lutero había sido "un vivo retrato de aquel hijo de maldad", "el que mas puntualmente, entre todos los hereges ante-passados, nos le representa". El heresiarca y sus seguidores, según esta visión, eran precursores y aposentadores del Anticristo y ellos mismos "Antichristos menores".[120] En no pocas ocasiones se sostuvo incluso que Lutero había nacido, como el *caput malorum*, por acción de un demonio íncubo.[121] Estas ideas no eran en absoluto excepcionales en España. El jesuita Escrivá, a comienzos del siglo XVII, decía que los herejes de su tiempo eran claramente "precursores del Antichristo" y que, por lo tanto, éste no debía estar muy lejos "ni tardara mucho a venir": prueba de ello era que estos "aposentadores" del Anticristo hacían guerra descubierta contra el "sacrificio divino del altar".[122]

Ya en la España de Carlos V, el franciscano Luis de Maluenda, férreo defensor del catolicismo ante la expansión de las Iglesias reformadas, había visto a Lutero como prefiguración y mensajero del Anticristo. En *Leche de la fe* (1545) escribió que la imagen del hijo de la perdición estaba "bien debuxada" en aquellos tristes tiempos en todas las ciudades y repúblicas en donde "el diablo tiene una persona enlaçada en la seta luterana".[123] Creía que las grandes roturas de la Cristiandad eran causadas "por las eregias luteranas" y que la negación del poder del Papa por parte de las nuevas "sectas" eran espejo de los tiempos finales. Como Escrivá décadas más tarde, veía "ya començados los tiempos del antechristo" en el aborrecimiento luterano de la misa y de la sagrada comunión.[124]

Ahora bien, no sólo los judíos, los musulmanes o los herejes fueron considerados aposentadores o imágenes del Anticristo en la España católica. También lo fueron, por ejemplo, quienes descreían del Más Allá y de Dios. Martínez de Ampiés, por caso, refirió a fines del siglo XV a los "prophanados infieles" que dirían en la proximidad del Fin que "no hay Dios acá en las tierras, ni ahun arriba en los cielos". El aragonés también vinculó al Anticristo con los "mensajeros en la luxuria, adulterios y poca verdad" de su siglo y con todo aquel que se gloriara en maldades.[125] Nicolás Díaz, casi un siglo después, escribió, de modo aun más universal, que en tiempos del apocalipsis "los malos han de perseguir a los buenos" y que "aquellas gentes Got, y Magoth que el demonio a de ayuntar de toda la tierra" serían "todos los malos y peccadores que huviere en el mundo".[126] Pineda habló también de los hipócritas, que fingían bondad pero eran tan malos que merecían la condena; sostuvo además

120. *Ibid.*, ff. 26v, 46r y ss.

121. Véase por ejemplo Lucas Fernández de Ayala, *Historia de la perversa vida*, p. 43: "Ser Luthero engendrado de demonio incuvo, y sucubo, sus acciones lo indicaron", "lo opino Cocleo y lo refiere Maluenda" y "parece verisimil que en generacion de criatura tan diabólica no dexara de tener parte, y cooperar en su posible el demonio".

122. Francisco Escrivá, *Discursos sobre los quatro novissimos*, pp. 397-398.

123. Luis de Maluenda, *Tratado llamado leche de la fe*, f. 144.

124. *Ibid.*, ff. 17r, 192v, 13r, 37r. Véase también ff. 121r, 189v.

125. Martín Martínez de Ampiés, *Libro del Anticristo*, pp. 111, 84.

126. Nicolás Díaz, *Tratado del iuyzio final*, f. 58.

que la iglesia del Anticristo se compondría "de diablos y de hombres perdidos por sus pecados".[127] José de Acosta, por su parte, llamó con ímpetu a resistir a los anticristos de su tiempo (*"nostri temporis Antichristos"*), pese a que la suma de todos ellos –contando a los anticristos de la historia como Nerón, Arrio, Mahoma o Lutero– no se acercaba siquiera al culmen de perversión que sería el Anticristo con mayúscula.[128] El valor pedagógico de los discursos apocalípticos, su papel de aguijón para la reforma moral de los fieles, resulta innegable a lo largo de la historia de las sociedades cristianas.

Por otra parte, resulta necesario subrayar que hubo también discursos apocalípticos de respuesta, "disidentes" (a veces "defensivos", a veces "contraofensivos"), no siempre heterodoxos, que identificaron de otro modo al Anticristo y sus adláteres. No me voy a detener en los casos en que envolvía escarnios *ad hominem* (es decir, aquellos discursos que identificaron a Álvaro de Luna, Carlos V o el Conde-Duque de Olivares con el Anticristo).[129] Sí daré ejemplos de discursos de más amplio alcance.

El caso protestante es harto conocido: la propaganda luterana identificó desde los tempranos años '20 al Anticristo con el Papa de Roma, apoyándose en ideas sostenidas por los grandes movimientos contestarios de la Baja Edad Media. Esta creencia, plasmada en imágenes por Lucas Cranach y argumentada por ejemplo por Lutero y por Servet, fue incorporada en los Artículos de Fe de la Liga de Esmalcalda de 1537, en la *Formula corcordiae* de 1577 y en el *Liber concordiae* de 1580.[130] Lo que aquí resulta interesante es que esta noción llegó también a la España católica de mediados del siglo XVI. Prueba de ello es el panfleto antipapista titulado *Imagen del Anticristo*, que afirmaba que éste sería un sacerdote y ocuparía el "mas eminente estado de todo el orden Ecclesiastico".[131] Basado en un sermón del benedictino Bernardino Ochino, discípulo de Juan de Valdés, vertido al castellano por un autor/traductor llamado supuestamente Alonso de Peñafuerte, este libro fue editado en la segunda mitad de la década de 1550 e ingresó de modo clandestino en Sevilla a instancias de Julián Hernández, alias Julianillo. Por error de este último, la *Imagen* y otros libros prohibidos cayeron sin embargo en manos de la Inquisición (el desliz de Julianillo, capturado en 1557, habría provocado

---

127. Juan de Pineda, *Segunda parte de los treynta y cinco dialogos*, ff. 141r, 149r.

128. Iosephi Acostae, *De temporibus nouissimis*, p. 41.

129. Delgado, Mariano, "Typologien des Antichrist-Motivs in Spanien", en Mariano Delgado y Volker Leppin (eds.), *Der Antichrist: historische und systematische Zugänge*, Fribourg, Academic Press Fribourg, 2011, p. 367; José Guadalajara Medina, "Álvaro de Luna y el Anticristo: imágenes apocalípticas de Don Íñigo López de Mendoza", *Revista de Literatura Medieval*, 2 (1990), pp. 183-206.

130. María I. Toro Pascua, "Un impreso desconocido de los Cromberger", p. 122.

131. Bernardino Ochino, *Imagen del Antechristo conpuesta primero en italiano y después traduzida en Romançe por Alonso de Peñafuerte*, Ginebra, Jean Crespin, 1556?, p. 3 (BNE U/11097[3]); Luis Usoz y Río (ed.), *Imajen del Antecristo i Carta a don Felipe II. Ahora fielmente reimpresas*, San Sebastián, I. R. Baroja, 1849, p. VI; Ramón Alba, *Del Anticristo*, Madrid: Editorial Nacional, 1982, p. 189; Roldan-Figueroa, *"Filius Perditionis"*, p. 1034. Usoz y Alba mencionan también la *Antithesis de praeclaris Christi, et indignis Papae facinoribus* de Simon Rosarius como otra probable fuente del escrito.

la redada de los círculos heterodoxos sevillanos).[132] Por otra parte, sabemos que también en Toledo estuvo presente la anticristología protestante. En octubre de 1559, tras el célebre arresto del arzobispo Carranza y días después del segundo auto de fe de Valladolid, aparecieron en aquella ciudad copias manuscritas de un panfleto anónimo que invitaba a rebelarse contra Roma e identificaba al Papa con el Anticristo de modo explícito:

> "Despierta Christiano, no estés tan muerto
> pues el antichristo es ya descubierto
> todo hombre se avise y no esté dormido
> que el antichristo es ya venido.
>
> Papa se llama el hijo perdido
> no viene solo el traidor malvado
> gran compañía trae justa consigo
> todos debajo del pontificado".[133]

Es muy interesante también en este sentido una reciente propuesta de Toro Pascua. La autora vincula la difusión y las ediciones de los sermones apocalípticos de Vicente Ferrer, abundantes desde el mediodía del siglo XVI, con los grupos reformistas de Sevilla y, luego, con los aludidos cenáculos de alumbrados de Toledo y de Valladolid acusados de herejía y luteranismo a fines de los '50. El santo valenciano ya estaba entonces canonizado. Sus ideas sobre el Anticristo no levantaban sospecha *per se* pese a la constitución *Munus praedicationis* del concilio lateranense de 1516 que había prohibido predicar y anunciar cuándo ocurriría la venida al mundo de aquel particular personaje escatológico. Ferrer no identificaba al Papa con el Anticristo (ni siquiera lo hacía el sermón apócrifo *Ecce positus est hic in ruinam*, que afirmaba que el Anticristo alcanzaría la dignidad papal). No obstante, Toro Pascua propone interpretar lo ortodoxo a la luz de lo heretodoxo: el azote apocalíptico era un tema recurrente entre los seguidores de Lutero y "el Anticristo del siglo XV, trasladado al XVI, bien podría identificarse con el mismo del que hablaban el heresiarca y sus seguidores, y que no era otro que el mismo Papa". La autora indica que la edición sevillana de los sermones de Ferrer, realizada por Jácome Cromberger en 1549, y la serie de ediciones que la sucedió (publicadas en Valladolid y en Toledo) estuvieron pensadas desde el inicio para ser difundidas a través de la imprenta entre los adeptos a las ideas reformadas.[134]

Por supuesto, la anticristología protestante fue resistida y desmentida en el mundo católico una y otra vez. La representación del *filius perditionis*

---

132. Michel Boeglin, "Evangelismo y sensibilidad religiosa en la Sevilla del quinientos: consideraciones acerca de la represión de los luteranos sevillanos", *Studia Historica. Historia Moderna*, 27 (2005), pp. 163-189, esp. pp. 172-174; María I. Toro Pascua, "Un impreso desconocido de los Cromberger", p. 117.

133. Werner Thomas, *La represión del protestantismo en España, 1517-1648*, Lovaina, Leuven University Press, 2001, pp. 237-249; María I. Toro Pascua, "Un impreso desconocido de los Cromberger", pp. 129-130.

134. María I. Toro Pascua, "Un impreso desconocido de los Cromberger", pp. 115, 121, 123, 133.

como un hombre de carne y hueso que vendría al mundo en los últimos años, y no antes, era por sí misma –tal como hemos dicho– una forma de impugnar cualquier asociación con el Papado. Además, las ideas de la Reforma fueron combatidas y refutadas de modo explícito. Esto resulta evidente, por ejemplo, en el libro quinto de la *Defensio fidei* de Francisco Suárez, dedicado al Anticristo, "*cuius nomen et personam per calumniam et iniuram falso protestantes Pontifici attribuunt*".[135] También sería tardíamente refutada por el ilustrado Benito Jerónimo Feijoo.

Mencionaré brevemente, por motivos de espacio, la existencia de otros discursos anticristológicos "alternativos" en la España moderna: una suerte de apocalíptica conversa, una escatología propiamente morisca y un discurso mesiánico de raigambre indiana. Respecto de la primera de ellas, la complejidad, los matices y los múltiples ejemplos que podríamos citar son innumerables, abarcando expresiones claramente (cripto)judías de pensamiento mesiánico o, en cambio, discursos "filosemitas" ajustados a la ortodoxia católica.[136] Gilbert misma ha interpretado que el *De Antichristo* de Tomás de Maluenda era en cierta medida una respuesta a "la persistencia, en el siglo XVII, de un mesianismo marrano que se concretó, en España y Portugal, por diversos rumores sobre el nacimiento de un supuesto Mesías".[137] En cualquier caso, me conformaré con presentar aquí ciertos trazos del pensamiento del ya citado José de Acosta, de ascendencia judía, que bien pueden servir de ejemplo para pensar una apocalíptica conversa que, sin quebrar los límites de la ortodoxia, presentó ciertos debates teológicos en la España de los estatutos de "limpieza de sangre". En *De temporibus novissimus* (1590), el jesuita consideraba admirable que el pueblo judío permaneciera en pie y no hubiera sido aniquilado pese a vivir disipado, sin poder alguno y despreciado por todos. Veía en la conservación de la memoria de aquel pueblo una obra de la Providencia: los enemigos mismos de la Iglesia eran testigos de la verdad divina a lo largo de la historia. Creía además que Israel sería salvo "*post plenitudinem gentium*".[138] Por otra parte, si bien aceptaba las principales enseñanzas antijudías de los Padres respecto del Anticristo (su presunto origen judío, que restauraría la Vieja Ley, que sería recibido como Mesías por los hebreos...), al mismo tiempo juzgaba imposible comprobar que el Anticristo procedería de la tribu de Dan, como afirmaba la tradición. Creía que, con tanta confusión y mezcla de pueblos, se habían borrado las antiguas genealogías. Además, a

---

135. Véase Pilar Pena Búa, "Francisco Suárez y la propaganda político-apocalíptica en la Inglaterra de Jacobo I: El libro V de la *Defensio fidei*; El Anticristo", en Robert Maryks y Juan A. Senent de Frutos (eds.), *Francisco Suárez (1548–1617): Jesuits and the Complexities of Modernity*, Leiden, Brill, 2019, pp. 272-299.

136. Para una visión al respecto véase Matt Goldish, "Patterns in Converso Messianism", en Matt Goldish y Richard Popkin (eds.), *Millenarianism and Messianism in Early Modern European Culture*, Dordrecht, Kluwer, 2001, vol. I, pp. 41-64; John Edwards, "Elijah and the Inquisition: Messianic Prophecy among Conversos in Spain, *circa* 1500", *Nottingham Medieval Studies*, 28 (1984), pp. 79-94.

137. Françoise Gilbert, "El espacio de la Jerusalén escatológica en el *De Antichristo* de Tomás de Maluenda", *Criticón*, 73 (1998), pp. 37-59, esp. p. 58.

138. Iosephi Acostae, *De temporibus nouissimis*, p. 44.

sus ojos, constatar tal procedencia tampoco ayudaría a comprender mejor la iniquidad del Anticristo.[139]

El jesuita Benito Pereira, en su obra de 1607, trata la cuestión de la tribu judía de Dan y muestra que existió efectivamente una discusión al respecto en la España moderna. Atribuye al Tostado (†1455), al capítulo 49 de su comentario al *Génesis*, la idea de que era incierto lo que comúnmente se decía acerca del origen del Anticristo a partir de dicha tribu. Agregaba además que el dominico portugués Jerónimo Oleaster (o Jerónimo de Azambuja) había ido más allá, aventurándose a decir que se trataba de una fábula y que no eran dignos de fe quienes la sostenían. Según Pereira, estas palabras no podían ser escritas ni leídas sin malestar estomacal, en tanto desmentían lo que enseñaba la tradición antiquísima del pueblo de Dios.[140] En cambio, para el jesuita Luis del Alcázar (1554-1613), sevillano de familia conversa, era lícito preguntar si el Anticristo sería o no descendiente de la tribu de Dan ("*An Scriptura significet, fore Antichriſtum ex tribu Dan*").[141]

José de Acosta, por otra parte, cuestionó también de modo explícito si los judíos se convertirían o no con la venida de Elías y Enoc (en particular del primero, porque estos últimos actuarían a semejanza de Pedro y Pablo, quienes en la Iglesia primitiva "*dextras sibi dederunt, ut alter in circumcisione, alter in gentibus, Christi Evangelium evulgaret*"). Acosta se preocupó por conciliar dos afirmaciones que sentía contradictorias: que los judíos se convertirán a la fe de Cristo por ministerio de Elías y que los judíos seguirían al Anticristo y creerían en él, como afirmaban los Padres.[142] Interpreta que las Escrituras enseñaban que no habría que esperar demasiado la conversión de los judíos y que ésta sería "*insignis sine dubio*". Creía incluso que esto constaba en sus tiempos, gracias a la predicación de Ferrer, al celo de los Reyes Católicos y a la diligencia de algunos Papas; no obstante, sería mucho más copiosa la conversión de los judíos que provocaría la admirable predicación de Elías. Ahora bien, también era cierto "*quod aliae scripturae insinuant, Iudaeos potissimum Antichristum sectaturos*". Acosta argumentaba, para saldar cualquier posible contradicción, que los judíos –y los hombres en general– que siguieran al Anticristo serían aquellos que no estuvieran inscritos en el libro del Cordero. Consideraba entonces que ambas afirmaciones eran ciertas:

---

139. *Ibid.*, p. 45: "*in tanta confusione tribuum, obliterata pene omni genealogiae antiquae propagine, non erit facile observare an ex iſta tribu dan venia tille peſtifer: neque multud id refert ad cognoscendam perfidi impietatem*".

140. Benedicti Pererii Valentini, *Centum octoginta tres disputationes selectissimae super libro Apocalypsis Beati Ioannis Apoſtoli*, Venetiis, apud Antonium Leonardum, 1607, p. 371: "*Hieronymus vero Oleaſter longius etiam procedens fabulosum, id esse ausus eſt dicere. Audi Lector eius verba, licet ea vix sine ſtomacho scribi, aut legi queant: qui, inquit, Antichriſtum dicunt futurum ex Tribu Dan, nihil dignum auctoritate aut fide afferunt, Quocirca malo ignorantiam meam fateri, quam fabulosa referre. Sic ille. Sed quale obsecro eſt, antiquissimam in populo Dei Traditionem, & tot tan torumque Scriptorum consensu firmatam aspernari, & quasi commentum & fabulam pro nihilo ducere*".

141. Ludovici ab Alcasar, *Veſtigatio arcani sensus in Apocalypsi*, Antuerpiae, apud Ioannem Keerbergium, 1614, pp. 481-482.

142. Iosephi Acoſtae, *De temporibus nouissimis*, pp. 91-92.

Israel sería salvo, mas formado por quienes descendieran de Abraham no por la carne sino por la fe ("*qui ex fide sunt, ii sunt filii Abrahae*"). Estos últimos estarían predestinados por la gracia de Dios a pasar del judaísmo carnal "*ad veram & spiritualem circumsicionem*" gracias a la labor del profeta Elías. El jesuita refería incluso la opinión, atribuida tanto a san Agustín como a Beda, que afirmaba que la conversión final de los judíos ocurriría antes y no después de la aparición del Anticristo, quien establecería su breve reinado tras la muerte de Elías y de Enoc.[143]

Para el caso de la escatología morisca, resulta fundamental el estudio de Green-Mercado. Ella muestra cómo las profecías apocalípticas circularon y fueron interpretadas de modo propio y original por los moriscos peninsulares. El sultán otomano se convertía en una figura mesiánica relevante (que avanzaría triunfalmente sobre Roma y sobre España) y los moriscos mismos ocupaban un lugar central dentro de la reforma islámica universal. El modo en que dichas profecías fueron transmitidas, indica la autora, reforzó la identidad común de los moriscos, los impulsó a tender lazos con musulmanes de otras regiones del Mediterráneo y contribuyó incluso a la movilización: instigó el gran levantamiento de las Alpujarras de fines de la década de 1560 (y la cruenta guerra que le seguiría) y diversas rebeliones en las décadas siguientes.[144] Por ejemplo, la autora estudia el caso de un morisco, llamado Martín Mayo, que confesó haber leído profecías que anunciaban la caída de Roma y la conquista de España a mano de los otomanos. Las profecías en cuestión eran versiones aljamiadas de textos de amplio conocimiento en el mundo cristiano: el *Vademecum in tribulatione* del franciscano Jean de Roquetaillade y las profecías atribuidas a san Isidoro de Sevilla. En el primero de ellos los otomanos eran instrumentos divinos para el castigo de los cristianos, al igual que ocurría en la versión latina, pero el texto aljamiado incluía además invenciones propiamente criptoislámicas: por ejemplo, sostenía que el Anticristo sería un joven de Denia que vencería a una Iglesia opresora y que se llamaría *Fatimí* (término que en la tradición apocalíptica de Andalucía y del norte de África designaba al Mesías o *Mahdī*). En esta versión el Anticristo, considerado parte del plan de salvación de la humanidad, "fará justiçia i konkistará la España".[145]

Hay otro episodio fundamental del siglo XVI que cabe vincular con el pensamiento apocalíptico morisco. En marzo de 1588, en medio de la labor de construcción de la catedral de Granada, se derribó el alminar de la antigua mezquita de la ciudad y se produjo el curioso hallazgo de un pergamino y de reliquias atribuidas a la Virgen y a san Esteban (un paño y un hueso). El pergamino, conocido como pergamino de la Torre Turpiana, sería el primer

---

143. *Ibid.*, pp. 92, 95-96.

144. Mayte Green-Mercado, *Visions of Deliverance: Moriscos and the Politics of Prophecy in the Early Modern Mediterranean*, Ithaca, Cornell University Press, 2020.

145. *Ibid.*, pp. 121-123; Gerard Wiegers, "Jean de Roquetaillade's Prophecies among the Muslim Minorities of Medieval and Early Modern Christian Spain: An Islamic Version of the *Vademecum in Tribulatione*", en Nicolet Boekhoff-van der Voort, Kees Versteegh y Joas Wagemakers (eds.), *Transmission and Dynamics of the Textual Sources of Islam*, Leiden, Brill, 2011, pp. 229-247.

eslabón de un ciclo de hallazgos de documentos apócrifos conocidos como los *Libros plúmbeos de Sacromonte*. En dicho documento se afirmaba que un sacerdote llamado Patricio decía haber recibido las reliquias mencionadas de mano de san Cecilio, primer y tempranísimo obispo de Granada, antes de que éste muriera mártir (según una leyenda que se remontaba al siglo X, Cecilio era uno de los siete varones apostólicos de Andalucía que en el siglo I habían sido los primeros predicadores y obispos cristianos de la región). Lo interesante es que el pergamino contenía una profecía de san Juan sobre el fin del mundo que un sacerdote de Atenas le habría entregado a Cecilio. Escrita originalmente en hebreo, habría sido traducida al griego por Dionisio Areopagita (!) y al castellano y al árabe por Cecilio mismo, "lenguajes usados en la tierra de España y las tierras occidentales circunveçinas para que no caresçiesen della los cristianos arávigos".[146] Esta profecía apócrifa auguraba la llegada de Mahoma, de Lutero y del fin del mundo: "el género humano será amenazado y en espeçial el saçerdoçio y anunciando el Antechristo que será breve su venida con que esta propheçía se cumplirá y el juizio final se açercará quando se manifestará al mundo esta verdad".[147] El documento retrotraía la existencia de población arábiga en la Península al siglo I a. C., daba a entender que dicha población se había convertido al cristianismo tempranamente, que el castellano no derivaba del latín y que el árabe, lengua que definía la identidad de los cristianos nuevos de la región, había vehiculizado desde muy temprano la verdad del cristianismo.[148] En 1593, Luis de Mármol –que había participado del aplastamiento de la rebelión morisca de las Alpujarras y escrito, incluso, una crónica de aquella rebelión– redactó un informe sobre los polémicos Plomos, a pedido del arzobispo de Granada, Pedro de Castro. Luis de Mármol afirmó allí que el pergamino de la Torre Turpiana le recordaba a "los «jofores» o profecías de tipo milenarista que habían circulado entre los moriscos sublevados durante la guerra (1568-1570) y que habían sido traducidos por el intérprete morisco Alonso de Castillo; una primera y muy certera apreciación sobre el contexto de producción de las falsificaciones".[149]

Por último, cabe mencionar que la apropiación original de la apocalíptica cristiana también se extendió al territorio colonial. El ejemplo más famoso es tal vez el de Francisco de la Cruz (1529-1578), dominico y misionero loperano que, luego de su formación en la metrópoli, viajó al Virreinato del Perú para predicar la fe de Cristo entre los americanos. Si bien llegó a ser rector de la Universidad de San Marcos en la década de 1560, poco después, en 1572, fue apresado y, años más tarde, condenado a la hoguera a instancias de la Inquisi-

---

146. Mercedes García-Arenal y Fernando Rodríguez Mediano, *Un Oriente español. Los moriscos y el Sacromonte en tiempos de Contrarreforma*, Madrid, Marcial Pons, 2010, pp. 24, 26.

147. *Ibid.*, p. 28. De Mahoma decía: "A los seis siglos cumplidos de su advenimiento por peccados graves en el mundo que commettidos seran, tinieblas se levantarán muy obscuras en las orientales partes"; respecto de Lutero, que "a los quinze siglos cumplidos se levantarán en las partes de Aquilón, y dellas un dragón saldrá que por su boca arrojará simiente que sembrada la fee dividirá en setas".

148. *Ibid.*, pp. 30, 45.

149. *Ibid.*, p. 32.

ción de Lima. Su pensamiento apocalíptico quedó plasmado en lo que se conoce como *Declaración de Apocalipsi*, esto es, una parte del proceso inquisitorial mismo que sentenció su muerte. Se dice allí que el dominico creía que nacería una nueva cristiandad desde Lima; que él mismo sería Papa y Emperador; que la Iglesia europea era la encarnación del Anticristo (Roma no estaba perdida por los luteranos sino por los malos cristianos); que los indígenas eran descendientes de las Tribus Perdidas de Israel. Entre las acusaciones que recibió el fraile destaca aquella que lo llamó "loco furioso y mamaco, delirante Papa-Anticristo y Rey-Emperador de sacro-imperios demoniacos".[150] En cualquier caso, el discurso de Francisco de la Cruz expresaría una amalgama peligrosa entre el apocalipticismo cristiano y las expresiones mesiánicas propias de la espiritualidad incaica y, también, entre la rebeldía de los españoles de la periferia contra el poder central, por un lado, y los movimientos indígenas que luchaban por restaurar un mundo, por el otro (para algunos autores, sería expresión de un "mesianismo criollo", incluso revolucionario).[151] En opinión de Torres Bustos, Bartolomé de Carranza pudo haber sido quien introdujo a Francisco de la Cruz en el pensamiento escatológico, en el milenarismo joaquinita y en ciertas ideas disidentes y propias de los grupos de alumbrados.[152]

Los postulados heréticos delacrucianos, como era de esperar, no carecieron de respuestas directas y agresivas. El dominico fue atacado con crudeza por José de Acosta, quien lo consideró un discípulo del Anticristo.[153] En *De temporibus novissimis*, el jesuita escribió que, si bien aquel hombre fue considerado un docto teólogo y un católico piadoso de reconocida trayectoria, al punto de ser tratado casi como un oráculo en la región peruana, terminó afirmando con absoluta seriedad graves herejías que dejaban a todos atónitos: por ejemplo, que la Sede Apostólica se trasladaría a las Indias, que él era más santo que los ángeles, que Dios le había ofrecido la unión hipostática, que sería el redentor del mundo y daría nuevas leyes (como quitar el celibato, permitir la poligamia o descartar la necesidad de la confesión).[154] Condenado por hereje, Francisco de la Cruz fue quemado en la hoguera mientras esperaba, según Acosta, que bajara fuego del cielo para quemar a los inquisidores y al resto, como le había prometido el diablo ("*ut illi erat pollicitus Diabolus*"). Pero el único fuego que hubo lo quemó a él desde abajo y lo redujo a cenizas ("*ex imo flamma rapuit, atque redegit in cineres*").[155]

---

150. Francisco de Torres Bustos, *Inquisición y mesianismo en la* Declaración del Apocalipsi *de fray Francisco de la Cruz*, Tesis de doctorado, Universidad de Alicante, 2017, pp. 4, 95, 109-110.

151. *Ibid.*, pp. 56, 95.

152. *Ibid.*, p. 83. El arzobispo de Toledo dedica un capítulo entero al Juicio final en sus *Comentarios* pero no habla del Anticristo, aunque sí afirma que "Mahoma y Luthero, y los otros falsos apóstoles delante de Christo tendran mayor condenacion, por el daño y mal que verán hecho por su causa hasta la fin del mundo". Véase Bartolomé Carranza, *Comentarios del reverendissimo señor frai Bartholome Carrança de Miranda, arçobispo de Toledo, &c. sobre el catechismo christiano*, Anvers, Martin Nucio, 1558, VII, f. 100.

153. Rubén Quiroz Ávila, *"El Apocalipsis" de Fray Francisco de la Cruz*, Tesis de maestría, Universidad Mayor de San Marcos, 2018, pp. 84-85.

154. Iosephi Acostae, *De temporibus nouissimis*, pp. 54-55.

155. *Ibid.*, p. 56.

SEGUNDA PARTE

Los discursos sobre el Anticristo en la España moderna aquí estudiados fueron contemporáneos de la caza de brujas y de la literatura demonológica que la justificó y legitimó en Europa Occidental. Como indica Stuart Clark en su ya clásica obra *Thinking with Demons*, la brujería y el demonismo en la modernidad temprana fueron entendidos por los contemporáneos como síntomas de un mundo decadente y de la proximidad del Juicio Final. En otras palabras, la inminencia escatológica explicaba la emergencia y propagación de un crimen tan nefando y novedoso como el de la brujería renacentista y éste a su vez anunciaba la cercanía del apocalipsis.[156] La clave aparecía en Apocalipsis 12, 12: en el final de los tiempos el demonio desplegaría su poder como nunca antes en la historia del hombre y esto explicaría la existencia de delitos y pecados semejantes.[157] Así, los franceses Pierre Crespet (1590), Sébastien Michaëlis (1612) y Jean le Normant (1625) veían en las brujas un presagio de la desolación final; lo mismo expresaba Johann Lauch en sus sermones apocalípticos predicados en Velburg a fines del siglo XVI; en las islas británicas, Jacobo VI decía que la cercana consumación del mundo era causa manifiesta del gran aumento de la brujería (en su *Daemonologie*, de 1597) y, en 1646, John Gaule escribió que la bruja era un Anticristo y que *"the Antichrist must needs be a Witch"*.[158]

Ahora bien, considerando el vínculo nodal entre la caza de brujas, la demonología radical y la inminencia del fin del mundo, por un lado, y la fuerte diabolización del Anticristo y sus adláteres que hemos mostrado en la primera parte de este trabajo, por el otro, resulta llamativo que la literatura anticristológica hispana no se haya visto permeada por las creencias y escritos acerca del crimen brujeril. La adjudicación al Anticristo y sus seguidores de múltiples elementos que serían también propios del paradigma de la brujería es indiscutible: ya hemos referido, entre otros, la práctica del arte mágica, la adoración del demonio, la marca diabólica en el cuerpo, el coito con íncubos y súcubos e incluso la antropofagia o la traslación aérea. La edición "enmendada y corregida" de la obra angélica de Eiximenis de 1527 mencionaba por ejemplo, entre los pecados "muy feos y abominables" que descubrirían Elías y Enoc en la lucha final, el pecado de idolatría que cometerían quienes "adoraran secretamente al diablo en ydolo y viviran secretamente en grandes suziedades carnales que no se deven nombrar".[159] Luis de Maluenda, dos décadas después, definió al Anticristo como "maestro de las artes mágicas" y a sus discípulos

---

156. Stuart Clark, *Thinking with Demons: The Idea of Witchcraft in Early Modern Europe*, Oxford, Oxford University Press, 1997, pp. 321-362, esp. p. 321.

157. *Ibid.*, pp. 328, 329: *"Other writers on witchcraft turned to the later sections of Revelation and specifically to chapter 20, with its reference to the binding and loosing of Satan. Just what this had left free to do was, after all, of critical importance to the very premisses of witchcraft theory"*; *"Resorting to the theme of* Satan solutus *was, therefore, a further way of expressing the sheer extent of demonic operations in sixteenth- and seventeenth-century Europe"*.

158. *Ibid.*, pp. 322-323, 326, 333.

159. Francesc Eiximenis, *La natura angelica*, f. 104r.

como "grandes hechizeros". En la voz de Enoc, lo calificaba de adorador del demonio y "el mayor hechizero y encantador que jamas ovo en el mundo". Por boca de Elías, decía que sería el principal "de todos los ydolatras y de todos los hechizeros y nigromanticos" y "el hombre mas endiablado y poderoso por los poderes de los demonios que ovo en el mundo". Tendría incluso un demonio familiar de los más poderosos y malignos "al qual adorara como a dios y al qual obedescera como a dios" (algo similar, como vimos, sostuvo Arce casi un siglo después).[160] Ayala, en 1635, habló de los "muchos hechizeros, encantadores, adivinos, y otros embusteros" que harían eminente al Anticristo en el arte mágica.[161] Escribió además que éste "ussará de demonios" que tomarán "diferentes formas y apariencias" para publicar su doctrina.[162] Con ayuda de los demonios haría horribles visiones volando por el aire:

> "Remontarasse por los aires el Antechristo, cercandole, y acompañandole los demonios, volando por ellos; formarán horribles portentos; formidables figuras; espantosas apariencias, las quales vistas por los fieles, recebirán grandissimas penas en sus coraçones".[163]

Con todo, la bruja prácticamente no aparece mencionada en el *corpus* apocalíptico hispano. No es incluida entre los seguidores predilectos ni entre los precursores del Anticristo, pese a que, en palabras de Clark, en la demonología de la época "*magicians and witches were in fact the precursors of the Antichrist, part of Satan's preparations for his arrival*".[164] Las descripciones y formas de acción atribuidas al *filius perditionis* que hemos analizado, sumamente demonizadas, obligan a reparar en la primero nula y luego tangencial conexión que han entablado teólogos y tratadistas entre ambos universos discursivos, el paradigma de la brujería y la anticristología, en la España moderna.

El furor postremo

Las semblanzas del Anticristo refieren una y otra vez aquel pasaje del libro joánico que indicaba que en el fin de los tiempos Satanás sería liberado y mostraría su furor postremo. Esta noción, vinculada directamente con la biografía, atributos y capacidades del *filius perditionis*, es casi omnipresente. En el siglo II de nuestra era, el *Adversus haereses* de Ireneo afirmó que el tiempo final coincidiría con la llegada del Anticristo y que éste dominaría la tierra durante tres años y medio (su venida anticiparía la definitiva instauración del reino de los justos). Siglos más tarde, el influyente santo de Hipona escribió en *De civitate Dei* (XX, 8) que el diablo sería soltado al final de los tiempos por un breve período de tres años y medio, lapso en el cual lucharía cruelmente contra la Iglesia de Dios. Afirmó que también la persecución del Anticristo

---

160. Luis de Maluenda, *Tratado llamado leche de la fe*, ff. 265v, 284v, 216v-217r.

161. Lucas Fernández de Ayala, *Historia de la perversa vida*, pp. 153-154.

162. *Ibid.*, pp. 221-222. En este punto vinculado a la asunción de cuerpos, Ayala cita a Martín del Río.

163. *Ibid.*, p. 288.

164. Stuart Clark, *Thinking with Demons*, p. 333.

duraría "*tribus annis et sex mensibus*" (XX, 13) y vinculó directamente la liberación de Satanás con las obras tan maravillosas como falsas del Anticristo (XX, 19).[165] Luego, fiel a la tradición, el gran compilador de la anticristología del primer milenio, Adso Dervensis, sostuvo que "el hijo del diablo" afligiría al mundo entero durante tres años y medio.[166] El *Compendium theologicae veritatis* enseñaba que entonces los demonios serían soltados (dado que, al estar ligados, no eran capaces de dañar tanto como deseaban) y el Aquinate escribió en la *Summa theologica* que cuando llegare el Anticristo el diablo ejercería su poder en perjuicio de los hombres en grado supremo.[167]

En los reinos hispanos estas ideas reaparecerían con frecuencia en la Baja Edad Media y la primera modernidad en los autores preocupados por el destino escatológico del mundo. Aparecen por caso en el *Fortalitium fidei* y en el *Libro de los grandes hechos*.[168] En este último se lee que "Satanás, príncipe de los aires, será en aquel tienpo suelto para poder engannar e traer a la su parte todas las gentes".[169] Martínez de Ampiés, por su parte, sostuvo que en las postrimerías del tiempo la divinidad permitiría que las fuerzas del diablo fueran mayores, a causa de nuestros pecados (Satán sería capaz de "mucho más").[170] Luis de Maluenda también escribió que el enorme poder natural del demonio, que había sido atado por la pasión de Jesús, sería "suelto y desatado en los tiempos del Antechristo" (Dios permitiría entonces que el diablo gastara sus poderíos y que los demonios del infierno estuvieran "sueltos para el mal", "para favorescer el poderio del Antechristo").[171] Nicolás Díaz, por su parte, creía en 1588 que el demonio estaría atado "hasta aquel tiempo". Mientras tanto, no podía "exercitar ni executar su yra y furor contra los hombres como quiere y desea". No obstante, "en aquel tiempo soltar le ha Dios, y permitirá que exercite y execute su malicia contra sus siervos".[172] Un año después, Juan de Pineda aseveró que "en tiempo del Antichristo se soltaran los demonios que agora parecen estar atados, porque para entonces se les dara mas licencia de perseguir a la yglesia que agora".[173] El jesuita Francisco Ribera también consideraba que la bestia estaba atada todavía en los infiernos pero que sería liberada y se mostraría abiertamente *tempore Antichristi*.[174]

---

165. *De civitate Dei* XX, 19: "*Tunc enim soluetur Satanas et per illum Antichriſtum in omni sua uirtute mirabiliter quidem, sed mendaciter operabitur*".

166. Adso Dervensis, *De ortu et tempore*, p. 28: "*Hic itaque Antichriſtus diaboli filius et totius malicie artifex pessimus, cum per tres annos et dimidium, sicut predictum eſt, magna persecutione totum mundum vexabit et omnem populum Dei variis poenis cruciabit*".

167. Bonaventurae, *Opera Omnia*, p. 233; *Suma teológica* III, q. 49, a. 2: "*tempore Antichriſti maxime suam poteſtatem exercebit diabolus in hominum nocumentum*". Véase Thomae Aquinatis, *Summa theologica*, t. 3, p. 715.

168. Conſtanza Cavallero, *Los enemigos del fin del mundo*, pp. 147, 309-310, 333.

169. Juan Unay, "Libro de los grandes hechos", p. 407.

170. Martín Martínez de Ampiés, *Libro del Anticriſto*, pp. 113, 73, 96.

171. Luis de Maluenda, *Tratado llamado leche de la fe*, ff. 241v-242v.

172. Nicolás Díaz, *Tratado del iuyzio final*, p. 57.

173. Juan de Pineda, *Segunda parte de los treynta y cinco dialogos*, ff. 142r y v.

174. Francisci Riberae, *In Sacram Beati Ioannis Apoſtoli*, p. 329.

En *De temporibus nouissimis*, José de Acosta escribió que, cuando el diablo fuera finalmente desatado, éste ingresaría en el Anticristo y realizaría maravillas a través de él. "Soltar al diablo" no implicaba otra cosa que darle permiso para tentar tanto como quisiere y pudiere.[175] Se preguntaba poco más adelante el jesuita, dramático:

"¿Qué hombre, pues, no se sentirá fortísimamente perturbado cuando vea hacer tales cosas a los profetas del Anticristo; a este mismo que emplea sin medida obras extraordinarias y estupendas para [confirmar] sus enseñanzas y pruebas para [sostener] su opinión? Será entonces soltado Satanás y se descubrirá todo entero, cuan grande es, con su potencia y su conocimiento increíble, mediante aquel instrumento suyo; Dios contendrá y refrenará mínimamente sus intentos".[176]

En 1635, Fernández de Ayala escribía también:

"Si atado Satanas, con grillos en los pies, y esposas en las manos de su poder, en las peleas que ha tenido con nosotros nos ha maltratado tanto, quando desatado ya, y libre, dexado a su antojo, y a que haya y cumpla su voluntad, qué no hará?".[177]

La liberación final del demonio y el reinado del Anticristo parecen constituir para estos teólogos y tratadistas de origen ibérico un verdadero período de "estado de excepción" dentro de la historia del cristianismo. Se trataría de un estadio breve, en los tiempos ultimísimos, situado en un futuro incierto que se creía más o menos próximo. Dicho período empezaría y culminaría únicamente por decisión del Dios soberano: como escribió Ampiés, llegaría un momento en que la divinidad misma, luego de haber soltado al demonio, "ya no queriendo suffrir la gran sobervia del Anticristo", mandaría a san Miguel a dar muerte a este hombre maldito.[178]

El Anticristo y la bruja en la apocalíptica hispana

Las "antihagiografías" del Anticristo, como hemos visto, presentan elementos sumamente demonizados desde mucho antes de la emergencia del fenómeno brujeril. En el temprano siglo XV, Vicente Ferrer sostuvo que en tiempos del Anticristo los diablos tomarían la apariencia de mujeres hermosas y habría entonces "mugieres diablesas" que, preñadas, parirían diablos ("E ternás diablicos en tu casa, e pensarás que tienes fijos", advertía el santo

---

175. Iosephi Acoſtae, *De temporibus nouissimis*, p. 61: "*Solutus autem Diabolus Antichriſtum ingredietur…*".

176. *Ibid.*, p. 67: "*Quis ergo hominum non vehementissime perturbetur, cum talia efficientes viderit Prophetas Antichriſti, ipsum que supra modum nova & ſtupenda opera doctrinae suae, & sententie teſtimonia adhibentem? Solvetur tunc Sathanas, & totus quantus eſt, potentia & scientia incredibili sese per illum suum inſtrumentum exeret, Deo minime eius cohibente atque fraenante conatus*". La traducción es mía.

177. Lucas Fernández de Ayala, *Hiſtoria de la perversa vida*, pp. 282-283.

178. Martín Martínez de Ampiés, *Libro del Anticriſto*, p. 176.

valenciano).[179] También reprendía en sus sermones a quienes tomaban consejo del "diablo, e con adevinos e con adivinas" y a quienes se hacían "la señal del demonio" en vez de santiguarse correctamente.[180] Sus fuertes arremetidas contra la hechicería y la adivinación pudieron haber desempeñado incluso un rol de peso en el surgimiento del paradigma sabbático (recorrió como predicador popular gran parte del territorio donde poco más tarde tendrían lugar las primeras cazas de brujas).[181] No resulta sin embargo extraño que Ferrer no se haya referido explícitamente al tema: no existían todavía los primeros documentos que anunciaron la aparición del peligro brujeril y el comienzo de la persecución.

Sí llama la atención que en los siglos siguientes, cuando muchos de aquellos elementos sumamente satanizados de la anticristología cristiana (o, mejor dicho, de la demonología cristiana) ya habían sido adscriptos al paradigma sabbático, siguieron ausentes (a) el crimen de las brujas entre los múltiples efectos de la gran potencia dañina del demonio y "su hijo" en los años postremos y (b) las brujas mismas entre los precursores, familiares, mensajeros o seguidores del Anticristo. El ya mencionado Alonso de Espina, por ejemplo, escribió su *Fortalitium fidei* cuando el fenómeno brujeril ya había germinado e hizo alusión al crimen de las "bruxas" o "xorguinas". Escéptico respecto de la realidad del vuelo nocturno, creía que dichas *vetulas maledictas* eran víctimas del engaño del demonio y no vinculaba a estas mujeres con el Anticristo ni con la liberación de Satanás, pese a sus ideas respecto de la proximidad del apocalipsis.[182] Este y otros testimonios dan cuenta de que el crimen de la brujería adquirió en la España del siglo XV contornos más o menos definidos, no sólo en términos teológicos sino también jurídicos (muestra de ello son los debates acerca del delito colectivo entre teólogos y letrados,[183] la documentación judicial –señorial, real o inquisitorial– sobre el asunto[184] y los

---

179. Vicente Ferrer, "Sermón del avenimiento del Antechristo", p. 539.

180. *Idem*, "Sermón segundo del Antechristo" (Toledo, 7 de julio de 1411), pp. 551, 558.

181. Pau Castell, "Diabolical Sorceries. Vicent Ferrer's Preaching and the Emergence of the Witchcraft Construct(s) in early fifteenth-Century Europe", en Marina Montesano (ed.), *Folklore, Magic, and Witchcraft: Cultural Exchanges from the Twelfth to Eighteenth Century*, London, Routledge, 2021, pp. 132-155.

182. Constanza Cavallero, *Los enemigos del fin del mundo*, pp. 314-316.

183. Cabría citar al respecto escritos del Tostado, de Lope de Barrientos o de Bernardo Basín. Incluso el *Llibre de les dones* de Jaume Roig. Véase para una introducción al respecto Miguel Jiménez Monteserín (ed.), "De brujos y teólogos. Cultura popular y mundo mágico", *Áreas* 9 (1988), pp. 170-182; Constanza Cavallero, *Los demonios interiores de España. El obispo Lope de Barrientos en los albores de la demonología moderna*, Buenos Aires, Prometeo, 2011; *Idem, Los enemigos del fin del mundo* pp. 317-324; Pau Castell, *La cacera de bruixes a Catalunya. Estudis i documents (1830-2020)*, Barcelona, Disputació de Barcelona, 2022, pp. 101.

184. Sirvan de ejemplo las ordenanzas del valle de Aneu (1424) y la provisión real de Enrique IV de Castilla (1466). Véase Ángel Gari, "La bruixeria a través de les ordinacions d'Àneu", en José Padilla (dir.), *L'esperit d'Àneu: llibre dels costums i ordinacions de les Valls d'Àneu*, Esterri d'Àneu, Consell Cultural de les Valls d'Àneu, 1999, pp. 47-58; Pau Castell, "'Wine vat witches suffocate children'. The Mythical Components of the Iberian Witch", *eHumanista*, 26 (2014), pp. 170-195; Laura Casas Díaz, "La caza de brujas en España: Las *ordinacions de les valls d'Àneu* (1424)", *Ivs Fvgit*, 24 (2021), pp. 47-65; Iñaki Bazán, "El tratado de Fray Martín de Castañega como remedio contra la superstición y

procesos más tempranos[185]). Pese a lo dicho, la bruja y el Anticristo no fueron conectados durante el siglo XV, más allá de las múltiples coincidencias entre ambos constructos.[186]

Si nos situamos en la centuria siguiente –es decir, en una España que ya se había hecho eco del *Malleus maleficarum* y donde continuó tanto la persecución judicial de las brujas, en ciertos territorios, cuanto los debates teológicos sobre el asunto– no encontramos tampoco conexiones significativas.[187] Un caso es particular: el del franciscano Luis de Maluenda. Él habló una y otra vez de 'bruxos' y 'bruxas' en *Leche de la fe* (1545) sin describir el crimen brujeril en los más de mil folios que componen la obra, dedicada en gran medida a la figura del Anticristo. Maluenda llamaba de ese modo a los herejes de su época, sobre todo luteranos, y a los malos consejeros de los príncipes cristianos.[188] La sinonimia establecida entre las nociones de herejía y brujería, al punto de formar muchas veces una hendíadis en su discurso, se torna palmaria cuando Maluenda juzga negativamente la lepra

---

la brujería en la diocesis de Calahorra y La Calzada: ¿un discurso al margen del contexto histórico (1441-1529)", *eHumanista*, 26 (2014), pp. 20-21.

185. Carlos Garcés, *La Mala Semilla. Nuevos casos de brujas*, Zaragoza, Tropo, 2013, p. 91 y ss.

186. Stuart Clark, *Thinking with Demons*, p. 346.

187. Una mención temprana del *Malleus* se encuentra por ejemplo en *La traduciõ del Dante de lengua toscana en verso castellano* de Pedro Fernández de Villegas (Burgos, Fadrique de Basilea, 1515). Véase Iñaki Bazán, "Superstición y brujería en el Duranguesado a fines de la Edad Media: ¿Amboto 1507?", *Clio & Crimen*, 8 (2011), pp. 191-224, esp. pp. 214-215. Respecto de las diversas posturas acerca del crimen brujeril en el siglo XVI (de autores como Martín de Andosilla, Martín de Castañega o Pedro Ciruelo) y la Junta de Granada de 1526, véase Jack Gibbs, "La Inquisición y el problema de las brujas en 1526", en Norbert Polussen y Jaime Sánchez Romeralo (eds.), *Actas del Segundo Congreso Internacional de Hispanistas*, Nimega, Instituto Español de la Universidad de Nimega, 1967, pp. 331-339; Fabián Alejandro Campagne, *Homo Catholicus, Homo Superstitiosus. El discurso antisupersticioso en la España de los siglos XV a XVIII*, Buenos Aires, Miño y Dávila editores, 2002; María Tausiet, "La imagen del sabbat en la España de los siglos XVI y XVII a través de los tratados de brujería y superstición", *Historia Social*, 17 (1993), pp. 3-20. Para una visión de las cazas de brujas del período véase Florencio Idoate, *La brujería en Navarra y sus documentos*, Pamplona, Institución Príncipe de Viana, 1978; María Tausiet, *Ponzoña en los ojos: brujería y superstición en Aragón en el siglo XVI*, Zaragoza, Institución Fernando el Católico, 2000; Iñaki Reguera, "La Inquisición en el País Vasco. El periodo fundacional", *Clío & Crimen*, 2 (2005), pp. 237-255; Gunnar Knutsen, *Servants of Satan and Masters of Demons: The Spanish Inquisition's Trials for Superstition, Valencia and Barcelona (1478-1700)*, Turnhout, Brepols, 2009; Félix Segura Urra, "Hechicería y brujería en la Navarra medieval: de la superstición al castigo", *Cuadernos de la Revista Internacional de Estudios Vascos*, 9 (2012), pp. 284-304; Jesús Usináriz, "La caza de brujas en la Navarra moderna (siglos XVI-XVII)", *RIEV*, 9 (2012), pp. 306-350; Carlos Garcés, *La Mala Semilla*; Doris Moreno, "Magical Lives: Daily Practices and Intellectual Discourses in Enchanted Catalonia during the Early Modern Era", en Kathryn Edwards (ed.), *Mundane Magic and Ordinary Witches. Daily Life and Extraordinary Experience in Early Modern Europe*, London, Routledge, 2015, pp. 11-34; Pau Castell, "Con toda templança y moderación. El Santo Oficio ante la caza de brujas en Cataluña (siglos XVI y XVII)", en María Jesús Zamora Calvo (ed.), *Mulieres inquisitionis. La mujer frente a la Inquisición en España*, Madrid, Academia de Hispanismo, pp. 51-104.

188. Escribió por ejemplo que el Anticristo y los suyos serían acompañados por "hembras ereticas y hechizeras e bruxas de devociones herradas e falsas"; criticó conjuntamente los libros de Lutero/ los herejes y los libros de hechiceros, nigrománticos y brujos; reprendió a "el erege y el bruxo" que adhería a "sectas y bruxerias", tal como hacía el malvado que dejaba la fe de la Iglesia y se unía "a la secta de Lutero". Véase Luis de Maluenda, *Tratado llamado leche de la fe*, ff. 6r-7v, 13v, 195r.

de los dejados y alumbrados y "otras bruxerias" del reino, cuando habla de "bruxos y engañadores y dexados y alumbrados" o cuando dice que el demonio, "sembrador de bruxerias", abastecía de dinero a dejados y beatos porque "jamas uvo bruxo ni bruxa pobres".[189] El fraile definía a Lutero mismo como "bruxo desamparado de dios"; creía que, si aquel hereje "medio bruxo" había hecho tanto estrago con el demonio "preso y atado", mucho mayor sería el daño que sufriría la Iglesia en tiempos del Anticristo, cuando los demonios anduvieran sueltos. Por otra parte, Maluenda creía que las cortes andaban llenas de "bruxos e bruxas de personas de setas" que eran tenidos equivocadamente por ovejas.[190] Es decir, llamaba 'brujos' a los consejeros viciosos y crueles de los príncipes cristianos (creía por ejemplo que los brujos romanos eran más peligrosos que los navarros o los castellanos, aunque todos fueran "bruxos peligrosos para consultas"). Además, al atender al arte notoria, definió también como brujos y brujas a las personas curiosas que buscaban conocer cosas profundas de la fe y se ahogaban en errores y herejías, pretendiendo seguir los pasos del rey Salomón. En virtud de dicha arte diabólica, algunos incluso habían sido arrebatados por el aire por el demonio y arrastrados por tierra y por agua.[191] En pocas palabras, Luis de Maluenda –gran crítico de quienes visitaban a astrólogos, hechiceros o nigrománticos[192]–, no utilizó el vocablo 'bruja' para describir la secta de las maléficas adoradoras del demonio ni para alertar sobre ella en su tratado con fuertes tintes escatológicos. Sólo una vez, reprobando el arte notoria, alude a las "bruxas xorginas": dice que el demonio movía "la lengua y la fantasía" de quienes se inmiscuían en dicha arte, pacto diabólico mediante, como lo hacía también con la fantasía y la lengua de aquéllas. Parece dar cuenta, de este modo, de una postura escéptica respecto de la brujería renacentista. Cita a continuación a Pedro Ciruelo pero no menciona en absoluto el sabbat.[193]

Sí aparece una escueta mención de la brujería en la obra de José de Acosta, más próxima al ocaso del siglo XVI. Luego de advertir que el demonio sería terribilísimo en el Final (en el pasaje citado más arriba), dice lo siguiente:

> "si, por medio de magos, brujos y *strygas* y otros ayudantes suyos del mismo elenco, [el demonio] ha ejecutado muchas cosas en tiempos anteriores y no deja de perpetrarlas en nuestros días, por las cuales el común de los hombres se admira, todas esas cosas son sin embargo un juego, canciones de cuna, en comparación con las cosas estupendas que realizará entonces".[194]

---

189. *Ibid.*, ff. 183r, 405v, 263v.

190. *Ibid.*, ff. 151v, 243r, 101r, 120r y v.

191. *Ibid.*, ff. 350v, 366v-367r.

192. *Ibid.*, ff. 146r, 147r.

193. *Ibid.*, f. 367r y v.

194. Iosephi Acoſtae, *De temporibus nouissimis*, p. 67 : "*si enim per Magos & maleficos & ſtrygas aliosque eiusdem chori adminiſtros suos, temporibus superioribus multa patraverit, hodieque perpetrare non desinat, quae vulgus hominum admiratur, tamen ludus haec omnia sunt, & naenia prae illis ſtupendis quae tunc edet*". La traducción es mía.

Los brujos y brujas son catalogados dentro de los ayudantes del demonio en tiempos no apocalípticos. Sus delitos, además, son considerados una puerilidad, una niñería, frente a las maldades que haría el Anticristo. Los pecados futuros de este último serían mucho más terribles que el delito brujeril, que existía en aquellos años. Por otra parte, en sus duras diatribas contra el dominico Francisco de la Cruz, Acosta mencionaba que éste había sido discípulo de una mujerzuela que se jactaba de estar instruida en los grandes misterios por un ángel (*"quae se edoceri ab angelo magna quedam mysteria iactabat"*) y que entraba en raptos extáticos o simulaba hacerlo (*"quæque extra se interdum rapiebatur, aut rapi simulabat"*). En su opinión, era una mujer sórdida, insensata y maestra de mentiras que había sido corrompida por el demonio o bien simulaba astutamente sus arrebatos extáticos.[195] El jesuita no vincula ni compara a esta mujer con el fenómeno de la brujería.

Ahora bien, es posible percibir cierto cambio en dos escritos de mediados del siglo XVII. Esto tal vez se deba, por un lado, al recrudecimiento de los debates acerca de la brujería en el ámbito hispano, en virtud de la publicación de la obra de Martín del Río –entre otras célebres demonologías– y de las fuertes repercusiones del famoso caso de Zugarramurdi y del período de la Gran Caza, en sentido amplio;[196] por otro lado, a la fuerte crisis política que atravesaba España en las décadas centrales del siglo XVII, que fue un verdadero caldo de cultivo para la emergencia de discursos apocalípticos de diverso signo. En este contexto, la cuestión de la brujería se hará presente en dos *vitae Antichristi*.

Primeramente, aparece en la edición *post mortem* de la obra del dominico Maluenda publicada en Lyon en 1647 (la *editio princeps* había salido de imprenta en 1604). Caro Baroja escribió en 1968 que uno de los primeros ataques dirigidos contra la polémica obra de Martín del Río provino de un dominico español: "el padre Tomás de Maluenda (1565-1621), el cual, en ciertas adiciones a su obra acerca del Anticristo, dice que el libro de del Río debía ser prohibido porque, con pretexto de combatir la magia, la enseña".[197] Caro Baroja cita como autoridad no la fuente misma sino la *Bibliotheca hispana nova* del sevillano Nicolás Antonio (1617-1684).[198] Con todo, al acudir a la edición de 1647, publicada muchos años después de la muerte de Maluenda, Martín del Río no parece estar vedado. Por el contrario, aparece referido numerosas veces

---

195. *Ibid.*, p. 54: *"satis alioqui sordidam & perexiguo sensu praeditam, nisi ad inſtruenda mendacia: igitur sive a Diabolo corriperetur (quod facilius eſt credere) cum eiusmodi extasim pateretur, sive callide eam fabulam simularet, quod nonnulli viri prudentes exiſtimarunt"*.

196. Prueba de eſto último son, por ejemplo, los famosos informes de Alonso de Salazar y Frías, la *Relación del auto de fe de 1610* de Juan de Mongaſtón, el *Discurso acerca de los cuentos de las brujas* de Pedro de Valencia y el opúsculo inédito de Pere Gil. Para una visión sobre el tema véase Guſtav Henningsen, *The Witches Advocate: Basque Witchcraft and the Spanish Inquisition (1609-1614)*, Reno, University of Nevada Press, 1980 y Aguſtí Alcoberro, "Los otros 'abogados de las brujas'. El debate sobre la caza de brujas en Cataluña", *RIEV*, 9 (2012), pp. 92-115.

197. Caro Baroja, *El señor inquisidor y otras vidas por oficio*, Madrid, Alianza, 2006 (1968), p. 211.

198. Nicolao Antonio, *Bibliotheca hispana nova*, Matriti, apud Viduam et Heredes Joachimi de Ibarra Typographi Regii, 1788, vol. 2, pp. 91-92: *"Thomae Maluendae, dominicano, viro clarissimo, quod de auctore huius operis Disquisitionum dixerit magica impugnare eum quidem, at referre tamen atque adeo docere"*.

como autoridad en cuestiones mágicas y demonológicas (también es citado allí, por ejemplo, Jean Bodin; éste, a diferencia del demonólogo de Amberes, ya aparecía en la edición original).[199] Además, el *De Antichristo* de 1647 refiere al crimen de las brujas en algunos breves pasajes del texto y, en uno de ellos, se apoya en las enseñanzas de Martín del Río.

En primer lugar, aparece aludida la cuestión brujeril cuando el tratado discurre acerca de los íncubos y súcubos, a partir de una cita directa del comentario de Georgius Colvenerius (1564-1649) a la obra *De apibus* de Tomás de Cantimpré. La cita refiere la existencia de hechiceros de ambos sexos (*"in veneficis utriusque sexus"*) en la parte oriental de Flandes que, apresados por jueces seculares de Brabante, confesaron haber yacido *"multo tempore sceleratissime"* con un íncubo y un súcubo. Las palabras de Colvenerius referían también al *Malleus maleficarum*; según este libro, algo similar había ocurrido en Alemania *"ante annos centum"*.[200] En segundo lugar, en un capítulo titulado *"Ferales & horrendi Magiae apparatus, ritusque, quales etiam adhibebit Antichristus"* (*Liber* VII, *caput* IX), son referidos diversos episodios de antropofagia, muy variados unos de otros, y se menciona allí, siguiendo a Johannes Nider, que las llamadas *striges seu lamiae* se iniciaban en el mal con un rito nefasto semejante. Se incluye entonces una cita extensa del libro quinto del *Formicarius* que afirmaba que algunos brujos habían cocinado y comido a sus propios hijos en el ducado de Lausanne (*"in Lausanensi ducatu quidam malefici propios natos infantes coxerant & comederant"*). También, que en Berna trece niños habían sido devorados por brujos en un breve período de tiempo (*"quod in terra Bernensium tredecim infantes devorati essent intra pauca tempora a maleficis"*). Se describe a continuación, en detalle, cómo habían sido comidos estos niños según la confesión de una bruja que había sido capturada e interrogada por las autoridades del lugar. Hacia el final del apartado, esta edición del *De Antichristo* concluía que Dios permitía cosas semejantes por su juicio secreto y que nadie dudaba de que el Anticristo enseñaría estas cosas –y otras incluso *más atroces*– con sus magias (*"Haec & alia etiam atrociora in suas magias indicturum Antichristum, nemo plane dubitavit"*).[201] En tercer lugar, en el capítulo treinta y uno del *liber* IX, aparece citado Martín del Río como autoridad, a la par de Nicolas Remy y de Claude Caron, para hablar del estigma o carácter que el demonio imprimía en alguna parte del cuerpo de las brujas, las *"miseras mulierculas quas striges vocant, tanquam vilia mancipia sibi devota"*. Dicho carácter podía tener la forma de una pata de liebre, de una mano de sapo o de cachorro negro, de un denario o de otras cosas viles y absurdas como esas. También son referidos otros ejemplos de la "vieja y nueva costumbre" de hacer marcas sobre el cuerpo o el rostro de los hombres, con el

---

199. Thomae Malvenda Setabitani, *De Antichristo*, Lugduni, Sumptibus Societatis Bibliopolarum, 1647, vol. I, pp. 33, 69, 80, 86, 87, 103, 119, 130, 132, 136, 138, 282, 428, 475; vol. II, pp. 12, 35, 40, 81, 93, 97, 100, 111, 112, 115, 118, 120, 122-123, 148. No he podido consultar, por el momento, la edición de 1621.

200. *Ibid.*, vol. I, p. 132.

201. *Ibid.*, vol. II, p. 24.

fin de tornar más verosímil lo que haría el Anticristo con sus seguidores en la lucha final. Se cita por caso lo escrito por León el Africano (1488-1554) en su *Della descrittione dell'Africa*: que algunos "indígenas mahometanos" de África se hacían cruces con hierro candente en una mejilla y en la palma de la mano. Estos ejemplos pretendían tornar más comprensible que, en tiempos del Anticristo, todos aceptarían llevar el carácter del nombre de la Bestia.[202]

Luego, otra anticristología en la que aparece mencionado el crimen brujeril es la segunda edición de la *Historia de la perversa vida y horrenda muerte del Antechristo* del murciano Fernández de Ayala. Nuevamente se trata de una añadidura posterior, que no cabe atribuir al autor original. Este escrito también data de mediados del siglo XVII; más concretamente, de 1649 (es decir, es publicado casi quince años después de la *editio princeps*). Posee diversos añadidos de particular interés, algunos ya referidos. En lo que refiere a la brujería, resulta clave el discurso XVIII del "Tratado Segundo" de la obra, que refiere a los maestros del Anticristo. Se habla entonces del magisterio de escuadrones de demonios y, también, de "muchos desalmados hombres, vanos, supersticiosos, Hechizeros, Magos, Adivinos..." que instruirían al Anticristo. Con semejante ayuda, este último llegaría a ser "Principe de todos los hechiceros, Capitan de los supersticiosos, Rey de los magos, cabeça de los Falaces" (se trata de una traducción muy libre de una cita de Andrés de Cesarea que también había tomado Maluenda).[203] El texto refuerza sin duda la demonización del *filius perditionis* pero no habla del Anticristo como rey de las brujas, hijo de las brujas o algo semejante. Menciona las diversas artes mágicas y "especies de superstriciones" que aprendería el Anticristo y agrega a continuación que toda superstición podía nacer de dos principios: (a) cuando "se hierra en la persona a quien se da culto divino, dandole a la criatura, o al Demonio", como sucedía en el caso de la idolatría; (b) cuando no se erraba en la persona sino en el modo, es decir, cuando se le rendía culto a Dios por medios indebidos. Dice entonces: "en el segundo principio se comprehenden las superstriciones de Brujas, Hechizeros, Adivinos, que hazen pacto tacito, o expresso con el Demonio; o quieren por qualquier camino comunicar, o saber algo del".[204] Vemos que aquí se habla de las brujas pero se las incluye dentro de las supersticiones no demonolátricas. Además, a inmediata continuación, se indica que el Anticristo, por el contrario, sí adoraría al demonio (o a sí mismo), "quitando a Dios su verdadero culto; assimismo tendra familiarissimo trato, y comercio con los Demonios, fiando en sus palabras, esperando en sus promesas, amando sus consejos, siguiendo sus ordenes".

El texto cita luego el *De strigibus* de Bartolomeo Spina (1475-1546) para narrar una historia situada en Venecia que presenta a una bruja propiamente

---

202. *Ibid.*, vol. II, pp. 130-131: "*Atque ex his omnibus hoc capite a nobis hactenus observatis, facile intelligi poterit, qua ratione Minister ille Vicarius Antichristi, faciet omnes accipere Characterem nominis Bestiae*".

203. Lucas Fernández de Ayala, *Historia de la perversa vida*, pp. 153-155 (la cita en latín dice "*veneficorum omnium princeps*" y no alude a los supersticiosos); Thoma Malvenda, *De Antichristo*, p. 437.

204. Lucas Fernández de Ayala, *Historia de la perversa vida*, pp. 156-157.

dicha. Dicha historia sostenía que una madrugada fue hallada una muchacha de pocos años de edad, sin ropa, en la cama de un niño. La nodriza, al reconocer que se trataba de la sobrina de los dueños de casa, que vivía en Bérgamo, le preguntó cómo había llegado hasta allí desde tierras tan lejanas. La doncella rompió en llanto y, luego de recibir el consuelo de sus tíos, contó lo siguiente:

> "Esta noche passada estando despierta en cama, vi a mi madre, que pensando que yo dormia se levanto y quitandose la camisa, saco de un vote cierto unguento, ungiose todo el cuerpo con el, y subiendo en un vaculo que tenia, como si se pusiera a cavallo, se puso en la ventana, y se desaparecio a mis ojos, yo movida de curiosidad, quise seguir sus passos, imitando sus acciones, despoxeme de mi tunica, unteme el cuerpo, sali por la ventana, volé por los ayres, y me halle aqui, adonde vi a mi madre insidiando y azechando este niño: admirado (*sic*) de tan estupendo caso, y reconociendo, que mi madre lo estava tambien con mi venida, y que me amagava injuriosa, y irritada me amenazava, invoque el dulcissimo nombre de Maria, con que luego al punto se desaparecio mi madre, no la vi mas, y yo me halle aqui desnuda y sola".[205]

Los deudos avisaron a la Inquisición y la madre de la niña fue apresada y castigada. De esta historia, el texto de 1649 infiere las "astucias y traças del Demonio, y los suyos" y la fuerza del nombre de María. No traza ningún vínculo directo con el Anticristo aunque aparece, finalmente, una descripción del crimen brujeril en el *corpus* estudiado que tornaría más evidente la potencia del demonio.

Otro apartado anexionado a la edición de 1649 se titula "De la criança, y costumbres de la madre del Antechristo". Resulta de interés porque presenta una etopeya fuertemente demonizada de la madre del *filius perditionis*.[206] El texto recoge las más duras versiones respecto de la vida de esta mujer y hace énfasis sobre todo en el "intimo trato", la "estrecha familiaridad" y el "afectuoso cariño" que la madre del Anticristo tendría con el demonio.[207] En otras palabras, son presentados como amantes carnales. Resulta llamativo que, como ejemplo de un caso semejante, este tratado, en el mediodía del siglo XVII, no haya hecho referencia al ya famoso estereotipo de la bruja, ni a su unión con íncubos y súcubos en el marco de los aquelarres nocturnos, sino a una historia situada en el Nuevo Mundo, atribuida a "los Historiadores de America". Siguiendo al jesuita Nicolás Serario, se narran los coitos y amoríos

---

205. *Ibid.*, pp. 157-158. La historia aparece efectivamente en Bartholomaei Spinei, *Quaestio de strigibus*, Romae, in Aedibus populi Romani, 1576, p. 50. Sobre Spina véase Matteo Duni, "Lawyers versus Inquisitors: Ponzinibio's *De lamiis* and Spina's *De strigibus*", en Jan Machielsen (ed.), *The Science of Demons: Early Modern Authors Facing Witchcraft and the Devil*, London, Routledge, 2020, p. 73 y ss.

206. Lucas Fernández de Ayala, *Historia de la perversa vida*, p. 57.

207. *Ibid.*, p. 58. Sobre la figura de la madre del Anticristo véase Constanza Cavallero, "Mujer perdidísima, depósito de inmundicias: representaciones de la madre del Anticristo en los reinos hispanos (ss. XV-XVIII)", en Rosa Alabrús Iglesias (ed.), *La realidad y la imagen de las mujeres en España y América (siglos XV-XVIII)*, Madrid, CEPC, 2022, pp. 263-304.

entre el demonio, en apariencia de sátiro, y muchas mujeres de "aquellas Provincias". Como fruto de estos enlaces habrían nacido gentiles "de gran cuerpo", "de ferozes, y brutales costumbres".[208]

Podemos concluir, a partir de lo dicho, que muchos hombres que predicaban el inevitable fin del mundo en los reinos hispanos no temían a las brujas: no las mencionaban siquiera o apenas referían a ellas. Como contrapartida, quienes persiguieron a estas últimas o alertaron sobre la gravedad de sus crímenes no interpretaron necesariamente que se trataba de un síntoma de la inminencia del apocalipsis. Cito apenas un ejemplo de lo dicho: Antonio de Torquemada, en su miscelánea titulada *Jardín de flores curiosas* (1570), mencionó al pasar al Anticristo (escribió que sería mortal enemigo de todos y que no era posible saber cuándo vendría) y, por el contrario, habló extensamente acerca de las brujas.[209] Para explicar el poder abominable de los demonios y de estas últimas, no recurrió al tópico de la liberación de Satanás en el Final. Adujo en cambio que Dios permitía a veces, por causas justas, que los demonios pudieran "poner en ejecución alguna parte de lo mucho que pueden, como se entiende en la persecución que permitió a Satanás que hiciese a Job". A través de uno de los personajes de su diálogo, Torquemada alegó que los demonios tenían el mismo poder natural que los ángeles buenos, aunque hubieran perdido la gracia. Por lo tanto, si se les permitía obrar, podían llevar a hombres y mujeres por donde quisieran, tal como el ángel había llevado a Habacuc de un cabello de Judea a Babilonia o el demonio había llevado a Cristo desde el desierto hasta el pináculo del templo y luego hasta la cima de un monte.[210]

En cualquier caso, el constructo anticristológico y el paradigma brujeril, ambos fuertemente demonizados en la España moderna, parecen haber corrido por caminos paralelos dentro de un mapa común, como dos expresiones extremas posibles –una presente y otra futura– de la demonología radical que se había comenzado a forjar en el marco de la escolástica, entre las disquisiciones acerca de los íncubos y súcubos y de los "falsos milagros" del demonio.[211] La anticristología hispana contemporánea al período más álgido de la caza de brujas en el Occidente europeo –atravesada, como vimos, por las polémicas religiosas más duras del período– no fue significativamente permeada por el paradigma sabbático ni por el temor a las brujas. Recién a mediados del siglo XVII, cuando la Suprema ya había desaconsejado con firmeza la persecución brujeril y ésta ya había entrado en franca decadencia incluso en la región pirenaica, aparece referido el crimen con cierto detalle

---

208. Lucas Fernández de Ayala, *Historia de la perversa vida*, p. 59.

209. Antonio de Torquemada, *Jardín de flores curiosas*, edición de Enrique Suárez Figaredo, *Lemir*, 16 (2012), pp. 805, 702.

210. *Ibid.*, pp. 709, 734, 737.

211. *Cfr.* Stuart Clark, *Thinking with Demons*, p. 362: "*It was agreed on all sides that antichristianism and witchcraft were causally related; an age that was marked by one was expected to be marked by the other*".

en las *vitae Antichristi*.[212] Esto ocurre en la crítica década de 1640, de modo tangencial y, llamativamente, como hemos visto, en ediciones alteradas de obras previas, que fueron publicadas tras la muerte de sus respectivos autores. En pocas palabras, los pecados futuros del diabólico Anticristo, en la España moderna, fueron descritos e imaginados como crímenes mucho más terribles y nefandos que los que cometían las brujas.

---

212. James Amelang, "Between Doubt and Discretion: Revising the Rules for Prosecuting Spanish Witches", en Günther Lottes, Eero Medijainen y Jón Viðar Sigurðsson (eds.), *Making, Using and Resisting the Law in European History*, Pisa, Plus-Pisa University Press, 2008, pp. 77-92; Agustí Alcoberro, "Los otros 'abogados de las brujas'", pp. 113-115.

→❧❦ CAPÍTULO VII ❦❧←

El tiempo de las misas negras: surgimiento y difusión de un motivo sabbático, entre Provenza, el País Vasco y Navarra (1609-1612)

Thibaut Maus de Rolley

University College London

Traducción del francés: Fabián Alejandro Campagne

Misas negras en Provenza: el *affaire* Gaufridy

Hacia fines de noviembre de 1610, un reducido grupo de religiosas y de sacerdotes provenientes de Aix-en-Provence arribó al santuario de la Sainte-Baume, enclavado en los acantilados del imponente macizo del mismo nombre, a unos cuarenta kilómetros al sudeste de la ciudad.[1] Importante lugar de culto y de peregrinación desde el siglo V, el santuario estaba organizado en torno de una gruta natural (*bauma* en provenzal) convertida en una capilla consagrada a María Magdalena; la santa, según la leyenda, había vivido allí los últimos treinta años de su vida tras evangelizar Provenza. Además de una pecadora arrepentida María Magdalena también fue una posesa a quien Jesucristo liberó de sus demonios, lo que explica los motivos por los que la comitiva proveniente de Aix se dirigió a dicho santuario. Los religiosos escoltaban, en efecto, a dos monjas del convento de ursulinas de la ciudad a quienes sus superiores consideraban poseídas por el demonio. Se las hacía peregrinar hasta la Sainte-Baume precisamente para que fueran exorcizadas.

La primera de estas posesas –la que provocó el estallido del escándalo– era la joven Madeleine de Demandolx de la Palud, de aproximadamente dieciocho años. Había sido declarada posesa un año antes, después de protagonizar

---

1. Sobre los casos de posesión diabólica en Aix-en-Provence y el proceso de Louis Gaufridy véase Jean-Raymond Fanlo, *L'Évangile du démon. La possession diabolique d'Aix-en-Provence (1610-1611)*, Ceyzérieu, Champ Vallon, 2017; Thibaut Maus de Rolley, *Moi, Louis Gaufridy, ayant soufflé plus de mille femmes. Une confession de sorcier au XVIIe siècle*, Paris, Les Belles Lettres, 2023. Sobre los exorcismos de la Sainte-Baume véase en particular Katherine Dauge-Roth, "Ventriloquism and the Voice of Authority: Nuns, Demons, and Exorcists in Early Seventeenth-Century France", en Thomas M. Carr (ed.), *The Cloister and the World: Early Modern Convent Voices*, Charlottesville, Rookwood Press, 2007, pp. 75-112; Sarah Ferber, *Demonic Possession and Exorcism in Early Modern France*, London, Routledge, 2004, pp. 63-88.

violentas crisis convulsivas plagadas de blasfemias, alucinaciones y períodos
de profundo letargo. La acompañaba Louise Capeau, de aproximadamente
treinta años, cuya posesión, más tardía, había comenzado poco antes de su viaje
a la Sainte-Baume.[2] A lo largo del invierno las ursulinas fueron exorcizadas
cotidianamente en la sombría y fría gruta de la Sainte-Baume, en presencia
de peregrinos y de curiosos atraídos por el espectáculo. En un comienzo, estas
extenuantes sesiones se desarrollaron bajo la autoridad del Padre François
Dooms (o Domptius) –del vecino convento dominico de Saint-Maximin, del cual
dependía el santuario de la Sainte-Baume– con la asistencia de los sacerdotes
llegados desde Aix. Los primeros días los exorcismos adoptaron la forma de
interminables prédicas: Verrine, uno de los diablos que hablaban a través de
Louise, monopolizó la palabra para pronunciar sermón tras sermón y amones-
tar, de paso, a Madeleine y a Belzebú, el principal de los diablos que, según
se pensaba, la poseía. El 15 de diciembre, sin embargo, al término de una
jornada en la cual la infatigable Louise/Verrine volvió a dar muestras de su
talento para la predicación –como el diablo mismo se encargó de señalar[3]– el
discurso de la posesa dio un giro sorpresivo. Durante el exorcismo vespertino
Verrine reveló que Madeleine estaba poseída por culpa de su antiguo confesor,
el cura marsellés Louis Gaufridy, quien la había seducido mientras vivió un
tiempo en Marsella en la residencia de la familia de la joven. Gaufridy la había
hecho firmar múltiples pactos con el diablo y de esa forma había convertido
a la joven no sólo en una posesa sino también en una bruja.[4]

Los quince días siguientes no aportaron ninguna información nueva sobre
los crímenes de Madeleine de Demandolx y de Louis Gaufridy: los registros
de los exorcistas dan cuenta de una prédica casi ininterrumpida por parte de
Verrine, cuyos sermones fueron tomando con el paso de los días una tonalidad
cada vez más apocalíptica. Sin embargo, la revelación del 15 de diciembre
transformó lo que parecía ser un asunto de posesión conventual relativamente
banal en un caso de brujería. A partir del día siguiente los sacerdotes enviaron
varias cartas a Marsella –una de las cuales fue dictada por Verrine– con el
objetivo de convencer a Gaufridy de que se dirigiera a la Sainte-Baume y a

---

2. Los informes (o "actas") de los exorcismos de la Sainte-Baume fueron registrados por los exorcistas y
    publicados en 1613 por el dominico Sébastien Michaëlis. Véase su *Histoire admirable de la possession
    et conversion d'une penitente, seduite par un magicien, la faisant sorciere et princesse des sorciers
    au païs de Provence*, Paris, Charles Chastellain, 1614 (1613). El 14 de diciembre, el diablo Verrine
    señaló que cinco ursulinas de Aix habían sido poseídas por el diablo: Madeleine de Demandolx, Louise
    Capeau, Catherine de l'Isle, Marguerite Burles y Marthe de Gazier (o Marthe d'Aiguisier, como se
    la llamó al día siguiente). Catherine de l'Isle llegó a la Sainte-Baume la víspera, el 13 de diciembre,
    acompañada de "otra de la misma compañía" (*Ibid.*, I, p. 62). Catherine fue mencionada en varias
    oportunidades los días siguientes (ver las actas de los exorcismos del 14, 15 y 17 de diciembre). No
    sabemos prácticamente nada sobre Marguerite y Marthe, quienes después del 14 de diciembre ya no
    aparecen más en los registros de los exorcismos. Michaëlis señaló tan sólo, al final de su tratado, que
    Marguerite Burles fue liberada de tres diablos después de la ejecución de Louis Gaufridy.

3. Sébastien Michaëlis, *Histoire admirable*, I, p. 85: "*Un Predicateur est bien souvent las, qui n'aura
    fait qu'un sermon, et desjà j'ay fait quinze discours, par la bouche de ceste-cy (entendant Louyse),
    et en ay faict deux, ou trois pour un jour, plus que les Predicateurs en leurs Advens*".

4. Sébastien Michaëlis, *Histoire admirable*, I, pp. 99-109.

sus superiores de que le ordenaran hacerlo. El 30 de diciembre, Sébastien Michaëlis, el influyente prior del convento de Saint-Maximin, subió a la Sainte-Baume justo a tiempo para recibir a Gaufridy, que llegó al día siguiente. Michaëlis lo instó a exorcizar a las dos posesas. La confrontación entre el cura marsellés y los demonios rápidamente puso al primero en desventaja. Michaëlis prescindió, entonces, de los exorcistas de Aix y del Padre Dooms para hacerse cargo él mismo de los rituales. Determinado a involucrar a la justicia secular –en concreto, al Parlamento de Aix-en-Provence– interrogó por separado a Louise y a Madeleine. Durante estos exorcismos celebrados en el mes de enero de 1611 la cuestión de la brujería y del sabbat adquirió una importancia nueva. El 1 de enero Madeleine relató cómo Gaufridy la había seducido y les mostró a los sacerdotes las marcas diabólicas que tenía en los pies, insensibles y sin sangre, que testimoniaban su lealtad al diablo. El 3 de enero, Verrine reveló que en los sabbats que tenían lugar en las cercanías de la Sainte-Baume, Gaufridy y los brujos adoraban al diablo bajo la forma de un macho cabrío, sacrificaban y comían niños, profanaban los sacramentos y blasfemaban contra la Trinidad, la Virgen y los santos.[5]

El 19 de enero después del mediodía Madeleine fue detalladamente interrogada por Michaëlis "sobre las prácticas que tenían lugar en el sabbat".[6] La pormenorizada descripción del sabbat de los brujos brindada por la joven, más allá de los elementos esperables en esta clase de relatos (el transporte aéreo, el sacrificio de niños, los bailes y banquetes, las orgías sexuales), estaba plagada de elementos singulares y sugerentes. La comunidad de brujos, explicó la posesa, se regía por una estricta jerarquía social, que comenzaba en orden ascendente con las "mascas" (del provenzal *masc*, mago), "que son personas viles y de baja condición". Seguía luego con los brujos y brujas, "que son personas de condición mediocre", y finalmente concluía con los magos y magas, "que son gentilhombres y personas de elevada condición", todos bajo la autoridad "del príncipe de la sinagoga" –Louis Gaufridy– y de una princesa que se ubicaba a su derecha. Del mismo modo, la organización del sabbat obedecía a un calendario preciso. Los crímenes y los sacrilegios se repartían en función de los días de la semana: el jueves era el día de la sodomía, el miércoles y el viernes eran jornadas de blasfemia, el sábado era el día de la zoofilia y el domingo estaba dedicado a las orgías con los demonios íncubos y súcubos.

La descripción realizada por Madeleine además mostraba al sabbat como el escenario de una misa sacrílega celebrada por un sacerdote –en otras palabras, una misa negra–.[7] Gaufridy, según ella, habría sido el primero en

---

5. *Ibid.*, I, p. 332 (1 de enero) y I, p. 343 (3 de enero).

6. *Ibid.*, II, pp. 27-31.

7. El término "misa negra" es anacrónico y no parece haberse empleado en francés antes del siglo XIX, al igual que la expresión inglesa "*black mass*". William Monter propone la siguiente definición: "una imitación sacrílega de una misa real con el propósito de practicar magia ilícita usualmente al servicio de la brujería, celebrada por un sacerdote católico debidamente ordenado, preferiblemente vestido con sus hábitos clericales" (William Monter, "Black Mass", en Richard M. Golden (ed.), *Encyclopedia of Witchcraft: The Western Tradition*, Santa Barbara, ABC-CLIO, 2006, pp. 125. Me atengo aquí a

celebrar la eucaristía en el sabbat, más allá de que en este caso la hostia fuera pisoteada y luego arrojada como comida a los perros llegados de las granjas vecinas.[8] Otros detalles de esta misa sabbática hacían de ella una parodia del rito cristiano: los brujos cantaban salmos "como hacemos en la Iglesia" pero reemplazando el nombre de Dios por el de Lucifer. Al final de la ceremonia el príncipe aspergía a los asistentes con sangre como si se tratara de agua bendita, al grito de "*Sanguis eius super nos, et super filios nostros*" ("Que su sangre recaiga sobre nosotros y sobre nuestros hijos", Mateo 27, 25). Como veremos más adelante, la idea de que en el sabbat podían celebrarse misas sacrílegas no era del todo inédita en la literatura demonológica. Cabe afirmar que el relato sabbático que la voz de Madeleine de Demandolx realizó a principios de enero de 1611 mostraba en este punto la influencia del discurso erudito. Pero también vemos en dicho relato las consecuencias lógicas de las acusaciones de Verrine. El simple hecho de que el brujo acusado por los demonios fuera un sacerdote explica en gran medida la irrupción del motivo. Para los posesos y exorcistas resultaba del todo natural que los sabbats presididos por Gaufridy adoptaran la apariencia de una misa y que los sacerdotes que se pasaban al bando del diablo, del otro costado del espejo, pudieran en algún sentido convertirse en imitadores de sí mismos. En cierta medida, la figura del sacerdote-brujo contenía el motivo de la misa negra.

Esta referencia al sabbat tuvo de allí en adelante un gran peso en este escándalo. Michaëlis, de hecho, la transcribió *in extenso* en el registro de los exorcismos que remitió a Guillaume Du Vair, presidente del Parlamento de Provenza, documento capital que dio inicio a la fase de instrucción y que figura al comienzo de las copias de las actas del proceso que se han conservado.[9] El 21 de febrero, luego de que Gaufridy fuera arrestado y encarcelado en Aix por orden del Parlamento, Madeleine de Demandolx repitió fielmente su declaración sobre el sabbat delante de Antoine de Thoron, el magistrado a cargo de la instrucción.[10] Sólo dos nuevos detalles aparecieron durante esta audición: los brujos adoraron al diablo bajo la forma de un macho cabrío, le besaron las manos y el ano (el célebre y antiguo motivo del *osculum infame* o beso obsceno) y durante la parodia de la comunión usaron a modo de hostia una cebolla que consagraron en una taza con vino. Esta descripción del sabbat fue luego retomada por el mismo Gaufridy bajo una forma ligeramente diferente. En

---

una definición más acotada: la de una parodia sacrílega de la misa católica celebrada por sacerdotes en el marco del sabbat de los brujos.

8.   Sébastien Michaëlis, *Histoire admirable*, II, p. 30: "*Dit aussi que ce malheureux Louys Magicien, pour la grande rage qu'il avoit semblable à celle de Lucifer, a controuvé le premier de dire la Messe au Sabath*".

9.   Se conservan tres copias manuscritas de las actas del proceso, todas realizadas en el siglo XVIII y casi idénticas. Yo uso aquí el manuscrito BnF, ms. fr. 23852 (*Procès criminels faits à Louis Gaufridy* [...] *et à Magdelaine de Mandols, dite de la Palud*, "Ms de la Bibliothèque de Mr le Prés. Bouhier", 1739). La copia del registro de los exorcismos se halla en las pp. 11-13. La deposición de Madeleine de Demandolx lleva por fecha el 18 de enero, contrariamente a lo que se dice en la *Histoire admirable* de Michaëlis, que la sitúa el 19 de enero.

10. BnF, ms. fr. 23852, pp. 119-121.

los primeros días de abril, quebrado por la fatiga, las presiones morales y el miedo a la tortura, el cura marsellés hizo una larga confesión de sus pretendidos crímenes a dos sacerdotes capuchinos que lo acompañaban noche y día en su celda.[11] Esta larga serie de confesiones, consignadas por los religiosos en una memoria rápidamente entregada a los magistrados, fue confirmada por Gaufridy delante del juez durante los decisivos interrogatorios de mediados de abril, que condujeron, a pesar de las negaciones ulteriores del sacerdote, a su condena a muerte y a su ejecución en la hoguera el 30 de abril de 1611. Estas confesiones tuvieron una gran difusión: inmediatamente después de la muerte de Gaufridy apareció en Aix, por obra del impresor Jean Tholosan, un opúsculo de unas quince páginas titulado *Confession faicte par messire Louys Gaufridi*, que en lo referido al sabbat retomaba lo esencial del relato registrado por los capuchinos y luego repetido por el juez (confesiones 17 a 51).[12]

Volvemos a encontrar en la descripción del sabbat realizada por Gaufridy los mismos elementos destacados mencionados por Madeleine de Demandolx durante sus exorcismos e interrogatorios: la división jerárquica entre mascas, brujos y magos (curiosamente, en la *Confession* esta jerarquía parece asociarse a una distinción de géneros, pues las mascas sólo son mencionadas en femenino)[13]; la presencia de un príncipe y de una princesa en el sabbat; la aspersión con sangre y la bendición por medio del *Sanguis eius super nos*; las hostias arrojadas a los perros; los brujos marcados por el diablo como signo de su fidelidad. El comienzo del sabbat era una suerte de parodia blasfema de la misa católica pero esta vez considerablemente amplificada. En efecto, la idea alcanzó su máximo desarrollo en la confesión impresa así como en las versiones manuscritas[14]: cada sacramento, ritual u objeto litúrgico aparecía

---

11. Sobre la cronología de las confesiones de Louis Gaufridy y sus diferentes etapas véase Thibaut Maus de Rolley, *Moi, Louis Gaufridy*, cap. 2 ("Juges et confesseurs").

12. *Confession faicte par messire Louys Gaufridi preſtre en l'eglise des Accoules de Marseille, prince des magiciens, depuis Conſtantinople jusques à Paris. A deux Peres Capuchins du Couvent d'Aix, la veille de Pâques, le onziesme Avril mil six sens onze*, Aix, Jean Tholosan, 1611. Para un eſtudio y una transcripción anotada de eſte texto muy difundido véase Thibaut Maus de Rolley, *Moi, Louis Gaufridy*. La *Confession* fue rápidamente traducida al holandés y al inglés: sobre la traducción inglesa véase Thibaut Maus de Rolley, "The English Afterlife of a French Magician: *The Life and Death of Lewis Gaufredy* (1612)", en Jacqueline Glomski e Isabelle Moreau (eds.), *Seventeenth-Century Fiction: Text and Transmission*, Oxford, Oxford University Press, 2016, pp. 34-48.

13. "*Je declare comme à l'entree du Sabath* toutes *les Masques, Sorciers, et Magiciens adorent le diable (...). Les Masques l'adorent* toutes couchees *à terre : les Sorciers eſtans à genoux et flechissant le corps, et les Magiciens, comme Princes du Sabath, se mettent seulement à genoux*" (*Confession*, pp. 9-10; el deſtacado es mío).

14. Se conserva, en efecto, una versión manuscrita de la deposición hecha por Gaufridy a sus confesores, que no contiene 53 sino 120 confesiones: *Deposition d'un Preſtre de Marseille, tenu pour un grand homme de bien du Commun, et recognu pour Prince des Magiciens par deux Pères Cappucins qui l'ont assiſté trois semaines sans en pouvoir rien descouvrir, et enfin le samedy sainct de l'année [mille] six cents onze [commence] de dire ce qui s'ensuit*, BnF, ms. Dupuy 673, ff. 172r-177v. Existe transcripción en apéndice en Jean-Raymond Fanlo, *L'Évangile du démon*, pp. 301-315. Por otro lado, podemos leer una versión cercana pero diferente de las confesiones de Gaufridy en las actas del proceso: véanse los interrogatorios del 14 y 15 de abril de 1611 (BnF, ms. fr. 23852, pp. 200-216). Para una comparación entre las diferentes versiones véase Thibaut Maus de Rolley, *Moi, Louis Gaufridy*, cap. 2.

bajo una forma diabólica, la mayoría de las veces según un principio de inversión o sustitución. Se bautizaba en el nombre de Lucifer, no sólo con sal sino con azufre (confesión 31); el signo de la cruz se hacía de manera invertida (confesión 32); doce, como los apóstoles, eran los sacerdotes o "príncipes del sabbat" (confesión 34); las velas estaban hechas de brea y de azufre (confesión 36); el sacerdote que oficiaba vestía una casulla violeta ("para acercarse más al negro", precisa la confesión manuscrita) (confesión 37); en las oraciones los nombres de los diablos reemplazaban a los de Jesucristo y la Virgen (confesión 39); se renegaba de Dios en el momento de la elevación (confesión 42); los asistentes eran rociados con sangre en lugar de agua bendita (confesión 43); el *Ite missa est* era remplazado por un "¡Vayan en nombre del diablo!" El demonio era, en suma, el "verdadero simio de la Iglesia, que imita en el sabbat todo lo que hacemos en el templo" (confesión 29). Como lo prueba Stuart Clark, este principio binario de inversión era una estructura fundamental del pensamiento demonológico: el mundo de la brujería era un mundo al revés, un infierno sobre la tierra donde se invertían los ritos, las prácticas, las jerarquías y los valores de la sociedad cristiana.[15] En este caso se trataba, sin embargo, de una "inversión parcial", según la expresión utilizada por Robin Briggs a propósito de la caza de brujas en Lorena.[16] Pues si bien los rituales de la misa aparecían rigurosamente invertidos, la jerarquía social que estructuraba el mundo de la brujería reflejaba con fidelidad la sociedad de Antiguo Régimen, con su rigurosa división entre mascas, brujos, magos y príncipes, todos sometidos al diablo de la misma forma en que los reyes estaban sometidos a Dios. Si bien sobre este punto la *Confession* era menos precisa que la descripción de Madeleine, no dejaba de distinguir con claridad estos tres órdenes, especificando que cada uno de ellos, según su "grado", veneraba al diablo con reverencias más o menos pronunciadas (confesión 24).

Antecedentes: de Jeanne Bosdeau a Louis Gaufridy

Si bien el principio de inversión, incluso en su versión parcial, gobernó el imaginario del sabbat desde su surgimiento en el siglo XV, la transformación de la asamblea de los brujos en el escenario de una misa invertida y sacrílega no era un motivo demasiado difundido en 1611. A decir verdad, en el momento de su publicación la *Confession* se convirtió en la síntesis más completa y sistemática del sabbat como misa negra conocida hasta entonces. Se trata de una circunstancia que no ha sido suficientemente subrayada. Existen pocos trabajos dedicados al origen y a la construcción del motivo, lo que facilitó que se perpetuara la idea de que la misa negra sabbática fue un motivo muy presente en los procesos por brujería y en los discursos eruditos desde el comienzo mismo de la caza de brujas. Esta ilusión retrospectiva es el reflejo de otra concepción por mucho tiempo compartida por los historiadores

---

15. Stuart Clark, *Thinking with Demons: The Idea of Witchcraft in Early Modern Europe*, Oxford, Oxford University Press, 1997, cap. 5 ("Inversion"), pp. 69-79 y cap. 6 ("The Devil, God's Ape"), pp. 80-93.

16. Robin Briggs, *The Witches of Lorraine*, Oxford, Oxford University Press, 2007, p. 146.

de la brujería, quienes tendieron a considerar al sabbat como un estereotipo uniforme, estable y coherente durante todo el período.[17] Aun cuando los elementos esenciales del imaginario del sabbat se observan ya en los primeros procesos celebrados en el segundo cuarto del siglo XV (adoración del diablo, canibalismo, vuelo nocturno, bailes, orgías sexuales), en los tratados demonológicos y en los archivos judiciales la asamblea de los brujos variaba según las regiones y los períodos, pues la combinación de los elementos no siempre era la misma, con piezas que se agregaban, se descuidaban o se descartaban; la importancia acordada al sabbat en el inventario más amplio de los crímenes de la brujería también fluctúa según las fuentes. Tal como señala Willem de Blécourt, lo que importa es historizar el estudio de los "relatos sobre el sabbat" (*sabbath stories*), prestando atención al contexto de producción, a sus variantes y transformaciones, a su difusión y, sobre todo, a la manera en que los relatos y los elementos que los componen circularon entre los procesos y los discursos eruditos.[18]

Lejos de resultar invariables –componentes de una vulgata que se habría fijado al comienzo de la caza de brujas en Europa–, los motivos del relato sabbático poseen una historia. La idea de la misa negra, por caso, debe mucho de su éxito a la espectacular –aunque tardía– referencia al sabbat que el magistrado bordelés Pierre de Lancre realizó en su *Tableau de l'inconstance des mauvais anges et démons*, publicado en 1612, un año después de la conclusión del proceso contra Gaufridy. Volveré sobre este tema con más detalle dentro de un instante; alcanza por el momento con recalcar que el lugar central que de Lancre acordó a la misa negra en su *Tableau* –referencia obligada en toda discusión sobre el motivo– probablemente haya contribuido a reforzar la falsa idea que nos hacemos de la difusión del motivo en los procesos de los siglos XVI y XVII. De Blécourt remarca que la presencia de las misas negras en los archivos de los procesos por brujería de aquel período es inversamente proporcional al éxito que el motivo consiguió con posterioridad.[19] En sus trabajos sobre las persecuciones que tuvieron lugar en el Ducado de Lorena entre 1570 y 1630, Robin Briggs también señala la extrema rareza de las referencias a la misa sabbática. Sobre más de cien confesiones recogidas por los jueces loreneses, una sola, fechada en 1624, alude a una misa sacrílega en el sabbat, aunque cabe aclarar que se trata de la confesión de un niño de doce años que, como resulta evidente, respondía a las sugerencias que le hacían sus jueces.[20] Nada parece indicar que el motivo fuera parte de las creencias locales en Lorena. Robert Walinski-Kiel hace apreciaciones similares respecto

---

17. Sobre este punto véanse las útiles apreciaciones de Willem de Blécourt, "Sabbath Stories: Towards a New History of Witches' Assemblies", Brian P. Levack (ed.), *The Oxford Handbook of Witchcraft in Early Modern Europe and Colonial America*, Oxford, Oxford University Press, 2013, pp. 84-100. De Blécourt dirige particularmente su reproche a Carlos Ginzburg, *Le sabbat des sorcières*, Paris, Gallimard, 1992 (traducción de su *Storia notturna* de 1989).

18. Willem de Blécourt, "Sabbath Stories", p. 90.

19. *Ibid.*, p. 86.

20. Robin Briggs, *Witches and Neighbours: The Social and Cultural Context of European Witchcraft*, Oxford, Blackwell, 2002 (1996), p. 39.

de la caza de brujas que se desató en los obispados católicos de Bamberg y Würzburg a principios del siglo XVII (1590-1630): sólo de manera excepcional las confesiones de los brujos alemanes contenían descripciones detalladas de sabbats que imitaran ritos cristianos. Por otro lado, los pocos acusados que, presionados por los jueces, hicieron referencia al tema, eran sacerdotes católicos como Gaufridy.[21]

En 1611, antes de la aparición del *Tableau de l'inconstance* de Pierre de Lancre, la descripción del sabbat como una misa negra aún era una idea nueva en la literatura demonológica. En efecto, la idea de que los sacerdotes-brujos celebraban misa en el sabbat no irrumpió sino a fines del siglo XVI, unos quince años antes del *affaire* de Aix-en-Provence. El propio de Lancre esbozó en su *Tableau* la génesis de este nuevo motivo, cuando indicó que su cuñado, el parlamentario bordelés Florimond de Raemond, primo político de Michel de Montaigne, fue "el primero de los modernos" en mencionar la celebración de una parodia de la eucaristía en el sabbat.[22] En efecto, en 1598 de Raemond incluyó en su *Anti-Christ* la confesión de una bruja oriunda del Limousin, Jeanne Bosdeau, quien declaró que había participado de una misa celebrada a la manera del diablo, confesión que de Lancre afirmó haber escuchado en persona.[23] Durante esta "gran monería del diablo" el oficiante celebró de espaldas al altar, utilizó una casulla negra desprovista de cruz, empleó velas negras, utilizó en el cáliz agua en lugar de vino, la orina del diablo (con apariencia de macho cabrío) ocupó el lugar del agua bendita, los asistentes fueron rociados con un hisopo negro y la hostia fue reemplazada por una rodaja de nabo negra. Dejando de lado algunos detalles, esta fue, en efecto, la descripción del sabbat que la bruja en cuestión hizo ante el Parlamento de Burdeos el 10 de febrero de 1594, una confesión felizmente registrada por Étienne de Cruseau, un cronista de la época.[24] Tras contar cómo fue transportada a la cima del Puy de Dôme en la grupa de un cabrón negro y cómo participó con una veintena de brujas y brujos de una *farandole* liderada por aquél, Jeanne Bosdeau afirmó haber reconocido entre los asistentes a un sacerdote local, "el cura de la parroquia de Lybrac, cerca de Souterrane" (el piadoso católico de Raemond simplemente menciona, de manera mucho más vaga –¡y prudente!–, la presencia de "un hombre vestido como sacerdote"). Si dejamos de lado este detalle, la confesión de Jeanne Bosdeau resultaba fiel a la que Florimond de Raemond consignaría por escrito tres años más tarde.

---

21. Robert Walinski-Kiel, "La chasse aux sorcières et le sabbat des sorcières dans les évêchés de Bamberg et Würzburg (vers 1590-vers 1630)", en Nicole Jacques-Chaquin y Maxime Préaud (eds.). *Le sabbat des sorciers, XVe-XVIIIe siècles*, Grenoble, Jérôme Millon, 1993, pp. 213-226, especialmente p. 222.

22. Pierre de Lancre, *Tableau de l'inconstance des mauvais anges et demons*, edición de Jean Céard, Genève, Droz, 2022, p. 519.

23. Florimond de Raemond, *L'Anti-Christ*, Lyon, Jean Pillehotte, 1597, pp. 103-105. Respecto de la afirmación de Pierre de Lancre véase *Tableau de l'inconstance*, p. 519: "*une sorciere nommee Jeanne Bodeau, au jugement de laquelle j'assistay en nostre Tournelle*".

24. [Étienne de Cruseau,] *Chronique d'Étienne de Cruseau, publiée par la Société des bibliophiles de Guyenne, Tome premier*, Bordeaux, G. Gounouilhou, 1879, pp. 85-86. Agradezco calurosamente a Jan Machielsen por haberme señalado esta referencia.

El episodio no dejó de atraer la atención de los especialistas en el diablo. En 1599, el jesuita Martín del Río hizo referencia en sus *Disquisitiones magicae* a prácticas similares que tenían como objetivo burlarse de los ritos católicos.[25] En 1602, el juez del Franco Condado Henry Boguet reprodujo en su *Discours des sorciers* la descripción realizada por de Raemond: una escena abominable, afirmaba, pero que ayudaba a demostrar el valor del sacramento de la eucaristía y, por lo tanto, reforzaba la doctrina católica.[26] Tal como Pierre de Lancre señaló con justicia, Martín del Río y Henry Boguet simplemente siguieron a de Raemond y a "la opinión del común", que cediendo ya a una forma de ilusión retrospectiva comenzó por entonces a sostener en base al registro del señor de Raemond "que en el sabbat se dice alguna clase de misa".[27] Las historias sabbáticas de Madeleine de Demandolx y de Louis Gaufridy también se basaron en estas fuentes, principalmente en el tratado de Boguet. En efecto, en sus descripciones de las misas negras detectamos numerosos ecos de la confesión de Jeanne Bosdeau recogida por de Raemond y más tarde por Boguet: en el relato de Demandolx la rodaja de nabo negro que servía de hostia devino una cebolla, las casullas negras adquirieron una tonalidad púrpura apenas menos oscura, las velas de brea se parecían mucho a las candelas mencionadas por Bosdeau. La *Confession* también reprodujo de manera idéntica el grito de los asistentes cuando se los aspergía con orina en lugar de agua bendita, "¡Maestro, ayúdanos!", excepto por el detalle de que en Aix la orina se reemplazó con sangre. Al decir de Boguet, "el diablo en todo se comporta como un mono imitador del Dios viviente".[28]

Este intertexto demonológico no escapó a los contemporáneos del proceso. La biblioteca Inguimbertina de Carpentras conserva un digesto manuscrito del *Discours des sorciers* de Boguet en el que, capítulo tras capítulo, las afirmaciones del demonólogo se contrastaban con las revelaciones derivadas del proceso de Gaufridy.[29] De manera previsible, al momento de resumir el capítulo consagrado al sabbat el redactor anónimo multiplicó en los márgenes los "*Idem*" ("*Idem* en el proceso de Madeleine y de Gaufridy", "*Idem* Gaufridy", etc.). Las revelaciones de Boguet validaban las de Gaufridy –a menos de que fuera a la inversa–. Los magistrados del Parlamento de Provenza también dieron cuenta de estas similitudes. "En este proceso cabe hallar casi todo lo que se ha escrito sobre estas locuras en los libros", escribió Guillaume Du Vair en una carta el 4 de mayo de 1611.[30] Que la confesión del brujo siguiera de

---

25. Martin Delrio, *Les Controverses et recherches magiques de Martin Delrio divisees en six livres*, Paris, Jean Petit-Pas, 1611, p. 197 (traducción de *Disquisitionum magicarum libri sex*, Louvain, 1599-1600).

26. Henri Boguet, *Discours des sorciers*, Lyon, Jean Pillehotte, 1602, pp. 54-56.

27. Pierre de Lancre, *Tableau de l'inconstance*, p. 519.

28. Henri Boguet, *Discours des sorciers*, p. 55.

29. *Recueil des plus notables matières du traicté de Bocquet, avec rapport aux observations du procès de Gaufridi et Magdalene de Demandouls*, Carpentras, Bibliothèque Inguimbertine, ms. 243, pp. 817-848.

30. *Lettre de Mr du Vair premier President de Provence à Mr de [Sillery ?] touchant la condamnation du prestre sorcier et la possession d'une fille par luy seduite*, 4 mai 1611. En *Recueil de pièces diverses, manuscrites et imprimées, extraits de Registres du Parlement*, BnF, ms. fr. 16539, f. 600 r°.

cerca lo que podía leerse en los tratados no tenía nada de sospechoso para el magistrado. Por el contrario, esta conformidad con testimonios recogidos en otros lugares en referencia a otros brujos, tornaba los dichos de Gaufridy más verosímiles. Ello explica, sin dudas, por qué Du Vair juzgó que la descripción realizada por Demandolx debía tomarse con precaución, un punto en el que coincidió con Gaufridy.[31]

Si bien el sacerdote marsellés no necesitaba un gran conocimiento demonológico para construir o enriquecer con nuevos detalles las grandes líneas de un relato sabbático (y lo mismo cabe decir respecto de la ursulina Madeleine de Demandolx), algunos elementos importantes de su confesión, especialmente los relativos a la misa negra, revelan la influencia directa de los discursos eruditos y, por lo tanto, la intervención de *ghost writers*, para retomar la expresión de Marion Gibson: en primer lugar, los posesos y sus exorcistas, que ofrecieron al acusado un primer lienzo sobre el cual bordar, pero probablemente también los religiosos que escucharon y pusieron por escrito su confesión.[32] Cabe subrayar, sin embargo, que a pesar de la utilización evidente de elementos presentes en textos como el de Boguet, la descripción del sabbat que hallamos en la *Confession* no es un calco perezoso de lo que dicen los tratados previos, como el mismo Du Vair reconoce en su carta del 4 de mayo ("más allá de eso, [hallamos] muchas particularidades que no han sido puestas por escrito en otros lugares"). La descripción del sabbat como el teatro de una misa sangrienta, paródica y blasfema, resulta, en efecto, mucho más lograda en la confesión de Gaufridy que en el tratado de Boguet. Aunque existían ejemplos y apoyos en la literatura demonológica, esta referencia al sabbat escrita a partir de muchas voces era lo suficientemente nueva y singular como para tener un gran impacto en la imaginación de sus contemporáneos. No se trataba de un topos trillado. La *Confession* es una pieza esencial –aunque por lo general descuidada– de la historia de este motivo y, en un sentido más amplio, de la construcción del imaginario del sabbat. En la *Confession* se encuentra la descripción más detallada del motivo, anterior a la aparición del *Tableau de l'inconstance* de Pierre de Lancre que lo consagraría de manera definitiva.

Las misas negras en el País Vasco:
el *Tableau de l'inconstance* de Pierre de Lancre

En el verano de 1609, en el momento mismo en el que debutó el *affaire* de la posesión diabólica de las ursulinas de Aix-en-Provence con las primeras perturbaciones de Madeleine de Demandolx, el juez Pierre de Lancre, consejero del Parlamento de Burdeos, arribó a la región de Labourd, en el extremo sudoeste del País Vasco francés, para impulsar la que llegaría a ser

<hr>

31. BnF, ms. fr. 16539, f. 599 v°: "*[Madeleine] confirme tout cela. Mais y ajoute plusieurs autres choses esquelles le prêtre dit qu'elle se trompe. Et de fait, elle dit des choses qui se trouvent n'être pas vraies. Et d'autres fort différentes de ce que dit le prêtre*".

32. Véase Marion Gibson, *Reading Witchcraft: Stories of Early English Witches*, London, Routledge, 1999, pp. 13-49.

la caza de brujas más intensa y brutal de la historia de Francia, con cerca de ochenta ejecuciones.[33] Desde julio hasta fines de octubre de 1609, de Lancre recorrió el Labourd, interrogó sin descanso a decenas de supuestas brujas (y a muchos brujos, entre los que se contaban siete u ocho sacerdotes) y a varios centenares de testigos (esencialmente, niños y adolescentes). A partir de esta experiencia escribió un extenso tratado, el *Tableau de l'inconstance des mauvais anges et démons*, publicado en París en 1612, que es al mismo tiempo una reflexión erudita sobre el diablo, un relato de viajes –a pesar de sus lejanas raíces vascas el bordelés de Lancre abordó el Labourd como un viajero lo haría con el exótico y salvaje Nuevo Mundo– y un ensayo filosófico sobre la inconstancia. El texto se nutrió de las deposiciones de los testigos y de las "confesiones" de los acusados, que de Lancre citó en detalle y que, por ello mismo, conservan las marcas estilísticas propias de los interrogatorios. Dado que los archivos de la comisión dirigida por de Lancre desaparecieron durante un incendio que afectó al parlamento de Burdeos a principios del siglo XVIII, resulta imposible determinar en qué medida estos extractos son fieles a los documentos originales, pero no hay razones para suponer que sufrieran modificaciones significativas.

La cuestión del sabbat ocupa un lugar central en el *Tableau de l'inconstance*. Dos de los seis libros del tratado, el segundo y el tercero, le están consagrados, a lo que cabe sumar, en el libro VI dedicado a los sacerdotes-brujos, un capítulo específico sobre las misas sacrílegas celebradas en el sabbat, titulado "Que el diablo por burla del más precioso sacramento de la Iglesia hace celebrar una especie de misa en el sabbat".[34] En este capítulo de Lancre reprodujo la confesión de Jeanne Bosdeau. En apoyo de la confesión de la bruja lemosina agregó los testimonios de numerosos laburdinos y laburdinas, quienes le aseguraron que habían participado de misas en el sabbat celebradas tanto por el diablo (bajo la forma de un macho cabrío) como por sacerdotes locales, entre los que mencionaron a Pierre Bocal, de Ciboure, uno de los presbíteros condenados y ejecutados por la comisión.[35] El principio de imitación y de inversión entraba de nuevo en acción: había en el sabbat prelados, diáconos, subdiáconos e incluso, en ocasiones, un obispo; algunos testigos aludieron al uso de candelas de resina o de brea, para que adquirieran una tonalidad aun más negra; la aspersión de los fieles se hacía con la orina del diablo; el signo de la cruz se trazaba con la mano izquierda; se portaban crucifijos desprovistos de brazos; la hostia era invariablemente negra y, según algunos, tenía forma triangular; durante la comunión los sacerdotes le daban la espalda al altar. Llevado al extremo, este principio de inversión producía escenas grotescas. Un adolescente de Saint-Jean-de-Luz, de quince años de edad, explicó que el

---

33. Para una presentación de Pierre de Lancre y de la caza de brujas que impulsó en el País Vasco véase Thibaut Maus de Rolley y Jan Machielsen, "The Mythmaker of the Sabbat: Pierre de Lancre's *Tableau des mauvais anges et demons* (1612)", en Jan Machielsen (ed.), *The Science of Demons: Early Modern Authors Facing Witchcraft and the Devil*, London, Routledge, 2020, pp. 283-298.

34. Pierre de Lancre, *Tableau de l'inconstance*, pp. 454-466.

35. *Ibid.*, p. 519. Sobre Pierre Bocal véase pp. 486-487.

sacerdote adoptó una posición invertida durante la elevación de la eucaristía, cabeza abajo y con los pies en el aire.[36] De hecho, el joven testigo hizo una demostración ante el juez para ilustrar mejor lo que quería decir. De Lancre llegó entonces a la siguiente conclusión: "el Diablo hace que en el sabbat todas las cosas se hagan de manera invertida y que parezcan por completo imposibles para los hombres, aunque no para él".[37]

Impactados por las similitudes entre las misas negras del País Vasco registradas por Pierre de Lancre y las descripciones que hallamos en el proceso de Louis Gaufridy, los historiadores en ocasiones asumieron que los exorcistas de la Sainte-Baume –con Michaëlis a la cabeza– extrajeron del *Tableau de l'inconstance* los elementos constitutivos de las misas sabbáticas.[38] Pero la fecha de publicación del *Tableau* (1612) torna imposible esta opción. Es verdad que Sébastien Michaëlis no dio a conocer las actas de los exorcismos de la Sainte-Baume hasta principios de 1613 y también que conocía el tratado de Pierre de Lancre, al que cita de manera explícita en las páginas liminares de su *Histoire admirable*. Ahora bien, las referencias a la misa negra que Michaëlis incluyó en las actas se corresponden fielmente con las que hallamos en los archivos del proceso, en particular los registros de los exorcismos que en febrero de 1611 se remitieron a los jueces de Aix. Por otra parte, la *Confession*, que contiene la descripción más elaborada de las misas celebradas en el sabbat, se publicó apenas unos meses más tarde, en mayo o junio de 1611, es decir, mucho antes de la publicación del tratado de Pierre de Lancre. La tesis de la influencia de los procesos vascos sobre el de Aix-en-Provence que en ocasiones se esgrime parece basarse, a decir verdad, en una confusión entre el *Tableau de l'inconstance des mauvais anges et démons* y otro tratado publicado por de Lancre en 1607 y ampliado en 1610: el *Tableau de l'inconstance et instabilité de toutes choses*. Los títulos son similares pero el contenido es muy diferente: el primer *Tableau* no hablaba de brujas o sabbats en ninguna de sus dos ediciones.

En realidad fue el *affaire* Gaufridy el que influyó en Pierre de Lancre y no a la inversa. En efecto, el *Tableau de l'inconstance* de 1612 comienza y concluye con una referencia al proceso del sacerdote marsellés, cuyas revelaciones, señalaba el autor, hacían palidecer por mero contraste "a todos los libros que [previamente] hablaron de sortilegios".[39] En otra parte, en el libro III, de Lancre reprodujo largos extractos de la *Confession* publicada el año precedente en Aix.[40] Más aun, el recuerdo de Gaufridy parece contaminar *a posteriori* los testimonios de las brujas del Labourd. En el capítulo sobre las misas celebradas en el sabbat de Lancre sostuvo que en ocasiones las

---

36. *Ibid.*, p. 519.

37. *Ibid.*, p. 520.

38. Véase Virginia Krause, *Witchcraft, Demonology, and Confession in Early Modern France*, Cambridge, Cambridge University Press, 2015, p. 7 y Jean-Raymond Fanlo, *L'Évangile du démon*, p. 269.

39. Pierre Lancre, *Tableau de l'inconstance*, p. 28 (épître à Monsieur de Sillery); véase igualmente p. 614.

40. *Ibid.*, pp. 240-241, 253.

ceremonias sacrílegas eran presididas por "uno de los brujos más célebres". De inmediato aportaba el siguiente dato: "nos dijeron que vieron predicar en Ciboure a un tal Louys, quien a modo de buena enseñanza los persuadía de acusar a los inocentes, de excusar a los culpables y de llevar siempre al diablo una gran cantidad de niños".[41] Para los primeros lectores del *Tableau de l'inconstance* la alusión resultaba transparente: este "Louys" no era otro que Louis Gaufridy, cuyo proceso rápidamente había devenido una causa célebre. Ahora bien, es evidente que no resulta posible que en el verano o en el otoño de 1609, o incluso antes de la primavera de 1611, cuando numerosos brujos y brujas vascas estaban aún en las cárceles del Parlamento de Burdeos, Pierre de Lancre o los campesinos del Labourd supieran de la existencia del *affaire* de Aix-en-Provence. Con esta referencia elíptica a Gaufridy, de Lancre no hacía más que dar una nueva dimensión a un comentario anodino contenido en una de las confesiones que había recogido en el Labourd. Otra posibilidad es que simplemente se trate de un dato apócrifo, que le habría permitido al autor establecer una conexión entre las misas negras del sudeste y las del sudoeste de Francia, con el objetivo de autenticar, de esa manera, unas a través de las otras.

Las misas negras en Navarra: los procesos de la Inquisición en el País Vasco español

Pierre de Lancre no necesitaba, sin embargo, viajar hasta Provenza para encontrar descripciones de misas negras sabbáticas que corroboraran el testimonio de Jeanne Bosdeau y los relatos de los habitantes del Labourd. Justo del otro lado de los Pirineos, en Navarra, los registros de la Inquisición española, que exactamente en los mismos años y en paralelo llevaba adelante una caza de brujas, también aludían a misas sacrílegas celebradas durante el sabbat.[42] Los primeros arrestos en el País Vasco español tuvieron lugar en enero de 1609, poco después de que llegara a Zugarramurdi, aldea del norte de Navarra, una joven proveniente del Labourd, quien admitió que había participado de un sabbat brujeril. Casi dos años después, el 7 y 8 de noviembre de 1610, se celebró un auto de fe en Logroño. Treinta y un acusados, tanto hombres como mujeres, fueron condenados por brujería ante una audiencia de más de treinta mil personas.[43] Once de ellos fueron enviados a la hoguera tras la lectura pública de sus sentencias. Cinco condenados, que habían muerto en prisión, fueron quemados en efigie. A principios de enero de 1611, una relación del auto de fe fue publicada en Logroño por el editor e impresor

---

41. *Ibid.*, p. 519.

42. Sobre la caza de brujas llevada adelante por la Inquisición española en el País Vasco véase Gustav Henningsen, *The Witches' Advocate: Basque Witchcraft and the Spanish Inquisition, 1609-1614*, Reno, University of Nevada Press, 1980, así como el reciente estudio de Lu Ann Homza, *Village Infernos and Witches' Advocates: Witch-Hunting in Navarre, 1608-1614*, University Park, Pennsylvania State University Press, 2022.

43. Sobre las sentencias dictadas en Logroño véase Lu Ann Homza, *Village Infernos*, pp. 40-41.

Juan de Mongastón, con el título de *Relación de las personas que salieron al Auto de Fe*.[44] Este minucioso relato reproducía, entre otras revelaciones, los sorprendentes detalles que los condenados dieron a propósito de las misas celebradas en el sabbat por el mismo diablo y por sus demonios –en este caso no aparecen los sacerdotes-brujos, a diferencia de lo que se observa en las declaraciones tomadas en el Labourd o en Provenza–.[45] Durante el sabbat, según la *Relación*, los objetos y los libros litúrgicos del rito católico se ubicaban sobre un altar recubierto con un mantel negro; el diablo utilizaba una casulla negra; se sentaba en una silla del mismo color, al lado de la Reina del Aquelarre (término vasco que devino sinónimo de sabbat); elevaba una hostia negra sobre la que estaba pintada la figura del diablo y daba a beber a los comulgantes un líquido frío y amargo contenido en un cáliz negro.[46]

El texto de Mongastón, pronto seguido por otra relación impresa en Burgos[47], de inmediato comenzó a circular en Francia: Pierre de Lancre lo conoció y lo tradujo en su *Tableau de l'inconstance*, resaltando "los trazos nuevos, extraños y espantosos" que contenía.[48] Son notables las similitudes con las deposiciones de las brujas del Labourd. En primera instancia estas semejanzas parecen probar que en las comunidades francesas y en las españolas existían creencias compartidas sobre las misas negras. Esta constatación parece inducirnos a restar importancia al rol que Pierre de Lancre, nutrido por el recuerdo del relato de Jeanne Bosdeau y seguro de su posición de juez, habría tenido en la construcción y difusión del motivo. Sin embargo, no podemos excluir la posibilidad de que las deposiciones de las brujas del País Vasco español hayan estado influenciadas por el flujo de refugiados laburdinos que huían de la brutal per-

---

44. [Juan de Mongastón], *Relación de las personas que salieron al Auto de Fe que los señores don Alonso Bezerra Holguín, del* Ábito *de Alcántara, licenciado Juan de Valle Alvarado, licenciado Alonso de Salazar Frías, Inquisidores Apostólicos del Reyno de Navarra y su distrito, celebraron en la Ciudad de Logroño en siete y en ocho días del mes de noviembre de 1610 años. Y de las cosas y delitos por que fueron castigados*, Logroño, 1611. Una reproducción del documento puede verse en Pedro de Valencia, *Obras completas VII. Discurso acerca de los cuentos de las brujas*, León, Universidad de León, 1997, Apéndice I, pp. 157-181.

45. Homza señala que dos religiosos arrestados tras el auto de fe fueron, sin embargo, considerados sospechosos de haber participado de una celebración de misas sacrílegas en el sabbat. Véase Lu Ann Homza, *Village infernos*, p. 26, n. 36. La descripción de la misa negra registrada en los archivos de la Inquisición se halla en la misma página.

46. *Relación de las personas*, en Pedro de Valencia, *Obras completas VII*, p. 173.

47. Luis de Fonseca, *Relación summaria del auto de la fe que los Señores Doctor Alonso Bezerra Holguin, del Ábito de Alcantara, Licenciado Ioan de Valle Alvarado, Licenciado Alonso de Salaçar Frías, Inquisidores Apostólicos en el Reyno de Navarra y su destricto, celebraron en la Ciudad de Logroño, en siete y ocho días del mes de Noviembre, de mil y seyscientos y diez años. Recoxida y ordenada por el Maestro Luis de Fonseca, natural de Zaragoça, y residente en Burgos, a ocho de Enero de mil y seyscientos y onze años*, Burgos, Juan Bautista Varesio, 1611. La síntesis de Fonseca menciona algunos otros detalles complementarios, como el uso de cirios de resina (*Relación summaria*, ff. 16v-21v), mención que volvemos a encontrar en las deposiciones recogidas por Pierre de Lancre.

48. Pierre de Lancre, *Tableau de l'inconstance*, p. 454. De Lancre afirma en la misma página apoyarse sobre "el propio impreso que se hizo en Logroño y que cayó en mis manos". Se trataría de una traducción de primera mano, aunque no podemos excluir que una traducción francesa, hoy perdida, circulara en la época.

secución que había estallado en el lado francés, llevando consigo las creencias sobre el sabbat que habían sido elaboradas en el sudoeste de Francia y que estaban teñidas, por así decir, por el saber y las obsesiones del juez bordelés.[49] Es difícil fechar con precisión la emergencia del motivo de la misa negra en las confesiones de los acusados españoles. Si bien la evidencia señala que ya circulaba por Navarra en junio de 1610 –por entonces el inquisidor Alonso de Salazar y Frías se asombraba cuando no encontraba referencias al tema en algún testimonio[50]– los archivos no permiten determinar, como lo deja en claro Lu Ann Homza, si el tópico aparecía ya en las primeras deposiciones recogidas por los inquisidores en el transcurso del año 1609 y, por lo tanto, si el mismo resulta posterior, contemporáneo o anterior a la persecución en el Labourd.[51] En este punto nos vemos constreñidos a ceñirnos a conjeturas.

Hipótesis

En términos generales no resulta sencillo explicar el éxito casi simultáneo (entre julio de 1609 y febrero de 1611), en tres regiones diferentes (Labourd, Navarra y Provenza) del motivo de la misa negra sabbática. ¿Cabe ver aquí un indicio de la presencia, en la población de las tres regiones, de creencias compartidas sobre la inversión de los ritos católicos en el sabbat? ¿O el interés creciente por la figura del sacerdote-brujo en este principio del siglo XVII fue el producto de una estrategia, consciente o inconsciente, tanto de las élites como de la población local, consistente en utilizar el relato sabbático como un arma contra algunos miembros del clero? Sarah Ferber demostró que para el reformador Sébastien Michaëlis, militante de un catolicismo intransigente en una Provenza traumatizada por las Guerras de Religión, el *affaire* de Aix-en-Provence supuso una oportunidad para poner en práctica el proyecto de renovación y purificación de la Iglesia elaborado por el Concilio de Trento (1545-1563) como respuesta a la amenaza protestante. Así como los exorcismos que se daban a la imprenta debían demostrar el poder y la superioridad de los rituales católicos, desde la perspectiva de Michaëlis el proceso del sacerdote-brujo Gaufridy tenía una función misionera: dar testimonio de la capacidad de la Iglesia de purgarse a sí misma eliminando a sus ovejas negras.[52] El vivo interés de Pierre de Lancre –otro católico intransigente, más allá de que en el *Tableau de l'inconstance* dejó de lado en gran medida las querellas

---

49. Sobre la presencia en España de estos laburdinos que huían de la caza de brujas impulsada por Pierre de Lancre véase Lu Ann Homza, *Village infernos*, p. 35.

50. Véase Gustav Henningsen, *The Witches' Advocate*, p. 177; Lu Ann Homza, *Village infernos*, p. 135.

51. Lu Ann Homza, *Village Infernos*, pp. 24-28. Henningsen tiene menos escrúpulos sobre este punto y estima que el motivo de la misa negra aparece en las deposiciones ya desde fines del verano de 1609, a continuación de la llegada de los laburdinos que huían de la represión de Pierre de Lancre (Gustav Henningsen, *The Witches' Advocate*, pp. 81-82 y p. 469, n. 53).

52. Sarah Ferber, *Demonic Possession*, p. 65. Sobre Michaëlis como reformador de la Iglesia véase igualmente Jean-Raymond Fanlo, *L'Évangile du démon*, p. 39-51, así como Barbara B. Diefendorf, *Planting the Cross: Catholic Reform and Renewal in Sixteenth- and Seventeenth-Century France*, Oxford, Oxford University Press, 2019, pp. 87-109.

confesionales– por la cuestión de los sacerdotes-brujos puede relacionarse
con el mismo proyecto de purificación de la Iglesia. Trocando una lectura
descendente de las persecuciones (*top-down*) por otra ascendente (*bottom-
up*), como invitan a hacer los estudios recientes sobre estos tres *affaires*[53],
cabe suponer que los testigos y los acusados también tenían razones para
implicar en sus declaraciones a determinados sacerdotes locales, a quienes
se imaginó en tren de celebrar en el sabbat misas rigurosamente simétricas
a las que tenían lugar en las iglesias de sus comunidades. Jan Machielsen
propuso recientemente ver en este fenómeno, especialmente en la frecuente
referencia a sacerdotes en los testimonios prestados por niños y adolescentes
en el Labourd, una forma de revancha y rebelión contra figuras de autoridad
que en gran medida habían fracasado en su misión espiritual y en su deber
de protección[54] –una lectura que podríamos fácilmente transportar al caso de
Aix-en-Provence y a la pareja formada por la ursulina Madeleine de Demandolx y Louis Gaufridy, su antiguo padre espiritual.

A riesgo de minimizar, precisamente, la agencia de los testigos y de
los acusados empujados a elaborar relatos sobre el crimen sabbático ante
los jueces y los exorcistas, podemos igualmente ver en el rápido éxito del
motivo de las misas negras la influencia, tanto en el País Vasco como en
Provenza, de saberes demonológicos contenidos en los tratados eruditos,
como el *Discours des sorciers* de Henry Boguet, que parece haber jugado un
rol crucial en ambos casos. Cabe adelantar al respecto una hipótesis nueva
aunque frágil: que los sacerdotes y los jueces de Aix-en-Provence pudieron
tomar conocimiento, antes o durante el proceso, de las revelaciones hechas
por los brujos españoles en el auto de fe de noviembre de 1610, ya sea gracias a la correspondencia manuscrita (parece que una síntesis del auto de
fe fue enviada de inmediato a Marc-Antoine de Gourgue, consejero en el
parlamento de Burdeos, por entonces en misión diplomática en España[55]) o
bien gracias al impreso de Mongastón. Sabemos que este último fue leído por
Michaëlis porque lo cita en su *Histoire admirable*, pero –y éste es el mayor
inconveniente– resulta difícil imaginar que llegara a sus manos antes de las

---

53. Para una lectura en este sentido del *affaire* Gaufridy véase Thibaut Maus de Rolley, *Moi, Louis
    Gaufridy*; para Navarra véase Lu Ann Homza, *Village infernos*; para la caza de brujas en el Labourd
    véase el estudio próximo a aparecer de Jan Machielsen, *Anatomy of a Witch-Hunt: Terror in the French
    Basque Country*. Agradezco a Jan Machielsen haberme permitido tomar conocimiento de este libro
    antes de su publicación.

54. Jan Machielsen, *Anatomy of a Witch-Hunt*.

55. Gustav Henningsen, *The Witches' Advocate*, p. 194 y p. 469, n. 52. Una carta del 13 de noviembre de
    1610 enviada por los inquisidores a la Suprema indica la presencia de un "Monsieur de Gorgos" en
    el auto de fe de Logroño. Henningsen identifica a este personaje como Armand de Gourgues, pero se
    trata en realidad, como me lo ha señalado Jan Machielsen, de Marc-Antoine de Gourgue (1575-1628),
    consejero y después presidente del parlamento de Burdeos. Sobre de Gourgue véase la thesis de Elsa
    Courbin, *Notoriété locale et service du roi en bordelais: Marc-Antoine de Gourgue, de l'héritage
    d'Ogier de Gourgue à la première présidence du parlement de Bordeaux*, Thèse de doctorat, École
    des Chartes, 2010.

primeras descripciones de las misas sabbáticas realizadas por Madeleine en enero y febrero de 1611.[56]

La hipótesis de una influencia directa de los procesos de la Inquisición española sobre el *affaire* de Aix-en-Provence resulta quizás imprudente. Lo que es cierto, en cambio, es que la importancia del motivo de las misas negras en estos tres casos casi simultáneos, a los que habría que agregar el proceso contra Jeanne Bosdeau que tuvo lugar apenas quince años antes, perturbó a autores como Michaëlis y de Lancre y fortaleció su convicción de que los rituales sacrílegos no sólo eran verdaderos sino que de manera súbita se habían convertido en una pieza principal del crimen diabólico. Ambos se ocuparon de subrayar esta extraña y elocuente coincidencia: Michaëlis, en las páginas liminares de su *Histoire admirable*, relacionó las declaraciones de Gaufridy sobre la misa sabbática con las de las brujas vascas a uno y otro lado de los Pirineos, tal como podían leerse en los escritos de Mongastón y de Pierre de Lancre que acababan de publicarse.[57] De la misma manera, Pierre de Lancre citó extensamente la *Confession* y el impreso de Mongastón en apoyo de las declaraciones de los laburdinos.

Cabe insistir en la importancia de contextualizar esta fascinación compartida por la cuestión de las misas negras en el marco de las tensiones religiosas de la Contrarreforma. Sabemos, porque Michaëlis mismo lo dijo, que tanto los protestantes de La Rochelle como los del Languedoc se burlaron de la *Confession* y en especial de su descripción de las misas sacrílegas presididas por sacerdotes en el sabbat, pues allí veían una prueba contundente de las desviaciones del sacerdocio católico y del carácter diabólico de la misa.[58] A la inversa, para autores católicos como Martín del Río, Henry Boguet, Sébastien Michaëlis o Pierre de Lancre, las referencias a las misas negras eran un argumento importante contra la herejía protestante: el hecho de que el diablo

---

56. La aprobación de la relación de Mongastón tiene como fecha el 6 de enero de 1610. Si aceptamos que el texto fue impreso en esa misma fecha, para que tuviera alguna influencia sobre el exorcismo de Madeleine del 19 de enero tendríamos que suponer que llegó a Aix (¡y después a la Sainte-Baume!) en apenas doce días…

57. *"Au reste il n'y a rien d'estrange pour ce faict en ceste histoire, qu'il n'ayt esté remarqué, et mis en lumiere en autre occurrence, par trois Inquisiteurs d'Espagne l'an 1610. qui fut la mesme annee du commancement de ceste histoire*: Et tous freschement le mesme a faict le sieur d'Ancre Conseiller du Roy au Parlement de Bordeaux"* ("Au Lecteur", n. p.) [*en el margen: *"Imprimé par Iuan de Mongaston à Longrond"*]. Nótese que el imprentero y probable autor de la *Relación* (Mongastón) no es citado por Pierre de Lancre: todo indica que Michaëlis leyó el texto de primera mano y no indirectamente a través de las reflexiones contenidas en el *Tableau de l'inconstance*.

58. Sébastien Michaëlis, *Histoire admirable*, "Au Lecteur", n. p.: *"J'ai supprimé ceste Histoire l'espace d'un an et davantage, ne me souciant de la mettre en lumière : mais le zèle de la foi catholique m'y a contraint, ayant vu une lettre missive du sieur de Vic, par laquelle il faisait entendre que les adversaires de nostre foi faisaient grande parade vers La Rochelle des dépositions du Magicien dont est question, mises en lumière par quelqu'un, où est récité que ledit Magicien disait la Messe en la Synagogue, concluant par là que c'est donc chose diabolique"*. En la misma página Michaëlis cita el *Daemonis mimica in magiae progressu tum in sectis errorum* de Henry de Montagu (Paris, Claude Rigaud, 1612), que también evocaba en su prefacio la emoción que la publicación de la *Confession* había suscitado entre los ministros calvinistas del Languedoc.

profanara la misa en el sabbat de una manera tan metódica como violenta demostraba precisamente el valor del sacramento de la eucaristía y, como escribió Michaëlis, la perversa voluntad del demonio "de usurpar la gloria de Dios" haciéndose adorar como Él.[59] Más allá de cuál haya sido la responsabilidad exacta de los sacerdotes y de los jueces en la multiplicación de las referencias a la misa negra en las deposiciones recogidas durante los procesos que entre 1609 y 1611 se celebraron en Provenza, el Labourd y Navarra, resulta evidente que el súbito florecimiento del motivo no pudo dejar de seducirlos dada su capacidad de potenciar los objetivos apologéticos que perseguían.

----

59. Sébastien Michaëlis, *Histoire admirable*, "Au Lecteur", n. p.

❧ CAPÍTULO VIII ❧

"¡Cabrón arriba! ¡Cabrón abajo!": creando la misa de la brujería vasca

Emma Wilby

University of Exeter

Traducción del inglés: Fabián Alejandro Campagne

A fines del siglo XVI, un nuevo fenómeno irrumpió en el escenario europeo. Emergió por primera vez en 1597, cuando el escritor y parlamentario francés Florimond de Raemond publicó una defensa del Papado en la que incluyó el resumen de la confesión de brujería realizada por Jeanne Bosdeau ante el Parlamento de Burdeos en 1594. La confesión contenía muchas de las actividades estereotipadas asociadas con el sabbat de las brujas, como besar el trasero del diablo –que aparecía bajo la forma de un macho cabrío– y practicar sexo con él. Pero además Bosdeau dijo que las brujas habían participado de una misa en la cual "el oficiante, al que nombró, revestido con una capa negra sin cruz, elevó una rodaja de nabo teñida de negro en lugar de la hostia y gritó durante la elevación 'Amo, ayúdanos'. Se usó agua en el cáliz en lugar de vino. Para hacer agua bendita el cabrón orinó en un agujero en la tierra y luego el oficiante roció a los asistentes con un hisopo negro".[1]

Aun cuando la idea de que las brujas abusaban de la liturgia y de los símbolos cristianos con fines diabólicos estaba instalada desde hacía mucho tiempo, la admisión de Bosdeau de que se había celebrado una misa completa en un sabbat elevó el tema a otro nivel. El fenómeno prendió de inmediato. Tanto Martín del Río como Henry Boguet, en sendos tratados demonológicos publicados en 1599 y 1602 respectivamente, utilizaron el singular caso recogido por de Raemond para sostener que en el sabbat se celebraba una forma específica de misa. Del Río afirmó que en ocasiones las brujas imitaban el sacrificio de la misa, lo que configuraba el mayor de sus crímenes, mientras que Boguet, por su parte, concluyó que "en ocasiones se celebra misa en el sabbat: pero no puedo sin horrorizarme poner por escrito la manera en que lo

---

1. Florimond de Raemond, *L'Antichrist*, Lyon, Jean Pillehote, 1597, p. 104. "Aspersión" es el rito por el cual se rocía a la congregación con agua bendita.

hacen".[2] El tópico alcanzó mayor difusión a partir de 1608, cuando el Rey de Francia ordenó al parlamento de Burdeos que investigara un brote de brujería en la provincia vasco-francesa del Labourd. Uno de los dos parlamentarios comisionados para cumplir con esta misión fue el cuñado de Florimond de Raemond, Pierre de Lancre, quien no sólo estaba profundamente interesado en la brujería y en la demonología sino que –y este dato es más relevante todavía– había tomado parte junto a su pariente del juicio de 1594. Durante aquellas sesiones de Lancre escuchó de boca de la propia Bosdeau la descripción de la misa de las brujas.[3] En el registro de su experiencia en el Labourd, que de Lancre dio a la imprenta en 1612 con el título de *Tableau de l'inconstance des mauvais anges et démons*, se hace referencia a muchos sospechosos que replicaron la confesión de Bosdeau y que sostuvieron que habían participado de misas celebradas en el sabbat. Los registros de la época prueban que cuando el pánico brujeril se extendió más allá del Labourd para alcanzar la provincia vasco-española de Navarra y atrajo la atención del tribunal inquisitorial de Logroño, el fenómeno llevó consigo el tópico de la misa de las brujas. En suelo español el tema ocupó un lugar prominente en la investigación que entre 1609 y 1610 lideró el inquisidor Juan de Valle Alvarado.

La misa de las brujas experimentó una importante transformación en su propagación desde Burdeos hacia el País Vasco. Comenzó como un evento simple, que de Raemond pudo resumir en menos de cien palabras, para terminar convirtiéndose en una elaborada extravagancia que necesitó más de mil palabras para su descripción. A medida que la ceremonia fue creciendo de tamaño incorporó cada vez más distorsiones, que concluyeron por invertir prácticamente cada detalle del sacramento cristiano hasta convertirlo en una ceremonia horrenda, sacrílega y profana. En las versiones más elaboradas, como las que encontramos en las sentencias dictadas por Valle Alvarado contra las brujas condenadas en el auto de fe de Logroño de 1610, el celebrante era un brujo-sacerdote o el diablo mismo, las vestimentas y los objetos rituales estaban deteriorados y eran de color negro, los cantos eran disonantes y se los entonaba con voz ronca, el vino de la comunión era una "una bebida muy amarga", la santa hostia "con dificultad se dejava tragar" y en el momento de la elevación las brujas cantaban "*aquerragoite, aquerraveite*" ("cabrón arriba, cabrón abajo").[4] La misa de las brujas no volvió a tener una importancia similar en ningún juicio por brujería europeo posterior. Pero la intensidad de las descripciones vascas y la difusión que el motivo alcanzó gracias al *Tableau de l'inconstance des mauvais anges et démons* de Pierre de Lancre contribu-

---

2. Peter Maxwell-Stuart (ed.), *Martín Del Río: Investigations into Magic*, traducido por P. Maxwell-Stuart, Manchester, Manchester University Press, 2000, p. 93; Henry Boguet, *Discours execrable des sorciers. Ensemble leur procez, faits depuis 2 ans en çà, en divers endroicts de la France*, Rouen, chez Romain de Beauvais, 1603, p. 86.

3. Pierre de Lancre, *Tableau de l'inconstance des mauvais anges et démons, ou il est amplement traicté des Sorciers & de la Sorcelerie*, Paris, Jean Berjon, 1612, pp. 453-462.

4. Madrid, Archivo Histórico Nacional, Ms. *Sentencia conjunta*, [Oct.1610] Lib 835 ff.397-398; Ms. *Sentencia de María de Zozaya* [Oct 1610] Lib 835 ff. 407-408. El relato de la misa realizado por Zozaya alcanzó las 1027 palabras.

yeron a transformar al fenómeno en un trazo emblemático del estereotipado sabbat de las brujas.

Sin embargo, a pesar de lo notable que resulta el surgimiento y el rápido crecimiento del tópico de la misa de las brujas, los especialistas han prestado al tema mucha menos atención que la que dedicaron a otros componentes más difundidos del ritual o culto brujeril formal, como el pacto diabólico. En consecuencia, son muchas las preguntas que continúan sin respuesta. ¿Por qué la idea de la misa de las brujas apareció por primera vez en un juicio en Burdeos? ¿Por qué más adelante el tema escaló de manera exponencial en el País Vasco? ¿Hasta qué punto este crecimiento del motivo debe atribuirse a los jueces y hasta donde fue responsabilidad de los acusados? ¿Qué relevancia tiene la emergencia de la misa de las brujas para nuestra comprensión de la creencia en la brujería y de su represión en otras partes de la Europa medieval y temprano-moderna? Aunque de manera indirecta abordaremos todas estas preguntas, dado el espacio de que dispongo en este artículo me limitaré a analizar las causas y los mecanismos de la escalada vasca, con particular referencia al papel jugado por los sospechosos.[5]

El puente hacia el País Vasco

Debemos comenzar recordando la importancia crítica que los jueces, y en particular de Lancre, tuvieron en este caso. Tras haber tomado conocimiento, gracias al juicio de Burdeos, de que las brujas celebraban misa en el sabbat, de Lancre se sintió autorizado a preguntar a los sospechosos si habían participado de tales eventos. Pero el *Tableau* deja en claro que de Lancre no sólo incluyó en sus interrogatorios la pregunta "¿Participó usted de una misa en el sabbat?" sino que además presionó para obtener detalles sobre dicha ceremonia, como se desprende de manera implícita de su admisión de que a la sospechosa Jeannette d'Abadie le resultaba difícil precisar por qué las brujas y brujos utilizaban palabras extrañas en sus cantos durante la elevación del cáliz ni de qué material estaba confeccionada la hostia negra.[6] Hasta cierto punto, este incisivo cuestionario reflejaba el principio general de que para obtener confesiones satisfactorias los jueces no debían contentarse con un simple "sí" o "no" por respuesta sino trabajar para obtener detalles circunstanciales que sirvieran para autenticar los dichos de los sospechosos. Cabe recordar que la habilidad de Pierre de Lancre para interrogar era particularmente notable.[7] Ahora bien, en este caso no caben dudas de que también había motivaciones personales en juego. El cuñado de Pierre de Lancre, Florimond de Raemond, el primero en dar a conocer en 1597 la misa diabólica denunciada en el proceso celebrado en Burdeos, no era cualquier persona, sino uno de los histo-

---

5.   Este artículo es una síntesis de un análisis más extenso, que puede consultarse en Emma Wilby, *Invoking the Akelarre: Voices of the Accused in the Basque Witch-Craze, 1609-14*, Eastbourne, Sussex Academic Press, 2019, pp. 290-388.

6.   Pierre de Lancre, *Tableau de l'inconstance*, p. 461.

7.   Emma Wilby, *Invoking the Akelarre*, pp. 31-34.

riadores más leídos en la Francia de la época. De Raemond fue también un intelectual católico cuyo involucramiento en los asuntos religiosos y políticos lo ubicaron en la vanguardia de los debates propios de la Contrarreforma.[8] Cuando murió en 1601, el fenómeno de la misa de las brujas continuaba en gran medida inexplorado. Podemos especular que de Lancre no sólo rastreó en el Labourd la misa de las brujas por haber participado del juicio de Burdeos sino también porque tras la muerte de Florimond de Raemond sintió la obligación personal de continuar investigando y alertando sobre el fenómeno que su eminente cuñado había sacado a la luz. Resulta obvio que de Lancre estaba reclamando un cierto derecho de propiedad sobre el tema cuando trajo a colación el hecho de que la misa de las brujas había sido descubierta por "el señor de Raemond, consejero de esta corte del Parlamento, al referirse a una bruja llamada Jeanne Bosdeau, a cuyo juicio yo asistí en nuestra corte de Tournelle y fue allí que se develó el misterio". Lo mismo cabe decir de la siguiente aclaración: "Del Río, Boguet y otros autores modernos alegan este único ejemplo: pero *yo voy a agregar otros más notables aun*" (las bastardillas son mías).[9] El involucramiento de Pierre de Lancre en el tema fue el responsable de que los relatos sobre la misa de las brujas –que cruzaron la frontera y llegaron hasta Navarra, donde circularon con amplitud gracias a los rumores orales y a los canales judiciales oficiales– resultaran tan vívidos y complejos. Por ello, cuando un inquisidor español como Valle Alvarado buscó evidencias circunstanciales que permitieran autenticar las confesiones de los sospechosos, tuvo menos trabajo que realizar gracias a que pudo recurrir a la abundante información previamente recogida por de Lancre.[10]

Pero los interrogatorios no sólo ampliaron y multiplicaron los relatos vascos sobre la misa de las brujas sino que les dieron forma y los direccionaron. El fenómeno nació en un sangriento campo de batalla. Para intelectuales y eclesiásticos católicos como de Lancre y Valle Alvarado, el temor al culto brujeril era parte de una aprehensión mucho mayor provocada por el tsunami de movimientos e ideas heréticas que abrumaban al mundo católico. El protestantismo estaba en crecimiento desde hacía cincuenta años y había provocado el amargo conflicto de las Guerras de Religión en Francia entre 1562 y 1598. De hecho, en el Béarn, una provincia del extremo sur francés adyacente al País Vasco, el calvinismo había penetrado con tanta fuerza que la práctica del catolicismo estuvo prohibida entre 1569 y 1599. Muchas regiones de España seguían lidiando con el legado de siglos de colonización musulmana (incluyendo a la provincia de Aragón, adyacente a Navarra). Otras debieron hacer frente a la emergencia de cultos cristianos heterodoxos como el de los alumbrados. Las

---

8.   Barbara Sher Tinsley, *History and Polemics in the French Reformation. Florimond de Raemond: Defender of the Church*, London and Toronto, Associated University Presses, 1992, p. 9.

9.   Pierre de Lancre, *Tableau de l'inconstance*, p. 459.

10. En 1609 los inquisidores españoles recibieron de Pierre de Lancre los expedientes de siete juicios, más los comentarios de los jueces. Y también intérpretes, que habían trabajado para los investigadores franceses y que se hicieron presentes en España para asistir a los inquisidores en los procesos. Véase Gustav Henningsen, *The Witches' Advocate: Basque Witchcraft and the Spanish Inquisition, 1609-14*, Reno, University of Nevada Press, 1980, pp. 123, 130-36, 142, 486.

tradiciones mágicas eruditas, legitimadas históricamente por la actitud más leniente del Islam hacia la invocación de demonios, florecieron tanto en el sur de Francia como en el norte de España; de hecho, los nigromantes, armados con sus grimorios, cruzaban en uno y otro sentido los Pirineos. El siglo XVI también fue testigo de un marcado incremento de la circulación de relatos que describían de manera vívida los rituales no cristianos que practicaban "en honor al diablo" los idólatras y paganos superficialmente cristianizados asentados en las recién establecidas colonias españolas y francesas del Nuevo Mundo. Incluso las devociones cotidianas practicadas por los católicos europeos ordinarios, que con frecuencia mezclaban elementos supersticiosos, mágicos y folklóricos, y que florecieron bajo la más relajada mirada eclesiástica de los tiempos medievales, fueron sometidas a un escrutinio cada vez más severo a raíz del potencial herético que se les atribuía. Para los intelectuales y eclesiásticos católicos de todo el continente esta aparente avalancha de diferentes amenazas heréticas parecía preanunciar la "inminente oscuridad y el caos" del apocalipsis –cuando el Diablo finalmente tendría éxito en su perenne pretensión de derrotar a la Cristiandad para fundar un reino propio en su lugar–. Esta perturbación cósmica se interpretaba como un profundo cambio gravitacional que invertiría los polos opuestos de la existencia, corriéndolos del lugar correcto que debían ocupar y provocando que el universo entero se trastornara. Este "paradigma invertido", como cabe llamarlo, alimentó la convicción de que el apocalipsis estaría precedido por el arribo del "símbolo invertido perfecto", el "Anticristo", que representaría al Diablo sobre la tierra como Dios estaba representado por Cristo.[11]

En relación con el crecimiento y con la fenomenología de la misa de las brujas vascas es importante aclarar que tanto de Lancre como Valle Alvarado tenían familiaridad con el paradigma de la inversión. De Lancre estaba, sin dudas, influenciado por el hecho de que su cuñado de Raemond no sólo había sido un prominente intelectual de la Contrarreforma sino también la "máxima" autoridad en el Anticristo en la Francia católica. De hecho, el texto polémico de 1597 en el que Florimond de Raemond sacó a la luz por primera vez la confesión de Bosdeau llevaba por título *L'Antichrist*. El caso de la bruja Bosdeau fue incluido en este tratado para probar que el crecimiento de la brujería que tenía lugar por entonces preanunciaba el inminente arribo del personaje que invertiría y pondría al servicio del diablo todo lo que resultaba sagrado para Dios, incluida la misa católica.[12] Del otro lado de la frontera las ideas invertidas también circulaban entre los inquisidores españoles. En 1529, Logroño fue testigo de la publicación del tratado que algunos académicos modernos han caracterizado como la síntesis de inversión litúrgica más precisa y completa surgida en la Europa temprano-moderna.[13] Se trata del *Tratado de las supers-*

---

11. Stuart Clark, *Thinking with Demons: The Idea of Witchcraft in Early Modern Europe*, Oxford, Oxford University Press, 1997, pp. 350-51.

12. *Ibid.*, pp. 51, 350, 352.

13. Julio Caro Baroja, *The World of the Witches*, traducido por Nigel Glendinning, London, Phoenix Press, 2001, p. 149.

ticiones y hechizerías del fraile franciscano Martín de Castañega, un texto diseñado de manera específica para ayudar a las autoridades religiosas en la identificación y control de las prácticas heréticas y heterodoxas, con particular referencia a las regiones vascas. Al decir de Castañega, "dos son las Yglesias de este mundo: la una es católica, la otra es diabólica". En la "Yglesia diabólica" el "demonio y (...) sus ministros ordenados y señalados" impusieron la "imitación de los sacramentos de la Yglesia católica". Esta imitación invertía todo lo que era bello y bueno y lo transformaba en su opuesto, pues los sacramentos diabólicos empleaban "cosas suzias y aborrecibles" así como "palabras obscuras, feas y rithmadas". Para Castañega, este modelo de iglesia diabólica resultaba aplicable a casi cualquier matriz de prácticas heterodoxas o no católicas, como las que cabía relacionar con un rango de pueblos que incluía a judíos, musulmanes, conversos, paganos amerindios, magos y, por supuesto, brujos. El texto enfatizaba que "la Yglesia diabólica es, generalmente, toda la infidelidad que está fuera de la Yglesia católica, la qual no es propiamente una (...). Antes ay muchas yglesias y congregaciones diabólicas, distintas y disparatas, sin tener conveniencia ni participación las unas con las otras".[14] Dado que tanto de Lancre como los inquisidores españoles interpretaban la misa de las brujas a través del prisma de la inversión, la investigación y los interrogatorios sobre la cuestión no podían sino provocar una amplificación y una mayor elaboración del paradigma oposicional. La misa de las brujas que resultaba más convincente era aquella que invertía o daba vuelta cada detalle del sacramento católico. Esta expectativa, que se puso de manifiesto en los cuestionarios guiados que utilizaban los jueces, fue sin dudas responsable del hecho de que en las confesiones se enfatizara que el diablo o que un brujo-sacerdote cantaba misa "con una voz ronca vaxa y desgraçiada", que los oficiantes aparecían revestidos con vestimentas que eran "largas, negras y feas", que lo que se utilizaba como hostia fuera "áspero de tragar" y que la elevación tuviera lugar ante un altar decorado con representaciones del demonio en lugar de las habituales imágenes de Cristo y sus santos.[15]

La contribución de los acusados

Pero este crecimiento del motivo, desde la simple ceremonia descripta por Bosdeau en 1597 hasta las extravagancias de la misa de las brujas vascas, no puede atribuirse por completo a quienes presidieron los interrogatorios. Los relatos de la misa-sabbat francesa y española están plagados de elementos idiosincráticos que con toda probabilidad no se originaron en quienes

---

14. Fray Martín de Castañega, "Tratado muy sotil e bien fundado de las supersticiones y hechizerías, y vanos conjuros y abusiones, y otras cosas al caso tocantes; y de la possibilidad y remedio de ellas, Logroño, 1529", editado por Girassol Sant`Ana, *Lemir*, 24 (2020), pp. 355-358.

15. Ms. Zozaya, ff. 407r; Ms. *Sentencia conjunta*, ff. 398. La importancia del ímpetu interrogatorio en España se observa también en el hecho de que después de 1611, cuando el equilibrio de poder se inclinó en favor del más escéptico inquisidor Alonso Salazar y Frías, las referencias a la misa de las brujas disminuyeron notablemente (Emma Wilby, *Invoking the Akelarre*, pp. 27-28).

interrogaban. Si bien era de Lancre el que preguntaba a los sospechosos si habían visto a algún brujo-sacerdote elevar la hostia en el sabbat, no cabe responsabilizarlo por los dichos de aquel acusado que afirmó que el cuerpo del oficiante "estaba invertido" y que "sus pies estaban en el aire". La declaración de Jeannette d'Abadie, quien sostuvo que los brujos le habían enseñado que durante la elevación del cáliz debía cantar "cuervo negro, cuervo negro", es otra prueba de que los sospechosos no reproducían meramente los contenidos que les sugerían los jueces. En el mismo sentido cabe interpretar el comentario de Pierre de Lancre respecto de que Jeannette, cuando se le preguntó por el sentido de dicha frase, "sólo pudo dar como explicación que todos los brujos pronunciaban las mismas palabras y que ella había oído cuando Mariacho de Bernatena las dijo en la Iglesia de Siboro".[16] También en el caso español los sospechosos hicieron su contribución a los relatos sobre la misa diabólica. Ello se observa en una carta de 1609, en la que se señalaba que cinco acusados de la aldea de Zugarramurdi, cerca de la frontera con Francia, siguieron agregando detalles, como "que el Demonio las noches de offrenda dice missa en el Aquelarre con bestiduras hostia y caliz y que quando alça todos dicen ciertas palabras no significativas que declaran quieren decir cabron abajo y cabron arriba". El hecho de que esta frase quedara registrada en euskera en la *Sentencia conjunta* ("*aquerragoite, aquerraveite*") es otra prueba de que no se había originado en el discurso de quienes interrogaban.[17]

No debe sorprender que los sospechosos vascos no sólo repitieran estereotipos demonológicos sino que además hicieran una contribución original en sus confesiones. Los especialistas sostienen desde hace tiempo que en respuesta a la exigencia de detalles durante los interrogatorios los sospechosos de brujería europeos abrevaron de manera consciente e inconsciente en sus historias de vida personales. Podemos concluir de manera certera, entonces, que sin importar con cuánto fervor hombres como de Lancre describieron la misa de las brujas y sus inversiones concomitantes, los sospechosos vascos enriquecieron con sus propias creencias y experiencias los patrones litúrgicos que les imponían. Dados los intereses de este artículo la pregunta importante no es si los sospechosos hicieron una contribución a los relatos sobre la misa de las brujas sino en qué medida y hasta donde sus contribuciones alimentaron la rápida escalada del fenómeno. Esta pregunta implica más de un desafío. En cualquier confesión de brujería resulta siempre difícil separar la voz de los acusados de la de quienes los interrogaban, en no poca medida porque ambas aparecían combinadas producto de los mecanismos que se ponían en juego, como la utilización de las fórmulas jurídicas que enmarcaban las preguntas o el deliberado accionar de la imaginación humana capaz de improvisar ficciones, sueños y falsos recuerdos. Si de por sí resulta compleja esta tarea cuando tenemos que lidiar con actividades de magia benigna o creencias folklóricas, se vuelve mucho más desafiante cuando en la voz de los sospechosos se entremezclaban contenidos demonológicos de ostensible

---

16. Pierre de Lancre, *Tableau de l'inconstance,* pp. 460-461.

17. Ms. *Sentencia conjunta,* f. 398 (aunque la grafía está en castellano).

origen erudito, como sucede en el caso vasco. En este artículo recurriremos a
un análisis textual detallado para identificar y explorar la matriz de creencias
y experiencias propias de los sospechosos durante el proceso de co-creación
de los relatos sobre la misa de las brujas, con la expectativa de que una comprensión más profunda del tipo de materia prima involucrada nos ayudará
a comprender de manera más acabada la importancia y la profundidad de la
contribución que los acusados hicieron a la escalada vasca. Un abordaje con
estas características requiere, por necesidad, una aproximación al contenido
de las confesiones más especulativa y creativa que lo que habitualmente es
la norma en la práctica historiográfica.[18]

La misa católica

La materia prima más obvia a la que recurrieron los sospechosos vascos
fue, sin dudas, la propia misa católica. No hay dudas de que el sacramento les
resultaba muy familiar. Un número significativo de sospechosos sostuvo que
asistían a la iglesia y practicaban las devociones cristianas. La irrupción de
la figura de la "Reina del sabbat" en sus confesiones reafirma el hecho de que
para crear los relatos sobre la misa de las brujas los sospechosos abrevaron
en experiencias litúrgicas "reales". El personaje de la "Reina del sabbat", que
no era un componente central del estereotipo europeo del sabbat pero que
en las provincias vascas de Francia y España aparecía con frecuencia en las
confesiones, tenía un rol prominente en la misa diabólica, tal como explica
la *Sentencia conjunta*:

> "al tiempo del ofertorio se buelbe hazia los bruxos y sentado en una
> silla se ponia a su lado la dicha graçiana de barrenechea que como mas
> principal y Reyna de todas tenia el officio de la baçinilla la qual estaba
> con una cadena como de oro al cuello y en la una mano tenia un portapaz
> en que esta pintada la figura del demonio y en la otra una baçinilla como
> en la que piden a las puertas de las iglesias para alumiar a los sanctos
> y luego todos los brujos començando por sus antiguedades dignidad y
> oficios ban cada uno por si a ofrecer y haziendo ciertas Reberencias al
> demonio hasta yncar la rodilla en el suelo besan lo primero el portapaz
> que la dicha graçiana tiene y luego ofrecen echando en la bacinilla lo
> que cada uno lleva segun su posibilidad ofreçiendo un sos que es media
> tarja o tarja entera y los mas ricos y poderosos ofreçen un franco que
> vale tres Reales...".[19]

Este fragmento muestra con claridad que en aquel tiempo la recolección de
limosnas durante la misa a menudo tenía lugar inmediatamente después del
beso ritual del portapaz, pero con el giro anómalo de que la práctica, en lugar

---

18. Sólo tenemos en este artículo espacio para explorar los materiales más importantes. Para otras
    influencias relevantes véase Emma Wilby, *Invoking the Akelarre*, pp. 310-11, 342-48. Véase también
    la nota 62 en el presente artículo.

19. Mw, *Sentencia conjunta*, f. 398.

de estar a cargo de un hombre como era la convención, era llevada a cabo por una mujer.[20] Sin embargo, si exploramos más en profundidad la cultura vasca encontraremos que esta anomalía no sólo no socava la autenticidad del pasaje sino que la refuerza. Si bien es cierto que en la Europa temprano-moderna lo usual era que la recolección de limosnas fuera responsabilidad de agentes masculinos, en el País Vasco era típico que esta tarea recayera en asistentes laicas o *seroras*. El propio de Lancre remarcó que en las misas a las que asistió en el Labourd pudo observar grupos de mujeres "cargando las bacinillas en las que se recoge la limosna de las almas devotas y caritativas en la Iglesia. Luego vi a una mujer a la que llaman *benedicte* (*serora*) cumpliendo el rol de *marguillere*, acercándose hasta el altar para depositar en él albas, luminarias y otras cosas similares".[21] Vista a través de este lente, la Reina del sabbat que recogía las limosnas era una ficcionalización, apenas velada, de la *serora* que en las misas católicas cumplía una función similar.

Pero la circunstancia más relevante aquí no es la *serora* misma sino el hecho de que quienes la introdujeron en las misas diabólicas con toda probabilidad fueron los sospechosos –para quienes resultaba una figura familiar– y no los jueces. Si bien en toda Europa Occidental era común ver servidoras laicas así como otras figuras femeninas realizando tareas mundanas como la limpieza, sólo en el País Vasco estas obligaciones se combinaban con responsabilidades de carácter más ritual como la recolección de limosnas. No caben dudas de que en tanto visitantes foráneos los jueces percibieron el carácter exótico o poco ortodoxo de las tareas realizadas por las *seroras*. De Lancre, por ejemplo, dedicó muchas páginas de su *Tableau* a lanzar un mordaz ataque contra el rol de la *serora* en la sociedad vasca, impactado por el hecho de que en el Labourd la recolección de limosnas recayera en mujeres "y no sobre los hombres (...) como sucede en las buenas ciudades de Francia con los burgueses más honorables".[22] La importancia del rol de la "Reina del sabbat" también sugiere que la introducción en la misa de las brujas de una figura similar a la *serora* fue responsabilidad de los sospechosos. Como sostiene Roslyn Frank, en este período la *serora* no se ocupaba sólo de la recolección de las limosnas. También ejercía muchas otras obligaciones relacionadas con el cuidado de la comunidad, como la organización del calendario eclesiástico, la supervisión de la instrucción religiosa de las jóvenes y el cuidado de la salud de los parroquianos. Pero lo más relevante era que la *serora* asumía la responsabilidad de las "ceremonias de la parroquia en las que participaban mujeres", un rol que les daba un acceso único al altar y una autoridad ritual concreta como "adjunta del sacerdote".[23] Si observamos las confesiones de los sospechosos

---

20. El portapaz es una tabla o placa con una imagen sagrada para ser besada.

21. Pierre de Lancre, *Tableau de l'inconstance,* p. 59.

22. *Ibid.,* p. 59; Roslyn Frank, "A Diachronic Analysis of the Religious Role of the Woman in Euskal Herria: The Serora and her Helpers", en Miguel Ángel Barcellina *et alii* (eds.), *La Mujer en Euskal Herria: Hacia un feminismo propio,* Donostia, Basandere, Argitaletxea, 2001, pp. 9, 11, disponible en https://www.academia.edu/472713. Último acceso en enero de 2023.

23. Roslyn Frank, "A Diachronic Analysis", pp. 1-3.

de brujería hallaremos que atribuían a la Reina del sabbat una amplitud
de actividades similar.[24] Además de recoger limosnas en la misa diabólica,
organizaba y supervisaba otras actividades asociadas al culto brujeril, como
la presentación de las ofrendas, la organización de los banquetes, la confec-
ción de los venenos y todo lo relacionado con la instrucción de los novicios de
la secta. Pero lo más importante de todo es que la Reina del sabbat gozaba
de un acceso único al diablo, circunstancia que le confería una importante
autoridad ritual. La *Sentencia conjunta* la describe como una "reyna Caudillo
y caveça de la junta y aquelarre (…) con cuya enseñança se rigen y gobiernan
todas las juntas y aquelarres (…) y como tal Reyna preeminente en dignidad
siempre asiste al lado del Demonio". Las múltiples facetas y la naturaleza
realista del rol de la Reina del sabbat en el culto brujeril, así como el respeto
con el que se la describía, no parecen derivar de la distante mirada que sobre
las *seroras* tenían los magistrados de extracción urbana sino más bien de la
cercanía que con ellas tenían los aldeanos ordinarios en las aldeas vascas.

Existe evidencia que sugiere que no fue sólo la misa convencional la que
tuvo influencia en los relatos construidos por los sospechosos sino también
otros tipos específicos de ceremonias. Uno de los motivos de inversión centrales
en la liturgia de las brujas era el color negro. Tanto en las descripciones de la
misa diabólica francesa como en la española aparecen frases como "*vn Hostie
noir, & vn calice noir*", "una ostia que es negra a modo de suela de çapato",
"un altar con manteles negros y feos devajo de dosel de paño viejo negro y
roto".[25] La parafernalia ritual negra aparecía ya en la confesión de Bosdeau.
El relato recogido por Florimond de Raemond, de hecho, aludía a un "sombrero
negro", a "hisopos negros" y a "una rodaja de nabo teñida de negro" a modo de
hostia. Es probable que de Lancre recuperara estos elementos en un esfuerzo
por replicar el modelo de Burdeos. Pero la evidencia también sugiere que los
sospechosos vascos se involucraron en estos relatos en sus propios términos
abrevando en los rituales mortuorios de su tiempo.

Al igual que la misa de las brujas, la que se celebraba por los difuntos
–en rigor de verdad, todas las prácticas fúnebres– utilizaban por lo común
el color negro. De Lancre sostuvo que "los bayoneses y los vascos decoran
los lugares donde están sus sepulturas en las iglesias y en los cementerios
con una tela negra".[26] Así como de la misa diabólica participaban sobre todo
brujas también los rituales funerarios vascos estaban principalmente reser-
vados a las mujeres. Frank destaca que "ni el jefe del hogar (*etxekojuanak*)
ni sus parientes varones participaban de los rituales funerarios asociados a
las tumbas familiares o *jarleku*, pues se consideraban un territorio exclusivo
de la señora de la casa (*etxekoandrea*), de las *seroras* y de otros miembros
femeninos de la parroquia".[27] Vistos a través de esta lente, los testimonios de

---

24. La dilatación del rol de la "Reina del sabbat" resulta más visible en las confesiones vasco-españolas.

25. Pierre de Lancre, *Tableau de l'inconsance,* p. 461; Ms. *Sentencia conjunta,* f. 398.

26. Pierre de Lancre, *Tableau de l'inconstance,* p. 457.

27. Roslyn Frank, "A Diachronic Analysis", pp. 2-3.

los sospechosos que afirmaban que quienes asistían a la misa de las brujas portaban "candellillahs de rrasina" o que "prebienen pan y amasan y hazen obládas de harina de trigo comun" nos remiten al hecho de que las ofrendas fúnebres más comunes que se llevaban a la iglesia durante el año ritual de conmemoración de los muertos eran, precisamente, panes y velas.[28] La *Sentencia conjunta*, de hecho, afirma abiertamente que las brujas "llevan de sus casas los dineros obladas vino candelas y otras cosas que acostumbran ofreçer al demonio al modo que los catholicos christianos lo hazen en la iglesia".[29] En este sentido, el comportamiento de las brujas reflejaba con precisión el de las mujeres del Labourd quienes, según un exasperado de Lancre, se reunían "en la iglesia (...) y pasaban allí tanto tiempo [con sus negocios] que con frecuencia la misa acababa antes de que ellas hubieran terminado".[30] Más pertinente resulta aún el hecho de que el componente funerario se relacionara de manera directa con la figura de la *serora* que, como vimos, fue parte de los aportes que los sospechosos vascos hicieron a la misa de las brujas. Hemos dicho que la *serora* tenía especial jurisdicción sobre las "ceremonias que involucraban a las mujeres". Pero lo que no hemos mencionado aún es que las ceremonias en las que las mujeres estaban más comprometidas eran precisamente las relacionadas con los muertos. La responsabilidad ritual más importante de la *serora* era la de presidir los ritos y las oraciones que tenían lugar en las tumbas familiares (*jarleku*) situadas en el interior de los templos o en los cementerios. Frank afirma que:

> "[la *serora*] actuaba como ministra y coordinadora de las actividades rituales femeninas que tenían lugar en las piedras sepulcrales, guiaban las procesiones rituales de las mujeres, llevaban las ofrendas de pan y velas al altar y presidían los complicados actos rituales destinados a los muertos bajo la tutela de la señora de la casa (*etxekoandreak*). Además, la *serora* acompañaba a las mujeres a la vivienda de la persona fallecida donde rezaba el *Requiescat in pace* en latín o en vasco".[31]

En lo que respecta a la presencia del color negro en la misa de las brujas resulta pertinente resaltar que en la región vasca eran las mujeres de la comunidad, bajo la guía de su líder ritual o *serora*, las que cargaban sobre sus hombros con la responsabilidad de los rituales funerarios, lo que explica que la imaginación femenina fuera la más afectada por el predominio de dicho color en esta clase de ceremonias. No deja de resultar irónico que de Lancre pusiera de manifiesto esta asociación, aunque sin una plena comprensión del fenómeno, al afirmar que las brujas del Labourd confeccionaban sus velas con resina o brea negra "porque el diablo quiere imitar" las prácticas fúnebres.[32]

---

28. Florencio Idoate, *Un documento de la Inquisición sobre brujería en Navarra,* Pamplona, Aranzadi, 1972, pp. 165-164.

29. Ms. *Sentencia conjunta,* f. 398.

30. Pierre de Lancre, *Tableau de l'inconstance,* p. 44.

31. Roslyn Frank, "A Diachronic Analysis", pp. 2-3.

32. Pierre de Lancre, *Tableau de l'inconstance,* p. 457.

La misa del desgobierno

Aun cuando los rituales mortuorios tuvieron una enorme importancia no son los únicos que debemos tomar en consideración. Ya hemos visto que la misa de las brujas vascas se caracterizó por una fuerte inversión. Pero si miramos más en detalle estas inversiones descubriremos que muchas de ellas recogían trazos absurdos o pseudo-cómicos que resultan discordantes con la solemnidad del ritual de la misa. Las referencias a sacerdotes que en el momento de la elevación de la hostia flotaban cabeza abajo o a brujas que acompañaban dicho momento cantando "¡cabrón arriba, cabrón abajo!", no parecen guardar relación alguna con la gravedad que exigía una misa celebrada por los vivos o por los muertos. Igualmente incongruentes son las quejas de Pierre de Lancre contra las brujas que "cuando hacen la señal de la cruz dicen otras palabras sucias, mucho más blasfemas que las primeras, sin rima ni sentido, salvo para burlarse del misterio", como se observa en la siguiente fórmula: "en el nombre de *Patrique, petrique d'Aragon, Iannicot de Castille,* ¡dame un beso en el trasero!". También son difíciles de explicar las confesiones de las brujas españolas que confesaban que el diablo "arroja una bentosidad" cuando lo besaban en la "muy sucia, inmunda y asquerosa [parte] devaxo [de su cola]".[33] Incoherencias análogas se observan en la confesión de Bosdeau ante el parlamento de Burdeos, en particular la referencia a que la hostia era una rodaja de nabo teñida de negro. La presencia de estos elementos cómicos en la misa de las brujas vascas exige claramente una explicación.

Para encontrar respuestas debemos recordar que en el período de los juicios por brujería el concepto de inversión no sólo era utilizado por las élites intelectuales y religiosas para racionalizar o articular conflictos cosmológicos. A él recurrían todos los niveles de la sociedad de las maneras más diversas y subversivas. En relación con la misa de las brujas cabe subrayar la importancia que la inversión tenía en el teatro popular. Stuart Clark señala que

> "durante la Edad Media tardía y el Renacimiento la inversión ritual paródica fue un elemento característico de los ritos populares en la aldea, en los *ludi* religiosos y educativos, en los carnavales urbanos y en los entretenimientos cortesanos. Estas prácticas festivas tenían como trazo en común el hecho de que se beneficiaban con las licencias provisorias que permitían comportamientos desordenados o formas de 'desgobierno', basadas en una inversión temporal pero completa de las jerarquías de estatus y de los valores consuetudinarios".[34]

Hace mucho tiempo que los especialistas en la brujería europea vienen señalando que los sospechosos abrevaron en estas experiencias para dar cuerpo a los componentes festivos del sabbat. El caso vasco no es la excepción. Tanto en el sabbat del Labourd como en el navarro los trazos carnavalescos tenían lazos directos, que los propios sospechosos señalaban, con las festividades

---

33. *Ibid.,* p. 458; Ms. *Sentencia de María de Zozaya,* f.408.

34. Stuart Clark, "Inversion, Misrule and the Meaning of Witchcraft", *Past and Present,* 87:1 (1980), p. 101.

asociadas a la víspera de san Juan.[35] Los historiadores, sin embargo, por lo general han subestimado el peso que estas tradiciones de desgobierno tuvieron en la dimensión ritual más formal del sabbat.

Aun cuando la celebración del desgobierno a menudo se centraba en la subversión de las normas culturales ligadas a los apetitos e impulsos humanos básicos (comida, sexo, agresión, etc.), también se empleó para satirizar y parodiar las jerarquías y las costumbres relacionadas con el género, el estatus social, la práctica judicial y, más importante todavía para nuestro tema, la institución, las doctrinas y la liturgia de la Iglesia. La subversión litúrgica se desplegaba de la manera más abierta en la "Fiesta de los Locos", un festival en torno al solsticio de verano que incluía expresiones teatrales originalmente protagonizadas por clérigos inferiores, pero de las que se apropiaron los laicos a fines de la Edad Media. Grupos de actores, laicos o clérigos, elegían un líder surgido de su propio grupo y le concedían un título eclesiástico. Los jóvenes a menudo eran consagrados "obispos niños". Se utilizaban máscaras y vestimentas que imitaban la liturgia oficial. Se parodiaban la confesión, las letanías, las oraciones, las hagiografías, los sermones y los rituales, con el objeto de subvertir las normas morales y religiosas. Los sermones, por ejemplo, alababan la pereza en lugar del trabajo duro, la suciedad en reemplazo de la limpieza, la venganza por oposición al perdón, etc.[36] En un período tan tardío como la década de 1570, los artesanos de Burdeos continuaban construyendo escenarios de madera para representar durante la Fiesta de san Juan dramas satíricos en torno al bautismo de Cristo, en los cuales falsos clérigos eran rociados con agua por actores descalzos que vestían elaborados ropajes clericales con "escudillas de madera sobre sus cabezas".[37] Como si esto no fuera suficiente, los textos eclesiásticos tenían guiones que parodiaban de manera directa el sacramento mismo de la misa. Tal era el caso de la "misa del apostador", "la misa del glotón", "la misa del bebedor". Esta última, por ejemplo, estaba dedicada al "dios del vino" y exaltaba las virtudes de la ebriedad. En el mundo al revés de esta *parodia sacra*, el solemne *Agnus Dei* era degradado y transformado en "cordero de Baco, que recuperas las cosas empeñadas y nos garantizas la bebida". El *Padre Nuestro* original se convertía en la siguiente oración paródica:

"Padre Baco
que estás en las copas,
santificado sea el buen vino,
venga a nosotros tu maldición,
que estalle tu tormenta tanto en las copas como en la taberna.
Danos hoy nuestra bebida de cada día".[38]

35. Florencia Idoate, *Un documento de la Inquisición*, p. 174; Emma Wilby, *Invoking the Akelarre*, pp. 185-187.

36. Emma Wilby, *Invoking the Akelarre*, pp. 319-23.

37. Barbara Sher Tinsley, *History and Polemics in the French Reformation*, p. 28.

38. Martha Bayless, *Parody in the Middle Ages: The Latin Tradition*, Ann Arbor, The University of Michigan Press, 1996, pp. 94, 114-16, 344: "*Pater Bacche / qui es in schyphis, / sanctificetur bonum*

Si bien la Fiesta de los Locos era la expresión más compleja y clara de esta subversión teatral, los elementos de inversión litúrgica cómica podían irrumpir en los entretenimientos carnavalescos en cualquier momento del año, tanto en las representaciones públicas como en las privadas. La siguiente descripción de una celebración del Martes Gordo, en la provincia española de La Mancha en 1567, ilustra la manera en que estas expresiones teatrales emergían espontáneamente en un entorno laico informal:

"Un grupo de personas, dos hombres y dos mujeres, estaban bebiendo y bailando en su vivienda. Inspirados por la ocasión, una de las mujeres tomó un plato repleto de tierra y cenizas y comenzó a hacer la señal de la cruz en la frente de cada uno de los presentes, diciendo '*Memento homo*'. Luego uno de los hombres tomó un recipiente y una cola de buey y comenzó a rociar agua sobre quienes habían sido signados. Les divirtió tanto el juego que decidieron ponerse las ropas al revés, cubrirse con máscaras y visitar la casa del familiar de la Inquisición en el pueblo y la de su empleador".[39]

Esta tradición del desgobierno resulta en extremo relevante para la misa de las brujas vascas. Como muchos de sus contemporáneos en Europa, los vascos temprano-modernos se divertían con las parodias litúrgicas. Julio de Urquijo afirma que en 1591 el Sínodo de Pamplona prohibió el uso de "vestimentas bendictas" en "comedias y autos" y determinó que no se "contrahagan a ninguna persona ecclesiastica [con ellas]", bajo "pena de excomunion mayor y seis ducados de multa".[40] Hallamos irónicamente pruebas de la generalización de estas prácticas en una observación de Pierre de Lancre: "en todas sus parroquias adoptan los nombres de personas eclesiásticas y a los magistrados populares los llaman abades. En todos sus festines jamás dejan de designar a un obispo, y en sus juegos [nombran] otro abad del Malgobierno. Ahora bien, todo esto es para apropiarse de tales cargos y ridiculizar el misterio".[41]

En lo que respecta a los procesos por brujería, sin embargo, la cuestión es más compleja. En el siguiente fragmento del *Tableau* expresiones como "nos dijeron" o "ellos dijeron" indican de manera contundente que eran los sospechosos quienes introducían en las descripciones del sabbat los elementos derivados de los rituales de desgobierno:

"[en el sabbat] hay obispos y prelados, incluso en la parroquia de Saint Pé. El diablo vio que en la Iglesia la imagen de san Pedro portaba una tiara dorada. Los testigos que acostumbraban ir al sabbat nos dijeron haber visto al joven Señor de Lancinena con un gran sombrero que imitaba dicha tiara y por ello todos lo llamaban y lo tenían como el obispo

---

vinum. / *Adveniat damnum tuum.* / *Fiat tempestas tua sicut in schypho sic etiam in taberna.* / *Potum nostrum da nobis hodie*".

39. Sarah Nalle, *God in La Mancha: Religious Reform and the People of Cuenca*, 1500-1650, Baltimore, John Hopkins University Press, 2008, p. xvii.

40. Julio de Urquijo, "Del Teatro Litúrgico en el País Vasco: 'La Passion Trobada' de Diego de San Pedro (representada en Lesaca en 1566)", *RIEV*, 22 (1931), pp. 160.

41. Pierre de Lancre, *Tableau de l'inconstance*, p. 44.

del sabbat. Cuando el diablo bailaba lo tomaba por la mano y todos quienes pasaban delante suyo lo saludaban como persona a la que se debía mucho respeto".[42]

En otras secciones de las confesiones, sin embargo, el desgobierno resulta más difícil de detectar sobre todo porque los motivos de inversión litúrgica terminaban fácilmente subsumidos, por obra tanto de los jueces como de los sospechosos, en los estereotipos brujeriles demonológicos. No obstante, muchos elementos del ritual del sabbat que parecen oscuros o ridículos si se los considera de manera aislada, cobran nuevo sentido si se los observa a través del lente del desgobierno. Las rimas y los cantos que las brujas afirmaban insertar en sus liturgias diabólicas, como *"au nom de Patrique, petrique d'Aragon"*, parecen menos absurdos si recordamos que en el teatro del desgobierno los actores "mezclaban canciones y palabras profanas con salmos e himnos de la Santa Iglesia". También alteraban los intercambios verbales propios de la liturgia oficial: "el Señor esté con ustedes" se transformaba en "el Fraude esté con ustedes", "oremos" se convertía en "lloremos", etc.[43] Las brujas españolas, que cantaban "¡cabrón arriba, cabrón abajo" en el momento de la elevación de la hostia, terminan resultándonos menos incomprensibles y ciertamente menos macabras si recordamos que, cruzando la frontera con Francia, los clérigos del siglo XVI se lamentaban de la mala calidad de la comida en las tabernas cantando en público la siguiente parodia de las letanías de la Virgen:

"Santa cabra marchita, ruega por nosotros,
Santa cabra flaquísima, ruega por nosotros,
Santa cabra muerta de hambre, ruega por nosotros,
Santa cabra antigua, ruega por nosotros,
Santa cabra muerta sin espada, ora por nosotros,
Santa cabra hedionda madre de los chivos, ora por nosotros".[44]

La confesión de los sospechosos, de que honraban como a su dios al diablo sentado en una silla con brazos invertidos desde la que presidía la libertina ceremonia, resulta menos revulsiva si tomamos en consideración que en la misa de los ebrios los devotos prestaban un ruidoso homenaje al dios del vino en la caótica bacanal de la "capilla del diablo", es decir, la taberna. La afirmación de que el diablo oía la confesión de las brujas, quienes incluían entre los pecados cometidos las veces que habían ido a la iglesia y asistido a misa, las buenas obras que habían realizado y las acciones malvadas que habían dejado de cometer, resulta menos paradojal si no perdemos de vista el

---

42. *Ibid.*, p. 456. El estatus noble del protagonista refleja la práctica común de reclutar para dicho rol a jóvenes de alto estatus.

43. Henry Kamen, *The Phoenix and the Flame: Catalonia and the Counter Reformation*, New Haven y London, Yale University Press, 1993, p. 177; Martha Bayless, *Parody in the Middle Ages*, p. 352.

44. Martha Bayless, *Parody in the Middle Ages*, pp. 121-122: *"Sancta capra marcida, ora pro nobis, / Sancta capra magrissima, ora pro nobis, / Sancta capra fame mortua, ora pro nobis, / Sancta capra antiqua, ora pro nobis, / Sancta capra sine gladio mortua, ora pro nobis, / Sancta capra mater ircorum olentissima, ora pro nobis"*.

hecho de que en las confesiones y sermones paródicos "el sistema de castigos y recompensas divinas está invertido" y por ello los predicadores del desgobierno daban consejos como "si ves a tu hermano en estado de necesidad, arráncale un ojo" o "¡bebe con libertad cada vez que tengas oportunidad y así tu alma hallará el camino al Paraíso!".[45] De la misma manera, el diablo que "expulsa una flatulencia" durante el beso de la paz simplemente replicaba una de las blasfemias más comunes del Satán carnavalesco. Era fácil para los sospechosos introducir en el estereotipo de la misa de las brujas detalles extraídos de su propia experiencia como testigos o participantes de las inversiones litúrgicas. La fusión pudo verse facilitada por el hecho de que, en tanto reformadores católicos, los jueces sin dudas asociaban dichas diversiones con el diablo. Es probable que de Lancre recordara la manera en que, cuando él tenía 25 años, las autoridades de Burdeos suprimieron con éxito los dramas satíricos sobre el bautismo de Cristo que los artesanos de la ciudad solían interpretar durante la Fiesta de san Juan. El funcionario que supervisó dicha supresión fue nada menos que su cuñado, Florimond de Raemond.[46]

La misa malevolente

Si miramos más allá del desgobierno hallamos otra práctica litúrgica heterodoxa que pudo influir en las descripciones de la misa de las brujas realizadas por los sospechosos. En este caso, nuestra primera pista la hallamos en una afirmación de Pierre de Lancre: dos sospechosos y dos testigos le dijeron que, mientras él llevaba a cabo sus investigaciones en el pueblo de Saint-Pée, un grupo de brujos acompañados por el diablo ingresó por la noche en su residencia y se treparon a sus cortinas con "la intención y el malvado propósito de envenenarlo". Pero el ataque falló. Según de Lancre, las brujas le dijeron al diablo que "no encontraron manera de dañarme, a pesar de que lo intentaron varias veces y pusieron en ello el mayor empeño". En este mismo enrevesado fragmento Pierre de Lancre sostenía que mientras estuvieron en su casa "celebraron dos misas, una de las cuales fue dicha en mi recámara por un sacerdote del lugar de S. Pé y la otra por la dama de Sansinena [la "principal amante de Satán"] en la cocina, donde se hallaba algo así como un altar vestido [para la celebración]".[47] A diferencia de las otras misas descriptas en los registros sobre la brujería, este rito no se celebró en un sabbat brujeril convocado con la intención de organizar una festividad o ritual de adoración colectivo sino en un lugar que parece haber sido elegido por su proximidad con de Lancre y en el contexto de una serie de estrategias colectivas concertadas para hacerle daño.

---

45. Para las brujas véase Ms. *Sentencia conjunta*, ff. 387-388. Para los equivalentes del desgobierno véase Martha Bayless, *Parody in the Middle Ages*, pp. 94, 374, así como Ben Parsons y Bas Jongenelen, "'Sermon to Nobody': A Verse Translation of a Middle Dutch Parodic Sermon", *Journal of American Folklore*, 122 (2010), p. 100.

46. Barbara Sher Tinsley, *History and Polemics in the French Reformation*, p. 28.

47. Pierre de Lancre, *Tableau de l'inconstance*, p. 142.

Es muy sugestiva esta correlación entre la celebración de una misa y la realización de un daño. Ya hemos visto que los rituales funerarios resultan relevantes para el caso vasco. Pero lo que hasta ahora no hemos dicho es que en toda Europa por entonces se creía que resultaba posible dañar –e incluso matar– a una persona encargándole a un sacerdote que insertara su nombre en la misa de difuntos. Estas "misas de maldición", como cabe llamarlas, fueron condenadas por las autoridades eclesiásticas ya en el siglo VII. Tenían, sin embargo, un fundamento religioso racional. La alianza entre los cristianos y Dios se basaba en el hecho de que la divinidad, como retribución por su devoción, los defendería de todo mal y castigaría los pecados de sus enemigos. En este contexto, la misa de maldición partía de la premisa de que si la víctima elegida era culpable entonces Dios permitiría que la maldición funcionara. Pero si era inocente, no surtiría efecto. De esta manera toda la responsabilidad moral por la muerte se desviaba de los individuos que celebraban o comisionaban la ceremonia para recaer sobre el mismo Dios.[48] Si bien las misas de maldición siempre fueron clandestinas, por lo que resulta muy difícil conocer su naturaleza y sus alcances, existe evidencia de que se recurría a ellas en muchas regiones europeas en la Edad Media y en la temprana modernidad. Martín del Río condenó a los sacerdotes que celebraban la misa de muertos para personas que aún estaban vivas con la intención de que murieran antes de tiempo. El clérigo castellano del siglo XVI, Pedro Ciruelo, sostuvo que existían personas que "dizen algunas missas ... para alcançar algunas cosas malas".[49] Si bien no tenemos evidencia contemporánea, cabe asumir que en el mismo período las misas de maldición también se celebraban en las regiones vascas adyacentes. El fenómeno aparece en testimonios orales que fueron recogidos en siglos posteriores. En la década de 1980 los informantes de la antropóloga Sandra Ott, en la provincia vasco-francesa de Soule, le dijeron que:

> "por virtud de su *indarra* un sacerdote no sólo resulta capaz de expulsar malos espíritus; también puede obligarlos a provocar daño ofreciéndoles una *eiharr meza*, literalmente "misa de desecación". Si una "persona malvada" (*ur gaixto*) desea infringirle un daño a un enemigo puede solicitarle a un sacerdote que celebre esta clase de misa, que me aseguraron que no contiene bendiciones y que se realizaba fuera de la iglesia. Como resultado, la víctima podía padecer grandes dolores, marchitarse y morir. Una mujer septuagenaria me contó que en su juventud alguien le pidió al sacerdote que oficiara una *eiharr meza*, pero que él se negó a hacerlo".[50]

---

48. Éva Pócs, "Curse, *maleficium*, divination: witchcraft on the borderline of religion and magic", en Willem de Blécourt y Owen Davies (eds.), *Witchcraft Continued: Popular Magic in Modern Europe*, Manchester, Manchester University Press, 2004, p. 179.

49. Peter Maxwell-Stuart (ed.), *Martín Del Río*, p. 225; Pedro Ciruelo, *Reprovación de las supersticiones y hechizerías. Libro muy útile y necessario a todos los buenos cristianos*, editado por José Luis Herrero Ingelmo, Salamanca, Diputación Provincial de Salamanca, 2003, p. 166.

50. Sandra Ott, *The Circle of Mountains: A Basque Shepherding Community*, Reno, University of Nevada Press, 1993, p. 95.

Como ocurre con la liturgia del desgobierno, los intentos de identificar las misas de maldición en los expedientes judiciales se ven obstaculizados por el hecho de que las referencias al rito terminan subsumidas en el esquema de la misa de las brujas. La postura de Pierre de Lancre favorable a la demonización de esta práctica se observa con claridad en su condena al accionar de dos sacerdotes italianos que, según se rumoreaba, celebraron una misa de maldición en la cual adoptaron a "Satán (...) [como] a su amo", por lo cual "merecían el fuego".[51] La relevancia de este fenómeno en suelo vasco otorga pleno sentido a la extraña afirmación de Pierre de Lancre de que las brujas celebraron misa en sus habitaciones en Saint-Pée. Comisionado y celebrado por individuos que claramente consideraban a de Lancre una amenaza y que realizaban todos los esfuerzos posibles para dañarlo, el rito nocturno clandestino posee todos los trazos principales de la *eiharr meza* o "misa de desecación".

Si bien los registros de los procesos por brujería españoles no incluyen esta sugestiva referencia a las misas de maldición contienen evidencia de estructuras rituales más amplias. A pesar de su relevancia, la misa de maldición es sólo un ejemplo de un conjunto más amplio de prácticas litúrgicas a las que los cristianos podían recurrir para protegerse contra sus enemigos. Al igual que las misas de maldición se trataba de prácticas que eran clandestinas, por lo que el conocimiento que sobre ellas tenemos es deficiente. La evidencia sugiere que por lo común incluían el uso de oraciones, salmos y rituales físicos específicos (como la extinción de velas) que a menudo se parecían a los rituales de excomunión legítimos, en los cuales el destinatario era efectivamente "maldecido" por Dios. La escasa evidencia que existe sugiere que estas prácticas de anatematización estaban extendidas por toda Europa Occidental. Lester Little afirma que los documentos prueban "el recitado regular de maldiciones y excomuniones genéricas a lo largo de todo el período temprano-moderno".[52] El siguiente pasaje extraído de Pedro Ciruelo muestra con claridad la extensión de la práctica de maldecir en la Castilla del siglo XVI:

> "algunos dizen el psalmo *Deus laudem deam*, para que Dios les dé vengança de sus enemigos. Otros hazen maleficios y hechizos contra los que mal quieren, con pedaços de la ara consagrada del altar, y con otras reliquias santas, y con candelas bendezidas. Otros dizen algunas missas y psalmos y otras devotas oraciones de la Iglesia; hazen ayunos para alcançar algunas cosas malas y suzias del mundo".[53]

Si bien no poseemos evidencia contemporánea, cabe asumir que en el mismo período ritos similares se practicaban en las regiones vascas vecinas. En los siglos posteriores algunos registros dan cuenta en las áreas rurales vascas de la existencia de rituales de extinción de velas destinados a dañar o a provocar la muerte de los enemigos. El folklorista Barandiarán sostiene que

---

51. Pierre de Lancre, *Tableau de l'inconstance*, p. 496.

52. Lester Little, *Benedictine Maledictions: Liturgical Cursing in Romanesque France*, Ithaca, Cornell University Press, 1993, p. 274.

53. Pedro Ciruelo, *Reprovación de las supersticiones*, p. 166.

a principios del siglo XX un informante le dijo que cuando un vidente (*atzi*) de Tolosa fue consultado por una persona que residía en Ataun para que le revelara el nombre del ladrón que había robado su vaca, aquél le aconsejó que encendiera una vela de cera, que representaría al culpable. A medida que la candela se fuera gradualmente quemando también el ladrón se consumiría. Y de esta manera quedaría expuesto.[54] La popularidad de esta técnica de la vela se veía sin dudas alimentada por su cercana relación con los métodos legítimos de maldición. Durante la caza de brujas vasca de 1609-1614, por ejemplo, las autoridades religiosas españolas utilizaron dramáticos rituales de excomunión para presionar a los sospechosos y forzar sus confesiones, como la inmersión de una vela encendida en un recipiente con agua bendita mientras se pronunciaban las siguientes palabras: "de la misma manera que esta vela muere en el agua, así también las almas de estas personas rebeldes y obstinadas mueran y queden sepultadas en el Infierno".[55]

No es sencillo detectar las prácticas de maldición en los procesos por brujería vascos. Tanto los jueces como los sospechosos las asimilaban fácilmente a los actos de *maleficium*. La falta de fuentes contemporáneas sobre las prácticas comunes de maldición torna difícil atravesar la glosa demonológica. Sin embargo, contamos con un inusual *corpus* de evidencias posteriores provenientes de Europa Central, en extremo útil para nuestro tema. Hacia fines del siglo XX la folklorista húngara Éva Pócs recogió detallados relatos sobre una tradición de maldición litúrgica a la que hasta poco antes recurrían los católicos húngaros en el antiguo condado transilvano de Csík. Al decir de Pócs, se trata del "equivalente casi exacto" de formas rituales que "se han extinguido en Occidente".[56] Según los relatos recogidos en Csík los individuos se acercaban a una tercera persona –por lo general un monje ortodoxo rumano o un sacerdote denominado *kaluger*– para solicitarle que celebrara un ritual de maldición contra un enemigo. El objetivo era obtener una "venganza personal y además el justo castigo de la persona, convertida en blanco de la maldición del sacerdote". El método empleado por lo general incluía uno o más de los pasos siguientes: 1) la manipulación de objetos pertenecientes a la víctima, sobre los que un sacerdote "lanzaba una maldición" que luego el cliente debía colocar en las cercanías de su morada; 2) maldiciones verbales o rituales lanzadas directamente contra la víctima, que incluían una misa de maldición o "lámparas y velas que debían consumirse de la manera prescripta" para asegurarse de que se apagaría la vida de la persona a la que se deseaba dañar; 3) regímenes de ayuno para los clientes, por lo general prescriptos por el sacerdote para potenciar otras técnicas de maldición. Cualquiera fuera el método o la combinación de métodos que se utilizara, la transacción entre el sacerdote y el cliente era precisa y de tipo comercial. Según Pócs:

---

54. José Barandiarán, *Selected Writings of José Miguel de Barandiarán: Basque Prehistory and Ethnography*, traducido por Frederick H. Fornoff, Linda White y Carys Evans-Corrales, Reno, Center for Basque Studies Press, 2007, pp. 69 -70.

55. Gustav Henningsen, *The Witches' Advocate*, pp. 99-101.

56. Éva Pócs, "Curse, *maleficium*, divination", pp. 184, 186.

"la actividad más importante del *kaluger* era celebrar misas, recitar oraciones y lanzar maldiciones a voluntad de sus clientes, quienes pagaban por adelantado el dinero y le explicaban lo que deseaban. Según los relatos, el *maleficium* era un acto realizado de manera consciente por el sacerdote (…). Quienes se acercaban al *kaluger* debían decirle cuál era el destinatario de las oraciones, de las maldiciones o de las misas; había también que determinar el alcance exacto de la desgracia que se deseaba provocar: 'una mujer pagó para que alguien quedara cojo'; 'un hombre pagó una misa para que su esposa muriera', etc.".[57]

Si superponemos el modelo de Csík en Transilvania con los testimonios brujeriles del País Vasco en España emergen algunas correspondencias interesantes. Los sospechosos españoles, en el inicio de la caza de brujas en la región, incluyeron en sus testimonios un significativo número de referencias a *maleficia* destinados a actos de venganza. Los sospechosos a menudo agregaban que antes de encargar un daño por medios mágicos se contactaban con el diablo y le solicitaban su permiso, consejo y ayuda. Por un lado se trata de un comportamiento congruente con los estereotipos demonológicos, según los cuales el diablo solía instar y ayudar a sus servidores para que realizaran *maleficia*. Si en el siguiente fragmento de la *Sentencia conjunta* reemplazamos la palabra "diablo" por "sacerdote", el relato de inmediato nos recuerda al caso húngaro, en el que los parroquianos le solicitaban a un religioso que usara sus especiales poderes sobrenaturales para lanzar una maldición:

"se determino matar a la dicha marijoan de odia, y Haiviendo ydo al aquelarre dio sus quexas al demonio y quenta de la determinacion que tenia de la matar por la dicha razon el qual la Respondio pues si bos lo quereis hagase asi".[58]

Estos fragmentos raramente especifican los medios por los cuales el sospechoso pretendía obtener venganza. Las pocas referencias que hallamos mencionan objetos, en particular sustancias venenosas, que directa o indirectamente se ponían en contacto con la víctima, de una manera que nos recuerda mucho a los métodos usados en Transilvania. El siguiente relato, en el que aparece el diablo "bendiciendo" comida envenenada para concederle el poder de dañar a la víctima de la bruja, evoca la manera usual en que el sacerdote húngaro "lanzaba una maldición" sobre un objeto que debía luego ubicarse en la casa del damnificado o en su cercanía. La comparación se vuelve aun más precisa si consideramos que, al igual que en el caso de los sacerdotes de Csík, el diablo diseñaba una maldición específicamente adaptada a la víctima apuntada y a la severidad de su crimen:

"[Q]uando quieren que alguna persona enferme y no muera meten los dichos polvos en una mança na o nuez u otra cosa de comer y consultandolo con el demonio piden mal por tantos dias o meses y el demonio le da su bendiçion a la cosa enponzoñada y se lo conçede porque esta en su

---

57. *Ibid.*, pp. 178-79.

58. Ms. *Sentencia conjunta*, f. 393.

mano causar las muertes o daños que quiere y todos los bruxos dizen el señor por su virtud le de mal por tanto tiempo nombrando el que quieren segun que tenian permiso del demonio, y quando quieren que muere la persona hazen las mismas diligençias con el pidiéndole mal de muerte con que consiguen su yntento acabandole la vida".[59]

El énfasis que los registros brujeriles franceses y españoles ponían en el celebrante –el diablo o un brujo-sacerdote– refuerza la posibilidad de que la generalizada tradición de las maldiciones litúrgicas y de las misas de maldición influyera sobre las confesiones de brujería vascas. Para que la tradición de las maldiciones litúrgicas persistiera se requería la colaboración del clero local. Pócs afirma que estas prácticas sobrevivieron en la región de Csík, en Hungría, porque los clérigos ortodoxos adoptaron una "actitud populista", que los volvió "más dispuestos" que sus colegas occidentales a prestar atención "a las necesidades mágicas cotidianas concretas del pueblo". Según Pócs, de hecho, las maldiciones litúrgicas eran "un sistema de brujería popular integrado al sistema religioso administrado por los sacerdotes".[60] Cuando de Lancre arribó al Labourd vasco se vio impactado por el comportamiento del clero local. Según afirma en su *Tableau*, el modo de vida de los sacerdotes era inmoral. Muchos utilizaban la liturgia para fines poco ortodoxos. La única conclusión que cabía alcanzar era que "la mayor parte de los sacerdotes son brujos" y que "parecen abejas, que en ocasiones nos dan miel, pero que no dejan de llevar impresa en sus entrañas la efigie de un buey cornudo". Para de Lancre, esta hipocresía endémica era evidencia de que en este "pequeño rincón de Francia" la devoción hacia el diablo había engendrado una iglesia diabólica que "tomó un país entero" y que "el diablo ya estableció pastores, sacerdotes y curas en casi todas las parroquias más célebres".[61] Si bien los dichos de Pierre de Lancre sobre el sacerdocio vasco resultan claramente exagerados, la investigación sugiere que varios factores históricos –el aislamiento de la región y la impenetrabilidad de la lengua vasca– coadyuvaron para que las comunidades rurales locales gozaran a comienzos de la Edad Moderna de una considerable autonomía respecto de las fuerzas centralizadora de la Iglesia de la Contrarreforma. Como corolario, los agentes y las instituciones religiosas vascas estaban sometidos a un alto grado de control por parte de los laicos. La combinación de ambos factores parece demostrar que, al igual que sucedía con los *kalugers* de Csík, los sacerdotes vascos estaban más predispuestos que sus colegas franceses a atender las necesidades mágicas de la gente común. Esta flexibilidad bien pudo extenderse a las solicitudes de servicios litúrgicos de maldición, con la consecuencia de que, al igual que en Hungría, dichas prácticas pudieron desarrollarse hasta convertirse en un sistema de brujería popular integrado en el sistema religioso regido por los sacerdotes.[62]

---

59. *Ibid.*, ff. 393-94.

60. Éva Pócs, "Curse, *maleficium*, divination", pp. 187, 182.

61. Pierre de Lancre, *Tableau de l'inconstance*, pp. 60, 426, 29, 416, 39.

62. Esta perspectiva señala en dirección al potencial impacto de otra variante de misa. Las condiciones que predisponían a los sacerdotes locales a involucrarse en prácticas de maldición litúrgica, junto a

La misa confraternal

Debemos considerar un último factor de la contribución de los sospechosos al crecimiento del fenómeno de la misa de las brujas. Los registros vascos no sólo son notables porque nos ofrecen la descripción más elaborada de la misa de las brujas de todo el período temprano-moderno sino también porque simultáneamente hallamos en ellos la más completa descripción europea de la estructura y de los mecanismos más amplios del culto brujeril. Al decir de Gustav Henningsen, "tomadas en su conjunto, las confesiones de los seis [primeros] sospechosos ofrecen una descripción de los ritos y de la organización social de la secta de los brujos con una riqueza de detalles que resulta difícil igualar en cualquier otro juicio de la época".[63]

Resulta particularmente importante que en los registros franceses y españoles los pasajes relativos a la "organización social" del culto con frecuencia aludieran al intercambio de dinero. Varias brujas sostuvieron que fueron multadas por no haber asistido al sabbat. De Lancre mencionó a una sospechosa de Biarritz que, "llorando con una amargura que no vi jamás en otra criatura", dijo que "prefería pagar las multas antes que asistir al sabbat y que ella pagó ocho monedas por cada una a una mujer cuyo nombre me dio".[64] Muchos otros afirmaron, a su vez, que el diablo les daba dinero si llevaban niños al sabbat para iniciarlos en el culto. La sentencia contra María de Zozaya concluyó "que por cada uno de los que renegavan le dava el Demonio cierta cantidad de dinero" que "les aprovechava".[65] Como ya vimos, la Reina del sabbat recogía limosnas de manera rutinaria en la misa de las brujas. Estas transacciones financieras, que no son centrales en el estereotipo del culto demonológico, a menudo evocan el realismo de una experiencia vivida. Si miramos la cultura vasca contemporánea a través de un lente más grande podremos de inmediato identificar cuál pudo haber sido esta experiencia.

Si bien las sociedades de la Europa temprano-moderna se estructuraban en torno a los edificios gemelos de la Iglesia y el Estado, también se organizaban internamente a partir de una constelación de redes más pequeñas, denominadas confraternidades. Estos grupos variaban de manera considerable

---

la sólida historia de magia ritual erudita en el sur de Francia y el norte de España, los predispusieron a realizar prácticas rituales basadas en grimorios. Estos ritos, por lo común, necesitaban magos que exorcizaran y consagraran los espacios y objetos rituales a lo largo de la misa. Muchos sospechosos de brujería estaban, sin dudas, al tanto de este hecho. Incluso cuando se asociaran a las élites letradas, se hablaba de las prácticas mágicas eruditas ante el pueblo común, que en ocasiones era testigo de ellas. Un tejedor, un notario y su sirviente participaron de un ritual celebrado en Aragón en 1511, durante el cual el sacerdote francés Joan Vicente dio la instrucción de reunir vestimentas blancas y zapatos del mismo color adornadas con plumas sumergidas en sangre de ganso, junto a otros objetos rituales. Sobre estos objetos, envueltos en una tela de sendal consagrada, debía celebrarse una determinada cantidad de misas. Véase María Tausiet, *Urban Magic in Early Modern Spain: Abracadabra Omnipotens*, traducido por Susannah Howe, Basingstoke, Palgrave Macmillan, 2013, p. 37.

63. Gustav Henningsen, *The Witches' Advocate*, p. 69.

64. Pierre de Lancre, *Tableau de l'inconstance*, pp. 92-93.

65. Ms. *Sentencia de María de Zozaya*, ff. 417.

en lo que respecta a sus objetivos, estructura y membresía. Se definían en esencia por estar dedicadas a una advocación religiosa, a un oficio o a una causa particular y, por lo tanto, pertenecían a una de estas dos categorías superpuestas: "religiosas" (centradas en un ritual o en una entidad espiritual) u "ocupacionales" (centradas en una actividad o comercio compartido, por lo que también se las conocía como guildas). En un mundo en el que los sistemas de apoyo centralizados eran relativamente limitados, las confraternidades funcionaban como sociedades de ayuda mutua que brindaban algunos de los servicios que en la actualidad ofrecen las instituciones médicas, los sindicatos, las compañías de seguro, etc. Los miembros se hallaban unidos por obligaciones que impactaban en casi todos los aspectos de sus vidas. La colaboración confraternal se ocupaba tanto de las necesidades espirituales como de las materiales, desde los rituales en torno a los ciclos vitales hasta el cuidado de la salud, pasando por la protección de los negocios. Las confraternidades fueron particularmente populares entre los laicos en todos los niveles de la sociedad temprano-moderna.

En relación con el culto brujeril vasco resulta de particular relevancia el hecho de que, si bien las confraternidades en torno a oficios estaban ampliamente reservadas a los hombres, las religiosas a menudo estaban abiertas a ambos géneros. En algunos casos, de hecho, eran exclusivamente femeninas. Susan Broomhall va más lejos todavía, pues sostiene que en España "en la segunda mitad del siglo XVI las mujeres parecen haber dominado las confraternidades tradicionales asentadas en las parroquias". Según Maureen Flynn, "prácticamente todas las mujeres integraban al menos una confraternidad, incluidas las desempleadas, las sirvientas o las viudas, normalmente excluidas de las guildas".[66] Más relevante todavía es el hecho de que en el período de la caza de brujas España tuviera más confraternidades religiosas por habitante que cualquier otro país de Europa. No podemos precisar cuántas existían en el País Vasco en esta época pero un dato sugiere que debieron ser muy numerosas: en el siglo siguiente, la mayor concentración de confraternidades en España se dio en Navarra (las aldeas de Urdax o Zugarramurdi, por caso, poseían entre ambas no menos de siete confraternidades religiosas en 1771).[67] Estas estadísticas no nos autorizan a asumir con seguridad que una gran proporción de los sospechosos interrogados durante la caza de brujas vasca pertenecían al menos a una confraternidad. La presunción, sin embargo, podría explicar por qué las descripciones del sabbat vasco contienen tantas referencias al intercambio de dinero. Los miembros de las confraternidades estaban obligados a realizar contribuciones financieras únicas y periódicas (cuotas de ingreso, limosnas, etc.). También se los multaba si no asistían a las reuniones o si no cumplían con sus otras obligaciones. Los fondos reunidos se

---

66. Susan Broomhall, *Women and Religion in Sixteenth-Century France*, Basingstoke, Palgrave Macmillan, 2006, p. 101; Maureen Flynn, *Sacred Charity: Confraternities and Social Welfare in Spain, 1400-1700*, London, Macmillan, 1989, p. 10.

67. Gregorio Silanes Susaeta, *Cofradías y religiosidad popular en el Reino de Navarra durante el Antiguo Régimen*, Ph.d. diss., Universidad Pública de Navarra, 1998, pp. 112-14, 462.

utilizaban para cubrir los costos de funcionamiento de la confraternidad, para estimular ciertas actividades (como asistir a las ceremonias de iniciación) y podían repartirse entre miembros individuales en función de sus necesidades. Con mucha facilidad las transacciones monetarias implicadas en el funcionamiento de las confraternidades podían incorporarse en las descripciones del culto brujeril vasco que surgían en los interrogatorios.

Este lazo entre la confraternidad y el culto brujeril también tiene implicancias directas para la misa de las brujas. Puestas una al lado de la otra, estas dos instituciones sociales muestran un grado de correspondencia que va mucho más allá de los modos compartidos de intercambio monetario. Al igual que con el culto brujeril, los integrantes de las confraternidades estaban estratificados en novicios, miembros ordinarios y funcionarios (inferiores y superiores). La jerarquía se coronaba en la cúspide con la entidad espiritual, el oficio o la devoción a la que estaba dedicada la confraternidad (en el caso de la brujería, el diablo). Al igual que con los miembros del culto brujeril, cuando los aspirantes a ingresar en una confraternidad alcanzaban la "edad de la razón" participaban de una ceremonia de iniciación pública en la cual pronunciaban juramentos de lealtad, que con frecuencia involucraban intercambios monetarios. Como el culto de las brujas, la confraternidad realizaba reuniones regulares, en días sagrados para su patrón sobrenatural u otras fechas significativas del calendario católico y estos eventos a menudo involucraban festividades colectivas. Gregoria Silanes Susaeta sostiene que en los días dedicados a su santo patrono la confraternidad navarra de san Gregorio de la Berrueza concluía sus encuentros con una comida comunal: "de su propio presupuesto [la confraternidad costeaba] el pan, el vino, los leños, el ajo y las cebollas, el queso, los huevos y el vinagre que se requerían para la preparación de la comida".[68] Finalmente, lo más importante de todo: es un hecho que, como en el culto de la brujería, los encuentros de las confraternidades no se caracterizaban sólo por festividades sino también por rituales de adoración, penitencia o súplica dirigidos al patrón o a la devoción sobrenatural, rituales que con frecuencia incluían la celebración de una misa. Respecto de las redes confraternales en la Navarra medieval y temprano-moderna, Susaeta sostiene que resultaba usual:

> "la práctica común de los sacramentos, en concreto la eucaristía. Prácticamente en todas las cofradías se reunían una o dos veces al año, coincidiendo con las celebraciones de sus patronos, para llevar a cabo el capítulo general que debía tratar los asuntos de su asociación y, junto con él, una misa y ciertas oraciones. Solían asistir a la misa todos los hermanos con candelas encendidas, según refieren las constituciones de la cofradía de Ntra. Sra. de Eunate. La inasistencia a las misas se penaba con multas en dinero".[69]

Estas importantes correspondencias sugieren que la experiencia en las confraternidades jugó un rol crucial en la elaboración de los escenarios

---

68. Gregorio Silanes Susaeta, *Cofradías y religiosidad popular en el Reino de Navarra*, pp. 321.

69. *Ibid.*, pp. 295.

demonológicos construidos por los sospechosos. Refuerza esta conclusión el hecho de que todas las misas especializadas identificadas en este artículo se organizaban con toda probabilidad a través de los mecanismos que ofrecían las confraternidades. Respecto de las misas de difuntos, por ejemplo, las confraternidades religiosas asumían la responsabilidad de cumplir con las obligaciones funerarias, pues tenían a su cargo la organización y la asistencia al funeral y a las misas en memoria de los miembros que habían fallecido con el objetivo de acelerar su acceso al Purgatorio. Este foco puesto en los muertos de la comunidad era tan profundo que, según Flynn, las confraternidades religiosas pueden caracterizarse en esencia como "sociedades funerarias cuidadosamente construidas". Susaeta señala que en la Navarra pre-moderna "estaba prescrito el acudir a la misa, al funeral y al entierro de cualquier hermano, y el incumplimiento se castigaba con penas pecuniarias". En algunos casos, si "un hermano fallecía a una hora en la que no se lo podía enterrar" los cofrades "debían turnarse para velar el cadáver por la noche haciendo oración".[70] De manera similar, en relación con las misas del desgobierno resulta notable que las obligaciones confraternales incluyeran a menudo procesiones y juegos teatrales que podían incluir elementos carnavalescos. De hecho, las abadías de jóvenes que representaban las piezas teatrales en el Día de los Locos y organizaban charivaris y mascaradas, a menudo eran confraternidades creadas y organizadas con esa específica finalidad performativa.[71] Podemos ver el potencial de la superposición de las sociedades festivas y del culto de las brujas en los juicios celebrados en 1460 en la ciudad de Arras, en el norte de Francia: uno de los sospechosos de liderar el sabbat fue identificado como integrante de una *conférie Joyeuse* local, en la que se desempeñaba como "Abad de la Locura".[72] En lo que respecta a las misas de maldición, la naturaleza clandestina de la práctica implica que resulte difícil hallar evidencias al respecto. No queda otra opción que recurrir a la especulación. Las confraternidades estaban obligadas a juntarse para ayudar a sus miembros en problemas. Esta asistencia podía utilizarse para defender a algún integrante de la acusación de brujería. Que esto era así se desprende de una afirmación de Pierre de Lancre, según la cual el recolector de limosnas en el sabbat "anuncia a viva voz y le hace saber a la asamblea que este dinero es para emplearlo en los procesos que los brujos tienen contra quienes los persiguen para hacerlos quemar".[73] Si bien la asistencia era financiera, pues las confraternidades se establecieron para maximizar la capacidad de sus integrantes para acceder a la ayuda espiritual, resulta por completo lógico especular que también debieron recurrir a métodos de defensa

---

70. Maureen Flynn, *Sacred Charity*, p. 13; Gregorio Silanes Susaeta, *Cofradías y religiosidad popular en el Reino de Navarra*, p. 310.

71. Max Harris, *Sacred Folly: A New History of the Feast of Fools*, Ithaca y London, Cornell University Press, 2011, pp. 239-45.

72. Andrew Gow, Robert Desjardins y François Pageau (eds.), *The Arras Witch Treatises*, Pennsylvania, Pennsylvania State University Press, 2016, pp. 4, 30.

73. Pierre de Lancre, *Tableau de l'inconstance*, p. 458.

de carácter ritual. A través de esta lente, las personas que recogieron limosnas para costear una defensa legal contra de Lancre bien pudieron también encargar a algún sacerdote la celebración de la *eiharr meza* en Saint-Pée.

En conclusión, la perspectiva esbozada en este artículo pretende contribuir a explicar por qué el tema de la misa de las brujas tuvo tanta riqueza de detalles y se expandió tan velozmente cuando arribó al País Vasco. Resulta claro que los jueces tenían una gran motivación para desenterrar y sacar a la luz el fenómeno. Por un lado, por motivos personales, como la relación de Pierre de Lancre con su influyente cuñado. Por el otro, porque en tanto católicos reformadores se sentían profundamente amenazados por el perceptible crecimiento de la herejía, de la magia y de la brujería, males que preanunciaban el apocalipsis y que resultaba sencillo decodificar recurriendo al lente de la inversión. En este artículo también sostenemos que la elaboración y el crecimiento de la misa de las brujas no habría podido desarrollarse como lo hizo si no hubiera contado con la activa y creativa cooperación de los mismos sospechosos vascos. El intento de identificar las voces de los acusados en fuentes tan densamente demonológicas presenta desafíos considerables que nos obligan a tomar algunos riesgos metodológicos. Sin embargo, la estrategia nos ha permitido hipotetizar que los sospechosos ayudaron a los jueces a construir la misa brujeril gracias a que abrevaron en un amplio rango de experiencias litúrgicas, que iban desde la misa ordinaria, en particular la de difuntos, hasta expresiones heterodoxas como la misa del desgobierno o la de maldición. No caben dudas de que la misa de las brujas se integró con facilidad en el marco más amplio del sabbat porque el sacramento resultaba muy familiar para los sospechosos, que por lo general accedían al mismo a través del vehículo cultual de las confraternidades. Esta perspectiva permite también iluminar, si bien no explicar plenamente, otras cuestiones. Incluso cuando las razones de su súbita irrupción siguen resultando un misterio, podemos especular que el original relato de Bosdeau pudo verse estimulado por alguna de las prácticas litúrgicas identificadas en este artículo. El hecho de que las brujas identificadas por Bosdeau utilizaran rodajas de nabo en lugar de hostias y orina en lugar de agua bendita apunta claramente en dirección de las fiestas de desgobierno que, como se desprende del intento de Florimond de Raemond de prohibirlas, habían alcanzado una gran popularidad en Burdeos para fines del siglo XVI. En relación al problema más amplio de la teoría de la brujería europea y de la persecución en su conjunto, esta perspectiva nos recuerda que los sospechosos de brujería en la temprana-modernidad no sólo pusieron sobre la mesa festividades y folklore sino que además se vieron implicados en el desarrollo de la liturgia y de la estructura misma del culto de la brujería.

❧ CAPÍTULO IX ❧

Gaspar Navarro y la demonología en su *Tribunal de superstición ladina*

María Jesús Zamora Calvo
Universidad Autónoma de Madrid

Introducción

Desde finales del siglo XV se comienza a percibir una serie de cambios en el Occidente europeo, que desembocará en una profunda revolución social y cultural.[1] En la mente del hombre moderno empieza a esbozarse una nueva teoría del conocimiento basada en la observación y la experiencia. Desde un punto de vista estético y filosófico se vuelve los ojos hacia la Antigüedad, restableciendo concepciones que habían quedado arrinconadas durante el Medievo.[2] Al enfocar el estudio de la naturaleza desde un prisma más racional se van descubriendo las leyes que la rigen, al mismo tiempo que se establecen los cimientos de las nuevas ciencias empíricas. El universo es concebido como una entidad animada, donde el individuo se encuentra prisionero en medio de influencias invisibles, las cuales marcan el destino de su existencia.[3]

Como contrapunto a esta mentalidad positiva, vitalista e innovadora, surge otra en la que cualquier actitud de renovación queda eclipsada. En la cara opuesta de la moneda con la que se inicia la Modernidad, parece que no se tuviera en cuenta la nueva noción que se adquiere del mundo. Da la sensación de que ante este período de transformación y reajuste tan solo se percibiera lo negativo que impera en la realidad, desenmascarando con ello

---

1. Eugenio Garin, *La revolución cultural del Renacimiento*, traducido por Domènec Bergadà, Barcelona, Crítica, 1981.

2. El intelectual de esta época se abre a la vida activa, está muy volcado en el mundo moral y político, en el hombre y en su existencia, tomando como modelos a Sócrates y a Demócrito. Véase Paul O. Kristeller, *El pensamiento renacentista y sus fuentes*, traducido por Federico Patán López, Madrid, Fondo de Cultura Económica, 1993; Brian Vickers (ed.), *Mentalidades ocultas y científicas en el Renacimiento*, traducido por Jorge Vigil Rubio, Madrid, Alianza, 1990.

3. Tratados herméticos antiguos como el *Pimander*, el *Asclepio* o el *Corpus Hermeticum*, junto con el pensamiento de Platón, influyen decisivamente en este concepto del cosmos penetrado por la simpatía o la antipatía entre los elementos que constituyen sus siete esferas. Véase Eugenio Garin, *El zodiaco de la vida*, traducido por Antonio-Prometeo Moya, Madrid, Alianza, 1981.

un miedo a lo venidero que potencia creencias mágicas y supersticiones heredadas del pasado. En una Europa en crisis religiosa y moral, dominada por la inestabilidad de la vida social y la incertidumbre de la vida política, muchos teólogos creen que se está consolidando el reino del diablo.[4]

Se percibe el mal en todos los niveles de la vida, tanto en el ámbito personal (pecado, desengaño, sufrimiento, melancolía, posesión, locura, etc.), como en la esfera socio-política (principio de desmoronamiento de las instituciones básicas) y en su dimensión cultural (la escultura, la pintura y las letras muestran numerosas imágenes del diablo: unas burlonas, algunas irónicas y otras dramáticas, presentándolo como un ser cotidiano).[5] La maldad, como fruto de la incuestionable existencia del demonio, se erige en pieza clave a la hora de interpretar este período histórico marcado por el abatimiento y la confusión. En la literatura se observa que el mundo al revés o *mundus inversus* equivale claramente a un mundo loco o *mundus perversus*. El hombre premoderno parece ver como *impossibilia* o mundo disparatado las críticas realizadas al cristianismo por parte de Erasmo, las reformas de Lutero y de Calvino, las ideas de Copérnico, la guerra de los Países Bajos contra la monarquía hispánica, etc.[6] De ahí que filósofos, exégetas, teólogos, escritores y artistas subrayen la perversidad, la insania y la miseria que se ha apoderado de su tiempo.[7]

Por todo ello, los habitantes de la Europa Moderna creen en Lucifer como en un ser real, al que acusan de los males, las dolencias, las enfermedades, los infortunios, en definitiva, de las crisis que padecen.[8] El temor desmesurado al demonio se asocia en la mentalidad común con la sermoneada llegada del fin del mundo, dando lugar también a una gran atracción hacia lo satánico.[9]

---

4.   Durante el Siglo de Oro se considera que gran parte de la sociedad está endemoniada, que el mal, en sus múltiples manifestaciones (guerras, pestes, hambres, motines, impotencia, hechizos, desgobierno, etc.), la preside y gobierna. Véase Alfonso M. di Nola, *Historia del diablo*, traducido por M. García Viño, Madrid, EDAF, 1992; Carmelo Lisón Tolosana, *Demonios y exorcismos en los Siglos de Oro. La España Mental I*, Madrid, Akal, 1990.

5.   Enrico Castelli, *Lo demoníaco en el arte. Su significado filosófico*, traducido por María Condor, Madrid, Siruela, 2007; David Alfonso Alonso, "¿Cómo es tu casa, Lucifer?: representaciones artísticas del infierno desde la Edad Media al siglo XVIII", en María Jesús Zamora Calvo (ed.), *El diablo en sus infiernos*, Madrid, Abada, 2022, pp. 233-258.

6.   Se puede considerar el XVII como un siglo depresivo. Este abatimiento es común en el Occidente europeo, pero incide de manera especial en el caso de España, que en este momento ejerce de potencia hegemónica. Véase Américo Castro, *De la edad conflictiva. Crisis de la cultura española del siglo XVII*, Madrid, Taurus, 1976; Antonio Domínguez Ortiz, *El Antiguo Régimen: los Reyes Católicos y los Austrias*, Madrid, Alfaguara, 1974, t. III; José Martínez Millán y Manuel Rivero Rodríguez, *Historia Moderna. Siglos XV al XIX*, Madrid, Alianza, 2021, pp. 235-610.

7.   María Jesús Zamora Calvo, "Imaginaciones racionales: contexto social y cultural en el Siglo de Oro", en Javier Espejo Surós y Carlos Marta Induráin (eds.), *Preludio a la* Dama boba *de Lope de Vega (historia y crítica)*, Pamplona, Universidad de Navarra, pp. 9-24, disponible en http://dadun.unav.edu/bitstream/10171/58626/1/BIADIG54_01_Zamora.pdf. Último acceso en enero de 2023; Alberto Ortiz, *Ficciones del mal. Teoría básica de la "demonología literaria" para el estudio del personaje maligno*, Barcelona, Calambur, 2018.

8.   Geoffrey Parker, *Global Crisis: War, Climate Change and Catastrophe*, New Haven, Yale University Press, 2013.

9.   Nunca lo demoníaco había invadido hasta tal punto el escenario de los teatros europeos, desbordando incluso los dramas confesionales. El satanismo, con aspectos de gran guiñol, se convierte en el

La cultura demonológica

La demonología, como ciencia que se dedica al estudio del diablo, surge impulsada por san Agustín. Con anterioridad, sorprende descubrir la discreción con la que Lucifer aparece en el discurso oficial de la Iglesia.[10] En el Antiguo Testamento apenas el demonio se deja ver.[11] Para los primeros hebreos, Yahvé era un dios tribal. Los dioses de los pueblos vecinos eran sus enemigos, sus contrarios, por lo que no necesitaban otra representación del mal. Posteriormente esta religión primitiva se hizo monoteísta y fue entonces cuando Dios adquirió una omnipotencia y una omnipresencia que eclipsó al maligno.[12] La figura de Satanás se desarrolló a partir de las nuevas ideas que se adquirieron sobre la naturaleza divina. Yahvé se transformó en el señor del universo, autor de lo malo y de lo bueno, tal y como queda documentado en Isaías 45, 7: "... yo modelo la luz y creo la tiniebla, yo hago la dicha y creo la desgracia, yo soy Yahveh, el que hago todo esto".

Poco a poco la conciencia religiosa fue cambiando y las acciones temibles y reprobadas de Dios se apartaron de las piadosas y benévolas, quedando las malas vehiculadas en el diablo.[13] En el prólogo al *Libro de Job*, Lucifer se mostró como un miembro más de la corte de Dios, que aplicaba sufrimientos a un hombre inocente. El *Libro de Enoch* nos relata cómo los ángeles guiados por Semjaza y Azazel cayeron del cielo por haberse entregado a la lujuria con las hijas del hombre. De esta unión nacieron los gigantes, seres destructivos que extendieron la irreverencia y el sacrilegio por el mundo. El diluvio sirvió para restaurar el orden y encadenar a los ángeles rebeldes en las tinieblas

---

componente indispensable de la mayor parte de las representaciones durante los siglos XVI y XVII. Véase Ángel L. Cilveti, *El demonio en el teatro de Calderón*, Valencia, Albatros, 1977; Mario N. Pavia, *Drama of the Siglo de Oro. A Study of Magic, Witchcraft and other Occult Sciences*, New York, Hispanic Institute, 1959; Luis González [Fernández], *The Physical and Rhetorical Spectacle of the Devil in the Spanish Golden Age*, Ph.d. diss., Queen Mary and Westfield College-University of London, 1998; Javier Espejo Surós, "Diablos tracistas en la escena castellana: apuntes sobre denegación, autoteatralización y construcción escénica del personaje en el teatro alegórico del siglo XVI", en María Jesús Zamora Calvo (ed.), *El diablo en sus infiernos*, pp. 171-184.

10. En el Concilio de Braga del año 563 apenas encontramos declaraciones sobre este asunto. En el II Concilio de Nicea, celebrado en el año 787, se admitió que los ángeles y los demonios disponían de un cuerpo sutil de naturaleza aérea, pero en el IV Concilio de Letrán, en 1215, se afirmó que tanto unos como otros eran criaturas espirituales, carentes de corporeidad. Se consideró que tanto el diablo como sus secuaces fueron creados por Dios, pero que debido a su soberbia cayeron en pecado y se contaminaron del mal. A partir de entonces se le hizo responsable de los pecados cometidos por los hombres. Véase Jules Baissac, *Histoire de la diablerie chrétienne. I. Le Diable. La personne du diable*, Paris, Maurice Dreyfous, 1882.

11. Véase Rivkah S. Kluger, *Satan in the Old Testament*, traducido por H. Nagel, Evanston, Northwestern University Press, 1967.

12. Véase Bernard McGinn, *El Anticristo. Dos milenios de fascinación humana por el mal*, traducido por Ramón A. Díez Aragón y M.ª Carmen Blanco Moreno, Barcelona, Paidós, 1997; Bernard Teyssedre, *Il diavolo e l'inferno. Ai tempi di Gesù*, traducido por Paolo Aldo Rossi, Genova, ECIG, 1991; P.G. Maxwell-Stuart, *Satan. A Bibliography*, Gloucestershire, Amberley, 2011.

13. Norman Cohn, *Los demonios familiares de Europa*, traducido por Oscar Cortés Conde, Madrid, Alianza, 1987, pp. 90-108.

de la tierra. Sin embargo, los gigantes sobrevivieron y engendraron a los espíritus del mal (I Enoch 15, 11). El diablo también se manifestó en el Nuevo Testamento, donde asistimos a otro enfrentamiento entre Dios y el mal. El fin que Satanás persiguió entonces fue el de oponerse a la nueva religión. Se convirtió en el antagonista de Jesucristo. Tentó a los cristianos para hacerse con su alma y su cuerpo. La humanidad pudo decantarse por vivir en el reino de Cristo o en el de Satanás.

A lo largo de la historia, los teólogos más célebres intentaron dar respuesta a las cuestiones que sobre el diablo se plantearon y que hacían referencia a su naturaleza, poderes, corporeidad, aspecto, etc. Los padres de la Iglesia se esforzaron por dar coherencia a las diversas tradiciones diabólicas surgidas de diferentes corrientes. En el siglo I de nuestra era, ya se relacionó al diablo explícitamente con la serpiente que aparecía en el Edén. También propagaron la idea del combate mítico como origen del universo.[14] Para Lactancio, Lucifer era el hermano menor de Cristo; en un momento determinado se volvió envidioso y de este modo los dos hijos de Dios encarnaron uno el bien y el otro el mal. Por ello el demonio era necesario para el hombre, ya que sin él no existiría el peligro ni la tentación.[15] Gregorio de Nisa, seguido por Ambrosio, León y Gregorio el Grande, pensó que Satanás fue engañado por Dios, quien le ofreció a Jesús a cambio de los hombres. Cuando Cristo triunfó sobre la muerte, el diablo se sintió burlado.

San Agustín cambió esta visión de lucha cósmica afirmando que Dios permitió el mal para extraer el bien de él.[16] Con ello convirtió el pecado en una pieza necesaria dentro de la creación. Esta construcción teológica transformó al diablo en un instrumento que servía para corregir los malos hábitos humanos. El pensamiento agustiniano definió la figura de Lucifer. Sin embargo, esta concepción no caló del todo en la sociedad ni en la cultura de la época. A lo largo de los siglos medievales, Satanás se fue metamorfoseando en un ser poderoso y temible que intervendría de manera decisiva en la vida de los cristianos.[17]

En este período, la demonología era tan solo una preocupación casi exclusivamente teológica, un elemento de discusión doctrinal. Los monasterios contribuyeron al desarrollo de esta imagen satánica. Tanto monjes como eremitas se sintieron asaltados por sugestiones y alucinaciones a causa de una vida llena de privaciones y soledad. Fueron víctimas de alteraciones nerviosas, físicas, psíquicas, atribuidas a la acción del diablo.[18] Los relatos de las vidas de los padres del desierto aumentaron estos miedos. En este sentido, la

---

14. Neil Forsyth, *The Old Enemy. Satan and the Combat Myth*, New Jersey, Princeton University Press, 1987.

15. Lactancio, *Institutions divines*, editado y traducido por Pierre Monat, Paris, Cerf, 1992, livre IV.

16. San Agustín de Hipona, *De doctrina christiana* y *De civitate Dei*, en *Obras de san Agustín*, Madrid, Biblioteca de Autores Cristianos, 1965.

17. Jeffrey B. Russell, *Lucifer. El diablo en la Edad Media*, traducido por Rufo G. Salcedo, Barcelona, Laertes, 1995.

18. José Martorell, *La voz del desierto. El legado espiritual de los eremitas cristianos*, Madrid, Arca de Sabiduría-EDAF, 1997.

Vida de san Antonio escrita por san Atanasio hacia el 360 influyó de manera determinante en el imaginario demoníaco del Medioevo, convirtiendo al mundo en un campo de tentaciones.[19] Los *Diálogos* de Gregorio el Grande, escritos en el siglo VII, se salpicaron de historias piadosas en las que el mal aparecía encarnado en un gran número de manifestaciones cotidianas.

Hasta el siglo XII Satanás fue un personaje cotidiano. La cultura cristiana admitió su existencia con naturalidad. Protagonizaba relatos monásticos, sermones parroquiales, iconografía devocional y creencias supersticiosas. Aunque su radio de acción se encontraba en la tierra, físicamente pertenecía a un mundo espiritual. A medida que se fueron multiplicando los focos heréticos se produjo un cambio radical en esta convivencia con el diablo.[20] Para infundir temor en las poblaciones, los teólogos expusieron una doctrina demonológica que dio lugar a una mentalidad obsesiva basada en el miedo y en la reprobación.

> "Lucifer llegó a ser tan distante como Dios, inmensamente inquietante y, al mismo tiempo, capaz de infiltrarse en los cuerpos de sus cómplices humanos. Desde aproximadamente el año 1400 hasta 1580, la demonología se extendió como una mancha de aceite sobre todo el continente, modificando a la vez las percepciones de las generaciones sucesivas que la producían y las opiniones de sectores cada vez más amplios de la sociedad".[21]

La doctrina teológica que santo Tomás de Aquino fija sobre el diablo en su *Summa Theologica* adquiere un desarrollo casuístico durante los siglos XVI y XVII, período este en el que se hace indispensable un profundo conocimiento del mundo satánico para descubrir los casos en los que se producen pactos con el Maligno, al mismo tiempo para ofrecer a los fieles los medios más eficaces de protección y defensa.[22] Las obras de demonología que aparecen en los primeros años de la imprenta replantean las antiguas cuestiones sobre Lucifer y sus seguidores, con el objetivo práctico de individualizar el gran mal herético y cismático de la brujería.[23]

Demonólogos ante un mundo endiablado

A lo largo de la Edad Moderna, se produjo un estallido en la redacción, la edición y la difusión de flagelos, cauciones, disquisiciones, prácticas exorcistas, manuales, etc. Esta literatura que es considerada un género literario propio adquiere un vivo interés entre los teólogos, exégetas e inquisidores, ya que

---

19. San Atanasio, "Vida de san Antonio", *Cuadernos Monásticos*, 33-34 (1975), pp. 171-234.

20. Jean Delumeau, *El miedo en Occidente (Siglos XIV-XVII). Una ciudad sitiada*, traducido por Mauro Armiño, Madrid, Taurus, 2002.

21. Robert Muchembled, *Historia del diablo. Siglos XII-XX*, traducido por Federico Villegas, Madrid, Cátedra, 2004, p. 54.

22. Santo Tomás de Aquino, *Summa Theologica*, Padova, ex typographia Seminarii, 1698.

23. Constanza Cavallero, *Los enemigos del fin del mundo. Judíos, herejes y demonios en el* Fortalitium fidei *de Alonso de Espina (Castilla, siglo XV)*, Buenos Aires, Miño y Dávila editores, 2016.

expone y aclara el complejo universo demoníaco, bien porque recupera todo el patrimonio doctrinal de los siglos precedentes, bien porque lo enriquece con elementos que proceden de las tradiciones populares y del folklore.[24] Sus escritos van configurando un *corpus* que define y fija la naturaleza de la obsesión diabólica.[25]

El tratado que dio inicio a este auge editorial fue el *Malleus maleficarum*, escrito por Kramer y Sprenger. Este libro representó la síntesis tanto de los manuales de magia escritos previamente, como de la mitología que en torno a las brujas se había ido gestando desde la Antigüedad. Un seguidor de estas tesis fue Silvestre Mazzolini, más conocido como Prierias. En su tratado *De strigimagarum, daemonumque mirandis, libri tres* (1521) no se limitó a citar la obra de Kramer y Sprenger sino que copió literalmente tanto argumentaciones como ejemplos. Paulo Grillando fue uno de los inquisidores más citados en las causas que contra la brujería se celebraron en esta época. Escribió su *Tractatus de haereticis et sortilegiis omnifariam coitu: eorumque poenis* (1536), donde expuso su punto de vista sobre la invocación al diablo, las reuniones nocturnas de las brujas y demás asuntos extraordinarios. A partir de 1580 aumentó la proliferación de estos manuales de demonología. Teólogos y jueces, tanto católicos como protestantes, rivalizaron con la erudición que vertían en sus escritos. Entre ellos destacó Jean Bodin, con su *De la démonomanie des sorciers* (1580), que tuvo una gran repercusión en esta época, ya que contribuyó decisivamente a multiplicar los procesos de brujería hasta el edicto de 1682. A Peter Binsfeld con su obra *De confessionibus maleficorum et sagarum* (1589), lo que le interesó fue el diagnóstico judicial de los fenómenos relacionados con las brujas y el modo de llegar a confirmarlo y probarlo desde un punto de vista procesal.

A medida que fueron discurriendo los años, se percibió una evolución ideológica en torno a este fenómeno. Del radicalismo inicial que generó una gran batida contra todo lo oculto, lo mágico y lo diabólico, que desencadenó en procesos judiciales engorrosos por las torturas aplicadas y donde las sentencias finales dictaron una muerte cruenta, de esta actitud tan extrema con respecto a la brujería, paulatinamente se fue afrontando la situación desde un prisma

---

24. Se enfoca al Satanás de la época premoderna desde dos prismas diferentes: por un lado, el popular y, por otro, el erudito. En cuanto al primero, este se esboza gracias a las declaraciones realizadas en los procesos inquisitoriales y a las anécdotas transcritas por humanistas y jueces. De este modo, conocemos que al diablo popular no se le designa con nombres bíblicos, sino que se le llama Robin, Pierasset, Greppin, etc.; también que su piel no es siempre negra, sino que a veces es verde, otras azul o amarilla; puede ser incluso un personaje familiar, con rasgos humanos. Nos encontramos, pues, con un universo politeísta donde el diablo es una divinidad más, a la que se puede engañar, cambiar su voluntad, presentar ofrendas y que incluso puede favorecer a los hombres. Véase María Tausiet y James S. Amelang (eds.), *El diablo en la Edad Moderna*, Madrid, Marcial Pons, 2004; Jan Machielsen (ed.), *The Science of Demons: Early Modern Authors Facing Witchcraft and the Devil*, London, Routledge, 2020.

25. Fabián Alejandro Campagne, *Homo catholicus. Homo superstitiosus. El discurso antisupersticioso en la España de los siglos XV a XVIII*, Madrid, Miño y Dávila editores, 2002; María Jesús Zamora Calvo, *Ensueños de razón. El cuento inserto en tratados de magia (siglos XVI y XVII)*, Madrid/Frankfurt am Main, Iberoamericana/Vervuert, 2005.

más racional y también humano. Pensadores como Johann Wier[26], Francesco Maria Guaccio[27], Johann Klein[28], entre otros muchos, comenzaron a plantearse este fenómeno como una enfermedad mental propia de determinadas personas que no tenían por qué estar vinculadas con el diablo. E incluso confesores de supuestas brujas, como Friedrich Spee[29], llegaron a afirmar que ninguna de estas mujeres era culpable, criticando duramente los métodos utilizados en los juicios inquisitoriales. Con ello a lo que se asistió fue a un progresivo cambio de mentalidad.

En el caso de España destacó Martín de Castañega, autor del primer manual sobre este tema escrito en castellano, el *Tratado de las supersticiones y hechicerías y de la possibilidad y remedio dellas* (1529). Creía en el diablo como ser activo, con manifestaciones físicas que intervenían cotidianamente en el devenir de los humanos. Pedro Ciruelo, por su parte, se mostró ortodoxo en los conceptos filosóficos y teológicos que vertió en su *Reprovación de las supersticiones y hechicerías* (1530), donde describe al detalle las prácticas supersticiosas más notorias de comienzos del siglo XVI. Los cuatro pilares que sustentan la base de sus críticas son: la nigromancia, la adivinación, el ensalmo y la hechicería. Fue particularmente duro con los fenómenos de aojamiento y de salutación. A diferencia de Castañega, empeñado en explicar racionalmente ambos fenómenos, Ciruelo los condenó sin paliativos achacándoselos al demonio. Diferente talante intelectual despliega Francisco de Vitoria en su *De arte magica*, incluida dentro de las *Relectiones theologicae*, que surgieron como resultado de su docencia universitaria en San Esteban hacia 1540, donde se planteó de forma sistemática la naturaleza del poder mágico. Consideraba que mientras algunos portentos mágicos eran ilusorios y fruto de la ficción de los sentidos, otros existieron en la realidad. También creía que cuando las obras sobrepasaban la facultad natural las realizaban los magos por virtud, poder y pacto con los demonios, siendo esta la verdadera arte mágica.

En esta situación de finales del siglo XVI, en la que reaparece con encendida virulencia la persecución y el castigo de cualquier manifestación calificada de herética pravedad, la Inquisición necesitaba disponer de un manual lo suficientemente completo, severo y estricto para sancionar de forma ejemplar dichos desvíos en la conducta cristiana. De ahí que los ojos de la Santa Sede

26.   Johann Wier, *De Lamiis Liber*, en *Opera Omnia*, Amstelodami, Petro Vanden Berge, 1660, ff. 669-769; *Idem, De praestigiis daemonum et incantationibus ac veneficiis*, Amstelodami, Petro Vanden Berge, 1660.

27.   Francesco María Guaccio, *Compendium maleficarum*, Mediolani, ex Collegii Ambrosiani Typographia, 1624.

28.   Johann Klein, *Dissertatio Historico-Theologica de Criminationibus nonnullorum, qui pacem publicam Augustanis in comitiis sancitam ad Lutheranas, ut vocantur, ecclesias nihil attinere, aut alioquin non servandam esse, hoc tempore contendunt*, Rostochi, Joh. Hallerv. Bibliop, 1629.

29.   Friedich von Spee, *Cautio criminalis, seu, De processibus contra sagas liber: ad magistratus Germaniae hoc tempore necessarius, tum autem consiliariis, et confessariis principum, inquisitoribus, iudicibus, advocatis, confessariis reorum, concionatoribus, caeterisque lectu utilissimus*, Francofurti, Ioann Gronaleus Austrius, 1632.

se fijaran en el texto, ya un tanto obsoleto, de Nicolau Eymeric, *Directorium inquisitorum* (1376), y encargara a un canonista español, Francisco Peña, la reedición de dicho manual, enriqueciéndolo con leyes, disposiciones, reglamentos, instrucciones, etc., posteriores a la muerte de Eymeric. Consultó a sus mentores. Divulgó el proyecto que le habían confiado y, al mismo tiempo, se asesoró por teólogos y obispos, a quienes pidió que le enviaran preguntas, sugerencias, orientaciones, que le expusieran sus problemas. Fueron precisamente las respuestas a las encuestas formuladas por Peña las que enriquecieron la nueva edición del manual, haciéndolo imprescindible para cualquier inquisidor de aquella época.

Jesuita e inquisidor, teólogo y humanista, el padre Martín del Río nos sorprende por su erudición y su credulidad con respecto a la magia y a sus manifestaciones. En un momento en el que la Inquisición española se muestra más cauta respecto a los asuntos relacionados con la brujería, la adivinación, la hechicería, los maleficios, la nigromancia, es decir, todo lo que pueda estar vinculado con el diablo, surgía su tratado, *Disquisitionum magicarum libri VI*, síntesis y compendio de pensamientos y preocupaciones propios de esta época.

En sus seis libros se recogen documentos antiguos y modernos, junto con textos curiosos e insólitos, sobre las brujas, los demonios, los maleficios, la adivinación, los remedios lícitos e ilícitos, los procesos, etc.; las opiniones a favor y en contra de la brujería, los conventículos, los viajes diabólicos, etc. Uno de los primeros ataques que recibió la obra de Martín del Río procedía de un español contemporáneo suyo, el padre dominico Tomás de Maluenda, quien declaró que las *Disquisitionum magicarum libri VI* deberían estar prohibidas porque, con el pretexto de combatir la magia, la enseñaba. Pese a ello, del Río fue leído y admirado durante el siglo XVII. En España tuvo como seguidor a Francisco Torreblanca Villalpando, jurista cordobés, quien escribió *Epitome delictorum, sive de Magia* (1618), acerca de la magia desde un punto de vista estrictamente legal. En Portugal también se percibió la influencia de la doctrina de del Río en un libro de Emanuel do Valle de Moura sobre los encantos y ensalmos, *De incantationibus seu ensalmis* (1620). En el prólogo de esta obra se afirma que el jesuita debe de ser más crédulo que muchos demonólogos anteriores y contemporáneos, que son dados a condenar por el delito de «impostura y engaño» más que por otra razón.

Gaspar Navarro: vida y personalidad

Entre esta nómina de demonólogos, preocupados por proteger el mundo del gran peligro que suponía Satanás, se encuentra Gaspar Navarro. De él tan solo conocemos que nace a finales del siglo XVI, en la villa de Aranda de Moncayo (Zaragoza), y que en torno a 1630 ejerce como canónigo de la iglesia de Jesús Nazareno, localizada en Montaragón.[30] Es un clérigo versado en derecho canónigo que incluso cuenta con el grado de doctor. Como fruto de

---

30. Véase Ángel Gari Lacruz, *Brujería e Inquisición en el Alto Aragón en la primera mitad del siglo XVII*, Zaragoza, Diputación General de Aragón, 1991.

su inquietud ante la situación que su época vive, durante años se dedica a estudiar la figura del Lucifer y sus manifestaciones en la tierra, vertiendo sus reflexiones, opiniones y también dudas en un tratado que lleva por título: *Tribunal de superstición ladina, explorador del saber, astucia y poder del demonio, en que se condena lo que suele correr por bueno en hechizos, agüeros, ensalmos, vanos saludadores, maleficios, conjuros, arte notoria, cabalista y paulina, y semejantes acciones vulgares* (1631).

A lo largo de este libro, Gaspar Navarro deja entrever que es un hombre autocrítico, serio, con un claro concepto de la justicia, humilde y un tanto misógino. Por un lado cree en el diablo como ser activo, físico, que interviene cotidianamente en el devenir de los humanos. Su credulidad le lleva a aceptar la capacidad del demonio para fingir diversas figuras (disputas 11 y 12). Admite y difunde también otros tópicos, como el de que los discípulos de Lucifer le adoran en sus conventículos o el de los íncubos y súcubos (disputa 8). Cree que tanto las brujas como los brujos pueden volar por los aires (disputas 19 y 20). Por el contrario, en numerosos fragmentos a lo largo del tratado, se tiene la sensación de estar ante alguien que no se muestra demasiado convencido de lo que dice. Incluso algunas frases, afirmaciones, reflexiones, etc., nos presentan a un teólogo escéptico, materialista, cargado de un cierto pensamiento lógico y empeñado en reducir lo esotérico a cánones de naturalidad (disputa 32). Es decir, tras un fondo de credulidad se aprecian puntos de vista basados en la razón. De todos los autores que cita a lo largo de este libro al que más nombra y admira es a Martín del Río[31], de cuya autoridad se vale para refutar algunas cuestiones: "a las cuales responde doctamente Martín del Río, de todos bien conocido, así en letras divinas como humanas" (disputa 26).

Con respecto a la mujer, guarda unas ideas muy sujetas a los prejuicios y a los miedos de su tiempo.[32] Para él, el género femenino reúne todas las condiciones para caer en los engaños demoníacos. Considera que siempre hay que poner en entredicho las revelaciones que provienen de ellas, tengan buena o mala reputación, "porque este sexo femíneo es más flaco de cabeza y

---

31. Este es un demonólogo que llama la atención no solo por su erudición, sino también por su conformidad con respecto a la magia y a sus manifestaciones. En un momento en el que la Inquisición española se muestra más cauta respecto a los asuntos relacionados con la brujería, la adivinación, la hechicería, los maleficios, la nigromancia, es decir, todo lo que pueda estar vinculado con el diablo, surge su tratado *Disquisitionum magicarum libri VI* (1599), al que, como hemos dicho, se refiere Gaspar Navarro en reiteradas ocasiones. Véase P.G. Maxwell-Stuart, *Martín del Río. Investigations into Magic*, Manchester, Manchester University Press, 2000; Jan Machielsen, *Martin Delrio: Demonology and Scholarship in the Counter-Reformation*, Oxford, Oxford University Press, 2015.

32. La misoginia es uno de los tópicos más frecuentes en la literatura medieval. Esto se debe a que a partir del siglo XIII se produce una tendencia general a degradar la imagen de la mujer, tras el idealismo del amor cortés. Las compilaciones enciclopédicas de la época reiteran argumentos de orden filosófico ("la hembra como macho estropeado", de origen aristotélico y de gran difusión medieval), naturalista (la composición humoral de la mujer la hace más propensa a la lujuria), etimológicos (para san Isidoro, *mulier* deriva de *mollities*, 'blandura') y, por supuesto, eclesiásticos (como los libros sapienciales, las recreaciones y comentarios del *Génesis*, la diatriba de san Jerónimo, etc.) que insisten en la debilidad natural de la mujer y su irrefrenable tendencia hacia el pecado. Véase María Jesús Lacarra, "Algunos datos para la historia de la misoginia en la Edad Media", *Studia in honorem Prof. M. de Riquer*, Barcelona, Quaderns Crema, 1986, vol. 1, pp. 339-361.

las cosas naturales o ilusiones del demonio las tienen por del cielo y de Dios" (disputa 14). Lo razona argumentando que sueñan más que los hombres y que parece que están llenas de angustias. "También porque abunda la mujer de pasiones vehementes y lo que procede de la pasión propia piensa que nace de la verdad" (disp. 14). Disponen de menos juicio que el hombre, son más imaginativas, con una mente poco predispuesta a la concentración. Sobre todo dice que se debe tener mucho cuidado "si son mujeres distraídas, habladoras, locas, amigas de enseñar y predicar a los demás, si así fueren, no solamente se engañan a sí mismas, sino también a hombres muy doctos y cuerdos, si a sus opiniones se entregan y a sus palabras dan crédito" (disputa 14). E incluso se muestra a favor de la lapidación en el caso de que alguna mujer se dedicara a los ensalmos: "¡Ojalá hiciesen en estos tiempos lo que los gentiles hicieron a esta mujer! ¡Cómo remediarían tantas ofensas de Dios y sería su divina Majestad servido y reverenciado y quedarían destruidas las astucias y obras del demonio!" (disputa 30). A lo largo de infinidad de relatos insertos en su tratado, deja en evidencia la ignorancia y endeblez de la mujer.

> "Había en cierta parte una doncella que vivía recogida, y muy dada a la oración, y a la frecuencia de los Sacramentos; la cual no debía tener el confesor muy exercitado en cosas de espíritu, y en encaminar las almas, o si lo tenia, no le comunicaba ella las cosas, ni le descubría los secretos de su espíritu y revelaciones que tenia, o no quería seguir su consejo: todos estos son caminos para ser vno engañado de Satanás, y perderse".

Se le apareció el demonio, transfigurado en ángel de la luz, quien le persuadió para concebir un hijo, que nacería para servicio de Dios en la tierra. La incauta creyó ser la Virgen María y accedió a tener relaciones sexuales con el diablo, fruto de las cuales:

> "empeçó a echar de ver que le crecía la barriga. Estando desta suerte la cuitada, descubriose a un ciudadano rico, y honrado de aquella ciudad y contóle la historia de su milagrosa preñez, y suplicóle se sirviese, que en un rincón secreto de su casa pudiese parir. El prudente ciudadano, aunque no creía la ficción, ni tenia la revelación por buena, con todo, porque si la negaba su casa no fuese disfamada; y porque no cayese el caso en bocas de herejes, y se burlasen de la mujer, y de nuestra Fe, permitió aguardase el parto en su casa: llego la hora, y empeçó la desventurada a ir con dolores, no de parto, sino de muerte por parir, al fin pario, en vez de parir criatura humana, parió un grande montón de gusanos vellosos, de tan horrible figura, que pasmaban a quien los miraba, y echaban de si tan terrible hedor, que no lo podían sufrir: de donde se colige que por su gran soberbia la engaño el padre de los engaños Satanás" (disputa 12).

En definitiva, Navarro nos presenta a la mujer como un ser endeble, ingenuo, asustadizo y sugestionable. Queda marcado por la tradición en la que se halla inmerso; de ahí, la fuerte misoginia que se desprende en muchas de las disputas que conforman su tratado.

Un tratado demonológico en contra de la superstición

El *Tribunal de superstición ladina* sale a la luz en 1631, en la imprenta oscense de Pedro Blusón. Todo el libro gira en torno a la figura del diablo. Es un tratado demonológico, dividido en 37 disputas, a través de las cuales su autor aborda temas como la naturaleza de Lucifer y de los espíritus malignos, el saber, astucia y poder de Satanás, los medios con los que combatir a los hechiceros, los agüeros, los ensalmos, los vanos saludadores, el arte notoria, etc. A lo largo del discurso aparecen insertas historias prodigiosas, fantásticas, maravillosas y espantables, donde se nos relatan diversas artimañas empleadas por los demonios para poner a prueba la voluntad y entereza del hombre. Con ellas el tratado gana en credibilidad, ya que se presentan como sucesos que han ocurrido realmente, donde se hace mención a personas concretas, años, lugares, etc., al mismo tiempo que sirven para relajar un poco la mente del lector a lo largo de sus disputas.

Gaspar Navarro toma la decisión de escribir contra las supersticiones que cotidianamente él presencia, cansado e irritado ante las creencias y prácticas desarrolladas que proliferan en la zona del Alto Aragón donde él vive. Y hay un hecho concreto que le impulsa a tomar esta decisión:

"Y por una cosa semejante a esta que pasando yo por la villa de Loarre hizo una persona, estando presentes algunos hombres fidedignos, tomé resolución de hacer este tratado; y fue que estando comiendo le vino a uno un flujo de sangre por las narices y con unas cruces que hizo un hombre en la cabeza y un soplo que dio, y dijo esta palabra: *Adam*, le cesó luego la sangre. Y pareciéndome a mí que debajo de aquellas ceremonias obra el demonio, le dije delante de todos los que estaban en la mesa, no usase de allí adelante. Y él dijo, no lo usaría más, porque el hombre era virtuoso y buen cristiano. Y dijo que en su tierra lo usaban con mucha frecuencia hasta los niños de ocho o diez años" (disputa 30).

A la hora de redactar el *Tribunal de superstición ladina*, Gaspar Navarro opta por hacerlo en castellano, cuyo empleo y desarrollo se afianza durante estos siglos por motivos tanto pedagógicos, como sociales o incluso religiosos. Se une así a un emergente grupo de pensadores que escriben sus obras en lengua romance, entre los que destaca Martín de Castañega,[33] Pedro Ciruelo,[34] Juan de Horozco,[35] Juan Eusebio Nieremberg,[36] Francisco de Blasco Lanuza,[37]

---

33. Martín de Castañega, *Tratado de las supersticiones y hechicerías y de la posibilidad y remedio de ellas*, Logroño, Miguel de Eguia, 1529.

34. Pedro Ciruelo, *Reprobación de las supersticiones y hechicerías. Libro muy útil y necesario a todos los buenos cristianos*, Salamanca, Pedro de Castro, 1538.

35. Juan de Horozco y Covarrubias, *Tratado de la verdadera y falsa prophecia*, Segovia, Juan de la Cuesta, 1588.

36. Juan Eusebio Nieremberg, *Curiosa filosofia y tesoro de maravillas de la naturaleza, examinadas en varias cuestiones naturales*, Madrid, Imprenta del Reino, 1630.

37. Fray Francisco de Blasco Lanuza, *Patrocinio de ángeles y combate de demonios*, Real Monasterio de San Juan de la Peña, Juan Nogues, 1652.

entre otros muchos. Con ello, su autor pretende acercar el contenido del libro a un número mucho más amplio de lectores, donde quedan ya incluidos los comerciantes y los banqueros, es decir, estamentos sociales ajenos a la nobleza y al clero, que sienten inquietud cultural, de ahí que decidan hacerse con una serie de conocimientos para opinar por sí mismos sobre un tema como este que tanto les interesa.

Lo dirige hacia la gente del pueblo, aquella que no tiene conocimiento de latín, ya que esta lengua paulatinamente se ha ido convirtiendo en un idioma de minorías que ya muy pocos son capaces de leer y menos de comprender.[38] El mismo Gaspar Navarro reconoce que no pretende formar a los doctos y les pide que sean benevolentes a la hora de juzgar su obra, no ya ideológicamente, sino por haberla escrito en "román paladino", exculpándose al alegar "que no hablo así, porque me parezca mal el estilo elocuente, que sin razón los menos retóricos condenar suelen" ("Al lector de cándido celo"). En definitiva, opta por el castellano al ser "un lenguaje fácil y común, porque el entender la verdad lo sea a todos y el método tenga más de doctrinal que deleitoso" ("Al lector de cándido celo").

Desea erradicar la falsedad que se esconde en las supersticiones que tanto calado tienen entre sus coetáneos, que según su punto de vista están vinculadas con el diablo y las costumbres perniciosas que infunde en el corazón del hombre. Obvia, por lo tanto, que sean prácticas que hunden sus raíces en un imaginario colectivo de tradición oral y cuyo significado va más allá de una superchería ineficaz que evidencia la ignorancia de quien la practica.

> "Al reparo de este daño sale este librito, con cuanto pude y supe darle, que no es más lo que sé, ni lo que puedo. Compasiva caridad puso la pluma en mi mano y me alentó hasta concluir mi intento que es solo de dar, en términos claros, un desengaño al vulgo del error frecuentísimo que padece en muchas supersticiones, que exima por devociones. No hablo con los doctos, que fuera necesario serlo primero, pero de los mejores. Doctores, he aprendido cuanto aquí determino y sentencio. Merezca su autoridad, pues no la mía, la ocupación de discretos ojos y no desmerezca la gravedad de su doctrina, por el ministerio de mi humilde y llano lenguaje, que no hablo así, porque me parezca mal el estilo elocuente, que sin razón los menos retóricos condenar suelen" ("Al lector de cándido celo").

A través de la *captatio benevolentiae*, Navarro se está mostrando como una persona humilde, de conocimientos limitados, que no puede equipararse

---

38. Resulta una obviedad reconocer que en latín se escriben un gran número de libros importantes y curiosos, que hoy constituyen una parte muy poco conocida de la cultura de la Europa occidental. Julio Caro Baroja, *El Señor Inquisidor y otras vidas por oficio*, Madrid, Alianza, 1983, p. 173: "Al ocuparnos de la significación de la magia en las sociedades de los siglos XVI y XVII, bueno es consultar a Ciruelo, fray Martín de Castañega y otros que escribieron en 'roman paladino'. Pero la obra magna sobre el asunto está en latín y está constituida por los seis libros de las *Disquisiciones mágicas*, dados a luz por Martín del Río, conocido entre los humanistas por sus trabajos filológicos, también como comentarista de textos sagrados, pero mucho más por esta gigantesca enciclopedia de la credulidad de la que casi siempre se habla de oídas".

con los grandes teólogos, con lo que desea lograr la simpatía y aceptación por parte del lector[39], al que califica "de cándido celo", es decir, que dispone de un interés y un cuidado por abordar de forma sencilla, sin estar marcado por la malicia. "Cándido" es sinónimo de "inmaculado" y "puro", con lo que también intenta atraerlo hacia el discurso que va a desarrollar. Se trata de una falsa modestia, que él mismo evidencia a renglón seguido haciendo alarde de su formación teológica realmente muy amplia:

> "Pues, como dijo San Agustín (lib. 5, *Confessionum libri tredecim*): *Iam ergo abste didisceram, nec eo debere videri, aliquid verum dici, quia eloquenter dicitur: Nec eo falsum, quia incomposite sonant signa labiorum. Rursus nec ideo verum, quia impolite enunciatur: nec ideo falsum, quia splendidus sermo est. Sed proinde esse sapientiam, et stulitiam; sicut sunt cibi utiles, et inutiles: verbis autem ornatis, et inornatis; sicut vasis urbanis, et rusticanis, utrosque cibos posse ministrari.* Escribo, pues, un lenguaje fácil y común, porque el entender la verdad lo sea a todos y el método tenga más de doctrinal que deleitoso. Espero que pues tan desarmado presento mi flaqueza, no se armará el lector para ofenderme y estimará mi amor" ("Al lector de cándido celo").

El objetivo que pretende con este tratado es el de poner fin al daño que la superstición ladina está causando entre sus contemporáneos, ya que según su parecer "con máscara de virtud y religioso culto engañan tantas almas, hasta roer en la religión y fe" ("Al lector de cándido celo"). Arremete contra el diablo y contra "los engaños que tiene, las astucias que usa, cuán enemigo mortal es de la naturaleza humana, cómo se transfigura en ángel de luz, con engaños, supersticiones" (disputa 1) y de forma especial también contra "esta maldita gente de agüeros, brujas, ensalmadores, saludadores falsos y otros de este género" (disputa 1). Ensambla todo un discurso antisupersticioso en el que paso a paso va desenmascarando las falacias que se esconden tras rituales y prácticas basados en fetichismos con nula carga verídica, como la utilización de hierbas en momentos señalados:

> "Yo en los curatos que he residido más de diez y ocho años, he visto este error y junto con esto que estas yerbas que habían cogido la mañana de san Juan o otros días, como el día de san Pedro, etc., cuando venía algún nublado las quemaban, diciendo que era bueno para contra tempestades. Y por la misericordia de Dios le ha impedido y quitado todo, de tal manera que ya no se hacen" (disputa 29).

Refuta estos comportamientos ofreciendo una argumentación científica y lógica, dentro de la corriente mecanicista que empieza a imperar en el Occidente europeo en este período, haciendo una exhibición de los conocimientos dilatados que tiene especialmente de la cultura clásica.

---

39. Se considera este recurso como uno de los fundamentos de la oratoria, muy utilizado por los romanos. Posteriormente fue empleado en los prólogos de las obras en romance, para predisponer al lector a favor del texto que tenía en sus manos, haciéndose pasar el autor como un pobre escritor que comete muchos fallos, táctica que –en la mayoría de los casos– encubre una "falsa modestia".

"Y la razón que dieron para darle esta sentencia los atenienses, fue esta: *Quia Deus, et natura in lapidibus, et herbis, non autem in verbis morborum remedia constituerat*. Porque Dios y la naturaleza en las yerbas y piedras pusieron virtud para curar enfermedades y no en las palabras. ¡Ojalá hiciesen en estos tiempos lo que los gentiles hicieron a esta mujer! ¡Cómo remediarían tantas ofensas de Dios y sería su divina Majestad servido y reverenciado y quedarían destruidas las astucias y obras del demonio! Y los prelados y los jueces no cumplen con su oficio, si no castigan semejantes hombres y mujeres que andan curando con ensalmos" (disputa 30).

Con el propósito de dar mayor veracidad al discurso, Gaspar Navarro expone hechos que él mismo ha presenciado, con lo que capta la atención del lector volviéndose más persuasivo, ya que no tiene que recurrir a terceras personas para argumentar, sino que él mismo lo ha vivido y así se lo expone a los lectores, como en la disputa 31, donde nos relata el nacimiento del séptimo hijo varón, que por el hecho de carecer de hermanas mayores terminó su madre convencida de que sería saludador.[40] Es más, se difundió que había venido al mundo con la señal que lo marcaba como tal. Gaspar Navarro encuentra una explicación a esta superstición vinculándola como una manifestación demoníaca a través de los pactos rubricados con hechiceros de la zona.

"Y en confirmación de esto vi y conocí una mujer en el tiempo que era cura, que estaba preñada y había parido seis hijos consecutivamente, sin haber tenido en el intermedio hija ninguna. Y esta no tenía muy buena fama, y decía a la gente simple y vulgar que deseaba parir el séptimo hijo, porque tendría gracia de saludador. Y todo esto lo oía yo decir y me reía yo de todo ello. Al fin sucedió, en efecto, que parió un hijo. Y luego se publicó por el lugar que había nacido con señal de saludador. Y oyendo yo esto, dije por el lugar que no creyesen que era saludador, sino que los hechiceros o hechiceras habían impreso aquella señal, o lo que es más cierto que el mesmo demonio, por el pacto que tiene con ellos, secreta e invisiblemente, con algunos medicamentos y aguas caústicas, había impreso aquella señal, y que todo aquello y cosas semejantes que suelen suceder son obras diabólicas. Extendióse lo que yo decía por el pueblo y llegó [l]a noticia de la mesma madre, de tal manera que como ella lo entendió, de allí adelante no se habló palabra del caso. Y el hombre vive hoy en día y no trata ni piensa en ser saludador" (disputa 31).

En otra ocasión, justifica la redacción de otra disputa para eliminar una superstición arraigada en la diócesis donde trabaja, que consistía en exorcizar a la langosta para que su plaga desapareciese:

"Esta disputa he movido porque habrá más de veinte años que vi en cierta diócesi[s] hacer proceso, poniendo el oficial eclesiástico procuradores contra la langosta y hacer sus demandas y respuestas, llevar lite formado.

---

40. Fabián Alejandro Campagne, *Strix hispánica. Demonología cristiana y cultura folklórica en la España moderna*, Buenos Aires, Prometeo, 2009, pp. 225-281.

Y después de haber pasado los términos jurídicos, proferir sentencia de excomunión contra la langosta. Y vi que la gente simple y muchos pueblos se opusieron, haciendo parte contra ella. De la manera que estos hacen es que se pone un juez y, delante de su audiencia, comparecen dos procuradores: el uno por parte del pueblo que demanda justicia contra la langosta, el otro pone el vicario o oficial del obispo por parte de la langosta o los otros animales, etc. Y después de muchas acusaciones que pone el procurador del pueblo y respuestas que hace el procurador de la langosta, y dados los términos de probanza de la una parte y de la otra, hácese luego proceso y, al fin, el juez da sentencia contra la langosta, en que dentro de tantos días se vaya de todo el término de aquel lugar, so pena de excomunión mayor, *latae sententiae*, etc. Y sucede muchas veces que el demonio por cegar y engañar a los pueblos que tales cosas consienten, por sus secretas operaciones hacer venir, en efecto que huyen las langostas o las demás sabandijas" (disputa 32).

Gaspar Navarro considera tanto al diablo como a sus secuaces como seres espirituales, de aspecto espantoso y tremebundo. De ser un ángel de la luz pasa a convertirse en el príncipe de las tinieblas: "por su soberbia, cayó de aquel estado de gracia tan sublime y elevada, apeteciendo ser igual a la Majestad de Dios, por lo cual fuese condenado a los profundos infiernos para siempre jamás" (disputa 20). En cuanto a las formas de operar que tiene, asegura que actúa de tres modos distintos: bien inmediatamente por movimiento local, bien aplicando las cosas activas a las pasivas (*activa passivis*), bien deslumbrando los sentidos con ilusiones (disputa 16). Con respecto a los poderes que el diablo dispone, nuestro autor considera que tan solo puede incidir en los bienes corporales, ya que al alma no la puede perjudicar sin nuestro consentimiento: "demonios, almas, hombres y todo el mundo junto no pueden dañar a nuestras almas, si nosotros no queremos" (disputa 15).

Parte de las facultades con las que el Maligno cuenta se las delega a aquellos brujos que han firmado un pacto con él. De ahí se explica por qué los magos pueden hacer morir al ganado o enfermarlo mediante polvos, grasas, mal de ojo, tocamientos de mano o de vara, etc.[41] Son capaces de destruir toda clase de cosechas o volver los campos estériles, de hacer nacer orugas, langostas, saltamontes, ratas y todo tipo de parásitos que estropean las hierbas y los frutos. Pueden quemar casas, liberar cautivos, hacer levantar los asedios a ciudades, causar victorias en batallas ordenadas o, también, elevar a los hombres a honores de dignidad. Satanás sabe cómo batir y forjar piezas de oro y plata a voluntad. Conoce los tesoros del subsuelo, las riquezas sumergidas en el mar, las minas de piedras preciosas (disputas 4 y 5).

Con el permiso de Dios, el demonio rejuvenece a los viejos. Está capacitado para ayudar a la memoria o, por el contrario, debilitarla y enflaquecerla, incluso hacer que se pierda por completo. Tratándose de adivinar el futuro, este autor tiene cuidado de precisar que Lucifer no puede predecir

---

41. María Tausiet, *Ponzoña en los ojos: Brujería y superstición en Aragón en el siglo XVI*, Zaragoza, Instituto "Fernando el Católico", 2000.

de antemano las acciones libres de los hombres. Conoce las facultades de las cosas naturales, sus fuerzas y sus virtudes a partir de la observación diaria. Además, está facultado para inclinar la voluntad de los hombres por medio del apetito sensitivo; percibe los temperamentos, sus afectos y lo que se sigue ordinariamente de los unos y de los otros (disputa 6).

En el *Tribunal de superstición ladina* se nos muestra cómo, algunas veces, el Maligno suele revestirse del cuerpo de los muertos y aparecerse en ellos. Su autoridad es, en particular, grande sobre los cadáveres enterrados en suelo no consagrado.[42] Pero generalmente su acción sobre los difuntos se explica por el dominio que le ha sido dado sobre el conjunto de las cosas corporales. Actúa, por lo tanto, de forma que, llegado el caso, los cadáveres no se pudran, que corazones y cuerpos enteros resistan al fuego durante algún tiempo, que los pelos y las uñas de los difuntos continúen creciendo, etc. (disputa 18).

De entre todas las formas de adivinación citadas por Gaspar Navarro en este tratado, dedica una atención especial a la nigromancia, considerada como la más maldita de todas las artes por su fuerte vinculación con el diablo (disputa 19). A través de ella los magos y hechiceros mantienen un pacto con el demonio, por el cual les son revelados determinados hechos mantenidos en secreto. Todo el aspecto lúgubre y macabro que la rodea, la relaciona con lo más bajo y tenebroso de la inteligencia humana. Las creencias en las que se fundamenta parten de la existencia de una fuerte conexión entre el cuerpo y el alma humana tras la muerte. De ahí que dichas almas puedan ser emplazadas mediante vapores, licores y olores corporales, junto con algunas luces artificiales, cantos, bailes, señales, piedras y anillos. Tanto rechazo siente hacia los nigrománticos, hacia "esta maldita gente de agüeros, brujas, ensalmadores, saludadores falsos y otros de este género" (disputa 1), que contra ellos escribe este tratado, con el propósito de descubrir "el poder y sabiduría del demonio, los engaños que tiene, las astucias que usa, cuán enemigo mortal es de la naturaleza humana, cómo se transfigura en ángel de luz, con engaños, supersticiones, como se verá en las disputas siguientes" (disputa 1).

A lo largo de esta obra y más concretamente a partir de la disputa 33, Gaspar Navarro tiene muy claro que la intención última que persigue el diablo, a la hora de entablar alguna relación con el hombre, es la de apoderarse de su cuerpo y de su alma. De ello quiere advertir al mayor número de personas a través de este libro. Visiones, pactos, prestidigitaciones, riquezas materiales, eternas juventudes, dones de belleza y de seducción, viajes aéreos, conocimientos ocultos, saberes mágicos, piedras filosofales o preciosas, etc., todo un amplio despliegue de poderes y encantamientos culmina con la posesión demoníaca. De ahí que, durante la Edad Moderna, se considere a Satanás como un personaje cotidiano que, mediante la astucia, consigue dominar no

---

42. María, Tausiet, "La presencia de la muerte en los procesos por brujería en Aragón en el siglo XVI", en Eliseo Serrano Martín (ed.), *Muerte, religiosidad y cultura popular, siglos XIII-XVIII*, Zaragoza, Institución "Fernando el Católico", 1994, pp. 305-320.

solo el alma, sino también todos los miembros de un cuerpo humano o animal, en su defecto.[43]

Gaspar Navarro expone algunas de estas señales con enorme nitidez y plasticidad a través de un relato, donde una monja endemoniada teatraliza con voces diferentes la naturaleza y jerarquía de los espíritus que la invaden:

"Espiritóse una monja de cierta orden y lleváronla a un prelado de su orden para que la conjurase. Duró mucho tiempo esto y la mujer comenzó a hablar fingiendo con su boca voces diferentes: con la una, que la hacía más delicada, fingía que era voz de Cristo, otra que era del demonio y ésta formaba más abultada. Con esta voz hablaba el demonio cosas impías y abominables. Con la otra le decía Cristo cosas pías y santas. Por donde vinieron muchos que la escuchaban a creer (que no debían) que unas veces la hablaba Cristo y otras el demonio. Llegó a tanto extremo el engaño, que se atrevió esta mujercilla, con ceremonia solemne, como si por su boca hablara Cristo, a consagrar una hostia, diciendo las palabras de la consagración. Y hombres píos, pero indoctos e inconsiderados (tanta es la liviandad del mundo loco), la hostia así consagrada o, por mejor decir, no consagrada por aquella loca sacerdotisa de Satanás, la llevaron en procesión y con muy grandes luminarias y mucha solemnidad, como si fuera verdadero y Santísimo Sacramento de la Iglesia; y la veneraron y reservaron en el sagrario" (disputa 14).

A la hora de buscar una justificación al fenómeno de la posesión, Gaspar Navarro expone las razones "de dar Dios licencia y permitir que los demonios se entren en los cuerpos y traten mal a los hombres" (disputa 15). Según su opinión esto se produce para que el nombre de Jesús sea alabado y glorificado, para engrandecer tanto a Dios como a sus santos, ya que en su nombre los diablos han sido expulsados. Otra razón que arguye este canónigo aragonés es la de que los hombres se percaten de cómo Satanás los tratará en el infierno a la vista del "estrago" que hace "en los cuerpos donde entra" (disputa 15). La última de las razones es más espiritual: para entender "cuán tiznada y abominable (...) alma endemoniada (...) la deja el demonio y el pecado mortal" (disputa 15).

A lo largo de su tratado, este canónigo va entrelazando experiencia, lectura y doctrina con un vocabulario analítico muy particular. Comienza fundamentando la exposición en "un principio cierto, que es artículo de fe, y es que nuestro Señor Jesucristo dio potestad y poder a los sacerdotes de la Iglesia cristiana sobre todos los demonios, para que en su nombre los conjurasen y los echasen de los cuerpos de los hombres" (disputa 33). Posteriormente especifica que no solo "los sacerdotes tienen poder espiritual sobre los demonios, más aun los de evangelio, epístola y grados, porque uno de cuatro grados se dice exorcista, que quiere decir 'conjurador'. (...) Esta potestad sobre los demonios se da a los clérigos cuando el obispo les da ordenes, y esta es la causa porque

---

43. Ismael del Olmo, *Legio: posesión diabólica y exorcismo en la Europa de los siglos XVI y XVII*, Zaragoza, Institución "Fernando el Católico", 2018.

los puros legos no tienen esta potestad de común ley de Dios y de la Iglesia" (disputa 33). Por consiguiente, el "puro lego" o seglar que conjura espíritus y pretende echar demonios de los obsesos o es un "ignorante o nigromántico y hechicero". Incluso, si algún clérigo o fraile hace ostentación de "que ejercita este oficio como suyo, más que otros, diciendo que en este caso él tiene más virtud natural o sobrenatural que los otros que tienen las mismas órdenes (...) se ha de sospechar ser como los demás nigrománticos, o charlatán y engaña mundo" (disputa 33).

En todo momento Navarro incita al buen exorcista a que "emprenda el conjurar con buen ánimo, diciendo los exorcismos de la Iglesia, sin hablar ni usar otra cosa; porque la Iglesia los tiene puestos para expeler los demonios y son tan antiguos, que a más de mil y trescientos años que se usan" (disputa 33). Aconseja que el exorcista se proteja del mal con su fe, celebre misas, haga sacrificios, ya que "para expeler al demonio tienen mucha eficacia" (disputa 33): rezar, ayunar, invocar el nombre de Jesús y de la Virgen María, emplear reliquias de santos, el *Agnus Dei* y agua bendita. Pero, sobre todo, advierte que se eviten conversaciones prolongadas y personales con el demonio y que, antes que nada, se consulten cuidadosamente las reglas de los manuales y de los rituales, para descubrir si la persona o el animal que tiene delante de él está realmente endemoniado o no (disputa 33).

Por todo lo expuesto no debemos pensar que esta explosión demoníaca constituye un mero vestigio de épocas anteriores, ni una revalorización de determinadas prácticas medievales; realmente nos encontramos ante el desarrollo de una tradición que siempre ha estado presente, desde su nacimiento, en el seno de la Iglesia. De este modo, si en la segunda mitad del siglo XIV se tacha como pecado cualquier superstición relacionada con el demonio y sus manifestaciones, a principios del XVII este mismo hecho se considera herejía. No se trata de una evolución coherente y homogénea de una línea de pensamiento. Es el resultado de un fenómeno mucho más complejo en el que se ha de tener en cuenta el contexto social, económico y político de este momento. Y de ello da fehaciente cuenta Gaspar Navarro en su *Tribunal de superstición ladina*.

❧ CAPÍTULO X ❧

La ordenanza real de 1617
y los procesos por brujería en la Noruega moderna

Gunnar W. Knutsen

Universitetet i Bergen/University of Bergen

Tradicionalmente, los procesos por brujería y hechicería en la Noruega temprano-moderna fueron estudiados desde abajo, es decir, como procesos locales con un enfoque más bien social y cultural antes que político o intelectual.[1] En este aspecto, seguían la trayectoria tradicional de la historia moderna de Noruega. Dado que formaba parte de una monarquía compuesta, dirigida por un rey situado al otro lado del mar y desprovista de instituciones nacionales desde que la Reforma luterana suprimió el Consejo Real, Noruega fue vista por lo general como un país sin política, gobernado por extranjeros entre 1537-1814. Resulta clara la expresión de I. E. Sars, quien en 1858 escribió: "suele decirse que entre 1537 y 1814 Noruega no tiene historia".[2]

Por lo tanto, cuando la profesión de historiador emergió en la Europa del siglo XIX se dio en paralelo con el proceso de construcción nacional en Noruega (como en muchos otros países). La búsqueda de una historia nacional tuvo

---

1. Véase a modo de ejemplo Gunnar W. Knutsen, "A Central Periphery? Witchcraft Trials in South-Eastern Norway", en Sølvi Sogner (ed.), *Fact, Fiction and Forensic Evidence: The Potential of Judicial Sources for Historical Research in the Early Modern Period*, Oslo, Department of History-University of Oslo, 1997; *Idem*, "Where Did the Witches Go? Spanish Witches after Their Trials", en Hilde Sandvik, Kari Telste y Gunnar Thorvaldsen (eds.), *Pathways of the Past: Festschrift to Sølvi Sogner on Her 70th Anniversary*, Oslo, Novus Forlag, 2002; *Idem*, "Norwegian Witchcraft Trials: A Reassessment", *Continuity and Change*, 18:3 (2003); *Idem, Trolldomsprosessene På Østlandet: En Kulturhistorisk Undersøkelse*, Oslo, Tingbokprosjektet, 1998; *Idem*, "The Decline and End of Witch Trials in Scandinavia", *Arv: Journal of Scandinavian Folklore*, 62 (2006); Hans Eyvind Næss, *Trolldomsprosessene I Norge På 1500-1600-Tallet: En Retts- Og Sosialhistorisk Undersøkelse*, Oslo, Universitetsforlaget, 1982; Rune Hagen, "The Witch-Hunt in Early Modern Finnmark", *Acta Borealia*, 1 (1999); *Idem*, "Harmløs Dissenter Eller Djevelsk Trollmann? Trolldomsprosessen Mot Samen Andres Poulson I 1692", *Historisk Tidskrift*, 81:2-3 (2002); Rune Blix Hagen, *Ved Porten Til Helvete: Trolldomsforfølgelse I Finnmark*, Oslo, Cappelen Damm, 2015; Liv Helene Willumsen, *Trollkvinne I Nord*, Tromsø, Høgskolen i Tromsø, 1994; *Idem, Witches of the North: Scotland and Finnmark*, Leiden, Brill, 2013.

2. Johan Ernst Sars, *Norge under Foreningen med Danmark: 1537-1814*, Kristiania, 1858, p. 1.

dos resultados. Primero, la cimentación definitiva de la idea de una época de grandeza nacional, desde la formación del reino de Noruega en el siglo XI hasta la unión de Kalmar en 1397.[3] A ello le siguió una etapa de declive, pues a partir de la introducción de la Reforma luterana tras la victoria de Christian III sobre Christian II en la guerra civil en 1537, se postula que el país atravesó una etapa oscura, "la noche danesa" o –para decirlo de manera más dramática aun– "la noche de 500 años" (hasta la ruptura de la unión con Suecia en 1905). De esta concepción de la historia del país se desprende una segunda consecuencia: que la historia de Noruega en la época temprano-moderna es la historia del pueblo y no de las élites y sus instituciones, o de los acontecimientos políticos. Sería, por el contrario, la historia de los campesinos, de los marineros, de los pescadores, de las pequeñas industrias y de la exportación de madera y pescado. De ahí que los historiadores noruegos estuvieron entre los primeros en introducir métodos para el estudio de la historia social. No fue una casualidad que Marc Bloch tuviera su gran avance internacional precisamente en Oslo. Este enfoque social y, de cierta manera, cultural, se mantuvo más de un siglo y medio: aun en estos días no tenemos mucha información sobre los funcionarios reales que administraron el país en la época temprano-moderna. Como veremos más adelante, ello trae ciertos problemas a la hora de estudiar los procesos por brujería y hechicería.

No cabe extrañarse, entonces, de que cuando los historiadores noruegos empezaron a interesarse por los procesos por brujería en la década de 1970 los estudiaran como un fenómeno social o cultural y no como una función de decisiones políticas y administrativas dirigidas por las autoridades danesas.[4] De ahí que conozcamos muy poco sobre la legislación contra la brujería y menos aun sobre la manera en que fueron implementadas dichas leyes por la administración real en la época moderna.

El sistema judicial era bastante distinto al de los países herederos del *ius commune*. La jerarquía de instancias en el sistema judicial noruego en la época moderna comenzaba en los tribunales locales (*byting* en las ciudades y *bygdeting* en el resto del país). Sus sentencias podían apelarse ante la corte de alzada (*lagrett*), donde el juez superior (*lagmann*) dictaba sentencia. Una sentencia en este nivel podía ser apelada ante las asambleas anuales del reino (*Herredag*), que fueron el tribunal más alto hasta que se estableció el Tribunal Supremo en Copenhague. Este sistema judicial se basaba en la acusación privada y era un sistema acusatorio con dos partes, que presentaban sus pruebas y testimonios ante el tribunal. No había ningún tipo de investigación y sólo en caso de pena de muerte sin acusación privada las autoridades

---

3. La Unión de Kalmar fue una unión personal entre los reinos de Dinamarca, Noruega y Suecia, establecida en 1397 mediante el Tratado de Kalmar. La unión fue creada con el objetivo de consolidar el poder de los tres reinos del norte de Europa y establecer una alianza estratégica contra las amenazas externas. Suecia salió de la unión en 1523, mientras Noruega permaneció en unión con Dinamarca hasta 1814.

4. A modo de excepción véase Ellen Janette Alm, *Statens Rolle I Trolldomsprosessene I Danmark Og Norge På 1500- Og 1600-Tallet: En Komparativ Undersøkelse*, Hovedoppgave, University of Tromsø, 2000.

podían asumir el papel de acusadores. En teoría, era un sistema judicial en el que cada pleito era un conflicto entre dos partes privadas, donde el Estado y sus oficiales no tenían otra función que la de arbitrar y ejecutar lo acordado.

El comienzo de los procesos

Aunque las leyes más antiguas del país contenían provisiones contra el delito de hechicería y prácticas mágicas, no conocemos más que un único proceso antes de la segunda mitad del siglo XVI.[5] Una vez iniciados los procesos del siglo XVI la evolución fue rápida y continua, culminando en la década de 1620.[6] En la provincia de Finnmark, la culminación fue algo más tardía, en la década de 1660, debido a factores locales que dieron una gran intensidad a los procesos. En relación con la población, el este de Finnmark tuvo la caza de brujas más intensa de toda Europa.[7]

El ritmo inicial fue muy lento: conocemos un solo proceso en 1539 y luego tenemos que esperar a 1566 para tener noticias de un segundo.[8] Desde entonces el ritmo de los procesos cambia y a partir de 1571 tenemos constancia de uno o dos por año. La mayoría los conocemos sólo por la vía de las fuentes fiscales, que nos dan información sobre ejecuciones y confiscaciones. De los procesos que acabaron en absoluciones o que fueron abandonados conocemos poco, aunque sabemos que los hubo.[9] Tenemos que destacar tres cosas. Primero, estamos hablando de procesos individuales, sin indicación de acusaciones de diabolismo o aquelarres. Segundo, Noruega es un país muy grande y lo era más aun en la Edad Moderna. Aunque la población no superaba los 250.000 habitantes en 1550, era un país más extenso que Alemania, Italia o España. Se trata, además, de un país muy largo y estrecho, con grandes distancias entre las pequeñas ciudades y una población que no vivía en pueblos sino en granjas dispersas (sólo un tres por ciento de la superficie es propicia para la agricultura). La comunicación y el control siempre fue un problema para las autoridades. Los procesos por brujería y hechicería que parecen adquirir una regularidad anual a partir de 1570 eran en realidad acontecimientos individuales, que nunca llegaron a afectar más que una pequeña zona del país y

---

5.   Bjørn Bandlien y Gunnar W. Knutsen, "Kjetterinkvisitorer I Norge", *Historisk tidsskrift*, 87:3 (2008), pp. 433-450.

6.   Gunnar W. Knutsen, "Norwegian Witchcraft Trials".

7.   Estos procesos han sido estudiados principalmente por Rune Blix Hagen y Liv Helene Willumsen en sus muchas publicaciones.

8.   Proceso contra Brita Bjørnsdatter Harlestad, Bergen 1539. Albert Hatting, "Forsøg Til En Præste-Historie, Eller Nogenlunde Efterretning Om Biskopperne Og Præsterne I Bergens Bye Og Stift, Fra Reformationen Til Værende Tid" (København, 1775). Proceso contra una anónima *byfogds frille* (manceba del alguacil de la ciudad) (Bergen 1566). Absalon Pederssøn Beyer, *Dagbok Og Oration Om Mester Geble*, editado por Ragnvald Iversen, Oluf Kolsrud y Kristen Valkner, Oslo, xx:Universitetsforlaget, 1963, vol. 1, p. 119.

9.   Por ejemplo, Anne Pedersdatter fue absuelta en su primer proceso en Bergen en 1575 y quemada en 1590. Nils Gilje, *Heksen Og Humanisten: Anne Pedersdatter Og Absalon Pederssøn Beyer: En Historie Om Magi Og Trolldom I Bergen På 1500-Tallet*, Bergen, Fagbokforlaget, 2003.

que frecuentemente ocurrían a cientos o miles de kilómetros de distancia unos
de otros. Sólo para el historiador parecen estar ligados entre sí. La tercera y
última cuestión que tenemos que destacar es que el escaso control que ejercían las autoridades, el poco uso de la escritura y la pésima preservación de
los documentos judiciales antes de la segunda mitad del siglo XVII plantean
serias dudas sobre el número total de procesos por brujería.

En 1590 hubo un cambio en el sistema judicial.[10] Hasta dicho momento los
jurados en los tribunales de primera instancia con frecuencia se negaban a
dictar sentencia. De allí en adelante estuvieron obligados a hacerlo. También
se les brindó la ayuda de un escribano jurado (*sorenskriver*), cuyo trabajo era
leerles la ley y escribir los procedimientos. La suerte de los acusados estaba
firmemente en manos de sus vecinos. Hasta 1634 los jurados juzgaron por sí
solos, pero a partir de dicha fecha lo hicieron junto con el escribano jurado que
fue convirtiéndose en juez. La profesionalización definitiva del sistema judicial
coincidió con el declive y el final de los procesos por brujería y hechicería.

La ordenanza de 1617

En 1584 se dictó una ordenanza real para el feudo de Bergenhus y Stavanger. Se trata de la primera disposición legal contra la hechicería y la
brujería posterior a la Reforma luterana. En 1593 adquirió validez para toda
Noruega.[11] Esta ordenanza fue iniciada por el obispo de Stavanger, Jørgen
Eriksen. Con ella se legalizó por primera vez la pena de muerte para quienes
saludaran por medios mágicos. Los saludadores debían ser "castigados con la
pérdida de la vida, sin piedad". Cabe detectar en esta ordenanza la influencia
de la demonología, ya que fue la primera vez que saludar por vías mágicas
se percibió como una acción que merecía la misma pena que el *maleficium*.
Por otro lado, llama fuertemente la atención que no hubiera otros cambios en
dirección al diabolismo. Esta ordenanza real no incluía ninguna referencia
al diablo, al aquelarre o al culto al demonio. En otros escritos, el iniciador de
esta ordenanza real, el obispo Jørgen Eriksen, dejó en claro que para él la
hechicería y la idolatría eran resultados del catolicismo que todavía mantenía
cierta influencia entre la población noruega.[12] Así pues, nos quedamos con
la duda de si la inspiración y motivación del documento fue anti-diabólica o
anti-católica.

La situación va a cambiar fuertemente en 1617. La ordenanza real del
12 de octubre de ese año marcó un antes y un después en los procesos por
brujería tanto en Dinamarca como Noruega. Es una ordenanza notable tanto
por su contenido como por su origen y su contexto, y más aun por los efectos

---

10. Gunnar W. Knutsen, *Trolldomsprosessene På Østlandet*, pp. 46-49; Hans Eyvind Næss,
    Trolldomsprosessene I Norge, pp. 140-42.

11. Hans Eyvind Næss, *Trolldomsprosessene I Norge*, pp. 78-80; Gunnar W. Knutsen, *Trolldomsprosessene
    På Østlandet*, pp. 38-40; Ellen Janette Alm, "Statens Rolle", pp. 66-85.

12. Jørgen Erikssøn, *Jonæ Phropheti*. Citado por Jens Christian V. Johansen, *Da Djævelen Var Ude*,
    København, Odense universitetsforlag, 1991, p. 154.

que tuvo. Empecemos por el contenido. Es una ordenanza real explícitamente inspirada por la demonología. Utiliza la antigua palabra para nombrar a las personas que utilizaban medios mágicos o tenían poderes mágicos (*troll-folk*), pero aclara que los verdaderos *trollfolk* eran los que habían entregado el alma al diablo.[13] Para ellos no cabía piedad alguna. Otras personas eran engañadas por el diablo para que creyeran en sus recetas mágicas. Como desde la perspectiva de quienes las practicaban estas acciones no implicaban una actividad demoníaca ni ponían en peligro sus almas, las autoridades, sin dejar de atribuir a tales supersticiones un carácter diabólico, consideraban que dichas personas no debían ser castigadas con la pérdida de la vida. De ahí en adelante, los saludadores no debían ser ejecutados si la justicia los condenaba. Con ello la legislación en Dinamarca y Noruega llegó a parecerse a la de otros países europeos. Pero el contexto era diferente. Esta ordenanza real fue emitida como parte de las celebraciones del primer centenario de la Reforma luterana.[14] Junto con ella se firmaron otras dos que sancionaban la sexualidad fuera del matrimonio y el uso de ropa ostentosa. El historiador danés Jens Christian V. Johansen caracterizó al conjunto de estas ordenanzas como "una cruzada moral" impulsada por el rey Christian IV.[15] No cabe dudar de su motivación: quería reformar la moralidad pública para rehacer sus dominios según la imagen luterana de lo que debía ser un reino cristiano.[16] El deseo del rey de que esta ley se cumpliera se percibe claramente en el texto del documento, que en parte adquiere la forma de una inhabitual orden personal que el monarca dirigió a todos sus lugartenientes y funcionarios reales, mencionados por sus varios títulos u oficios, para que de manera personal se aseguraran de que las personas que recurrían a remedios mágicos o se entregaban al demonio fueran ajusticiadas.

Sus efectos

Esta orden tuvo efectos. A partir del año siguiente hubo un incremento notable de procesos por brujería y hechicería tanto en Dinamarca como en Noruega. Marcó el comienzo del período más intenso de juicios por brujería en ambos países. Esto duró una década y luego decayó el número de procesos, como se ve en la figura de la página siguiente.

---

13. Para trolls véase Gunnar W. Knutsen y Anne Irene Riisøy "Trolls and Witches", *ARV: Nordic Yearbook of Folklore*, 63 (2007), pp. 31-69.

14. Para esta celebración véase Thomas Ewen Daltveit Slettebø, "In Memory of Divine Providence: A Study of Centennial Commemoration in Eighteenth-Century Denmark-Norway (1717-1760)", Bergen, University of Bergen, 2016, pp. 52-58.

15. Jens Christian V. Johansen, *Da Djævelen Var Ude*.

16. Para el rey Christian IV véase Steffen Heiberg, *Christian 4: Monarken, Mennesket Og Myten*, København, Gyldendal, 1988; Benito Scocozza, *Christian 4*, København, Politikens Forlag, 1987.

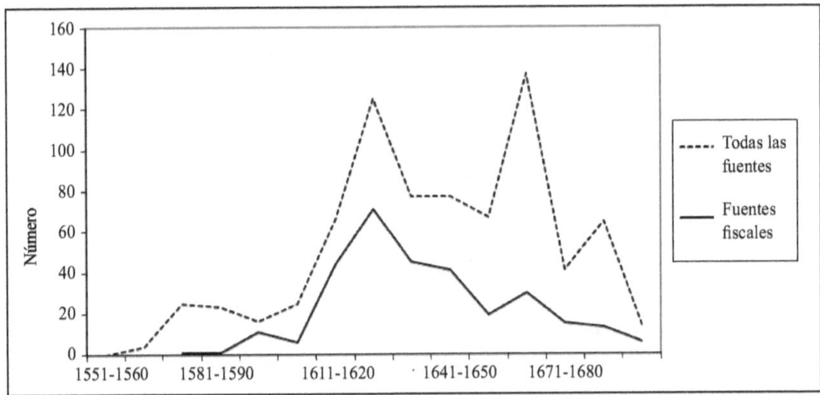

Cabe aclarar que las fuentes fiscales son las únicas que de manera sistemática se han conservado en largas series con anterioridad a 1650. Sin embargo, sólo incluyen las causas que generaron ingresos o gastos para el fisco y por lo tanto no han dejado registro de los procesos que fueron abandonados o suspendidos, de los que concluyeron con absoluciones o de los que no tuvieron ningún impacto en la economía del feudo.

Dicho esto, no sabemos muy bien cómo fue su puesta en práctica. Sabemos que la ordenanza fue leída en las iglesias por los sacerdotes, los oficiales regios más numerosos en el período posterior a la Reforma luterana. Las copias preservadas en los archivos noruegos contienen la signatura con la fecha y el lugar donde cada sacerdote leyó la ordenanza en su iglesia. Así podemos rastrear la extensión geográfica del conocimiento de la nueva disposición real y por ello sabemos que durante 1618 fue leída en gran parte del país. La ordenanza real fue hecha pública por los sacerdotes que la leían pero no sabemos si la lectura iba acompañada de una exhortación a la congregación para que denunciara a las supuestas hechiceras y brujas. Tampoco ha sido estudiado el papel del virrey y de los varios lugartenientes del rey. De hecho, como ya dijimos, no sabemos muy bien quiénes fueron ni cómo desempeñaron su papel los lugartenientes del monarca ni conocemos tampoco demasiado sobre los funcionarios inferiores, incluidos los sacerdotes. Lo que sí podemos ver es que algunos de estos lugartenientes, llamados titulares de feudos, estuvieron activos en algunos procesos por brujería. Pero el tema no ha sido estudiado aún. Aquí van algunos ejemplos.

En el pequeño feudo de Verne kloster (uno de los monasterios secularizados por el rey después de la Reforma)[17] estalló una serie de procesos por brujería en 1623. Todo empezó cuando una mujer, llamada Anne Aslaksdatter Holter, mató a su marido Berg Andersen con un golpe de hacha en la cabeza el 2 de mayo de 1623.[18] El delito fue público y el asunto habría concluido allí, con

---

17. Chriſtian C. A. Lange, *Norske Kloſtres Hiſtorie I Middelalderen*, Trykt i det Wulfsbergske Officin ved A W. Brøgger, 1847, pp. 717-718.

18. Riksarkivet (Oslo), EA-5023/R/Rb/Rbg/L0002, Lensregnskap Verne kloſter len, 1623-1624. Las causas eſtán regiſtradas en las fuentes fiscales del feudo, tanto por sus gaſtos como por sus ingresos,

su ejecución por asesinato, si no hubiera sido por el hecho de que tres días después de comenzado el juicio la acusada confesó que había asesinado a su esposo porque "no había tenido ni un solo día bueno después de casarse con él". Dijo también que "el Malo la había obligado a matarlo". Fue condenada a muerte y a que sus brazos y piernas fueran cortadas y clavadas en estacas. Esto es todo lo que sabemos sobre este proceso. El protocolo judicial o *tingbok* no se ha conservado. Lo que sí existen son las cuentas del feudo preservadas para la revisión, y allí también hay trascripciones de partes de los procesos para justificar ingresos y gastos. Así ocurre con Anne Holter. A partir de las cuentas vemos que su proceso continuó después de la sentencia y de la confesión: el verdugo recibió una paga por quemarla como bruja, pero la sentencia y los interrogatorios no fueron trascriptos.

Lo que conocemos, tanto de las cuentas como de otros procesos posteriores, es que la confesión de los motivos que impulsaron el asesinato dio lugar a nuevos interrogatorios, que a su vez derivaron en una confesión de brujería más extensa. Esta última implicó a otras mujeres y desató una pequeña caza de brujas que acabó con la vida de seis personas: la misma Anne Holter, Marin Nabstad, Sitru Pedersdatter y Anne Vang. Marin Daniels y Eline Grydstad no parecen haber sido acusadas por Holter pero cayeron en una segunda ola, unas semanas más tarde, probablemente víctimas de las confesiones de las primeras mujeres interrogadas.

Llevar a cabo una verdadera caza de brujas en Noruega no era fácil sin violar la ley. Los criminales condenados no eran testigos legales y la tortura estaba solamente autorizada después de la condena a muerte, con el único fin de conocer los nombres de los cómplices del reo. Las pocas cazas de brujas que hubo en Noruega dependieron de que las autoridades quebrantaran la ley, que aplicaran la tortura antes de la condena y de que aceptaran las testificaciones de los condenados. Así fue en este caso, aunque el mismo empezó de manera legal. Ya sentenciada a muerte, Anne Holter podría haber sido legalmente torturada pero confesó ser bruja de una manera aparentemente espontánea. De allí pasó a acusar formalmente a Marin Nabstad, Sitru Pedersdatter y Anne Vang. Las dos últimas fueron torturadas y admitieron ser brujas. Se acusaron entre sí y a Marin Nabstad, que sufrió tormento pero nunca confesó. La tortura en estos tres casos habría sido legal si se hubiera aplicado después de la condena a muerte, pero fueron torturadas antes de la sentencia –ilegalmente–. En cualquier caso, el testimonio de los condenados no tenía ningún valor legal como prueba contra otros. Solo valía como indicio para iniciar un proceso criminal. Aun así, las mujeres fueron condenadas y quemadas sin pruebas y en procesos ilegales. La cosa no paró allí. Hubo dos procesos más en la misma localidad, el mismo año, a raíz de los cuales fueron quemadas vivas Marin Daniels y Eline Grydstad, ambas torturadas ilegalmente. Aquí la falta de documentación no nos permite afirmar con toda certeza si fueron acusadas por Sitru Pedersdatter y Anne Vang durante sus procesos, pero

---

con trascripciones de partes de los procesos como documentación de los gastos para la revisión de cuentas.

todo hace pensar que así fue. Sabemos que no fueron denunciadas por Anne Holter o Marin Nabstad.

De esta manera, el proceso contra una persona por asesinato acabó derivando en cinco condenas por brujería contra otras mujeres, todas ilegales, en un lugar que contaba aproximadamente con 400 habitantes. No fue meramente una cuestión de justicia de vecinos sino que intervino personalmente el lugarteniente del rey, Sigvart Gabrielsen Akeleye. Aquí es donde nos topamos con el problema de la escasa bibliografía sobre la administración y la política en la Noruega temprano-moderna. Se conservan muy pocas referencias sobre Sigvart Gabrielsen Akeleye, quizás no más de cinco, que luego fueron copiadas de manera repetida en Dinamarca y Noruega por más de un siglo y medio.[19] Sabemos que fue hijo de un juez en Dinamarca, que mantuvo su pequeño feudo durante décadas sin avanzar en su carrera y que sirvió en la armada durante varias guerras. Fue uno de esos hombres a quienes Christian IV encargó de manera directa en su ordenanza la persecución de las brujas. Sigvart Gabrielsen Akeleye obedeció. Apareció, durante aquellos procesos en primera instancia, entre los campesinos en las asambleas. Pero parece no haber tomado la palabra más que en una sola ocasión. Intervino por vía de su representante, quién se ocupó de la causa cuando fue necesario. Sin embargo, su mera presencia –algo insólito– significaba una importante presión sobre los jurados para que condenaran a las mujeres procesadas. Aunque, en teoría, según los documentos del proceso, no era más que un espectador, resultaba obvio para todo el mundo quién mandaba realmente. Una de las mujeres, Marin Nabstad (que nunca confesó), se atrevió a preguntarle abiertamente durante el juicio si él iba a aceptar que ella fuese condenada a muerte por la palabra de unas delincuentes ya convictas, que no eran testigos hábiles ni legales. Marin Nabstad demostró que sabía perfectamente cuál era su posición legal y la debilidad de las pruebas contra ella y se enfrentó directamente a Akeleye para obligarlo a obedecer la ley. Él no le respondió. Las fuentes sobre estos seis procesos son escuetas, como suele suceder con los procesos criminales de aquella época en Noruega, pues muchos sólo se conocen gracias a las cuentas anuales de los feudos. Una sola vez aparece Sigvart Gabrielsen Akeleye como actor y orador en estos juicios. En un momento se impacientó y se enfrentó al marido y al cuñado de Marin Nabstad, para preguntarles si tenían alguna objeción que plantear a la manera en que se estaba llevando adelante el proceso. Los dos se quedaron callados y Akeleye volvió a preguntar si tenían algo que reclamar respecto de los procedimientos. Tampoco contestaron. No deja de resultar curioso que el lugarteniente del rey enfrentó a dos hombres de la familia de la acusada pero no respondió cuando ella misma cuestionó los procedimientos. Debemos señalar una cosa más: las mujeres fueron torturadas en la caseta de aduanas (no se especifica cual). Esto se puede explicar de varias maneras. Como la tortura no era un procedimiento habitual no había instalaciones para practicarla. Además se trataba de un

---

19. Véase Tor Weidling, *Eneveldets Menn I Norge*, Oslo, Riksarkivaren, 2000, p. 119.

feudo pequeño, prácticamente sin edificios oficiales. Dado que la tortura judicial era muy poco utilizada, incluso los feudos grandes carecían de instalaciones especializadas para practicarla. Poseían, en cambio, edificios oficiales que podían emplearse para dicho fin aunque de manera ilegal. Cabe aclarar que los feudos normales carecían de cárceles. Los presos eran encerrados en granjas y casas privadas durante los juicios y la mayoría permanecían libres hasta que se los condenaba. Ahora bien, en el caso que analizamos también debió influir el hecho de que el mismo Sigvart Gabrielsen Akeleye fuera el aduanero, quizás ya en aquel momento, aunque sólo tenemos certeza de que cumplió dicho rol de 1630 en adelante.

¿Cómo podemos caracterizar la intervención de Sigvart Gabrielsen Akeleye? Por un lado se puede deducir que su papel fue menor, ya que los documentos no nos dan motivo para afirmar que tomara medidas prácticas durante los procesos. No fue juez, no fue acusador y no hay ninguna razón para pensar que fue el instigador de los juicios. Por otro lado, el mero hecho de que estuviera presente sin dudas supuso una fuerte presión sobre los jurados para que condenaran a las acusadas. No resultaba sencillo absolverlas estando él presente y más aun si se tomaban en consideración los testimonios y las confesiones, aunque algunas de ellas fueran ilegales. El hecho de que se las torturara en la caseta de aduana implica que Akeleye avaló los procedimientos ilegales durante el juicio. Finalmente, cuando se enfrentó de manera directa con el hecho de la ilegalidad de los procedimientos y de la condena a muerte de una mujer meramente por haber sido acusada por testigos inhábiles, Akeleye no contestó. Estuvo presente en la mayoría de los procesos por brujería en su feudo y, dadas las lagunas documentales, es posible que estuviera en todos, aunque sabemos que en algunas ocasiones se hizo representar por un auxiliar. Lo que queda claro es que si él estaba presente en el juicio la acusada iba a ser condenada a muerte. En aquellos años, su mera presencia en un proceso por brujería lo garantizaba.

En suma, es difícil apreciar su conducta de otra manera que no sea la de un facilitador de la condena a muerte de estas seis mujeres. Podríamos ir más lejos y afirmar que cumplió con el mandato de su rey. ¿Pero fue esta su motivación? Es posible que tuviera también una motivación personal, ya que una de las pocas cosas que sabemos sobre él es que su padre, Gabriel Knudsen Akeleye, ejerció como juez en Dinamarca.[20] Sobre su padre sí tenemos bastante más información, incluso sabemos que condenó a varias supuestas brujas cuando el joven Sigvart Gabrielsen Akeleye aún vivía con él. Esto quiere decir que las condenas contra las brujas fueron parte de su formación como un joven hidalgo danés. Si su motivación fue cumplir con las órdenes de su monarca no caben dudas de que lo hizo. Pero es posible que no lo hiciera como el rey quería, ya que este último avaló varias sentencias absolutorias en casos por brujería apelados en Noruega. Si Akeleye lo hizo con la intención de avanzar en su carrera, fracasó también. Nunca llegó a tener un puesto

---

20. C. O. Bøggild-Andersen, *Gabriel Knudsen Akeleye* i *Dansk Biografisk Leksikon* på lex.dk. Leído 6 de marzo 2023. Disponible en https://biografiskleksikon.lex.dk/Gabriel_Knudsen_Akeleye.

mejor en los treinta años posteriores, aun cuando se entrevistó con el rey en varias oportunidades.

En el sureste de Noruega, el feudo de Stavanger era mucho más grande que Verne kloster, tanto en extensión geográfica como en población. Probablemente rondaba los veinte mil habitantes en 1620. En los feudos más importantes el rey ponía hombres importantes. En este caso, a Henrik Bille. Al igual que Akeleye, Bille era danés pero de una importante familia de la nobleza.[21] Aun así no se ha escrito mucho sobre él ni sobre su período como lugarteniente regio entre 1621 y 1634.[22] Con un feudo tan grande no pudo estar presente en todos los procesos por brujería en los años posteriores a 1617, pero asistió a varios. Todos tienen un rasgo en común: terminaron con una sentencia a muerte contra el supuesto hechicero. Durante su estancia en Stavanger tuvo lugar un proceso contra un sacerdote que había saludado por vía mágica (una práctica que ya no se castigaba con la pena máxima sino con una multa y que en este caso conllevó, además, la pérdida de su posición como sacerdote) así como otros once procesos por hechicería. De estos, Bille estuvo presente en cuatro, los de Johanne Pedersdatter (1622), Nils Skabo (1626), Maren Povelsdatter (1626) y Dorte Ribland (1623-1631).

El proceso contra Dorte Ribland duró varios años y alternó entre varias instancias de justicia, porque ninguna se atrevía a emitir un veredicto final. Empezó el 20 de enero de 1623, cuando la misma Dorte Ribland acusó formalmente a Liv, mujer de Halldor Urdal, de haberla injuriado llamándola *troldkvinde*, es decir, hechicera o bruja.[23] El proceso no fue como ella había pensado y los testigos se volvieron en su contra. El 10 de febrero Dorte Ribland fue condenada a muerte con una sentencia llena de reservas. Henrik Bille consideró que carecía de fuerza legal y decidió nombrar jurados nuevos para que emitieran una sentencia definitiva. Estos dictaminaron el 27 de febrero que la mujer debía librarse de la sospecha por medio de un juramento purgatorio. Si no lo lograba, debía ser quemada viva. Como no lo logró, su hijo apeló la causa ante el juez superior, que emitió una nueva sentencia de muerte no definitiva y sin valor legal. El hijo de Dorte Ribland volvió a apelar el proceso, esta vez ante el *Herredag* (Corte Suprema) que iba a celebrarse en presencia del rey en Bergen en julio de 1625. La decisión tomada allí fue que el proceso debía ser devuelto al juez superior para que dictara una sentencia definitiva. A Henrik Bille se le solicitó que mandara la causa al monarca si no estaba de acuerdo con la nueva sentencia.

La siguiente noticia que tenemos sobre la causa es la citación de Halldor Urdal, el marido de la mujer que acusó de hechicería a Dorte Ribland. Se lo

---

21. W. Mollerup y Fr Meidell, *Bille-Ættens Historie*, Kjøbenhavn, Gyldendal, 1887.

22. Curiosamente se ha escrito algo, aunque muy poco, sobre su mujer, Lisbet Bryske, que fue genealogista.

23. La documentación de este proceso es descomunalmente extensa y varias partes están publicadas. De la primera instancia: Statsarkivet i Stavanger, Jæren og Dalane tingbok nr. 6, 1622-1623, fol. 27b- 28a, 35b, 41a, 42a-43a, tingbok nr. 9, 1625-1626, fol. 31b-32a, tingbok nr. 12, 1629-1631, fol. 12a- 13a. De la corte suprema: *Norske Herredags-Dombøger*, Tredje Række, 1 p. 7, y 2 p. 29, 108f. *Norske Rigsregistranter*, vol. 5, 1619-1627, s. 599.

citó en enero de 1626 por no haber acusado de manera formal a Dorte Ribland ante el juez superior tras el fallo del *Herredag*. Se determinó que debía acusar a la mujer ante dicho magistrado. No lo hizo. Dos años más tarde nos llega la noticia de que abandonó su acusación contra Dorte Ribland y de que fue multado por Henrik Bille por acusación falsa. Pero la causa no terminó allí. En 1627 el Consejo Real escribió al juez superior en Stavanger ordenándole dictar sentencia contra Dorte Ribland, sin resultado. El hijo de Dorte Ribland volvió a apelar ante el *Herredag* en 1628, molesto porque el juez superior seguía sin dictar la sentencia final. La Corte Suprema contestó que la sentencia era correcta y ordenó que Dorte Ribland debía librarse de la sospecha por medio de un juramento purgatorio y, si no lo conseguía, debía ser quemada viva tal como había sido decidido cinco años antes. En 1629 finalmente fue llamada a prestar juramento, pero las once mujeres elegidas por la corte se negaron a jurar en favor de su inocencia, aunque dijeron que no tenían nada malo que decir sobre ella. Finalmente, después de seis años y tras el involucramiento del mismo rey, Dorte Ribland fue quemada.

Como vemos, el rol de Henrik Bille en este proceso fue el de empujar a jueces y jurados a dictar sentencia. Lo mismo ocurrió en los procesos contra Nils Skabo y su mujer, Maren Povelsdatter.[24] Aparentemente descontento con la lentitud de los procedimientos mandó cambiar a los jurados titulares por los suplentes, que habían sido designados por él (algo por completo inusual). Una vez hecho este cambio, la corte dictó sentencia condenando a muerte a ambos acusados, que fueron quemados juntos.

Es notable que ninguno de estos juicios se convirtiera en un proceso por brujería diabólica, ni siquiera el de Dorte Ribland, que duró tantos años y llegó hasta el mismísimo rey. Tanto en esta causa como en otros asuntos se destaca la proximidad de Henrik Bille al rey. También hay una diferencia con Akeleye: Bille contribuyó a que un hombre fuera sentenciado a muerte por hechicero, Nils Skabo. Al igual que Akeleye, Henrik Bille tampoco logró avanzar en su carrera: en 1634, con 48 años de edad, se retiró a su señorío de Tirsbæk, en Dinamarca, y nunca más volvió a ejercer cargos oficiales.

No fueron los lugartenientes del rey los únicos encargados personalmente de asegurarse de que las brujas y hechiceras fueron procesadas. También lo fueron los sacerdotes, el grupo más numeroso de oficiales reales. Sobre ellos sabemos menos aun que sobre los lugartenientes del rey, pero el balance de su intervención es claro. Como escribió el presente autor después de haber estudiado doscientos procesos en el sureste de Noruega: "nadie parece haber sobrevivido a un proceso por brujería o hechicería donde el sacerdote participó en los interrogatorios".[25] Esta afirmación parece poder aplicarse a la participación (o a la mera presencia) de los lugartenientes del rey en los juicios, por lo menos durante los primeros diez o quince años posteriores a la ordenanza real de 1617.

---

24. Statsarkivet i Stavanger, Bytings- og rådstueprotokoll for Stavanger A 8, 1626-1628, fol. 23b-28b, 30a-31a, 34a-34b, 39a- 40a, 42a, 43a-47b, 50a-51a.

25. Gunnar W. Knutsen, *Trolldomsprosessene På Østlandet*, p. 167.

El fin de los procesos

El gráfico que mostramos unas páginas atrás muestra un aumento en el número de procesos en la segunda mitad del siglo XVII. Cabe decir que no fue un crecimiento generalizado sino el resultado de un gran número de procesos en el este de Finnmark. El número de procesos en Vardø fue tan elevado en relación con el resto del país que altera completamente la estadística a nivel nacional. La excepcionalidad de los procesos por brujería en Vardø es bien conocida y ha sido muy estudiada, pero no hay un acuerdo generalizado en cuanto a las razones.[26] Si dejamos Vardø aparte, la historia del resto del país es la de un declive en el número de procesos después de la intensidad procesal en los años inmediatamente posteriores a 1617. La última condena a muerte fue dictada en 1695.[27] A partir de 1700 el fenómeno ya prácticamente no existe. Cabe decir que la legislación no fue cambiada hasta 1842. O sea, el fin de los procesos, como el comienzo, no estuvo marcado por cambios en la legislación. El único cambio de legislación que podemos afirmar de manera tajante que influyó en la evolución de los procesos es la ordenanza real de 1617, que debió gran parte de sus resultados a la intervención de los oficiales regios que buscaron cumplir con la voluntad explícita del rey. Esto duró una década o una década y media, y a partir de allí los procesos volvieron a ser un fenómeno menos generalizado, con juicios aislados y brotes ocasionales por motivos y razones locales, como los de Vardø. Mientras que los casos aislados fueron impulsados por vecinos temerosos, los brotes en base a procesos en cadena, con acusaciones de diabolismo y aquelarres, fueron provocados por la intervención de funcionarios reales, pero ya no con el empuje del rey. Como hemos señalado, la última condena a muerte es de 1695. En el siglo XVIII este tipo de procesos apenas existe. Ello no quiere decir que la creencia desapareciera: Tyge Krogh mostró que incluso el Tribunal Supremo de Copenhague condenó a muerte a varias personas por pacto diabólico escrito en el siglo XVIII.[28] El cambio fundamental es que no fueron condenadas por haber violado la ley contra la hechicería y la brujería sino que se las sentenció a muerte por blasfemia.

---

26. Véase los muchos trabajos de Liv Helene Willumsen y Rune Hagen. De Willumsen cabe destacar *Trollkvinne I Nord* y *Witches of the North: Scotland and Finnmark*.

27. Contra Johanne Nielsdatter, pero no hay prueba de que la sentencia haya sido ejecutada. Statsarkivet i Bergen, Bergen amtsregnskaper 1695-1696.

28. Tyge Krogh, *Oplysningstiden Og Det Magiske: Henrettelser Og Korporlige Straffe I 1700-Tallets Første Halvdel*, København, Samleren, 2000.

❦ CAPÍTULO XI ❦

Sintiendo con demonios.
El rol de las emociones en el pensamiento demonológico de Increase y Cotton Mather (Nueva Inglaterra, *circa* 1680-1700)

Agustín Méndez
CONICET – Universidad de Buenos Aires

Introducción

Hace un cuarto de siglo, el libro *Thinking with Demons* inició una auténtica revolución en la ya por entonces rica historiografía de la caza de brujas en la Edad Moderna. Allí, su autor, el historiador británico Stuart Clark, demostró que el pensamiento demonológico y las ideas acerca de la brujería eran imprescindibles para comprender adecuadamente la totalidad de la historia cultural e intelectual europea de las centurias que median entre el Renacimiento y la Ilustración.[1] Clark definió la demonología como el campo de conocimiento que se ocupaba de los aspectos diabólicos de la brujería y otras prácticas o ideas religiosas objeto de feroces controversias durante la modernidad temprana, entre las que pueden enumerarse la magia, la superstición, la herejía, la profecía o la posesión diabólica.[2] Sin embargo, una de las novedades introducidas por *Thinking with Demons* fue, justamente, que la religión y la teología eran apenas uno de los grandes tópicos que la demonología abarcaba o con los cuales se vinculaba de manera directa y necesaria. Sin dejar de reconocer la importancia de las persecuciones, el objetivo de *Thinking with Demons* no era explicar por qué las brujas eran ejecutadas sino por qué las ideas sobre la brujería tuvieron sentido y fueron inteligibles.[3]

---

1. Stuart Clark, *Thinking with Demons: The Idea of Witchcraft in Early Modern Europe*, Oxford, Clarendon Press, 1997.

2. Stuart Clark, "Demonology", en Richard Golden (ed.), *Encyclopedia of Witchcraft: The Western Tradition*, Santa Barbara, ABC-CLIO, 2006, p. 259; James Sharpe, "The Demonologists", en Owen Davies (ed.), *The Oxford Illustrated History of Witchcraft and Magic*, Oxford, Oxford University Press, 2017, p. 65.

3. Julian Goodare, "Connecting Demonology and Witch-Hunting in Early Modern Europe", en Julian Goodare, Rita Voltmer y Liv Helene Willumsen (eds.), *Demonology and Witch-Hunting in Early Modern Europe*, London, Routledge, 2020, p. 347.

Recientemente, el historiador Jan Machielsen apuntó que la demonología no sólo debe ser pensada como una "ciencia" sino que además fue la primera que tuvo un carácter propiamente "interdisciplinario" al basarse simultáneamente en nociones propias de la teología, el derecho, la filosofía natural y la medicina, motivo por el cual sus principios interpelaban no sólo a teólogos sino también a juristas, filósofos y médicos.[4] Los demonios, entonces, eran un recurso para comprender y teorizar sobre temas con los que no tenían una relación directa o necesaria, de allí que Rita Voltmer definiera a la demonología como un término paraguas para "imaginar, explorar y entender el macrocosmos y el microcosmos".[5]

Dentro de la lista de temas abordados desde la demonología, sin embargo, hay uno que no fue advertido por Clark y que sólo recientemente ha comenzado a recibir atención por parte de los historiadores: las emociones.[6] A primera vista esto puede resultar lógico: las emociones no se presentarían como un objeto de estudio propio de la disciplina histórica debido a que la visión clásica las consideraba manifestaciones físico-biológicas universales a toda la especie humana a lo largo del espacio y del tiempo.[7] A-históricas, pues, si quisiéramos simplificarlo en un solo término. Ciertamente, los seres humanos nacen con un repertorio emocional semejante provisto por sus genes. Sin embargo, estos sólo proporcionan una suerte de "programa" básico que únicamente desarrolla su potencial a través de interacciones sociales.[8] Esta materia prima biológica, apunta Keith Oatley, es recortada "a medida de acuerdo con las ideas y significados culturales de cada sociedad en particular".[9] Lo que se creía sólidamente integrado en la naturaleza humana y únicamente abordable desde la biología o la fisiología se aprende, se calibra y se modifica de acuerdo con espacios y tiempos específicos, lo que abre el juego para el análisis desde otras disciplinas y áreas del saber.[10]

---

4.   Jan Machielsen, "Introduction: The Science of Demons", en Jan Machielsen (ed.), *The Science of Demons: Early Modern Authors Facing Witchcraft and the Devil*, London, Routledge, 2020, p. 10.

5.   Rita Voltmer, "Demonology and the Relevance of the Witches' Confessions", en Julian Goodare, Rita Voltmer y Liv Helene Willumsen (eds.), *Demonology and Witch-Hunting in Early Modern Europe*, p. 19.

6.   Para investigaciones sobre brujería y emociones, consúltese: Laura Kounine y Michael Ostling (eds.), *Emotions in the History of Witchcraft*, London, Palgrave Macmillan, 2016; Charlotte-Rose Millar, *Witchcraft, the Devil, and Emotions in Early Modern England*, London, Palgrave Macmillan, 2017.

7.   Lisa Feldman Barret, *How Emotions Are Made: The Secret Life of the Brain*, Boston, Houghton Mifflin Harcourt, 2017, pp. ix-xv; Thomas Dodman, "Theories and methods in the history of emotions", en Katie Barclay, Sharon Crozier-De Rosa y Peter Stearns (eds.), *Sources for the History of Emotions: A Guide*, London, Palgrave Macmillan, 2021, p. 17.

8.   Katie Barclay, Sharon Crozier-De Rosa y Peter Stearns, "Introduction: a guide to sources for the history of emotions", Katie Barclay, Sharon Crozier-De Rosa y Peter Stearns (eds.), *Sources for the History of Emotions*, p. 5.

9.   Keith Oatley, *Emotions. A Brief History*, Maldon y Oxford, Blackwell Publishing, 2004, p. 34. Años antes, Norbert Elias había planteado que deben ser pensadas como manifestaciones de la naturaleza humana bajo condiciones sociales específicas. Jan Plamper, *The History of Emotions: An Introduction*, Oxford, Oxford University Press, 2015, p. 51.

10. Steven Mullaney, *The Reformation of Emotions in the Age of Shakespeare*, Chicago, The University of Chicago Press, 2015, p. 17.

Partiendo de esta base, académicos como Barbara Rosenwein, Katie Barclay, Sharon Crozier-De Rosa y Peter Stearns hicieron hincapié en el carácter cultural de la definición y expresión de las emociones.[11] Las reacciones y cambios corporales asociados a las emociones ocurren en paralelo a procesos mentales o cognitivos denominados "evaluaciones", cuya función es determinar si una situación puntual es deseable o no en base a los objetivos y metas del sujeto.[12] Todo este proceso, no obstante, ocurre en un contexto cultural específico que da forma a esos juicios, valores y objetivos, por lo que la dimensión social e histórica de las emociones es crucial. Siguiendo a Rosenwein, en la medida en que los valores y los objetos/ideas a los que están unidos difieren a lo largo del tiempo (por ejemplo, qué nos hace felices y cómo lo expresamos), las emociones también cambiarán.[13] Están, entonces, constituidas por lo que conocemos en términos culturales y lo que creemos que es socialmente apropiado.[14] Por ello son pasibles de ser abordadas en términos históricos. A través del estudio de las emociones, pues, los historiadores pueden acceder a áreas centrales de la cultura de hombres y mujeres del pasado.[15]

A finales del siglo XVI y especialmente a lo largo del XVII, las publicaciones sobre las pasiones (lo que hoy denominamos emociones) se volvieron cada vez más frecuentes en Europa. Este género literario tenía, entre otros, el objetivo de instruir a sus lectores en el adecuado control de sus emociones.[16] Inglaterra se destacó por la cantidad de tratados sobre la materia editados, ya fueran traducciones de textos continentales o bien originales de autores locales. Entre estos últimos, lógicamente, los protestantes fueron mayoría. En paralelo a esto, el reino británico conoció otro fenómeno editorial, incluso más notorio: la publicación de textos académicos sobre brujería, conocidos entre los historiadores actuales como tratados demonológicos o demonologías.[17] A partir de las migraciones y exilios transatlánticos, este interés logró arraigar también en el Nuevo Mundo.

Entre los que escribieron sobre demonios en la región de Nueva Inglaterra en las dos últimas décadas del siglo XVII dos nombres destacan rápidamente, el del teólogo y ministro puritano Increase Mather (1639-1723) y el de su hijo Cotton Mather (1663-1728). El objetivo del presente artículo es analizar el rol

---

11. Andrew Lynch, "Emotional Community", en Susan Broomhall (ed.), *Early Modern Emotions*, London, Routledge, 2017, p. 3.

12. Katie Barclay, Sharon Crozier-De Rosa y Peter Stearns, "Introduction: a guide to sources for the history of emotions", p. 5; Barbara H. Rosenwein, "Worrying About Emotions in History", *American Historical Review*, 107:3 (2002), pp. 836-837.

13. Jan Plamper, "An Interview with William Reddy, Barbara Rosenwein, and Peter Stearns", *History and Theory*, 49:2 (2010), p. 251.

14. Keith Oatley, *Emotions. A Brief History*, p. 9.

15. Rob Boddice, *The History of Emotions*, Manchester, Manchester University Press, 2018, p. 2; Rob Boddice, *A History of Feelings*, London, Reaktion Books, 2019, pp. 9-10.

16. Erin Sullivan, *Beyond Melancholy: Sadness and Selfhood in Renaissance England*, Oxford, Oxford University Press, 2016, p. 20.

17. James Sharpe, *Instruments of Darkness: Witchcraft in England 1550-1750*, London, Penguin Books, 1996, pp. 80-88.

central que las emociones tuvieron en sus escritos sobre demonología. Para
llevar a cabo la tarea se realizará una doble selección. Por un lado, emocional,
ya que el foco estará puesto en el miedo y la ira. Por otro, en relación con los
documentos considerados para la investigación: *An Essay for the recording
of illustrious Providences* (1684) y *Angelographia* (1696) de Increase Mather
y *Memorable Providences* (1689) y *The Wonders of the Invisible World* (1693)
escritos por Cotton Mather.

Una familia "sobre la colina"

Al mirar el árbol genealógico de Increase y Cotton Mather es imposible
dejar de advertir tanto sus impecables credenciales puritanas como su vínculo con los comienzos de la colonia de Massachusetts. El ministro y teólogo
Richard Mather (1596-1669) –padre de Increase y abuelo de Cotton– escapó
de Inglaterra en 1635, en medio de una ola de persecuciones encabezada por
el arzobispo William Laud (1573-1645), cuya misión era forzar el conformismo
de los clérigos críticos de la política eclesiástica y litúrgica de la Iglesia de
Inglaterra.[18] Junto a su familia se exilió en Massachusetts, la segunda colonia
inglesa en la región de Nueva Inglaterra, establecida apenas un lustro antes.
El mito fundador de la "ciudad sobre la colina" –como la denominara su primer
gobernador, John Winthrop (1588-1649), para destacar su carácter de refugio
y faro moral para la cristiandad– descansa sobre los hombros de quienes
formaron parte de la Gran Migración, aproximadamente 20.000 protestantes disidentes que entre 1630 y 1642 cruzaron el Atlántico para preservar
la pureza de su fe. Estos pasarían a la historia como la venerable y siempre
idealizada "primera generación", aquella que fundó y desarrolló la colonia.[19]
Debido a la tarea pastoral y teologal desplegada desde su llegada, Richard
Mather se convirtió en una autoridad con influencia a nivel regional. Sus
escritos influyeron notablemente, por ejemplo, en la redacción de la *Cambridge
Platform* (1646), documento que fijó durante casi medio siglo la organización
de las iglesias de Nueva Inglaterra de acuerdo con el sistema congregacional.[20]

---

18. James Cooper, "Mather, Richard", en Francis J. Bremer y Tom Webster (eds.), *Puritans and Puritanism
    in England and America. A Comprehensive Encyclopedia*, Santa Barbara, ABC-CLIO, 2006, p. 170.

19. Bruce Daniels, *New England Nation: The Country that Puritans Built*, New York, Palgrave Macmillan,
    2012, p. 41; David Hall, *A Reforming People: Puritanism & the Transformation of Public Life in
    New England*, Chapel Hill, The University of North Carolina Press, 2012, pp. 25-26. Además de
    los trabajos mencionados, sobre el origen de las colonias en Nueva Inglaterra, se recomienda ver
    Francis Bremer, *One Small Candle: The Story of Plymouth Puritans and the Beginning of English
    New England*, Oxford, Oxford University Press, 2020.

20. Las congregaciones eran grupos compactos de hombres y mujeres hermanados entre ellos y con Cristo
    a través de un acuerdo libre y voluntario (*covenant*), separados de la autoridad estatal e independientes
    de un sínodo o cualquier tipo de autoridad central, algo que las distinguía de los presbiterios. Michael
    Hall, *The Last American Puritan: The Life of Increase Mather*, Middletown, Wesleyan University
    Press, 1988, pp. 20-26; Robert Middlekauff, *The Mathers: Three Generations of Puritan Intellectuals,
    1596-1728*, Berkeley y Los Angeles, The University of California Press, 1999, p. 44. Entre los
    miembros de la congregación, algunos eran capaces de dar testimonio de santidad visible, es decir,
    de ser receptáculos de la gracia divina y, por lo tanto, elegidos para la salvación independientemente

Esta breve enumeración podría inclinar al lector a pensar que poco o nada de lo que hubieran hecho Increase o Cotton Mather a lo largo de su vida hubiese podido rivalizar con lo conseguido por su antepasado. Sin embargo, ningún miembro de la segunda o tercera generación de puritanos en la colonia de Massachusetts sería capaz de opacar la trascendencia local e internacional que cada uno de ellos lograría alcanzar y sostener a lo largo de décadas. Parte de ello se inició con la sólida formación intelectual recibida por padre e hijo. Antes de obtener su ingreso a Harvard –ambos lo hicieron a los doce años– ya eran capaces de leer latín, griego y hebreo.[21] Luego de cinco años de estudio en áreas tan variadas como lógica, retórica, literatura y filosofía clásica, matemática, astronomía y, finalmente, teología, cada uno consiguió su título de *Bachelor of Arts*.[22] Antes de cumplir veinte años, alcanzaron el grado de *Master of Arts*: Increase en la Universidad de Dublín, durante su primer viaje de cuatro años al continente europeo; Cotton nuevamente en Harvard. A lo largo de su tercera década de vida, cada uno se ordenó como ministro y construyó su vida congregacional en la *North Church* de Boston, de la que acabarían siendo pastores a cargo.[23]

La vida de cada uno de ellos incluyó varios hitos que colaboraron en transformarlos en los máximos referentes de su generación. Increase, por caso, estuvo en el centro de los debates teológicos más importantes, como aquel en el que se debatió la posibilidad de bautizar a los hijos de quienes no fueran miembros plenos de una congregación.[24] En 1670 publicó la biografía de su padre, texto que inauguró aquel género en las colonias.[25] Fue, además, la máxima autoridad de Harvard durante más de quince años y resultó crucial para la instalación de la primera imprenta en Boston.[26] Más importante aun, se lo designó para viajar a Inglaterra con el fin de negociar una nueva carta regia (*charter*) para Massachusetts, luego de que la original de 1629 fuera abolida por Carlos II en 1684.[27] Cotton, por su parte, escribió la primera

---

de sus méritos personales. Los santos visibles eran miembros plenos y tenían, por ejemplo, derecho a participar del sacramento mensual de la Cena, algo que el resto tenía vedado. También eran los encargados de elegir y remover a su pastor. Los no iniciados, en cambio, solo participaban escuchando el sermón y la lectura de las escrituras. De esta manera, la pertenencia completa no era obligatoria como ocurría en la Iglesia de Inglaterra, sino opcional y selectiva. Bruce Daniels, *New England Nation*, p. 103; David Hall, *A Reforming People*, p. 110.

21. Robert Middlekauff, *The Mathers*, pp. 81 y 195.

22. Michael Hall, *The Last American Puritan*, p. 31.

23. *Ibid.*, p. 62; Robert Middlekauff, *The Mathers*, p. 85.

24. Michael Ditmore, "Mather, Increase", en Francis Bremer y Tom Webster (eds.), *Puritans and Puritanism in England and America: A Comprehensive Encyclopedia*, p. 168. Sobre el denominado "*half-way covenant*" véase Francis Bremer, "Half-Way Covenant", en Francis Bremer y Tom Webster (eds.), *Puritans and Puritanism in England and America*, pp. 411-412; Perry Miller, *The New England Mind: From Colony to Province*, Cambridge, The Belknap Press of Harvard University Press, 1983, pp. 94-105.

25. Michael Hall, *The Last American Puritan*, p. 84.

26. Robert Middlekauff, *The Mathers*, p. 86; Michael Hall, *The Last American Puritan*, p. 135.

27. En otras palabras, en sus habilidades diplomáticas descansó la existencia y autonomía de la colonia, algo que se garantizó luego de más de cuatro años de negociaciones, aunque no sin polémicas y críticas,

historia eclesiástica de Nueva Inglaterra, la monumental *Magnalia Christi Americana* (1702). Asimismo, fue uno de los primeros en defender la inoculación contra la viruela en la colonia, hecho que fue de la mano con la participación en otros debates científicos en Europa, lo que le valió su incorporación a la Royal Society de Londres en 1713.[28]

La producción escrita de ambos sobresale por su volumen y por su variedad. En lo primero, Cotton superó a su prolífico padre al haber publicado más de cuatrocientos textos. La heterogeneidad de los temas abordados, en cambio, es semejante en ambos casos: soteriología, eclesiología, ciencia, historia, política y, desde luego, demonología.[29] En todos sus escritos se evidencia la aproximación típica del puritanismo al estudio de la historia y la naturaleza como una extensión de la voluntad, la sabiduría y el poder divino.[30] De acuerdo con esta cosmología, todos los eventos en la naturaleza eran vistos como el resultado de la intervención de una divinidad omnipresente; el universo mismo era sostenido por una emanación continua de su voluntad.[31] De esta manera, el horizonte de sentido dentro del cual los Mather vivieron no ofrecía una separación entre el mundo sobrenatural y el natural que los hombres habitaban.[32] En este marco providencial y maravilloso no todos los sucesos manifestaban con la misma intensidad la presencia de lo sobrenatural, ni todos generaban el mismo asombro en quienes los atestiguaban. Los más potentes y extraños, calificados por los contemporáneos como *"special providences"* o *"wonders"*, se caracterizaban por interrumpir el orden normal de las cosas. Los ejemplos más comunes eran los nacimientos monstruosos, tormentas, inundaciones, naufragios, muertes inesperadas, apariciones angélicas/diabólicas y la brujería.[33]

Las últimas dos son las que más interesan a los fines de este artículo. Más allá de que siempre actuaba con autorización divina, la figura del demonio cobraba un lugar de privilegio en estos relatos. Los Mather tenían un sentido de lo diabólico muy desarrollado; el Enemigo era parte de su cotidianeidad, les obsesionaba su presencia en la tierra y la influencia que ejercía en sus mentes.[34] Si bien esto puede observarse en la vasta producción escrita de ambos, es particularmente evidente en una serie de tratados publicados

---

con la aprobación de una nueva carta en 1691, y que terminó de sellarse con el nombramiento de un nuevo gobernador, William Phips, sugerido al monarca inglés Guillermo III (1650-1702) por el propio Mather. Michael Ditmore, "Mather, Increase", pp. 168-169.

28. Avihu Zakai, "Mather, Cotton", en Richard Golden (ed.), *Encyclopedia of Witchcraft. The Western Tradition*, p. 732.

29. *Ibid.*, p. 732.

30. Robert Middlekauff, *The Mathers*, p. 139.

31. Kate Harvey, "Providence", en Francis Bremer y Tom Webster (eds.), *Puritans and Puritanism in England and America*, p. 497.

32. David Hall, *Worlds of Wonder, Days of Judgement: Popular Religious Belief in Early New England*, Cambridge, Harvard University Press, 1990, p. 71; Isaac Reed, "Why Salem Made Sense: Culture, Gender, and the Puritan Persecution of Massachusetts", *Cultural Sociology*, 1:2 (2007), p. 220.

33. Alexandra Walsham, *Providence in Early Modern England*, Oxford, Oxford University Press, 2003, pp. 12-15; David Hall, *Worlds of Wonder*, p. 71.

34. Robert Middlekauff, *The Mathers*, pp. 326-327.

entre 1684 y 1696. Este período estuvo permeado por la inestabilidad política producida por la avanzada imperial de la monarquía inglesa sobre la autonomía de las colonias novoinglesas durante los reinados de Carlos II y Jacobo II (1633-1701), y que en Massachusetts provocó la anulación de la carta regia original, la remoción de las autoridades locales, nuevas tasas impositivas y la tolerancia hacia el anglicanismo, lo que marcó de facto el fin de los privilegios y monopolios que los puritanos habían detentado desde los inicios de la experiencia migratoria. Si bien los ecos de la Revolución Gloriosa en América pusieron freno a los cambios, hubo que esperar tres años más para que Massachusetts recibiera su nueva *charter*, el cual le reconocía a la colonia una autonomía mucho menor que el original.[35] No resulta casual que en el desolador contexto de 1684, en el que Dios parecía haber abandonado a Nueva Inglaterra, Increase Mather pidiera ayuda a colegas a una y otra orilla del Atlántico para reunir historias sobre providencias especiales.[36] El resultado final fue *An Essay for the recording of illustrious Providences*, que contó con capítulos sobre posesiones diabólicas, apariciones y casos de brujería y cuyo objetivo era demostrar que la benevolencia del Creador no había desaparecido y que las invectivas de Satán eran parte del plan providencial para la ciudad sobre la colina.[37]

En simultáneo, Massachusetts se transformó en el centro de operaciones del demonio y los brujos. Durante el verano bostoniano de 1688, la viuda irlandesa Mary Glover confesó haber establecido un pacto con el Adversario y embrujado a los cuatro hijos del *pater familias* puritano John Goodwin. El caso involucró de manera directa a Cotton Mather, quien trabajó junto a la familia para sanar a los jóvenes. Llegó, incluso, a alojar en su casa a una de ellas para estudiar sus padecimientos de cerca y preservarla de los ataques de Glover.[38] Asimismo, una vez que la acusada fue sentenciada a la horca, el ministro de la *North Church* la visitó en prisión para conocer su testimonio de manera directa. Un año después publicó *Memorable Providences* para publicitar lo sucedido y, de ese modo, demostrar empíricamente la existencia del mundo sobrenatural para acallar las dudas que los saduceos modernos mostraban respecto de la capacidad de los espíritus para actuar en el mundo

---

35. Sobre el período 1684-1692 en Nueva Inglaterra y la relación de las colonias con la metrópolis véase: David Lovejoy, *The Glorious Revolution in America*, Hanover, Wesleyan University Press, 1972, pp. 160-250; Owen Stanwood, *The Empire Reformed: English America in the Age of the Glorious Revolution*, Philaldephia, University of Pennsylvania Press, 2011, pp. 25-139; Malcolm Gaskill, *Between Two Worlds: How the English became Americans*, Oxford, Oxford University Press, 2014, pp. 330-362.

36. Richard Godbeer, *The Devil's Dominion: Magic and Religion in Early New England*, Cambridge, Cambridge University Press, 1992, p. 57; Richard Weisman, *Witchcraft, Magic, and Religion in 17th Century Massachusetts*, Amherst, University of Massachusetts Press, 1984, p. 31.

37. Ann Kibbey, "Mutations of the Supernatural: Witchcraft, Remarkable Providences, and the Power of Puritan Men", *American Quarterly*, 34:2 (1982), pp. 126-127.

38. Paul Moyer, *Detestable and Wicked Arts: New England and Witchcraft in the Early Modern Atlantic World*, Ithaca, Cornell University Press, 2020, p. 36.

material.[39] Sin embargo, el caso Glover empalidece en trascendencia frente a la epidemia de brujería que azotó a 25 comunidades –15 de ellas en el condado de Essex, y cuyo epicentro fue la localidad portuaria de Salem Town y su hinterland rural, Salem Village– entre febrero de 1692, cuando se produjeron las primeras denuncias, y mayo de 1693, momento en que los últimos sospechosos fueron exonerados sumariamente.[40] Para magnificar el episodio en pocas líneas basta con indicar que, de las aproximadamente 240 acusaciones formales y 35 ejecuciones por el delito de brujería registradas en Nueva Inglaterra a lo largo del siglo XVII, 152 y 19 respectivamente ocurrieron durante su desarrollo.[41] La proliferación de acusaciones provocó la formación de un tribunal ad hoc –la *Court of Oyer and Terminer* ("Corte para escuchar y determinar")– conformado por nueve miembros del consejo del gobernador Phips, y que a lo largo de sus cuatro reuniones (realizadas entre junio y septiembre de 1692) confirmó la transformación de un típico caso de brujería que inicialmente no había involucrado a más de cinco personas en la persecución más severa y extensa de ese delito en todo el continente americano durante la Edad Moderna.[42]

Ni Increase ni Cotton Mather participaron de manera directa en los juicios: no fueron jueces, fiscales, testigos, víctimas, acusadores, ni, desde luego, acusados. Tampoco asistieron a ninguna de las audiencias del tribunal.[43] Sin embargo, en tanto líderes espirituales de la región, cumplieron un rol central en los debates que rodearon a los procesos. *The Wonders of the Invisible World* es el texto más célebre y extenso de Cotton Mather sobre demonología.[44] Los

---

39. Michael Winship, "Mather, Cotton", p. 167. *Memorable Providences* y los diferentes sermones sobre brujería que se publicaron como parte de ese texto siguieron la línea trazada por el ministro y demonólogo inglés Joseph Glanvill (1636-1680) en su *Saducismus Triumphatus* (1681), tratado que intentó darle sustento científico a la creencia en la brujería sobre la base de (lo que por entonces se consideraba) evidencia física incontrovertible. Avihu Zakai, "Mather, Cotton", p. 732.

40. Paul Boyer y Stephen Nissenbaum, *Salem Possessed: The Social Origins of Witchcraft*, Cambridge, Harvard University Press, 2003, p. 21.

41. Benjamin Ray, *Satan & Salem: The Witch-Hunt Crisis of 1692*, Charlottesville, University of Virginia Press, 2015, p. 1; Paul Moyer, *Detestable and Wicked Arts*, p. 4; John Putnam Demos, *Entertaining Satan: Witchcraft and the Culture of Early New England*, Oxford, Oxford University Press, 2004, p. 11. Para los juicios sobre brujería en Salem, se recomienda consultar todos los trabajos citados a lo largo del presente capítulo. Para los casos de brujería ocurridos en otras regiones de Nueva Inglaterra con anterioridad a 1692, se recomienda ver Richard Ross, *Before Salem: Witch Hunting in the Connecticut River Valley, 1647-1663*, Jefferson, McFarland & Company Publishers, 2017; Emerson Baker, *The Devil of Great Island: Witchcraft and Conflict in Early New England*, New York, Palgrave Macmillan, 2007; Malcolm Gaskill, *The Ruin of All Witches: Life and Death in the New World*, Allen Lane, London, 2021.

42. Benjamin Ray, *Satan & Salem*, p. 7; Paul Boyer y Stephen Nissenbaum, *Salem Possessed*, pp. 17-18. La corte juzgó a 28 personas por brujería y a todas las encontró culpables. Emerson Baker, *A Storm of Witchcraft: The Salem Trials and the American Experience*, Oxford, Oxford University Press, 2015, p. 186.

43. Mary Beth Norton, *In the Devil's Snare: The Salem Witchcraft Crisis of 1692*, New York, Vintage Books, 2002, pp. 205-206.

44. Como ocurrió con otros de los publicados por Mather, este tratado tuvo una edición inglesa. Emerson Baker, *A Storm of Witchcraft*, pp. 257-258; Michael Wynn Thomas, "Cotton Mather's Wonders of the

historiadores lo consideran la versión oficial de los juicios y su defensa pública más airosa.[45] En efecto, el texto fue escrito por encargo del gobernador Phips en septiembre de 1692.[46] El objetivo era que una voz respetada realizara una defensa del accionar del tribunal, cuyo proceder se encontraba por entonces cuestionado debido al uso de evidencia espectral.[47] La obra, incluso, no fue alcanzada por la prohibición que Phips impuso sobre cualquier publicación que tuviera a la brujería como tema.[48] En esas páginas, el más joven de los Mather señaló que la proliferación de la brujería desde Salem daba cuenta de que el demonio estaba desolando a la humanidad y que ese asalto, permitido por la divinidad como advertencia, era la antesala de la llegada del milenio.[49] Obsesionado con la idea de que Satán estaba en guerra con los puritanos porque le habían arrebatado el control de aquellas tierras, desde su punto de vista, el destino de la colonia estaba en peligro como nunca antes.[50]

Increase Mather se mostró más prudente que su hijo. Si *The Wonders* defiende encendidamente los juicios y el uso de la evidencia espectral, *Cases of Conscience* (1693) ensaya algunos reparos.[51] La base de éstos radicaba en que los espectros de los sospechosos no eran otra cosa que demonios simulando una silueta humana. Al ser capaces de transformarse en ángeles de luz, como advierte Pablo en 2 Corintios 11-14, nada impedía que la figura que representaran fuera la de una persona piadosa, totalmente inocente del crimen de brujería que se le intentaba adjudicar.[52] De este modo, el fundamento prin-

---

Invisible World: Some metamorphoses of Salem witchcraft", en Sydney Anglo (ed.), *The Damned Art: Essays in the Literature of Witchcraft*, London, Routledge & Kegan Paul, 1977, pp. 208-212.

45. Bernard Rosenthal, *Salem Story: Reading the Witch Trials of 1692*, Cambridge, Cambridge University Press, 1993, p. 147; Emerson Baker, *A Storm of Witchcraft*, p. 199; Mary Beth Norton, *In the Devil's Snare*, pp. 283-284.

46. Benjamin Ray, *Satan & Salem*, p. 157; Wendel Craker, "Spectral Evidences, Non-Spectral Acts of Witchcraft, and Confession at Salem in 1692", *The Historical Journal*, 40:2 (1997), p. 335; Michael Wynn Thomas, "Cotton Mather's *Wonders of the Invisible World*", p. 207.

47. Paul Boyer y Stephen Nissenbaum, *Salem Possessed*, p. 20. Era común en la Nueva Inglaterra del siglo XVII creer que, al establecerse un pacto con Satán, las personas autorizaban que los demonios pudiesen imitar su apariencia física y así atormentar a quien los brujos indicasen. La evidencia espectral eran testimonios judiciales brindados por aquellos que estaban siendo atacados físicamente, en los que afirmaban que espíritus con la forma de los sospechosos los pellizcaban, asfixiaban o golpeaban. Nadie excepto los sufrientes podían ver a los espectros, de allí la controversia sobre la utilización de este tipo de prueba. Véase Richard Weisman, "Spectral Evidence", en Richard Golden (ed.), *Encyclopedia of Witchcraft*, p. 1074.

48. De hecho, para evitar controversias, *The Wonders* fue fechado en 1693, momento en el que la censura ya no estaría en vigencia, a pesar de haber estado en circulación desde el año previo. Emerson Baker, *A Storm of Witchcraft*, pp. 8-9.

49. Robert Middlekauff, *The Mathers*, p. 340; Cotton Mather, *The Wonders of the Invisible World*, Boston, 1693, p. 37.

50. Avihu Zakai, "Mather, Cotton", pp. 732-733; Emerson Baker, *A Storm of Witchcraft*, p. 200.

51. *Cases of Conscience* también fue publicado en 1692 y su fecha modificada para no transgredir la censura.

52. Robert Middlekauff, *The Mathers*, p. 153. Los cuestionamientos al tribunal planteados por Increase Mather han sido objeto de controversia entre los historiadores, en gran parte debido a que luego de haber terminado el manuscrito, el ministro incorporó un epílogo en el que aclaraba que sus ideas en

cipal de las condenas a muerte, lejos de aportar certezas, sembraba la duda sobre todo el accionar de la *Court of Oyer and Terminer*. Más allá de esto, *Cases of Conscience* estuvo lejos de cuestionar la existencia de la brujería o de Satán. De hecho, no se ocupó de analizar teóricamente el accionar de los demonios. Luego del final de los conflictivos procesos judiciales, Increase dejó pasar tres años hasta producir un texto con esas características y aun así lo hizo con cautela. Con el pretexto de escribir sobre ángeles, sus habilidades y apariciones en la contemporaneidad, *Angelographia* (1696) teoriza de manera oblicua sobre las entidades preternaturales maléficas. El origen de este tratado y los temas de los que se ocupa se encuentra en Salem y la necesidad de profundizar el combate que su hijo venía librando contra los saduceos. Si bien no menciona explícitamente los procesos por brujería, sugiere que "eventos recientes" habían dado prueba irrefutable de la existencia de posesos y de la intervención de Satán en el mundo.[53]

Los cuatro textos escogidos, entonces, son las obras en las que los ministros de Nueva Inglaterra más relevantes de su generación otorgaron mayor importancia a la demonología y los aspectos diabólicos del accionar de los brujos. Sobre estos temas, el historiador John Putnam Demos afirmó dos cuestiones que resulta pertinente recuperar. Por un lado, que la brujería es la mejor ventana para acceder al mundo mental y emocional de la colonia británica; por el otro, que aquel fenómeno es uno profundamente emocional, con el miedo y la ira como ejes.[54] De esto se harán eco las páginas que restan, dedicadas a analizar la teoría demonológica de Increase y Cotton Mather como un instrumento para normativizar y disciplinar aquellas emociones.

Controlar el miedo: entre la falta de fe y la piedad

Herencia directa de los postulados del reformador francés Juan Calvino (1509-1564), hombres como Increase y Cotton Mather creían que Dios conocía y controlaba todo lo que ocurría en la tierra, que esos sucesos formaban parte de un plan inaccesible para los humanos pero preestablecido desde el comienzo del Tiempo y que siempre tendían hacia el bien, ya fuese en el corto o en el

---

nada se alejaban de las escritas por su hijo en *The Wonders*, que los jueces eran personas sabias y bien intencionadas y que no pocas confesiones cumplían con todos los estándares judiciales para ser consideradas válidas. Así, el espíritu crítico inicial prácticamente desaparecía en las últimas páginas del texto. Véase Increase Mather, *Cases of Conscience*, Boston, 1693, p. 70. Para interpretaciones sobre la postura de Increase Mather véase Walter Stephens, "Mather, Increase", en Richard Golden (ed.), *Encyclopedia of Witchcraft*, p. 734; Bernard Rosenthal, *Salem Story*, pp. 135-137; Mary Beth Norton, *In the Devil's Snare*, pp. 283-284; Benjamin Ray, *Satan & Salem*, pp. 127-128; Paul Boyer y Stephen Nissenbaum, *Salem Possessed*, pp. 17-18; David Levin, "Did the Mathers disagree about the Salem witchcraft trials", *Proceedings of the American Antiquarian Society*, 95:1 (1985), pp. 19-37. En relación con esto, Benjamin Ray sugiere que el hecho de que el libro saliera recién en octubre, cuando los juicios esencialmente habían finalizado, demuestra que Increase no tenía apuro por dar a conocer su condena y que hasta podría haber especulado con que otras voces críticas mostraran su descontento con anterioridad. Véase Benjamin Ray, *Satan & Salem*, p. 84.

53. Walter Stephens, "Mather, Increase", p. 734.

54. John Putnam Demos, *Entertaining Satan*, pp. viii, 99.

largo plazo.[55] Esta cosmovisión providencial imbuía al orden natural con un imperativo ético antes que mecánico.[56]

Más arriba se han mencionado las providencias especiales. En el comienzo de *An Essay*, Increase Mather incluye entre esos "juicios divinos" tempestades, inundaciones, terremotos, tormentas eléctricas, apariciones, brujerías y posesiones diabólicas.[57] En referencia a la causalidad de estos acontecimientos, en la década siguiente su hijo acotó que Satán era capaz de producirlos. Tal como relataba el libro de Job, podía manipular tormentas y vientos, así como suyas eran las facultades que se encontraban detrás de la magia nociva que se les adjudicaba a los brujos.[58] En efecto, Satán era el "príncipe del mundo", capaz de producir efectos negativos más devastadores que en cualquier otro momento de la historia puesto que aquellos años eran los inmediatamente anteriores a la segunda venida de Cristo.[59] Cotton Mather, incluso, enumeró puntualmente calamidades que los puritanos habían sufrido y continuaban soportando como parte del camino hacia el fin de los tiempos: la destrucción de los granos sembrados, incendios que redujeron pueblos a cenizas, inundaciones que los volvieron inhabitables o enfermedades súbitas y letales que consumían los cuerpos de los sufrientes.[60]

En *The Wonders*, sin embargo, todos estos daños tenían una trascendencia menor en comparación con la brujería. El más joven de los Mather explicó que los demonios eran el motor de la malicia de los brujos. Los espíritus malignos atormentaban los cuerpos de víctimas inocentes, los mordían y rasguñaban, les clavaban alfileres, les provocaban quemaduras o descoyuntaban sus articulacio-

---

55. Nicholas Guyatt, *Providence and the Invention of the United States, 1607-1876*, Cambridge, Cambridge University Press, 2007, p. 14; Alexandra Walsham, "Deciphering Divine Wrath and Displaying Godly Sorrow: Providentialism and Emotion in Early Modern England", en Jenny Spinks y Charles Zika (eds.), *Disaster, Death and the Emotions in the Shadow of the Apocalypse, (1400-1700)*, Basingstoke, Palgrave Macmillan 2016, p. 26; David Hall, *Worlds of Wonder*, p. 77.

56. Richard Weisman, *Witchcraft, Magic, and Religion*, pp. 29.30.

57. Increase Mather, *An Essay for the Recording of Illustrious Providences*, Boston, 1684, p. x.

58. Cotton Mather, *The Wonders of the Invisible World*, p. 14: "*We are told in Job. 1. 11.12, 19. That the Devil made a Storm, which Hurricano'd the House of Job, upon the Heads of them that were feasting in it*"; Cotton Mather, *The Wonders of the Invisible World*, p. xii: "*That these Witches have driven a Trade of Commissioning their Confederate Spirits to do all sorts of Mischiefs to the Neighbours, whereupon there have Ensued such Mischievous consequences upon the Bodies, and Estates of the Neighbourhood, as could not otherwise be accounted for*".

59. *Ibid.*, pp. 16-17: "*Toward the End of his Time the Descent of the Devil in Wrath upon the World, will produce more woful Effects, than what have been in Former Ages (...) It is plain, That until the Second Coming of our Lord, the Devil must have a Time of plaguing the World, which he was afraid, would have Expired at His First*".

60. *Ibid.*, p. 32: "*We have had a continual Blast upon some of our principal Grain, Annually diminishing a vast part of our Ordinary Food. Herewithal, Wasting Sicknesses, especially Burning, and Mortal Agues, have Shot the Arrows of Death in at our Windows. Next, We have had many Adversaries of our own Language, who have been perpetually assaying to deprive us of those English Liberties, in the Encouragement whereof these Territories have been Settled. As if this had not been enough; The Tawnies among whom we came, have Watered our Soyl, with the Blood, of many Hundreds of our Inhabitants. Desolating Fires also have many times laid the chief Treasure of the whole Province in Ashes*".

nes.[61] Años antes, su cercanía con el caso Goodwin le había permitido conocer un ejemplo concreto de la crueldad diabólica. En *Memorable Providences*, el ministro atestiguó que los niños embrujados manifestaban sordera, ceguera, falta de reacción o, incluso, las tres cosas al mismo tiempo. Manipuladas por fuerzas ocultas, sus lenguas bloqueaban su garganta o bien podían salir de la cavidad bucal y extenderse de manera extraordinaria. Sus mandíbulas, además, se abrían al punto de salirse de lugar.[62] Más impresionante aun, en una ocasión los cuerpos de las víctimas fueron levemente elevados sobre el nivel del suelo para posteriormente moverse por el aire a lo largo de una distancia de veinte pies.[63]

Incluso para una sociedad donde las fronteras entre lo sobrenatural y la naturaleza eran porosas, los eventos relatados por Cotton Mather eran extraordinarios. Los episodios que componían la materia prima narrativa de textos como *An Essay* o *The Wonders of the Invisible World* provocaban reacciones emocionales en el público lector. A partir de su análisis sobre la dinámica de las persecuciones de brujos en las comunidades inglesas, Keith Thomas señaló que el miedo a ser víctima de actos hostiles por parte de un vecino con capacidades ocultas para dañar es clave para entender el origen de las acusaciones.[64] Más aquí en el tiempo, Charlotte-Rose Millar advirtió que durante la modernidad temprana, la creencia en el inminente final de los tiempos potenció los temores al demonio y sus capacidades destructivas, especialmente a través de su alianza con hechiceros, algo evidente en las narrativas populares o panfletos sobre casos de brujería.[65]

En tanto pastores, los Mather tenían acceso directo a las sensaciones que Satán provocaba en su comunidad. Su diálogo e intercambio epistolar con colegas en las colonias y Europa, a su vez, reforzaba y daba un carácter general a sus conclusiones personales. Entre las emociones asociadas a la brujería, el miedo les preocupaba especialmente. Era una emoción que, en caso de no estar adecuadamente dirigida, resultaba peligrosa. Cotton Mather, por caso, avisa a sus lectores que un indicio de estar entre los elegidos para

---

61. *Ibid.*, p. 37: "*The People thus Afflicted, are miserably Scratched and Bitten, so that the Marks are moſt Visible to all the World, but the causes utterly Invisible; and the same Invisible Furies do moſt Visibly ſtick Pins into the Bodies of the Afflicted, and Scald them, & hideously Diſtort, and Disjoint all their members, besides a thousand other sorts of Plagues beyond these of any Natural Diseases which they give unto them*".

62. Cotton Mather, *Memorable providences, relating to witchcrafts and possessions*, Boſton, 1689, p. 4: "*Sometimes they would be Deaf, sometimes Dumb, and sometimes Blind, and often, all this at once. One while their Tongues would be drawn down their Throats; another while they would be pull'd out upon their Chins, to a prodigious length. They would have their Mouths opened unto such a Wideness, that their Jaws went out of joint*".

63. *Ibid.*, pp. 14-15: "*They would fly like Geese; and be carried with an incredible Swiftness thro the air, having but juſt their Toes now and then upon the ground, and their Arms waved like the Wings of a Bird. One of them, in the House of a kind Neighbour and Gentleman (Mr. Willis) flew the length of the Room, about 20 foot, and flew juſt into an Infants high armed Chair; (as tis affirmed) none seeing her feet all the way touch the floor*".

64. Keith Thomas, *Religion and the Decline of Magic: Studies in Popular Beliefs in Sixteenth and Seventeenth Century England*, London, Penguin Books, 1971, p. 534.

65. Charlotte-Rose Millar, *Witchcraft, the Devil, and Emotions*, pp. 5, 30.

la salvación eterna era no temer al Príncipe de las Tinieblas.[66] En *The Devil Discovered*, uno de los sermones que componen *The Wonders of the Invisible World*, el teólogo escribe que el Adversario mediante sugestiones inclinaba a las personas a descreer en la Providencia divina; los manipulaba para que pensaran que habían sido abandonadas por su Creador.[67] De esta manera, las calamidades que un individuo estuviera sufriendo ya no serían vistas como producto del plan de Dios, sino como un daño que el demonio provocaba voluntaria y libremente, por lo que la cadena de causalidades y responsabilidades ortodoxas del cristianismo se invertía completamente: una criatura (Satán) era colocada al mismo nivel que el Creador.[68]

Para evitar cometer esta falta gravísima, el autor ofrece una serie de acciones profilácticas frente a ataques diabólicos, incluso contra los más extremos, como las posesiones espirituales experimentadas por los niños Goodwin. En el sermón *A Discourse on Witchcraft*, impreso como parte de *Memorable Providences*, recomienda, en primer lugar, rezar con fervor debido a su doble efecto beneficioso: espantar a los espíritus impuros y eliminar los miedos humanos al apelar a la misericordia divina.[69] En segundo lugar, exhorta a atravesar la experiencia con una fe vivaz, prueba de que la persona resigna su bienestar a la voluntad de Dios, transformando el miedo en fe. Al hacerlo, la víctima cuenta con el guardián de Israel de su lado, por lo que el Hades nada puede hacer en su contra.[70] Así, la introspección y el arrepentimiento eran cruciales para descubrir los pecados que provocaron las desgracias que los atormentaban.[71] Tercero, vivir de acuerdo a los preceptos establecidos

---

66. Cotton Mather, *The Wonders of the Invisible World*, p. ii: "*But I am now somewhat comfortably Assured of His favourable Acceptance; and, I will not Fear; what can a Satan do unto me*".

67. Cotton Mather, *The devil discovered*, Boston, 1693, p. 7: "*To Distrust Gods Providence and Protection, is one of the worst Things, into which the Devil by his Temptations would be hurrying of us*".

68. Retomaré este tema en el apartado siguiente. A partir de lo dicho, cobra sentido que las acusaciones formales por brujería registradas en Nueva Inglaterra durante el siglo XVII incluyeran "no tener el temor a Dios en los ojos" ("*not having the fear of God before their eyes*") al momento de enumerar las faltas cometidas por los sospechosos. John Putnam Demos, *Entertaining Satan*, pp. 5, 219, 324; Richard Godbeer, *The Devil's Dominion*, p. 101; Paul Moyer, *Detestable and Wicked Arts*, pp. 177-178. Cabe recordar que el código legal de Massachusetts definía aquel delito como el establecimiento de un pacto con el demonio, es decir, una forma de apostasía. Por eso, la única pena aceptable era la ejecución. Malcolm Gaskill, *The Ruin of All Witches*, p. 11; Richard Godbeer, *The Devil's Dominion*, p. 18; Richard Weisman, *Witchcraft, Magic, and Religion*, pp. 12-13. Esto la distinguía respecto de las legislaciones inglesas contra la brujería promulgadas entre los siglos XVI y XVII. Véase Agustín Méndez, "To Accommodate the Earthly Kingdom to Divine Will: Official and Nonconformist Definitions of Witchcraft in England (ca. 1542-1630)", *Preternature: Critical and Historical Studies on the Preternatural*, 6:2 (2017), pp. 278-309.

69. Cotton Mather, *A Discourse on witchcraft*, Boston, 1689, p. 20: "*The First Preservative is, a fervent PRAYER (...) The Devils are afraid of our Prayers; they tremble and complain, and are in a sort of Anguish while our Prayers are going (...) Let us Pray much, and we need fear nothing particularly*".

70. *Ibid.*, p. 20: "*The Second Preservative is A lively Faith (...) be not afraid of any Devils; If you are, turn the Fear into Faith. By Faith resign your selves to the Custody of Him that is the Keeper of Israel. (...) The Lord is on my side; I will not fear; What can Hell do unto me*".

71. Richard Godbeer, "Witchcraft in British America", en Brian Levack (ed.), *The Oxford Handbook of Witchcraft in Early Modern Europe and Colonial America*, Oxford, Oxford University Press, 2013, p. 394.

por la deidad en las Escrituras. Este tipo de vida pondría de manifiesto la voluntad de esquivar el mal y alejaría a las huestes infernales de los santos, a quienes no podrían reclamar como propios.[72]

Hasta aquí podría suponerse que el miedo no es una emoción deseable en el cristianismo. Lo ideal sería no sentirla y, en caso de que se la experimentase, debía ser considerada como una señal de alerta. Ello, sin embargo, sería una conclusión apresurada. El miedo tenía aspectos positivos, incluso era deseable, dependiendo de hacia qué objeto, lugar o entidad estuviera dirigido.[73] Una pista sobre ello la da Cotton Mather, cuando expresa que llevar una vida cristiana no sólo era un mecanismo de defensa contra los demonios, sino que quienes así se comportaban eran temerosos de Dios.[74] No obstante, fue su padre quien desarrolló con más detalle esta cuestión en *Angelographia*. En efecto, Increase recuerda a sus lectores que el propio Cristo advierte en el *Evangelio según San Lucas* (12, 5-6) que el poder para matar no tiene un dueño exclusivo, pero que sí existe un monopolio sobre la decisión respecto del destino de las almas tras la muerte. Entonces, únicamente hay que temer a quien detenta esa facultad: la divinidad.[75] Al partir de esa premisa, los llamados "miedos exteriores" perdían cualquier clase de sentido. Los que dirigen su pavor hacia donde corresponde no deben amedrentarse frente a poderosos ejércitos invasores, como demostró David al enfrentarse a los filisteos.[76] Los buenos cristianos tampoco se horrorizan frente a las amenazas que puedan surgir al realizar travesías por mar o por tierra.[77] Algo semejante ocurre con las tormentas, que solían ser asociadas con el poder de los demonios. Como vimos, se creía que los espíritus impuros podían iniciarlas, pero ello no significaba que las

---

72. Cotton Mather, *A Discourse on witchcraft*, p. 21: "*The Third Preservative is, A Holy Life (...) Do not thou break the hedge of God's Commandment, and perhaps he will not let any break the hedge of His Providence, by which thou art secured. The holy Angel are the Friends, the Guardians, the Companions, of all holy men (...) Suppose now that any Witches may let fly their Curses at you, you are now like a Bird on the Wing, in such Heavenward Motions that they cannot hit you. Now the Devils and their Creatures cannot say of you (...) I found her on my own ground*".

73. Stephanie Tarbin, "Raising Girls and Boys: Fear, Awe, and Dread in the Early Modern Household", en Susan Broomhall (ed.), *Authority, Gender and Emotions in Late Medieval and Early Modern England*, Basingstoke, Palgrave Macmillan, 2015, pp. 107-112.

74. Cotton Mather, *A Discourse on witchcraft*, p. 20: "*There was a very Holy Man of old, a man, that feared God & eschewed evil*".

75. Increase Mather, *Angelographia*, Boston, 1696, pp. 26-27: "*Therefore I say unto you, Fear to offend God. Remember the Words of the Lord Jesus Christ, with which at this time I conclude, Luk. 12.5. I will forewarn you, whom ye shall fear: Fear him, which after he has killed, has power to cast into hell, yea, I say unto you, Fear Him*".

76. Increase Mather, *Angelographia*, p. 68: "*So if the Angels of God, are by his appointment for us, we need not fear, though we should be in as eminent danger, as David was in, when amongst the Philistines in Gath. Angels are able to defend us, and will do so, so far as a gracious God and Father shall see it meet for them to do*".

77. *Ibid.*, p. 69: "*They that fear the Lord, may be above the fear of danger, when they go to Sea; only let them look to their call; let them look to it, that they are in Gods way; then He will send his Angels to look after them. So in great and hazardous Journies by land, they need not fear, but they shall go forth; and return in safety*".

personas debiesen horrorizarse frente al poder de aquellos. Por el contrario, el religioso asegura que quienes están en Cristo y estructuran su vida en torno a Dios no deben atemorizarse frente a un trueno más de lo que un infante debe hacerlo al oír la voz de su padre.[78] Este tipo de miedo, el adecuado, el que sentían los puritanos, llenaba las almas de paz y serenidad, no de terror.[79]

Esta sensación, a su vez, iba acompañada por otro beneficio: la protección de los ángeles. Era una tortura para Satán observar el cerco protector que los espíritus benignos establecían alrededor de las personas piadosas.[80] Esto no significaba que no pudieran ser dañados o perjudicados; por el contrario, la divinidad quería que atravesaran tribulaciones.[81] Lo que sí implicaba, en cambio, es que los deterioros fueran sólo exteriores o superficiales –enfermedades, pérdidas patrimoniales, muerte– en lugar de afectar su alma y poner en peligro su salvación, la cual estaba garantizada. De acuerdo a la teoría soteriológica sostenida por las iglesias de Nueva Inglaterra, el Ser Increado separó a justos y réprobos al comienzo de los tiempos, distinguiendo así a quienes serían beneficiados con una eternidad en la corte celestial de los que serían condenados a transcurrirla en el infierno.[82] Además de recibir ese privilegio definitivo, a lo largo de su vida terrenal los primeros gozarían de manera exclusiva tanto de la protección de los ángeles como de la capacidad de sentir temor hacia Dios. Sin embargo, la consciencia plena de poseer esos beneficios no era innata, sino que se obtenía a través de una conversión, cuya conclusión era la confirmación de su condición de elegidos al sentir la gracia del Espíritu Santo. La conversión no era un momento sino un extenuante y dificultoso proceso de autoconocimiento a lo largo del cual, como veremos hacia el final del texto, las emociones eran esenciales. Para Increase Mather, el miedo era particularmente importante a lo largo de ese derrotero. Si bien Dios desde el inicio de los tiempos había asignado a los ángeles la protección de los justos, éstos sólo la sentirían una vez que hubieran descartado todos sus temores a excepción del dirigido a la deidad.[83] Nadie podía ser consciente de su salvación previo a la conversión y ella no se iniciaba sin un disciplinamiento del

---

78. *Ibid.*, p. 133: "*And they that are in Christ, and who make it their design to live unto God, need not be dismayed at the most terrifying Thunder-claps, no more than a Child should be afraid when he hears the voice of his loving Father*".

79. *Ibid.*, p. 134: "*These Puritans have a divine principle in them, which the World seeth not, that they should have peace and serenity in their Souls when others are filled with dismal fears and horrors*".

80. *Ibid.*, p. 51: "*It is a torment to the Devil to see and behold an Host of Angels Encamping round about all them that fear God; so that the Devil is not able to destroy one of them all, because there are Holy Angels Encamping round about them*".

81. *Ibid.*, p. 54: "*Yea, not only such as truly fear God, but such as fear him above many, that are Eminent Servants and Fearers of the Lord, very sad Temptations and Afflictions in the World may befal them. God sees it meet to have it so*".

82. Bruce Daniels, *New England Nation*, pp. 100-109; Perry Miller, *The New England Mind*, pp. 54-55.

83. Increase Mather, *Angelographia*, p. 82: "*Until such time as men fear God, they cannot know, that the Angels are concerned for them. It is true, that God chargeth his Angels with his Elect before they fear him: but they cannot know this, and therefore cannot have the comfort of it, before they turn to the Lord. A man cannot know his Election before his Conversion*".

miedo.[84] Así, mientras Cotton Mather aleccionaba no temer a Satán, Increase postulaba la imperiosa necesidad de sobrecogerse ante Dios.

La ira: prerrogativa divina y pecado humano

Uno de los lugares comunes de la historiografía del pensamiento demonológico protestante en general, e inglés en particular, sentencia que los demonólogos reformados, especialmente los que podrían identificarse como calvinistas, mostraban poco entusiasmo por las teorizaciones más técnicas sobre la naturaleza demoníaca, como por ejemplo su inmaterialidad, el alcance de sus poderes o sus manifestaciones físicas, temas que habían obsesionado, por ejemplo, a los grandes teólogos escolásticos.[85] En trabajos previos se ha podido demostrar que, al menos en el caso de los demonólogos ingleses que escribieron entre mediados de los siglos XVI y XVII, dichas afirmaciones no se cumplen.[86]

Importante para lo que aquí nos concierne, los tratados de esos autores, especialmente los de William Perkins y Richard Bernard, formaban parte del acervo conceptual demonológico heredado por los Mather en la otra orilla del Atlántico en las últimas décadas del XVII. En *Memorable Providences*, el más joven aporta una definición técnica del demonio: es una substancia espiritual y racional, creada originalmente como un ángel, pero que a partir de su pecado contra la divinidad perdió su bondad primigenia y únicamente quedó facultado para la maldad más absoluta, la cual dirige especialmente contra los seres humanos.[87] Por este motivo, resulta difícil sobredimensionar la amenaza que los hombres enfrentaban a diario. En primer lugar, por cuestiones cuantitativas, ya que los demonios los superan ampliamente en número.[88] En segundo término, por aspectos cualitativos: debido a su naturaleza espiritual, pueden atacar en cualquier momento sin ser detectados. Su indescriptible

---

84. *Ibid.*, pp. 82-83: "*He that would be sure of his Election, must be sure of his being effectually Called. If he hath the true fear of God in his heart, he may know, that he is appointed an Heir of Salvation, and so may know, that the Angels have a charge given to them concerning him*".

85. Stuart Clark, "Protestant Demonology: Sin, Superstition, and Society (*circa* 1520-*circa* 1630)", en Gustav Henningsen y Bengt Ankarloo (eds.), *Early Modern European Witchcraft: Centres and Peripheries*, Oxford, Clarendon Press, 1993, pp. 57-58; Peter Soergel, "Luther on the Angels", en Peter Marshall y Alexandra Walsham (eds.), *Angels in the Early Modern World*, Cambridge, Cambridge University Press, 2006, pp. 65-67.

86. Agustín Méndez, "The Problem of Demonic Corporeality in Early Modern England. Thomas Aquinas, Demonology, and Witchcraft Folkloric Ideas (*circa* 1587-1648)", *Rivista di Storia del Cristianesimo*, 18:1 (2021), pp. 141-172.

87. Cotton Mather, *Memorable providences*, p. 2: "*A Devil is a spiritual and a rational Substance, full of all Wickedness, confined by God unto our Air as his Gaob, for his Apostasy from the Company & Employment of the holy Angels. His Title is that in Eph 6. 12. a spiritual wickedness; that is a wicked spirit. A Devil was once an Angel, but Sin has brought him to be a Father Angel; an Angel full of Enmity to God and man; an Angel made a prisoner within the Atmosphere of the Earth which we tread upon*".

88. *Ibid.*, p. 8: "*There are far more Devils than there are Men in the world. They swarm like the Frogs of Egypt in every chamber of our houses*".

fuerza permite que uno solo sea capaz de masacrar a un ejército de cien mil soldados en una noche.[89] En la misma línea, Increase Mather destaca en su *Angelographia* los conocimientos de las entidades preternaturales malignas. A lo largo de milenios de experiencia lograron acumular saberes sobre el mundo natural, lo que les permitió operar en él de modos que los seres humanos sólo podrían imaginar. Satán también es un experto en relaciones sociales; su ingenio, memoria y entendimiento han hecho de él un gran político.[90] Para el teólogo de la segunda generación, sin embargo, su rasgo distintivo es la maldad, la cual supera con creces a su sabiduría.[91]

Esta caracterización es idéntica a la ensayada por los teólogos que teorizaron sobre brujería en Inglaterra un siglo antes.[92] Al referirse a esos trabajos, el historiador James Sharpe advierte que a pesar de las fabulosas capacidades innatas y adquiridas de las que disfrutaban los demonios, su poder no era absoluto ni universal; de hecho, ni siquiera podían disponer libremente de él. Ello tiene que ver con el origen y la naturaleza, pero también con la función cosmológica de aquellos.[93] Estas ideas también pueden hallarse en los textos de Nueva Inglaterra. Al hablar de los ángeles –tanto los benignos como los que cayeron–, Increase Mather resalta su condición de criaturas, lo que los distancia inconmensurablemente de la divinidad. Lejos de ser entidades co-eternas, son causas secundarias.[94] La malicia y el poder de Satán funcionaban dentro de un marco más amplio que es el de la ya aludida providencia divina. Era la divinidad la que permitía, como forma de castigo, que el Adversario perturbara a los humanos, afectando sus cuerpos o sus bienes. También autorizaba sufrimientos semejantes para aquellos que son justos y piadosos, buscando templar su carácter.[95] Entonces, aunque extraordinario en muchos aspectos, el Príncipe de las Tinieblas era uno más de los instrumentos de los

---

89. *Ibid.*, pp. 7- 8: "*We fight not against flesh & blood only, but against principalities, and Powers, and spiritual wickednesses. They are spiritual, and therefore powerful. The Spirituality of the Devils enables them to strike us when we can't see them (...) they are Spirits, and so they excel in strength (...) One of them let loose, perhaps could slaughter an Army of an hundred thousand in a night*".

90. Increase Mather, *Angelographia*, pp. 13-14: "*They have a Wonderful Natural Knowledge and Wisdom in them, and their knowledge is increased very much by Experience. They have had above five thousand years experience, which hath added to their knowledge*".

91. *Ibid.*, p. 119: "*His malice is greater than his policy, though he is a great Politician. The Devil hath a great wit, he hath wonderful parts, as to understanding and memory: yet his malice is greater than his wisdom*".

92. Agustín Méndez, *El infierno está vacío. Demonología, caza de brujas y reforma en la Inglaterra temprano-moderna (s. XVI y XVII)*, Valencia, Universitat de València, 2020, pp. 216-259.

93. James Sharpe, *Instruments of Darkness*, pp. 83-84.

94. Increase Mather, *Angelographia*, pp. 7-8: "*These Angels are Second Beings, Created Beings; they receive whatever they are, their very Being, and all from another. Some of the Heathen Philosophers, supposed the Angels to be Co-eternal with the Great God. But it is not so, nor is that possible to be true: There can be but one First, but one Eternal Being. It is the Prerogative of the Great God, and of him alone, to be from all Eternity*".

95. Cotton Mather, *Memorable providences*, p. iv: "*The Secrets also of God's Providence, in permitting Satan and his Instruments to molest His children, not in their Estates only, but in their Persons and their Posterity too, are part of His Judgments that are unsearchable, and His Wayes that are past*"

que disponía la divinidad para servirse en beneficio de sus designios.[96] Para graficar esta situación, el teólogo recurre a la conocida metáfora de la cadena: el demonio se encuentra atado y controlado por la divinidad, quien afloja o ajusta esas restricciones de acuerdo a su voluntad.[97] Sin la autorización por parte de su Creador, pues, Satán no era otra cosa que un permanente estado potencial de perversión, incapaz de transformarse en acto por sí mismo.

Al momento de interpretar esta relación instrumental entre Dios y el demonio, los autores no pierden de vista la dimensión emocional. En este caso, es la ira la que ocupa un lugar de privilegio. En primer término, la servidumbre a la cual están sometidos los espíritus impuros no es otra cosa que un castigo por haber desafiado a la divinidad. Su expulsión de la corte celestial y cautiverio en el inframundo son el resultado de la interminable cólera del Creador.[98] Luego de que los ángeles pecadores quedaran para siempre imposibilitados de hacer el bien, su pulsión maligna se enfocó casi de manera exclusiva en los seres humanos. Como explica Increase Mather, el demonio está lleno de ira hacia quienes dan testimonio de Cristo y obedecen los mandamientos de las Escrituras, de allí su incesante deseo por destruirlos.[99] Recordemos que en *The Wonders of the Invisible World*, su hijo había asegurado que en las inmediaciones del apocalipsis la ira de Satán provocaría catástrofes nunca antes vistas. El panorama no podía ser más desolador, una iracunda criatura con inmensos poderes tenía en su mira a los frágiles humanos. De hecho, el mismo autor se encarga de aclarar que la voluntad divina era el único motivo por el cual la cólera de las huestes infernales no arrasaba con toda la humanidad.[100]

Con todo, la divinidad no siempre se mostraba tan predispuesta a ejercer ese rol; por el contrario, no era infrecuente que cumpliera uno totalmente opuesto. Las generaciones de puritanos que sucedieron a los protagonistas de la Gran Migración tenían una evaluación pesimista de los tiempos que les tocaban vivir. Ello se manifestaba especialmente en el declive moral y el abandono de la piedad que veían a su alrededor.[101] Cotton Mather predicaba

---

finding out; only this we have good Assurance for, that they are among the All things that work together for their good".

96. Sobre este tema se recomienda consultar Henry Ansgar Kelly, *Satan in the Bible: God's Minister of Justice*, Oregon, Cascade, 2017.

97. Cotton Mather, *Memorable providences*, p. 10: "*They are kept in chains; Tis by some rendered, they are kept for chains: but suppose them in chains; their chains are so lengthened, & yet so limited that they go about, just where and when, and how far the Permission of God shall give them leave*".

98. Cotton Mather, *The Wonders of the Invisible World*, p. 8: "*The Divel is himself broiling under the intollerable and interminable Wrath of God; and a fiery Wrath at God, is that with which the Divel is for that cause Enflamed*".

99. Increase Mather, *Angelographia*, p. 119: "*The Devil is full of wrath and rage, but against whom? against those especially, which Keep the Commandments of God, and the Testimony of Jesus. Rev. 12.17. against such is his malice, his wrath and rage in a peculiar manner bent*".

100. Cotton Mather, *The Wonders of the Invisible World*, pp. 22-23: "*But surely It becomes us to praise God, in that we have yet sustain'd no more Damage by the wrath of the Devil, and in that he has restrain'd that Overwhelming wrath*".

101. Richard Godbeer, "Witchcraft in British America", p. 406.

a su congregación que los hombres habían cerrado sus oídos al mensaje divino de arrepentimiento y santificación. Estas afrentas traían como consecuencia una respuesta emocional puntual, la ira, en quien veía sus designios incumplidos.[102] En este caso, la deidad ya no restringiría los embates diabólicos sino que los autorizaría abiertamente. Ello explicaba la proliferación de providencias especiales negativas que Nueva Inglaterra venía experimentando en las últimas décadas. Por ello, el ministro creía que ninguna de las plantaciones en América había sido tan victimizada por la furia del demonio como Nueva Inglaterra.[103] La ira divina se demostraba al levantar las restricciones para que Satán expresara la suya.[104] Únicamente la pacificación de los términos de la relación con Dios y la reparación de las injusticias cometidas evitaría a los humanos la lucha con el "mastín espiritual" que siempre estaba dispuesto a desatar el caos.[105]

Hasta aquí ha podido observarse que para nuestros autores la ira es una prerrogativa del Creador y de las entidades preternaturales maléficas: en el caso del primero, por motivo de la concupiscencia humana; en el de los segundos, por el castigo que se les impuso al rebelarse en el comienzo de los tiempos y su resentimiento hacia la obra divina. Esto no ocurre, sin embargo, en el caso de los seres humanos, a quienes los Mather les recomiendan evitarla por evidenciar la ausencia de la gracia divina.[106] En relación con esto, al repasar los daños que el demonio podía causar cuando su cadena se distendía, era frecuente en la Inglaterra de la modernidad temprana afirmar que podía instigar, incluso implantar, pensamientos en las personas. Estas ideas aparecían sin advertencia previa y se distinguían por la fuerza con que arraigaban en la mente.[107] Algo semejante ocurría con las emociones, ya que al ser un experto conocedor de la naturaleza humana, descubría las necesidades de cada uno para explotarlas en beneficio propio y dar lugar a sentimientos negativos.[108] En sus dos tratados aquí considerados, Cotton Mather aborda

---

102. Cotton Mather, *The Wonders of the Invisible World*, p. 46: "*The God of Heaven has with long and loud Admonitions, been calling us to, A Reformation of our Provoking Evils, as the only way to avoid that Wrath of His, which does not only Threaten, but Consume us. 'Tis because we have been Deaf to those Calls, that we are now by a provoked God, laid open to the Wrath of the Devil himself*".

103. *Ibid.*, p. 31: "*I believe, there never was a poor Plantation, more Pursued by the Wrath of the Devil, than our poor New-England; and that which makes our Condition very much the more deplorable is, That the Wrath of the Great God Himself, at the same Time also presses hard upon us*".

104. *Ibid.*, p. 40: "*It is not without the wrath of the Almighty God Himself, that the Devil is permitted thus to come down upon us in wrath*".

105. *Ibid.*, p. 46: "*O let us then set ourselves to make our Peace with our God, whom we have Displeased by our Iniquities: and Let us not imagine that we can Encounter the Wrath of the Devil, while there is the Wrath of God Almighty to set that Mastiff upon us*".

106. En su reciente libro dedicado al estudio de la ira, Barbara Rosenwein apunta que el Antiguo Testamento presenta un Dios asidua y justamente furioso. Debido a la importancia del canon veterotestamentario y de la representación divina allí ensayada, pocos pensadores cristianos condenaron por completo dicha emoción. Véase Barbara Rosenwein, *Anger: The Conflicted History of an Emotion*, New Haven, Yale University Press, 2020, pp. 32-33.

107. Darren Oldridge, *The Supernatural in Tudor and Stuart England*, London, Routledge, 2016, p. 72.

108. John Putnam Demos, *Entertaining Satan*, p. 177.

esta cuestión. El teólogo puritano es consciente de que debido a la pobreza y las enfermedades, entre otros motivos, muchos de sus contemporáneos estaban disconformes con la vida que les tocó en suerte.[109] Satán también conocía esta realidad y la utilizaba en beneficio propio. En unos estimulaba deseos de dinero, tierras o diversiones profanas. A quienes carecían de salud, los impulsaba a la impaciencia por la falta de solución a sus padecimientos. También buscaba hacerles dudar de su salvación a causa de las penas que experimentaban.[110] Este estado de ánimo era particularmente peligroso: las disconformidades aludidas estimulaban la ira de las personas hacia su Creador. En otras palabras, los individuos insatisfechos estaban enojados con Dios y esa emoción lentamente los iba descomponiendo.[111] Mather explícitamente exhorta a sus lectores a no enojarse por su pobreza o sus padecimientos físicos, ya que eso es una fuente de atracción para las criaturas infernales.[112] A su vez, era una forma de poner en duda la Providencia, al no confiar en que los sufrimientos formaban parte de un plan tan inescrutable como irremediablemente benigno.[113] La recomendación frente a este tipo de situaciones es ya conocida: levantar los brazos hacia el cielo y suplicar misericordia sin furia y sin vacilación.[114] De este modo, como el miedo mal dirigido, la ira acercaba a los humanos a Satán y los apartaba del comportamiento que se esperaba de los elegidos.

Conclusión: demonología como emocionología

Al comienzo de *Being Protestant in Reformation Britain*, el historiador Alec Ryrie repasa uno de los estereotipos más duraderos sobre la psicología y la personalidad de los puritanos en los siglos posteriores al inicio de la Reforma, aquel que los asocia con una frialdad o aridez emocional y con la tendencia

---

109. Cotton Mather, *The Wonders of the Invisible World*, p. 51: "*Discontents, which Affliction and Poverty has fill'd us with*".

110. *Ibid.*, p. 8: "*There is nothing more Frequent in the Temptations of the Devil, then for our Adoption to be doubted, because of our Affliction. (...) Thus, when we are in very Afflictive Circumstances, this will be the Devils Inference, Thou art not a Child of God. (..) Since he can't Rob us of our Grace, he would Rob us of our Joy*".

111. Cotton Mather, *The Wonders of the Invisible World*, p. 14: "*Beware of Discontent. The devils are wonderfully discontented Spirits; and none more than discontented Persons, ly open to their Invasion and Annoyance. The discontented man is angry at God; it is a rage at God, it is a Fret as God, which discomposes him*". Sobre esto Paul Moyer afirmó acertadamente que quienes se quejaban y expresaban descontento con su condición de vida material eran más proclives a ser considerados como brujos. Véase Paul Moyer, *Detestable and Wicked Arts*, p. 66.

112. Cotton Mather, *The Wonders of the Invisible World*, p. 15: "*Be not Angry at any Poverty, be not Angry at any Calumny, be not Angry at any Affliction whatsoever. Discontent opens the doors of the soul for all the devils of Hell to enter in*". Esta idea la repite en sus intercambios epistolares con amigos y colegas. Véase John Putnam Demos, *Entertaining Satan*, p. 307.

113. Cotton Mather, *The Wonders of the Invisible World*, p. 7: "*To Distrust Gods Providence and Protection, is one of the worst Things, into which the Devil by his Temptations would be hurrying of us*".

114. *Ibid.*, p. 44: "*To join as one man in our cries to God, for the Directing, and Issuing of this Thorny Business; but if we do not Lift up our Hands to Heaven, Without Wrath, we cannot then do it without Doubt, of speeding in it*".

a intentar suprimir sus sentimientos. A partir del análisis de distintos tipos de fuentes primarias de los siglos XVI y XVII, el autor propone, en cambio, que los puritanos no desconfiaban de las emociones sino que las exaltaban por ser una guía en el camino hacia la santidad, un testimonio de que ese destino estaba al alcance.[115] Para ellos la fe era una experiencia afectiva, ningún esfuerzo intelectual podría suplir esa dimensión.[116] Ciertamente, las pasiones no eran inherentemente beneficiosas. Tom Schwanda señala que para que resultaran útiles era necesario aprender a disciplinarlas, potenciando las que acercaban a las personas a la divinidad y aplacando las que provocaban el efecto contrario.[117]

Esta tarea era condición *sine qua non* para la conversión, el momento dramático de la vida religiosa puritana en el que los individuos tomaban conocimiento de que la gracia divina estaba presente en su interior. Este episodio podía ocurrir en cualquier momento de la vida, incluso inmediatamente antes de la muerte. Con todo, no debe ser pensado como un instante, una luz cegadora como la experimentada por Saulo de Tarso camino a Damasco, sino como el resultado de un proceso en el que la persona fue nutriéndose con la predicación, las oraciones, la lectura de textos devocionales y la introspección.[118] Esto último era fundamental. Ninguna facultad, experiencia o sentimiento debía quedar sin examinar. Si bien todas las dimensiones del espíritu estaban involucradas, la raíz más profunda de la conversión estaba en el área afectiva. Esta "psicología de la conversión", como la denominó Robert Middlekauff, tenía por objetivo alcanzar la regulación de la existencia de acuerdo con los mandatos divinos. Su método imponía la completa subordinación del alma, la razón y las pasiones a la voluntad del Creador. La técnica llevaba a reconocer la inmensa depravación humana, la imposibilidad de hacer el bien y rendirse a Cristo por completo, puesto que sin su misericordia la salvación era imposible.[119] El miedo, la culpa y la tristeza de este descubrimiento conducían hacia el arrepentimiento.[120] Desde luego, los retrocesos no eran infrecuentes, las dudas podían disipar las certezas brevemente experimentadas, de allí que fuera una experiencia cíclica en vez de lineal.[121]

---

115. Alec Ryrie, *Being Protestant in Reformation Britain*, Oxford, Oxford University Press, 2013, pp. 12-20. Otro lugar común asociaba al protestantismo, y especialmente al calvinismo, con un sufrimiento psicológico patológico. Para un recorrido historiográfico sobre este topos véase Andrés Gattinoni, "'Sus mandamientos no son penosos': un abordaje historiográfico de la relación entre protestantismo y aflicción", *Anales de Historia Antigua, Medieval y Moderna*, 55:2 (2021), pp. 67-86.

116. Erin Sullivan, *Beyond Melancholy*, p. 148.

117. Tom Schwanda. "The Saints' Desire and Delight to Be with Christ", en Alec Ryrie y Tom Schwanda (eds.), *Puritanism and Emotion in the Early Modern World*, Basingstoke, Palgrave Macmillan, 2016, p. 73.

118. Bruce Daniels, *New England Nation*, p. 104.

119. Robert Middlekauff, *The Mathers*, pp. 6, 256; Richard Godbeer, *The Devil's Dominion*, pp. 47-48.

120. Erin Sullivan, *Beyond Melancholy*, p. 147; Michael Hall, *The Last American Puritan*, p. 6; David Hall, *Worlds of Wonder*, pp. 172-175.

121. Alec Ryrie, *Being Protestant in Reformation Britain*, pp. 409-410; Richard Godbeer, *The Devil's Dominion*, pp. 51-52.

En el sistema eclesiástico de Nueva Inglaterra este proceso era una condición para poder ser miembro pleno de una congregación. El candidato debía presentarse frente a los santos visibles y proveer una narrativa oral de su vida espiritual que diera cuenta de su conversión, la cual sería comparada con aquellas experimentadas por los que ya habían sido aceptados. Si el contraste era satisfactorio, se incorporaba como uno más de los hermanos y hermanas.[122] El rito de pasaje del congregacionalismo puede ser interpretado como una experiencia de *self-fashioning* en la que, de acuerdo con lo propuesto por Stephen Greenblatt, los individuos, entendidos como artefactos culturales, son definidos en su forma por las creencias, las prácticas y, agregamos aquí, emociones que forman parte del mundo en el que viven.[123] La pertenencia a la iglesia de los santos visibles iba de la mano de un guion emocional que funcionaba en todos los niveles de la sociabilidad y en el que había poco lugar para la improvisación.

A través del análisis del pensamiento demonológico de Increase y Cotton Mather, el presente capítulo buscó demostrar que los puritanos de Nueva Inglaterra, como sus antepasados ingleses, entendían que el adecuado control de las emociones era vital para la existencia humana. En este sentido, los tratados estudiados pueden ser incluidos dentro de lo que el historiador Peter Stearns denominó literatura prescriptiva, textos que tenían la intención de recomendar a las personas cómo comportarse y reaccionar frente a determinadas situaciones; es decir, señalar cuáles eran las emociones y las respuestas emocionales apropiadas y cuáles no. El propio Stearns indica que la aparición de este tipo de escritos coincidió con el inicio de la Reforma. Ciertamente, reconoce su parentesco con materiales religiosos de períodos previos pero la diferencia respecto de aquellos anteriores a 1517 se encontraba en su alcance y ambición, ya que las obras a las que refiere en su trabajo pretendían transmitir y generalizar estándares emocionales a toda la sociedad o al menos a un grupo considerable dentro de aquella.[124] Este objetivo está presente en los tratados de los Mather. El hecho de que partes de ellos hubieran surgido como sermones demuestra la intención por parte de ambos de alcanzar a un público más amplio que el de la congregación de la *North Church* de Boston, así como de garantizar que sus ideas superaran la prueba del tiempo al colocarse por escrito y difundirse mediante numerosas impresiones. Su tarea como pastores los colocaba frente a la obligación de nutrir el proceso de conversión de los feligreses. Las emociones eran centrales en este último porque también lo eran en la relación de los hombres con Dios. Esta obligación descendía desde ellos hacia todos los patriarcas puritanos, en quienes recaía el deber de disciplinar a todos los que dependían de él en

---

122. Michael Hall, *The Last American Puritan*, p. 20; Paul Boyer y Stephen Nissenbaum, *Salem Possessed*, p. 33.

123. Erin Sullivan, *Beyond Melancholy*, p. 18. Consúltese Stephen Greenblatt, *Renaissance Self-Fashioning: From More to Shakespeare*, Chicago, The Chicago University Press, 1980.

124. Peter Stearns, "Prescriptive Literature", en Katie Barclay, Sharon Crozier-De Rosa y Peter Stearns (eds.), *Sources for the History of Emotions*, pp. 53-56.

la unidad doméstica: esposa, hijos, sirvientes y esclavos.[125] La imposición de un control sobre las emociones preocupaba, entonces, a todo el cuerpo social.

La plasticidad y diversidad de intereses que la demonología tenía como género teológico –la interdisciplinariedad mencionada al comienzo del capítulo– hacía de aquella un instrumento más que apropiado para estimular o condenar emociones. Los individuos de la Edad Moderna pensaban con demonios la historia, la naturaleza, la política y el conocimiento, pero también sentían con ellos esas mismas dimensiones de la existencia y la sociabilidad humana. En la antesala del apocalipsis, con Satán desatado y la divinidad juzgando el decaimiento moral de la colonia, establecer un patrón para la expresión adecuada del miedo o la supresión de la ira era vital para evitar la disolución de la comunidad de santos que habitaba la ciudad sobre la colina. Con esto en mente, puede pensarse que en la modernidad temprana la demonología es una de la caras de la "emocionología", definida por Peter y Carol Stearns como "los estándares que una sociedad, o un grupo dentro de ella, tienen hacia las emociones y su adecuada expresión, así como también el modo en que las instituciones alientan o rechazan esas actitudes de la conducta humana".[126] Esta idea presenta similitudes considerables con el concepto de "régimen emocional", definido por el historiador William Reddy como el "conjunto de emociones normativas y los mecanismos para expresarlas e inculcarlas que forman la base de cualquier régimen político estable".[127] Justamente, en el período en que se publicaron las cuatro obras analizadas en el presente capítulo, la inestabilidad era la norma en Massachusetts, tanto en el período de ocho años en el que no hubo carta de gobierno por la abolición de la original, como en los años posteriores a la implementación de la nueva. El puritanismo ya no era la única confesión con libertad de culto. El derecho a votar en las elecciones locales y a ser elegido para ocupar un

---

125. Paul Moyer, *Detestable and Wicked Arts*, p. 106; Benjamin Ray, *Satan & Salem*, p. 52.

126. Peter Stearns y Carol Stearns, "Emotionology: Clarifying the History of Emotions and emotional Standards", *The American Historical Review*, 90:4 (1985), p. 813.

127. William Reddy, *The Navigation of Feeling: A Framework for the History of Emotions*, Cambridge, Cambridge University Press, 2004, pp. 128-129. Los "estilos emocionales" se convierten en regímenes cuando la utilización de penalizaciones como el rumor, la degradación y la exclusión constituyen una estructura coherente en la que la cuestión de la conformidad se convierte en definitiva para el individuo. Véase Jan Plamper, "An Interview with William Reddy, Barbara Rosenwein, and Peter Stearns", p. 243. En Nueva Inglaterra, los castigos que hacen a la existencia de un régimen emocional se vinculan con el orden y la vigilancia interna de las congregaciones, que pueden resumirse en el término "disciplina", palabra que alude a los procedimientos por los que dichas comunidades amonestaban o separaban a quien no hubiese mostrado comportamientos adecuados. Frente a estos casos, los santos visibles se organizaban como una especie de tribunal en el que testigos describían las acciones de las personas juzgadas. Luego, se votaba por la aplicación de un apercibimiento o la excomunión, lo cual implicaba la pérdida de derechos religiosos y, hasta 1691, políticos. Así, aunque las congregaciones no podían aplicar castigos físicos, las sanciones que sí podían aplicar eran de una gran severidad en términos sociales. En todos los casos, el ritual no se completaba hasta que los individuos juzgados no demostraran arrepentimiento y pidieran perdón frente a sus hermanos de fe. Véase David Hall, *A Reforming People*, p. 133; Bruce Daniels, *New England Nation*, p. 107. Emociones inadecuadas como el miedo a causas secundarias o la furia, entonces, eran objeto de la disciplina comunitaria, mientras que la tristeza era clave para concluir el proceso y mantenerse dentro de la congregación.

cargo ahora dependía de criterios económicos vinculados con la propiedad de la tierra y no de parámetros religiosos (por lo que cuáqueros y anglicanos podrían tener participación civil), ni los *godly* eran ya los más cercanos al gobernador.[128] La ciudad sobre la colina, el faro que los puritanos le habían encendido al mundo, se derrumbaba y perdía los rasgos extraordinarios que la distinguían de colonias como Nueva York o Jamaica, iniciadas como aventuras comerciales cuya organización no se basaba en la existencia de una alianza con Dios.[129] Ciertamente, los Mather no pudieron hacer demasiado para frenar las transformaciones en el gobierno de la colonia, pero quizás creyeron posible garantizar la continuidad de la supremacía ideológica del puritanismo enfatizando los valores emocionales del viejo orden para evitar que las novedades impusieran un nuevo régimen emocional en el que el miedo a la divinidad no fuera una virtud o en el que enfurecerse con aquella no conllevara ninguna consecuencia para los humanos.[130]

Así, retornamos a la cuestión de la historicidad de las emociones. Como los conceptos emocionales no son naturales u objetivos, es necesario explorar cómo se crean de acuerdo a dinámicas de poder y autoridad en el proceso de producción de saberes. Los sistemas de conocimiento son ingredientes esenciales en la construcción de los contextos históricos y para que las nociones y prácticas relacionadas con los sentimientos puedan ser entendidas.[131] El período que separa el Renacimiento de la Ilustración es el único en el que la demonología pudo funcionar como emocionología o colaborar en la constitución de un régimen emocional; sólo entre los siglos XV y XVIII, cuando existía un consenso mayoritario acerca de su capacidad para interpretar y explicar la realidad, pudo actuar eficazmente como discurso para representar y normativizar emociones.[132] Tal como expresó recientemente Laura Kounine, en la modernidad temprana las emociones no eran consideradas productos del inconsciente, sino experimentadas y expresadas en el contexto de la relación personal que existía con Dios y con el demonio.[133]

---

128. Emerson Baker, *A Storm of Witchcraft*, pp. 8, 26; Richard Godbeer, "Witchcraft in British America", pp. 405-406; Benjamin Ray, *Satan & Salem*, pp. 66, 86.

129. Emerson Baker, *A Storm of* Witchcraft, pp. 53-54; Richard Godbeer, *The Devil's Dominion*, pp. 76-77; Richard Weisman, *Witchcraft, Magic, and Religion in 17th Century Massachusetts*, p. 121; Bruce Daniels, *New England Nation*, pp. 5-6.

130. Increase Mather fue clave en las negociaciones para la obtención de la *charter* de 1691. Si bien se mostró conforme con los resultados obtenidos, lo cierto es que estaban lejos de sus pretensiones originales o de las de quienes le encomendaron la tarea diplomática. Su conformidad con el nuevo documento, sin embargo, se comprende mejor si se comparan sus lineamientos no con los del de 1629, sino con el período 1684-1691, momento en que no hubo una carta de gobierno en vigencia y la monarquía inglesa administró la colonia de manera directa. El documento de 1691 no era ideal pero sí una respuesta pragmática frente a lo que había experimentado Massachusetts en el pasado reciente. Véase Mary Beth Norton, *In the Devil's Snare*, p. 168; David Lovejoy, *The Glorious Revolution*, p. 231.

131. Rob Boddice, *A History of Feelings*, p. 55; Rob Boddice, "Medicine, science and Psychology", en Katie Barclay, Sharon Crozier-De Rosa y Peter Stearns (eds.), *Sources for the History of Emotions*, p. 66.

132. El rol de la demonología como base conceptual para pensar las emociones identificado en este capítulo luego sería ocupado por otras disciplinas, por caso, la psicología entre los siglos XIX y XX o las neurociencias en la centuria actual. Véase Jan Plamper, *The History of Emotions*, pp. 9-10.

133. Laura Kounine, "The Devil and Demons", en Susan Broomhall (ed.), *Early Modern Emotions*, p. 331.

❧ CAPÍTULO XII ❧

"El imperio del diablo no es más que una quimera". *El mundo encantado* de Balthasar Bekker[1]

Michaela Valente

Sapienza-Università di Roma

Traducción del italiano: Fabián Alejandro Campagne

"Habréis oído hablar, sin dudas, de un ministro de Ámsterdam, llamado Bekker, que publicó un libro extenso, para probar que no hay demonios que tengan algún poder sobre la tierra".[2] De esta manera, en una carta de 1691, Pierre Bayle le escribía a Vincent Minutoli a propósito de un libro que, si bien acababa de ser publicado en Ámsterdam por Daniel van Dale, ya era muy conocido y discutido. El libro en cuestión es *De Betoverde Weereld* (*El mundo encantado*), del teólogo holandés Balthasar Bekker (1632-1698), quien retomando el debate abierto casi un siglo antes por David Joris llegó a decretar la muerte del diablo con las armas de la filología, la exégesis de la Sagradas Escrituras y la filosofía.[3] Con una sentencia lapidaria y una discusión profunda y exhaustiva, Bekker definió al imperio del diablo como una quimera.[4]

No caben dudas de que la innovadora posición de Bekker era hija de una época, la segunda mitad del siglo XVII, por lo general relegada en lo que

---

1. Una primera versión de este ensayo se publicó en Luisa Simonutti y Camilla Hermanin (eds.), *La centralità del dubbio. Un progetto di Antonio Rotondò*, Firenze, Olschki, 2011, vol. 2, pp. 665-683.

2. Pierre Bayle, *Oeuvres diverses*, La Haye, chez P. Husson, 1731, vol. IV, p. 665: "*Vous avez ouï parler, sans doute, d'un Ministre d'Amsterdam, nommé Bekker, qui a publié un gros Livre, pour prouver qu'il n'y point de Diables, qui aient aucun pouvoir sur la terre*".

3. Sobre Balthasar Bekker véase Andrew Fix, *Fallen Angels: Balthasar Bekker, Spirit Belief, and Confessionalism in the Seventeenth Century Dutch Republic*, Dordrecht, Kluwer, 1999 y Wiep van Bunge, "Bekker, Balthasar", en Alan Kors (ed.), *Encyclopedia of the Enlightenment*, Oxford, Oxford University Press, 2002. Sobre Joris resultan fundamentales los estudios de Gary Waite, "'Man is a Devil to Himself': David Joris and the Rise of a Sceptical Tradition towards the Devil in the Early Modern Netherlands, 1540-1600", *Nederlands Archief voor Kerkgeschiedenis / Dutch Review of Church History*, 75:1 (1995), pp. 1-30; *Idem*, "From David Joris to Balthasar Bekker?: The Radical Reformation and Scepticism towards the Devil in the Early Modern Netherlands (1540-1700)", *Fides et Historia*, 28 (1996), pp. 5-26; *Idem*, "The Devil of Delft in England", *Church History and Religious Culture*, 101 (2021), pp. 429-495.

4. Véase Jonathan Israel, *Radical Enlightenment: Philosophy and the Making of of Modernity, 1650-1750*, Oxford, Oxford University Press, 2001, *ad indicem*.

concierne a la cuestión demonológica y a la caza de brujas.[5] En los albores del Iluminismo y como consecuencia de las reformas judiciales que emprendieron muchos Estados europeos, los procesos comenzaron a disminuir, razón por la cual los autores y las obras que se ocuparon de demonios y brujas fueron dejadas de lado por los estudiosos, más interesados en indagar acerca de precursores como Spinoza. Sin embargo, como lo ponen en evidencia las diversas obras publicadas por entonces, el debate europeo sobre lo sobrenatural no se detuvo con las críticas planteadas por la Revolución Científica y el método cartesiano: basta pensar en la relevante contribución de muchos prestigiosos exponentes de la Royal Academy.[6] Es igualmente cierto que cada vez más se afirmaba la idea de que el mundo físico debía liberarse de las explicaciones metafísicas o literarias, y por ello quizás muchos se convencieron de que finalmente se había arribado a la derrota de lo sobrenatural y a su limitación exclusiva al ámbito de la fe: el desencantamiento del mundo estaba cerca y Balthasar Bekker con *El mundo encantado* contribuyó a abrir esa puerta.[7]

El revuelo suscitado por la obra de Bekker, como lo puso en evidencia Jonathan Israel, alcanzó a Europa entera y por un largo período: en 1751, en pleno Iluminismo, el filósofo portugués Luis Antonio Veney identificó al puñado de doctos europeos de formación diversa, como Anton van Dale, Bernard de Fontenelle, Christian Thomasius y Balthasar Bekker, que junto a Spinoza libraron de manera conjunta la batalla contra la creencia en la acción demoníaca.[8] Cada uno de ellos escribió obras que pusieron en discusión lo sobrenatural, develando la falta de fundamentos de ciertas creencias y supersticiones. Además, la crítica racional de lo oculto, con el aporte de la teoría cartesiana, contó con el notable apoyo y la contribución de la renovación conjunta de la epistemología y de la crítica exegética, renovada por la obra de Richard Simon y Lodewijck Meyer: por primera vez, tanto católicos como protestantes advirtieron sobre la necesidad de afrontar la cuestión hermenéutica para responder de manera decidida y definitiva a las dudas y a las perplejidades en torno al significado de las Escrituras. Dejando atrás una tradición plurisecular que había relegado a la filosofía a un papel auxiliar de la teología, Meyer sostuvo en su *Philosophia Sacrae Scripturae interpres*, que sólo con la filosofía y con la razón se podía alcanzar una interpretación auténtica de las

---

5. Para una comparación entre las demonologías de Hobbes y de Bekker véase Alissa Macmillan, "Exorcizing Demons: Thomas Hobbes and Balthasar Bekker on Spirits and Religion", *Philosophica*, 89:1 (2014), pp. 13-48

6. Michael Hunter, *The Decline of Magic: Britain in the Enlightenment*, New Haven, Yale University Press, 2020.

7. Andrew Fix, "Angels, Devils, and Evil Spirits in Seventeenth-Century Thought: Balthasar Bekker and the Collegiants", *Journal of the History of Ideas*, 50:4 (1989), pp. 527-547. Véase también el clásico de Paul Hazard, *La crisi della coscienza europea*, editado por Paolo Serini, Torino, Einaudi, 1946; Margaret C. Jacob, "The Crisis of the European Mind: Hazard revisited", en Phyllis Mack y Margaret C. Jacob (eds.), *Politics and Culture in Early Modern Europe: Essays in Honor of H.G. Koenigsberger*, Cambridge, Cambridge University Press, 1987, pp. 251-271; Richard H. Popkin y Arjo Vanderjagt (eds.), *Skepticism and Irreligion in the Seventeenth and Eighteenth Centuries*, Leiden, Brill, 1993.

8. Jonathan Israel, *Radical Enlightenment*, pp. 377-378.

Escrituras.[9] Ello estuvo también acompañado por el movimiento de renovación iniciado por la filosofía cartesiana, incluso si en un principio los resultados del empleo del método cartesiano pudieron adscribirse indiferentemente a la tradición o a la renovación. Como ha dejado claro Richard Popkin, no fue el cartesianismo el que sacudió a las religiones sino sobre todo la aplicación de la metodología cartesiana y de los modelos científicos a la verdad religiosa, lo que abrió el conflicto entre verdad científica y verdad religiosa, y promovió el escepticismo.[10] Adoptando el método cartesiano se redefinió la relación entre Dios y la naturaleza, entre Creador y criatura.

Al mismo tiempo, no se debe olvidar que las dudas y el escepticismo respecto de una idea de lo sobrenatural tan extendida se difundían incluso cuando no se explicitaran por temor a la censura. Los Estados europeos promovieron la caza de brujas sobre la base de las advertencias que los teólogos lanzaron a partir de las Escrituras (del Éxodo, sobre todo); los juristas y los hombres de leyes pusieron en discusión los sistemas judiciales y de investigación; los filósofos y los teólogos entendieron las contradicciones inherentes a atribuir un poder tan grande al diablo; los médicos y los científicos encontraron explicaciones físicas y naturales sin necesidad de recurrir a la intervención demoníaca. De manera progresiva, la base de legitimación de la caza de brujas se fue desmoronando por los golpes que mellaban su solidez. En 1627, el puritano Richard Bernard publicó *A Guide to Grand-Jury Men, a handbook on witchcraft that condemned all Witches*, obra en la cual, amén de precisas indicaciones sobre cómo llevar adelante los procesos, se advertía sobre los riesgos de atribuir a las brujas todos los eventos negativos.[11] Apreciaciones como esta, precisamente por estar dirigidas a quienes creían en la existencia y en las acciones de las brujas, ponían en discusión los fundamentos mismos de la creencia.[12]

Muchos filósofos prepararon con sus obras el camino de este recorrido emancipatorio de la razón: los trabajos de Herbert de Cherbury sobre la reli-

---

9. Roberto Bordoli, *Ragione e scrittura tra Descartes e Spinoza: saggio sulla* Philosophia S. Scripturae interpres *di Lodewijk Meyer e sulla sua recezione*, Milano, FrancoAngeli, 1997; *Idem, Etica, arte, scienza tra Descartes e Spinoza: Lodewijk Meyer (1629-1681) e l'associazione* Nil volentibus arduum, Milano, FrancoAngeli, 2001.

10. Richard Popkin, "Cartesianism and Biblical Interpretation", en Thomas M. Lennon, John M. Nicholas y John W. Davis (eds.), *Problems in Cartesianism*, Montreal, McGill, 1982, pp. 62-63.

11. Richard Bernard, *A guide to grand-iury men diuided into two bookes: in the first, is the authors best aduice to them what to doe, before they bring in a billa vera in cases of witchcraft, with a Christian direction to such as are too much giuen vpon euery crosse to thinke themselues bewitched. In the second, is a treatise touching witches good and bad, how they may be knowne, euicted, condemned, with many particulars tending thereunto*, London, Felix Kingston, 1627, p. 12: "*It is the generall madnesse of people to ascribe vnto Witchcraft, whatsoeuer falleth out vnknowne, or strange to vulgar sence. I will here therefore wie downe the particular instances of strange and wonderfull diseases set downe by a learned Phisicion; in all which is a deceiuing apparance, comming neere to the similitude of bewitching, in ordinary and common apprehensions which cannot discerne of diseases, nor the true cause thereof. I will here write them out, as I find them in his discourse, yet a little more distinctly, for common capacities*".

12. Richard L. Greaves, "Bernard, Richard (bap. 1568, d. 1642)", *Oxford Dictionary of National Biography*, disponible en https://www.oxforddnb.com/display/10.1093/ref:odnb/9780198614128.001.0001/odnb-9780198614128-e-2249;jsessionid=D5C6ECF86EB341BAB577E8694BD1E33C. Último acceso en enero de 2023.

gión del laico, la original investigación sobre los oráculos del menonita Anton van Dale (que Fontenelle convertiría en célebre y famosa)[13] y sobre todo las obras de Bayle y Spinoza precedieron, como etapas de la lucha contra la credulidad y la superstición, a *El mundo encantado* de Balthasar Bekker.[14] En la segunda mitad del siglo XVII muchas fueron las obras dedicadas al estudio de las religiones paganas y no caben dudas de que el análisis de la creencia en los oráculos fue un primer ataque a las supersticiones populares, sobre el que se montó la crítica al cristianismo o, al menos, a algunos de sus aspectos.[15] Al mismo tiempo, la polémica sobre los cometas fue ciertamente uno de los bancos de prueba de las nuevas teorías racionalmente defendidas y Bayle contribuyó a poner en ridículo muchas de esas creencias. Desde muchos lados y de diferentes maneras, la crítica afectaba a todas las explicaciones que remitían a lo sobrenatural. Durante mucho tiempo, la exigencia de relacionar con una intervención sobrenatural todo lo que no parecía hallar una explicación lógica se sintió con más fuerza en las realidades políticas y culturales en las que la Iglesia dominaba con la intención de controlar a sus fieles. Sin embargo, en aquel contexto deprimente existía, al menos según Anthony Collins, un Estado en el cual la creencia en las brujas y en los demonios había desaparecido gracias al libre pensamiento, la República de las Provincias Unidas:

> "Y así el diablo está por completo desterrado de las Provincias Unidas, donde la Libertad de Pensamiento alcanza su máxima perfección (...). Tampoco la Reforma hizo mucho para reducir su Poder; pues se presentaron grandes Quejas por el crecimiento de la Brujería y el enorme Poder del Diablo entre nosotros desde los primeros tiempos de nuestra Santa Iglesia...".[16]

---

13. Antonii van Dale, *De oraculis veterum ethnicorum duae dissertationes, quarum prior de ipsorum duratione ac defectu, posterior de eorundem auctoribus. Accedit et Schediasma de consecrationibus ethnicis*, Amstelodami, H. et Vam T. Boom, 1683; Bernard Fontenelle, *Histoire des oracles*, Paris, G. de Luyne, 1686. Véase Maria Teresa Marcialis, "La Decostruzione della religione nella *Histoire des oracles* di Fontenelle", en Luisa Simonutti y Camilla Hermanin (eds.), *La centralità del dubbio*, vol. 2, pp. 685-718; Scott Mandelbrote, "Witches and Forgers: Anthonie van Dale on Biblical History and the Authority of the Septuagint", en Dirk van Miert, Piet Steenbakkers y Jetze Touber (eds.), *Scriptural Authority and Biblical Criticism in the Dutch Golden Age: God's Word Questioned*, Oxford, Oxford University Press, 2017, pp. 270-306.

14. Wiep van Bunge, "Balthasar Bekker's Cartesian Hermeneutics and the Challenge of Spinozism", *The British Journal for the History of Philosophy*, 1:1 (1993), pp. 55-79; también *Idem*, "Balthasar Bekker on Daniel. An Early Enlightenment Critique of Milleniarism", *History of European Ideas*, 21:5 (1995), pp. 659-673; *Idem*, "Du *Betoverde Weereld* au *Monde enchanté*. Traces de Balthasar Bekker dans les premières Lumières françaises", en Miguel Benìtez, Antony McKenna, Gianni Paganini y Jean Salem (eds.), *Materia actuosa. Antiquité, Âge classique, Lumières. Mélanges en l'honneur d'Olivier Bloch*, Paris, Honoré Champion, 2000, pp. 453-471. Sobre la bibliografía relativa a las obras de Bekker véase Jacob van Sluis (ed.), *Bekkeriana. Balthasar Bekker biografisch en bibliografisch*, Ljouwert/Leeuwarden, Fryske Akademy, 1994.

15. Jonathan Israel, *Radical Enlightenment*, p. 362.

16. Anthony Collins, *A discourse of free thinking*, rist. anast. London, 1713, editado por Günter Gawlick, Stuttgart, Frommann Verlag, 1965, p. 28. Véase Antonio Rotondò, *Europe et Pay-Bas: évolution, réélaboration et diffusion de la tolérance aux XVIIe et XVIIIe siècles. Dimensions et articulations d'un projet de recherches*, Firenze, Università degli studi/Dipartimento di Storia, 1992; H. Méchoulan, R. Popkin, G. Ricuperati y L. Simonutti (eds.), *La formazione storica della alterità: studi di storia della tolleranza nell'età moderna offerti a Antonio Rotondò*, Firenze, Olschki, 2001, 3 vols.; Giovanni Tarantino, *Lo Scrittoio di Anthony Collins*, Milano, FrancoAngeli, 2007.

Por su carácter de Estado neonato y por ser un laboratorio de convivencia religiosa, Holanda anticipó el largo camino de la liberación de la superstición, de la magia y de la brujería, un recorrido iniciado ya con Erasmo de Rotterdam quien, con ironía y sarcasmo, había abordado la cuestión de la credulidad popular condenando a los eclesiásticos que se aprovechaban de la ignorancia del pueblo. Continuaron luego David Joris y Johann Wier, hasta llegar a Balthasar Bekker, siguiendo, como sugiere Frijhoff, tres vías: escéptica, pastoral y práctica.[17] Como afirma Gary Waite, un trazo común entre estos autores era el espiritualismo, aquel movimiento que consideraba legítima la distinción entre fe pública y privada, que se difundió enormemente por Holanda y que puede rastrearse en muchos autores.[18] También en aquellos pensadores estaba presente la crítica de la práctica de la coerción de las consciencias y la exhortación a una fe a la que había que dejar germinar sin constricciones, recuperando el auténtico mensaje evangélico. La relación entre tolerancia religiosa y crítica racional de lo oculto merecería profundizarse.[19] Sobre Bekker han pesado las sombras de Descartes y de Spinoza, quienes condicionaron las interpretaciones que se han hecho del teólogo holandés. Andrew Fix, sin embargo, mostró con claridad las raíces del pensamiento del autor de *El mundo encantado*, y llegó a la conclusión de que "los principales temas que estaban en juego entre Bekker y sus oponentes, y los puntos sobre los que en última instancia giraba la controversia, eran cuestiones de exégesis bíblica y confesionalismo calvinista, es decir, asuntos profundamente imbuidos de la visión del mundo religiosa tradicional".[20]

Balthasar Bekker nació en Frisia en 1634. Su padre era el pastor de la aldea de Metslawier, y por ello el hijo se orientó hacia el estudio de la Biblia. En 1650 comenzó a cursar en la Universidad de Groningen, donde entró en contacto con las teorías cartesianas gracias al profesor de griego, Tobías Andreae. Allí pudo asistir a distintas discusiones sobre el Sínodo de Dordrecht con las consiguientes disputas entre arminianos y gomaristas, representados en Groningen por el orientalista Jacobus Alting, que criticaba al confesionalismo, y el teólogo Samuel Maresius, que lo defendía con convicción.[21] La

---

17. Willem Frijhoff, "The Emancipation of the Dutch Elites from the Magic Universe", en Dale Hoak y Mordechai Feingold (eds.), *The World of William and Mary. Anglo-Dutch Perspectives on the Revolution of 1688-89*, Stanford, Stanford University Press, 1996, pp. 201-218. Véase Hans de Waardt, "Witchcraft and Wealth: the Case of the Netherlands", en Brian P. Levack (ed.), *The Oxford Handbook of Witchcraft in Early Modern Europe and Colonial America*, Oxford, Oxford University Press, 2013, pp. 232-248; Sonja Lavaert y Winfried Schröder (eds.), *The Dutch Legacy: Radical Thinkers of the 17th Century and the Enlightenment*, Leiden, Brill, 2016.

18. Gary Waite, "Knowing the Spirit(s) in the Dutch Radical Reformation: From Physical Perception to Rational Doubt, 1536-1690", en Michelle D. Brock, Richard Raiswell y David R. Winter (eds.), *Knowing Demons, Knowing Spirits in the Early Modern Period*, London, Palgrave Macmillan, 2018, pp. 23-54, esp. 47.

19. Remito a mi libro *Johann Wier. Debating the Devil and Witches*, Amsterdam, Amsterdam University Press, 2022.

20. Andrew Fix, *Fallen Angels. Balthasar Bekker, Spirit Belief, and Confessionalism in the Seventeenth Century Dutch Republic*, Dordrecht, Kluwer, 1999, p. 8.

21. Balthasaris Bekkeri, *Defensio justa et necessaria, quae est epistola apologetica ad... D. Samuelem Maresium,... qua respondet, quantum ad se spectat, ejus praefationi ad Porismata illius catechetica*

posición latitudinaria de Alting influyó enormemente en Bekker, que reconoció
la deuda con su amigo en la introducción de *El mundo encantado*, como nos
recuerda Fix. Bekker también se hizo cargo de la edición de la *Opera omnia*
del maestro (1685-1687).[22] Entre 1654 y 1655 Bekker frecuentó la Universidad
de Franeker para sus estudios de teología y de esa forma iniciar la actividad
de predicador. Unos años más tarde se le asignó como sede una aldea no
muy alejada de Franeker. Allí contrajo matrimonio y tuvo dos hijos que no
sobrevivieron por mucho tiempo. Aunque se trataba de un evento privado,
el funeral de su esposa, en 1664, provocó en Bekker una reacción de enfrentamiento con la autoridad eclesiástica: se le impidió pronunciar una oración
fúnebre, que el teólogo deseaba ofrecer en obsequio a la tradición de Frisia
y como expresión de su duelo. Mientras buscaba nuevos argumentos para
restaurar y defender la legitimidad de dicha costumbre, Bekker se propuso
obtener el doctorado en teología en Franeker, que finalmente defendió con
una disertación sobre la exégesis bíblica, en la que sostenía que en diversos
puntos las Escrituras enseñaban modelos (la posibilidad de pronunciar
oraciones fúnebres, entre ellos) que el Sínodo de Dordrecht había prohibido.
Sobre la base del principio de la jerarquía de las fuentes Bekker sostuvo que
se debía retornar a las Escrituras, fuente de verdad revelada superior a las
decisiones humanas, sobre todo cuando las imposiciones sinodales contradecían
los dictados escriturarios. Estas conclusiones colocaron a Bekker en abierta
oposición a la Iglesia de Holanda. En 1668 se aventuró a tratar temas filosóficos y publicó *De Philosophia Cartesiana admonitio candida et sincera*. La
obra enfrentó hostilidad y resistencia y por ello en 1674 Bekker se trasladó
a una zona rural. Poco después se encontró y dialogó con Spinoza, con quien
mantenía diferencias en diversas cuestiones.[23]

En el catecismo (*De vaste Spyze der Volmaakten*, 1670), Bekker dio rienda
suelta a un profundo anticonfesionalismo basado en la exégesis bíblica.
Animado por el mismo espíritu intervino en la disputa sobre el cuarto man-
damiento y su interpretación, polémica en la cual se trazó una comparación
entre el destino de Israel y el de la República de las Provincias Unidas.[24] Estas
posiciones nacían de sus estudios y del hecho de haber asistido a un conjunto
de disputas teológicas que le habían permitido comprender el daño que la
afirmación de la intransigencia había tenido sobre una fe más libre, con las
consecuencias que bien se conocían.[25] En 1679 fue transferido a Ámsterdam:
sin sentirse intimidado por las reacciones violentas que suscitaba su acción
pastoral, tomó parte en el debate sobre los cometas en 1683 (*Ondersoek van*

---

superiore anno edita, nec non tractatui ejusdem brevi de studio theologico, nuperrime edito...,
Franekerae, J. Wellens, 1673. Véase Andrew Fix, *Fallen Angels*, ad indicem.

22. Andrew Fix, *Fallen Angels*, p. 14. Sobre Alting véase Jetze Touber, *Spinoza and Biblical Philology
in the Dutch Republic, 1660-1710*, Oxford, Oxford University Press, 2018, p. 22.

23. Andrew Fix, "Bekker and Spinoza", en Wiep van Bunge y Wim Klever (eds.), *Disguised and overt
Spinozism around 1700*, Leiden, Brill, 1996, pp. 23-40.

24. Wiep van Bunge, "Balthasar Bekker on Daniel", p. 66. Véase también Jetze Touber, *Spinoza and
Biblical Philology*, p. 222 y ss.

25. Andrew Fix, *Fallen Angels*, p. 22 y ss.

de betekeninge der kometen), donde impugnó la interpretación de Voetius que consideraba que los cuerpos celestes eran signos de la ira divina.[26] Como prueba de su espíritu crítico, en 1685, en la continuación de la historia eclesiástica iniciada por Hornius, reconoció que se había encontrado con Spinoza. Ofreció una síntesis del pensamiento de este último, dejando en evidencia sus aciertos pero también los errores presentes en el *Tractatus teologico-politicus* y en la *Etica*.[27] Tal como lo puso de manifiesto Jonathan Israel, del catálogo de la biblioteca de Bekker se desprende la amplitud de sus intereses y de sus lecturas. En 1689 se aventuró a criticar en público la creencia en el demonio, a propósito del famoso caso de la bruja de Beckington.[28] Bekker tradujo el panfleto y desenmascaró la creencia, sosteniendo que la presunta bruja era una pobre viejita: "un bello ejemplo de la derrota de la superstición por el sentido común, del prejuicio por la compasión, de la injusticia por la verdad". También puso en duda la validez del pacto demoníaco.[29]

Con esta larga y compleja gestación Bekker llegó en 1691 a la publicación de *El mundo encantado*, con el objetivo de quitar el velo al encantamiento en el cual se encontraba la Europa de su tiempo, revelando y aclarando las enseñanzas del Nuevo Testamento: Satanás, gracias al sacrificio de Cristo, estaba confinado en el infierno y no podía ya interferir en los asuntos humanos.[30] Bekker proseguía así la batalla lanzada por la Reforma contra las supersticiones, consciente de que se exponía a contestaciones y calumnias, aunque confiando serenamente, o al menos así lo puso por escrito, en la redención inherente a la potencia y al valor de la verdad que su obra transmitía. Por otra parte, su caso no hacía más que reforzar el adagio según el cual los libros tienen su propio destino independientemente de la voluntad del autor.[31]

---

26. Eric Jorink, *Reading the Book of Nature in the Dutch Golden Age, 1575-1715*, Leiden, Brill, 2010, p. 95.

27. Andrew Fix, "Bekker and Spinoza", p. 24. Véase Paolo Cristofolini (ed.), *L'Hérésie spinoziste. La discusion sur le Tractatus theologico-politicus, 1670-1677, et la réception immédiate du spinozisme*, Amsterdam-Maarssen, APA Holland University Press, 1995. Véase Jonathan Israel, "Spinoza and the Religious Radical Enlightenment", en Sarah Mortimer (ed.), *The Intellectual Consequences of Religious Heterodoxy 1600–1750*, Leiden, Brill, 2012, pp. 181-203.

28. Annae C. Simoni, "Balthasar Bekker and the Beckington Witch", *Quaerendo*, 9:2 (1979), pp. 135-142.

29. *Ibid.*, p. 135.

30. Robin Attfield, "Balthasar Bekker and the Decline of the Witch-Craze: the old Demonology and the New Philosophy", *Annals of Science*, 42:4 (1985), pp. 383-395; G. J. Stronks, "The significance of Balthasar Bekker's the Enchanted world", en Marijke Gijswijt-Hofstra y Willem Frijhoff (eds.), *Witchcraft in the Netherlands, From the Fourteenth to Twentieth Century*, Rotterdam, Universitaire Pers, 1991, pp. 149-156; Peter Maxwell-Stuart, "The contemporary historical debate, 1400-1750", en Jonathan Barry and Owen Davies (eds.), *Palgrave Advances in Witchcraft Historiography*, Basingstoke, Palgrave Macmillan, 2007, pp. 11-32.

31. Balthasar Bekker, *Le monde enchanté ou Examen des communs sentimens touchant les esprits, leur nature, leur pouvoir, leur administration, et leur operations. Et touchant les efets que les hommes sont capables de produire par leur communication et leur vertu, divise en quatre parties par Balthasar Bekker, ... Traduit du hollandois*, Amsterdam, Pierre Rotterdam libraire sur le Vygendam, 1694, *Preface au lecteur*, vol. II, c.n.n.: "*C'est pourquoi je ne puis d'abord dire autre chose, sinon que cet ancien dictum: Habent sua fata libelli; car il faut que claque Auteur subisse son sort et la destinée qui lui a été imposée. Mais le tems nous fera voir ce que les uns ou les autres pourront dire ou alleger sur cette matiere à l'avenir, car il y en a qui font mine de vouloir refuter mon livre...*".

La publicación de *El mundo encantado* derivó en un intenso debate que produjo 175 aportes, entre obras y panfletos, 131 de los cuales se manifestaron en contra de las tesis de Bekker. ¿Qué había escrito que fuera tan escandaloso como para desatar una polémica europea tan amplia, como para provocar tanto furor?[32] Pocos meses después de la publicación del tratado, el 7 de agosto de 1692, el Sínodo de Holanda del norte destituyó a Bekker de su cargo pastoral. El mismo año, el Sínodo de Holanda del sur presentó un listado de las afirmaciones heterodoxas de Bekker que debían ser rechazadas.[33] La Iglesia calvinista le declaró la guerra a la idea y a la persona: en primer lugar, apartándolo de sus tareas pastorales en la libre Ámsterdam de fines del siglo XVII y luego suspendiéndolo.[34] Las ideas de Bekker fueron consideradas una provocación incluso por quienes estaban muy cerca de él. Tal fue el caso de Philipp van Limborch, quien en varias cartas dirigidas a John Locke reprochó cierta imprudencia puesta de manifiesto por su colega.[35] Tras un escrupuloso escrutinio, Bekker firmó una declaración con la cual intentó reafirmar el primado eclesiástico y negó toda deuda con el spinozismo. Sin embargo, las formulaciones sobre la cuestión de la posibilidad de la acción demoníaca resultaban muy vagas.[36] Esta declaración no aplacó las críticas que se levantaron en los consistorios, donde la influencia de Voetius era muy fuerte: finalmente, en el verano de 1692, los artículos suscriptos por Bekker fueron considerados insuficientes y se pidió la condena de su libro. Conscientes de la dificultad, las autoridades civiles decidieron no secundar el pedido: mientras tanto, Bekker publicó los dos volúmenes restantes.

Estas medidas no lograron frenar la propagación de *El mundo encantado*: la República de las letras acogió el libro con interés, como dan testimonio varias recensiones y las traducciones a otros idiomas (al alemán en Hamburgo en 1693, al francés en 1694 y el primer tomo al inglés, en 1695).[37] Le Clerc, Leibniz, además de Limborch, Locke y Bayle, son sólo algunos de los que entrelazaron sus recorridos intelectuales con el de Bekker.

¿De dónde nacía la hostilidad hacia sus teorías? Ya en el curso del siglo XVI negar la existencia de los demonios y de su naturaleza espiritual se con-

---

32. Jonathan Israel, "The Bekker Controversies as a Turning Point in the History of Dutch Culture and Thought", *Dutch Crossing: A Journal of Low Countries Studies*, 20:2 (1996), pp. 5-21.

33. Sobre las primeras reacciones véase Wiep van Bunge, "Enleitung", en Balthasar Bekker, *Die bezauberte Welt*, Stuttgart (Bad Cannstatt), Frommann-Holzboog, 1997, 2 vols. (en la colección *Freidenker der Europaischen Aufklärung*; reimpresión anastática de la traducción alemana editada en Ámsterdam por Daniel von Dahlen en 1693), p. 38 y ss.; también Albano Biondi, "Il 'disincanto del mondo' come progetto", en Albano Biondi (ed.), *Modernità: definizioni ed esercizi*, Bologna, CLUEB, 1998, pp. 33-46, esp. p. 35.

34. Jonathan Israel, *Radical Enlightenment*, p. 390 y ss.

35. *Ibid.*, p. 388.

36. *Ibid.*, p. 390.

37. Balthasar Bekker, *The world bewitch'd, or, An examination of the common opinions concerning spirits their nature, power, administration and operations, as also the effects men are able to produce by their communication, translated from a French copy, approved of and subscribed by the author's own hand*, London, R. Baldwin, 1695. Sobre la historia de la traducción inglesa véas Andrew Fix, "What Happened to Balthasar Bekker in England? A Mystery in the History of Publishing", *Church History and Religious Culture*, 90:4 (2010), pp. 609-631.

sideraba la antecámara de posiciones cercanas al materialismo y al ateísmo.[38] Siguiendo la física de Descartes, Bekker demostró la existencia del alma y refutó la posibilidad de acción de los espíritus. Recurrió a la exégesis bíblica para refutar la interpretación literal y probar que lo que de manera tradicional se atribuía a los demonios podía, por el contrario, referirse a cualidades humanas o naturales. La creencia se había basado en la mistificación y en los errores debidos a traductores y a exégetas que habían alterado el mensaje de las Escrituras.[39]

El propio Bekker rastreó los orígenes de su reflexión: todo había comenzado con su libro sobre los cometas, que le permitió comprender los errores en los que con frecuencia se había caído al atribuir un poder excesivo al diablo. Luego se dedicó en sus sermones a analizar el *Libro de Daniel* y a realizar la exégesis de otros fragmentos de las Escrituras, y con ello conquistó el aplauso de muchos que lo habían exhortado a publicar sus conclusiones para iluminar a los doctos e instruir a los simples ("podría atraerme la aprobación de personas esclarecidas y dar instrucción a los simples").[40] Pero fue en 1679, en el curso de algunos sermones centrados en la *Epístola a los Gálatas*, que pudo profundizar la investigación sobre el término griego que los traductores habían erróneamente traducido como "envenenamiento". Diez años más tarde, en noviembre de 1689, tornó a ocuparse de la confutación de la opinión vulgar sobre la magia y los sortilegios. Bekker insistió mucho en la circunstancia que había disparado su reflexión años antes para alejarse de la acusación de superficialidad. También es probable que intentase prevenir inferencias deslegitimadoras, como la que lo catalogaba de ateo. En el debate de la segunda mitad del siglo XVII, en particular en Inglaterra, los defensores de la crítica a lo sobrenatural que buscaban limitar la intervención demoníaca fueron acusados de ateísmo. Negar al diablo equivalía, según algunos, a negar a Dios, una acusación que había sido lanzada en la segunda mitad del siglo XVI y que buscaba aniquilar al adversario deslegitimándolo. Joseph Glanvill y Meric Casaubon fueron dos de los principales defensores de esta tesis. Ambos emprendieron una batalla contra aquellos que ponían en duda la realidad de la acción demoníaca.[41] Bekker respondió a la acusación de ateísmo, sosteniendo que no existían personas más alejadas de dicha postura y más persuadidas de la divinidad de las Sacras Escrituras y de la omnipotencia de Dios que aquellas que, como él, se oponían al sentimiento vulgar sobre el demonio; estaba seguro de que a las mismas conclusiones llegaría cualquiera

---

38. Sobre la corporeidad del alma véase Amos Funkenstein, "The Body of God in the 17th century Theology and Science", en Richard Popkin (ed.), *Millenarianism and Messianism in English Literature and Thought 1650-1800*, Leiden, Brill, 1988, pp. 149-175.

39. La totalidad de la obra está repleta de reproches a los traductores que no se atenían a los límites de su tarea de interpretar las Escrituras, avalando mistificaciones y errores. Véase a modo de ejemplo Balthasar Bekker, *Le monde enchanté*, II, p. 421.

40. *Ibid., Le monde enchanté*, I, c.***2r.

41. Véase mi artículo "La critica alla caccia alle streghe da Johann Wier a Balthasar Bekker", en Matteo Duni y Dinora Corsi (eds.), *"Non lasciar vivere la malefica". Le streghe nei trattati e nei processi (secoli XIV- XVII)*, Firenze, Firenze University Press, 2008, pp. 67-82.

que leyera su libro con atención y sin prejuicios.[42] Por el contrario, quienes
creían en las brujas merecían que se los llamara diteístas o triteístas, pues al
conceder a múltiples agentes el don de la omnipotencia de hecho se la negaban
a Dios. En obsequio del auténtico mensaje cristiano, Bekker se definía como
monoteísta, pues creía sólo en Dios y en un único salvador, Jesucristo, sin
atribuirle un poder antagónico a ningún otro.[43]

Aclarado el objetivo, Bekker pasaba al método: en el curso del tratado
buscó convencer tanto a los cartesianos como a los anticartesianos, e incluso
a los antiespinozistas, dada su intención de rebatir los errores de Spinoza
("refutar poderosamente los errores extravagantes de Spinoza, que confunde
a Dios con la Naturaleza en su conjunto"). Con estas declaraciones Bekker
buscaba también mostrarse dentro del redil de la Iglesia calvinista, que tendía
siempre a disminuir el honor que cabía reconocer a las criaturas y a aumentar el que correspondía a Dios. Quitando de en medio a los demonios y a los
espíritus, y aplicando el método filosófico cartesiano, planteó una distinción
entre superstición y fe que perseguía una finalidad religiosa.[44] A lo largo de
su tratado quiso alcanzar el ambicioso objetivo de demostrar que el diablo
había sido encadenado en el infierno por Jesucristo:

> "Destierro del Universo a esta abominable Criatura para encadenarla en
> el Infierno, para que de ese modo Jesús, Nuestro Rey Supremo, domine
> más poderosamente y con más seguridad, aun cuando su reino deba hasta
> el Día Final subsistir en medio de sus Enemigos, que están aquí en la
> Tierra, es decir, el Pueblo del Diablo, o aquellos en quienes el pecado
> aún imprime la imagen del Diablo".[45]

Tras esta premisa de método y de intención, el teólogo pasó a explicar cómo
había articulado su obra a partir de una reflexión movida por la búsqueda de
la verdad y por el deber de la consciencia ("incluso mi consciencia se sintió
presionada; pues yo estaba obligado a responderle a quienes me interrogaban
y a calcular mis acciones en función de la disposición que veía en el Pueblo").
El mundo encantado se divide en cuatro libros: el primero examina el nacimiento de la opinión sobre el diablo para descubrir cuáles son sus poderes,
pero también la idea humana sobre la divinidad y los espíritus en general.
La reflexión partía de los libros de los antiguos para adentrarse luego en los
modernos de todas las religiones, trazando una distinción entre paganos,
judíos, musulmanes y cristianos con sus muchas iglesias. Con el objetivo de
contrastar las creencias sedimentadas con las enseñanzas de las Escrituras,
Bekker reafirmó el método analítico elegido ("una sincera búsqueda de la
verdad", sin pretender juzgar, aprobar o destruir, sino sólo exponer). En el
segundo libro Bekker presentó la opinión sobre los espíritus, y en el tercero

---

42. Balthasar Bekker, *Le monde enchanté*, I, c.***2r.

43. *Ibid.*, c.***7r.

44. Han van Ruler, "Minds, Forms, and Spirits: The Nature of Cartesian Disenchantment", *Journal of
    the History of Ideas*, 61:3 (2000), pp. 381-395, esp. 389.

45. Balthasar Bekker, *Le monde enchanté*, c.***3r-v.

abordó las relaciones entre los espíritus y las personas malvadas que buscaban entablar trato con ellos, análisis que realizó "paso a paso y de manera ordenada en la búsqueda de la verdad".[46] El cuarto libro buscaba verificar las creencias por medio de la experiencia, para liberarse así de los prejuicios según la enseñanza de Descartes.

Dos eran los principios, razón y Escritura; el primero era compartido por todos los seres humanos, mientras que el segundo sólo por una parte.[47] Bekker no buscó establecer una jerarquía entre ambos sino que sostuvo que ambos debían prestarse auxilio recíprocamente, pues eran los únicos dos fundamentos legítimos y verdaderos del conocimiento humano.[48] En este punto Bekker reafirmaba su método exegético basado en la autoridad de los Padres. Instaba a abandonar los propios prejuicios y a leer las Escrituras para ser iluminados en lugar de buscar en ellas confirmación para las tesis preconcebidas. A tal fin realizaba la siguiente aclaración:

> "Es, sin embargo, verdad que la Razón debe preceder a la Escritura, porque la Razón presupone a la Escritura. Me refiero a la sana Razón, ante quien la Escritura debe presentarse y hacerse conocer como divina. Tras ello la Razón viene en socorro de la Escritura y nos enseña cosas que la Escritura calla; y la Escritura, a su turno, viene a socorrer a la Razón...".[49]

Toda interpretación es humana y, por lo tanto, falible. Por ello era necesario indagar con la razón y dejar atrás las opiniones consolidadas, a menudo basadas en las apariencias. La fe se debía basar en la Escritura. La exégesis debía ayudar a interpretar el verbo y a plegarlo a los propios fines. Había que conducir a las personas fuera del laberinto de los prejuicios, en el que incluso muchas personas doctas habían caído.[50]

En el primer libro, Bekker iniciaba, recurriendo al estudio comparado de las distintas opiniones religiosas, el examen de las creencias difundidas entre griegos y latinos. Partía de la consideración de que Europa era casi toda cristiana y de que aquellas regiones de Asia o África aún dominadas por los otomanos estaban envueltas en las tinieblas de los paganos y no tenían otra luz que la de la naturaleza.[51] La mayoría de las creencias, muchas de las cuales perduraron por siglos, se tomaron de las obras de los clásicos griegos y latinos. Con una cierta fineza, Bekker observaba una casi total conformidad entre

---

46. *Ibid.*, c.***4v.

47. *Ibid.*, f.*****5v: *"Le premier est la raison qui sert de lumière à tous les hommes en général, lors qu'elle se trouve pure en eux, et qu'elle n'est ni embarrassée ni obscurcie par le préjugés ou par les passions. L'autre fonds sur lequel je m'apuie, est l'Ecriture inspirée de Dieu, qui est également pure en elle-même, et à la lecture de laquelle on doit toujours s'appliquer comme si on ne l'avoit jamais lue, c'est-à dire avec un entier dégagement de tous les préjuges humains, et de ceux que peuvent donner les versions qui en ont été faites de l'Hébreu et du Grec, qui sont le Langues originales dans lesquelles elle a été écrit".*

48. *Ibid.*, c.****7v.

49. *Ibid.*, c.****6r.

50. *Ibid.*, p. 5.

51. Michelle Pfeffer, "The Contribution of the Early Modern Humanities to Disenchantment", *Magic, Ritual, and Witchcraft*, 16:3 (2021), pp. 398-405.

las creencias de los paganos de distintas regiones del mundo (Asia, África y América), creencias que se traducían en el antagonismo y dualismo ontológico y en la sustancial uniformidad de los atributos de la divinidad, mostrando cómo "la luz común del entendimiento que queda en el hombre después de su caída se ha conservado bien".[52] No se trataba sólo de una cuidadosa galería. Bekker llevó adelante su análisis de manera precisa, para comprender el núcleo de las creencias sin prejuicios y con una mirada amplia, capaz de abarcar prácticas y culturas de todas las latitudes y longitudes. Respecto de las distintas poblaciones, Bekker era muy consciente de las diferencias y por lo tanto tendía a no generalizar. Cuando examinó las tradiciones de Guinea y de Benín, por ejemplo, evitó fusionarlas como "africanas". En particular se detuvo en las prácticas de adivinación e invocación de demonios por parte de los sacerdotes. Individualizó cinco características recurrentes y trazos aporéticos: todas estaban de acuerdo respecto de la existencia de una divinidad suprema, seguida por espíritus que podían ser buenos o malvados, amigos o enemigos del género humano; compartían la idea de la inmortalidad del alma y en la existencia *post mortem* de recompensas y castigos para las acciones humanas. Así se fue delineando un sistema de creencias en el cual la acción demoníaca y el recurso a ella estaban implícitas, pero que a menudo confundió al creador con las criaturas y no distinguió entre sustancias corpóreas y espirituales. Además, en todas las culturas examinadas, "cada Dios también tiene su Enemigo y por esta razón cada uno busca ayuda contra los Dioses de quienes cree que le viene el mal, en los otros Dioses que considera sus enemigos más violentos".[53] A partir de este atento examen Bekker concluyó que la idea del diablo era un resabio del paganismo, que se proyectó sobre la lectura de la Escritura distorsionando su sentido. Tras haber analizado detalladamente la opinión de los paganos, judíos, musulmanes y, en fin, de los cristianos, señaló las profundas diferencias que existían entre "el pueblo común y la Gente de Letras en particular, los unos, abrazando y apoyando la creencia común, y los otros, rechazándola; y otros, en fin, defendiendo una suerte de posición intermedia entre estos dos partidos".[54]

En cualquier caso, las creencias estaban tan arraigadas que se habían convertido en prejuicios que ni siquiera la lectura de la Biblia podía desmentir; además, se trataba de prejuicios mayoritariamente difundidos entre aquellos que no gozaban de las luces de la razón y del conocimiento de las Escrituras. Por ello habían sido particularmente acogidos por personas comunes, niños y ancianas.[55] El miedo a la desconocido y a los eventos considerados inexplicables, así como el amor ciego por las propias certezas, empujaron a los seres humanos a atribuir poder a lo sobrenatural, una exigencia que hallaba legitimidad en el hecho de que en las escuelas no se enseñaba el método crítico y desapasionado con el que había que leer la cultura clásica. En las escuelas

---

52. Balthasar Bekker, *Le monde enchanté*, p. 57.

53. *Ibid.*, p. 138.

54. *Ibid.*, p. 323.

55. *Ibid.*, p. 362.

se estudiaban obras de ficción literaria y mitológicas sin enseñar a cuestionar su fiabilidad y sin remarcar que, dada su naturaleza, el mensaje subyacente debía leerse recurriendo a una interpretación de tipo alegórico. Incluso más grave era el hecho de que con el mismo método acrítico se leía la Escritura, que resultaba así oscurecida por los prejuicios.

Por estas razones, quienes más fácilmente podían seguir el recorrido argumentativo de Bekker eran aquellos que habían aprendido y compartido las enseñanzas y los principios de Descartes, porque estaban en condiciones de distinguir mejor que los demás la naturaleza del alma y de los cuerpos. El teólogo no escatimaba críticas a Calvino y Lutero, culpables, según su visión, de no haber tenido el coraje de eliminar ese residuo de paganismo, sobreviviente en el papismo, que era la demonología. No ahorraba críticas tampoco al intransigente Gisbertus Voetius (1589-1676), uno de los teólogos más estimados y prestigiosos de Holanda, defensor del calvinismo rígido que se había afirmado en el Sínodo de Dordrecht. Con su reivindicación de la exégesis literal, Voetius permaneció, de hecho, en la tradición demonológica y no negó la acción demoníaca, aunque aceptó algunos aspectos de la interpretación propuesta por Wier.[56]

Según Bekker, el paganismo fue el que influyó y construyó la idea del poder demoníaco, que las religiones monoteístas no fueron capaces de redimensionar, como deberían haber hecho siguiendo las Escrituras. Por el contrario, malinterpretaron el significado de muchos fragmentos. La investigación comparada de Bekker se insertaba de lleno en el debate sobre los oráculos de los paganos y su religión, que el teólogo holandés adoptó para su cruzada.[57]

En el segundo libro, Bekker abordó la cuestión de los espíritus, adoptando los dos instrumentos más idóneos, la razón y las Escrituras, insistiendo mucho en la ayuda recíproca que debían prestarse.[58] También la naturaleza tenía una función didáctica:

> "Es por ello que hay dos fundamentos: a saber, la Naturaleza y la Escritura, de los cuales debemos extraer nuestra ciencia, y asentarla sobre ellos, como sobre dos bases inquebrantables. Por ello es necesario, antes que ninguna otra cosa, distinguir lo que debemos examinar por medio de la Razón o bien por medio de las Escrituras".[59]

Partiendo de la exégesis bíblica sostenida por la razón y la naturaleza, Bekker concluía que "comprendemos por el razonamiento natural que puede haber espíritus, pero es la Escritura la que nos dice efectivamente que los hay".[60] Eso no era todo. Bekker puso en discusión dos piedras angulares de la

---

56. *Ibid.*, III, pp. 392 y ss. Véase Ernestine van der Wall, "Orthodoxy and Scepticism in the Early Dutch Enlightenment", en Richard H. Popkin y Arjo Vanderjagt (eds.), *Scepticism and Irreligion in the Seventeenth and Eighteenth Centuries*, Leiden, Brill, 1993, pp. 121-141.

57. Anthony Ossa-Richardson, *The Devil's Tabernacle: The Pagan Oracles in Early Modern Thought*, Princeton, Princeton University Press, 2013, pp. 136-201.

58. Albano Biondi, "Il 'disincanto del mondo' come progetto", p. 46.

59. Balthasar Bekker, *Le monde enchanté*, II, p. 3.

60. *Ibid.*, II, p. 4. Sobre la exégesis bíblica como causa de la finalización de los juicios por brujería véase Jörg Haustein, "Bibelauslegung und Bibelkritik. Ansätze zur Überwindung der Hexenverfolgung",

demonología, "ángel" y "diablo": inicialmente no existían términos en francés y en latín sino que se utilizaba el griego.[61] El análisis etimológico recordaba a los lectores del tratado la función de mensajeros u oponentes de los ángeles, quienes no necesariamente eran espíritus sino seres humanos que se prestaban a desempeñar tales tareas.[62] El malentendido dependía de las traducciones voluntariamente equivocadas y de los lectores que ignoraban o descuidaban el texto original: sobre este punto Bekker volvía varias veces, explicando que a menudo el forzamiento interpretativo dependía de la voluntad humana de torcer el sentido de las Escrituras y sólo a veces de la oscuridad del texto.[63] De este modo, Bekker le arrancaba al mundo metafísico dos protagonistas, los ángeles y los demonios, para traerlos de regreso al mundo físico y humano. Si bien no lo citaba jamás y negaba conocerlo, esta lectura evocaba el nombre de David Joris.

Con el apoyo de criterios hermenéuticos establecidos las contradicciones aparentes del texto bíblico podían resolverse y así se llegaba a la comprensión del sentido profundo del mensaje divino. Van Bunge puso en evidencia cómo el propio Spinoza a menudo recurrió al mismo criterio hermenéutico de Bekker, atribuyendo a los traductores los errores y la manipulación del texto bíblico.[64]

Cuatro eran las reglas que debían respetarse en la exégesis bíblica: las dos primeras eran de fondo y servían para reafirmar la ortodoxia y probablemente prevenir acusaciones de ateísmo, es decir, refutar toda conclusión que ultrajara a Dios[65] o que contradijera el sentido general de las Escrituras.[66] La tercera regla aconsejaba, en caso de que existieran fragmentos que se contradijeran, privilegiar una interpretación alegórica.[67] La cuarta regla reafirmaba el rol de criatura del diablo, que no debía confundirse con el Creador.[68]

Sobre la base de estos criterios, de la exégesis bíblica se desprendía con claridad que el diablo no podía actuar en el mundo humano.[69] Así se rebatían las interpretaciones demonológicas tradicionales y se esclarecía también la definición de infierno como prisión de los malvados, entendida en un sentido

---

en Sönke Lorenz y Dieter R. Bauer (eds.), *Das Ende der Hexenverfolgung*, Stuttgart, Franz Steiner Verlag, 1995, pp. 249-267.

61. Balthasar Bekker, *Le monde enchanté*, II, p. 8 y ss.

62. *Ibid.*, II, p. 17: *"C'est en cette maniere-là que les Esprits sont des creatures qui subsistent d'elles-memes. Mais avec tout cela il faut savoir que tout ce que Dieu a creé, est Substance, et que les proprietés sont creées avec la Substance…"*.

63. *Ibid.*, II, p. 130.

64. Wiep Van Bunge, "Balthasar Bekker's Cartesian Hermeneutics", pp. 65-66.

65. Balthasar Bekker, *Le monde enchanté*, II, p. 283: *"La premiere est, que l'Ecriture parle toujours selon la verité et à la gloire de Dieu, quoi qu'elle employe quelquefois des paroles figurées, et qu'elle n'atribue rien de mal convenable à Dieu, qui en est lui-même l'auteur"*.

66. *Ibid.*: *"Qu'il n'est pas permis d'entendre des passages particuliers, en un sens contraire à tout le contenu, le stile et le discours de l'Ecriture Sainte"*.

67. *Ibid.*, II, pp. 283-284.

68. *Ibid.*, II, p. 284: *"Que le Diable, quant à sa personne, et en qualité de creature, ne peut être comparé en aucune maniere avec Dieu, mais seulement avec d'autres creatures ses semblables"*.

69. *Ibid.*, II, p. 146: *"Mon batiment repose principalement sur ce fondement, que le Diable est le prisonnier de Dieu, et qu'il est tenferme dans l'Enfer: le quel stil de parler est, selon la commune opinion, emprunté de ces deux passages de l'Ecriture"*.

alegórico y no físico.[70] A tal fin explicaba que la exégesis del capítulo 3 del *Génesis* (la tentación de Eva) y del capítulo 4 del *Evangelio según San Mateo* (la tentación de Jesús en el Templo), dos lugares fundamentales para la definición de los poderes demoníacos, debía ser realizada alegóricamente y de esa forma ambos fragmentos adquirían un valor diferente.

De la misma manera, los diversos lugares de las Escrituras en los que se hacía referencia al diablo habían sido malinterpretados y debían releerse y reinterpretarse: a este fin, tras haberlos individualizado con precisión, sometido a examen y recurrido al principio de la *accomodatio*, emergía la interpretación auténtica.[71] La *accomodatio* consistía en ir más allá del significado literal para captar el sentido metafórico. Ello fue motivo de una de las tantas controversias doctrinales que atravesaron Europa.[72] Bekker rechazó la interpretación literal, "al pie de la letra", pues las Escrituras no querían indicar lo que el diablo efectivamente hacía sino sobre todo el resultado de la corrupción del hombre, que usualmente se atribuía al diablo.[73] Aclarando este concepto, que parecía retomar el pensamiento de David Joris[74], Bekker sostenía que lo que la Biblia parecía atribuir a obra del demonio debía más correctamente entenderse como una referencia a los pecados humanos.[75] El origen del mal era, pues, humano. Si el diablo no era ya un factor externo y autónomo de la voluntad del hombre, aumentaba la responsabilidad de este último: el mal ya no era exterior al mundo de los hombres sino que resultaba inherente al ser humano.[76]

A diferencia de otros tratados, *El mundo encantado* se inspiraba más en la teoría que en la práctica. Muchos tratados demonológicos se habían construido alternando teoría y práctica. En ellos abundaban las anécdotas y las referencias a casos de los que el autor había sido testigo directo o sobre los que había leído, con el propósito de ganarse a los defensores o a los críticos de la persecución.[77] La acción pastoral de Bekker no estuvo, pues, marcada por el contacto con la fenomenología diabólica o con sus batallas. Su intención era refutar las premisas de la creencia para luego poder cambiar la práctica. Por esta razón para él resultaba importante el examen de dos figuras de la

---

70. *Ibid.*, II, p. 161.

71. Véase Nicholas Hardy, *Criticism and Confession: The Bible in the Seventeenth Century Republic of Letters*, Oxford, Oxford University Press, 2017; Dirk van Miert, *The Emancipation of Biblical Philology in the Dutch Republic, 1590–1670*, Oxford, Oxford University Press, 2018.

72. Wiep van Bunge, "Balthasar Bekker's Cartesian Hermeneutics", *passim*.

73. Balthasar Bekker, *Le monde enchanté*, II, p. 292 : "*Que la pensée de l'Ecriture n'est pas de nous aprendre ce que le Diable fait en effet, mais ce que la corruption de l'homme même vient à produire, est atribué au Diable, comme au premier Auteur du mal*".

74. Gary K. Waite, "'Man is a Devil to Himself': David Joris and the Rise of a Sceptical Tradition towards the Devil in the Early Modern Netherlands, 1540-1600", *Nederlands archief voor kerkgeschiedenis/ Dutch Review of Church History*, 75:1 (1995), p. 1-30.

75. Balthasar Bekker, *Le monde enchanté*, II, p. 297.

76. *Ibid.*, III, pp. 346-347.

77. Matteo Duni, "Doubting Witchcraft: Theologians, Jurists, Inquisitors during the Fifteenth and Sixteenth Centuries", *Studies in Church History*, 52 (2016), pp. 203-231.

Biblia recurrentes en el debate: Job y la bruja de Endor.[78] En el primer caso Bekker sostenía que ni Job ni Pablo fueron vejados corporalmente por el diablo. No aceptaba tampoco la fácil escapatoria según la cual las pruebas a las que fue sometido Job fueron producto de la voluntad de Dios y llevadas a la práctica por el diablo.[79] En el caso de la Bruja de Endor dejaba en claro que se trataba de fingimientos e ilusiones.[80] En cuanto a Job, Bekker proponía un examen diferente para concluir que, si se leía sin prejuicios, se descubría que las Escrituras no le atribuían poderes ni acciones al diablo: a través de la lectura alegórica se descubría el camino de la salvación.[81]

Así se develaba el engaño del diablo.[82] Mediante la interpretación alegórica se podía captar el verdadero sentido del mensaje de las Escrituras más allá de la ingenuidad y sobre todo de las distorsiones voluntarias del texto, como en el caso de la historia de Job, respecto de la cual Bekker no ocultaba el estupor y la decepción por el uso que se le había dado para demostrar la enorme potencia del diablo, sin considerar las consecuencias que de dicho paso se derivarían.[83] Ello iba acompañado del análisis filológico del texto hebreo, que mostraba lo inadecuado de la traducción y la imposibilidad de hallar términos apropiados que dieran cuenta de la complejidad del hebreo, lengua que a menudo implicaba un significado diametralmente opuesto al generalmente usado.[84] Gracias a estos errores se sedujo y se engañó a los fieles, se ingresó en los remordimientos de sus consciencias y se obtuvo lo que se deseaba.[85] De esta forma, Bekker denunciaba los intereses que las iglesias persiguieron con la manipulación del texto sagrado. La cruzada iniciada tenía como objetivo reformar la fe y la Iglesia a través de la denuncia de la manipulación de la Biblia. Atribuyendo a Satán un poder antagónico al divino se cayó en la herejía maniquea y se impidió que cada persona asumiera su propia responsabilidad. Sostener la imposibilidad del accionar demoníaco se topaba, sin embargo, con la existencia de los endemoniados, si bien circulaba ya la idea de que las posesiones podían tener explicaciones naturales o médicas. La posesión demoníaca podía, de hecho, ser también un engaño y debía, entonces, ser reconocida como auténtica por parte de la autoridad religiosa.[86] Bekker trató la cuestión en el

---

78. Stuart Clark, *Thinking with Demons: The Idea of Witchcraft in Early Modern Europe*, Oxford, Clarendon Press, 1997, *passim*.

79. Balthasar Bekker, *Le monde enchanté*, II, p. 411: "*On dit là-dessus que ce le Diable a contribué de son coté en tout cet affaire, a eté par la permission de Dieu, lequel en a eté le principal Auteur. Ie sai bien que c'est là l'echapatoire ordinaire, que nous examinerons ci aprés un peu plus particulierement*".

80. Andrew Fix, *Fallen Angels*, p. 65.

81. *Ibid.*, p. 59.

82. Balthasar Bekker, *Le monde enchanté*, II, p. 406.

83. *Ibid.*, II, p. 425.

84. *Ibid.*, II, p. 437.

85. *Ibid.*, II, p. 453: "*Ces Prêtres donc trompant ou seduisant le Peuple par plusieurs sortes de fictions, croyent neamoins qu'il n'y a qu'un seul Etre divin; de sorte que par le remors de leur conscience, lors qu'elle se reveille quelquefois, ils tremblent lors qu'ils y jettent seulement leur pensés*".

86. Véase Brian Levack, *The Devil Within: Possession and Exorcism in the Christian West*, New Haven, Yale University Press, 2013.

segundo libro.[87] También en este caso sugería una interpretación metafórica y no literal de los lugares de la Escritura en los que se hablaba de posesión.[88] Del texto sagrado a la vida cotidiana, Bekker sostenía que a menudo los posesos eran personas que sufrían de enfermedades particulares. Por ello, para abordar la cuestión dejó de lado la exégesis bíblica y recurrió al pensamiento médico-científico (Galeno, Hipócrates y otros). Una vez más distinguió entre Antiguo y Nuevo Testamento, pues Jesús libró al mundo de los espíritus y ello explicaría la abundancia de referencias veterotestamentarias a la acción demoníaca: durante su existencia terrena Jesucristo no pretendió discutir de doctrina sino enmendar las costumbres de la humanidad y a través de los apóstoles dar a conocer la verdadera moral.[89] A menudo detrás de la definición de *espíritus* se encontraban las "pasiones del alma".[90] En el libro cuarto, Bekker volvía sobre la cuestión de la posesión demoníaca, haciendo referencia al caso de Loudun de 1634, cuando las ursulinas fueron consideradas víctimas de posesión, y a la difusión que se le dio al caso. Bekker definió al caso como una impostura y explicó cómo fue orquestada la escenificación de la tragedia con la intervención de los exorcistas.[91]

Tras el análisis del caso de Loudun, Bekker regresaba a las Escrituras para reafirmar que la religión cristiana no podía sobrevivir si se admitía la actividad del diablo, pues la doctrina del cristianismo se fundaba en tres columnas: la Biblia es la palabra de Dios, Yahvé es Dios, Jesucristo es el Mesías. Las dos primeras afirmaciones fueron causa de enfrentamiento con la totalidad del paganismo y la tercera seguía siéndolo con judíos y musulmanes. Ahora bien, aunque Bekker era consciente de que había proporcionado un arsenal argumentativo a los impíos, no aceptaba que se pudiera reducir la potencia divina a la única función de limitante del poder demoníaco.[92] La concepción demonológica prevaleciente dependía del abuso del nombre de Dios, pues el único combate espiritual del cual se habla en las Escrituras deriva del castigo divino por los pecados.[93] Era indispensable reconocer el origen de los males en la consciencia humana y no en otro lugar: "el hombre debe meter un poco la mano en su consciencia, es allí que encontrará el verdadero comienzo y el origen de todos sus males...".[94]

Para responder a tantas objeciones y refutaciones el teólogo decidió completar la obra con un tercer y cuarto libro, publicados a distancia de los

---

87. Balthasar Bekker, *Le monde enchanté*, II, pp. 455-495.

88. Brian Levack, *The Devil Within*, p. 44.

89. Balthasar Bekker, *Le monde enchanté*, II, p. 477.

90. *Ibid.*, II, pp. 490-491.

91. *Ibid.*, IV, p. 206 y ss. Para el caso de Loudun existe una amplia bibliografía. Remito a Sarah Ferber, *Demonic Possession and Exorcism in Early Modern France*, London, Routledge, 2004.

92. Balthasar Bekker, *Le monde enchanté*, II, p. 709. La idea de que el poder divino estaba limitado únicamente a frenar el poder del diablo indignaba a Bekker, que se preguntaba cómo podía actuar la gracia y la bondad divina si los corazones de los hombres estaban llenos de un gran temor por la potencia diabólica. *Ibid.*, II, p. 712.

93. *Ibid.*, II, p. 722.

94. *Ibid.*, II, p. 725.

primeros. En ellos buscó aclarar mejor sus objetivos y responder a las acusaciones que se le habían lanzado. En el tercer libro Bekker examinó la opinión común sobre las relaciones entre los seres humanos y el diablo, introduciendo algunos elementos autobiográficos.[95] Si bien inicialmente se sorprendió de los ataques recibidos siempre fue consciente de la fuerza de sus argumentos, que de hecho podían poner en crisis la existencia de la Iglesia, pues "la tienda entera de los Encantadores se convierte en ruinas".[96] Retomando a Descartes Bekker se aventuró también en la espinosa cuestión de la corporeidad de los demonios, para verificar si las acciones que se les atribuían eran reales.[97] A partir de un riguroso examen, las consecuencias de la creencia en la posibilidad de transformación de los cuerpos se reflejaban también en la contradicción derivada de la negación de la transubstanciación por parte de las doctrinas reformadas.[98] Puesta en evidencia la contradicción sobre este punto Bekker se preguntaba cómo resultaba posible creer en el pacto entre la bruja y un demonio, más allá de que muchos autores protestantes defendieron con convicción su existencia: "estos hombres inventaron, para hacérnoslo creer, que el Diablo sin el auxilio del pacto que le atribuyen, no puede hacer ningún mal".[99] El pacto por el cual el hombre o la mujer adquirían poder nacía de la desesperación y, según Bekker, no podía romper el pacto contraído con Dios a través del bautismo.[100] El pacto con el demonio era imposible por muchas razones que iban de la teología a la física, argumentaciones que rozaban el escándalo pues era imposible conciliar la fe en Dios con el pacto demoníaco.[101]

Tras haber discutido y negado los poderes demoníacos Bekker subrayaba que el ser humano, recurriendo al diablo, desconocía indirectamente a Dios. El examen de los lugares escriturarios también servía para tratar de resolver la cuestión: se trataba de magia en los términos en los que se la conocía[102], lo que permitía poner en evidencia la diversidad de interpretaciones producto de la incertidumbre relacionada con el significado de las palabras con las cuales las Escrituras tratan el tema.[103] Al respecto, Bekker admiraba y apreciaba el trabajo de Johann Drusius, que había comenzado a recolectar todas las antiguas traducciones de la Biblia para compararlas entre sí, trabajo que no llegó a manos de los traductores a raíz de la muerte de su impulsor; el continuador fue el profesor Sixtus Amama, de la Universidad de Franeker, pero luego este patrimonio se perdió.[104]

---

95. *Ibid.*, III, *Au lecteur.*

96. *Ibid.*, III, p. 2.

97. Koen Vermeir, "Mechanical Philosophy in an Enchanted World. Cartesian Empiricism in Balthasar Bekker's Radical Reformation", en Minhea Dobre y Tammy Nyden (eds.), *Cartesian Empiricisms*, Dordrecht, Springer, 2013, pp. 275-306, esp. 284.

98. Balthasar Bekker, *Le monde enchanté*, III, p. 20.

99. *Ibid.*, III, p. 35.

100. *Ibid.*, III, p. 233.

101. *Ibid.*, III, p. 239.

102. *Ibid.*, III, p. 49.

103. *Ibid.*, III, p. 72.

104. *Ibid.*, III, pp. 83 y 129.

A diferencia de otros tratados demonológicos, en *El mundo mágico* prevalecían las referencias a la teología y a la hermenéutica bíblica, mientras que los demonólogos eran citados en muchas menos oportunidades. Por ello Bekker insistía en la ausencia del pacto en las Escrituras: al contrario, todos los fragmentos citados como sostén iban en la dirección opuesta, para no traicionar el principio fundamental del cristianismo, la omnipotencia divina.[105] Siguiendo la interpretación sugerida por muchos se había llegado a considerar al diablo como dotado de un poder antagónico que resultaba inadmisible y generaba indignación: "el honor de Dios no exige un celo menos ardiente".[106] Tras el examen bíblico Bekker concluyó que la idea del pacto –absurda y contradictoria– no podía subsistir:

> "voy a concluir aquí, pues, que este Pacto, que en el mundo está aún muy presente, por el cual se pretende que los hombres entran, de la manera en que acabamos decir, en alianza con el Diablo contra Dios, y que hoy se tiene por fundamento de la Magia, es enteramente falso; pues en lo que respecta al Diablo y a los hombres es imposible, pues no conviene a Dios permitirlo, y es directamente contrario a la doctrina del Evangelio; por no decir que resulta ridículo creer en él".[107]

Para Bekker era todavía más sorprendente que los calvinistas militaran entre quienes le reconocían tal poder a Satán. De esta manera aparecía una vez más la crítica religiosa contra su Iglesia. Desde los primeros pasos de su actividad religiosa Bekker había criticado al calvinismo intransigente: no compartía la idea de imponer una ortodoxia al creyente y señalaba el escaso conocimiento que parte de los calvinistas tenían del formulario y del catecismo establecido por el Sínodo de Dordrecht, para concluir discutiendo el fundamento de los documentos que contradecían la palabra divina pues en ellos no se trataba del pacto con el diablo.[108]

A la luz de la reivindicación de los méritos de la Reforma, es decir, de la exhortación a leer la Biblia de manera autónoma, Bekker instaba a buscar el error y el pecado dentro de uno y no fuera: "buscará la causa en sí mismo y la encontrará casi sin buscar, pues es su propia corrupción y el pecado permanente".[109]

De la misma manera invitaba a indagar con mayor atención los secretos de la naturaleza más que los de lo oculto: era, de hecho, una prueba de gran vanidad buscar fuera de la naturaleza lo que era inherente a ella. De

---

105. *Ibid.*, III, pp. 172-173 : "*nous reconnoissons qu'il y a une grande difference à faire entre un Pretre qui dit la messe, ou un Ecclesiastique Papiste, et un Magicien. Faire des miracles trompeurs devant le peuple, cela ne s'appelle pas exercer la magie. Ie crois que Marc d'Aviano, l'imposteur universel de l'Europe, peut être mis avec justice au rang de sec Songeurs, et de ces Prophetes; mais je ne sache pas qu'il ait jamais passé même dans l'esprit des plus zelés Protestans pour un Magicien, dans la signification qu'on donne communement à ce mot, ou pour une personne qui opere par le moyen du commerce qu'elle a avec le Diable*".

106. *Ibid.*, III, p. 256.

107. *Ibid.*, III, p. 257.

108. *Ibid.*, III, p. 400 y ss.

109. *Ibid.*, III, p. 477.

la alianza entre prejuicio y superstición derivaba la proliferación de estas creencias: por esta razón, concluía Bekker con profunda amargura, muchos se veían forzados a admitir la existencia del diablo para no correr el riesgo de ser llamados ateos.

La superstición y el prejuicio amenazaban la posibilidad de llegar al conocimiento y por ello Bekker lanzaba una advertencia contra los historiadores que reproducían sin escrutinio crítico historias que podían resultar engañosas en tanto fruto de la fantasía. De esa manera planteaba con todo su peso el problema de las fuentes, criticando el recurso a las de origen poético y literario, defendidas y adoptadas como prueba por muchos demonólogos para fundamentar la existencia de las brujas y la acción demoníaca: citaba el caso de Lambert Daneau, definido como el más grande autor de magia, que pretendió probar la responsabilidad de las brujas citando a Virgilio (Égloga 8); o el caso de Jean Bodin, que utilizó a Ovidio como fuente confiable. Bekker se preguntaba cómo podía considerarse confiable una obra fruto de la creatividad humana, de carácter ficcional. Estas obras podían adoptarse como modelos para celebrar la Antigüedad pero no ciertamente como prueba de realidad.[110] Desde esta perspectiva, el ejemplo ofrecido por la obra de Van Dale era útil para Bekker, pues llegaba a la conclusión de que dentro de los oráculos se escondían seres humanos.[111] Van Dale, al igual que Bekker y Spinoza, fue objeto de críticas y caracterizado como ateo, una crítica que descalificaba y quitaba el derecho a la palabra y a intervenir en el debate.[112] A pesar de la agotadora y sólida resistencia del frente "conservador", en el curso del siglo XVII se avanzó mucho desde el punto de vista del conocimiento tras la estela de Descartes: en el proceso de revisión crítica se puso en discusión el sentido que había que otorgar a las fuentes literarias, sobre las cuales, entre otras, se basaba la pretensión de la realidad de la acción demoníaca.[113]

Si pasamos a la dimensión práctica de la cuestión, Bekker sugirió examinar los procesos contra las brujas: se basaban en la acusación de recurrir a los poderes del demonio, cuando en realidad las presuntas brujas claramente eran víctimas de una imaginación afectada por la enfermedad, que las inducía a creer que podían cambiar el curso de la naturaleza.[114] El aumento de la creencia en las brujas en Holanda ponía en evidencia, a su juicio, el atraso y los errores de la Iglesia holandesa, que a pesar de que se había emancipado del yugo del Papa no había conseguido purgarse de los errores del catolicismo respecto

---

110. *Ibid.*, IV, p. 235.

111. *Ibid.*, IV, p. 233: "*Mais tous ces ouvrages de ces Poetes, inventés premierement par les plus anciens, au temps que l'on appelloit mutikon, c'est a dire au temps des fictions*".

112. Martin Mulsow, *Knowledge Lost: A New View of Early Modern Intellectual History*, Princeton, Princeton University Press, 2022.

113. Véase Michaela Valente, "Le favole cominciarono a passar per verità. Le fonti cinquecentesche del dibattito demonologico", en Riccarda Suitner (ed.), *Gli illuministi e i demoni. Il dibattito su magia e stregoneria dal Trentino all'Europa*, Roma, Edizioni di Storia e Letteratura, 2019, pp. 1-22.

114. Balthasar Bekker, *Le monde enchanté*, IV, p. 502.

de la magia.[115] Con este argumento Bekker compartía las conclusiones de Reginald Scot sobre la creencia en la brujería como un resabio del catolicismo.

En este momento del análisis pasaba a las soluciones: según Bekker, las iglesias, los colegios y las cortes de justicia debían ayudar a purgar la confesión reformada para reconducirla a la regla de la palabra de Dios y a los principios de la Reforma.[116]

En conclusión, Bekker proponía una solución concreta para salir del laberinto: bastaba cambiar los términos, como algunos comenzaban a hacer. Un pastor le había contado que, leyendo la Biblia con sus alumnos, había decidido traducir Satanás con el término adversario, y diablo con el de calumniador, palabras que podían referirse a seres humanos y no sólo a espíritus. De esa forma los fragmentos "incriminados" cambiaban por completo y la superstición salía finalmente derrotada.

Paso a paso, mientras se esclarecía la argumentación, se apelaba con insistencia a la necesidad de redescubrir los deberes de la Iglesia, que debía guiar por el camino de la fe y no constreñir:

> "La disciplina Eclesiástica se relaciona con la consciencia del hombre no para dominarla o forzarla sino para instruirla y conducirla según las leyes de Jesucristo. Por lo tanto sería en primer lugar necesario mostrarles cómo se equivocan gravemente, según sus propios principios, al acusar a su prójimo de cometer pecados tan negros y espantosos".[117]

Tratándose de espíritus, Bekker resaltaba la responsabilidad de la Iglesia en la defensa de la omnipotencia divina, lamentando que aún en su tiempo la religión se basara en fábulas y no en la razón o en las Escrituras, como debía ser. Esta degradación resultaba todavía más evidente si se pensaba en el Papado, que utilizaba los milagros y las leyendas de los santos para seducir al pueblo: en *El mundo encantado* Bekker no dejó de poner en evidencia las imposturas y los engaños que ataban a los fieles a la ignorancia, lanzando una severa crítica a la política sobre los milagros de la Iglesia de Roma. A pesar de este cuadro en extremo preocupante el teólogo defendía una antropología optimista porque pensaba que la consciencia pura, siguiendo el camino indicado, iba a poder liberarse de los prejuicios.[118] En *El mundo encantado* se percibe el llamado del pastor de almas en estrecho contacto con cristianos afectados por la ignorancia, el prejuicio y la superstición.[119]

A pesar de su complejidad, *El mundo encantado* suscitó lo que Jonathan Israel eficazmente definió como *"the Bekker furore"*, con cerca de trescientas

---

115. *Ibid.*, IV, p. 690.

116. *Ibid.*, IV, p. 703.

117. *Ibid.*, IV, p. 714.

118. *Ibid.*, IV, p. 727: *"Nous donc étant ainsi parvenus à la connoissance de la verité à salut, en telle sorte qu'aiant la vue debarassèe du reste des vapeurs de l'abysme, nous voyons de nos yeux, nous attendons constamment l'appariton du Seigneur Jesus en immortalità. Ouy, Seigneur Jesus, vien! Amen!"*. Véase Wiep van Bunge, "Balthasar Bekker on Daniel", p. 668.

119. Albano Biondi, "Il 'disincanto del mondo' come progetto", p. 44.

intervenciones entre las que fueron a favor y las que fueron en contra.[120] Por
esta razón, en 1691 la *Bibliothéque universelle* creyó necesario ofrecer una
síntesis del libro para explicar las razones de tanto clamor.[121] En el debate
sobre Bekker se ha pasado por alto la cuestión de la recepción efectiva de su
pensamiento, es decir, la influencia que tuvo sobre la población holandesa
y la práctica judicial. Gracias a su actividad de predicador, Bekker era muy
consciente del grado de difusión de la creencia y de su alcance: recientemente
Michiel Wielema examinó algunos datos de los archivos eclesiásticos con el
objetivo de detectar los efectos que la obra bekkeriana tuvo en la población que
el autor miraba con mayor interés y esperanza. La investigación detectó un
cierto grado de recepción y puesta en práctica de sus ideas.[122] Una recepción
que chocó con los feroces ataques que sufrió Bekker: destacaba, entre ellos,
el de Kettner, que lo relacionó con el "terrible" Spinoza, una acusación que
liquidaba cualquier debate.[123] Recientemente se comenzó a estudiar la suerte
que las ideas de Bekker tuvieron en las áreas alemana e inglesa.[124] Según Fix,
la controversia sobre *El mundo encantado* fue "uno de los últimos conflictos
entre confesionalistas en el seno de la Iglesia Reformada Holandesa".[125] Wiep
van Bunge, por su parte, lanzó la hipótesis de la relación estrecha entre la
decisión de la autoridad calvinista de combatir al spinozismo y el vasto eco
suscitado por la obra de Bekker.[126] Sin embargo Bekker, para quien la Biblia
fue escrita para ser interpretada, había criticado a Spinoza por sostener que
las Escrituras resultaban inadecuadas para su propósito y que probablemente
no eran auténticas.[127] Por otro lado, al decir de Fix el dualismo cartesiano
que Bekker aplicaba a la cuestión del espíritu debilitaba la entera propuesta,
desde el momento en que Bekker no negaba la existencia del diablo y de
los demonios sino solamente su accionar. Spinoza, en cambio, alcanzaba
un resultado más coherente y persuasivo, al menos desde el punto de vista

120. Jonathan Israel, *Enlightenment Contested. Philosophy, Modernity and the Emancipation of Man,
1670-1752*, Oxford, Oxford University Press, 2006, p. 25.

121. *Bibliotheque universelle*, XXI (1691), pp. 123-151, especialmente p. 123: "*Ce Livre ayant fait
beaucoup de bruit dans ces Provinces, diverse personnes qui n'entendent pas le Flamand, nous ont
prié d'en faire un Extrait un peu étendu, qui en explique le dessein, et qui marque la maniere dont il
est exécuté. C'est ce qu'on n'a pas crû devoir refuser à leur curiosité*".

122. Michiel Wielema, *The March of the Libertines: Spinozists and the Dutch Reformed Church (1660-
1750)*, Hilversum, Uitgeverij Verloren, 2004, p. 53 y ss.

123. Friedrich Ernst Kettner, *De duobus impostoribus, Benedicto Spinoza et Balthasare Bekkero*, Leipzig
1694. Véase Wiep van Bunge, "Enleitung", p. 44.

124. Annemarie Nooijen, "*Unserm grossen Bekker ein Denkmal?*": *Balthasar Bekkers Betoverde Weereld
in den deutschen Landen zwischen Orthodoxie und Aufklärung*, Münster, Waxmann, 2009; Andew
Fix, "What Happened to Balthasar Bekker in England?", pp. 609–631.

125. Andrew Fix, *Fallen Angels*, p. 12.

126. Wiep van Bunge, *From Stevin to Spinoza: An Essay on philosophy in the Seventeenth-Century Dutch
Republic*, Leiden, Brill, p. 123 y ss. Véase Steven Nadler, *A Book Forged in Hell: Spinoza's Scandalous
Treatise and the Birth of the Secular Age*, Princeton, Princeton University Press, 2011.

127. Andrew Fix, "Bekker and Spinoza", p. 34.

teórico.[128] Hallamos prueba de ello en las principales obras de Spinoza y en su epistolario, por ejemplo cuando su amigo Hugo Boxel lo interpeló sobre la cuestión de los espíritus.[129] En la primera carta del 14 de septiembre de 1674, atrincherándose detrás de la antigua tradición consolidada por muchos teólogos y filósofos contemporáneos a él, el abogado lo interrogó sobre la existencia en los espíritus, de qué material estaban hechos y si eran mortales o inmortales. Conociendo la posición contraria de Spinoza, Boxel quería comprender cómo podía conciliarse con la gran cantidad de ejemplos acumulados de la Antigüedad en adelante.[130] Persuadido de la imposibilidad de convencer a su interlocutor, Spinoza respondió pidiendo elegir una o dos historias de las muchas que Boxel consideraba auténticas; sugirió luego una clave de lectura distinta para aquellas historias, según la cual los espectros representaban las "cosas que ignoramos". Spinoza se negó a creer en las afirmaciones sin sentido y absurdas, más parecidas a los juegos de los niños y de los tontos que a las definiciones de los sabios. Se trataba de historias cuyos únicos testigos eran los propios narradores, que de esa forma no podían ser rebatidos. Spinoza fue más allá y con indulgencia admitió que aquellas historias explicaban el terror de las imágenes irracionales o de las que empujaban a gestos audaces. A pesar del intercambio epistolar, las posiciones de partida se mantuvieron inalterables, con Boxel casi ofendido por el prejuicio de Spinoza y convencido de que negar la existencia de los demonios abría la puerta al ateísmo, aunque admitía no creer en los espectros malignos pues eran manifestaciones supersticiosas. El mismo Boxel, reivindicando una larga y perdurable tradición que iba de Plutarco a Cardano, aseguró haber sido testigo presencial de la aparición de espectros. El intercambio entre Boxel y Spinoza propuso muchos temas que luego veremos tratados en *El Mundo encantado*, si bien el filósofo del *Tractatus theologico-politicus* rompió de manera definitiva con la creencia en el demonio y puso en duda a las Escrituras como fuente de verdad revelada.

Bekker no buscó de manera deliberada el desencanto del mundo, entendido como el despertar del letargo provocado por la persecución de demonios y brujas, sino un calvinismo no intransigente y no encaramado sobre posiciones infundadas, que supiera sacar ventaja del pensamiento cartesiano y de la alianza entre razón y Escrituras: redimensionando el poder y el accionar del diablo afloraba la responsabilidad humana por el mal, sobre la cual resultaba posible intervenir. Por ello prestaba una atención limitada a las brujas, a los magos y a los procesos, para concentrarse mayormente en la cuestión del diablo a través de una lectura escrupulosa de las Escrituras y de sus principales intérpretes, enervando la reflexión teológica con los aportes originales

---

128. *Ibid.*, p. 39. Sobre la relación entre Bekker y Spinoza véase Adam Sutcliffe, "Judaism in the Anti-Religious Thought of the Clandestine French Early Enlightenment", *Journal of the History of Ideas*, 64:1 (2003), pp. 97-117.

129. Gunther Coppens, "Spinoza et Boxel. Une histoire de fantômes", *Revue de Métaphysique et de Morale*, 4 (2003), pp. 59-72.

130. Disponible en https://www.sacred-texts.com/phi/spinoza/corr/corr53.htm. Último acceso en enero de 2023.

del debate hermenéutico y filosófico.[131] No hay dudas de que estas premisas incidieron de manera relevante en el debate. En *De crimine magiae* (1701), el jurista Christian Thomasius alabó al teólogo holandés, a pesar de la dificultad que suponía mantener unida una concepción metafísica que nació dividida entre escolástica y física cartesiana.[132] Sin embargo, el jurista alemán hizo su aporte para bajar a la tierra a la herejía y a la magia y para arrancarlas de la jurisdicción de la Iglesia.

El aporte de Bekker se refleja también en el impiadoso retrato que Voltaire esbozó en su *Dictionnaire philosophique* (1764), en el cual lo definió como "un hombre muy bueno, gran enemigo del infierno eterno y más aun de la precisión", capaz de matar al diablo a golpes de aburrimiento tras disertar de una manera tan docta como inútil. Con sarcasmo Voltaire le reprochaba la cantidad de páginas dedicada al tema, pues creía que la cuestión demonológica no guardaba relación con la doctrina sino con la práctica procesual. Poco importaban las eruditas y aburridas disquisiciones frente al trágico balance de las miles de almas sacrificadas en vano en el curso de tres siglos en los Estados cristianos, con procesos injustos y privados por completo de fundamentos.[133] También en este caso Voltaire dejaba en evidencia el significativo cambio de perspectiva del debate demonológico europeo en plena Ilustración.

Para concluir, tras haber delineado la fortuna y la recepción del pensamiento de Bekker creo que queda clara su intención pastoral: el teólogo se dirigió al simple fiel para ayudarlo a no apartarse del recto camino.[134] Amén del intento práctico es también evidente e interesante el aspecto teórico del análisis de Bekker, que intentó conciliar la metafísica escolástica con la física cartesiana, contribuyendo a definir un nuevo sentido de lo imposible que redujo fuertemente los espacios de lo preternatural y de lo sobrenatural.[135] Por otro lado, con la discusión sobre la propuesta de Bekker se fortaleció la tendencia a emplear para los propios fines la cuestión demonológica, un signo más de cómo había perdido terreno en la jerarquía de los temas.

Con *El mundo encantado* Balthasar Bekker conquistó un lugar de primer orden como uno de los protagonistas de la cruzada contra el imperio de Satán, logrando, a pesar de todos los compromisos evidenciados, permanecer durante mucho tiempo en el centro del debate demonológico: quienes intervinieron después de él en la polémica no pudieron ya evitar referirse a estas nuevas críticas ni a la exigencia de reconciliar la teología con la filosofía.

---

131. Han van Ruler, "Minds, Forms, and Spirits", *passim.*

132. Ian Hunter, *The Secularisation of the Confessional State: The Political Thought of Christian Thomasius,* Cambridge, Cambridge University Press, 2007, p. 69. Véase Francesco Tomasoni, *Christian Thomasius. Spirito e identità culturale alle soglie dell'illuminismo europeo,* Brescia, Morcelliana, 2005, p. 184 y ss.

133. Disponible en https://moodle2.units.it/pluginfile.php/30473/mod_resource/content/1/Voltaire_-_Dictionnaire_philosophique.pdf. Último acceso en enero de 2023.

134. Koen Vermeir, "Mechanical Philosophy in an Enchanted World", p. 287.

135. Fabián Alejandro Campagne, "Witchcraft and the Sense-of-the-Impossible in Early Modern Spain: Some Reflections Based on the Literature of Superstition (ca.1500-1800)", *Harvard Theological Review,* 96:1 (2003), pp. 25-62.

❧ LOS AUTORES ❧

Michael D. Bailey se doctoró en 1998 en la Northwestern University y en la actualidad se desempeña como profesor de historia en la Iowa State University. Sus investigaciones se han centrado en la historia de la magia, la brujería y la superstición en la Europa tardo-medieval. Es autor, entre otros, de los libros *Battling Demons: Witchcraft, Heresy and Reform in the Late Middle Ages* (University Park [PA], 2003), *Historical Dictionary of Witchcraft* (Lanham [MD], 2003), *Magic and Superstition in Europe* (Lanham [MD], 2007), *Fearful Spirits, Reasoned Follies* (Ithaca, 2013), *Magic: The Basics* (London, 2018) y *Origins of the Witches' Sabbath* (University Park [PA], 2021). Es editor asociado de la revista especializada *Magic, Ritual, and Witchcraft.*

Fabián Alejandro Campagne se doctoró en 1999 en la Universidad de Buenos Aires, donde se desempeña como catedrático de Historia Moderna. Se ha especializado en la literatura antisupersticiosa, en el folklore de la bruja ibérica, en la historiografía de la caza de brujas, en el discernimiento de espíritus y en el discurso demonológico durante las Guerras de Religión en Francia. Es autor de los libros *Homo Catholicus, Homo Superstitiosus* (Madrid, 2002), *Feudalismo tardío y revolución* (Buenos Aires, 2005), *Strix hispánica* (Buenos Aires, 2009), *Profetas en ninguna tierra* (Buenos Aires, 2016) y *Bodin y Maldonado* (Buenos Aires, 2018). En carácter de editor publicó *Poder y religión en el mundo moderno* (Buenos Aires, 2014). Actualmente trabaja en un libro sobre las relaciones entre canibalismo y brujería en la Europa del Renacimiento.

Constanza Cavallero es Investigadora Adjunta del IMHICIHU-CONICET (Buenos Aires, Argentina) y profesora en la cátedra de Historia Moderna de la Facultad de Filosofía y Letras de la Universidad de Buenos Aires, casa de estudios en donde se doctoró en el año 2014. Se ha dedicado a investigar el discurso demonológico y la polémica religiosa en los reinos hispanos entre los siglos XV y XVII. Es autora de los libros *Los enemigos del fin del mundo. Judíos, herejes y demonios en el* Fortalitium fidei *de Alonso de Espina* (Buenos Aires, 2016) y *Los demonios interiores de España. El obispo Lope de Barrientos en los albores de la demonología moderna* (Buenos Aires, 2011) y coeditora de *La Reforma protestante desde el margen* (Buenos Aires, 2020). También ha escrito numerosos capítulos y artículos académicos, publicados en el país y en el exterior (España, Alemania, Estados Unidos, Países Bajos). Actualmente se dedica a estudiar la figura del Anticristo en la España moderna.

GUNNAR W. KNUTSEN obtuvo su doctorado en la Universidad de Oslo en 2004 con una tesis sobre la Inquisición española y los juicios por brujería y otras supersticiones. Desde entonces ha trabajado en distintas casas de altos estudios noruegas, entre las que cabe destacar la Universidad de Oslo y la Universidad de Bergen. Ha publicado numerosos libros y artículos en revistas especializadas. Sus áreas de investigación incluyen las guerras de religión, el significado de la religión en las sociedades occidentales, las reformas religiosas, la construcción de imperios, el comercio de la Edad Moderna y la historia otomana. Es autor, entre otros, del libro *Servants of Satan and Masters of Demons* (Turnhout, 2009), traducido al castellano como *Los procesos por superstición en la Inquisición en Barcelona y Valencia, 1478-1700* (Barcelona, 2018).

AGUSTÍN MÉNDEZ obtuvo su doctorado en la Universidad de Buenos Aires en 2018. Su área de especialización es el discurso demonológico inglés durante la Edad Moderna. Ha publicado numerosos artículos en revistas académicas de Argentina, España, Reino Unido y Estados Unidos. Es autor del libro *El Infierno está vacío. Demonología, caza de brujas y reforma en la Inglaterra temprano-moderna* (2020). Actualmente se desempeña como Investigador asistente en el CONICET de la República Argentina, donde desarrolla un proyecto dedicado a estudiar la dimensión emocional de la brujería en el espacio atlántico inglés entre los siglos XVI y XVIII.

THIBAUT MAUS DE ROLLEY es profesor asociado de Estudios del Renacimiento Francés en University College London. Ha publicado numerosos artículos sobre la demonología temprano-moderna y la brujería, con especial énfasis en las interacciones entre la demonología y géneros como los relatos de viaje y la narrativa de ficción. Es autor de *Moi, Louis Gaufridy, ayant soufflé plus de mille femmes: Une confession de sorcier au XVIIe siècle* (París, 2023) y de *Elévations: L'Ecriture du voyage aérien à la Renaissance* (Ginebra, 2011). También es coeditor de *Voyager avec le diable: Voyages réels, voyages imaginaires et discours démonologiques* (París, 2008).

FRANCK JEAN MERCIER-DRUÈRE es historiador e historiador del arte. Se desempeña como profesor de Historia Medieval en la Université de Rennes 2. Sus trabajos de investigación se han centrado principalmente en la génesis medieval de la caza de brujas en el siglo XV, en las imágenes del poder y en la pintura del Renacimiento italiano. Es autor de los libros *La Vauderie d'Arras. Une chasse aux sorcières à l'Automne du Moyen Âge* (Rennes, 2006) y *Piero della Francesca. Une conversion du regard* (París, 2021). Ha co-editado junto a Isabelle Rosé el libro *Aux marges de l'hérésie. Inventions, formes et usages polémiques de l'accusation d'hérésie au Moyen Age* (Rennes, 2017).

MARINA MONTESANO es profesora de Historia Medieval en la Universidad de Messina. Su especialidad es la historia cultural. Es autora de los libros *"Supra acqua et supra ad vento"* (Roma, 1999), *Caccia alle streghe* (Salerno, 2012), *Classical Culture and Witchcraft in Medieval and Renaissance Italy* (Londres, 2018), *Ai margini del Medioevo. Storia culturale dell'alterità* (Roma, 2021; Premio Italia medievale 2022), *Maleficia. Storia di streghe dall'Antichità al Rinascimento* (Roma, 2023). En carácter de editora y coordinadora ha publicado *"Come l'orco della fiaba". Studi per Franco Cardini* (Florencia, 2008) y *Folklore, Magic, and Witchcraft* (Londres, 2022; Katharine Briggs Award 2022 de la Folklore Society).

MARTINE OSTORERO se desempeña desde 2011 como profesora asociada de Historia Medieval en la Facultad de Letras de la Université de Lausanne. Sus trabajos se han centrado en los orígenes de la represión de la brujería en el arco alpino occidental y en el Ducado de Saboya, en el imaginario del sabbat y en la demonología cristiana de finales de la Edad Media. Contribuyó a la edición de numerosos tratados demonológicos y procesos por brujería del cantón de Vaud con el objetivo de volverlos accesibles a un público más amplio. Es autora de los libros *"Folâtrer avec les démons"* (Lausanne, 1995) y *Le diable au sabbat* (Florencia, 2011). Ha editado los libros *L'imaginaire du sabbat* (Lausanne, 1999) con Agostino Paravicini Bagliani, Kathrin Utz Tremp y Catherine Chène; *Chasses aux sorcières et démonologie* (Florencia, 2010) con Georg Modestin y Kathrin Utz Tremp; *L'énigme de la Vauderie de Lyon* (Florencia, 2015) con Franck Mercier; *Penser avec les démons* (Florencia, 2015) con Julien Véronèse.

MICHAELA VALENTE enseña Historia Moderna en Sapienza-Università di Roma, en el Departamento de Ciencias Políticas. Sus áreas de interés han sido los tratados demonológicos, la caza de brujas, la Inquisición, la censura y la tolerancia, debates historiográficos a los que ha hecho múltiples aportes gracias a sus numerosas publicaciones. Es autora, entre otros, de los siguientes libros: *Bodin in Italia* (Florencia, 1999), *Contro l'Inquisizione. Il dibattito europeo* (Turín, 2009) y *Johann Wier. Debating the Devil and Witches in Early Modern Europe* (Amsterdam, 2022). Actualmente trabaja sobre temas de historia política, en particular sobre el derecho al olvido como condición necesaria para las negociaciones de paz.

EMMA WILBY es *honorary fellow* del Departamento de Historia de la Universidad de Exeter. Es autora de los libros *Cunning Folk and Familiar Spirits*

(Brighton, 2005), *The Visions of Isobel Gowdie: Magic, Shamanism and Witchcraft in Seventeenth-Century Scotland* (Brighton, 2010) e *Invoking the Akelarre: Voices of the Accused in the Basque Witch-Craze* (Liverpool, 2020). Su trabajo se ha centrado en la participación de los acusados en la creación de las confesiones, con particular referencia al rol de las creencias folklóricas y de las experiencias visionarias. Actualmente se encuentra trabajando en el segundo volumen de su investigación sobre la caza de brujas vasca entre 1609 y 1614.

MARÍA JESÚS ZAMORA CALVO es doctora en Filología Hispánica por la Universidad de Valladolid (2002). Desde 2011 es profesora titular de Literatura Española en la Universidad Autónoma de Madrid. Sus líneas de investigación se centran en el estudio de la Literatura del Siglo de Oro español, más concretamente, en los tratados sobre magia y en los manuales de inquisidor, los cuentos insertos en este tipo de libros y las Humanidades digitales. Es autora de los libros *Ensueños de razón* (Madrid, 2005) y *Artes Maleficorum. Brujas, magos y demonios en el Siglo de Oro* (Barcelona, 2016). En carácter de editora y coordinadora ha publicado *Mujeres quebradas* (Madrid, 2019), *Women, Witchcraft and the Inquisition in Spain and the New World* (Baton Rouge, 2021) y *El diablo en sus infiernos* (Madrid, 2022). Con Alberto Ortiz coeditó *Espejo de brujas* (Madrid, 2012).

⤞ ÍNDICE ANALÍTICO ⤝